让我们 甲骨文 一起追寻

Carthage Must Be Destroyed: The Rise and Fall of an Ancient Civilization

目　录

地图目录

插图说明

1.《埃阿涅斯在迦太基与狄多相别》，绘于 1675 ~ 1676 年，布面油画，克劳德·洛兰作。CREDIT LINE：akg-images / De Agostini Picture Lib.

2. 迦太基全景，油画。CREDIT LINE：Manuel Cohen / akg-images

3. 饰有一个妇女头像的金戒指，公元前 3 世纪，出土于迦太基圣莫尼克公墓。图片来源：突尼斯迦太基国家博物馆。

4. 饰有一个男子侧面头像的金戒指，公元前 3 世纪，出土于迦太基圣莫尼克公墓。图片来源：突尼斯迦太基国家博物馆。

5. 亚述石质浮雕，描绘了运载木料的货船抵达终点后，从船上卸货时的场景，公元前 8 世纪，来自霍尔萨巴德的萨尔贡二世王宫。CREDIT LINE：akg-images / De Agostini Picture Lib. / G. Dagli Orti

6. 石灰岩祈愿石碑，描绘了一位抱着一名孩童的祭司，公元前 4 世纪，来自迦太基的托菲特。CREDIT LINE：akg-images / De Agostini Picture Lib. / G. Dagli Orti

7. 迦太基托菲特中的迦太基石碑。CREDIT LINE：akg-images/ Erich Lessing

8. 古希腊晚期风格的迦太基女神塔尼特半身雕像。CREDIT

LINE：akg-images / De Agostini Picture Lib. / G. Nimatallah

9. “长有翅膀的女祭司”大理石石棺，公元前4或前3世纪，出土于迦太基圣莫尼克公墓。CREDIT LINE：akg-images / Erich Lessing

10. 刻有腓尼基文的金板，公元前5世纪，来自皮尔吉。CREDIT LINE：akg-images / De Agostini Picture Lib. / G. Dagli Orti

11. 刻有伊特鲁里亚文的金板，公元前5世纪，来自皮尔吉。CREDIT LINE：akg-images / De Agostini Picture Lib. / G. Dagli Orti

12. 腓尼基战船，木版画。CREDIT LINE：akg-images

13. 手持木棒的赫拉克勒斯铜像。CREDIT LINE：akg-images/ Jürgen Sorges

14. 印有赫拉克勒斯头像的德拉克马银币，背面为母狼和双胞胎图案，来自罗马，发行于约公元前275～前260年。CREDIT LINE：Jenkins & Lewis group V / MAA 12 / SNG Copenhagen

15. “非洲征服者”西庇阿（公元前236～前183年），半身像。CREDIT LINE：Pushkin Museum, Moscow

16. 被认为是老加图（公元前234～前149年）的石像。

17. 阿莫里特的石灰岩石碑：立于狮背上的麦勒卡特，约公元前550年，来自叙利亚的阿莫里特。Copyright © RMN/ Franck Raux

18. 萨布拉塔迦太基陵墓，公元前2世纪早期，位于利比亚的黎波里塔尼亚。CREDIT LINE：akg-images / Gerard Degeorge

19. 汉尼拔半身石像，公元前1世纪。CREDIT LINE：public domain

20. 印有戴花环的塔尼特头像的迦太基锡克尔金币，发行于约公元前310年～前290年。CREDIT LINE：Jenkins & Lewis

group V/ MAA 12 / SNG Copenhagen

21. 于1812年展出的《冒着暴风雪翻越阿尔卑斯山的汉尼拔及其军队》，布面油画，约瑟夫·马洛德·威廉·特纳作。CREDIT LINE：akg-images

22. 《扎马战役》（发生于公元前202年），绘于1521年的布面油画，被认为是朱利奥·罗马诺的作品。CREDIT LINE：akg-images

23. 毕尔萨的迦太基废墟。CREDIT LINE：Pradigue

24. 《神化的亚历山大及世界的四部分化身》（或《被埃涅阿斯抛弃的狄多》），公元1世纪的罗马壁画，来自意大利庞培古城的卡萨梅利埃格。CREDIT LINE：akg-images / Erich Lessing

大事年表

以下所有年份均为公元前

969～936年	泰尔的海勒姆一世统治时期。
911年	亚述开始重新崛起。
884～859年	亚述王纳齐尔帕二世统治时期。
830～810年	泰尔人在塞浦路斯的基提翁建立殖民地。
814年	被普遍认为是迦太基城诞生的年份。
800～750年	迦太基的皮赛库萨殖民地建立并得到初步发展。
800～700年	腓尼基人在西班牙的巴利阿里群岛、马耳他、萨丁尼亚、西西里和北非建立贸易点和殖民地。
753年	被普遍认为是罗马城诞生的年份。
745～727年	亚述的提格拉特帕沙拉尔三世统治时期。
704～681年	亚述的塞纳克里布统治时期。
586～573年	巴比伦国王尼布甲尼撒围攻泰尔。
（约）550年	马戈尼德家族开始从政治上统治迦太基。
535年	迦太基与伊特鲁里亚舰队在阿拉利亚击败福西亚人。
509年	迦太基与罗马达成第一份协定。
（约）500年	皮尔吉书写板出现。

500 ~ 400 年	汉诺前往西非的海上之旅，以及哈米尔卡前往大西洋北部的冒险可能就是在这一时期发生的。
480 年	马戈尼德将领哈米尔卡于希梅拉战役中被叙拉古僭主格隆击败。
479 ~ 410 年	迦太基政治改革，建立 104 人法庭、公民大会与苏菲特制度等。
409 年	歇利伦特城被摧毁，迦太基军队夺回希梅拉。
405 年	西西里西部的迦太基保护国承认与叙拉古的戴奥尼索斯之间签订的协议。
397 年	莫提亚城为叙拉古的戴奥尼索斯摧毁，日后迦太基人于此处建立了利利贝乌姆（马尔萨拉）。
396 年	德墨忒尔与科莱的祭仪传入迦太基。
499 ~ 480 年	马戈尼德家族在迦太基丧失了政治权力基础。
373 年	迦太基与叙拉古之间签订协议。
348 年	迦太基与罗马之间签订第二份协议。
340 年	叙拉古军队在提莫里昂的率领下，于克里麦沙战役中击败迦太基人。
338 年	迦太基与叙拉古之间达成新协议：迦太基在西西里的统治范围被限制在哈利库斯（普拉塔尼）河以西。
332 年	亚历山大大帝围攻并占领泰尔。
323 年	亚历山大大帝逝世。
310 ~ 307 年	叙拉古的阿加托克利斯入侵迦太基的北非领土。
308 年	迦太基将军波米尔卡企图发动政变，遭遇失败。
306 年	迦太基与罗马于当年达成第三份协议，这份协议尚未得到证实。

280～275 年	伊庇鲁斯国王皮洛士，与罗马人和迦太基人爆发战争。
279 年	迦太基与罗马之间达成共同与皮洛士作战的协议。
264 年	迦太基与罗马之间的第一次布匿战争爆发。
260 年	罗马海军在米列获胜。
256～255 年	雷古卢斯远征北非。
249 年	迦太基海军在德雷帕纳获胜。
247 年	哈米尔卡·巴卡被任命为西西里驻军指挥官。他的儿子汉尼拔·巴卡出生。
241 年	迦太基海军于埃加迪战役败北。迦太基请求议和，第一次布匿战争以罗马的胜利告终。迦太基失去了西西里领土。
241～238 年	雇佣军之乱。
237 年	罗马吞并萨丁尼亚与科西嘉岛。
237～229 年	哈米尔卡·巴卡于西班牙南部建立巴卡家族保护领地。
231 年	罗马首次遣使与哈米尔卡·巴卡会面，这次会面尚未得到证实。
229 年	哈米尔卡·巴卡去世，他的女婿哈斯德鲁巴接任其职。
228～227 年	哈斯德鲁巴·巴卡铩羽而归，返回迦太基（尚未得到证实）。
227 年	哈斯德鲁巴建立新迦太基城。
226 年	哈斯德鲁巴与罗马人签订协议。
221 年	哈斯德鲁巴遭谋害。汉尼拔·巴卡被推选为迦太

	基西班牙驻军指挥官。
220 年	汉尼拔与罗马使团在新迦太基城会面。
219 年	汉尼拔开始围攻萨贡托。
218 年	罗马使团前往西班牙，而后前往迦太基。罗马向迦太基宣战，第二次布匿战争开始。汉尼拔率军从陆路出发，前往意大利（6 月）。提契诺河及特雷比亚战役爆发（11 月及 12 月）。
217 年	特拉西美诺湖战役爆发（6 月）。昆图斯·费边·马克西姆斯成为罗马的独裁官。
216 年	坎尼战役爆发（8 月）。卡普亚叛投汉尼拔。
215 年	汉尼拔与马其顿的腓力五世签订协议。希洛尼穆斯成为叙拉古国王。
214 年	希洛尼穆斯遭谋害。希波拉克提斯和埃皮库代斯被推选为叙拉古将军，叙拉古与迦太基结盟。
213 年	叙拉古遭到由马塞勒斯指挥的罗马军队的围攻。
212 年	塔伦图姆、洛克里、图里和米太旁登叛投汉尼拔。罗马围攻卡普亚。马塞勒斯攻占叙拉古。
211 年	汉尼拔向罗马进军。卡普亚投降罗马人。西庇阿兄弟死于西班牙。
209 年	费边攻占塔伦图姆。“非洲征服者”西庇阿攻占新迦太基。
208 年	马塞勒斯去世。哈斯德鲁巴·巴卡（汉尼拔的弟弟）于拜库拉被“非洲征服者”西庇阿击败。哈斯德鲁巴率领一支军队离开西班牙，前往意大利。
207 年	哈斯德鲁巴在梅陶罗河之战中战败被杀。

206 年	汉尼拔被困于布鲁提乌姆。西庇阿在伊利帕击败迦太基军队。加迪斯向罗马人投降。努米底亚国王西法克斯与迦太基结盟。
205 年	马其顿的腓力五世与罗马人讲和。
204 年	“非洲征服者”西庇阿入侵北非。位于尤蒂卡附近的迦太基与努米底亚军营遭摧毁。
203 年	迦太基人与努米底亚人在大平原战役中败北。西法克斯被杀，马西尼萨成为整个努米底亚的国王。汉尼拔从意大利被召回。
202 年	扎马战役爆发（10 月）。
201 年	第二次布匿战争结束。
196 年	汉尼拔当选为苏菲特。
195 年	汉尼拔流亡到地中海东部地区。
184 年	罗马驳回迦太基人对侵略他们领土的努米底亚人的控诉。
183 年	汉尼拔在比提尼亚自杀。
182 年	迦太基再次控诉努米底亚人入侵，被驳回。
174 年	罗马人驳回迦太基人针对马西尼萨入侵迦太基领土的又一次指控。
168 年	马其顿人于皮德纳战役被罗马人彻底击败。
162 年	马西尼萨攻占小瑟提斯商业中心。迦太基随后向罗马上诉，遭驳回。
153 年	罗马派遣使团前往迦太基。
151 年	迦太基缴清以分期支付形式缴纳的，第二次布匿战争赔款中的最后一笔。
151～150 年	群众派在迦太基执政。

150 年	罗马决定对迦太基开战。第三次布匿战争开始。
149 年	由汉诺为首的寡头政党再度掌握迦太基政权。迦太基围城战开始。
146 年	迦太基被西庇阿·埃米利阿努斯夷为平地。科林斯被一支由卢基乌斯·穆米乌斯率领的罗马军队摧毁。
122 年	由盖乌斯·格拉古主导的，在迦太基遗址建立罗马殖民地的计划失败。
29 年	奥古斯都开始在迦太基建立一座新的罗马城市。
29 ~ 19 年	维吉尔创作了《埃涅伊德》。

致谢

没有许多人的支持与宽容，就没有这本书的付梓。

特别感谢我的编辑，企鹅出版公司的西蒙·温德尔（Simon Winder）、维京出版公司的温蒂·沃尔夫（Wendy Wolf）以及彼得·罗宾逊多年以来给予的耐心与建议。我欠菲利普·布思（Philip Booth）、彼得·加恩西（Peter Garnsey）、兰德·马尔金（Irad Malkin）、罗宾·奥斯本（Robin Osborne）与彼得·范·多米连（Peter Van Dommelen）很大的人情：他们阅读了本书的全部或多个部分，并予以点评。本人在与罗尔德·多克特（Roald Docter）、已故的弗里德里希·拉科布（Friedrich Rakob）及迪克·惠特克（Dick Whittaker）、亨利·赫斯特（Henry Hurst）、德克斯特·奥约斯（Dexter Hoyos）、蒂姆·惠特马什（Tim Whitmarsh），克劳迪娅·孔泽（Claudia Kunze）、迈克·克洛佛（Mike Clover）、吉姆·麦克翁（Jim McKeown）、马丁·戴维森（Martin Davidson）、约瑟·麦斯威尔（Joseph Maxwell）讨论迦太基与古代地中海世界的各个方面时亦受益匪浅。伦敦大学、伊利诺伊大学香槟分校、威斯康星大学麦迪逊分校、剑桥大学及悉尼大学的研究会成员所做的宝贵贡献亦令本书各章内容增益良多。

本书的绝大部分是笔者于2007～2008年学术休假期间，在威斯康星大学麦迪逊分校人文科学研究所访问时写就。笔者非常感谢研究所的苏珊·弗里德曼（Susan Friedman）主任与她的同事及研究所的工作人员提供了这么一处睿智、宜人的工作环境。笔者还要对剑桥大学古典学院及三一学院的同僚们多年来给予的支持表示感谢。

最后，致卡米拉（Camilla）、梅茜（Maisie）、杰萨米（Jessamy）与加布里埃尔（Gabriel）：感谢你们与迦太基一书的长期相伴，我爱你们。

2009 年 5 月于剑桥大学

序幕：迦太基的最后岁月

历史的时针指向公元前 146 年春的某一天之时，对迦太基 1
城的围困已经持续了近三年。这一天，罗马统帅西庇阿·埃米利阿努斯下令，向这座饱受重创的城市及日益绝望的居民发起最后一击。

即便当前迦太基的防御力量已经遭到严重削弱，守军也死伤惨重，但是对于这座城市的进攻者而言，它仍是一个令人望而生畏的挑战。这座城市坐落在如今被称为突尼斯的地中海沿岸地区，建立在一座由一连串砂岩山丘构筑的半岛之上。在城市的东北和东南边界，两片狭窄的、翼状的土地向外延伸着，后一片土地几乎将海面一分为二，从而围出了一个巨大的潟湖，也就是今天的突尼斯湖。一排连绵而险峻的砂岩峭壁翼护着半岛北部地区，南面那片辽阔的沿海平原则为一系列坚固的城墙、壕沟和壁垒保护着。

这座城市靠海的一面有两座壮丽的海港，它们由一道城墙守护着。由于迦太基城内可供利用的生活空间长期不足，导致该地区的防御能力多少受到损伤。过去出于谨慎，城墙和最近
的建筑之间需留出一段空隙。如今的情况则完全不同了，一排 2
排房屋拔地而起，一直延伸到海堤那头，填满了空隙。这给了意志坚定的攻城者可乘之机：他们可以用投射物来点燃那些房子，或先爬到房顶上，再攀上墙头。[1] 然而，城墙本身看上去仍是一道令人畏惧的屏障，筑就它的砂岩块中的一部分体积极

为庞大，重量超过 13 吨。这些砂岩表面为白色的石膏所覆盖，石膏不仅可以保证石料免遭自然环境的侵蚀，还形成了这样的效果：每当船只驶入港口时，船上人抬头仰望，便能见到城墙的外表如大理石一般闪闪发亮，这使得它举世闻名。[2]

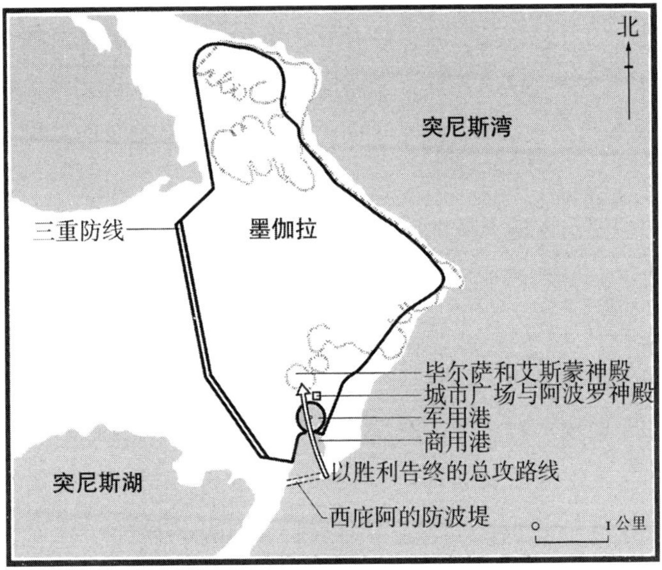

地图 1　迦太基之围

两座港口一为商用、一为军用，它们屹立于斯，提醒着人们迦太基曾经拥有的名望：一个海上超级强权。方圆 13 公顷的土地上，布满了宏伟的人工建筑，构筑这一切需用人力挖掘约 23.5 万立方米的泥土。贸易港口为长方形，建有宽阔的码头和巨大的仓库，来自整个地中海世界和地中海以外世界的商品在这里装船、卸载。[3] 军港为圆形，它的室内船坞足以容纳至少 170 艘船，船只可以通过内设的斜坡从水中拖上岸或下水，是工程史上的杰作。[4] 现在船只无所事事地停在那里，因为罗马人在多次进攻宣告失利之后，建起了一道防波堤，堵住了港口的出口，最终实现了对迦太基人的封锁。

由于迦太基与北非腹地之间的联系也被罗马人切断，再也没有粮食能被运进城里——这意味着很多市民都要开始忍饥挨饿。现存的实物证据表明，围城期间迦太基居民的生活条件明显恶化。从某个时间点开始，垃圾收集工作停滞了，可能是因为城市被围而导致这一项工作无法进行。（这对居民来说简直是噩梦，但对考古学家而言，却是梦寐以求的。）[5] 在这座城市最后几年的艰难岁月里，唯一会被定期清理的垃圾似乎只有大批被饥荒、疾病夺去生命的人的尸体。眼下迦太基离灭亡只剩下几个月了，在这可怖的几个月中，人们不再遵循细心照料死者的传统习俗，无论是富人还是穷人，他们的尸体都被草草地丢进一些乱葬坑内，这些乱葬坑与他们生前居住的地方相隔不远。[6]

当罗马人最终发动攻势的时候，这座城市的守军被打了个措手不及，因为迦太基指挥官哈斯德鲁巴确信战斗会在贸易港爆发，事实上军港反而最先遭到罗马人的打击。以军港为跳板，罗马军团迅速攻向迦太基人那举世闻名的城市广场和集市，并夺取了它的控制权。西庇阿命令自己的部下就在那里安营过夜。罗马士兵们觉得最终的胜利近在眼前，开始拆走附近阿波罗神庙的金饰，于是洗劫行动不可避免地上演了。[7]

迦太基城的城区一分为二，两个部分彼此相异，又浑然一体。下城区从外观上看，为垂直相交的网格状布局。而卫城毕尔萨山坡上街道的排列格局则呈放射状。[8] 由于已将平原地区的众多城区牢牢控制在手里，西庇阿遂召集生力军，准备猛攻毕尔萨。士兵们小心翼翼地行进着——狭窄而陡峭的地形将毕尔萨山变成了设伏的绝佳场所。三条狭窄的街道通往陡峭的斜坡。一排排六层房屋矗立在每条街道的两侧。情急之下拼命的居民们在屋顶上架设了最后一道防线，矢石如同雨点一般落在那些正在推进的罗马军团士兵的头上。然而，经验丰富的攻坚战战术专家西庇阿下令朝那些房屋发动猛攻，直取屋顶。登上屋顶的罗马人用厚厚的木板铺成通往毗邻楼房的通道，罗马军队的攻势得以迅速恢复。当高处战斗正酣的时候，街道上的大屠杀仍在继续。

屋顶的抵抗者一被肃清，西庇阿立刻下令焚毁那些房屋，这样他的军队朝山上推进就再无阻力了。他还吩咐负责清理战场的部队扫清街道上的瓦砾。然而，被清理的不仅是熊熊燃烧
4 的木料和从高处坠落下来的石块，还有原本躲在屋宇内秘密藏身之处中的孩子和老人的尸体。许多人尽管负了伤，又为可怕的火焰灼烧着，但并未死去，他们发出的令人怜悯的哭喊声使喧嚣的周遭更加嘈杂。其中一些人随后被在街道上横冲直撞的罗马骑兵践踏而死。另外一些人的结局更为悲惨：清扫队的士兵用铁制工具将一息尚存的他们从街道上拖走，连同那些死去的人一道抛进了坑里。

在那六个漫长的日夜里，西庇阿让他的杀戮分队轮番上阵，以保证部下体力充沛、精神饱满，迦太基的街道在这场地狱般的混乱中渐渐化为一片废墟。到了第七天，一个由迦太基元老组成的代表团，手持取自艾斯蒙神殿、象征和平的橄榄枝来到罗马将军的面前，为他们自己与城内的同胞们乞求一条生路。西庇阿接受了他们的请求。当天晚些时候，5 万名男人、妇女和儿童走出了卫城，走过一道狭窄的城门，走向了悲惨的奴隶生活。

尽管绝大部分幸存的公民已经投降，但哈斯德鲁巴、他的

家人，以及900名罗马逃兵不可能指望得到西庇阿的慈悲，因此仍在顽抗。这些人将艾斯蒙神殿作为庇护所，由于神殿所处的位置高耸入云，难以接近，这些人得以坚守了一段时间。最后，因睡眠不足、筋疲力尽，且已饥肠辘辘，恐惧不堪，他们被迫爬上神殿的屋顶，做最后一搏。

就在这个时候，哈斯德鲁巴的勇气崩溃了。他抛弃了自己的战友和家人，偷偷从高处爬下来，向西庇阿投降。看到自己的将军正匍匐在死敌罗马人的脚下摇尾乞怜，这一幕只令其余的守军下定了慷慨赴死的决心。他们一边咒骂着哈斯德鲁巴，一边点燃了神殿，最后在熊熊烈焰中化为灰烬。

哈斯德鲁巴的妻子，这个把吓坏了的、正在瑟瑟发抖的孩
子们带在身边的妇人，向颜面尽失的可耻丈夫发出了最终的谴
责。“可怜虫！”她高声喊道，“叛徒，没骨头的玩意儿，我和
我的孩子将葬身于这片火海。而你，伟大的迦太基领袖，要做
罗马人的凯旋仪式上的装饰吗？啊，你现在坐在他（西庇阿）
的脚下，还不知要受到什么样的惩罚呢！”随后，她杀死了自 5
己的孩子，将尸体一一抛入火中，然后她自己也跟着跳进了火
海。历经七百年风雨的迦太基至此不复存在。[9]

注　释

1. Rakob 1984，8. 上升到与楼层同高的街道标高的重建速度极快，因而如果这座城市未在公元前146年被摧毁的话，某种彻头彻尾的重新规划将是必不可少的（Rakob 1984，238）。
2. 同上书，8－10；1989，156。
3. Hurst & Stager 1978 中关于迦太基商用港内的活动的章节。

4. Hurst 1994，33 – 52，关于迦太基军用港的章节。
5. Docter et al. 2006，66 – 67，关于迦太基垃圾收集的章节。
6. Lancel 1988，85 – 6 1995，426. 这些乱葬坑中可能还有那些在总攻期间被杀的人的尸骸。
7. 德国考古学者弗雷德里克·拉科布（Friedrich Rakob）初步认定这座庙宇（可能是迦太基天神雷瑟夫的，但被希腊人与他们的天神阿波罗联系在一起）是一座被自己发现的、遭在港口区附近发生的大火所焚毁的宗教圣殿。
8. Rakob 1984，3ff.
9. 迦太基的陷落这一章节主要基于希腊史学家阿庇安提供的记载，此人的著作大量利用了已失传的、目击者波利比乌斯的记录。

引言：重现迦太基

汉尼拔之盾

公元1世纪晚期，西利乌斯·伊塔利库斯，一位富甲一方 6
且以文学家自居的罗马元老写下了一部以罗马与迦太基之间的第二次布匿战争为主题的史诗《布匿战记》(*Punica*)。全诗长达12000多行，作者的勃勃雄心几乎掩盖了他在诗歌天赋上的不足。作品中比较令人难忘的段落之一是围绕着一套精美的青铜甲胄和兵器来写的。这套甲胄和兵器用钢铁加固并饰以黄金，它由技艺精湛的加利西亚铁匠制作，并献给了正在西班牙作战的伟大的迦太基将军汉尼拔。在纷繁的细节描写中，西利乌斯描述道：为汉尼拔所喜爱的不仅是饰有羽毛的头盔、带有三道饰钉的胸甲、剑和矛的精湛工艺，还有那面表面雕刻有迦太基历史错综复杂画面的巨大盾牌。盾牌上囊括了迦太基历史上的重要事件，包括泰尔女王狄多创建迦太基城，狄多与建立了罗马的特洛伊人埃涅阿斯之间的爱情悲剧，第一次罗马-迦太基大战中的一幕幕，以及汉尼拔本人早年的军旅生涯。这些剪影被一些当地色彩装饰着——几幅所谓“非洲”田园风光的插画，包括放牧、狩猎和抚慰野兽。西利乌斯继续写道，汉尼拔收到这份礼物时欣喜不已，他欢呼道：“啊！罗马人那潮水般的鲜血将浸透这些盔甲！”[1]

穿着这身光彩夺目的铠甲，这位迦太基将军将成为一个活生生的、极为深刻的历史教训。然而，这究竟是迦太基人还是

罗马人的历史教训？当然，这场史前史中罗马人所打过的最著
7 名战争的绝大部分是虚构的。有人可能会问：“那又如何？”毕竟《布匿史诗》本身并非历史著作，而是一部不算特别优秀的史诗。但西利乌斯写作这部史诗时，距迦太基最终亡国已有近 250 年了，雕刻在汉尼拔盾牌上的那一幕幕历史场景已经成为将迦太基贬为伟大罗马的鬼魅般婢女的“史实”正典的一部分。此外，绘制于汉尼拔盾牌上的“历史”情节大力塑造迦太基人的负面形象——不虔诚、嗜血、狡猾、奸诈。其中一幅画甚至描绘了汉尼拔那直接导致了第二次布匿战争爆发的行为——撕毁了与罗马人所签订的协议——它引用了当时业已形成的正统历史观：是迦太基人的背信弃义，而非罗马人的野心，招致了它的毁灭。罗马人如此强调迦太基人的背信弃义，以致拉丁语习语 fides Punica（字面意思为“迦太基式的诚信”）成了广泛使用的讽刺用语，用来描述彻头彻尾的背信弃义。[2]

最早对迦太基人产生虚伪、贪婪、不可信赖、残暴不仁、傲慢、无信仰的负面看法的并不是罗马人。[3] 与罗马文化的许多其他方面一样，他们对迦太基人的民族敌视情绪也承袭自希腊人，尤其是那些定居在西西里岛、在罗马崛起之前就在商业和政治上成为迦太基人在这一地区的主要竞争对手的希腊人。然而，罗马人不仅从肉体上毁灭了迦太基，更于公元前 146 年，将几乎所有迦太基图书馆的藏书都给了他们的当地盟友努米底亚王子，以这种方式抹杀掉了它的大部分历史，从而只留存下罗马人自己那未受质疑的版本。[4]

然而，迦太基历史记录的消失与灭亡并不意味着迦太基的历史从此不复存在。这场战争的战利品不仅包括了迦太基的领

土所有权、资源、人口，还有它的过往。迦太基对于罗马人而言是不可或缺的，因为它在现代一系列已树立起来的罗马神话的演变中扮演着至关重要的角色。在布匿战争期间，罗马人首次开始书写迦太基人的历史，后者日后的灭亡不仅确立了新（罗马）正统迦太基史的权威地位，也使得大众的印象中只剩下一个败北的迦太基。

罗马长长的阴影

最著名的迦太基儿女在早期的罗马编年史中扮演的只是些 8
微不足道的角色。举世闻名的狄多－埃涅阿斯的浪漫传奇，以及后者为动身前往意大利——他的后人最终在当地建立了罗马城——对迦太基女王的无情抛弃实际上只是伟大的罗马诗人维吉尔在该城（迦太基）化为废墟多年后所进行的文学创作罢了。虽然狄多可能是早期的腓尼基人或西西里希腊人的传说的产物，但经过晚期罗马文学家的加工后，这一角色才得以成形。[5] 就连汉尼拔，所有迦太基人中最负盛名的一位，从某种程度上说也是被用于衬托伟大的罗马英雄“非洲征服者”西庇阿的才华而永垂不朽的。

迦太基对于罗马来说太重要了，不可能就这样随随便便地消逝在无人问津的历史角落之中。毕竟，第二次布匿战争中，在汉尼拔身上所取得的伟大胜利在许多有权有势的罗马人看来是他们的光荣时刻。一些人甚至认为，对迦太基的最终裁决是个彻头彻尾的错误，这座城市作为成就罗马人丰功伟业的磨刀石，已将罗马人的宝剑打磨得锋芒逼人。[6]

迦太基可能已被毁灭，但它永远不曾被遗忘。即便在多年以后，对这些已成为过往的可怕事件的相关回忆仍沉重地笼罩在化为一片瓦砾的城市遗址上空。反常的是，迦太基仍是那些将它彻底夷为平地的人最需铭记的所在。[7] 对于罗马的精英阶层人士而言，几乎所有关于挫折或失势的个人经历，都能在徜徉于其中时（通常是心灵上而非行动上的）安置于恰当的历史背景之中——尽管它曾是古代世界上最伟大的城市之一，如今却只剩下可悲的废墟了。迦太基最终灭亡约 50 年后，盖厄斯·马略，一位在政敌的压力下被迫流亡国外的罗马将军，据说就在这座城市的废墟中的一栋小屋里过着穷困潦倒的生活。一位叫维莱乌斯的古代作家因此事而发表评论："在这里，当马略凝望着迦太基的时候，迦太基也在注视着马略，他们很可能在彼此安慰着。"[8] 然而，这种对迦太基往昔的悲
9 悼，不应被误解为对英勇之敌的致敬。这种情绪源于对幻想中的黄金时代——那时罗马人已成为真正的罗马人——的过度怀念。

罗马人重修迦太基史的工程所取得的成就随处可见——就连现代学者用于定义这座城市及其人民的相关术语都受到了影响。从公元前 6 世纪开始，我们使用的"迦太基"一词所形容的就不光是迦太基主流文化，还指代那些横跨北非、萨丁尼亚（即撒丁岛）、西西里岛、马耳他岛和巴利阿里岛，以及西班牙南部和东南部的前腓尼基殖民地。然而，有个词语之前并未经常用于定义迦太基人及其黎凡特血统的西地中海同伴，却被罗马人送给前者，作为这几个民族的绰号。拉丁语名词"Poenus"经常被罗马人用于形容迦太基人，它源于形容词"Punicus"，几乎不能算是一个中性词。正如一位学者所指出的那样，这个词几乎一直被罗马作家用于表示"诽谤和轻蔑"，它被"挑选来进行负面演绎"。[9]

围绕着迦太基人的负面演绎变得司空见惯——特别是在迦太基人因其侵略行径而招致灭顶之灾这一观点中体现得格外明显。20 世纪 50 年代，当诗人、剧作家贝托尔特·布莱希特到处寻找一段带有隐喻性质的历史，用以提醒他的德国同胞，重新走上军事化道路是危险的之时，他凭着直觉，将注意力集中于2000 多年前发生的一系列历史事件上：“伟大的迦太基发动了三场战争。初战毕，它依旧强大。次战之后，它仍是可居之地。三战毕，再无从寻觅其踪。”[10]

很多最早出现在希腊人和罗马人文学作品中的对迦太基人的偏见被 18 和 19 世纪受过高等教育的精英人士加以吸收、修改，后者对古典时代的兴趣日趋浓厚。他们在快速阅读希腊和罗马文学的过程中发现了这类观点，并把它们变成了自己的观点。如此一来，英国人——“背信弃义的阿尔比昂”① （La Perfide Albion）居民——实际上是当时欧洲的迦太基人的观点在法兰西共和国牢牢占据上风。[11]这一看法很快席卷欧洲及欧洲以外的地方。[12]1801 ~ 1809 年担任美国总统的托马斯·杰斐逊是这样描写英国的：“它真是一诺千金！一个商业民族的信 10
誉！现代迦太基的迦太基式的诚信（Punica fides）！[13]一个商店老板组成的民族实在没法让人指望他们会信守承诺！”[14]

对于 19 世纪的欧洲列强而言，对这些远古时代的偏见的仿效行为，是与某些远远超出了对古代世界单纯的仰慕之情范围的东西挂钩的。在 19 世纪下半叶对殖民地的争夺过程中，罗马帝国理所当然地为这些帝国主义新生代列强提供了一幅诱人的宏伟蓝图，而迦太基也成了那些已沦为被统治对象的、残

① 阿尔比昂为英国的古代称呼。（本书脚注皆为译者注。）

忍而劣等的土著人的古代模板。同样，当法国人首次开始描写“背信弃义的阿尔比昂人”的时候，这种仿效行为作为一种支持其帝国主义式索求的方式，同样能起到削弱英国自封“新罗马帝国”的野心的效果。[15]

拜法国人，特别是那些自从19世纪30年代开始一直在马格里布致力于实现其长远战略目标的法国人所赐，在古代希腊和罗马文学作品中随处可见的，描写迦太基人的野蛮、堕落、虚伪的故事被急不可耐地利用了起来，并被投射到如今生活在这一地区的阿拉伯人身上。在北非，法国将成为新的“罗马帝国”。最为著名的，以殖民地居民为假想对象的作品则是居斯塔夫·福楼拜的小说《萨朗波》。这部小说出版于1862年，背景设定为古代的迦太基。萨朗波是个性虐待狂，异常野蛮，奢侈到令人厌恶的地步，其事迹读来令人心惊。[16]换句话说，这部小说将那个年代的西欧人所怀有的，对东方各国腐化堕落的刻板印象尽数展现出来。它还暗讽了法国资产阶级一番，这些人在宗教上持保守主义和唯物主义，政治上破了产，为福楼拜所极度鄙夷。[17]

现代人在罗马作家的极力影响下，对迦太基所形成的看法因《萨朗波》一书所传达的尖锐批判情绪而进一步加深。它们与该书几乎每一页都会出现的兽性、色情与堕落的描写并不相干，而与晦涩不清的故事主题有关。一位批评家愤愤不平地写道：“你让我如何对这样一场被埋葬在北非的峡谷和沙漠里的败仗产生兴趣？……突尼斯和迦太基之间的冲突对我来说算什么？多和我谈谈迦太基与罗马的对决吧！我关注的是这些！我研究的是这些！罗马人与迦太基人之间的激烈争吵，所有的
11 未来文明均已卷入其间！”[18]问题的重点在于就迦太基史而言，

任何与罗马历史无关的部分均引不起一位受过良好教育的读者的兴趣和重视。

迦太基还将证明自己在被压迫者和压迫者的眼里是一样的，都是个具有吸引力的象征。在某些人看来，迦太基的命运——一个冷酷无情征服者残忍文化的受害者——对于那些与之有着类似遭遇的国度而言，显得如此非同寻常，以至于共同的文化传承可能是唯一看似合理的解释。18 世纪的爱尔兰考古学者对主张爱尔兰为锡西厄人（Scythian）——一个来自黑海地区的、以野蛮残忍著称的古代民族——的后人的英格兰中心论的论调予以驳斥，他们提出自己的观点：他们的祖先其实是迦太基人。学者兢兢业业的努力使得位于博伊奈峡谷（Boyne）的巨石墓区被认为出自腓尼基人之手，也使得爱尔兰语与迦太基语有了关联。[19]这些学说不可避免地在英国引发了众多嘲讽之声，其中就包括下列出自拜伦之手的讽刺诗。

伊尔琳用崇高的古盖尔语（Erse）或爱尔兰语，抑或是迦太基语呼唤着他。

(能确定年代，能确定一切事物——希腊、罗马或古代北欧碑文的年代的考古学者，

信誓旦旦曰爱尔兰语与汉尼拔源自同一片土地，披着带有狄多字母的泰尔式长袍；

这种说法如任何其他观点般理性，而非出自爱国主义的情操；)

然而，胡安是个实实在在的“好小伙儿”。[20]

在北爱尔兰的“问题”年代[①]，尽管迦太基人遗产的历史真相已不再流行，但诸如谢默斯·希尼（Seamus Heaney）这样的作家仍继续认为迦太基形象是该岛形势的一个强有力的隐喻。[21]

近年来，持续的伊拉克危机也给了时事评论员们许多将这片不幸之地的遭遇与降临到迦太基人头上的悲剧相提并论的机会。[22]下列出自美国社会及历史学家弗兰茨·舒尔曼（Franz Schurmann）之口的言论是典型的夹杂着个人情感的类比：

> 12 2000年前罗马政治家老加图一直在咆哮：迦太基必须毁灭！（Delenda est Carthago!）对于加图而言，事实很清楚，罗马和迦太基是不可能共同统治西地中海的。罗马成了胜利者，而迦太基则被夷为平地。
>
> 现在，伊拉克成了华盛顿的“迦太基”。[23]

尽管生活在西方的我们已变得习惯于自视为希腊和罗马的继承人，但迦太基世界与南欧的大片地区融为一体这一难以忽视的事实，常常被当作历史上不可思议的异常现象而被搁在一边。确实，扮演了“新迦太基”角色的伊拉克是这一紧密结合的象征，是对我们与伊拉克人和我们与迦太基人之间所存在的显著区别的一种认可。舒尔曼的言论并非要让人相信伊拉克成了新的迦太基，而只是在强调这样一种趋势：美国人正沉湎于美国成为21世纪的“罗马帝国”的情绪之中。有人可能会合理地问道：现代的伊拉克和18世纪的爱尔兰，与古代迦太

---

① 指爱尔兰独立战争年代。

基的共同点何在？答案是，除了遭到自封的新“罗马”——无论是乔治时代的大不列颠还是现代的美利坚——的征服与镇压外，它们与迦太基几乎没有任何共同之处。之所以能持续不断地与迦太基“扯上关系”，是我们对它的死敌罗马那持续不断的迷恋情绪在作怪。[24]

书写迦太基史

面对这样一篇枯燥冗长的，关于古代人和现代人对迦太基史的毁灭和歪曲的论述，有人可能会合理地问道：是否真的可以书写一部比描写迦太基所遭受苦难和污蔑的长随笔更翔实的迦太基史？[25]这一工作的关键难点在于现存的出自迦太基人之手的文字及实物证据太少了。

可保存下来的文献中有一些有趣但价值相当低的线索。在一座被焚毁的神庙内部（按照它的发现者德国考古学者弗里德里希·拉科布的设想，阿波罗神庙在公元前146年被罗马士兵洗劫过），仍残留着一份被认为包括遗嘱和商业契约在内的 13
档案。它贮存在那里，这样上帝的神圣权威就能保证它得以完整、安全地留存下来。这些文件是写在莎草纸上的，它们被卷起，并用细绳缠绕，再用一块湿泥巴糊上，而后盖上私人印章。为了防止这些文件散开，它们被并排放在一起。然而，在这座城市为地狱烈焰所吞噬的特殊情况下，这种处理方式确保了封印能完好地保存下来，因为它被烧过了。不幸的是，这也意味着那些珍贵的文献被烧成了一堆灰烬。[26]

当面对这样一段历史空白的时候，一旦想到它事实上已遭毁灭，我们经常会有种对其加以过度填补的冲动。然而，我们还是应当小心翼翼地设想，著名的迦太基图书馆的书架，在现已损毁的数量庞大的迦太基文献及近东典籍的重压下嘎吱作响。尽管根据古代世界流传的说法，神秘而神圣的羊皮纸文献在迦太基陷落之前就已经被藏了起来，而在多年以后的罗马文学作品中，亦曾出现零散的迦太基历史文献，但我们仍难以判断这座城市是否真的如同雅典或亚历山大港那样，是一个伟大的文学中心。[27]

罗马人最感兴趣且最想得到的不是迦太基的文学作品，而是他们的专业技术。在这座城市陷落之后，罗马元老院下令将出自迦太基人马戈（Mago）之手的28卷农业名著全部带回罗马，并将其翻译成拉丁文。[28]不幸的是，尽管为许多罗马、希腊、拜占庭和阿拉伯文献所引用，马戈的著作还是未能保存到今世。[29]虽然它已散佚，一些现代学者仍将其誉为古代世界的农艺学权威著作。[30]

有时，研究这座城市的历史，就像是在阅读一份由一名会谈参与者所贡献的、已被销毁的谈话记录副本。然而，现存的对话者——担当这一角色的是希腊和罗马的作家——的回应使我们随时能了解这次交谈的线索。毫无疑问，这些“会谈”的范围之广、规模之大，使研究迦太基的史学家得以重现某些已被抹去的历史。意识形态和自我中心主义决定了，即使是在敌对关系中团结一致的历史学家，在其研究领域中也设法激烈地反对彼此，而且正是在这些作者之间存在的矛盾和不同观点之范围内，他们的记叙所具有的严重偏见的缺陷才是可以在部分程度上被克服的。

就与迦太基有关的古代评论家而言，没人能在对有限的残余历史记录进行概述方面做得比希腊裔西西里人——陶尔米纳的蒂迈欧（Timaeus of Tauromenium）更好了。生活在大约公

元前345年到前250年之间的蒂迈欧撰写的是自己出生的岛屿 14
截至公元前264年——那一年迦太基与罗马之间爆发了第一次布匿战争——的历史。[31]由于迦太基人在公元前5世纪到前4世纪的大部分时间内均积极参与西西里岛的政治、军事及经济事务，因而他们在蒂迈欧的记叙中有着十分突出的地位。毫无疑问，蒂迈欧的历史记录为我们提供了许多关于迦太基史重要时期的独家报道。

蒂迈欧的“证言”存在着一些极为重要的且须警惕的问题。首先，他可能是一名所谓的“幽灵历史学家”，因为他的作品没有一部是直接保存下来的。但是，他的著作在后世的希腊和罗马史学家中有着极大的影响力，被广泛用于这些人的研究中。[32]因而现代学者也有可能煞费苦心地从其仰慕者［特别是另一位希腊裔西西里人狄奥多罗斯·西库鲁斯（Diodorus Siculus）写于公元1世纪的作品］——因为他们经常大量公开引用其记叙——的著作中获得大批蒂迈欧的西西里历史作品。其次，作为一个成年时代大部分光阴在流放地雅典度过的人，蒂迈欧经常远离他所描述的那些历史事件。最后，由于对迦太基怀有浓烈的敌意，他在记叙中对迦太基的记录进行了歪曲。

蒂迈欧对迦太基的描写往往可以猜得到：负面而刻板。他对迦太基人的战争动机和后果的论述通常显得极为粗略，而他对西西里的希腊裔领袖所使用策略的分析则要详细得多，也冷静得多，两种态度形成了鲜明的对比。[33]最值得注意的是，蒂迈欧极为成功地将迦太基是野蛮的东方各国在西方的代理人这一观点发扬光大，此观点促使希腊人的情绪为民族仇恨所左右。[34]他笔下的迦太基人的特点是，享用着几近无穷的资源，从而使得他们能够组建一支又一支规模庞大的侵略军，其唯一目标在于灭绝生活在西西里岛上的希腊人。[35]

蒂迈欧还致力于将那些针对迦太基人的消极偏见——例如
15 所谓的软弱娇贵，证据是他们有着一直将自己的双手隐藏在衣服的褶皱之中，并在长套衫下面系有缠腰布的习惯——变成固有成见。[36]他将大量笔墨花费在关于迦太基人将人类，特别是小孩子当作祭品的猜想中，对这一话题的关注达到骇人听闻的地步。其中就包括当迦太基为希腊将军阿加托克利斯（Agathocles）包围时，迦太基人为满足神的欲望而屠戮大量婴儿的记载。[37]他也急于将迦太基人描绘成异常残暴、无情的形象："他们的战俘没有一个能得到宽恕，而且他们对这些命运之神的牺牲品绝无怜悯之心，他们会将一些战俘钉死在十字架上，并将令人难以忍受的暴行施加在另一些人头上。"[38]就连迦太基人对躲藏在被攻陷的西西里城市歇利伦特（Selinus，也译作塞利纳斯）的神庙中的妇女的宽恕，也被蒂迈欧解释为迦太基人亵渎神明的贪婪行径的又一实证：因为他们害怕那些躲在庙里避难的人可能会纵火烧毁自己的藏身之所，从而使得迦太基人失去洗劫他们财物的机会。[39]迦太基人对神明的不敬是蒂迈欧的西西里史著作里经常出现的一个话题，例如洗劫神庙，甚至劫掠希腊人的陵墓——因而迦太基人经常成为随之而来的天谴，如瘟疫、暴风雨和军事上的惨败的打击对象。

迦太基人与希腊文化有关的行为带有贪婪和偷盗的特征，这是蒂迈欧著作中一个常见的主题。他详细地描述了迦太基将军希米卡（Himilcar）在攻陷阿克拉伽斯（Acragas）的过程中是如何将这座城市翻了个底朝天的，尽管一些市民因竭力阻止他洗劫神庙而将它们付之一炬，但希米卡还是将一大批绘画和雕塑运回了迦太基。[40]

尽管狄奥多罗斯《历史丛书》（*The Library of History*）中收录的蒂迈欧残篇须极为慎重地对待，但对其进行无休无止的后现代主义解构，所获得的成果是极为有限的。对于蒂迈欧对迦太基的描写中的倾向性和零碎性我们仍需谨慎对待，而对文中的陈词滥调和夸大其词也须加以警觉，但把他的记叙视为大部头的伪书却是毫无道理的。蒂迈欧对西西里爆发的全面民族冲突那令人生疑的证言恰恰有着极高价值，因为它清晰地反映了该岛的迦太基人和希腊人之间存在着一系列极为复杂的互动。

事实上，一些作家已在自己的历史著作中旗帜鲜明地站在 16
迦太基一边，如希腊人阿克拉伽斯的腓里努斯（一位第一次布匿战争史学家），以及索西卢斯和塞利努斯（第二次布匿战争中汉尼拔的两位同伴）[41]。尽管他们的著作仅有只言片语存世，但对我们来说幸运的是，一些兢兢业业的罗马史学家，如公元前 2 世纪末的罗马作家科利乌斯·安提帕特（Coelius Antipater），充分利用了这些作品——虽然安提帕特的著作同样经不起时间的摧残，不过它反过来为李维所大量引用，后者关于早期罗马史的大部分章节流传至今。[42]

我们还得深深地感谢目光始终敏锐的波利比乌斯（Polybius），令那个年代最好的历史著作得以留存于世。[43]他是一名希腊贵族，于公元前 2 世纪 60 年代以人质的身份前往罗马，成了贵族出身的罗马军事长官西庇阿·埃米利阿努斯（Scipio Aemilianus）侍从队伍中的核心成员。在接下来的 20 年里，波利比乌斯追随西庇阿四处奔波于地中海世界，他实际上参加了公元前 146 年最终攻陷迦太基的围城战。尽管波利比乌斯本质上对迦太基是怀有敌意的，但他还是对自己是一名具有十足学者气质的艺术从业者而感到自豪。毫无疑问，他毫不犹豫地指出他所认为的史学界同行所犯下的错误。[44]他所嘲讽的对象也并不仅限于支持迦太基的作家。他对蒂迈欧著作的某些部分的态度已被犀利地形容为“骂个不休”。[45]

不过，波利比乌斯很乐意向那些（在他看来是）支持他要求对历史学实行高标准的人致以谢意，无论他们的立场如何。因而，尽管与腓里努斯在一些论点上有着本质性的分歧，波利比乌斯对这位说教方式与自己几乎如出一辙的历史学家无疑还是尊敬的，并且他还因此将腓里努斯的作品作为自己对第一次布匿战争的记录的基础史料。[46]这意味着现代迦太基史学家收集了一些立场上倾向于迦太基一方以及持其他立场的史学家的观点，即使波利比乌斯认为那些观点是错误的。

就其他实物证据而言，迦太基的废墟一直在激发着那些造访过它的人的想象力。传说迦太基人曾设法将他们的财宝埋藏起来，以期在更为合适的时候回来将它们重新掘出。这促使公
17 元前1世纪时一名罗马将军麾下的军队发动了一次心血来潮的搜寻宝藏的行动。[47]对于现代考古学家来说，迦太基可以说类似于一块由许多碎片组成的、被故意抛弃的复杂拼图。但历史告诉我们，将敌人的一切痕迹都抹掉的尝试多半无法达到毁灭者让我们相信的那样彻底的程度。

尽管位于毕尔萨山上的宗教中心被彻底夷为平地，但许多偏僻地区以及——正如我们已经看到的那样——山体本身的某些区域成功地避免了被完全摧毁的命运。事实上，罗马人将数千立方米的碎石和垃圾倾倒在山顶的做法，无意中对迦太基的部分遗迹起到了很好的保护作用。甚至连在毕尔萨山西面斜坡

上发现的，预示着不祥之兆的60厘米厚的黑色垢痕——关于这座于公元前146年被烧成平地的城市的不详考古记录——里面也填满了南意大利式的餐具，令我们得知了那个年代在迦太基流行的陶器的风格。[48]

此外，数千个石碑上那关于朝迦太基人的主神巴尔·哈蒙（Baal Ham-mon）和塔尼特（Tanit）献祭的记录——尽管这些记录可谓是套话连篇——也提供了与迦太基宗教仪式，特别是与用儿童献祭有关的极为珍贵的信息。亦有少量与城市生活的其他方面，如公共纪念碑的构筑以及各式各样的宗教典礼的举行相关的铭文幸存了下来。这些铭文证物有助于让我们更好地了解迦太基的宗教生活及这座城市中存在的各个社会阶层。[49]我们从这类刻在石板上的文字中获取了作为这座城市中一员的无名陶匠、金属匠、织工、漂洗工、家具匠、车夫、屠夫、石匠、珠宝商、医生、书记员、译员、衣帽保管员、土地测量员、僧侣、传令官、锅炉工和商人的信息。[50]

为迦太基定位

迦太基历史学者所面临的第二个问题较为抽象，但同样紧
迫：在古地中海世界的广阔背景下，历史学家应将这座城市置 48
于何种地位，特别是它与公认的“西方”文明——伟大的希腊、罗马文明之间的关系？毕竟，迦太基或许在西地中海地区真实地存在过，但即便是在第一批腓尼基移民建起了这座城市的五百年后，它闻名于世的黎凡特传统仍在其文化、宗教及语言传统中扮演着重要角色。

迦太基人与他们的腓尼基传统之间的联系，在宗教活动及礼拜仪式领域体现得格外明显。直到他们的城市被毁灭的那一

天，迦太基人的父母们还在沿用他们祖先的做法：以腓尼基众神的名字为模板，在有限的姓名储备库中选取他们后代的名字（正如我们将要看到的那样，这种做法将成为历史学家的梦魇）。汉尼拔，迦太基人中最为著名的名字，意为“巴尔的恩典”（The Grace of Baal）；而另一个大众化的名字，博达斯达特（Bodastart），翻译过来的意思是“掌握在阿施塔特（Astarte，掌管生育的迦太基女神）的手中”。被选中的名字也可能有着更为精确的含义，例如名为阿比巴尔（Abibaal，意为“我父亲是巴尔”）的女子，其母阿里苏特－巴尔（Arišut-Ba'al，意为“巴尔的欲望对象”）则可能做过庙妓或神庙里的女祭司。[51]

腓尼基传统在迦太基的宗教同一性建立方面的重要性，借着精雕细琢的宗教石碑——这块由阿比巴尔所竖立的石碑被认为是献祭典礼的一部分——得到了进一步确认。石碑显示：一位女祭司（可能是乞愿者）将一颗作为牲礼的母牛牛头投入位于柱子基座顶端的，由柱顶构成的祭坛的火焰之中。这位妇女身穿一件长袍，左手抱着一个奉献用的箱子，与此同时她的右手保持着传统的祈祷手势。尽管这块石碑被推断为迦太基存在的最后几十年的产物，但它还是描绘了一次传统意义上的，可追根溯源至一千年以前在近东举行的宗教典礼的场景。[52]

对于希腊人和罗马人来说，那些以迦太基的宗教同一性为主题的模棱两可的解释，意味着迦太基人可以被描述成东方和西方世界的穷凶极恶之徒：毫无教养的野蛮人，柔弱、懒惰、无诚信、残暴的东方民族。[53]这一看法为许多 18 和 19 世
19 纪——混血民族遭排斥的殖民时代——的西欧人所热情继承。[54]然而，与此同时，如阿比巴尔的石碑这样与黎凡特传统

及经验之间有着明显一脉相承关系的人工制品，也变得引人注目起来，它们仅仅揭示了实际上有着远为复杂的文化 DNA 的一角。为数不多的残留下来的迦太基艺术品和建筑物，更是证明了一种非同寻常的折中主义以及对新影响和理念的开放性。

大约在公元前 2 世纪刚开始的时候，一位有钱的萨布拉塔（Sabratha）——一座距迦太基以东数百公里的城市，今利比亚境内，这座城市长期处于迦太基政治及文化的影响之下——市民请人为自己盖陵墓。[55]这座引人注目的陵墓最初为三层结构，竖直高度超过 23 米，它是用当地的砂岩石块建成的，计划弄成一个正面凹陷，削去顶端的三角形。[56]在地平面处有一座阶梯状的基座延伸至陵墓的第一层，这一楼层的三个拐角点矗立着以爱奥尼亚式的柱头作为装饰的柱子，装饰性的半圆柱体则位于楼层正面的中央部位。陵墓的正立面由一道装饰有两只正面相对的狮子的假门，以及一条位于假门上方的带有有翼日轮和艺术化檐壁的、标准埃及风格的楣梁组成。陵墓的第二层拥有一系列雕刻而成的柱间壁，上面附有的浮雕展示了一幕幕神话传说中的场景：身形矮小的埃及神灵贝斯（Bes，他因拥有抵御恶魔的能力而长期在整个迦太基世界广受欢迎）战胜了两头狮子，以及希腊英雄赫拉克勒斯（Heracles）正在履行他那著名的十件苦差中的第一件：打倒尼米亚猛狮。从建筑学角度来看，更具奢侈意味的是，柱间壁的侧面伴有三只轮流支撑着矩形柜子的狮子，柜子上方立有 3 米高的库罗伊（kouroi，青年人的雕像）。最后，一个金字塔形的塔尖构成了这座建筑物的顶端。

对于任何一个当时的希腊人来说，萨布拉塔陵墓能够带给人一种看上去既熟悉又陌生的感觉。陵墓所具有的许多艺术及建筑学元素——包括柱顶、圆柱、库罗伊和柱间壁——都是源自希腊的艺术及建筑学规则。此外，表面涂有色彩艳丽的泥灰的柱间壁与希腊柱间壁的风格同出一源。这些涂于中央面板的色彩有着格外醒目的效果。贝斯裸露着的肉体是深粉色的。亮白色的缠腰布和牙齿令他那郁郁寡欢般的嘴唇和钴蓝色的胡子
20 变得尤为显眼。深黄色的躯体上披着蓝色鬃毛的狮子同样因为浓郁的色彩而变得更加鲜明生动。青绿色的眼睛与耷拉着的红色舌头在亮白色的牙齿的映衬下，与它们那虚弱无力的死亡形成了鲜明对比。

对埃及建筑风格和主题的大量应用，同样表明了位于东面的、伟大的希腊新城亚历山大港的影响力，在那里，本地与希腊建筑学风格已激动人心地融合在了一起。然而，其他迹象表明，陵墓设计者中没有希腊人（无论如何，迦太基世界至少从公元前 6 世纪起就已将希腊和埃及的艺术及建筑学风格与自己的风格融为一体）。贝斯那矮胖身躯结构上的细节——如利用外观的装饰将它的关节与柱间壁连接在一起——为标准的迦太基式技巧。迦太基艺术的另一显著标志，即对细节与对称的过度关注，在萨布拉塔陵墓之中同样有着极为明显的体现。因此，两个构成了贝斯那尖锐胡子的三角形，与位于大腿上的、标志着这位神灵的白色缠腰布下缘的对应物完全相同。就连一绺绺的头发都被单独描绘出来。

更重要的是，人们发现一种常见的用于表达时间与空间的手法已经被摒弃了：古老的库罗伊与古典希腊风格元素紧密结合在一起。[57]传统的希腊神话故事被赋予了全新的解读方式：赫拉克勒斯用一支短剑而非扼杀的方式迅速地结果了尼米亚猛狮。这里体现的是一种简朴、自由的风格，这种风格即使是在

亚历山大大帝征服波斯之后，以及随后在公元前 3 世纪和前 2 世纪的希腊人与古老的东方文化的紧密联系所创造的更为自由的艺术环境中也未曾见到。按照希腊建筑学的眼光来看，更为异类的将会是第二层的柱子那矮小的部分，它们被削减到只比用于支撑更高楼层的基座高一点点的程度。在这一时期的希腊建筑物中，还从未发现过这种不成比例的现象，无论位置多么偏远。

但是，这种自愿利用在希腊世界里早已不再流行的风格、频频创造出新奇的混合式建筑学风格的行为，不应被视为迦太基人粗鲁笨拙或缺乏艺术眼光的证据，相反，它进一步地证明了自主创新是迦太基共和国的思想特色。然而，萨布拉塔陵墓 21
更令人惊讶的一面是它在建筑学上的成功程度。按理来说，这种不可思议的、充斥着文化参照与艺术风格大杂烩的多层建筑应该是建筑学的一场灾难。然而，由凹陷的线条，与高雅的、垂直流动的柱廊和库罗伊组成的建筑体顶点所共同营造的光与影之间的大胆相互作用意味着，这一陵墓代表着迦太基人的世界观：优雅而直白。

过于频繁地对迦太基艺术中所发现的折中主义的影响力给予过度关注，而不去关心它们在整合不同艺术风格方面的独创性，已经导致了以下这种错误的设想：迦太基人与更具“发明能力”和“独创性”的文明——特别是希腊文明——所进行的接触，不过是些被动消费或肤浅的“腹语术”① 式的行为而已。大量现存证据表明迦太基人说希腊语，撰写关于希腊文学方面的著作，研究希腊哲学，身穿希腊式服装，并膜拜希腊

---

① 即旧瓶装新酒。

神祇。这些证据往往被作为上述观点的实证。[58]同样，古希腊文明对伟大的近东文明所欠下的不容否认的恩情①往往遭到否认和嘲笑。[59]

事实上，萨布拉塔陵墓作为典型的奇观式陵墓，所代表的并非以衍生为特征的晚期迦太基文化，而是代表了包括迦太基世界在内的广阔的经济与文化联合体，这一横跨西南欧和北非大部分地区的联合体于多年以后在罗马帝国的庇护下，在政治上被统一到一起。这个世界并非建基于某个在政治和军事上具有压倒性实力的特定政权，而是一个由形形色色的生活在沿海地区的民族，如迦太基人、希腊人、伊特鲁里亚人和其他民族，组成的极为松散的政治网络。这些彼此相异的民族起初是被海洋贸易活动联系到一起的。海洋贸易作为驱动力，推动商品、人员、技术和思想在古代地中海世界四处流动。这种成为这一时期西方标志的具有创造性的经济活力，往往是两个实力相当的毗邻民族，即起初竞相西进拓展土地和商机的迦太基人和希腊人之间更为激烈的商业及政治竞争的产物，而并非源自某个至高无上的帝国强权。

作为在公元前的1000年的大部分时间里均在这一地区居
22 主导地位的商业性海洋政权，迦太基是前罗马时代西地中海地区的中心之一，这不仅体现在它的文化、经济和政治协作方面，而且体现在那些带有强烈反对色彩和敌意的现存文字记叙中。本书的一个主要目标就是还原这个被长期遗忘的世界的部分原貌。只有当迦太基再一次被置于它本来的横跨地中海世界的背景下，这座伟大的前北非大都市所具备的历史意义才能从

① 指从近东文明那里汲取养分。

长期以来加诸其身的肆无忌惮的毁灭和严重歪曲的重负中解脱出来，恢复其本来面目。

一位将贯穿本书始终的人物是伟大的英雄赫拉克勒斯。这位后来成为罗马万神殿中重要人物的希腊天神，能在一本与迦太基有关的书中有如此醒目的地位，看起来是不可思议甚至是违反常理的。然而，赫拉克勒斯比其他任何一个人物都更适合作为古代地中海世界的特色——文化的多样性与相互关联性——的标志性象征。但是，作为希腊神话中的伟大的流浪者和大力士，赫拉克勒斯其人与希腊人的殖民扩张企图有着极大的干系，他也是融合主义（Syncretism）——将不同的宗教、文化和思想流派融合在一起——的缩影，这一主义是希腊殖民者与其他民族，特别是迦太基移民接触而导致的主要结果之一。从公元前6世纪起，在地中海中部和西部的迦太基人和希腊人的心目中，赫拉克勒斯开始越来越多地与迦太基神灵麦勒卡特（Melqart）扯上关系。并非巧合的是，当伟大的迦太基将军汉尼拔到处寻找一位天国的精神领袖以将西方的人民联合起来，与实力日增的罗马人相对抗的时候，他选中的是赫拉克勒斯-麦勒卡特。确实，在第二次布匿战争期间，赫拉克勒斯开始成为迦太基与罗马之间极为艰苦而漫长的战争中胜利一方所获得的战利品——一种不仅能够决定该地区的经济与政治未来，而且也能宣告拥有其辉煌过往的权利——的象征。

假想古代世界与当代之间联系的尝试，即使在最好的情况下通常也只能显得毫无新意和吃力不讨好，在最坏的情况下则会显得愚蠢而不真实。然而，迦太基的历史迫使我们对一些令人放心的已有定论的历史事件重新做出评价，这些历史事件支撑着许多现代西方人对本国文化和知识传承的假想。仍被尊崇 23

为西方文明源头的“古典世界”（classical world）从来不是希腊-罗马文明的特有成果，而是众多不同文化与民族之间一系列复杂得多的互动的结果。

因此，迦太基不仅仅是一度存在于古地中海世界的文化多样性实例的有力证明，它也实实在在地提醒着我们：历史为我们做出的选择有多么冷酷无情。

注　释

1. Silius Italicus *Pun.* 2. 395 – 456.
2. Starks 1999，257 – 260；Prandi 1979. 尽管一些学者指出，盾牌上的图画展现的是一些令人不快的、有争议的话题：迦太基人与罗马人的无信义之举——汉尼拔被描绘为（他与罗马之间的）协议的破坏者，而埃阿涅斯则为了前往意大利（他的祖先最终在那里建立了罗马）无情地抛弃了自己的爱人狄多——但实际上，在这里，整个所谓忠诚的问题就是强加给迦太基人的罗马情结。关于汉尼拔铠甲的更多信息见 Vessey 1975，Campus 2003a。
3. Huss 1985，53 – 55；Dubuisson 1983；Isaac 2004，325 – 335.
4. Pliny *NH* 18. 22.
5. 陶尔米纳的蒂迈欧：见第 14 ~ 15 页下方对这位历史学家的讨论。
6. Sallust *Hist.* 1. 9；Velleius Paterculus 2. 1；Orosius 4. 23，5. 8.
7. R. Miles 2003.
8. Velleius Paterculus 2. 19. 4；Plutarch *Mar.* 40. 4.
9. Franko 1994，154.
10. Brecht 1951.
11. Schmidt 1953，604 – 609.
12. 这一绰号无处不在的证据见 W. McGurn，*Perfidious Albion*：*The Abandonment of Hong Kong*（Washington DC，1991）。
13. *The Jeffersonian Encyclopaedia* 1900，305；转引自 Schmidt 1953，

611 n. 35。

14. Bernal 1987，350 – 352.
15. Schmidt 1953，610 – 611；Bernal 1987，352 – 355.
16. Lancel 1995，441 – 444.
17. 见 Green 1982 中对《萨朗波》一书背景卓有成效的研究。
18. Sainte-Beuve 1971，437.
19. Cullingford 1996，225 – 227，234；Lennon 2004，84 – 85.
20. Byron，*Don Juan*，8. 23. 3 – 7.
21. 例如 Seamus Heaney 的 *North*，1975（Cullingford 1996，228 – 230），Brian Friel 的 *Translations*（1980）或 Frank McGuinness 的 *Carthaginians* 1988（Van Weyenberg 2003）。
22. 例如：伊曼纽尔·奥姆哈·伊思埃莫哈伊（Emanuel Omoh Esiemokhai）的 *Iraq the New Carthage*：*International Lawand Diplomacy in the Iraq Crisis*（Ife-Ife，2003）；理查德·格温（Richard Gwyn）：《残暴的对外政策：布什对伊拉克的强硬立场表明，绝不允许再有一个迦太基崛起，与今日的"罗马"抗衡》（*Toronto Star*，2002 年 9 月 18 日）；就连诸如阿兰·威尔金斯（Alan Wilkins）的剧本《迦太基必须毁灭》（*Carthage Must be Destroyed*，London，2007）这样没有明确提到伊拉克的作品也引发了相关的评论。
23. Schurmann 1998.
24. 就这一问题而言，突尼斯记者梅兹里·哈达德（Mezri Haddad）的书 *Non Delenda Carthago*：*Carthage ne sera pas détruite*（Monaco，2002）很有意思，它抨击了法国新闻界对其祖国的非难。
25. 关于将迦太基仅仅视为罗马侵略的被动受害者的不妥之处见 Eckstein 2006，158 – 176。
26. Rakob 1995，420ff.，432 ff.
27. 文献被埋藏起来的说法见 Plutarch *Mor.* 942C；Krings 1991，654 – 656。最近一个迦太基"保险箱"被发掘者发现了，但其中盛放的是宗教仪式用的器皿和赭石，而非少量的宗教典籍（Docter et al. 2006，67 – 75）。迦太基历史文献见 Servius *Aen.* I. 343，I. 738。声称用了迦太基文献的罗马作品见 Sallust *Jug.* 17. 7。关于今人对迦太基官方历史的猜想见 Huss 1985，

505。一篇特定的迦太基文碑铭（*CIS* i. 5510）被解释为一段简短的历史记载，内容为迦太基人于公元前406年冬发动的，针对西西里希腊城市阿克拉伽斯的一场军事行动的结局。对这段碑铭的讨论见 Schmitz 1994。

28. Pliny，*NH* 18. 22. 两份希腊文译本亦独立成书（Devillers & Krings 1994, 492）。
29. Devillers & Krings 1994，490.
30. Heurgon 1976.
31. 他还撰写了伊庇鲁斯国王皮洛士与罗马人之间爆发的战争的历史，对蒂迈欧的详细研究见 Vattuone 1991。
32. Pearson 1975，172－178.
33. Pearson 1987，157－163，238，245－250.
34. Diodorus 13. 43. 6.
35. 同上书，11. 1. 4。
36. 同上书，12. 26a－b。
37. 同上书，20. 14. 1－7，13. 86. 3，20. 65. 1。
38. 同上书，13. 3. 4。
39. 同上书，13. 57. 4－5，13. 86. 2－3。
40. 同上书，13. 90. 1－6。
41. Hoyos 2003，212－222；Lancel 1999，25－28.
42. Livy（21. 38. 3）也读过辛西乌斯·阿里门图斯（Cincius Alimentus）的著作，后者事实上在第二次布匿战争期间为汉尼拔所俘。
43. 关于波利比乌斯的《历史》（*Histories*）的研究见 Champion 2004，Walbank 1957－1979。
44. Walbank 1985，262－279.
45. 同上书，272，但波利比乌斯对蒂迈欧的指控之一，是后者以蔑视的态度对待其他历史学家。
46. Walbank 1957－1979，I：63－130；1985，77－98；Scuderi 2002，277－284.
47. Plutarch Pomp. 11. 3－4.
48. Harden 1939，关于这座被焚毁城市的其他考古学证据可参见 Docter et al. 2006，75－76。

49. Lancel 1995, 199 - 204.
50. Huss 1985, 481 - 483.
51. Lipinski 1988b, 169 - 174.
52. 同上。
53. Dubuisson 1983; Starks 1999, 259 - 260.
54. Bernal 1987, 352, 355.
55. 与众多迦太基陵墓一样，这座陵墓因地震及后来的城市开发而遭到严重破坏，但幸存的部分足以让考古学者通过坚持不懈的努力来重现这座建筑的原貌。每一个迦太基建筑学学者面临的问题，与文学学者面临的问题是一样的：材料稀缺。后世罗马城市的开发与蓄意的毁坏令这些建筑殆无孑遗。历经古代与现代劫难幸存下来的寥寥无几的样本往往坐落于迦太基北非领土的东部与西部边缘地区。关于大莱普提斯（Leptis Magna）、奥意（Oea，今的黎波里）和萨布拉塔的起源可参见 Longerstay 1995, 828 - 833。萨布拉塔的陵墓也非一人专有。在距萨布拉塔陵墓仅 100 米外的地方掘出一栋类似的建筑，而另一个陵墓则在阿尔及利亚西部的奥兰（Oran）附近被发现。
56. Di Vita 1976.
57. 例如，呈公羊角状，中间夹有一片棕榈叶的螺旋形爱奥尼亚式首都曾长期未受到希腊世界的喜爱，但其自公元前 4 世纪起成为迦太基建筑学中极为流行的元素（Lancel 1995, 311）。
58. 关于迦太基人身穿希腊式服饰的证据见 Maes 1989。希腊语证据见 Thuillier 1982; Lancel 1995, 275 - 276。文学著作证据见 Cornelius Nepos *Hann.* 23. 13. 2; Dio 13. 54. 3。希腊哲学证据见 Diogenes Laertius *Herillus* 7. 1. 37. 3. 165; Iamblichus *Pythagorean Life* 27, 36。
59. 关于古希腊文明对伟大的近东文明欠下不容否认的恩情这一话题的研究见 Burkert 1992。

第 1 章　以肉饲虎：腓尼基人与西部的新世界

紫色之地

24 在公元前 9 世纪上半叶后期的某个时刻，伟大的亚述（Assyria）国王阿苏尔纳西尔帕二世（Ashurnasirpal Ⅱ）率领他的军队朝腓尼基海岸进发，在那里，他大摇大摆地在地中海的海水里清洗了他的兵器，并向神灵献祭。恰恰是这一不祥的姿态引发了以下应该出现的后果："我收到了沿海诸国——换句话说，泰尔、西顿（Sidon）、比布鲁斯（Byblos）、马哈拉图（Mahallatu）、迈祖（Maizu）、凯祖（Kaizu）、阿姆茹（Amurru）和大海中央的城市亚瓦底（Arvad）诸民族之土地——国王的贡品，白银、黄金、锡、青铜和青铜器，彩色的亚麻布服装，一只体形巨大的母猴子，一只小母猴，乌木，黄杨木和海洋生物的长牙。他们臣服于我了。"[1]

这已经不是亚述国王第一次造访腓尼基了，但这次进军翻开了亚述卷入这一地区事务历史的新篇章。[2] 亚述的国力蒸蒸日上，腓尼基城市现在被要求定期缴纳大批贡品，作为回报，它们得以继续在政治上维持自治的地位。幸运的是，亚述人懂得图像的力量和文字的影响力。[3] 在他们城市的废墟里，考古学家已经发现了大量碑文和展示亚述人为帝国所设计蓝图的浮雕像。它们展现了一副，留着精心修饰的标志性卷髯和头发的军团战士操纵令人生畏的军事机器的醒目形象。亚述人的浮雕

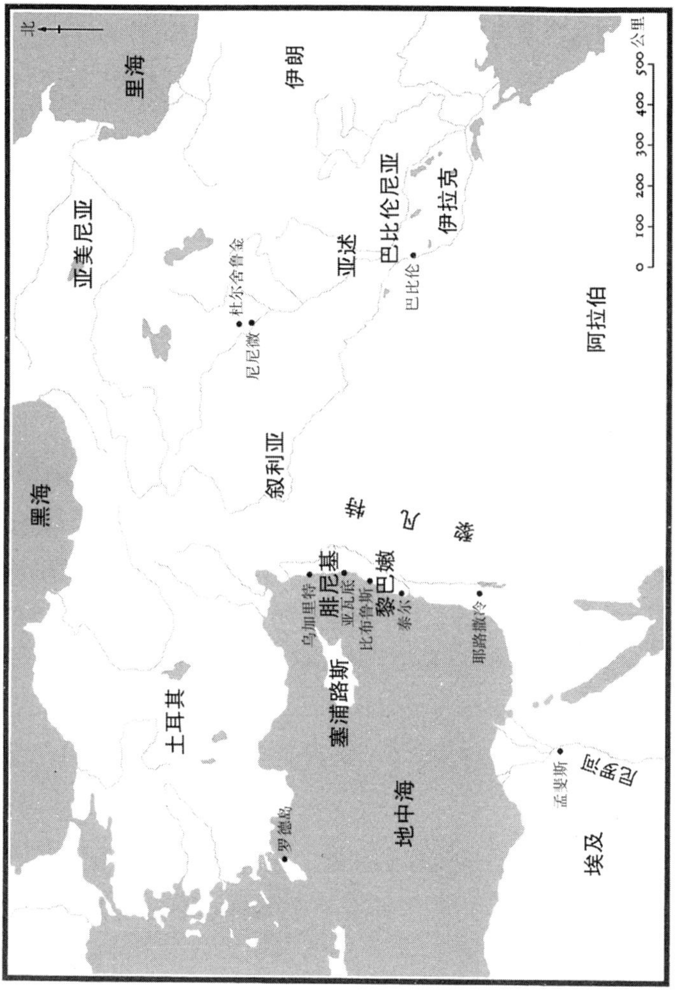
北
里海
伊朗
亚美尼亚
杜尔舍鲁金
尼尼微
亚述
巴比伦尼亚
伊拉克
巴比伦
阿拉伯
黑海
叙利亚
腓尼基
乌加里特
亚瓦底
比布鲁斯
黎巴嫩
泰尔
耶路撒冷
塞浦路斯
土耳其
罗德岛
地中海
孟斐斯
埃及
0 100 200 300 400 500 公里

地图 2　近东

像与他们对永无休止的战争、被洗劫的城市、大规模的放逐和屠杀的生动描述令我们深刻地领略到，要创建和维持一个极盛时期囊括了伊拉克、伊朗、阿拉伯、土耳其、叙利亚、黎巴嫩、埃及和塞浦路斯大部分地区的帝国，需要何等的冷酷无情。[4]

面对面积大得多、实力也更为强大的邻居的威胁，腓尼基人并不觉得这是什么新奇的经历。[5] 东面为陡峭的山脉环绕，西边则是浩瀚地中海的腓尼基城市沿着海岸线的狭长地带散布开来，其中大部分为现代黎巴嫩的领土。虽然这些城市的居民无疑并不自称“腓尼克斯”（Phonikes），即他们那伟大的商业竞争对手希腊人对他们的称呼，但他们承认“坎奈”（Can'nai）这一共同的民族身份，即版图囊括了黎凡特和叙利亚以北所有沿海平原的迦南（Canaan）之地的居民。[6] 然而，尽管有着共同的语言、文化和宗教传统，但这片地区极少在政治上连为一体，每一个城市均作为一个独立王国，由一位国王或当地的统治者统治。[7] 毫无疑问，腓尼基并不作为一个统一的政权而存在，直到一千多年以后罗马人建立了以这个名字命名的行省。然而，即便存在这些弱点并遭受近东的主要强权带来的威胁，黎凡特沿海众城市还是——相当不可思议地——长期捍卫着它们的政治独立。

在经常面对巨大的外部压力的情况下，腓尼基人的自治权和实实在在的繁荣得以延续的关键，在于那无与伦比的对海洋的控制力。在从约公元前 3300 年到前 1200 年的青铜器时代的近东，奢侈品交易长期在国与国之间的外交关系中占据着核心地位，它使得王室的权威始终能够牢牢地控制长途贸易。停驻在外国港口的商人实际上是代表着统治者利益的皇家代理人。君主希望这些商人能够作为自己的代表，而不光是以私人身份受到他们的东道主所提供的商业和法律上的保护，并得到使者般待遇。[8] 的确，为了认真对待这种高规格的外交活动，近东的大国需要一个现成的奢侈品产地，以备互贸之需。尽管某些原料可以轻松获得——如黎凡特山脉闻名于世的雪松——但其他原料就只能取自隔海相望的地区。

就亚述和它的对手而言，问题在于尽管它们的疆域已经达到了极为广袤的地步，但没人能够宣称自己控制了这片浩瀚的、许多人只知道它是“大海”的水域。[9] 对于生活在内陆地 28
区的亚述人来说，地中海是一种连他们那无所不能的神阿舒尔（Assur）也无法制服的力量，因而对其怀有崇敬和虔诚的敬畏之心。埃及人尽管是靠着尼罗河的潮起潮落生存的，但在踏上漂洋过海的旅程时，只能依赖他们那些糟糕透顶的劣质装备。他们的平底内河船连最平静海域掀起的风暴都无法承受。如果他们想获得那些隔着重洋的地区，特别是爱琴海世界的珍稀商品和原料的话，那么他们将不得不依靠中间人——因“边境延伸至大海”而扮演关键角色的腓尼基城邦——的协助来勉力实现自己的愿望。[10]

早在公元前 3000 年，来自腓尼基城市比布鲁斯的水手就已经研制出了拥有弧形船体、能够经受得住大海考验的船只，靠着这些船只，他们将作为商品的雪松不断运往埃及。在接下来的许多个世纪里，比布鲁斯和其他腓尼基王国如西顿、泰尔、亚瓦底和贝鲁特等通过将奢侈品和大量原材料从海外市场运回近东的行为，为自己赢得了一个重要的商机。[11] 这些新的贸易航线覆盖了包括塞浦路斯、罗德岛、基克拉泽斯、希腊大陆、克里特岛、利比亚海岸和埃及在内的众多地中海以东的地区。一些失事船只的残骸中蕴含着异常珍贵的关于所运物资的

北
潘菲利亚
锡德
安条克
阿尔敏纳
奥隆特斯河
乌加里特
塞浦路斯
基提翁
阿马萨斯
特尔苏卡斯
亚瓦底
巴比伦
贝里图斯（贝鲁特）
西顿
泰尔
地中海
阿卡
加利利
以色列-犹大
安曼
耶路撒冷
摩押
0
100 公里

地图 3 腓尼基

信息。它们装载着一块块的铜锭和锡锭，还有被认为盛着油膏、酒和油的容器，以及玻璃、金银首饰、名叫彩陶器（faience，上过釉的陶器）的贵重物品、色彩亮丽的陶器，甚至还有金属残片。[12]

近东奢侈品市场物流专家的这一关键角色，使黎凡特及叙利亚北部那些沿海城市免受变幻莫测的近东政治活动的伤害，因为所有大国都需要并且重视它们提供的服务。瞬息万变的近东局势即便是在最为混乱的时候，所产生的也是更大的商机而 29
非巨大的灾难。公元前 12 世纪末期，地中海东部地区遭受了由形形色色、成群结队的牧人、游牧民、无地农民和被遣散的雇佣军（这些人与青铜器时代的狭隘宫廷世界没有任何利益关系）引发的一系列灾祸，许多已经在这一地区统治了几千年的旧统治集团彻底分崩离析了。一些国家，如叙利亚北部的乌加里特王国（state of Ugarit）和小亚细亚的赫梯帝国（Hittite Empire）完全消失了，而其他政权，如亚述和埃及则遭到严重削弱。

这种由掌握文字的祭司阶层和军事精英组成的头重脚轻的政治体系，为君王提供的权力基础过于薄弱，以至于无法战胜任何严峻的挑战。社会问题因僵化的中央集权式管制经济完全无法让足够的财富通过涓滴效应惠及贫苦阶层而激化了。一旦农业由于遭到入侵而陷入困境，且铜与锡的海上贸易又无法进行的话，那众多青铜器时代的宫廷社会也就离死不远了。有人可能会认为，腓尼基城邦所服务过的政体陷入戏剧性的衰落会给城邦带来灾难。恰恰相反，它们迎来的是近三个世纪的黄金时代，其间，它们可以在没有严重外部干涉的情况下从事商业活动。

国家控制型商业的消失令商人摆脱了先前抑制他们行动的束缚。远程贸易从宫廷垄断模式转型，变成了为己牟利的生意人所从事的商业投机活动。[13]在沿海的腓尼基城市，成群结队的商人们组织了起来，一个个以大家族为核心的、以开拓商机为宗旨的“商行”出现了。尽管商业活动已不再处于自己的严厉控制之下，腓尼基的统治者们还是积极地参与到贸易活动中去。确实，王室似乎经常起到银行或面向商业投机活动的放贷人的作用。商业与国家之间的关系因由商业家族的族长们——《圣经》中将他们称为“商业亲王”或“海上亲王”——组成的、为国王出谋划策的权力很大的元老院的存在而得到巩固。[14]

无须再对邻国的威胁做出让步，并且叙利亚北部的许多商业竞争对手也被摧毁了，腓尼基众城市因此可以大大拓展它们的贸易网络了。[15]新一代的腓尼基商业精英也将他们的商业活动扩大到了奢侈品制造领域。珍贵的原材料被卸载在码头上，然后运往手工作坊进行加工。来自叙利亚北部、非洲和印度的
30 象牙被雕刻成精美的家具装饰物。最为豪华的家具得到了更为精心的装饰，它们被巧妙地嵌入宝石和彩色的玻璃（腓尼基也是玻璃和彩陶器的生产中心）。埃及及亚述主题的设计表明这些奢侈品的生产主要是供应外国市场而非国内市场的程度之深。金属制造是腓尼基人的另一特色产业，腓尼基的工匠们在青铜或银碗的制造方面体现了非凡的技术水平，他们的产品通常有着各式各样的风格，排列在一起时令人眼花缭乱。按照惯例，艺术史家往往认为这种手艺不过是惟妙惟肖的模仿行为罢了，然而，这种折中主义才是腓尼基人的独特风格。[16]金银首饰经常用次等宝石作为装饰，其细节达到了令人吃惊的程度，

它们的产量相当可观。最受欢迎的主题是埃及的巫术符号，如霍鲁斯（Horus）的眼睛、圣甲虫和新月状的太阳，这些符号被认为可以保护它们的携带者免受在阳间潜行的恶魔，如夜魔“飞鸟”或“扼杀者”和蛇身恶魔 Mzh 的侵害。[17]

但是，并非所有腓尼基城镇出产的商品都与奢侈品有关。大量铁制家庭用品和农具，以及如投枪和枪头等兵器也在出口商品之列。然而，将腓尼基众城市变得举世闻名的产品是带有刺绣的服装和染成深紫色的布匹。它们的优良质地得到了从《圣经》到荷马的《奥德赛》在内的古代文学作品的认可。实际上，希腊人后来就用他们形容紫色或深红色的词语——腓尼克斯（phoinix）——来命名这些黎凡特海岸的人。[18]这种染料取自在该地区繁衍的两种软体动物的腮下腺。考古学家已经在一些腓尼基城镇发现了生产染料的相关流程。首先，软体动物被渔网捉住，而后它的贝壳被击碎，身体被保存一段时间，以便让它变干。随后，它们被投入制作特定紫色所需浓度的盐水中。尽管腐烂的软体动物所散发出来的恶臭令人完全无法忍受，以至于染料作坊的合理位置应为城镇的边缘地带，但其生产规模极为庞大，在西顿，由被丢弃的骨螺贝壳堆积而成的小山高度超过 40 米。[19]

同样是在这一时期，一些相对自由的腓尼基城市的地位在 31
该地区得到了明显提高。毫无疑问，政治食物链上掠食者的缺乏使得黎凡特地区的显著优势与其他地区一样，都拥有辽阔而肥沃的农业腹地。位于岛屿之上的定居点，如泰尔，尽管得到了更好的保护，但也因此变得更加与世隔绝，它们现在与更为富饶的邻居相比，显得越来越相形见绌。后者控制着包括淡水水源获取权在内的诸多大陆资源。

麦勒卡特城的崛起

然而，到了公元前 10 世纪的时候，腓尼基众城镇之间的力量平衡开始因泰尔而发生变化，这座城邦在其国王阿比巴尔和后来的海勒姆强有力的统治之下，国力蒸蒸日上。长期的水资源短缺问题已通过将岛上的岩石凿成深水池的办法加以克服，阿比巴尔利用其精明的外交和政治意识，奠定了对外扩张的基础。[20]由于埃及正处于持续的没落期，而亚述和巴比伦尼亚（Babylonia）也在走下坡路，一股新势力以新近联合的以色列－犹大王国的形式出现。海勒姆迅速意识到这是一个潜在的力压其他腓尼基城市的机会，他派使者携带礼物——当然，其中包括雪松——前往获胜的以色列国王大卫处。[21]一个与以色列人结成的联盟是最具吸引力的，因为联盟的版图与泰尔和其他腓尼基城市那狭窄的内陆地区接壤，能有效地切断它们那些有利可图的、朝东方延伸的内陆贸易线路。

当所罗门于公元前 961 年接替大卫，登上以色列王位的时候，海勒姆派了另一个代表团前去向新国王表示祝贺，以进一步扩大其父最初取得的外交成果。这一主动姿态似乎收到了效果，泰尔和以色列签署了一份商业协定，约定由前者提供木料和能工巧匠，在耶路撒冷城修建两座崭新、宏伟的建筑物：一座用于祭祀以色列人的上帝——耶和华的神庙，以及一座皇宫。[22]海勒姆派大批臣民前去砍伐黎巴嫩山上的雪松和柏木，与此同时，其他泰尔的能工巧匠则在采石场里打磨修建神庙用
32 的石块，而后将它们运往耶路撒冷。[23]所罗门也委托切洛莫斯（Cheiromos），一位以色列－泰尔混血铸工，负责为神庙铸造精致复杂的金、银、铜质装饰物。[24]

作为交换，以色列人不但将支付一笔白银，还需每年向泰尔提供超过40万升小麦和42万升橄榄油——这对国土面积狭小的泰尔来说是极大的恩惠。[25]原条约履行了20年，最终（以两栋建筑物的竣工为标志）两国签订了一份新的协议。以现金支付120塔兰特（talent）黄金的形式，所罗门将位于加利利（Galilee）和阿卡（Akko）平原——以其农产品而闻名的地区——的20座城市卖给泰尔。[26]泰尔现在有了巩固其在黎凡特地区的地位所必需的腹地。

泰尔所得到的好处并不止这些。从商业角度上来说，这一协议不仅给予了泰尔进入重要的以色列、朱迪亚和叙利亚北部市场的特权，也为两国提供了更多的联合进行海外冒险的机会。可以肯定的是，一支泰尔－以色列探险队来到了苏丹和索马里，其足迹甚至可能远至印度洋。毫不为奇的是，当这支舰队满载着一货舱一货舱的金、银、象牙和宝石归来后，这一有利可图的事业会一遍又一遍地进行。在公元前9世纪早期，泰尔与以色列之间的关系因泰尔国王伊思洛巴尔一世（Ithobaal Ⅰ）的女儿，声名狼藉的耶洗别（Jezebel）与以色列新王亚哈（Ahab）的婚姻变得更加牢固。[27]

泰尔其他翻天覆地的变革同样是富有创新精神的海勒姆所开创的。腓尼基的宗教信仰和习俗是广为流传的叙利亚－巴勒斯坦传统的一部分，后者的辐射范围包括西叙利亚大部分地区和以色列、犹大王国和摩押王国。[28]作为多神教信仰体系的追随者，腓尼基人崇拜形形色色的神灵，不过他们的神话中拥有多种等级体系。在腓尼基人万神殿中位居首席的是埃尔（El）和阿瑟拉（Asherah），而以众多不同面貌出现的巴尔神居于次要地位，但其在日常生活中更加活跃的神明里扮演着头号管理者的角色。[29]

宗教仪式在腓尼基众城市的公共及个人生活中处于中心位置。伟大的众神神庙是近东地区最富丽堂皇及除皇宫以外最有权势的机构。这些神庙本身就是巨大的市镇自治机关，所雇的
33 不仅有僧侣，还有大批从事其他职业的人员。有些神庙甚至雇有为那些自愿将自己的头发作为礼物奉献给某个特定神灵的恳求者服务的理发师，以及用自己的收入来贴补神庙收益的庙妓。这种权力与财富的集中自然导致了神庙与城市中的另一权力机构皇宫之间的紧张关系。毫无疑问，看起来似乎是某种欲望促使神庙紧跟着统治者的步伐，决定以一位新神麦勒卡特（他的名字是“城市之王”的意思）来取代传统意义上的泰尔主神。麦勒卡特后与其妻阿施塔特女神一道成为万神殿的统治者。根据一份古代文献的记载，为了保住自己宗教政变的胜利果实，海勒姆拆除了昔日的泰尔之神的神庙，为麦勒卡特和阿施塔特建起了宏伟壮观的新圣殿。尽管这份记录的后半部分可能是符合史实的，但这次宗教革命不太可能翻天覆地到非将旧式的腓尼基万神殿摧毁不可的地步。

这些变革并不意味着旧神就此消亡，而是泰尔人宗教版图的一次意义重大的重组。的确，看起来埃尔似乎仍是泰尔的主神，而三位暴风之神——巴尔·沙曼（Baal Shamen）、巴尔·马拉格（Baal Malage）和巴尔·萨洪（Saphon）——也仍是众神中的长者。然而，麦勒卡特现在是无可争辩的、神圣的皇室守护者。因而他成了一名“政治味道十足”的神灵：既是精神领袖，又是传播君主意志的工具。这一创意可能源于腓尼基城邦比布鲁斯，在那里，巴拉特·古泊尔（Baalat Gubal，“比布鲁斯夫人”）长期以来以类似的方式为人们所膜拜。[30]

靠着对麦勒卡特的膜拜，君主可以把自己塑造成凡间与天国世界之间的桥梁，而天国诸神的需求也可以与宫廷在政治上的迫切需求达成紧密的协调一致。[31]国王甚至引进一套复杂的新宗教仪式，用于庆祝一年一度的麦勒卡特节。[32]每年春天，在一个精心设计的被称为“艾格赛斯”（egersis）的节日里，一座神像被置于一只巨大的木筏之上，而后被仪式性地点燃。随后，木筏漂向大海，而聚集在一起的人们则吟唱着赞美歌。对于泰尔人而言——与众多其他古代近东民族一样——仪式的关键在于火焰所具备的再生性：神灵本身并未被化为灰烬，而是借着滚滚浓烟凤凰涅槃，如此一来，熊熊燃烧的雕像也就成了神灵重生的象征了。为了强调“艾格赛斯”节在维持泰尔人内部凝聚力方面的重要性，在宗教仪式举行期间，所有外国 34
人都必须离开这座城市。随后，国王与其正室将在一场确保国王的幸福、健康、生育能力和合法权威不受损害的婚礼仪式中扮演麦勒卡特和阿施塔特的角色。实际上，这一典礼远不止是一场壮观的宗教仪式或角色扮演游戏，它充分表明了国王就是伟大的麦勒卡特的活化身。[33]

海勒姆似乎并不是唯一一个打算在城市的宗教特色方面打上王权烙印的君主。在西顿，国王似乎已将艾斯蒙（Eshmoun）神和阿施塔特神的地位提升到王室的监护及保护者的地步，并将他的直系亲属晋升为祭拜仪式的祭司长。[34]同样绝非巧合的是，艾斯蒙和麦勒卡特一样，与繁殖能力及生死轮回息息相关。[35]

几个世纪以来，麦勒卡特在泰尔的影响力与日俱增，以至于经常被冠以巴尔·索尔——神圣的“泰尔之主”——的称号，甚至到了被誉为这座城市的缔造者的地步。当希腊历史学家希罗多德于公元前 5 世纪造访泰尔伟大的麦勒卡特神殿的时候，祭司们告诉他，这座神殿建于 2300 年前，与这座城市同时诞生。[36]

实际上，后来一个有着更古老的腓尼基渊源的希腊传说是这样说的：泰尔城所在地是由两块被称为“安布罗斯之石”的岩石构成。那里寸草不生，唯有一棵熊熊燃烧的橄榄树孤零零地矗立在上面，一只老鹰和一个精美的碗在树上安家落户。一条缠绕在树干和树枝之上的蛇构成了这一奇观的最后一块拼图。尽管灾难可谓一触即发，但仍维持着和平的现状，蛇和鹰均未打算攻击对方。同样不可思议的是，熊熊燃烧的橄榄树与栖息在这里的生物始终没有葬身于火焰之中。此外，尽管海风如波涛般此起彼伏，但那个碗从未从树枝上滑落。与石块上方那静止不动的一幕形成鲜明对比的是，安布罗斯之石的石身在地中海四处漂浮不定。在以人类形态来到世间的神灵/英雄麦
35 勒卡特的启示下，大陆上的居民建造了有史以来第一艘船：“一种新型的航海工具……海上的双轮战车，第一艘可以航行并能载着你穿过深海的船。”船载着他们，遇到了这几块到处漂荡的岩石。[37]未来的泰尔公民在此登陆，并按照麦勒卡特的命令，捕获了那只老鹰，将它的血泼洒在岩石上，以作为献给宙斯的祭品。从此安布罗斯之石被固定在海床上，不再东漂西荡。泰尔城的卫城和祭拜麦勒卡特的神庙随后就在岩石上方拔地而起。[38]希罗多德在其关于神庙的记载中描述了里面两根一模一样的柱子——一根由纯金铸造，而另一根则由翡翠构成，它们可能是那棵熊熊燃烧的橄榄树的象征——如何在黑漆漆的夜空中闪耀着明亮的光芒。[39]

在这个奇怪的传说中，麦勒卡特对于泰尔人的重要性不仅

仅体现在他所扮演的本城缔造者的角色上，也体现在他的礼物，即那艘有史以来的第一条船上。它使他们得以横渡广阔无垠的地中海。因为大海对于泰尔的繁荣昌盛——有时对于它的存在——而言是不可或缺的，将泰尔人在海洋方面所取得的成就归功于那位在该城的神话中赋予了他们航海能力的神灵是合乎情理的。[40]此外，由于泰尔的政治影响力在腓尼基以外的广大地区越来越大，麦勒卡特的影响力亦随之与日俱增。在公元前 9 世纪时期的叙利亚北部——泰尔在那里拥有巨大的商业利益——我们发现一位当地统治者为这位神灵建立了一座纪念碑，并将他描绘成头戴角头盔、挥舞着一柄战斧的形象。[41]

海勒姆之手段的长远效果在巩固泰尔人在腓尼基众城市的影响力方面变得越来越明显，以至于西顿成了泰尔的臣属。[42]实际上，一些学者已有结论：单一的腓尼基人的身份，准确地说就是在这一时期形成的，是南黎凡特强大的泰尔 - 西顿联盟日后将其城市和人民称为“普特”（Pūt）和“波尼姆”（Ponnim）的结果。这至少清晰地表明，由于泰尔的商业影响力与日俱增，因而它成了与来自黎凡特海岸其他城市的腓尼基人有关的联合冒险行动的重要枢纽。[43]

泰尔人的贸易活动随着腓尼基人航海及造船技术的进步而得到了进一步增强，这极大地扩展了商贸活动的地域范围和速度。这方面的创新成果中的第一件是利用北极星（它被称为“腓尼克”）作为导航手段，令水手们能够在夜间航行于开阔 36
的海面上。第二件则与造船技术那一系列革命性的发展有关。使用龙骨以及将厚木板用沥青并排粘在船壳表面以保证船只的密封性，二者皆为腓尼基人的发明。由于船只那巨大的外壳呈球根状，因而腓尼基人日后用带有“浴室”意思的希腊语

gauloi 来指代商船。这些船只是储存空间与航速最大化的完美结合。尽管它们体积庞大，然而靠着单一的巨大横帆与一队队的划桨手，这些船只看上去一点也不笨重，在天气良好的情况下，它们的航速可以达到 40 公里/天。[44]

在公元前 9 世纪最初的几十年间，泰尔在伊思洛巴尔一世的统治下，建立了一张以自己为中心的，遍及小亚细亚、塞浦路斯、亚美尼亚、爱奥尼亚群岛、罗德岛、叙利亚、犹大王国、以色列、阿拉伯及近东的众多地区，引人注目的贸易网络。[45]一座位于南部的新人工港也被建成，用于管理大量经过该港口的货物。这座港口被命名为“埃及人”，因为埃及这个沉睡中的巨人终于从长期的经济昏迷中苏醒过来，泰尔人意识到这是一个新的商机，于是促成建立了一个新的同盟，大规模的商业贸易就此复苏。[46]

最晚从公元前 10 世纪起，在同自己做生意的土著人的居住区之中开辟出一块块飞地，对于爱琴海与东地中海地区的腓尼基商人而言，已是一种司空见惯的做法。随着时间的流逝，这种商业上的接触发展成更为稳固的联系，在克里特岛、罗德岛和科斯岛建起的瓶装药膏作坊就证明了这一点。[47]有迹象表明，这个地区的一些移民拓居地亦开始显示出更成建制的腓尼基人社区的迹象，如克里特岛南部的孔摩斯（Kommos），在那里今人发现了有黎凡特的圣殿所特有的三柱风格的遗迹，其年代或可追溯至公元前 9 世纪初期。[48]

一般认为，东地中海及爱琴海地区本地出产的陶器及金属器皿中存在的仿近东风格现象——通常被称为“东方化”现
37 象——说明它们出自移民而来的腓尼基铁匠、陶匠及土著学徒之手。[49]然而，这清晰地表明泰尔人已开始——特别是在公元

前 9 世纪末的时候——与同他们有着贸易往来的海外群岛形成一连串的新关系。

塞浦路斯与黎凡特众城市有着长期的相互往来。自公元前 2000 年起，它就成了东地中海贸易航线上稳固的一部分，这主要归功于位于该岛腹地的储量丰富的铜矿床。[50]第一个泰尔人的殖民地位于基提翁（Kition），其坐落在先前被废弃的商业移民聚居区的旧址上。考古学家在基提翁发现的，为数不多的陶器及其他外国奢侈品表明，该地并未被建设成一个标准的商业中心。其他塞浦路斯港口，如阿马萨斯已履行起这一职能。设立这一殖民点的首要目标是令泰尔人获取塞浦路斯岛腹地所储藏的丰富的铜矿石，这些矿石随后得到冶炼，并通过海路运回泰尔，而该殖民点后来也为腓尼基移民提供了肥沃的内陆土地以供耕作。与先前的海外商业家族不同的是，在这里，黎凡特商人和工匠定居于与其有着商业往来的土著人居住区的内部，并处于后者的保护之下。基提翁及其他泰尔殖民地被视为泰尔人的主权领土，由一位直接听命于国王的总督管辖。[51]这清楚地表明，泰尔国王已准备保护他在塞浦路斯的利益，甚至在必要情况下动用武力。当基提翁的居民起来反抗泰尔人的统治的时候，海勒姆立即派军队前去镇压这场起义。[52]

然而，泰尔国王也使用了更为灵活的控制手段。对麦勒卡特的祭拜仪式在基提翁的推广尤其重要，为此在公元前 9 世纪末，人们在青铜器时代晚期的圣殿废墟上建起了一座富丽堂皇的神庙，专门用于祭拜麦勒卡特及其天神伴侣阿施塔特。[53]麦勒卡特对于基提翁市民的重要性为这位天神 400 年后仍出现在这座城市的货币上的事实所证明。[54]

在把这类历史遗迹当作泰尔蒸蒸日上的实力和自信的充分

证据的同时，阿苏尔纳西尔帕二世及其军队的造访也绝不是一
个孤立的事件，它预示着腓尼基诸城邦相对独立的时代即将结
38 束，在接下来的数十年间，黎凡特沿海各城邦将发现它们处在
日益增长的来自亚述的压力之中。为了保住它们政治自治的地位，甚至也许是为了保证自己的生存，它们将再一次回归到传统的首席商务掮客的位置上去，以应对邻国那潜在的威胁。

喂养亚述猛虎

亚述王国虽热衷于把它与近东其他国家的关系公开宣扬为简单地利用野蛮的军事力量令他国俯首帖耳，而后供奉贡品，但它也在玩着一种微妙得多的，与控制区域间的贸易网络有关的战略游戏。[55]士兵、织工、皮匠、农民、铁匠及其他工人须不断履行向亚述王国缴纳必需的原料和金钱的义务。[56]侍臣和高级王室官员被授予封地及免税权，作为其为国效忠的回报。[57]伟大的国王们将自己描述为伟大的供给者。他们吹嘘说，大批从征服地流入亚述的战利品令他们的臣民过上了富足的生活，就连那些最卑贱的臣民也不例外。[58]

为了满足令臣民心怀敬畏并服从统治的大批宏大的王室工程的需要，珍贵原材料的需求量也非常大。尤为引人注目的是亚述君主塞纳克里布（Sennacherib）于公元前 7 世纪初建于尼尼微（Nineveh）的“无可匹敌的宫殿”（Palace without Rival）。这座宫殿宏伟壮观——占地面积超过 10000 平方米——用饰有银、铜及精心雕刻的象牙的香木装修得富丽堂皇。外墙以大批彩色釉面砖作为装饰。该建筑物的每一厘米都覆盖着精细的、描述国王凯旋场景的概略图。就连家具也是用最优质的原材料制成，上面镶有象牙和贵重金属。[59]

为了让国家能够有效运转下去，亚述王国经常需要一定数量的优质原材料及奢侈品成品的供应，这类供应品只能通过贸易而非征服手段获得。亚述国王越来越希望腓尼基诸城邦能满足这些巨大的需求，并为王室舰队提供大量船舶和船员。亚述 39
人尤为重视的是贵重金属——特别是白银，它最终将成为为整个帝国所接受的硬通货——及打造兵器所需的铁的流向。[60]腓尼基城邦对亚述的利用价值意味着一些城邦将继续享有一定程度的政治及经济自治权，而非被并入这个帝国。[61]可以肯定的是，基提翁殖民点的建立可能是腓尼基诸城邦对当前亚述向它们施加经济压力所做出的反应，因为泰尔再也无法完全仰仗它的塞浦路斯商业伙伴的长期友好关系了。

然而，真正的地缘政治上的分水岭出现在公元前 8 世纪初，此时亚述国王阿达德－尼拉里三世（Adad－NinariⅢ）征服了叙利亚北部。[62]准确而言，这一历史进程对于泰尔人来说可谓喜忧参半。从可喜的一面来说，亚述人攻占了叙利亚北部的行动一举消灭了一些最可怕的商业竞争对手。但从忧的一面而言，泰尔人丧失了一处重要的贵重金属来源地，而当获胜的征服者向被征服者索取与腓尼基人的贡品相同的货物时，情况更加恶化了。如果要满足亚述人的巨大需求，就必须勘探、开发新的矿藏资源。此外，还需极大地扩展之前腓尼基人所从事的商业活动的广度和地域范围。如此看来，黎凡特人对遥远的西方土地进行大规模殖民扩张的动力来自对自身生存权的争取，而并非对荣耀的追求。[63]

西部的“新世界”

关于黎凡特人首次参与地中海中部及西部商贸活动的确切

北
罗纳河
波河
克雷莫纳
皮亚琴察
利古里亚
翁布里亚
伊特鲁里亚
亚得
尼西亚（尼斯）
安提比斯
马西利亚
（马赛）
安普利亚斯
科萨
维伊
迦太库姆
阿拉利亚
科西嘉岛
皮尔吉/卡西里
见图中插入部分
帕埃斯图姆
萨丁尼亚
萨罗斯
第勒尼安海
伊比沙岛
诺拉
伊奥利亚群
利帕拉
地中海
西西里
叙拉
尤蒂卡
卡本半岛
迦太基
盖赫库阿勒
迈杰尔达河
西卡
哈德鲁米图姆
戈佐
马耳他岛
小瑟提斯
萨布拉塔
大莱普提斯
的黎波里塔尼亚

地图4　地中海中部

罗马
阿尔代亚
拉维尼姆
拉丁姆
萨莫奈
安提乌姆
希尔塞伊
泰拉奇纳
卡普亚
贝文内托
坎帕尼亚
库迈
0 50 公里
皮赛库萨
伊利里亚
马其顿
阿夫季拉
卡尔西登
塔伦图姆
赫拉克勒亚
皮德纳
萨索斯
比提尼亚
伊庇鲁斯
爱琴海
珀加蒙
小亚细亚
克罗顿
埃维亚
福西亚
马格尼西亚
爱奥尼亚群岛
埃维亚
埃利色雷
萨摩斯
以弗所
科林斯
雅典
斯巴达
帕罗斯
纳克索斯
科斯
尼多斯
爱奥尼亚海
罗德岛
克里特
地中海
昔兰尼
昔兰尼加
大瑟提斯
利比亚
0 100 200 公里

时间，学术界已有大量争论。看起来很明显的是，腓尼基人在西部的第一块殖民地建立于公元前9世纪晚期至公元前8世纪
42 早期。然而，“前殖民时代”商业活动的证据远不足以确定。[64]早期一些近东商品无疑流通于这一地区，但这些商品的运输者的身份尚不得而知。然而同样明显的是，中地中海并非纯粹的落后地区，腓尼基人在这一地区捞得的可确认的第一桶金，并非依靠他们所组建的一个全新的贸易网络，而主要是靠介入一个已经存在的贸易网络。

特别是萨丁尼亚岛，已成为包括意大利中部、伊奥利亚群岛，直至西西里北部、伊比利亚半岛、克里特及塞浦路斯在内的这个充满活力的贸易圈的交会点，该贸易圈从公元前12世纪或更早一些时候就已存在。[65]自青铜器时代初起就统治该岛的努拉吉人（Nuragic people）拥有一个复杂的、具有高度发达的物质文明的社会形式，他们的物质文明中最能给人留下深刻印象的特产是精心制作的刻画野生动物、战士和船舶等形象的青铜雕像。除了公共墓地、修砌得很好的圣殿以及巨大的地下神庙，努拉吉人的聚居区通常由环形民居组成，它们分布在坚固的带有干砌墙垣的二三层商塔楼四周，有时也会被围在防御地带（界石在这座岛上至今仍随处可见）之内。由中央塔楼和从侧面环绕着它的低矮塔楼所组成的更为复杂的复合建筑群，被认为是那些小型酋邦王国的卫城，其中一些最终被改造成了宗教圣殿。[66]除了掌握诸如葡萄栽培法这样先进的农业技术，萨丁尼亚的努拉吉居民还使用自产的帆船将包括优质陶器在内的商品运往海外。

第一批腓尼基移民似乎是在公元前9世纪末或前8世纪初来到这个岛屿的。与塞浦路斯人一样，萨丁尼亚人为腓尼基商

人所吸引，因为后者携带着大量来自内陆地区的已为当地土著居民社区所开采的铜、铅、铁、银。[67]然而，尽管事实上萨丁尼亚同样拥有肥沃且适合耕作的沿海平原，但黎凡特人第一次出现在此地的情形，似乎与同一时期发生在塞浦路斯的殖民冒险活动有很大的不同。

位于该岛西北部的金属加工业中心圣伊比尼亚（Sant' Imbenia，今阿尔盖罗）的居民属于努拉吉与腓尼基混血人种。圣伊比尼亚专注于与位于意大利中部、横跨第勒尼安海的伊特鲁里亚王国进行贸易。看起来努拉吉人和腓尼基居民可能在这 43
一商业投机活动中相互协作。[68]同样，圣伊比尼亚与意大利中部也是黎凡特人与其他打算建立自身商业及殖民网络的新来者打交道的舞台。在那不勒斯湾伊斯基亚岛上的皮塞库萨（Pithecusa），来自希腊埃维亚岛的殖民者建立了一个类似于圣伊比尼亚的殖民点，该地人口是多样化的，包括土著人和相当数量的拥有黎凡特血统的人。考古学家估计后者在移民人口中所占比例可能高达 20%。[69]据说埃维亚人亦在圣伊比尼亚定居下来。近来也有人认为，位于萨丁尼亚东北部海岸的奥尔比亚城（Olbia）可能是希腊或其他混血民族，在公元前 8 世纪下半叶建立的一个移民点。[70]显然，这两个移民点之间除了可观的贸易往来，可能还有着其他形式的交流。[71]

建立皮塞库萨的首要目的与圣伊比尼亚一样，是为了获得原材料——特别是铁，并用它来和大陆上的邻居，如伊特鲁里亚人和坎帕尼亚人等，交换来自近东和爱琴海地区的奢侈品。[72]冶铁作坊的存在表明矿石可能是在岛上被加工的。大量在西方的腓尼基人的联合，被视为对希腊人在这一地区的侵略性殖民活动的强有力回应。不过，事实上有充分证据表明在一些早期建立的殖民地之中也存在腓尼基－希腊联盟。[73]尽管新的断代证据似乎表明腓尼基人与意大利中部进行贸易的时间略早于与希腊人，但这一期间两个民族之间鲜有出现冲突的迹象。[74]在皮塞库萨，埃维亚人和腓尼基人似乎是互相协作的关系，因为他们的商业目标是彼此互补而非相互竞争的。腓尼基人的兴趣在于获取伊特鲁里亚北部的储量丰富的白银。希腊人虽然变得越来越富有，但在这一时期对这种原料却不感兴趣。[75]可以假设的是，在萨丁尼亚的商业活动同样是互补性的。[75]毫无疑问，有人可能会认为，这些最初在地中海中部进行的殖民冒险活动是对出现在腓尼基人、希腊人和土著人之中的，彼此交流合作的"相互妥协"现象发展的一种佐证。[76]

腓尼基人与希腊的复苏

44 迈锡尼文明于公元前 12 世纪初内部崩溃之后，埃维亚人和腓尼基人在地中海以东地区有着一段长长的共同的历史。看起来，黎凡特商人在让经历了几个世纪的与世隔绝与默默无闻的希腊居民同近东地区重新取得联系这件事上出力甚多。作为青铜器时代末期普遍出现的地区性崩溃现象的一部分，迈锡尼文明于公元前 12 世纪初内部崩溃之后，希腊地区人口锐减，据估计损失在 75% 左右。此外，当地居民抛弃了高度发达的移民点，遗忘了许多被我们当作与文明生活相关的特有风格：纪念性的建筑、造型艺术，甚至就连写作能力也已丧失，与外部世界的接触几乎中断。[77]

然而，到了公元前 10 世纪的时候，一场悄无声息的革命在考古学记录中初露端倪。在埃维亚岛的勒夫坎第（Lefkandi）移民区，在经常作为当地居民陪葬品的陶器和人工制品中有了一个惊人的发现。排列在 86 号陵墓女性墓主人身边的物品为镀金发髻和衣用别针，以及其他青铜物件。她那泛白、易碎、套着 9 个不同样式的金戒指的指骨放在一个做工精细的镀金青铜碗上。尽管人们一致认定这些奢侈品来自近东地区，但对于它们是如何抵达这里的尚有争议。埃维亚人是这一时期仅有的具有足够中程及长途贸易经验的希腊人，但并无迹象表明他们参与了当时与近东的商业活动。[78]腓尼基人将这些商品带给希腊人的说法似乎合理得多。[79]至少从公元前 14 世纪起他们就不断参与爱琴海地区的贸易活动。他们对资源贫乏的希腊人产生兴趣可能是基于这样一个事实：埃维亚依靠希腊境内成功的区域性贸易网络，远比其他居民点富有。[80]近东地区对埃维亚陶器的需求似乎也在不断增长，这也是腓尼基人想要控制的一个市场。[81]

与此同时，从近东流入希腊的商品数量也在不断增长—— 45
特别是随着新建成的希腊公共机构，如神庙和宗教圣殿，一起安排从近东地区进口高级供品——希腊陶器的出口规模亦在不断扩大。[82]到公元前 9 世纪末的时候，埃维亚人无疑已经参与到横跨地中海的运输业中：来自叙利亚北部沿海的贸易点，即奥隆特斯河口附近的阿尔敏纳（Al Mina）的考古学证据表明，腓尼基人和埃维亚人曾在这个很可能由土著人控制的移民点共同居住并进行过贸易。[83]

越来越多的学者亦认为，腓尼基人与希腊人一道参加了埃维亚岛以外地区的联合商业冒险活动。一个尤为令人感兴趣的例子是科林斯城，该城所出产陶器的造型明显受到“东方化”的影响。在这一时期，科林斯城的陶器开始朝地中海中部和西部的腓尼基和希腊移民点大量出口。[84]

奢侈品和工匠技艺并不是腓尼基人带给希腊人的仅有的东西。尽管腓尼基人是来做生意的，并未在文化方面给希腊人带来更多的教导，但希腊文学作品、语言、宗教仪式和艺术的许多方面均明显受到近东地区的重大影响。[85]其中最重要的可能要属希腊字母。[86]腓尼基字母拼音的主要优点在于它可以通过死记硬背的方式来掌握，首个希腊字母的创造者就是通过这种方式掌握了腓尼基字母拼音的。[87]希腊文字的首个样本是刻在陶器碎片上的，该陶器碎片来自埃维亚岛的勒夫坎第，其年代可追溯到公元前8世纪的第二个二十五年，绝大多数学者一致认为这一手迹是腓尼基字母的改写版本。[88]希腊人借用腓尼基语所创造的词语——比布鲁斯（byblos，被用作书写材料的纸莎草芦苇）、德尔托斯（deltos，一种写字板）、拜索斯（byssos，亚麻布）、萨寇斯（sakkos，麻袋）、高洛斯（gaulos，船）、梅科隆（makellon，市场）、蒂塔诺斯（titanos，石灰）、乔普萨姆（gypsum，石膏）、哈尔佩（harpe，弯刀）、玛查（macha，战役）——在某些程度上显示了这种改写版腓尼基文字所涉及的范围。[89]可想而知，许多最重要的与海上贸易有关的腓尼基新事物——如有息贷款、海上保险、商业投机联合融资、储蓄业
46 务，可能还有度量衡——都为希腊人所接受。[90]腓尼基人因此成了令近东的先进文化与经济得以传播到希腊地区的桥梁，他们不仅为今后的合作打下了基础，也为腓尼基人与希腊人之间难以根除的冲突埋下了伏笔。

然而，随着希腊人的商业活动变得越来越频繁，希腊人与那些腓尼基人的成就越来越密不可分。最好的例子是三桨座战舰（trireme）的发明，这种公元前7世纪到前4世纪在地中海地区具有压倒性优势的战舰被现代学者认为是两个民族共同创

造的成果。三桨座战舰在数量上的优势压倒了其前身五十桨战船（penteconter，也叫单层桨战船）——一种船体狭窄、长约 25 米、由一队约 50 人的划桨手和单帆驱动的舰船。三桨座战舰的作战能力要强悍得多，船体增大许多，能容纳得下 80 名划桨手，他们分布在位于船体两侧的三层甲板上。这种战舰亦装备有一大一小两张帆，这样可以拦截横向吹来的风，它可以在一刻不停的情况下完成长达 340 公里的航程。为了作战需要，帆和其他重型兵器均被留在岸上，从而给予战舰更强的机动能力。在舰首顶端装有一个青铜制的冲角，可通过撞击在敌舰侧面制造破洞。三桨座战舰的作战能力因靠近船首的前甲板的存在而得到了进一步增强。在海战期间，弓箭手和投石兵被部署在前甲板上，使得投射性兵器可如雨点般地落在敌方船员头上。[91]

一些古希腊作家宣称，三桨座战舰是科林斯人于公元前 8 世纪发明的。事实上，除了一些显著例外之外，绝大多数希腊作家主张所有古代战船均由他们的希腊同胞发明。[92]然而，并无任何公元前 6 世纪末之前的希腊三桨座战舰的艺术再现和其他证据存在。[93]第一个明确无误的涉及建造三桨座战舰的例子与埃及法老尼科二世（Necho Ⅱ）有关，他于公元前 6 世纪初建造了这些船，将它们投入地中海和红海地区。由于埃及人先前并无建造任何类似于三桨座战舰这种海船的记录，长期以来人们一直认为尼科必然需要外国的专业人才。尽管并无证据表明这一时期的希腊与埃及之间有着密切联系，但众所周知腓尼基人长期向该地区的造船业供应木料。[94]此外，更早时候出现的腓尼基双层桨座战船，有一层甲板明显是建在船体下方的划 47
桨手的头顶上，这似乎表明这种设计的出现，导致了三桨座战舰的最上一层划桨手的出现。[95]

一般而言，学者们对三桨座战舰的起源那徒劳无功的考证只是掩盖了这样一个事实：古代关于这种战舰的创意来源之所以众说纷纭，是因为同一时期的海员们各自驾驶的舰船在造型上大体相同，这表明文化上的相互交流现象遍及整个地中海地区。[96]

纵观历史，地中海同时担当了多样性和统一性的媒介。尽管经常被视为许多相互连接的且拥有各自认同感和历史的大海——爱奥尼亚海、爱琴海、亚得里亚海、第勒尼安海等——的拼盘，地中海还是为那些生活在它边缘的人提供了相互接触的渠道。[97]能够在地中海里航行的船只被建造出来，意味着商品、人类和创意可能并正在相隔数千里的地区之间被用于交换。[98]与地中海本身一样，那些成功掌握了与造船业、航海学相关的复杂工艺和技术的人不仅扮演了文化交流和融合的媒介的角色，还担当了文化差异的象征。这些看似相互矛盾的动态发展提供了腓尼基－希腊关系的基础。因此，关于商业联盟的考古学证据为早期希腊文学作品中对腓尼基人的矛盾心理所抵消了。

在荷马的《伊利亚特》和《奥德赛》中——每一本都是公元前8世纪到前7世纪那个希腊和腓尼基在地中海的殖民扩张达到顶峰的时代的产物——对作为一个民族的腓尼基人与对他们制造的精美工艺品的描绘存在着明显差别。在《伊利亚特》中，一只巨大的银杯，即那件“西顿工艺的巅峰之作”，作为“世界上最美丽的东西”而被阿喀琉斯当作一份奖品。在另一个情节中，它描写了特洛伊女王赫卡柏（Hecuba）所拥有的由西顿妇女织成的带有华丽刺绣的诸多礼服。它们是如此贵重，以至于一直被放在宫殿的藏宝库中，人们认为值得把它们献给阿喀琉斯。[99]这种对腓尼基人工艺的溢美之词，显然是站在腓尼基人不诚实、贪婪、狡诈的性格描述的对立面的。[100]在《奥德赛》的一个著名片段中，奥德修斯那忠心耿耿 48
的猪倌欧迈俄斯（Eumaeus）描述了自己是如何沦为照料自己主人猪群的奴隶的。欧迈俄斯事实上是一位王子，后来被他的西顿籍保姆拐走，后者将他交给了一名腓尼基商人。奥德修斯本人也差点在腓尼基人手中遭遇同样的命运。他详细描述了他是如何被“一个阴险的腓尼基人，一个已经在世界上干下了许许多多伤天害理之事且卑劣无耻的窃贼”说服，跟着这个人前往腓尼基——后者在那里有一栋房子。然而，这次邀请原来不过是一次诱拐并将奥德修斯卖为奴隶的诡计。[101]这些描写并非在朝腓尼基人表达真真切切的敌意，而可能被视为普遍存在于希腊贵族精英之中的对商人的厌恶之情，这些贵族精英打算在他们自己同商业活动之间划清界限。然而，重要证据似乎表明，这种憎恶之情建基于“之前就已存在的”对腓尼基人的负面看法，而并非只是在讨论希腊民族性或与之无关的文学作品中，将腓尼基人胡乱拉来做替罪羊。普遍的观点亦认为《奥德赛》的成书年代要晚于《伊利亚特》，这可能表明由于双方的商业竞争日益激烈，希腊人对腓尼基人的态度变得更加强硬。然而，希腊人和腓尼基人之间已然发生的文化融合与借鉴，同样清晰地表明这种固有成见并不具备普遍性。[102]

在公元前 8 世纪下半叶，腓尼基人的海外活动，特别是其在地中海中部地区活动的特点有了明显变化。在萨丁尼亚，一些移民点在该岛南部和西部的苏尔其斯（Sulcis）、萨罗斯（Tharros）和诺拉（Nora）建立了起来。这些殖民地与圣伊比尼亚的殖民地有着很大的不同，因为那里主要是腓尼基居民点，而鲜有努拉吉居民存在的迹象。它们与那些腓尼基人设于海岛、海角、半岛上的根据地的地形特征一致，该岛拥有两座天然海港，使用时不受风向的影响。每个海港均能提供良好的锚地与轻而易举进入内陆地区的通道，在那里，金属矿石和农产品可以通过与努拉吉人的贸易来获得。[103]这些新的商业关系似乎使得努拉吉人之间的土地及资源竞争明显加剧，因为各个
49 不同的努拉吉群体都在试图控制向腓尼基人供应原材料这一有利可图的生意。这导致了聚居群落分裂为更多的核心聚落群，进化出更为复杂的社会阶层，产生了一系列复杂的社会政治分支。[104]

在苏尔其斯发现的陶器清楚地显示了与皮塞库萨和伊特鲁里亚——可能也与埃维亚人有合作——的贸易活动，是这些早期的腓尼基殖民地经济生活的重要方面。[105]萨丁尼亚也担当了多个更为雄心勃勃的贸易战略——特别是泰尔人制定的——的平台的角色。作为整个地中海岛屿中离欧洲和非洲大陆最远的一个，萨丁尼亚对于可发掘矿产资源要丰富得多的大海最西端而言，是一块天然的“垫脚石”。[106]实际上，在公元前8世纪，位于西班牙西南部韦尔瓦（Huelva）的腓尼基商业中心一直在接收来自萨丁尼亚的货物。[107]

西班牙的银山

腓尼基碑文中年代最为久远的一件发现于地中海西部，它是一座残缺不全的被称为诺拉之石（Nora Stone）的纪念碑，其年代可以追溯到公元前9世纪末至前8世纪初，来源地则是萨丁尼亚的西南部。一些学者已将碑文的内容翻译出来，大意

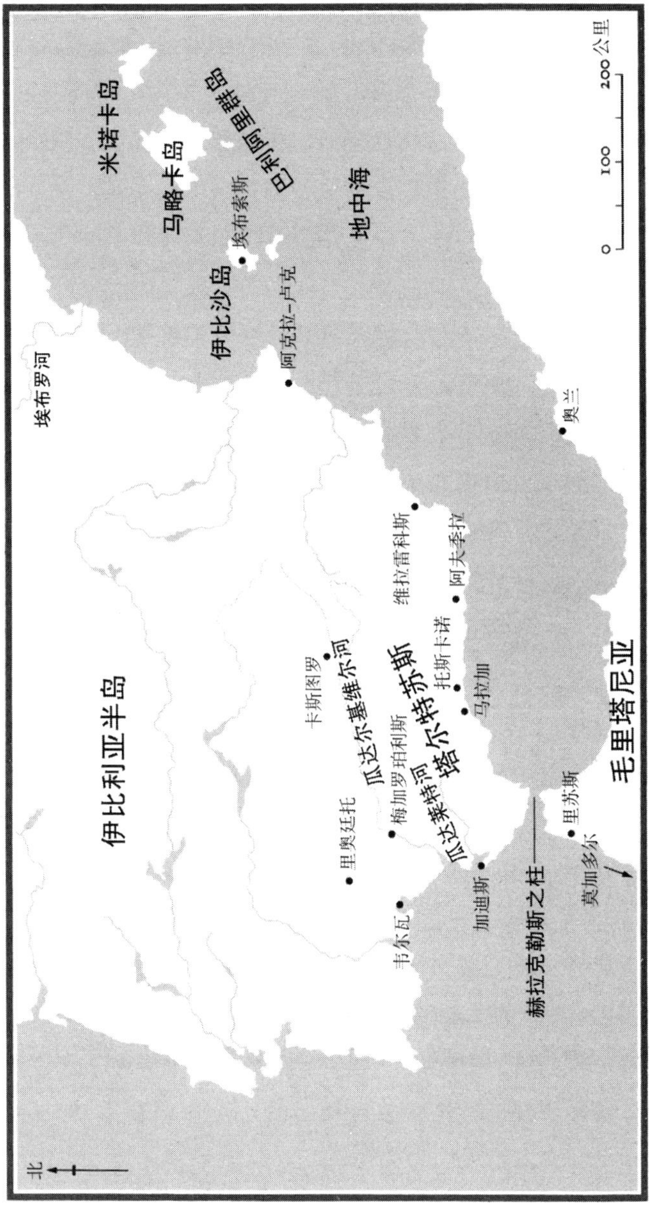
米诺卡岛
马略卡岛
巴利阿里群岛
埃布索斯
伊比沙岛
地中海
阿克拉-卢克
埃布罗河
0
100
200 公里
奥兰
维拉雷科斯
阿夫季拉
托斯卡诺
马拉加
卡斯图罗
瓜达尔基维尔河
塔尔特苏斯
梅加罗珀利斯
瓜达莱特河
里奥廷托
伊比利亚半岛
韦尔瓦
加迪斯
赫拉克勒斯之柱
里苏斯
莫加多尔
毛里塔尼亚
北

地图 5　西班牙南部

为一位名叫米尔卡托恩（Milkaton）的腓尼基高级官员在前往“他施”岛（Tarshish）的途中遇上了一场风暴，他和船员们侥幸存活下来，因此雕刻这座石碑向天神普梅（Pummay）表示感谢。关于“他施”岛的实际位置有着大量猜测。不过，最具说服力的说法无疑是它指塔尔特苏斯（Tartessus）——位于西班牙南部、大体涵盖了今天安达卢西亚的那片地区的古代名称。[108]

腓尼基人对塔尔特苏斯的兴趣主要集中于在其内部发现的储量极为丰富的矿产资源上。尽管古希腊作家那个在森林火灾期间，融化的白银如小溪般从山腰流下来的说法可能有过于夸张之嫌，但西班牙南部的矿藏似乎提供了一条看上去无穷无尽的银、铁以及许多其他金属的供给线。[109]泰尔人再度最先发现了塔尔特苏斯矿藏所展现出来的巨大利用价值，但根据记录，
51 其他腓尼基人，如西顿人、亚瓦底人和比布鲁斯人也参加了泰尔人的商业冒险。[110]泰尔人第一个推进到地中海的最遥远边界，他们穿过赫拉克勒斯之柱（直布罗陀海峡）进入大西洋，而后在今摩洛哥的西海岸建立了里苏斯（Lixus）殖民地，之后又在莫加多尔建立了一个贸易站。[111]

腓尼基人于公元前 9 世纪上半叶第一次来到塔尔特苏斯时，[112]泰尔人早已迅速与当地塔尔特苏斯人中的上层人物建立了极为成功的经济关系，他们的新贸易伙伴控制着实际的开采业和金属矿石加工业，而泰尔人则专注于将金属铸块运回黎凡特。在塔尔特苏斯的天然港口韦尔瓦，考古学家发现了大批用于生产金属铸块的冶炼炉，其规模已接近工业化程度。[113]金属贸易只是这种有利可图的买卖中的一部分。在从腓尼基到西班牙南部的航程中，船只载着诸如珠宝、象牙、青铜小雕像、雕

花玻璃、装饰华丽的水壶、油膏和香料之类的奢侈品，它们被装在泰尔手工作坊生产的雪花石膏容器内，用于与塔尔特苏斯的上层人物交易。

公元前 8 世纪末，泰尔人在西班牙西南部海岸离赫拉克勒斯之柱不远处的加迪斯（Gades，今 Cádiz）建立了一处殖民地，它成了商贸活动的主要交通枢纽。日后有人宣称他们是遵照一名神使的命令前往这一地区建立定居点的。[114]然而，在最终通过一次向神灵献祭并呈吉兆的仪式来确定恰当选址之前，泰尔人已先后组织了三次探险行动。有人甚至认为，腓尼基人来到加迪斯仅仅是他们的船只被一场风暴吹离了航线的结果。[115]这一地点与泰尔一样，被选中是因为它拥有极为优秀的天然海港。该地位于一处狭长的海角末端，三面临水的环境使得它难以从陆路攻克，而易于从海上进入。最重要的是，它的位置在瓜达莱特河（Guadalete River）河口的对面，因而来自内地矿山的矿石可以通过顺流而下的方式运输。事实上，加迪斯不仅仅是一座只拥有单一产业的城镇，令它闻名于世的还有当地出产的鱼露——一种用腐烂的鲭鱼与醋混合制成的具有刺激性味道的酱油，它被古代世界视为美味佳肴。然而，采集自 52
西班牙大地的金属——主要是白银——不断满足着亚述王国那日益增长的胃口，泰尔因此能够在免受过多外来干涉的情况下相对自由地行事。

受人青睐的从泰尔到加迪斯的航程驱使着越过地中海北部的船只首先抵达塞浦路斯，而后到达小亚细亚南部海岸。然后，舰队将前往罗德岛、马耳他岛、西西里岛和萨丁尼亚岛。行程的最后一段是从西班牙海岸附近的伊比沙岛出发，穿过赫拉克勒斯之柱，抵达加迪斯。最不复杂的返程路线是沿着北非海岸航行，而后顺着埃及和黎凡特海岸走。[116]并非巧合的是，许多于公元前9世纪末和前8世纪在北非、萨丁尼亚岛、马耳他岛和巴利阿里群岛涌现出来的腓尼基殖民地正位于这些生机勃勃的贸易要道上，连成一条巨大的链条。这些殖民地同样起到了一条隔断地中海南部的防御阵线的作用，它有效地对商业竞争对手——特别是希腊人——形成了封锁，将他们挡在古代世界利润最为丰厚的金属矿石市场之外。尽管来自萨莫斯（Samos）的希腊海军将领科莱欧斯（Colaeus）于公元前7世纪来到西班牙南部，并得到了价值60塔兰特白银（相当于1～2吨金属矿石）的货物，但这只是一次孤立事件。[117]

沿着地中海的安达卢西亚海岸，一连串的小型腓尼基贸易定居点——每个定居点相隔约10公里——迅速涌现。与大型贸易定居点一样，它们往往坐落在河口处的海角或小岛上，这里有利于港口布局。一个看似合理的观点认为，每个定居点都与一个特定的腓尼基商业团体有关。虽然最初发生在这些殖民地的经济活动几乎完全是围绕着它们所扮演的交易当地货物的市场角色来进行的，然而其后一些殖民地发展出了属于自己的专门产业，这些产业通常与诸如陶器和金属加工这类商品的生产、仓储、运输有关。此外，许多殖民地似乎不仅通过制造业和商业，还利用农业、捕鱼业和畜牧业来实现自我支持。[118]然而，这些规模适中的腓尼基殖民地，与许多位于地中海中部和
53 西部的其他殖民地的繁荣，乃至于其存在本身，严重依赖于更加靠西的金属矿石的开采及加工。

加迪斯与西班牙南部其他腓尼基殖民地的区别之处不仅在于城市的规模和人口数量，也在于它是唯一一个拥有公共建筑的中心城市。该城似乎成为泰尔人在伊比利亚半岛的手工业中

心，它甚至在北非和今天的葡萄牙处建起了一些诸如渔场、运输站和贸易点等形式的次级定居点。[119]与基提翁不同，这些位于地中海西部的新定居点并不由泰尔派出的总督来管理。它们之间的距离太远了，以致紧密的控制是不可能的。与之相反，看起来更实际的做法是，由泰尔国王从泰尔的商业精英中指定一名商业代理人前去监督这些定居点的贸易活动，并担负起管理之责。[120]随着他们的私营行为在对外贸易方面取代了王室的垄断行为，泰尔人的商业帝国扩展到遥远的西方土地之上，这些商业巨子的影响力，在以牺牲国王的个人权威为代价的情况下与日俱增。[121]由于国王无法通过直接统治的办法来捍卫他自己的利益，他要找到另一个办法——用来在一座数千公里以外的城市维护他的权威——就变得越来越重要。在这些困难的情况下，宏伟壮观的麦勒卡特神庙将在这座城市中拔地而起，并将成为泰尔王室在加迪斯的权威的化身。神灵和国王合二为一，成了自对麦勒卡特的崇拜在海勒姆统治时期兴起以来的至关重要的因素，这意味着在加迪斯，对神灵的膜拜等同于对泰尔王室权威的承认。

麦勒卡特屹立在这个不断处于变化之中的新定居点的中心。它的圣殿将占去它所坐落岛屿的整个东半部。它那座巨大的闪闪发亮的平台的基座令后世访客们心生敬畏。[122]著名的甜水泉就位于这片圣地之中。[123]加迪斯的圣殿中那华丽装饰与泰尔的麦勒卡特圣殿的华丽装饰一样著名，它凸显了将殖民地与宗主城市联系在一起的神圣纽带。实际上，加迪斯的麦勒卡特圣殿，可能象征着这座城市在地中海西部的泰尔殖民社会中处于中心地位。[124]圣殿中立有一株纯金的橄榄树，树枝上挂着的水果是用闪闪发光的翡翠制成的——无疑参考了那 54

个著名的建立泰尔的神话。这座圣殿中还立有两根一模一样的柱子，它们直立起来高度超过 1 腕尺（45 厘米），形状为正方形，由融合成一色的黄金和白银制成，表面写满了文字，文字大意为这一切终将失去。[125]据说在梦中得到指令后，加迪斯人将神的遗物从泰尔带到他们的新圣殿之中。[126]

在加迪斯，神圣仪式是按照腓尼基人的传统进行的。女人和猪被禁止进入圣殿区的内室。赤脚的祭司身穿亚麻布长袍，剃光的头上用一根埃及亚麻纤维制带子围着，他们还被要求保持单身。当在圣坛上烧香供奉的时候，他们会解开自己的长袍，当献祭的时候，他们身穿一件带有宽大条纹刺绣的外衣。圣殿中是没有雕像或者其他神的肖像的。最重要的是，神圣祭坛上的火焰应该是一直燃烧着的。[127]艾格赛斯节的神圣仪式亦会在加迪斯举行。[128]后来的作家们将会讲述一个不可思议的故事：在伟大的神圣仪式进行期间，外国人被勒令离开这座城市，回来后“他们发现一个人被海浪冲上岸，这个人的体形约有 5 个圣像那么大，正在熊熊燃烧，因为上天用一道霹雳猛烈地击中了他”——这显然是对将伟大天神的雕像放在一个筏子上，点燃并推向大海的过程的糊涂描述。[129]

由于交易活动是以向天神起誓结束的，加迪斯的麦勒卡特圣殿还在财富从西班牙流向腓尼基的过程中起到了不可或缺的脐带作用，扮演了一个重要的财政担保人的角色。由于早期腓尼基人并无货币制度，麦勒卡特亦通过特别的圣殿印记来为金属铸块和铸条的重量和纯度做担保。这位守护者还将公库财富的十分之一作为意义重大的年贡，交给泰尔的麦勒卡特圣殿。[130]

关于供求的残酷教训

到了公元前 8 世纪的最后数十年间，泰尔似乎已成为伟大 55
的腓尼基人地中海西进运动中的明显赢家。他们在确保不断满足亚述猛虎对贵重金属的贪婪欲望的渠道方面取得的成功，是毋庸置疑的，因而他们获得了脆弱的政治独立地位，而其他成就较差的邻国则早已失去了这一地位。此外，他们对原材料的不懈追求，直接导致了一个覆盖从塞浦路斯向西班牙延伸的商贸中心和殖民地的网络的建立。然而，在这一实例中，表象是具有欺骗性的。在公元前 8 世纪 30 年代，亚述国王提格拉特帕拉沙尔三世（Tiglathpileser Ⅲ）破坏了前一任国王的政策——只要腓尼基人继续缴纳沉重的贡赋，就听任他们自由发展——攻占了包括泰尔在内的一些城市。在这种情况下，泰尔人最初与一些叙利亚人和其他腓尼基城邦参加了一个反亚述联盟，由于他们很快就投降并缴纳了 150 塔兰特金子的巨款作为贡赋，他们所遭受的惩罚比其他大多数人都要轻。这一宽大之举对于亚述人而言是不常见的，但无疑与泰尔人继续扮演的，将贵金属与其他商品输入近东的供应线的维护者这一重要角色有关。然而，泰尔人的商业活动如今确实开始受到亚述人比以前严厉得多的监督、管理。泰尔人小心翼翼守护了数百年的自由逐渐遭到侵蚀，因为负责征收关税的亚述官员们越来越积极地参与到对著名的双子港的管理中去，对诸如木材之类的产品强制性征收高额关税，并确保腓尼基商人不去违反已加诸伟大国王之敌——埃及头上的破坏性贸易禁令。[131]

这些明显衰落的迹象可能直接导致了泰尔在腓尼基和塞浦路斯的附属地发动的一连串叛乱，并致使塞浦路斯最终为亚述人吞并，使得泰尔一度更加依赖于其在西边的商业活动。一场由泰尔人所掀起的反对亚述人统治的起义，导致泰尔的统治者卢利（Luli）被迫逃出该城，流亡塞浦路斯——这一幕为来自
56 杜尔舍鲁金（霍尔萨巴德）的亚述王室浅浮雕所完美再现，它描述了这位国王与他的家人、仆从一道挤进一艘船里，而此时，前来复仇的国王辛那赫里布（Sennacherib）率领的亚述军队在历经五年的围困之后即将攻入该城。看起来一些之前为泰尔所统治的腓尼基城邦向亚述人提供了 60 艘船，以便让他们有能力封锁这座岛屿城市，这进一步显示了泰尔的没落。毫无疑问的是，西顿不再处于泰尔的控制之下了，而泰尔在黎凡特大陆的绝大部分前领土亦是如此。尽管泰尔在名义上仍是一个独立自主的王国，其君主的权力如今遭到了严重削弱。在公元前 7 世纪 70 年代后半期某个时间点签署的新“协定”限制了泰尔的贸易对象，它那闻名于世的港口如今也处于亚述官员的直接管理之下。此外，一位总督驻于泰尔，负责监管亚述人在该地的利益。泰尔国王如今在没有亚述官员在场的情况下甚至无权打开一份政府公告。[132]

然而，即便经历了公元前 7 世纪那几场更为失败的起义后，亚述还是按捺住了将泰尔与亚瓦底、比布鲁斯城一道并入以其余腓尼基领土划分而成的三个行省中的一个的想法。为实用主义所支配的亚述人，不可能去冒令泰尔在地中海西部的贸易网络瓦解的风险，这一网络如今提供了大量白银和其他金属，靠着这些金属，伟大的亚述国王得以维持对自己那星罗棋布的领土的统治。对泰尔的吞并绝对无法保证能得到它那些位于大海另一侧数千公里以外的殖民地的默许。[133]此外，泰尔人发展出的控制西部殖民地的模式的中心，在于国王本人的雕像

以及他和麦勒卡特之间的关系。因此，对亚述人而言，继续对泰尔君主政体进行严密控制但让它保持名义上的独立收效要大得多。

然而，反过来说，泰尔在公元前 7 世纪时面对的日益增长的压力，无疑在为越来越多的西部殖民地创造有利条件方面起到了一些作用。由于殖民地缔造者的注意力经常为一场持续不断的为了政治生存而爆发的战争所分散，且处于迄今为止政治食物链上尚无大的掠食者存在的环境中，这些新建的社会得以 57
走上令近东的旧世界简直无法想象的发展道路。此外，腓尼基人和希腊人对地中海中部和西部地区的商业开发和殖民活动，以及他们日后与土著居民的交流，都是建立在二者既相互合作又相互竞争的基础上的，这为这个新世界日后的发展创造了一个重要的先例。的确，泰尔最伟大的遗产并非加迪斯、白银之路或对亚述走钢丝般的外交关系，而是一片位于如今被称为突尼斯的北非沿海地区的殖民地，它的名望很快就要远远胜过它的腓尼基父辈那已褪色的荣耀。

注　释

1. Grayson 1991，193 – 223.（Tr. in Melville et al. 2006，288 – 289.）
2. 亚述国王提格拉特帕拉沙尔一世（约公元前 1114 ~ 前 1076）已进入过腓尼基地区，并从当地各城的统治者那里收到了大量贡品（Moscati 1968，10）。
3. Kuhrt 1995，483 – 487.
4. 同上书，第 473 ~ 478 页中关于亚述编年史及其他历史文献的章节。Liverani 1979，297 – 317 与 Reade 1979 中关于亚述艺术中蕴含的思想意识与宣传活动的章节。Kuhrt 1985，501－523 中关于亚述帝国意识形态及帝国的章节。Oded 1979 中关于亚述统治者普遍使用的放逐手段的章节。

5. 公元前 15 世纪时的档案记录了这么一件事，埃及法老图特摩斯三世（Tuthmosis Ⅲ）发现本国缺少大型树木，于是遣军进入腓尼基地区，并着手将一年生的树木用船运回埃及（Markoe 2000，15）。
6. Aubet 2001，6－13；Huss 1985，5ff.；Gubel 2006，86－87. 希腊语中的“腓尼基人”很可能不仅指黎凡特沿海地区的居民，还包括了叙利亚北部各国的人民（Rollig 1992，93）。关于近年来为将北部的腓尼基/叙利亚的商业活动同南部的腓尼基/叙利亚的商业活动区分开来所做的尝试见 Fletcher 2004；2006，187－192；Peckham 1998。我相信叙利亚北部的沿海诸城邦也和黎凡特地区各国一样，参与了海外贸易，因而我将它们并入了腓尼基共同体之内。
7. Aubet 2001，144 158；Moscati 1968. 一些专家认为，北部城市比布鲁斯和亚瓦底土语的书面语和口语，与在南部沿海地区占统治地位的泰罗－西顿（Tyro-Sidonian）土语有着明显的不同（Krahmalkov 2001，7－9）。
8. Liverani 1990.
9. Horden & Purcell 2000，10－11. Harris（2005，15）对这一称呼是否普遍存在于近东地区表示怀疑。
10. Ezekiel 27：4.
11. Frankenstein 1979，264.
12. Kochavi 1992，8－13.
13. Aubet 2001，105－114；Frankenstein 1979，264－268.
14. Isaiah 23：8；Ezekiel 26：16. Aubet 2001，145－147.
15. Kochavi 1992，13－15.
16. 针对腓尼基物质文明的综合研究见 Markoe 2000，143－166。
17. 用来对付这些恶魔的符咒可追溯到公元前 7 世纪，它们是用腓尼基语书写的（Clifford 1990，58）。
18. Aubet 2001，6－9.
19. Moscati 1968，83－84；Markoe 2000，163－164.

20. Aubet 2001，39 –43.
21. 2 Samuel，5：10 –11.
22. Josephus JA 8. 50 –60.
23. 同上书，8. 58 –60。
24. 同上书，8. 76 –83。
25. Josephus 的著作（同上书，8. 57）说是谷物、油和酒。
26. Frankenstein 1979，268.
27. Aubet 2001，43 –46.
28. Handy 1994，3.
29. L'Heureux 1979，69 –79；Handy 1994，65 –102.
30. Clifford 1990，59 –61. 她被称为“Rabbat”（RBT），即“夫人”或“母亲”之意（Krahmalkov 2000，441）。
31. 按照《圣经·旧约》的记载，试图无视世俗世界与天国世界之间区别的泰尔国王，毫不令人意外地遭到了严厉的指责（Ezekiel 28：1 –10）。
32. Josephus *JA* 8. 144 –146，引用的是艾菲索斯的米南德的说法。
33. Aubet 2001，150 –158；Lipinski 1970. 阿施塔特神庙的庙妓亦与他们的顾客一道参与仪式上的演出。
34. Clifford 1990，61.
35. 同上书，57。
36. Herodotus 2. 44.
37. Nonnus Dion. 40. 429 –468.
38. 同上书，40. 469 –534。别的希腊作家亦间接提到一个泰尔神话，讲述的是这座神庙如何于 2300 年前与这座城市一同诞生的事（Herodotus 2. 44）。
39. Herodotus 2. 44. 翡翠柱子在 Pliny *NH* 37. 75 中亦有提及。来自泰尔和遍及地中海的泰尔殖民地的证据明确表明，神庙中的双子柱象征的是在依努斯的建城神话中出现的橄榄树和不灭火焰。毫无疑问，位于泰尔殖民地加迪斯的麦勒卡特神庙内贮藏着持续燃烧的圣火与金橄榄树。也有人认为这根翡翠圆柱可能起到了灯塔的作用（Katzenstein 1973，87）。然而，来自别处的证据表明，这根圆柱实际上是矗立在神庙建筑群内部的。
40. 另一则希腊神话亦将泰尔人最重要的输出品——紫色染料的发

现归功于这位神灵。据说当这位天神正陪着他的爱人——女神泰尔罗斯（Tyros）——在布满贝类的海滩散步的时候，他的狗把这些软体动物中的一只给咬了。麦勒卡特很快意识到自己宠物的牙齿染上的颜色的潜力，他将一件长袍染成深紫色，并作为礼物送给了泰尔罗斯。同一个传说的另一个版本是这只狗被带到泰尔的传奇国王菲尼克斯面前，后者下令生产这种紫色染料，并作为王权的标志。后来，极具商业眼光的泰尔人不遗余力地推销这个传说，将一只骨螺和一只拥有紫色牙齿的狗的形象印在他们的货币上（Aubet 2001，6－9）。

41. Cross 1972a，36－42.
42. 海勒姆与之后的伊思洛巴尔均被冠以“西顿人之王”的头衔（*CIS* 56）。
43. Gras，Rouillard & Teixidor 1991，136.
44. Aubet 2001，166－175.
45. 同上书，123－126。此处大部分资料均来自《以西结书》，一本写于公元前6世纪末的著作，当时泰尔已不再是海洋的统治者。许多学者相信该书正文的一些段落是一份年代可追溯到公元前9世纪和前8世纪的古老档案的一部分（Ezekiel 27：9－25；相关论点见 Aubet 2001，121－122）。
46. Aubet 2001，50－51.
47. Aubet 2001，50－51. Boardman（2004，154－155）认为罗德岛上的香料作坊更像是希腊人开的，但他并未充分考虑到以下事实：香料瓶的外形为黎凡特风格的。
48. Shaw & Shaw 2000；Boardman 1980，57ff. 大量黎凡特风格的陶器在该城遗址被发现表明，孔摩斯人与腓尼基人之间有着大量的贸易活动。
49. Coldstream 2003，358－366 与 Rollig 1992，95 认为，在雅典和克里特岛生活着腓尼基人和其他来自近东地区的民族，他们是为了躲避亚述国王萨尔贡二世的征服矛头而逃到了这里的。Burkert 1992，21－24 认为这些工匠可能与商人们一道四处旅行。关于古地中海世界的东方化现象的各个方面见 Riva & Vella（eds.）2006 中收录的各篇短文。
50. 自公元前三四世纪起，来自塞浦路斯的铜锭和大量陶器被出口到黎凡特沿海。塞浦路斯人打这一时期亦开始被归入乌加里特商业地区的居民之列（Kochavi 1992，10－13）。

51. Aubet 2001，147. 一段碑铭上记录了塞浦路斯岛上有一位驻于“迦太基城”的泰尔籍总督（*CIS* 56）。但这座“迦太基城”是基提翁城还是别的尚未发现的城市，仍是个未解之谜。
52. Josephus *JA* 8.146. 公元前 9 世纪初的一篇塞浦路斯文碑铭，经一位译者翻译后，意为一位泰尔籍军事长官为夸耀其军队蹂躏了这座岛屿的战功而立起了这座纪念碑（*KAI* 30，ll. 1－3）。一篇更为古老的——源自公元前 12 世纪——在加扎（Ghaza）附近发现的石碑上的铭文宣称是巴尔神蹂躏了塞浦路斯。这段铭文被视为腓尼基人以暴力手段介入该岛事务的历史证据。
53. Karageorghis 1998.
54. Aubet 2001，155.
55. Frankenstein 1979，269.
56. Postgate 1974.
57. Postgate 1969；1979，200－214.
58. Kuhrt 1995，518－519.
59. Russell 1991.
60. Postgate 1979，218；Aubet 2001，90－92；Frankenstein 1979，272－273.
61. Frankenstein 1979，286.
62. Aubet 2001，90－92.
63. Frankenstein 1979，273.
64. 近年来在西班牙西南部港口韦尔瓦进行的发掘行为，似乎为公元前 9 世纪腓尼基人曾在该地进行商业活动的事实提供了强有力的证据（Gonzalez de Canales，Serrano & Llompart 2006）。相关观点见 Gubel 2006，87；Fletcher 2006，191。对前殖民地时代腓尼基人所进行的商业活动的怀疑见 Aubet 2001，200－211；Van Dommelen 1998，71－75。
65. Giardino 1992；Van Dommelen 1998，75－76.
66. Van Dommelen 1998，76－80.
67. Stos－Gale & Gale 1992，317－337.
68. Fletcher's（2004 & 2006）的一些观点很有意思，如与土著社群之间的合作和融合原为西顿商人的使命，最终被泰尔殖民者取代。这些观点颇为引人注目，但目前尚未得到证实。

69. Ridgway 1992，120.

70. D'Oriano & Oggiano 2005. 该移民点可能于公元前 6 世纪末被废弃。

71. Rendeli 2005，92－97；Ridgway 2004，16－19. 因埃维亚与腓尼基在地中海地区殖民、贸易及交流活动的本质而起的争论长期存在，甚至导致了越来越深的恶意。相应事例见 Snodgrass 1994；Papadopoulos 1997；S. Morris 1998；Ridgway 1994；2000，183－185；2004，22－28；Boardman 2005。

72. Tandy 1997，66－70.

73. Niemeyer 1990.

74. Nijboer 2005.

75. Markoe 1992，62－73. 与近东及伊特鲁里亚人对白银的巨大欲望形成鲜明对比的是，公元前 7 世纪的希腊地区几乎找不到一件精美的银饰品。在希腊主要庙宇的祭品中，青铜仍是最经常被用作祭品的贵重金属。这一时期，近东风格的图案、主题以及极为特殊的锻造工艺如造粒、冲压、细丝装饰等被应用在伊特鲁里亚出产的大量东方化银饰上，这表明有腓尼基工匠在意大利中部地区活动。东方化风格后来在伊特鲁里亚的艺术领域占有重要地位（同上书，78）。

76. Malkin 2002.

77. Snodgrass 1971，304－313；Chadwick 1976，188－193.

78. Popham，Sackett & Themelis（eds.）1979. 许多人工制品明显流露出受到埃及风格的影响。在公元前 7 世纪之前并无记录表明希腊与埃及之间有着往来关系。另一个重要因素是，在漫长而艰苦的穿越外海前往黎凡特地区的旅途中，并无埃维亚人的补给站。

79. Niemeyer 1984，19.

80. Coldstream 1982；Hudson 1992，138－139.

81. Coldstream 1988. 在泰尔城已发现了大量公元前 9 世纪的埃维亚陶器（Bikai 1978）。

82. Strøm 1992，48－49，57－60. 饰有带翼的塞壬（希腊神话中半

人半鸟的女海妖，常以歌声诱惑水手以制造海难）及牛头把手的巨大铜锅在希腊格外受欢迎，这些锅大多原产于叙利亚北部（Muscarella 1992，40－43）。其他观点认为它们更有可能是黎凡特访客带来的祭品。也有些人认为这些大锅可能并非由海路，而是经陆路自小亚细亚运来的（Rollig 1992，97－102）。

83. 有人多次试图证明阿尔敏纳是一处由埃维亚人控制的移民点（e. g. Boardman 2002 & 2005）。然而，虽然可以肯定的是，在阿尔敏纳发现了大量希腊陶器，但实际上在该地同样发现了数量多得多的黎凡特原料。尽管如此，这些原料却从未得到与那些希腊原料同等程度的关注，原因可能在于，在近东地区发现首批希腊殖民地中的一处的事实令考古学者们兴奋不已。而且，已被发现的、可作为证明希腊殖民地曾经存在的希腊陶器的种类太少。这些陶瓷工艺品大多为酒器，这表明阿尔敏纳实际上是一个奢侈品进出口中心，而非日常用品进出口中心（Tandy 1997，65）。至少某些希腊大陆出产的陶罐，与为腓尼基人所统治的塞浦路斯出产的陶罐有着明显不同，这种“希腊式”陶器已被逐出塞浦路斯市场。对黏土所做的分析表明，它们可能出产自塞浦路斯东部。这也解释了真正由埃维亚出产的双耳大饮杯——一种硕大的、带有两个把手的矮脚酒杯——与那些阿尔敏纳产品在质量上存在着的明显差距。另一个问题是，这种形状特别的双耳大饮杯是否出产自这一时期的希腊大陆？因此，从上述的每一个理由都可以得出这样一个结论：近东地区在仿造希腊式陶器（Kearsley 1989）。因此，正如我们在地中海西部所看见的那样，阿尔敏纳或许实际上展现的是日趋独立的腓尼基属塞浦路斯的真正实力。凯斯勒（Kearsle）对产自阿尔敏纳的“埃维亚双耳大饮杯”的出产日期的诠释遭到了波帕姆（Popham）和莱莫斯（Lemos）的批评（1992，154－155），后二者认为大部分这类酒杯的出产日期应往前推一大段时间，他们将其定为公元前 800 年左右，即埃维亚人来到阿尔敏纳的时候。然而，正如斯诺德格拉斯（Snodgrass）所指出（1994，4－5）的，大多数来自阿尔敏纳的，被称为“埃维亚双耳大饮杯”的酒杯的出产年代应追溯到公元前 8 世纪中叶以后。实际上，第一份关于希腊移民点在黎凡特地区存在的证据，来自公元前

6世纪的特尔苏卡斯（Tell Sukas）和拉斯厄尔巴西特（Ras el-Bassit），但即便如此，这个证据远不能令人信服（Waldbaum 1997）。此外，在阿尔敏纳，没有一栋建筑物在其特有的建筑风格上与埃维亚的建筑风格，如用细削木料支撑的墙壁、瓦片铺就的屋顶、半圆形的建筑规划有关（Luke 2003，23－24）。更为明显的是，并没有证据证明移民点实行的是希腊式丧葬仪式，或说的是希腊语。只有一片陶瓷碎片被发现刻有一段（字迹非常潦草的）希腊文铭文。学者近年来的研究表明，这段铭文的风格不足以证明作者所刻下的是一个非希腊式名字，或是一句用不常见的字母组成的短句。对这块陶瓷碎片的黏土进行的分析也表明，所属器皿并非阿尔敏纳产品（同上，12，24）。一系列令人信服的论点认为，我们必须将阿尔敏纳放在叙利亚北部的背景下加以了解。与此同时，更为普遍的观点指出，将地中海东部地区的商业活动视为希腊人与腓尼基人之间出现的两极分化现象不太妥当，相关论点见 Hodos 2006，25－88。

84. S. Morris & Papadopoulos 1998

85. Kopcke 1992，103－113. Burkert 1992 是针对近东文化与希腊文化之间关系的经典研究。关于近东地区对希腊艺术所起到的巨大影响力见 S. Morris 1992。这种影响力在古希腊宗教信仰的形成过程中体现得尤为明显。尽管一些希腊诸神可追溯到迈锡尼文明时期，但与之相关的宗教仪式似乎直接源于近东地区。这些宗教仪式包括祭牲剖肝占卜法（用祭品的肝脏来判断吉凶），利用血祭涤罪，令人心醉魂迷的、通过祭司或女祭司之口直接传达神谕的占卜仪式，以及试图使用礼物和牺牲来安抚死者灵魂——有时会使用魔咒来召唤他们伤害别人——的仪式（Burkert 1992，46－82）。希腊宗教仪式的其他要素同样源于近东地区，包括在圣殿举行宴席的传统、使用大型祭台来焚化祭品，甚至连建立庙宇作为神灵的安身之所，与将神灵以祭祀用雕像的形象示人的做法也不例外（Stram 1992，55－56；Burkert 1992，19－21）。至于庙宇，考普克（1992，110－112）提出了一个重要观点，即希腊人从黎凡特人那里汲取的是建设神殿的想法，而非确切的建筑学/礼拜仪式的模板。他们也按照在亚述人中流行的做法，在宗教建筑奠基时进献祭品（Burkert 1992，

53 - 55）。除了文化层面的影响外，一些学者甚至推测，在希腊周边地区涌现的一些新兴城邦借鉴了腓尼基人的政体制度。毫无疑问，在斯巴达出现的一些极为特殊的宪法体制与腓尼基众城的政治体系极为相似（Drews 1979）。

86. Coldstream 1982, 269 - 272; Isserlin 1991; Einarson 1967.

87. 因而希腊语单词的字母（如 alpha、beta、gamma、delta 等）同样源于闪族语（Burkert 1992, 28 - 29）。

88. 普遍认为希腊字母在公元前 8 世纪初就出现了。但是，一些人试图将这一日期推前到公元前 14 世纪（Bernal 1990）。巴林（Baurain）、邦妮特（Bonnet）和克林斯（Krings）写于 1991 年的著作的第 277 ~ 371 页搜集了大量与字母表被引入希腊地区有关的研究成果。希腊字母于公元前 8 世纪中期出现在雅典、希腊的纳克索斯岛和皮赛库萨（Burkert 1992, 26）。然而，一些学者认为，事实上成形于公元前 8 世纪的希腊字母体系的模板是原始迦南文——腓尼基文即源自这种书面语。迄今为止，并无证据表明在公元前 8 世纪之前有任何希腊文著作存在。后世的希腊人普遍认为他们的字母源于腓尼基一系，因而称其为 Phoinikeia grammata（“腓尼基字母”之意）。

89. Burkert 1992, 33 - 40; Lancel 1995, 351 - 353.

90. Hudson 1992, 134 - 135。关于度量衡，见 Lydus Liber de Mensibus 1.9。

91. Lloyd 1975, 54.

92. 除了 Thucydides（1.13）外，Diodorus（14.42.1 - 3）和 Pliny *NH* 7.207 也这么认为。但是，根据亚历山大的克莱门的说法（Stromateis 1.16.76），是腓尼基人发明了三桨座战船，老普林尼则宣称（NH 7.208），亚里士多德相信迦太基人是四桨座战船的发明者。劳埃德（Lloyd）无疑有权宣称，不应该从一个基督教神学家的观点中去发掘经验性事实，但他主张克莱门那腓尼基人是三桨座战船的发明者的说法“从历史角度来看一钱不值”（Lloyd 1975, 49 - 51; 1980, 197），这未免太偏激了。克莱门的某些观点显然是正确的。

93. 当时萨莫斯的统治者波利克拉特斯（Polycrates）派遣 40 艘三桨座战船参加了波斯海军远征埃及的行动（Herodotus 3.44）。劳埃德认为（1975，52－54），一份写于罗马皇帝奥古斯都统治时期的残缺不全的文献很好地证明了科林斯人在公元前7世纪发明了三桨座战船，而他在解释为什么希腊人对这一技术的应用早于腓尼基人的时候，作为佐证的却是有些苍白无力的现代先例。另外，修昔底德从未认为是科林斯人发明了三桨座战船：他们只是在这种战舰的设计者——一个叫阿米恩诺克利（Ameinocles）的人——去萨莫斯（在那里他又建造了4艘三桨座战船）之前，赶在其他希腊人之前制造了一艘三桨座战船而已（1.13）。

94. 尽管劳埃德（Lloyd 1975，55－57）表达了一厢情愿的看法，但他对腓尼基人参与了孟菲斯造船厂的建设工程的质疑并未削弱这一观点大体上的可信度。关于腓尼基人向埃及供应木料的说法见 Basch 1969，231ff。

95. Basch 1977，1－8；1980，199.

96. 腓尼基与希腊工艺之间有着明显的不同之处。按照希罗多德的说法（8.118－19），腓尼基三桨座战船的甲板是首尾相连的。普鲁塔克也描述了（Them. 14.2）轻便、小巧的希腊舰船与体型较大，带有更为高大的船尾和甲板的“蛮族”船只之间的显著区别。腓尼基三桨座战船在船尾的设计上也略有不同，此外，它们的船舷上缘沿线附有一排盾牌，撞角的形状与希腊战舰亦彼此相异。

97. Plato Phaed，109B.

98. Abulafia 2005，64－69. 为探讨这些观点，对古代和中世纪的地中海世界所做的研究见 Horden & Purcell 2000，Harris 2005 的书里还收集了一些经深思熟虑后对前一本书所做的回应。

99. Homer Iliad 23.740－745，6.286－296.

100. Homer Odyssey 15.415－416. Capomacchia 1991.

101. Homer Odyssey 15.498－615，14.287－300.

102. Winter 1995.

103. Van Dommelen 1998，80－81，111.

104. Trump 1992，198－203；Bonzani 1992，210－220. 努拉吉的设计与功能的转变或许在努拉吉社会风貌变化方面体现得最好。公元前10世纪，一些经典的努拉吉——通常包括一座要塞塔，其存在与否似乎与努拉吉在社区内部的地位和所有人身份有着莫大干系——演化为更为复杂的建筑群。现在又增加了更多的塔楼和连接墙，表明这些特殊的努拉吉的首要用途是作为军事要塞。这些建筑群似乎往往为已成形的村庄所环绕，表明努拉吉的居民们此时已生活在一个复杂的阶级化社会之中（Ugas 1992，229 - 230）。

105. 关于埃维亚人早期在苏尔其斯的大规模活动情况见 Rendeli 2005 的论述。

106. Giardino 1992，304.

107. Gonzalez de Canales，Serrano & Llompart 2006.

108. Lipinski 2004，234 - 247. 诺拉之石的碑文含义目前学界莫衷一是。佩卡姆（Peckham，1972）认为这块石碑描述的是米尔卡托恩的船（队）被一场风暴吹离西班牙，后在萨丁尼亚安全登陆的事。克罗斯（1972b）倾向于将碑文内容译为一场远征萨丁尼亚的军事行动，“他施”则是米尔卡托恩与其军队在与萨丁尼亚的土著居民签订协议之前在该岛攻占的一处定居点。克罗斯（1987）还将 Pmy（-yton）译为皮格马利翁——公元前 9 世纪的泰尔之王——是他而不是天神普梅授权米尔卡托恩出兵远征。克罗斯将在诺拉之石上发现的另一段残缺严重的铭文，视为公元前 8 世纪腓尼基人在萨丁尼亚活动的证据，但这一观点相当苍白无力。

109. Diodorus 5. 35. 4 - 5.

110. Frankenstein 1979，288.

111. Niemeyer 1990，471 - 472.

112. Nijboer & Van de Plicht 2006. 在韦尔瓦发现了制作于这一时期的腓尼基陶器。

113. Aubet 2001，281 - 283.

114. Strabo 3. 5. 5.

115. Diodorus 5. 20. 3. 116. Aubet 2001，186 - 191.

116. Aubet 2001，186 - 191.

117. Herodotus 4. 152；关于金属矿石的等价物见 Aubet 2001，279 - 280。

118. Aubet 2006，96 - 105；Van Dommelen 2006，124 - 126.

119. Aubet 2006，106.
120. 在近东的一些国家，如叙利亚北部的乌加里特。商业协会的领袖与一些成员实际上可以从王室方面领到一份固定的薪水。作为回报，这些商人有时会担任起王家使者的职责。
121. Aubet 2001，116－119.
122. Strabo 3. 5. 5；Philostratus Apollon. 5. 4.
123. Strabo 3. 5. 7. 在论及这眼泉的时候，斯特拉波（Strabo）引用了波利比乌斯著作的内容。有趣的是，依努斯在自己的泰尔建城神话中同样着重描写了这眼传说中的泉。
124. Aubet 2006，106.
125. 公元3世纪的一位访客，提亚纳的阿波罗尼乌斯（Apollonius of Tyana）向神庙的祭司咨询过这些奇怪的铭文的含义，但他们无法给出任何解释。阿波罗尼乌斯于是提出自己的见解："这些柱子将大地与天堂连接在一起，他（造物主）将它们刻在命运神殿之中，以确保各个元素之间不会发生冲突，以及它们不会忽略对彼此的爱护。"（Philostratus Apollon. 5. 4－5）
126. Justin 44. 5. 2.
127. 西利乌斯·伊塔利库斯（Pun. 3. 14－44），尽管他在公元2世纪时所写的一首史诗对于罗马读者而言显得杂乱无章且华而不实，但作为一份关于加迪斯的麦勒卡特神庙的记载，仍有其价值。按照西利乌斯的记载，刻在神庙大门上的内容为赫拉克勒斯的使命的铭文无疑是后人之作，甚至是他那丰富想象力的产物。至于与神殿内的献祭仪式其他部分相关的记载则可见狄奥多罗斯，5. 20. 2。
128. 在直接谈到祭祀麦勒卡特的艾格赛斯节的时候，菲洛斯特拉图斯称加迪斯人为"唯一一个庆祝死亡的民族"（Apollon. 5. 4）。
129. Pausanias 10. 4. 6.
130. Aubet 2001，273－279.
131. Aubet 2001，55－57.
132. Moscati 1968，19－21；Aubet 2001，57－59.
133. Aubet 2001，57.

第 2 章　新的城市：迦太基的崛起

艾丽莎的出逃

伟大的城市通常会造就伟大的建城神话，迦太基也不例 58
外。据说泰尔国王玛坦（Mattan）于公元前 831 年下令，去世时将王国分封给其子皮格马利翁和其女艾丽莎（Elissa/Elisshat）。然而，泰尔人或许是担心这样一个公正的决定可能会导致局势动荡，提出了异议，然后皮格马利翁加冕为唯一的君主。在一场无情的力量展示中，这位新王行动迅速地除掉了所有潜在反对者：他下令暗杀了自己的叔叔、麦勒卡特神的大祭司和艾丽莎的丈夫阿赫尔巴斯（Acherbas，又名查卡尔巴尔，Zakarbaal）。为了保证自己的安全，艾丽莎佯装对她弟弟的所作所为毫无怨言，却秘密策划着与一些同样心怀不满的泰尔贵族一道从这座城市出逃。[1]

其后，艾丽莎以其亡夫的住所唤起她太多痛苦回忆为由，恳请搬进皮格马利翁的宫殿，从而成功地打消了他的疑心。她弟弟喜出望外，因为他认为她会将阿赫尔巴斯的黄金随身带来。随即利用一次绝妙的策划，艾丽莎带着皮格马利翁派给她的随从，前去把她的财产搬到一艘船上，而后起航出海。在海上，她把一些声称装满了她亡夫的黄金的麻袋丢下船去。而后她劝这些王家扈从与她一起逃亡，声称她弟弟将因这些财富的失去而被激怒，从而赐给他们一场痛苦的死亡。在与她的贵族同伴会合并向麦勒卡特做了祈祷之后，一行人逃离了这座城

59 市，前往塞浦路斯。在那里，女神阿施塔特的大祭司加入了，作为对自己效忠的奖赏，他要求这一职务永远由自己家族的成员来担任。80名被选作阿施塔特神庙神妓的女孩也参加了这支队伍，这样一来，男人们就有妻子了，新的移民点也就有了未来的人口。

这支探险队随即动身前往非洲，在那里，他们得到了尤蒂卡（Utica）——一块泰尔殖民地——居民的欢迎和赠礼。艾丽莎与同行的流亡者最初也受到了利比亚当地人的优待，因为利比亚国王海尔布斯（Hiarbus）让他们自由进入他的领土。然而，可能是唯恐割让过多的土地给这些新来者，他只答应卖给他们一张牛皮所能覆盖到的那么大一块土地。这些机智的新来者把那张牛皮切成极细的一条条，这样他们就能划出一片比海尔布斯真正预想的要大得多的土地。

根据某种希腊-罗马的古代传统，新定居点——迦太基——是一蹴而就的，人们从周边地区来到这里经商并定居下来。然而，这座城市的人口越来越稠密，越来越富有，海尔布斯的愤恨情绪也随之与日俱增，直到最后利比亚国王威胁说，如果艾丽莎不答应与他结婚，就发动战争。迦太基的元老们犹豫着是否要汇报这一令人难以接受的消息，女王要求他们不要对无情的命运采取回避态度——如果这样做对他们的新家园有利的话。在女王的逼迫下，他们将真相告诉了她。元老们在让女王知道了海尔布斯的最后通牒后，指出如果她回避与利比亚国王结婚这一命运的无情安排的话，那么这座城市将毁于一旦，从而巧妙地把难题推给了女王。被自己的豪言壮语推入尴尬境地的艾丽莎别无选择，只能答应她的人民的请求。但她首先下令架起一大堆火葬用的木柴，以便让她能用献祭仪式来抚慰第一任丈夫的灵魂。然而，一到熊熊大火燃烧起来的时候，女王就爬上了柴堆顶端，而后转身面对着她的人民，宣布她现在将如他们所希望的那样，去见她的丈夫了。她旋即用一把剑刺死了自己。

这个巴洛克式的，关于爱情、丧亲和诡计的传奇故事，是否含有与真实的迦太基建城历史有关的内容自然是有疑问的。这个故事的起源最早只能追溯到一份公元前 3 世纪的希腊原始文献，罗马 - 高卢历史学家庞培·特罗古斯（Pompeius Trogus），于公元前 1 世纪的最后几十年间写下了这份文献的 60
最完整译文。[2] 此外，艾丽莎的传说不仅在体裁上与希腊文学作品的苛刻要求一致，而且还被当作绝佳的戏剧题材，用于传播几乎所有关于希腊人与罗马人对迦太基及其居民的偏见。艾丽莎所使用的为了绕开阻止她前进的障碍的诡计，有意违背了罗马人在其历史的大部分时期所自诩的美德与特色，特别是忠诚。[3] 在这个传说中，迦太基人被描述成巧言令色的背叛者和欺诈者。与他们的腓尼基同胞一样，迦太基女性的权力过大，因而迦太基人极易为如盲目、嫉妒这些充满危险的女性特质所伤害。他们还遭受着死亡、性欲以及对财富的过度迷恋的困扰，这种困扰达到了痛苦、病态的程度。

一些学者曾考虑一种诱人的可能性，即隐藏在一个彻头彻尾的希腊故事里的，是迦太基人对于多年以前的事的真正记忆。有观点认为，其实迦太基人自己可能下意识地在艾丽莎传奇的创造和普及方面起到了一定作用，他们构思了这个故事，并加以润色，就像现代美国人对待感恩节那样。[4] 然而，看起来他们绝不可能将这么多带有负面色彩的陈腔滥调投射到这个故事上去。事实上，在公元前 3 世纪的上半叶——很多人已经从陶尔米纳的蒂迈欧的手稿中看到了它——构成艾丽莎传奇的几个元素似乎就已演变成一个为公众所认可的故事。[5]

一些人指出，记录公元 2 世纪腓尼基史的黎凡特裔作家，比布鲁斯的斐罗（Philo），宣称他研究过古代泰尔的编年史。这些编年史显然提到泰尔国王玛坦一世于公元前 820 年将王位留给了他 11 岁的儿子皮格马利翁，这一事件转而导致了皮格马利翁的姐姐艾丽莎于公元前 814 年出逃，并建立了迦太基。此外，一件在迦太基坟墓中发现的，刻有皮格马利翁和阿施塔特名字的金质垂饰引发了这样一种学说：这座坟墓的主人，在职官员亚达·米勒克（Yada'milk），无疑是第一支泰尔探险队中的军官，皮格马利翁的名字出现在垂饰上证明这位国王可能鼓励这些持不同政见者去建立迦太基。[6]

61 然而，任何关于艾丽莎的传说拥有部分历史真实性的希望，均因亚达·米勒克的坟墓并非建于公元前 9 世纪末，而是远达三个世纪之后的产物这一发现而破灭了。[7] 确实，考古学家在迦太基发现的最早的文化层仅能回溯到公元前 760 年，不过我们在对这座城市第一阶段那少得可怜的认知方面的新进展，仍能将相关日期推到更为遥远的年代。[8] 此外，斐罗的历史证言中存在着一些明显的疑点，其中最大的疑点不在于他从古代腓尼基文献中搜集来的信息，而在于他只是简单地从希腊作家那里摘录了这个故事，而这些希腊作家与那些提到过艾丽莎的罗马作家所引用的希腊作家是同一群人。[9]

不过，即便这个传说大多为后世的希腊作家杜撰，我们也可以猜想，它的某些内容是建立在与这座城市的交流中所采集到的信息甚至是误解之上的。因此，公元前 4 世纪时西西里籍希腊历史学家菲利斯托斯（Philistus）讲述的，另一个版本的迦太基建城史将第一个定居点中领袖的名字取为泰尔人阿佐罗斯（Azoros）和卡尔塞顿（Carchedon），明显是源于迦太基/腓尼基语的“索尔”（sor，“岩石”之意）与“加特－黑达斯特”（Qart-Hadasht，“迦太基”）。[10]

一个类似的混淆之处或许也解释了艾丽莎和牛皮的故事。毕尔萨，这座在整个迦太基历史中一直是迦太基城中心点的山的名字，最有可能源于阿卡德语“比尔图”（birtu），意为“要塞”。然而，毕尔萨在希腊语中是牛皮的意思，因此，牛皮与该城建城史之间的关联或许出自希腊作家笔下。[11]

泰尔在迦太基精英身份构建中所起到的至关重要的作用，并非只存在于希腊人的凭空想象之中。这座城市的整部历史中大量碑文提到的 bn Sr（“泰尔之子”之意）或 h Sry（“泰尔人”之意）可能暗示着这些人为泰尔人后裔，或者标志着他们拥有母城血统，以表明他们的某种地位。[12]泰尔的文化传承在这座迅速发展的——其居民不仅来自整个腓尼基世界，亦拥有相当部分利比亚人——城市中，可能成了一种重要的地位标识。[13]此外，与泰尔传统的联系通过对麦勒卡特、阿施塔特、艾斯蒙与其他神祇的膜拜继续得以显现。[14]实际上，每年都有一支小型舰队载着迦太基统治集团的成员， 62
经历一段漫长的东行之旅抵达泰尔，将迦太基财富的十分之一作为什一税缴给麦勒卡特，这是迦太基人在向他们的创建者还债。[15]

早期城市

艾丽莎的传说表明迦太基人和希腊人认为，这座城市是在特殊环境下建立的，这让它在西部其他的腓尼基殖民地中迅速脱颖而出。[16]当然，这种论点带有很大的事后诸葛亮的成分，但考古学证实了这处早期定居点确实发展得一日千里。它的腓尼基名字“加特－黑达斯特”（新城）无疑表明迦太基是作为一个带有殖民色彩的定居点，而非仅是贸易港。[17]从战略角度而言，这座城市的地址可谓上上之选，它矗立在这一地区两条最重要的贸易航线——从黎凡特到西班牙的东西航线和它到第勒尼安殖民地的南北航线——的交会点上。与加迪斯一样，有些泰尔殖民地似乎是为了给其他规模较小的腓尼基贸易点提供市场，也可能是为了提供城市集散中心而建立的。这或许很好地解释了迦太基为什么发展得如此之快。

南北航线对于迦太基而言尤为重要，因为它不仅将这座城市与西西里、萨丁尼亚和意大利相连，还是连接迦太基与希腊大陆和爱琴海地区的纽带。毫无疑问的是，在迦太基最早的居住区发现了大批希腊式——包括埃维亚和科林斯式陶器。[18]显然迦太基在公元前 8 世纪时成了包括圣伊比尼亚、皮塞库萨和伊特鲁里亚在内的第勒尼安贸易圈中的一个重要坐标。与皮塞库萨之间的联系似乎格外频繁，在早期的腓尼基考古遗址中已经发现了一些来自该地的陶制品。（迦太基人亦向皮塞库萨出口商品和陶制品。）[19]

公元前 8 世纪和前 7 世纪从意大利中部输入迦太基的商品亦是优质的考古材料。[20]类似于希腊风格的陶器实际上是迦太基人的作品，这表明要么有一个埃维亚裔制陶工社区活跃于迦
64 太基城，要么腓尼基移民很早就已开始仿制这种样式的陶器。[21]由此看来，迦太基从一开始就是全球性的贸易中心，吸引着来自不同种族聚居区的人们前来定居（当时迦太基人依旧在制度上小心翼翼地保护着它的“泰尔式”传统）。此外，

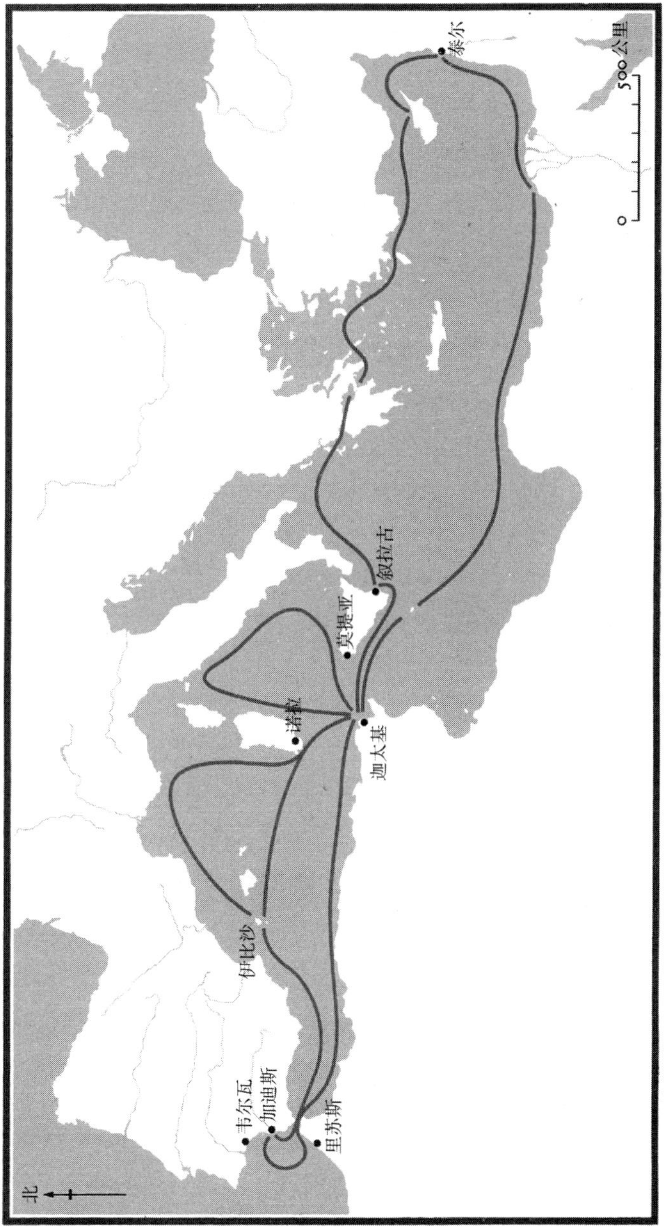

地图 6　腓尼基人在地中海的贸易路线

尽管与黎凡特和西班牙的贸易往来是整个迦太基历史中经济方面的重要组成部分，但这座城市一点也不依赖于黎凡特－伊比利亚的金属航线，因为它的大部分商业活动都嵌进了繁荣兴旺的第勒尼安海贸易圈。[22]

古植物学研究已确定了早期移民的饮食由大麦、几种不同类型的小麦、燕麦、谷物、小扁豆、豆类、橄榄、水果和葡萄酒构成。[23]然而，在早期的移民点完全未发现鸡之类家禽的踪影，野鹅和野鸭成了重要的食物来源。家畜主要有牛、绵羊和山羊，牛科动物被当作肉类的来源。对这些动物骨头的分析显示它们在口齿尚幼的时候就被宰杀了。[24]迦太基存在之初的农业产地的位置已是近年来考古学研究特别关注的问题，因为按照艾丽莎传说的描述，在迦太基城存在的头两个世纪中，它的腹地面积显然极为有限。对双耳细颈椭圆形土罐内所盛粮食的分析清楚表明，早期这一定居点的大部分粮食均不得不从众多地区，包括西班牙、意大利、西西里、希腊、爱琴海和黎凡特进口。[25]

尽管考古学家尚未找到任何一座建于早期的重要公共建筑或海港，然而目前的证据显示，沿海平原开始布满密密麻麻的网格状住宅群，与这些用晒干的砖块盖成的住宅一起分布在街道上的还有水井、花园和广场，所有这些建筑都规划得整齐有序，与海岸线相互平行。至公元前 7 世纪，这个定居点为一排引人注目的带有 3 米宽的堞跺的城墙所环绕。[26]这座城市在它存在的头一百年时间里发展得如此迅速，以至于在它周边地区出现了一些拆除和重建的痕迹，包括小心翼翼地将一座早期公墓移走，以便为一个金属加工作坊让路。[27]

三个环绕着这座新城的更加巨大的公墓表明，在迦太基建

立后的一个世纪左右的时间内，它是约 3 万人的家园。[28]根据 65
生前的经济条件，死者一般会被精心、细致地安葬在地下陵墓或石棺墓——石板墓穴，通常为一大块厚厚的石板所覆盖——之中。[29]从死者的遗物——剃刀刀片、香料和香水瓶、化妆品、小碗、灯具、小雕像和祭坛——中，我们或许可以再现某些为了让他们自由地转世而举行的宗教仪式。死者的身体首先被清洗，并涂上油膏，而后在脸上涂上化妆品。尸体随后被收殓，之后将作为供奉的食物和饮料摆在一个特别的祭坛之上，随后是组织一场酒宴和一支由哀悼者所组成的送葬队伍。[30]最后，死者与那些被认为将会在来生派上用场的物品——工具、兵器和封印、药草以及进口的陶器——一起被埋葬。护身符和其他带有驱邪作用的可保护死者免受恶魔侵害的物品亦在陪葬品之列。

这些供奉物品具有日用品的特点，明显表明迦太基人希望来生的生活与他们活在这个世界上时的生活一模一样。墓志铭支持这一观点，它提到灵魂的饮食，并警告生者不要打开墓穴，惊扰死者。[31]迦太基人似乎相信，当一个人死去后，灵魂会一分为二。“内菲什”（néphesh）①，灵魂的物质部分仍待在坟墓之中，有着与活人一样的需求；与之相反的是，死者的精神化身“卢拉”（rouah），将离开人间，前往阴间居住。[32]

富人的陪葬品中经常有一些奢侈品，它们告诉了我们很多关于迦太基人作为这些商品的消费者以及——越来越多的——生产者的信息。尽管最初奢侈品是从黎凡特、埃及和近东其他地区进口的，但到了公元前 7 世纪中期，由于迦太基人在城墙

---

① 气息之意。

之外建立了一个拥有制陶能力的窑炉，以及用于生产紫色染料和金属加工的手工作坊的手工业区，他们成了主要的奢侈品制造者。[33]这座城市如今成了赤陶雕像、面具、珠宝和精雕象牙的重要产地，这些奢侈品后来出口到所有腓尼基西部殖民地。[34]

然而，迦太基的地区重要性的提高是无法通过它的出口产
66 业来单独衡量的。这个城市如今是一个粮食和原材料的主要消费地：它的腹地面积有限，这意味着粮食和原材料都无法自给。这一情况反过来可能会对地中海中部的其他腓尼基殖民地的结构产生重要影响。例如公元前7世纪时期，腓尼基殖民者在萨丁尼亚建立了一片新殖民地，其中一些——如奥萨卡（Othoca，位于萨罗斯附近）、比西亚（Bithia）、库库里杜斯（Cuccurredus）、蒙特希莱（Monte Sirai）和帕尼罗利加（Pani Loriga，由苏尔其斯人所建）——显然设有要塞。这些新建立的殖民地与旧殖民地有很大的不同，它们没有宗教建筑和公共建筑，以及为数众多的居民。它们的既定目标是护卫通往肥沃平原，及岛内拥有丰富金属矿石资源的山脉的入口。定居点数量的增长，与努拉吉生产的用于运送金属矿石和粮食的双耳细颈椭圆形土罐在迦太基的考古学记录中的消失是一致的。这表明这些殖民地是腓尼基人深思熟虑后建立的，是控制该岛的生产资料以供应日渐增长的迦太基市场的战略计划的一部分。[37]

67 一些早期的迦太基坟墓那错综复杂的结构和贵重的陪葬品——包括金质圆形浮雕，吊坠项链，经过精心雕刻的象牙质镜子把手和梳子，大量涂有瓷釉或彩陶质的护身符，以及通常绘有埃及神灵和法老的用于抵挡恶魔侵袭的圣甲虫宝石——证明这座城市所提供的机会吸引着腓尼基商业阶层成员的到来，并且也证明了这些公民中的上层阶级迅速积累了更多的财

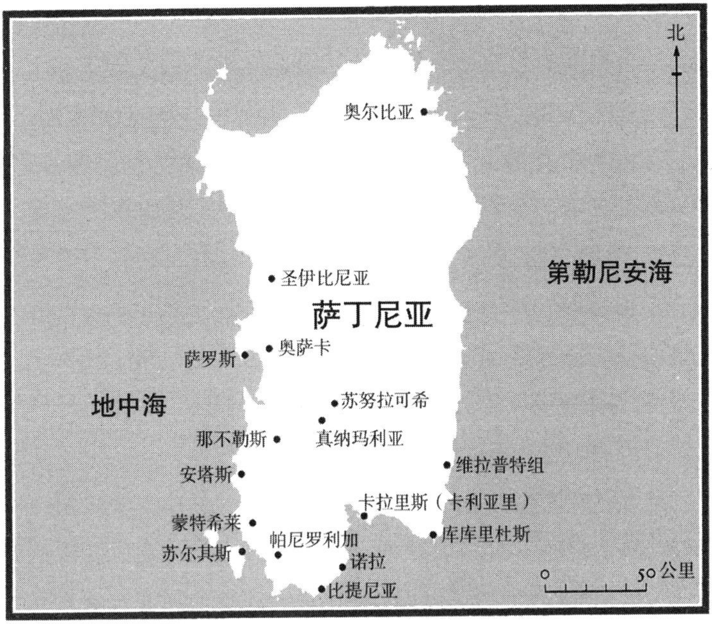

地图 7　萨丁尼亚

富。[38]迦太基因此看起来是一个拥有核心腓尼基商业精英团队的合适的殖民地基石，这群精英将在迦太基存在的大部分时光内控制着该城。

日后希腊人所提出的公元前 6 世纪之前的迦太基一直是一个由“国王”统治的君主政体的说法，似乎是对它的寡头政治体制的误读。[39]从一开始，这座城市就是由一个被称为“布鲁姆”（b'lm）——领主或亲王之意——的秘密贵族团体所统治，这个团体控制着国家所有具有重要意义的司法、政府、宗教和军事机关。[40]位于这个统治阶层顶端的，是一个其财富和权力在这一特殊时期均凌驾于该精英集团成员之上的家族。希腊作家们之所以会称他们为“国王”，他们似乎也掌握着支配其他公民的某种行政权力，应该是特指他们控制着迦太基军队。从公元前6世纪的最后几十年到公元前4世纪的头几十年间，这一至高无上的家族是马戈尼德家族（the Magonids）。但是，迦太基的“国王”人选显然并非限定于某个特定的家族，这一事实表明，尽管“国王”们掌握着帝王般的权力，却并不是世袭的，他们的权力通过一个由元老组成的协商议会来分配。[41]艾丽莎传说或许成了一件令未必像她一样出身高贵的迦太基精英的特权地位得以合法化的强有力工具。第一任女王无嗣而终的创意不仅为这个寡头政治体制的正当性做了巧妙辩护，也否决了任何独裁势力的世袭权。

迦太基精英对他们的泰尔传统那显而易见的自豪之情，不应被误解为对母邦经济及政治议程的盲目遵从。迦太基很快就
68 显示出它将利用地中海强权政治那跌宕起伏的局面，通过与埃及保持商业往来——此时腓尼基众城邦正被它们的亚述“盟友”禁止从事这一活动——来规划自身的发展道路。

童祭与托菲特

类似的独立自主风格在该城的宗教生活中亦可看到。宗教仪式在迦太基人正在形成的民族认同感中占据着中心位置，一个特别重要的原因在于，它为上层集团实现政治上的控制提供了一个重要手段。与近东一样，神庙是迦太基最伟大、最具财力的公共机构，为由精英阶层成员担任的大祭司们所控制。大型神庙雇有大批专职工作人员。抄写员、圣歌歌手、乐师、圣火侍役、理发师和宰牲者是为了确保因神灵栖身于此而举行的宗教仪式能够正常进行所必需的。这就是公开的价目表里所罗列的特定献祭仪式的开销等级，同时它也将相关收费划分为不

同的价位。这份公文不仅保障着为数众多的迦太基祭司和神庙工作人员的生计，也为恳请者提供了某些消费者权益保护，因为他们被告知那些胡乱收费的祭司将会被课以罚金。[42]不光是精英阶层的成员在监督着这些肆意扩张的组织及其雄厚的财力，神庙亦被当作共餐俱乐部的活动场所，这也是它的仪式性功能之一。

麦勒卡特在泰尔和其他重要的腓尼基西部殖民地（如加迪斯和里克苏斯）的万神殿中可谓是至高无上，不过他在迦太基却从未享有如此主导性的地位，尽管他在迦太基仍是高级天神的一员，他的神庙和主持艾格塞斯宗教仪式的祭司在城市中也有着极高的地位。[43]在迦太基，两位最引人注目的天神是巴尔·哈蒙和他的妻子塔尼特（Tanit）。后者虽然在迦太基人的铭文中被称为“巴尔的脸”，但她的地位似乎并不在其夫之下。塔尼特的独特标志——一座伸展风格的雕像——被发现于许多迦太基石碑之上，她经常以这座城市的女性保护者和监护人的形象出现，这对一位先前处于次级地位的女神来说可谓是 69
巨大提升。[44]与之形成鲜明对比的是，经常以一弯新月的形态出现的巴尔·哈蒙是黎凡特的一位主神。“巴尔”是意为“领主”或“主人”的一个头衔或前缀，被用于许多不同的神灵身上。“哈蒙”的定义则不太清楚。它可能源于腓尼基词根“哈姆”（hmm），意为“炎热”或“正在燃烧的东西”，这表明哈蒙可能是“熔炉之主”。[45]

迦太基的独立发展不仅体现在与泰尔的天国秩序截然不同的新秩序的建立上，也体现在这一秩序的执行模式上。从公元前3000 年起，近东的文献就间接提到“莫尔克”（molk/mlk）——其大意为“礼物”或“供奉”——这一行为。这个词通常被用于形容当众人正面临格外严重的灾难性境地之时，将自己的长子作为祭品献给神灵，以平息他们怒火的做法。《旧约全书》提供了一些“莫尔克”的例子。在《出埃及记》中，以色列人得到这样的命令：“尔须将尔的头胎儿子献于我。”两个犹太国王将自己儿子作为祭品的事亦被提及，因而犹太人激烈地反对这一（据称为）外族的做法。[46]

日后一些颇为可疑的希腊文献宣称，腓尼基人在陷入严重危机时，也会诉诸献祭仪式：他们将王子的儿子斩首，通过这种对天神埃尔的献祭，来向这位神灵表达敬意。这位神灵本身也献出了自己唯一的儿子尤德（Ieud），以保证自己的土地免遭劫难。[47]然而，就考古学方面的证据而言，迄今为止在黎凡特地区只发现了一份关于托菲特（tophet）——现代学者给理应是献祭仪式举行地的宗教围场所起的名字——的证明，并且只有一座石碑间接提到过“莫尔克”献祭仪式。[48]在《创世记》中，亚伯拉罕在接受了上帝的考验后，获准用一头羊作为祭品，以代替他的儿子以撒，学者们因而认为，在大多数情况下，兽崽可以作为人类儿童的替代品，被用于献祭。可以肯定的是，到了公元前7世纪的时候，“莫尔克”献祭活动似乎在腓尼基完全绝迹了。

即便如此，一些论及迦太基人童祭行为的古希腊文献仍然存在。[49]在这方面，最完整、最绘声绘色的描述出自西西里籍历史学家狄奥多罗斯：“在他们的城市中有一座克罗诺斯（地位相当于巴尔·阿蒙的希腊天神）的青铜像，他的手向外延
70 伸着，掌心向上，朝地面倾斜，以至于每个被置于其上的孩子都会滚落下来，掉进一种开裂着的。里面满是火焰的凹坑里。”[50]公元前3世纪的哲学家和传记作家克来塔卡斯

（Cleitarchus），亦再现了这样一幕可怕的场景：当孩子们被火焰吞噬时，他们的肢体蜷缩着，他们那张开的嘴巴看起来仿佛在笑。[51]按照公元 1 世纪时希腊作家普鲁塔克《论迷信》（*On Superstition*）的记载，双亲们为了让他们的婴儿免于被献祭而用买来的流浪儿作为替代品，但如果流浪儿的父母为死去的子女而哭泣或感到悲痛的话，那流浪儿的母亲就将失去已到手的钱财。在献祭地区，还应高声奏乐，用以掩盖被牺牲者的尖叫。[52]

如果不是法国殖民地的两名低级官员，弗朗索瓦·伊卡德（Frangois Icard）和保罗·吉利（Paul Gielly）于 20 世纪 20 年代毅然决定调查一番的话，这些指控可能仅仅被视为希腊人的诽谤。伊卡德和吉利对一位贩卖突尼斯石碑的人日益生疑：他来的时候总是带着精美的迦太基石碑。其中一块石碑给他们留下的印象格外深刻：上面雕刻着一个身穿宽大外衣、头戴祭司头饰的男人，男人的右手举起做祷告状，左手轻轻抱着一个用布包裹着的婴儿。铭文中凿有几个字母“MLK”。难道这个石碑商人无意中发现了迦太基人将他们腓尼基祖先那令人毛骨悚然的传统继续下去的仪式之地吗？一天晚上，根据密报，两个法国人惊讶地发现，他们的怀疑对象正在离伟大的矩形海港不远的旷野中挖掘石碑。在迫使土地主人将这一小片地卖给他们后，两人开始了工作。他们的发现更加激起了他们的疑心：出土了一批奉献用的祭品，每份祭品中都有一块刻着致巴尔·阿蒙和塔尼特的献词的石碑，通常还附有一只用赤陶制成的瓮，其中盛有已钙化的骨头，有时还装着珠宝和护身符。在对瓮里装的东西进行分析之后，确定了这样一个事实：每个瓮里都盛着幼童的骨灰。托菲特被发现了。法国人在日后的发掘证实了这里是腓尼基人建立的最古老的迦太基地区之一。[53]

进一步的分析显示，迦太基的托菲特至少从公元前8世纪中期起就投入使用了。同样明显的是，西部的腓尼基人在“莫尔克”献祭行为从他们的黎凡特同胞之中绝迹了很久以
71 后，仍在继续进行这种仪式。在该地区，这种活动有三个不同的阶段。第一阶段于约公元前730年始，至公元前600年结束，以越来越精雕细刻的献祭用纪念碑为标志，这些纪念碑最终包括简陋的方尖石碑和L形的被称为“斯派”（cippi）的王座纪念碑。对已发现的瓮中所装的东西和日后发现的其他事物的分析显示，它们里面装有年轻的人类和动物的灰烬。[54]

迦太基的托菲特被一代代在此工作的考古学者破坏得如此严重，以至于几乎不可能重建该地的自然环境。地中海西部地区的其他托菲特的保存程度要好得多。例如，位于萨丁尼亚海岸苏尔其斯一块露出地面的岩层之上的托菲特，是由一堵用当地大块火山岩垒成的巨型长方形围墙围成的。由于拥有厚实的墙体和蓄水池，这处托菲特似乎还被当作苏尔其斯居民在动乱时期的避难所。

对迦太基的人类骨殖和灰烬的分析显示，它们大多属于死婴和新生儿的，这明显带有自然死亡的味道。这一发现得到了位于萨丁尼亚的萨罗斯托菲特的支持，在那里发现的幼童只有2%的人年龄在几个月以上。[55]对此，有人解释为“莫尔克”献祭仪式本身与人祭并无瓜葛，而是用死人来代替活着的牺牲品，当没有死人可用的时候，就用一只鸟或一头牲畜代为献祭。

那些对迦太基人和地中海西部其他腓尼基人用婴儿献祭的

说法持怀疑态度的人还指出，这一时期在墓地中发现的儿童坟墓的数量很少，这很奇怪（迄今为止发现了超过 2000 座坟墓，只有约 100 座里埋着婴儿的尸骨）——如果考虑到这一时期的婴儿死亡率（据估计高达 30% ~40%）的话。这些异议引发了这样一个理论：托菲特实际上是未成年人的埋骨之地。托菲特通常位于城市的边缘之地也表明，这些受害者被认为是社会的边缘人物。因而，“莫尔克”仪式的目的在于将这些死婴引见给天神或女神，而非献祭。

虽然这类结论与早期在迦太基托菲特举行的仪式的用品相 72
吻合，但它们对于较晚期的证据则解释力大大下降。当对年代为公元前 4 ~ 前 3 世纪的瓮中所盛的东西进行分析时，结果显示这些瓮里装有孩童骨灰的比例要高得多。此外，与源自公元前 7 ~ 前 6 世纪的人类灰烬往往来自早产儿和新生儿这一事实相反的是，后期单独埋葬的多为较年长的儿童（年龄为 1 ~ 3 岁）。某些源自这一时期的瓮中装着 2 ~ 3 个孩子的骨殖——通常为一个 2 ~ 4 岁的孩子，与 1 ~ 2 个新生儿或早产儿。他们之间的年龄差异（达 2 岁）表明他们可能是兄弟姐妹。一个可能的解释是，无论是死婴，还是动物替代品，如今均被认为不足以抚平巴尔或塔尼特的情绪，当某个按照许诺要被献给天神的婴儿夭折的时候，一个更为年长的孩子就必须作为献祭的替代品。在刻于石碑上的铭文中，迦太基的父亲们通常用反身代名词的所有格形式“BNT”或“BT”来强调如下事实：他们用于献祭的孩童并非只是一些替代品，而是他们的亲骨肉。发生在迦太基托菲特的众多实例中的一个就阐明了这种献祭仪式的性质：“汉诺之子，米尔基亚索恩之孙波米尔卡在此起誓，献于巴尔的面孔——塔尼特女士与巴尔·阿蒙——的是他的亲生儿子。愿您赐福于他！”[56]

托菲特是某种类型的儿童墓地的观点，受到了这样一个事实的削弱：将在迦太基墓地里发现的儿童坟墓所占的比例，与在古代世界其他地方发现的证据相比，两者是高度契合的。事实上，相关记录的缺乏仍很有可能仅仅是考古学家没有将体积小并且保存状况通常很差的儿童骨骸记录在案的结果。同一时期的希腊作家认为迦太基人用孩童献祭，而考古学的证据意味着，他们的说法不能仅仅被当作反迦太基的毁谤性言论而置之不理。

这一结论源于，在重大的危机时期，迦太基人和西部的其他腓尼基人为了他们的家人和社群的利益，的确会牺牲他们的亲生骨肉来献祭。考古证据亦清晰地表明，托菲特并非一个黑暗的秘密，而是西部腓尼基人的名望象征。拥有一处托菲特是
73 巨大的荣耀，这种荣耀只有最大、最富有的移民点才能够获得，被贡献出来作为祭品的孩子几乎都是上流人士的后代。[57]然而，在托菲特举行的仪式也被认为是让“整个”社群的福祉延续下去的重中之重，并得到公共权威的正式认可。[58]

托菲特在迦太基和其他西部腓尼基定居点中的持久意义，彰显了黎凡特文化传承在它的公民群体中长期存在的重要性，但与此同时，新老社群之间的政治和文化差异也越来越大。事实上，数百年后在黎凡特地区荡然无存的托菲特，是作为一个宗教机构在西部定居点成功发展壮大起来的，而并不仅仅是移民社群那天生的保守主义的缩影。可以肯定的是，它是正在开始从将其团团包围的黎凡特同胞的阴影中浮现的，地中海西部腓尼基世界之活跃性和一致性的象征。

一个超级商业强国的崛起

公元前 573 年，经过十三年的围困之后，泰尔被迫与巴比伦国王尼布甲尼撒签订了屈辱的和平协议。传统意义上的学术观点认为，泰尔作为独立商业政权的地位就此终结，这使得它那些遥远的西部殖民地大约在同一时期陷入了经济危机。[59]事实上，这两件事反映了同一个经济难题——银价的暴跌。由于对近东地区的白银供应过剩，到了公元前 6 世纪初，西班牙与黎凡特地区间的跨地中海贸易运输大大减少。

于是，泰尔再也不能作为贵重金属市场上的统治者而得到之前所享受的保护，西班牙南部海岸的众多小型腓尼基贸易点如今也死到临头了。很多这类移民点存在的唯一理由，就是依靠经由加迪斯航线的小型货船所推动的小规模贸易，一旦这些船只离去，这些社区很快会被废弃了。相反，地中海中部的腓尼基殖民地似乎相对毫发无损地从经济危机中脱颖而出，这可 74
能是因为它们的首要经营重点位于伊特鲁里亚的南北轴线上，且该轴线连接着爱琴海。[60]

对于迦太基而言，泰尔人在这一地区的海运事业的终结看起来成了它自己进一步扩张贸易网络的一次重大机遇，这对来自地中海东部、埃及和黎凡特的商品和原材料的供应线而言，尤为如此。[61]黎凡特 - 西班牙贸易航线的崩溃在迦太基前期的发展中起到了极为重要的作用，如今将成为被一名德国学者称为“Der Aufstieg zur Grossmacht”（超级强权的崛起）的历史事件的催化剂。[62]

对这一新的超级强权的本质是什么争议极大。许多观点受到古代与现代世界大帝国影响的历史学家，情愿将迦太基视为一个通过军事和经济压力，寻求迅速统治地中海西部地区的帝国主义政权。[63]站在敌对立场上的古希腊史学著作，以及为数更多的现代人的偏见联合起来，形成了这样一种印象：迦太基人是一群好斗、恶毒的东方入侵者，他们的明确目标是蹂躏早已浸润了西方文明的古代世界。尤其是在西班牙，那里的迦太基人经常被指责应对古塔尔特苏斯王国的灭亡负责。出于对宣扬塔尔特苏斯王国是一个伟大的西方文明——无疑是西方的特洛伊——这一观点的热衷，一些学者主张，古代安达卢西亚地区于公元前6世纪晚期遭受了迦太基人的野蛮入侵。[64]这些观点得到了日后许多罗马文献的证实，它们记载道，枯鱼涸辙的加迪斯市民曾请求迦太基人帮助抵御敌对的西班牙势力，结果迦太基人背信弃义地攻占了加迪斯城。[65]

这些并不是这一时期仅有的针对迦太基人帝国主义行径的指控。根据公元3世纪的罗马历史学家查士丁（Justin）的记载［他所借鉴的是庞培·特罗古斯已散佚的《反腓力史》（*Philippic Histories*）中的说法］，马尔库斯（Malchus），一位迦太基将军或“国王”，在蹂躏了西西里岛的众多地区后，于公元前6世纪中叶在萨丁尼亚被打得一败涂地。无法接受这种
75 耻辱的迦太基元老院将这位将军及其余部处以流放之刑。然而，马尔库斯和他的士兵们对这一严厉的判决感到愤怒——特别是他们在过去的平叛中曾取得辉煌战功——并发动了叛乱。在包围迦太基后，马尔库斯攻占了这座城市，但他最终在被指控密谋自立为王后遭处死。[66]

查士丁还记载道，公元前6世纪晚期，另一个名叫马戈（Mago）的迦太基将军，据说派了一支由他的两个儿子哈斯德鲁巴和哈米尔卡指挥的军队前往萨丁尼亚。当哈斯德鲁巴死于战

伤的时候，这次远征行动差点以惨败告终，但迦太基人最终成功在该岛南半部建立了自己的地盘，并迫使几个土著部落撤退至内陆山区。[67]这对考古学界而言，无疑是公元前 6 世纪中期该岛处于动荡不安局面的有力证据。位于蒙特希莱和库库里杜斯的腓尼基移民要塞都被废弃了——后者是在被烧毁后废弃的——努拉吉人位于苏努拉可希（Su Nuraxi）的主要定居点则被狂暴地摧毁了。[68]

这些对公元前 6 世纪时迦太基人暴虐、贪婪的绘声绘色的描述，必然招致众多质疑之声，特别是这些故事诞生于一个已过去很多年的时代，况且当时（布匿战争之后）对迦太基人极度负面的刻板印象，已在希腊人和罗马人的文化想象力中根深蒂固。在萨丁尼亚，并无迦太基人在这一时期长期占领该地的迹象。在考古学记录中显而易见的关于暴虐、动荡局面的记载，或许彰显了存在于腓尼基人与土著人之间的骚乱，甚至是与努拉吉人之间的两败俱伤的冲突。[69]

如果马尔库斯和马戈的故事有任何事实基础的话，那它们可能是某些遥远回忆的文学演绎，这种演绎与迦太基人的短暂介入以保护岛上腓尼基人利益的行动有关。在公元前 6 世纪上半叶，迦太基约 50% 的粮食仍依赖于从国外进口，而萨丁尼亚仍是一个重要的供应来源。[70]实际上，在公元前 6 世纪期间，迦太基人在该岛的战略似乎是通过建立两座新城镇卡拉里斯 76
（卡利亚里）和那不勒斯，而致力于改善对内陆地区农产品和原材料的征集和运输，而非积极的征服。[71]

西班牙南部同样并无迦太基人入侵的有力证据。塔尔特苏斯王国的灭亡与迦太基入侵完全无干，而与它的内部争斗和作为上层阶级主要财源的，与黎凡特地区金属贸易的终结息息相关。[72]即便日后文献中所提到的迦太基人的军事干涉真的发生了，其所持续的时间也必然很短，因为并无关于他们长期占领西班牙南部的考古学证据存在。从某种程度上说，迦太基人进入了黎凡特－伊比利亚金属贸易体系崩塌所带来的经济真空之中，但只是在极为有限的程度上进入。迦太基人在安达卢西亚（如在维拉雷科斯一样）进行了一些殖民活动，但看上去最为成功的是直接对已有的腓尼基移民点，如马拉加和埃布索斯（位于伊比沙岛）进行的重建和扩大。[73]直到公元前 5 世纪晚期/公元前 4 世纪初，迦太基才开始获得对海外领地的直接控制权，即便如此，它也并不符合任何可能存在于我们观念中的“帝国主义”模式。几乎没有证据表明迦太基有过领土征服、行政控制、征税、商业垄断的行为，或拨发对外政策经费。[74]

踏足非洲

按照传统观点，迦太基人在这一时期的商业扩张被归因于农业腹地的长期缺乏。[75]然而，来自迦太基的新考古学的确凿证据显示，尽管这一时期迦太基人继续维持并实实在在地扩大了他们在海外的贸易网络，他们也在逐渐放弃先前所严重依赖的海外粮食进口。对古代植物的分析展示了迦太基公民所享用的种类格外丰富的食物：小麦、大麦和其他谷物，多种多样的蔬菜、豆类植物（如小扁豆），以及如石榴、无花果、葡萄、橄榄、桃子、李子、西瓜之类的水果，此外还有杏仁和开心果之类的坚果。鱼和其他海产品、绵羊、山羊、猪、鸡也被纳入
78 食谱之中，甚至有时还吃狗肉。[76]从公元前 6 世纪下半叶起，这些食物大多来自迦太基的北非领土。[77]

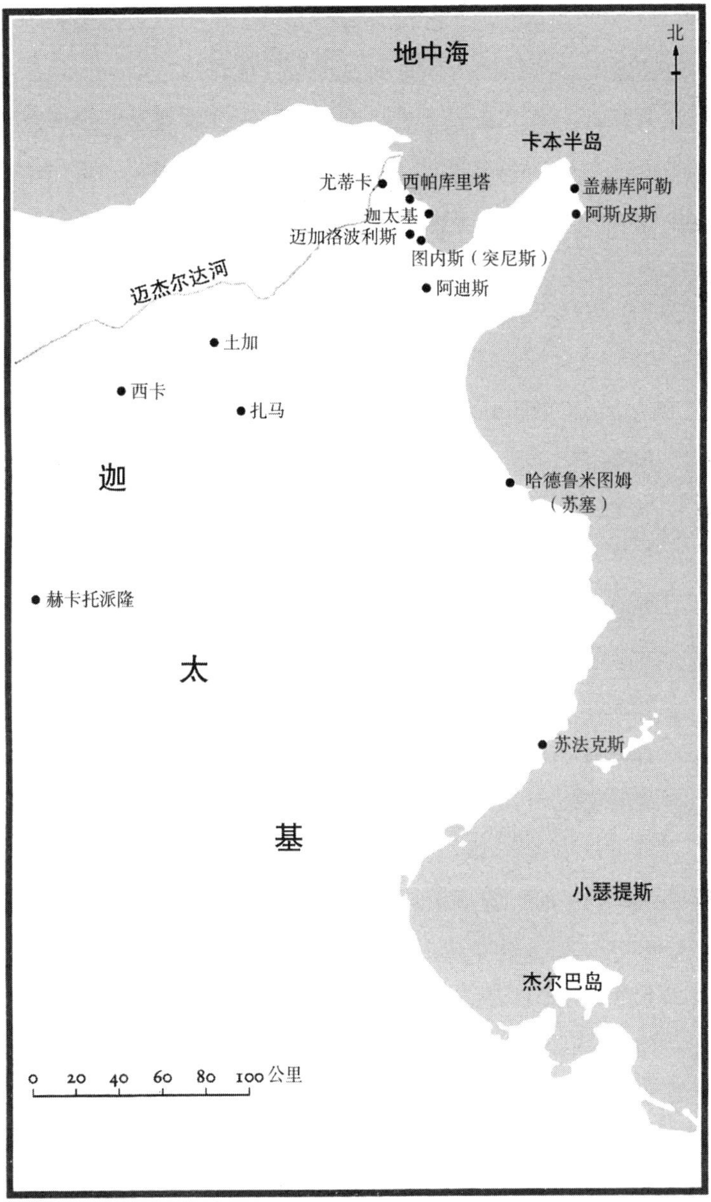

地图 8　迦太基及其北非腹地

我们不清楚这一新地盘是如何获得的——不管是通过与当地的利比亚首领结盟，还是通过侵略性的军事行动——但公元前6世纪时，迦太基人显然开始通过建立大量要塞和定居点的方式，将自己的权威扩展到肥沃的迈杰尔达山谷（Medjerda Valley）和卡本半岛（Cap Bon peninsula）以外的地方。[78]后世一份关于卡本半岛（今突尼斯东北部）的希腊文记录清晰地阐明了这一地区对一个人口急剧扩张的城市的诱惑力：

> 所有的土地上……都坐落着由许许多多的泉水和运河浇灌的花园和果园。一座座造型精美的乡村房屋与酸橙树一道伫立于道路边，昭示着财富的俯拾皆是。拜长久的和平时光所赐，房子里满是为居民们营造生活乐趣的玩意以及他们储藏的东西。这片土地上种着藤本植物、橄榄树和大量果树。道路两侧均有成群结队的牛羊在平原上吃草，在主要的牧场和沼泽地附近则是一群群的马。简而言之，这些土地满是形形色色家业兴旺的，地位最为高贵的，愿意用自己的财产换取人生之乐的迦太基地主。[79]

四十多年前，考古学家出于运气，偶然在卡本半岛发现了一处新的迦太基殖民地。盖赫库阿勒（Kerkouane）的惊人之处，不在于它那宏伟的建筑或精致的物质文化，而在于它的幸存。与众多难得一见的位于罗马、拜占庭、阿拉伯与今突尼斯定居点的同类遗址相反，当盖赫库阿勒为罗马人所摧毁的时候，它甚至不被认为有重建的价值。我们甚至不知道迦太基人是怎么称呼这个小镇的，因为“盖赫库阿勒”（这个名字是考古学家起的）这个地名并未出现在现存的古代世界的历史记录上。即便如此，它还是提供了一个走进北非迦太基小镇生活的罕见窗口。[80]

对于绝大多数北非迦太基定居者而言，生活就是一场为生存而战的艰苦斗争，盖赫库阿勒所展现的就是这样的世界。它的水资源虽然丰富，但含盐量极高，周边的土地对于粗放型农业而言太过贫瘠。此外，尽管它位于海域边缘，却并无天然海港。盖赫库阿勒是个被历史遗忘的小镇，长眠于沙丘下两千余 79
年，等待着被人们再度发掘出来。

尽管这座小镇的众多遗迹源自公元前 3 世纪初（小镇即将被夷平之前），盖赫库阿勒依旧给我们展现了一幅北非迦太基小镇的全景画卷。[81]它的人口不大可能超过 1200 人，这些人以打鱼和做手工活为生。这个移民点的支柱产业似乎是制盐业、制作紫色染料（在该镇的遗址中发现了许多骨螺）和生产鱼露。

尽管规模不大，这座小镇却有不规则的方格形系统，建筑物林立于一条条宽阔的街道两侧，公共广场则散布其间。最为引人注目的公共建筑是神庙，它无疑是一道美丽的风景。雄伟的入口两侧矗立着一根根半露方柱，内有一个直通巨大庭院的门廊，庭院被一座祭坛和一道矮墙划分为两个截然不同的部分。献祭用的祭坛位于前半部，后半部则是典礼宴会区。尽管考古学家无法确定这座神庙供奉的是哪位天神，但在该遗址发现的人工制品（包括一个用于献祭的箭头）暗示着这里主要膜拜的是麦勒卡特、他的儿子锡德（Sid）以及塔尼特（Tanit）——这可能表明盖赫库阿勒本是一个建立在外国土地上的“殖民地”。两个赤陶质男性天神脑袋——一个年龄较长，蓄须，另一个较为年轻，无须——均戴着大致为圆锥形的帽子，使得它们与位于萨丁尼亚安塔斯神庙的锡德和麦勒卡特的雕像极为相似。[82]

毋庸置疑的是，盖赫库阿勒给人留下最深刻印象的特色景观是一些林立于宽敞大道两侧的私人住宅。住宅围墙是按照传统的迦太基手法修砌的，用碎砖填塞巨大的立式长方形石块之间的匀称空隙，令墙体变得更坚固。大部分房屋均由一个接一个的房间构成，其中包括起居室和贮藏室，它们皆围着中心庭院建造。最高级的房屋拥有内置式食橱和柜橱，其中一些带有内嵌型面包炉［类似于今天在突尼斯仍可见到的“塔布尔纳”（tabourna）烤炉］。许多住宅还带有拥有数个房间和一个露台的顶层。

然而，令发掘盖赫库阿勒的考古学家真正感到惊讶的，还是这座小镇的浴室数量之多、设计工艺之精巧。与迦太基独立
80 式浴盆不同的是，盖赫库阿勒的浴盆很多建在室内，其设计是最为精心的：设有一个阶梯形的座位、多个扶手和一个水盆，它们的表面均有防水涂层。一些浴室有单独的更衣室和盥洗室。与很多希腊房屋将浴室与厨房相连的情况相反，盖赫库阿勒的许多浴室设在离入口处门廊，或将房屋与街道直直相连的过道不远处。尽管如此布局有着便于排水、供水这些实用性因素的考量，但该抉择亦表明，清洗身体——它在迦太基世界被视为重要的宗教净化仪式——这一行为的举行地，从户外的公共领域转移到了家庭的私人空间。[83]

这座小镇还提供了关于迦太基人与利比亚土著人之间相互往来的线索，其价值无法估量。[84]虽然小镇的宗教仪式和建筑式样透露着一股强烈的仿迦太基风格，用迦太基文作书面语，但浓郁的利比亚本土元素依旧随处可见。这一元素体现得最为明显的无疑是在殡葬活动之中。在一个名叫扎比克（Zybac）的金属精炼工人的墓地里，下葬方式与墓主人的利比亚名字相关，因为扎比克是以一个胎儿的姿势被埋葬的（这是利比亚

的风俗）。在他的坟墓中还发现了利比亚土著人殡葬仪式中所使用的红赭石的痕迹。

小镇的居民亦与广阔的地中海世界有所往来。一个表面绘有英雄奥德修斯从独眼巨人波吕斐摩斯的山洞中出逃的雅典式黑彩陶质酒壶，与一个爱奥尼亚式的杯子，一同在一座年代可追溯至公元前 6 世纪的坟墓中被发现。希腊建筑学的特色，如爱奥尼亚风格的卫城，也得到了广泛应用，一些给人留下更为深刻印象的私人住宅，显然受到希腊风格的影响，如带有列柱回廊的庭院和使用华丽的粉刷灰泥。公元前 6 世纪时，迦太基作为一个沿海岸线建立的新商业中心，通过与当地的土著首领签订协议的方式，使其影响力在整个辽阔的北非地区与日俱增，甚至达到了它的直接控制区以外的地区。与此同时，它与如苏尔其斯这样的腓尼基旧殖民地的商业联系仍在继续。[85]

公元前 5 世纪见证了迦太基人在非洲的进一步扩张，肥沃的萨赫勒地区（今突尼斯苏塞及苏法克斯周边的小镇）与大瑟提斯（Syrtis Major，今利比亚西北部）被并入了迦太基版 81
图。[86]这一时期，迦太基在农业生产方面取得了相当于它作为一个商业大国时所取得的显赫成就。近来，对用于搬运粮食进入城市的双耳细颈椭圆土罐的研究清晰地表明，即便到了公元前 6 世纪的最后几十年，这批粮食仍大多来自迦太基的内陆地区。[87]对土地的测量也显示，在公元前 5 世纪及前 4 世纪，新的农场和农业中心开始在迦太基包括半岛地区在内的腹地附近出现。[88]这包括一片位于迦太基半岛北部迦玛特（Gammarth）的华美的别墅山庄，那里拥有大规模的橄榄油压榨产业。[89]

一个与迦太基农业革命有着密切关系的名字是马戈，此人是一位可在在林木、水果、葡萄栽培以及畜牧业方面给予指导性意见并经常被希腊和罗马作家引用的专家。[90]马戈既是林木、水果与葡萄栽培领域的权威，也是最早提倡使用肥料和必须定期剪枝的人之一。在迦太基商业港口作业的考古学者利用保存于一条水渠（它在公元前4世纪中期的某个时期为淤泥所堵）之中的，大量诸如葡萄、橄榄、桃子、李子、西瓜以及杏仁、榛子和无花果等植物的种子——其中一些使得如嫁接之类的复杂园艺技术的使用成为必要——中找到了与上述专业知识有关的物质证据。[91]葡萄酒的产量也是相当可观的。[92]尤为驰名的是一种用晒干的葡萄制成的甜酒［与今天仍为意大利人所饮用的“帕西多”（passito）极为相似］。整个西地中海地区发现了大量的迦太基运输用的双耳细颈椭圆土罐，它们可能是用来盛葡萄酒或盛橄榄油的，这种罐子在北非的产量亦极大。这一地区还以无花果和石榴而知名，后者被罗马人称为 malum Punicum（迦太基苹果）。令迦太基人闻名天下的还有某些农业方面的技术成果，如 tribulum plostellum Punicum（迦太基手推车）：一种结构简单但效率很高的脱粒机。[93]

大西洋的冒险

82 引人入胜的传说的存在，表明迦太基人也曾在远离非洲的地方活动过。马西利亚的皮西亚斯（Pytheas of Massilia）于公元前4世纪后半叶完成了希腊航海家首次有记录地进入大西洋的壮举。[94]而据希腊和罗马作家记载，早在此之前一个多世纪，就有两支得到国家认可的迦太基探险队前往非洲和欧洲沿海考察。[95]对大西洋一无所知的古代人往往认为，它是一条环绕整个地球的巨大河流的支系。[96]

在第一支迦太基大西洋探险队中，有一艘由一位名叫希米尔科（Himilco）的迦太基高级指挥官指挥的船，该记载见于一个名叫费斯图斯·鲁弗斯·阿维阿努斯（Festus Rufus Avienus）的罗马贵族为他年幼的亲戚所编写的一本诗歌式地理学教育著作中。尽管阿维阿努斯不大可能读懂一份迦太基原始文献，但他或许从一份早期的关于希米尔科冒险活动的希腊文记录中摘录了相关信息。[97]

阿维阿努斯详细地描述了希米尔科的船在越过赫拉克勒斯之柱之后，掉头向北，沿着伊比利亚半岛和高卢地区（今法国）的西海岸行驶。显然是拜他们在沿途遭遇的无风的浅海、布满海藻的辽阔海域以及巨型海怪所赐，这次航程持续了漫长的 4 个月。[98]最终这群人抵达了今布列塔尼（Brittany）地区，那里生活着奥斯齐米尼亚人（Oestrymnians），一个驾着造型陈旧过时的船只航行到大洋冒险的商业民族。奥斯齐米尼亚人因他们与神秘的出产锡和铅的卡西德里德斯群岛（Cassiterides islands，人们普遍将位于西班牙附近或莫尔比昂海湾内的群岛、锡利群岛或康沃尔认定为卡西德里德斯群岛）居民的特殊关系而闻名天下。[99]而后这队人马继续向北进发，且希米尔科在踏上返乡之路前拜访了爱尔兰和不列颠岛。

与关于希米尔科之北进使命的记载一样，第二支迦太基大西洋探险队的相关记载并非从一份迦太基文献之中发现的，而是记载于汉诺（Hanno）的一本名叫《佩里普拉斯》（*Periplus*，即《航海记》）的佚名希腊文著作中，这部作品的年代最近可追溯到公元前 5 世纪，据说是一份陈列于迦太基城城内巴尔·阿蒙神庙中的某铭文的可靠抄本。[100]这次探险活动的规模更大。
一支由一批 65 列桨船与 3 万名男女组成的小型舰队，载着食 84
物和其他装备，在一位名叫汉诺的人的指挥下，从迦太基扬帆起航，向西进入大西洋。起初舰队沿着今摩洛哥和毛里塔尼亚

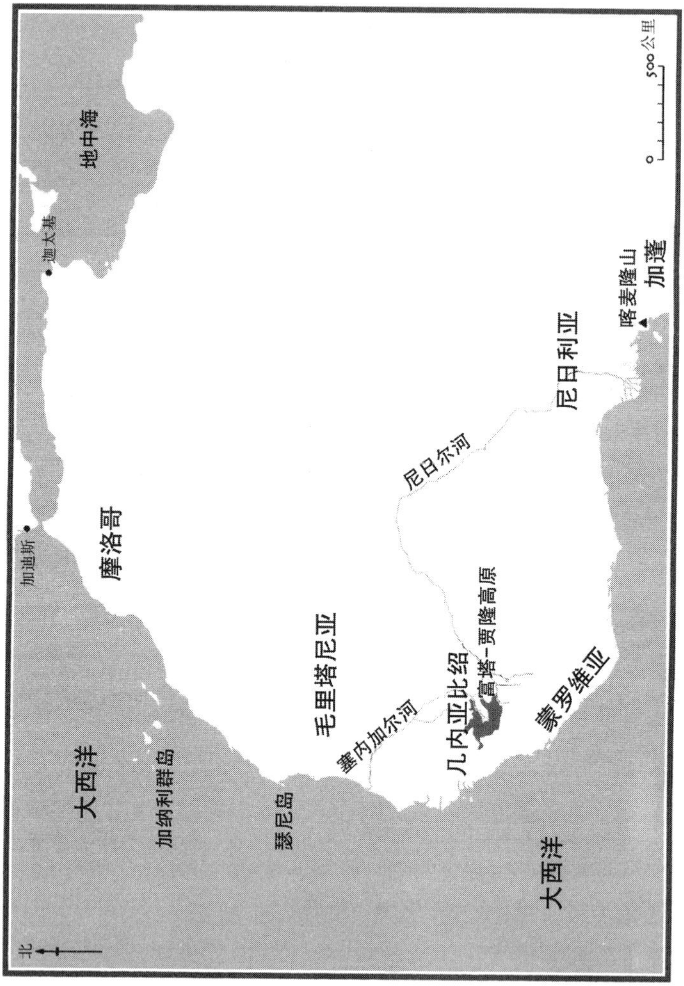
地中海
迦太基
加迪斯
摩洛哥
大西洋
加纳利群岛
瑟尼岛
毛里塔尼亚
塞内加尔河
几内亚比绍
富塔-贾隆高原
蒙罗维亚
大西洋
尼日尔河
尼日利亚
喀麦隆山
加蓬
0
500公里
北

地图 9　汉诺的西非之旅

海岸航行，沿途建立了一连串的新定居点，而后他们继续向南沿着海岸线进发，并穿过了一条被认为是塞内加尔河（river Senegal）的大河。在这里，他们不时遭到土著人的抵抗，这些人朝他们投掷石块，以阻止他们登陆（但在别的情况下，土著人只是一跑了之，或者躲藏起来）。[101]

最后，《航海记》的作者叙述道，在从迦太基起航十二天后，迦太基人在紧挨着一连串为芬芳艳丽树林所覆盖的大型山脉——很可能是位于几内亚比绍的富塔－贾隆高原（Fouta－Djalon massif）——下了锚。[102]数日后，他们在被称为尼日尔河三角洲（Niger delta）的地方扎营，每当黑漆漆的夜幕为营火点亮，寂静为四周黑压压的丛林中响起的音乐声、击鼓声以及尖锐的呼啸声打破时，这些人就会变得异常恐惧。[103]在亲眼看见巨大的火焰洪流径直流入海洋（被认为是熔岩从一座活火山淌出）的奇妙景观后，这支探险队最终前往一座拔地倚天的，被称为"天神的双轮战车"（Chariot of the Gods，被认为是喀麦隆山）的山峰，在那里，他们再一次目睹了火山活动：火焰飞腾而起，仿佛直蹿入星空一般。而后，在可能位于加蓬（Gabon）的森林中，他们遇见了大量被描述为"全身长毛的原始人"（实际上可能是黑猩猩）的生物。[104]迦太基人未能捕获到任何一头雄性生物的样本，因为它们拥有爬树和凶猛自卫的能力。然而，他们还是设法捉到了三头雌性生物，由于它们的激烈反抗，迦太基人不得不将它们打死——日后的一份罗马文献宣称他们剥去了这些生物的皮，将它们放在迦太基的塔尼特神庙里展览，直到该城被毁灭。[105]此后，汉诺因缺乏补给被迫返航，但并无关于归途的记录存在：《航海记》于此处突兀地收尾了。[106]

尽管历史真实性完全无法保证，但这类航海活动与这一时期迦太基人在贸易和殖民活动方面声誉的急剧上升极为契合。尽管记载中的出海人数无疑有所夸大，但相关记录明确了这样
85 一个事实：在今摩洛哥西部的沿海地区建立商业中心和手工作坊——这一地区的海洋生物极为丰富，因而是个设立生产紫色染料、咸鱼和鱼露的作坊的好地方——是航海活动的重要组成部分。[107]至于金属矿石，有来自毛里塔尼亚的铜和冈比亚与几内亚比绍的黄金，以及尼日利亚北部包奇（Bauchi）地区大量唾手可得的锡。[108]

长期以来，学术界关于迦太基人进入大西洋探险、贸易的那些记载的争论一直很热烈。法国学者让－加里布耶尔·德麦赫里亚克（Jean-Gabriel Demerliac）和让·梅亚拉特（Jean Meirat）甚至认为这类航海活动是马戈尼德家族为控制大西洋贸易而进行的一次联合行动的一部分。[109]为了证明这一点，他们“重建”了一个经过周密规划的流转体系，这一体系是这样运作的：利用体积较小且更易于操作的船只在大西洋北岸装载锡、铅、琥珀、亚麻布织品、毛皮和铜，在大西洋南岸装载黄金、锡、象牙、毛皮、碧玉、树脂、橡胶、紫色服装和鱼制品，而后这些货物在加迪斯被转移到大型商船上，再由这些商船运回迦太基。[110]此外，他们认为希米尔科的探险活动是巩固迦太基人自己在高卢的商贸网络的一次尝试。该尝试计划通过与奥斯齐米尼亚人合作，将锡由海路从高卢和不列颠群岛运出，从而击败希腊殖民地马西利亚（马赛）。[111]

然而，这些观点遭到了其他专家的强烈反对。维克托·贝罗·吉梅内斯（Victor Bello Jiménez）最近指出，古希腊的地理学著作（我们完全依赖于这些记载，尽管汉诺的原始文献

中提到了迦太基巴尔·阿蒙神庙中的一段迦太基文铭文）中缺乏与这些特定地区有关的地理学方面的精确信息，而考古学证据中关于迦太基人在大西洋北部和非洲海岸贸易活动的部分也完全是一片空白。[112]其他人则对这些记载的真实性提出严重质疑，认为它们充斥着通常与希腊空想文学有关的修辞手法和陈词滥调。[113]然而，尽管杰汉·德桑热（Jehan Desanges）已准确指出《航海记》“在没有将其大纲当作毫无意义的废话的情况下，就无法剥去它的希腊外衣”，但该书采用的典型希腊式记叙手法并不一定会影响那些真实事件的基本情况。[114]看似有 86
事实依据的关于非洲地形、动物群、植物群的描写，是无法仅用希腊人那丰富想象力的产物这一解释搪塞过去的。

就迦太基人在西非和大西洋北部的活动缺乏实物证据这件事而言，这类短期活动所留下的痕迹若“得以”在沿海地区保存至今的话，会更令人感到惊讶，因为那里可能在过去2500 年时光里经受住了多次重大的地形变动的考验。然而，一个更为可怕的敌人是强烈的气流和水流，它令任何一艘返回赫拉克勒斯之柱的船只都不得不与之抗衡。然而，虽然把船划到加那利群岛要花很长时间，但它也并非一件不可能完成的壮举。[115]另外，仍有些许迹象表明——尽管并不具备决定性意义——加纳利群岛偶尔被水手们当作避难所和补给站。[116]

同样很明显的是，当时的西非并非一片完全未被发现的地域。早在公元前 7 世纪，环游非洲大陆的壮举就为一队受到埃及法老尼科二世资助的腓尼基水手成功实现。[117]希罗多德也描述道，迦太基人发展了一套罕见的物物交易体系，这样他们就可以与非洲部落做生意了。

> 迦太基人还有以下说法：在利比亚有一个国家，一个民族，住在他们经常造访的赫拉克勒斯之柱以外的地方，他们一到那个地方就小心翼翼地从船上把货物卸下来。在将货物沿着海滩堆成一丝不乱的样子后，他们就离开那里回到自己的船上，然后点起火来，升起一股浓烟。当地人一看到烟就会来到海滩上，将他们认为与货物价值相等的黄金放下，然后退到一定距离之外。迦太基人旋即来到海边审视一番。如果他们认为黄金的数量足够，他们就会拿走金子，驾船离去。但如果他们觉得金子的数量不足，他们就会再度回到船上，耐心等着。而后交易的另一方就靠近海滩，放下更多的金子，直到迦太基人满意为止。双方公平相待：迦太基人自己在黄金与他们的货物价值相等之前是不会去碰它们的，而当地人在黄金被拿走之前也一定不会搬走那些货物。[118]

87 日后另一位希腊旅行作家，冒名顶替的塞拉克斯（Pseudo - Scylax）——其真实姓名不详——描述了商人们是如何来到瑟尼岛（Cerne Island）的，岛上有个地方在汉诺的探险事迹中被提到过，他们会用独木舟把商品从那个地方带到大陆上，带到土著人“埃塞俄比亚人”（Ethiopians）那里去。[119]这些人被描述为一群非常高大、英俊，留着胡子、长头发和文身的人。他们居住在一座巨大的城市里，在那里，土著人被他们当中个子最高的人统治着。他们的饮食包括肉、奶，他们也喝酒。在作战时，他们的军队由骑兵、掷矛兵和所用箭头经火烧硬化处理的弓箭手组成。他们的饮器、手镯和马匹身上的装饰用象牙制成。腓尼基/迦太基人用香油、埃及石和雅典的瓦片及陶罐做交易，换取家畜，鹿、狮子、豹子的皮，以及象皮和象牙。[120]

没必要将汉诺和希米尔科的航海事迹贬为仅仅是希腊作家那巴洛克式幻想的产物。即便如此，看起来让迦太基商人经常进行漫长而危险异常的西非之旅也是件不太可能的事。一个看似更为合理的设想是，汉诺冒险活动的第一阶段（其中包括沿着今属摩洛哥的大西洋海岸地区建立新的定居点和贸易点）是这次航海事业的主要目标，与之相反的是，航程的后一阶段——一旦这支小型舰队越过了瑟尼岛——就完全是一段探索与发现之旅了。[121]确实，那些位于摩洛哥大西洋海岸的新迦太基定居点是数量巨大的咸鱼的来源地。在这些特定地区，它们被塞进迦太基式双耳细颈椭圆土罐内，于公元前 460 年前后开始通过海路运往科林斯，然后它们大概从那里被分装运到希腊的其他地方。[122]

这些位于摩洛哥大西洋沿岸的新定居点的建立，与这一时期迦太基尤为重视农业开发的殖民活动的扩大化是一致的。可以肯定的是，亚里士多德所强调的将过剩的贫困人口疏散到殖民地去的办法，与迦太基统治集团用以消除潜在的政治动荡的既定政策如出一辙。[123]

迦太基的地中海的出现

尽管迦太基并未在政治上直接控制过任何一片地中海中部 88
和西部的旧腓尼基移民聚居地，但这并不意味着它的影响力是可以忽略不计的。我们口中的“迦太基”时代的起点是出了名的难以定义，但到了公元前 6 世纪下半叶，可辨认的迦太基文化特质在地中海西部其他腓尼基殖民地的影响力经历了一个日益扩大的过程。[124]

这些特质中意义最为重大的是“Punic”——在迦太基使用的黎凡特方言中——的应用，以及土葬作为受人喜爱的殡葬形式取代了火葬。[125]此外，显而易见的是，托菲特成了腓尼基西部殖民地宗教生活中的重要组成部分，而之前该传统在这些地区并不流行。[126]在物质文化方面，特别是在奢侈品方面，明显的改变体现在不再从东希腊地区进口精美陶器，而改为进口来自雅典的陶器（它们长期受到迦太基人的青睐）。[127]在政治方面，这些地区的社会意识越来越强，精英阶层在腓尼基西部殖民地的其他城市里享有某些公民权。[128]在迦太基，少数外国人和被释放的奴隶看起来也可以获得一种被称为“西顿人的权利”（’š şdn）的身份，这似乎是将与迦太基公民权有关的部分权利和特权赠予那些人。[129]

然而，地中海西部旧腓尼基移民社群的“迦太基”化，从来不仅仅是“自上而下”的强制性文化同化。确实，在一些地区，腓尼基影响力的衰落导致了文化的多元化。因此显而易见的是，宴会上用的碗、碟、香水瓶、锅，以及三叶形和蘑菇形水壶这些世代相传的标准陪葬品开始消失，取而代之的是一套更为多样化的陶器。[130]此外，类似的多元化也存在于其他艺术形式之中，如石碑上的图案和纹饰等，这种石碑在整个地中海地区的数量都是相当可观的。[131]

可定义的“迦太基世界”（Punic World）的出现，并非源
89 于旧腓尼基世界的直线式发展，而是整个地中海西部地区的原住民文化与殖民地文化一系列复杂、多样的相互交融的结果。[132]这一现象在萨丁尼亚尤为明显，大量油灯被作为供奉留在迦太基圣殿之中（这遵循的是萨丁尼亚本地的习俗）展示

了迦太基传统与当地传统的复杂的相互作用。[133]许多这类圣殿被建于前努拉吉建筑内部这一事实，也可能象征着腓尼基宗教活动中融合了当地习俗，或当地传统宗教仪式中引进了迦太基元素。[134]

最初在各个地区，如西班牙、萨丁尼亚和西西里，这些独特的微观文化构成了腓尼基/迦太基移民和原住民共同居住的“可相互理解的共同”世界。最初由于商业贸易的缘故，这些共同性经常是建立在对彼此文化的误解上的。然而，在这种彼此误解基础上也诞生出一种共识，它为所涉及的族群所独有，并且往往将居住在特定地区之外的人——即使和前者属于相同族裔——排斥在外。[135]我们所说的“迦太基”文化是一个涵盖性术语，它将一系列在整个地中海西部和中部地区传播的文化经验囊括其中。实际上只是在随后的公元前 5 世纪和前 4 世纪时，随着迦太基人对某些地区，如萨丁尼亚，施以更为严厉的政治及经济控制，这些地区才开始见证更大的——但并非完全的——文化统一性。

例如，在安塔斯——萨丁尼亚西南部一片孤立的内陆地区——一座用于供奉迦太基神灵锡德的神庙被建立起来。锡德原为黎凡特人的神，且与腓尼基商人一道踏上了漫长的西进之旅。尽管在迦太基人的万神殿里他只居于次等地位，但到了公元前 4 世纪时，他似乎以萨丁尼亚的神圣守护者的身份，得到了该岛迦太基人的普遍认可。[136]神庙是标准的迦太基风格，由一大片被围墙围起的区域构成，里面有一座朝向北边的、带有一个露天祭坛的矩形建筑物，奉献给天神的祭品就在祭坛上焚烧。[137]尽管神庙位于一个为林木繁茂的群山所环绕的偏僻山谷之中，但它仍吸引了包括从遥远的卡拉利斯（Caralis）赶来的

一大批人，其中许多人拥有很高的社会地位。[138]神庙的重要性
90 在于它所建于其上的那块露出地面的岩石，那块岩石早在腓尼基人到达萨丁尼亚之前就已是供奉努拉吉天神巴比（Babi）的圣地。[139]考古学家对遗址进行发掘，发现了一尊裸体战士的青铜雕像，经确认就是巴比。雕像的右手举起呈祝福状，左手挥舞着一支巨大的矛，其年代可追溯到公元前9世纪至前8世纪的某个时候。这尊战士的雕像与锡德的肖像有着惊人的相似之处，锡德亦经常摆出右手抬起、左手持矛的姿势。[140]此外，巴比与锡德之间的关系可能亦可以解释留给锡德的供品中拥有大量铁制箭头和标枪，因为这些人工制品与前者有着强烈的相关性。[141]因此，安塔斯成为腓尼基时代萨丁尼亚出现的文化交融现象的一个显著例子。

新友与旧敌

西西里岛上的迦太基人与希腊人之间的关系是沿着相同的轨迹发展的。公元前8世纪初，腓尼基人就在这座岛屿上建立了殖民地，其中最重要的是帕诺尔莫斯（Panormus）、索拉斯（Solus）和莫提亚（Motya）。在岛上的莫提亚城——位于一个远离海岸线的避风港处，依靠一道狭窄的海角与大陆相连——之中，第一批建筑物是仓库和工坊，后来一些住宅和宗教建筑相继拔地而起，其中最为重要的是一座如今被称为“卡比达祖”（Cappidazzu）的圣殿。[142]然而，西西里岛的腓尼基人很快就遭受到了纷至沓来的希腊殖民者日益增长的压力，后者于该世纪最后数十年间来到此地。西西里岛位于地中海关键贸易航线上，还拥有大量肥沃的沿海土地，这些因素都吸引着希腊人。[143]

根据修昔底德的说法，在早前就已定居在这座岛屿上的人里，西坎人（Sican）原本是远古时期从伊比利亚半岛来到西西里的。同样居住在岛屿西部的艾利米亚人（Elymian）据说是来自特洛伊的难民。从意大利来的西塞尔人（Sicel）在击败西坎人后，占领了西西里岛的众多地区，将后者的活动范围限制在岛屿南部和西部。[144]与腓尼基人同当地的艾利米亚人和西塞尔人建立良好关系的做法相比，希腊人的殖民手段中经常 91
带有以暴力方式驱逐原住民社群的内容。[145]这导致受到威胁的腓尼基人和艾利米亚人城市结为同盟，以抵御希腊人的进攻和对他们领土的入侵。因珍稀资源而引发的相互竞争经常导致冲突爆发，这些构成了西西里殖民形势初级阶段的内容。尽管有这类仇恨的存在，但这些不同民族的社群还是发展出了牢固的

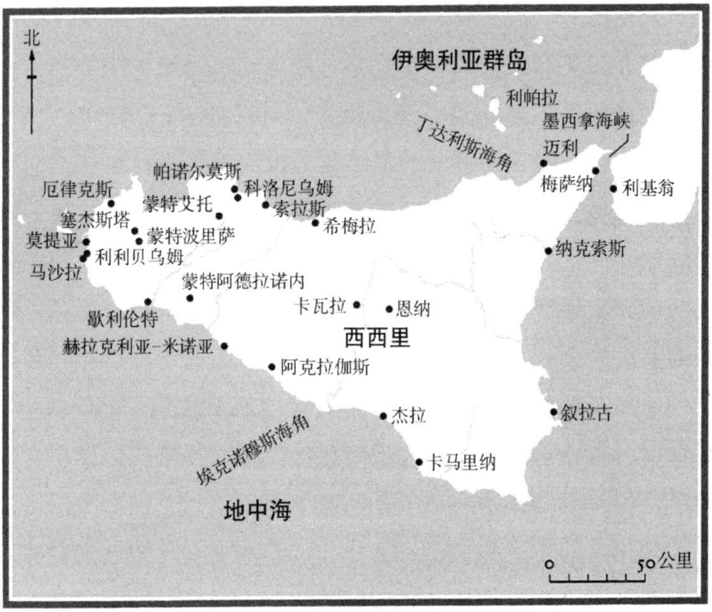

地图 10　西西里

商业及文化联系。一种会不时因发生在社群之间与社群内部的暴力活动而中断的经济相互依赖模式迅速在岛上建立起来。[146]无论是西西里的殖民族群，还是土著族群，都不曾取得对另一方的永久性优势，这意味着此种以殖民式“折中之道”（Middle Ground）为特点的文化融合与政治 - 经济方面的协作在西西里的持续时间，要比在其他殖民环境——如意大利——中长得多。

这类交流与合作行为有很多是不同社群之间，在对商品市场与原材料的竞争日渐加剧的背景下进行的。迦太基人最关心的是对它在第勒尼安那有利可图的商业产权的保护。[147]希腊人已控制了西西里东部与意大利南部的许多地区（后者在古代
92 被称为 Magna Graecia，意为“大希腊”）。如今，在公元前 6 世纪，新一波希腊殖民者将在地中海北部海岸对面的马西里亚、安地比斯（安提比斯）、尼西亚（尼斯），以及科西嘉东部海岸和伊奥利亚群岛上建立起一个个新殖民地。

在西西里，公元前 6 世纪是一个共同富裕的时代。黎凡特 - 西班牙金属贸易事业的终结几乎没有对该岛西南部的旧腓尼基殖民地造成什么影响，它们传统上更为依赖的是与他们希腊邻居之间的贸易往来，以及他们那位于希腊、意大利和北非之间的海上航线之中的战略位置。考古学记录中仍可见到发现新财富的迹象。莫提亚铺设了一条连接大陆的新堤道，并建起了一座用于船只彻底检修的干船坞（“寇索恩”，cothon）。与此同时，卡比达组神庙竖起了纪念碑，托菲特的占地面积也扩大了。这一时期，这座城市有了两个手工业区，配备了用于进行大规模陶器生产的炉窑和水井，以及一个生产紫色染料与皮革制品的综合手工作坊。[148]

莫提亚城的希腊人和原住民邻居同样在蓬勃发展着。在希

腊人的歇利伦特城，市中心进行了重建，新建了一系列带有巨大的崭新双层锥形屋顶的宏伟神庙。与此同时，在艾利米亚人的塞杰斯塔城（Segesta），一座受人之托而修建的神庙是如此巨大，以至于据估计花了三十多年才建成。[149]

然而，随着财富的增加，局势也变得更加紧张。就定居点方面而言，位于南部和东部海岸的传统的希腊移民专属地的人口已达饱和点，这不可避免地导致希腊人开始将目光转向不是那么拥挤的岛屿西北部和西部地区（这些地区已处于腓尼基人和艾利米亚人控制下）。公元前 580 年，来自尼多斯（Cnidus）和罗德岛的希腊殖民者试图在莫提亚城对面的大陆地区建起一个新的定居点，遭到一支腓尼基－艾利米亚联军的驱逐。[150]在这种情况下，莫提亚和歇利伦特立刻构筑了带有围墙和瞭望台的防御工事也就毫不奇怪了。[151]两个邻邦之间爆发的冲突可以从诸如在歇利伦特发现的阿卡狄翁（Arcadion）之 93
子阿里斯托格托斯（Aristogeitos）的墓碑中看出来，此人于公元前 6 世纪的某一时刻在莫提亚城墙附近被杀。[152]

西西里并非唯一一片被希腊人扩张所带来的紧张局势波及的土地。对希腊人在地中海中部和西部发起的这波新殖民浪潮的担忧，可能是迦太基与意大利中部的伊特鲁里亚诸王国——它们亦是利润丰厚的第勒尼安海上商路的主要参与者——结成联盟的关键因素。由于腓尼基商人长期以伊特鲁里亚的海港为依托开展商业活动，迦太基已与伊特鲁里亚形成了强有力的外交关系。现在，类似的特权延伸到了迦太基商人身上。[153]可以肯定的是，伊特鲁里亚王国卡西里（Caere）的第二港口之所以被称为迦太库姆（Punicum，今圣马里内拉），大体是由于一些迦太基商人居住于此的缘故。[154]在有钱的迦太基人墓中发现的，除了精美的“布克凯洛尼罗”（bucchero nero）酒杯与其他伊特鲁里亚的精美陶器，一处迦太基公墓中找到的小型象牙名牌也进一步证明了两国之间的商业往来。名牌上用伊特鲁里亚语写着：“我是来自迦太基的迦太基人。”[155]

在位于皮尔吉（Pyrgi）——亦是卡西里的港口——的双子神庙建筑群中，考古学家有了惊人的发现：三片锤炼而成的刻有文字的金质薄片。其中两片刻的是伊特鲁里亚文，第三片刻的则是迦太基文。这些通常被称为皮尔吉书写板（Pyrgi Tablets）的公文间接提到卡西里的统治者，在一座供奉伊特鲁里亚女神尤妮（Uni）的神庙中划出了一个特别的位置，用以膜拜阿施塔特女神。这大概是为迦太基居民和/或塞浦路斯的腓尼基商人提供的一处祭祀场所。[156]

尽管迦太基人与伊特鲁里亚人之间的联盟看起来主要处理的是商业事务，但一旦他们的利益遭到威胁，可能也会考虑发起联合军事行动。[157]作为一个严重依赖海上贸易的城市，迦太基对那些攻击己方船只的势力的强硬态度在古代世界是出了名的。[158]因而，当公元前535年，一群福西亚人（Phocaean）——因波斯人入侵小亚细亚而流亡至科西嘉的阿拉利亚（Alalia），并建立了一块殖民地的希腊人——开始攻击迦太基舰队的时候，迦太基人的反应猛烈而迅速：一支由200艘船组成的迦太基-伊特鲁里亚联合舰队攻击了科西嘉南部海岸的希腊舰队，此战后被称为萨丁尼亚海之役（Battle of the Sardinian Sea）。尽管双方都蒙受了惨重损失，但希腊人最终被击退了，并被迫放弃他们的科西嘉殖民地。胜利方得意扬扬地将战俘运往伊特
94 鲁里亚，并在那里用石头砸死了他们。[159]他们以这种残忍的方式警告福西亚人，别再到第勒尼安海来。

为了保护自己在地中海中部的商业利益，迦太基人还与这一地区的另一新兴势力拉丁语城市罗马（Latin city of Rome）签订了一份协议。对迦太基人而言，这只是与地方统治者和政权所签订的众多双边协议中的一份而已。它们的目的在于保护遍布于地中海中部和西部地区的迦太基商业中心的安全。[160]但对于罗马人而言，这显然是对他们在意大利中部那日益增长的影响力的一次具有重要意义的承认。[161]确实，与迦太基人的协议受到很大重视，因此被刻在一块青铜书写板上。[162]

这份签订于公元前 509 年的协议条款异常详细，涉及范围极广。罗马人及其盟友的船只被禁止通过“美丽的海角”（Beautiful Promontory），这一地区位于迦太基北部，如今被称为卡本半岛。这一条款有效地封住了进入大瑟提斯（今突尼斯萨赫勒）那肥沃的中心地带以东地区的道路。不论哪支船队，如果要冒着恶劣的天气或敌人的进攻穿过这里的话，那他们的行动就会受到下述严格限制：

> 任何不得不从这里经过的人，除了必要的船只维修用品或献祭用品以外，禁止购买或带走任何东西，而且他必须于五天之内启程离开。倘若贸易在利比亚或萨丁尼亚进行的话，贸易者不得在没有传令官或城镇办事员在场的情况下，达成任何交易，任何所出售物品的价格在上述人员在场的情况下，都应由国家向卖主担保。任何一个来到迦太基的西西里行省的罗马人，都应享有与他人同等的权利。

作为交换，迦太基人承诺不去危害拉丁姆（Latium）的沿海城市：拉维尼姆（Lavinium）、阿尔代亚（Ardea）、希尔塞伊（Circeii）和泰拉奇纳（Terrcina），或任何其他隶属于罗马的拉丁城市。（如果他们占领了一座这样的城市，那他们会将它交给罗马人。）他们也不准在讲拉丁语的地区修建任何一座要塞，如果他们全副武装进入这类地区的话，那不得在当地过夜。[163]

95 尽管罗马仍旧只是一股较为弱小的意大利势力，但这座城市被认为有着重要的战略地位，足以让迦太基人决定与它签订协议。坐落于深入内陆20公里处的台伯河（延伸进意大利中部的运输干线）河畔的罗马城，已是拉丁姆北部的主要商业中心之一。它的发展速度很快，是拉丁姆地区首个进行城市规划并拥有大量公共建筑和精心设计的私人住宅的城市。尽管它的早期历史隐藏在朦胧的迷雾之中，但后世的罗马史学家们通常认为该城最初先后由七个国王统治。他们还宣称，通过对希腊谱系的使用，可推导出第一个国王罗慕路斯（Romulus）于公元前753年登上王位。罗马人对君主制的尝试最终毁在了罗马君王那专横、贪婪、野蛮的统治之下。

然而，罗马人对他们的君王那日益增长的不满最终导致了一系列后果，其中之一是逐渐形成了一种政治体制，该政体的核心为一个新成立的被称为元老院（the Senate）的贵族议会。它既是一个咨询机构，也越来越多地起到了平衡专制君主手中权力的作用。到了公元前6世纪的最后十年，罗马公民们终于彻底厌倦了君主政体。公元前509年，“高傲者”（the Proud）塔奎尼乌斯·苏佩布（Tarquinius Superbus）被逐出罗马。就在他离去的地方，一个新的共和国被建立了起来，两名被称为“执政官”（consul）的行政官员成了这个共和国的领头人，他们从罗马的贵胄家族中通过一年一度的选举产生。[164]

现在那些关于全面战略同盟的记录中，对公元前 6 世纪的地中海中部和西部世界的刻画可能带有很大的误导性。古代版的冷战并未在这一地区上演。在整个这片地区，希腊人、迦太基人、腓尼基人和其他土著民族自由自在地贸易和交往，与当下的强权政治形成了鲜明对比。的确，存在于本该是充满仇恨的竞争对手之间的深远而长久的关系，对一个令人惊讶的紧密结合且互相关联的世界的出现起到了推动作用。在地中海西部的土地上，尚武的希腊超级英雄与迦太基天神之间所产生的稀奇古怪的关系，再好不过地体现了这一点。

注　释

1. 查士丁（18.4）说他们是流亡“王族”，这可能表明他们是泰尔的“商业亲王”这一精英阶层的成员。
2. Baurain 1988，21 – 22；Scheid & Svenbro 1985，329，338.
3. Scheid & Svenbro 1985，334 – 338.
4. Bunnens 1986，124 – 125，他将这一做法与美国的感恩节相提并论。
5. Scheid & Svenbro 1985，329，338.
6. Krahmalkov 1981.
7. 关于对将文献证据和考古学记录结合在一起的一般性问题，见 Bunnens 1979，299 – 320。
8. 新的放射性碳年代测定技术可能将这一日期前推至公元前 800 年左右（Docter et al. 2006，39）。
9. 关于令人信服的反对将比布鲁斯的斐罗之作品视为早期地中海世界可靠资料的观点见 Barr 1974 与 Edwards 1991。
10. Philistus Fr. 47，*FGH*，IIIB：564；Appian 8. 1. 1（在他的书里

"阿佐罗斯"变成了"佐罗斯")；Lancel 1995，20－22。

11. Huss 1985，405－406.

12. Aubet 2001，227；Bordreuil & Ferjaoui 1988.

13. 迦太基语在发展过程中糅合了多种不同的腓尼基方言。某些宗教仪式，如在迦太基葬礼中使用赭石的做法，体现了明显的利比亚土著文化的影响（Benichou－Safar 1982，265－266；Lancel 1995，53；Docter et al. 2006，35）。

14. 不幸的是，如同大部分迦太基城的公共建筑一样，这些神祇的庙宇亦是难觅其踪。然而还是有几座小型神庙在迦太基被发现，同时被发现的还有位于迦太基西部地区的几个重要宗教中心。麦勒卡特神庙铭文见 *CIS* i. 4894，5575。阿施塔特的麦勒卡特配偶身份见 *CIS* i. 250，2785，4839，4850，5657。坐落于毕尔萨山山顶的艾斯蒙神庙是迦太基最著名的庙宇。

15. Diodorus 20. 14. 2；Polybius 31. 12；Arrian *Anabasis* 2. 24. 5；Quintus Curtius Rufus 4. 2. 10；Aubet 2001，157. 一些学者认为，迦太基建城神话体现了与塞浦路斯的潜在联系，它反映了早期迦太基人口中夹杂有相当部分的塞浦路斯人的事实（Kourou 2002，102－105）。然而，早期塞浦路斯人参与了迦太基城创建的物质证据，同关于希腊世界其他地区的人口参与了迦太基城创建的物质证据相比，并没有什么特别的说服力。

16. Niemeyer 1990，487.

17. 按照布南斯（Bunnens，1979）的推测，迦太基城起初并不是一次精心策划的殖民冒险计划的产物，而是作为一座供一群定居商人使用的贸易港——就像地中海西部的其他腓尼基移民点一样——而建立的，只是后来迦太基人重塑了自己的历史，将迦太基建设为一个非同寻常的殖民地。毋庸置疑的是，重塑历史的进程令迦太基变得更为强大，但这一成就有一部分是建立在一个精心打造的殖民地所面临环境的特殊性基础之上的。巴林（Baurain，1988）别出心裁地认为艾丽莎传说实际上是塞浦路斯岛上迦太基城建立传说的附会产物。然而，这一论点是建立在文献资料与考古学证据必须彼此相关的错误概念基础上的。没有理由相信这个传说所说的并非非洲的迦太基城。

18. Kourou 2002，92－97.

19. Niemeyer & Docter 1993；Vegas 1999；Kourou 2002，92 -96.
20. Docter 2000b.
21. Briese & Docter 1992；Kourou 2002，101 - 102. 然而，博德曼（2006，199）认为，迦太基很可能原本就是一个“多民族聚居的海外殖民贸易港”，这一观点夸大了埃维亚人对早期移民群体的影响力。
22. Niemeyer & Docter 1993，213 -214.
23. Van Zeist，Bottema & Van de Veen 2001.
24. Van Wijngaarden-Bakker 2007，846 -848.
25. Bechtold 2008，75 -76；Fentress & Docter 2008，2 -3.
26. Docter et al. 2006，39 -43.
27. 同上书，39 -45。
28. 迦太基城可能有一座公元前 8 世纪时期的古老公墓，相关论点见 Docter et al. 2003，46 -48；2006，43 -45。
29. Lancel 1995，51 -55.
30. Benichou-Safar 1982，262，272 -285；Tore 1995；Debergh 1973，241 -242；Gsell 1924，457 -458.
31. Fantar 1979，12 -15；Dussaud 1935，270；Gsell 1924，457.
32. Virolleaud 1931，355；Dussaud 1935，269；Dies Cusi 1995，413 -414.
33. Aubet 2001，219；Lancel 1995，45；Docter et al. 2006，39 -40.
34. Lancel 1995，60 -76. 黎凡特文化持续强劲的影响力可以从那些大规模生产的装饰过的迦太基鸵鸟蛋上看出，这些鸵鸟蛋被销往西部腓尼基世界的各个地区，时常出现在陪葬品组合之中。鸵鸟蛋的意义似乎与在腓尼基宗教思想中存在的伟大的“宇宙之蛋”有关——当它一分为二时，它代表的是天堂与人间在鸿蒙之初的彼此分离。迦太基位于北非，这一地理位置无疑保证了它可以源源不断地获得这种鸟蛋（Ribichini 1995，338）。
35. Van Dommelen 1998，81 - 84；2006，127 - 130. 这或许也解释了萨丁尼亚岛上腓尼基式墓穴的陪葬品组合中为何有金属铸锭的问题。
36. Fentress & Docter 2008，3. 在迦太基，考古学者们发现了大量被用于运送粮食和其他原材料的努拉吉双耳细颈椭圆土罐。在圣伊比尼亚伽太基人定居点的一座金属作坊遗址的仓库中发现了20公斤铜条，这表明此处可能是一处金属矿石的加工中心。

37. Fentress & Docter 2008, 3.

38. 在已发现的结构最为复杂的墓室中，尸体是盛放在一口石棺或一个在墙上凿出的壁龛之中的。由石板构成的斜尖屋顶覆盖在墓室上方。墓室正面通常用一排石墙封住。最为奢华的墓葬装修得更为精细：用上等的白色石膏作为内墙材料，或用香木作为天花板的镶板材料。然而，最早期的迦太基人的墓葬是比较简陋的，他们挖出一个长方形的坑，用石板将尸体围起来。

39. Herodotus 7. 165 - 166; Diodorus 13. 43. 5, 14. 34. 5.

40. Aubet 2001, 229; Huss 1985, 496 - 497.

41. Sznycer 1978, 567 - 570.

42. Lancel 1995, 210 - 211. 在巴尔·萨芬神庙中，有5个不同价位的收费项目：成年牛、小牛、成年羊、羊羔，最后是鸟类。它亦向经济不是那么宽裕的请愿者提供用糕点、油、奶和面粉制成的廉价祭品。

43. 在几段迦太基铭文中（*CIS* i. 227, 260 - 262, 377; i. 5510）出现了“阿施塔特的天神丈夫的重生”，或“死亡之神的觉醒，带着阿斯特隆纳的气息”（根据译文得出）。大多数学者一致认为这些铭文提到了麦勒卡特神庙的祭司（Lipinski 1970, 30 - 58; Krahmalkov 2000, 308 - 309; Lancel 1995, 204 - 207）。

44. Lancel 1995, 199 - 204. 在铭文中她经常被写成“Rabbat”（夫人或“母亲”之意）或“Rabbatenu”（“我们的夫人”之意）。

45. Le Glay 1966, 440; Lancel 1995, 194 - 199. 关于巴尔·哈蒙的肖像，极少有实物被发现。然而，在距迦太基城约160公里远的一处沿海移民点发现了一片年代可追溯到公元前5世纪的石碑残片，其上刻有一个留着胡须，头戴圆锥形头饰，身穿一件长袍的天神形象。他的一只手握着一根长矛，另一只手似乎呈赐福状。

46. Exodus 22: 29. 献祭国王之子之事见《列王纪》16: 3, 21: 6。对《旧约》中关于“莫尔克”献祭仪式的研究见 Heider 1985。犹太人的激烈反对见申命记 12: 31, 18: 10; 耶利米 7: 31, 19: 5, 32: 35; 以西结 20: 31。《旧约》中用子女作为祭品的另一个例子见 Aubet 2001，246 - 248。

47. Eusebius Evang. Praep. 1. 10. 44. 这一信息据称源自一位于公元前 10 世纪左右定居于贝里图斯（Berytus，今贝鲁特）的腓尼基人桑楚尼亚松（Sanchuniathon）的著作。

48. Gianto 1987. 此外，在约旦安曼（Amman）发现的一座火神殿中找到了大量人类骨殖，一些考古学者将它们与祭品联系在一起（Ottoson 1980，101 - 104）。

49. 关于迦太基与迦太基世界的童祭，最为全面的研究见 Shelby Brown 1991，Benichou-Safar 2004，Stager 1982 及 Stager & Wolff 1984。在古代证据方面，公元前 5 世纪的雅典剧作家索福克勒斯（Sophocles）的剧本《安德罗墨达》（*Andromeda*）的残篇中间接提到，"外国人"为纪念克罗诺斯而举行人祭。由于克拉诺斯是迦太基最高天神巴尔·哈蒙在希腊神话中的对应，学者们认为这里的"外国"指的是迦太基世界。然而，首个提到迦太基童祭的记录来自公元前 4 世纪（柏拉图写于公元前 315 年的《米诺斯》）。有影响力的希腊哲学家泰奥弗拉斯托斯（Theophrastus，约公元前 371 ~ 前 287 年）也认为，人祭是迦太基流行的祭祀仪式（Fr. 13. 22 - 6；Porphyry *On Abstinence* 2. 27. 2）。希腊裔西西里作家狄奥多罗斯（13. 86. 3）宣称，一名迦太基军事长官在其部队围攻一座城市的时候，为了获得神灵的支持，用一名孩童向克拉诺斯献祭。后世的一名罗马作家声称，迦太基人的行径是如此残忍，以至于连波斯人——几乎没有人听说过他们的善行——都命令他们停止这种邪恶的习俗（Justin 19. 1. 10）。

50. Diodorus 20. 14. 4 - 7.

51. Cleitarchus *Scholia* 377A. 类似的论点见 Plato Minos 315B - C。

52. Plutarch *Mor.* 171C - D.

53. 辛塔的教堂——发掘者相信它是第一个腓尼基托菲特建筑的地基——很可能只残留着一堆杂乱的骨灰瓮（Gras，Rouillard & Teixidor 1995，273）。

54. Lancel 1995，249 - 250.

55. Aubet 2001，251 - 252；Lancel 1995，248 - 249.

56. *CIS* i. 5507.

57. Aubet 2001, 247.
58. 几段从迦太基托菲特找到的铭文里有这么一句惯用语：“奉迦太基人民之命。”（Aubet 2001, 254）
59. Van Dommelen 1998, 116.
60. Van Dommelen 2006, 122 - 123 中描述了位于地中海极西部和中部的不同类型的移民点。
61. 关于迦太基为维持与希腊和黎凡特地区的历史悠久的贸易往来而出力甚多的证据，来自马耳他岛及其姐妹岛戈佐（Gozo），它们都是跨地中海贸易航线的重要中转站。那里有明显的考古学证据表明，公元前6世纪末时就有迦太基人在岛上活动（Sagona 2002, 25 - 53）。
62. Huss 1985, 57 - 74.
63. 布南斯（1979）特别指出迦太基人是一群帝国主义者，他还大力宣扬腓尼基人是一群帝国主义殖民者而非贸易者的观点。
64. Schulten 1922. 最近布劳恩（Braun 2004, 302）提出一个可能的猜想，即迦太基人于公元前500年左右毁灭了塔尔特苏斯，并且接管了它的贸易。
65. Justin 44. 5. 1 - 3. 这并不是唯一一个描述西班牙原住民与加迪斯人之间的紧张关系的故事。公元5世纪的罗马作家马克罗比乌斯（Macrobius）讲述了一则传闻：一个名叫西伦（Theron）的国王进攻了这座城市（*Sat.* 1. 20. 12）。另请参阅维特鲁维斯（Vitruvius）10. 1 - 3，这篇写于多年以后的罗马军事著作宣称迦太基人在这次攻城战中首次使用了攻城槌。尽管维特鲁维斯并未给出这次事件发生的确切日期，但他随后提到在这之后，马其顿的腓力于公元前340～前339年围攻了拜占庭，在这场战斗中，腓力借鉴了同一种攻城手段。早些时候另一篇论文也提到了这个故事（Athenaeus 4. 9. 3；Krings 1998, 229 - 260；Barcelo 1988, 1 - 22, 38 - 42）。
66. Justin 18. 7. 1 - 2.
67. Justin, 19. 1. 1 - 6；Pausanias 10. 17. 9。
68. Van Dommelen 1998, 123 - 124；Tronchetti 1995, 728 - 729.
69. 同样有明显的证据表明，这一时期努拉吉人正在经历一场影响深远的社会及政治变革（Webster 1996, 179 - 194）。

70. Bechtold 2008，75；Fentress & Docter 2008，104.
71. Van Dommelen 2002，130－137；1998，124－125.
72. Barcelo 1988，46－47.
73. 关于迦太基人在西班牙南部（托斯卡诺，Toscanos）的活动见 Wagner 1989，150－151。关于他们在伊比沙岛的活动，见 Gómez Bellard 1990，178－183。据说迦太基的首个殖民地是建于公元前 654 年的埃布索斯。然而，很多学者如今相信它最初可能只是一个次要的定居点，可能是由来自西班牙大陆某处腓尼基移民点的移民建立的，埃布索斯只是在公元前 6 世纪晚期，当这片地区因泰尔－伊比利亚贸易航线中断而陷入困境的时候，才成了迦太基人的领地。这一变迁的典型特征是用岩石雕刻而成的墓室、墓碑和塑像的出现。
74. Whittaker 1978.
75. 同上书，59。
76. 关于水果、谷物和蔬菜的研究见 Hurst & Stager 1978，338－340。对献祭用木材的分析亦体现了这样一个迹象：自公元前 4 世纪起，近东及其附近地区开始栽种扁桃、桃子、杏子和李子（Stager 1982）。关于肉和鱼的研究见 Van Wijngaarden-Bakker 2007，841，848。犬类的骨头在骨殖样本中只占 3% 左右，但常有证据表明它们遭到了屠宰。
77. Bechtold 2008，40－43；Morel 2004，14；Lancel 1995，257－302.
78. 证据来自对迦太基王国内陆地区的实地考察，见 Greene 1983。
79. Diodorus 20. 8. 3－4. 一个半世纪之后，当另一支侵略军走在前往迦太基的路上的时候，惊讶不已的他们真真切切地看到了同一幅年丰岁稔的景象。
80. 盖赫库阿勒通常被描写得与众不同（Van Dommelen 1998，122），但在卡本半岛其他地区没有找到重要的迦太基领地可能更多的是因为，在这一地区所做的实地调查次数有限。
81. 关于盖赫库阿勒最为全面的研究见 Fantar 1984。Lancel 1995，280－288 对该地有一段简短的描写。
82. 同样有迹象表明，一些女性天神在该地受人膜拜，其中包括阿施塔特、塔尼特（锡德之母）和德墨忒耳。

83. Mezzolani 1999.
84. 关于铁器时代的北非利比亚人的一篇优秀研究论文可见 Hodos 2006，158－199。
85. Huss 1985，70－74. 在一篇年代可追溯到公元前 3 世纪或前 2 世纪的希腊海洋学文献中，迦太基对北非广大地区的影响力被用强有力的笔触加以强调。“在利比亚境内有记载的所有城镇或商业中心，从瑟提斯到金苹果园，再到利比亚的赫拉克勒斯之柱，全都属于迦太基人。”（Pseudo-Scylax 111）
86. 迦太基人在这一地区种植了大量橄榄树，当地的农田如今仍因这类作物而闻名于世。
87. Bechtold 2008，47－48，75.
88. Greene 1986，109－116；Fentress & Docter 2008，105.
89. Fantar 1984.
90. Pliny *NH* 18.22. Fantar 1998，118. 事实上，马戈的著作曾 66 次为希腊及罗马作家所引用（Devillers & Krings 1994，490－492）。对牛的选择与照料见 Columella *Agr.* 6.1.3；Varro *Agr.* 2.5.18。关于果树的篇章见 Pliny *NH* 17.63－64，131。罗马作家老普林尼暗示说，马戈不仅仅是个农业专家，还通晓排兵布阵之道，这使得一些人猜测他其实就是一份希腊文献中提到的“将迦太基人从泰尔人改造成利比亚人”的那个人（Pliny *NH* 18.22）。从马戈所处的年代到公元前 5 世纪的研究见 Fantar 1998，114－115；Lancel 1995，257－259。
91. Hurst & Stager 1978，338－340.
92. 关于酿酒业在北非迦太基地区的开始的研究见 Greene 2000。
93. Lancel 1995，269－279.
94. 在回程探索直到加迪斯的大西洋海岸之前，据说皮西亚斯就已乘船沿赫拉克勒斯之柱与法国的大西洋海岸上行，顺着英吉利海峡来到了斯堪的纳维亚、波罗的海地区、顿河河口，甚至进抵奥克尼群岛（Orkneys）。关于这次航行的全面讨论见迪昂（Dion 1977），175－222。然而，并无证据支持迪昂（175－176）所提出的，这次远征是受亚历山大大帝之托的主张。迪昂似乎在很大程度上受到了阿里安那带有希腊中心论色彩的观点（Anabasis 5.26.1－6）——在征服了亚洲之后，亚历山大将目标转向西方——的影响。

95. 关于这两支迦太基探险队为同一时期组建并得到了迦太基王国认可的观点见 Pliny *NH* 2. 169。

96. Bello Jiménez 2005，17 – 34.

97. Festus Rufus Avienus 114 – 129，380 – 389，404 – 415. 关于阿维斯努斯说法真实性的争论见 Picard & Picard 1961，236 – 237。老普林尼在其著作《自然史》（2. 169）中同样将希米尔科的航行称为“前往欧洲外海海岸的探险”。

98. Picard & Picard（1961，239）认为这些怪物可能是鲸鱼，但这种海怪在希腊及罗马人对北方土地的描写中司空见惯，它往往是蛮荒与另类的隐秘代码。

99. Herodotus 3. 115；Diodorus　5. 21. 30；Strabo　2. 5. 15，3. 2. 9，3. 5. 11，6. 2. 5；Pliny *NH* 4. 119，7. 197，34. 156 – 158.

100. Hanno 1；Blomqvist 1979，5. 汉诺的航行日期被学者们推定为公元前 5 世纪上半叶（Demerliac & Meirat 1983，9），或公元前 6 世纪上半叶（Lacroix 1998，345）。这份从年代可追溯到公元 10 世纪的《佩里普拉斯》中节选的手稿内容见 Lacroix 1998，343。

101. Hanno 1 – 8. 对汉诺航程所做的最为全面的记载为 Demerliac & Meirat 1983 和 Lacroix 1998。

102. Hanno 9 – 12. 其他学者认为这些山脉坐落于利比里亚首都蒙罗维亚（Monrovia）近郊。

103. Hanno 13 – 14.

104. Lacroix 1998，375 – 380.

105. Pliny *NH* 6. 200.

106. Hanno 15 – 18. 一些人认为汉诺提前返航是为了掩饰迦太基舰队秘密进行环非洲航行的事实（Lacroix 1998，380 – 384）。这一观点完全立足于于普林尼所宣称的汉诺成功从加迪斯出发，绕过非洲来到阿拉伯半岛的说法（*NH* 2. 169）。然而，所有其他材料均证实汉诺的返航实际上是因为缺水、酷暑及岩浆从河流注入大海所致（Arrian *Indike* 43. 11 – 12；Pomponius Mela 3. 89）。

107. Bello Jimenez 2005，56 – 67，82 – 86. Demerliac & Meirat

(1983, 64-67)认为较为实事求是的数量是5000人。

108. J. Taylor 1982; Bello Jimenez 2005, 85-86. 关于这次探险实际上是一次经由直布罗陀海峡，将非洲南部的津巴布韦/德兰士瓦金矿中的黄金带出来，以打破阿拉伯人之贸易垄断的秘密任务的说法实在是太过牵强了(Lacroix 1998, 276-342)。

109. Demerliac & Meirat 1983, 49-55.

110. Demerliac & Meirat 1983.

111. 关于令大西洋北部的贸易活动得以进行的可能模式见 Demerliac & Meirat 1983, 46-55。迦太基人也有可能一直在寻求建立一条从波罗的海和斯堪的纳维亚输入琥珀和铜的稳定的贸易渠道。

112. 关于这一领域缺乏考古学证据的说法见 Bello Jiménez 2005, 104-105。

113. Lancel(1995, 102-109)认为对在已知地区，即沿着今摩洛哥沿海地区航程的前期阶段的描述是建立在历史事实基础上的，但关于该航程后期，即沿着西非撒哈拉以南地区的航程的记叙则是文学演绎的产物。

114. Desanges 1978, 85. 原文为 "On ne peut au Périple arracher son revêtement grec, sans en estomper les détours jusqu'a l'inanite"(摘自朗塞尔1995年译本第108页)。

115. Lonis 1978, 147-150; Blomqvist 1979, 11. 朗塞尔(1995, 106)针对洛尼斯的议题所提出的看法是指出对方的观点只在哪些条件下成立，而非将其驳倒。

116. Bello Jiménez 2005, 71-81. 加纳利群岛曾为努米底亚国王朱巴二世(公元前25年至公元25年)所提及，此人的大部分地理知识均来自迦太基文献。

117. Herodotus 4.42; Demerliac & Meirat 1983, 30-37. 希罗多德在(4.43)还提到后来一位名叫萨塔斯比斯(Sataspes)的波斯贵族试图组织一次环非洲航行的事，但此举以失败告终。普林尼(*NH* 5.8)明确表明这次任务的目标就是环绕非洲航行。这一方案还被作为庞波尼乌斯·梅拉(Pomponius Mela)所组织的探险活动的主要目标而被提及(3.93)。

118. Herodotus 4.196.

119. 所有非洲黑种人通常被希腊和罗马人统称为“埃塞俄比亚人”。

120. Pseudo-Scylax 112.

121. 这是朗塞尔的观点（1995，108），但他怀疑这段航程的后半部分根本就是子虚乌有。

122. Zimmerman Munn 2003.

123. Aristotle *Pol.* 6. 3. 5.

124. Van Dommelen 1998，115；Campus 2006.

125. Van Dommelen 1998，124.

126. 例如，在西西里的旧腓尼基殖民地莫提亚，托菲特被大规模扩建，增设了围墙和圣殿以凸显其地位。

127. 在萨丁尼亚更是如此，在当地发现的公元前 5 世纪下半叶的雅典陶器的数量是该世纪上半叶数量的 4 倍（Tronchetti 1992，364 - 377）。

128. Bondi 1995b，352.

129. Huss 1985，498 - 499. 其他人认为这种身份其实可能是贵族特权的标志。Bordreuil & Ferjaoui（1988，137 - 142）对一段在泰尔发现的其中刻有“迦太基之子”字样的铭文，以及一些在迦太基发现的其中刻有“泰尔之子”字样的铭文提出了自己的看法。他们认为这只是对私人继承权，而非对合法身份的认可。一些外乡人似乎因拥有其他迦太基与腓尼基城邦的公民权而能够在迦太基城获得一定的权利，这种互惠特权模式很对迦太基人的胃口。

130. Peserico 1999. 这种情况在双耳细颈椭圆土罐上体现得尤为明显，到了公元前 7 世纪末，整个西腓尼基世界的土罐的地域差别变得越来越大。针对在萨丁尼亚出土的此类墓葬品组合所展开的讨论见 Fletcher 2006，175 - 185。

131. Moscati 1986，61 - 71. 这种产自腓尼基西部各个城市（如莫提亚和萨罗斯）的石碑在风格上与迦太基出产的石碑类似，所有这类石碑都有一种强烈的倾向：装饰图案设计简约，风格象征化而非具象化，如 betyl（神石）、祭坛和瓶子状等。在建筑方面，这些城市亦因受到明显的埃及建筑风格的影响，并应用了“斯派”——一种王座形状的纪念碑——而显得别具一格（Moscati 1986，74 - 77）。此类图案与苏尔其斯和蒙特希莱的图案形成了极为鲜明的对比，后两地石碑的装饰用图案主要遵循写实主义风格。然而，尚不清楚萨丁尼亚与西西里众城的石碑是否受到迦太基风格的影响，反之亦然。莫提亚与萨罗斯的石碑图案在风格上同样彼此相关，如它们都流行一种将一个宗教标志或人工制品紧紧抱在自己胸前的女性画像，这种图案在迦太基是找不到的（Moscati 1986，78－79）。铭文也有力地证实了萨丁尼亚北部的腓尼基人与塞浦路斯的腓尼基城市基提翁之间关系密切——他们可能是通过殖民活动保持这种联系的。在地中海西部发现的最为古老的腓尼基铭文宣称，基提翁是萨丁尼亚的诺拉城的母城（Krahmalkov 2001，5）。

132. Cicero，*Scaur*，42 中提到腓尼基及迦太基移民与非洲、西班牙和萨丁尼亚的土著民族相互融合所产生的族群。迦太基世界的文化杂糅现象见 Van Dommelen 2006。

133. Van Dommelen 2006，134.

134. Van Dommelen 1998，153.

135. 这个观点最初是由理查德·怀特（Richard White）在其关于北美五大湖地区（Great Lakes region）的西部移民和原住民从 17 世纪末至 19 世纪初的交流现象的研究中构想的（White，1991）。这一模式为古代史学家艾兰德·马尔金（Irad Malkin）在其有关古代地中海世界的著述中广加应用（Malkin 2002，151－153；2005，238－239）。

136. 一些人认为锡德是西顿神祇的祖先（Bernardini 2005，131），但并无证据支持这一观点。

137. Barreca 1969.

138. 关于他们所留下的祈愿铭文见 Fantar 1969。

139. 就这一点而言，安塔斯神庙的情况在迦太基世界中并非绝无仅有。位于马耳他岛塔斯希尔格（Tas Silg）的，献给女神阿施塔特的圣殿同样清晰地见证了当地女天神与阿施塔特共栖一座神庙的情景。

140. 有人主张，这座举世闻名的，通常被认为是锡德的雕像其实是巴尔·哈蒙的塑像；然而，现存的其他描写锡德的文献足以证明他是一位以战士/猎人形象出现的天神。

141. Barreca 1979，140.

142. De Angelis 2003，116 – 118.
143. Thucydides 6.2.6.
144. Thucydides 6.2.2 – 6.
145. De Angelis 2003，122 – 124.
146. Thucydides 6.2.6；Falsone 1995，674.
147. 尽管迦太基人在这一地区维持着它的贸易网络，修建了一些新的移民点，同时维护着一些旧移民点，但不让希腊人的触角伸入西班牙南部并非他们优先考虑的事。事实上，由于腓尼基贸易点被废弃而造成的商业真空正逐渐为来自福西亚——位于爱琴海海岸地区的小亚细亚部分——的希腊人所填补，他们在西班牙东北部的安普利亚斯（Ampurias，今科斯塔布拉瓦）建立了一个殖民地（Dominguez 2002，72 – 74）。
148. Isserlin & Du Plat Taylor 1974，50 – 68；De Angelis 2003，118 – 120.
149. De Angelis 2003，110 – 111. 在地位不是那么高的土著社区，同样有着日益繁荣的迹象与对希腊文化的吸收。在蒙特艾托（Monte Iato），又一座受希腊文化影响的神庙于这一时期被修建了起来。对位于该岛西部的土著城市塞杰斯塔而言，公元前 6 世纪是一个迅速发展和扩张的时代。在这一时期，当地统治家族开始掌控城市的中心机构，与此同时他们还着手征税，并监督着本城的生产性活动。塞杰斯塔统治精英与希腊世界有着商业及文化层面往来的事实随着大量希腊陶器（以及约 2300 片刻有希腊文的碎片）在该城的出土而得到了进一步证明。然而，在其他的土著居民区，希腊文化的影响力似乎受到了严格限制。在位于崎岖不平的西西里西部内陆地区的蒙特珀利佐（Monte Polizzo），一座定居点拔地而起，如日中天时期该地居民达 1000 人。尽管有一些迹象表明，当地的家庭建筑和陶器样式受到了希腊风格的影响，但程度极为有限（Morris et al. 2001，2002，2003；De Angelis 2003，107 – 110）。然而，对腓尼基或希腊文化某些元素的吸收令一个接一个土著社区产生了明显的变化。
150. Pausanias 10.11.3 – 4. 狄奥多罗斯（5.9）并未提及腓尼基 – 厄利米亚联军，但讲述了尼多斯殖民者主动卷入在塞杰斯塔人与歇利伦特人之间爆发的一场两败俱伤的冲突之中的事。克林斯指出，上述两段记载的某些段落均对这一事件是否拉开了腓尼基/迦太基人与希腊人之间紧张局面的序幕表示怀疑。然而，虽然很多这类限制性条件有其意义，却并不能证明保萨尼亚斯（Pausanias）对腓尼基人与厄利米亚人组成联军一事的记载是错误的。

151. De Angelis 2003，128 - 145.

152. Rocco 1970，27 - 33.

153. 与迦太基 - 伊特鲁里亚人之间的贸易有关的考古学证据见 Macintosh-Turfa 1975。然而，尽管在伊特鲁里亚方面只发现了数量有限的迦太基原料，但即使是在公元前 7 世纪，迦太基似乎也在向伊特鲁里亚供应奢侈品。伊特鲁里亚的"bucchero"——一种黑色陶器——被大量出口至迦太基。伊特鲁里亚青铜与铜制品的进口延续到了公元前 3 世纪。几乎没有证据支持希腊人在伊特鲁里亚和迦太基之间的人工制品贸易中扮演了中间人角色这一学术界传统观点。同样需要注意的是，伊特鲁里亚在政治上并不统一。显而易见的是，迦太基至少与较大的塔尔昆尼（Tarquinii）与卡西里王国有着外交关系。对古代第勒尼安海贸易的研究见 Gras 1985。

154. Macintosh-Turfa 1975，176 - 177.

155. 这种名牌可能同时起到了商务名片或商品存货标签的作用（Lancel 1995，85 - 86；Macintosh - Turfa 1975，177）。

156. Heurgon 1966；Ferron 1972. 一些学者认为第三片书写板上所刻的并非迦太基语，而是塞浦路斯腓尼基人使用的方言，神庙本身的装潢在外观上亦与塞浦路斯腓尼基风格相似，因而最有可能的情形是，这实际上是在一座已经存在的伊特鲁里亚神庙中划出一个空间，作为出身塞浦路斯地区的腓尼基商人团体的礼拜场所（Gibson 1982，152 - 153；Verzar 1980）。对学术界围绕着这几片书写板所展开的争论的概述见 Amadasi Guzzo（1995，670 - 673）。然而，由于我们对腓尼基及迦太基人了解有限，考虑到迦太基人与塞浦路斯腓尼基人之间存在着尤为密切的联系，以及迦太基与伊特鲁里亚王国在这一时期结为政治同盟的事实，这些证据仍然指向了迦太基商人，不过它们很可能同时与迦太基和塞浦路斯腓尼基商人有关。

157. 亚里士多德（*Pol.* 3. 5. 10 – 11）说迦太基人与伊特鲁里亚人之间“达成了出口协议，许诺彼此间互不伤害，签订了同盟条约”。

158. Aristotle *Rhet.* 1. 12. 18.

159. Herodotus 1. 165 – 167. 但对于将阿拉利亚战役视为迦太基与希腊人在地中海世界爆发的更大范围冲突之一部分的观点，克林斯（1998，159 – 160）提醒人们予以注意无疑是有理由的。

160. Palmer 1997，23 – 24. 有人认为这一条约或许也有助于对罗马人在公元前 5 世纪面临粮食短缺时从西西里的迦太基防区购买谷物的行为加以管理，这一观点似乎是合理的。

161. 对公元前 6 世纪的罗马的研究见 Cornell 1995，198 – 214。

162. 波利比乌斯所做的勤勤勉勉的调查工作让我们再度从中受惠，他找到了详细记录这份协议及日后与迦太基人达成的、签订于罗马市政官财务部的两份协议之内容的铜板（3. 22. 3）。波利比乌斯甚至抱怨这种古拉丁文是难以理解的（3. 22 – 3）。针对迦太基与罗马之间的协议所做的富有说服力的研究见 Serrati 2006。

163. Polybius 3. 22.

164. Cornell 1995，215 – 241.

第3章 赫拉克勒斯-麦勒卡特的世界：地中海中部的希腊人和迦太基人

英雄浪子：赫拉克勒斯传奇

96 当首批希腊商人抵达地中海中部和西部海岸的时候，他们并不孤单。他们随身带来的不仅有他们的天神，还有许多正宗希腊神话中的伟大英雄。荷马史诗中的人物如奥德修斯、梅内莱厄斯和狄俄墨得斯，被描述为在遥远的过去那足迹遍及整个西部地区的开拓者。[1] 在接下来的数十年时间里，这些英雄不仅在为希腊人对新近殖民土地提出的要求提供合法性和历史依据的过程中扮演了越来越重要的角色，也在与当地土著中的统治阶层建立联系方面起到了日益关键的作用：后者中的一些人对个别希腊英雄产生了强烈的自我认同感。因此，意大利中部的伊特鲁里亚人选定希腊英雄奥德修斯为他们的缔造者，并认为他是率领他们来到意大利的领袖。[2]

在这群新来的希腊人对新发现的陌生土地所提出的主权要求中，出过一臂之力的、知名度最高的角色是传说中的大力士赫拉克勒斯。作为人间著名的流浪者，他游荡在地中海西部的土地上，通过移风易俗的方式教化着土著居民，清理着盗匪和怪物。从某种意义上说，赫拉克勒斯为希腊人不时以咄咄逼人的态度对待土著人的做法提供了一个先例。[3] 殖民者与当地人之间正在发展的关系，亦在关于这位带有传奇色彩的好色之徒

与出身高贵的当地女性交媾而生下众多子嗣的传说中有所体
现。[4] 他不仅被视为殖民地的缔造者，也被视为殖民者的教导 97
人，他在永无尽头的流浪生涯开始前选中并保护了这些土地，
并将它们留给了与他一道来此的移民。[5]

然而，赫拉克勒斯不仅仅是一位暴力执法者。他对希腊殖民者所提供的保护还将他们收成的好坏和牲畜的平安也包括了进去。[6] 可以肯定的是，他的行侠仗义事迹中既有声名远播的英雄做派，也有默默无闻的平凡之举。在意大利南部的希腊殖民地，这位英雄受人膜拜的事迹有杀死了巨人，驱逐了在夏季滋扰羊群的苍蝇，以及赶走了祸害庄稼的蝗虫。到了公元前 6 世纪末时，这位伟大英雄那经久不衰的影响力达到了如此程度：当关于第一代移民领袖的记忆变得模糊不清，一些南意大利和西西里的希腊定居点在越来越希望自己能与祖先们所建立的希腊城市相提并论的时候，它们就开始宣称自身真正的缔造者是赫拉克勒斯。[7]

与赫拉克勒斯在希腊大陆的英雄事迹长期相关的纪念品和遗迹开始在这些西部定居点出现。于是，厄律曼托斯野猪——赫拉克勒斯因奉命赎罪（他突然发疯，杀死了自己的妻子和孩子）而做出的著名功绩中的牺牲品之一——的猪皮被千里迢迢地从伯罗奔尼撒带到了位于意大利南部的库迈镇（Cumae）的阿波罗神庙中。来自希腊城市卡尔西登（Chalcedon）的殖民者，不仅将自己的新家安在了意大利，还将赫拉克勒斯与巨人对决的著名战役搬到了这里。[8] 赫拉克勒斯就此从一个经常以凡间的流浪者和频繁暴力的实施者形象出现的护身符人物，变成了在地中海西部大获成功的希腊殖民计划生机勃勃的象征。这些传奇故事的相关主旨清晰且有力地表

明，希腊殖民者们并非外来的野心家。这是希腊的土地，将它们留给希腊人的不是别人，正是宙斯的儿子。

到了公元前 6 世纪，西部希腊作家们的作品——最有名的是西西里诗人斯特西克鲁斯（Stesichorus）的史诗《戈吕翁之歌》（*Geryoneis*）——中提到了赫拉克勒斯在地中海西部地区的第 10 件和第 11 件著名功绩：窃取巨怪戈吕翁（Geryon）的红色牛群，以及从赫斯帕里得斯（Hesperides）的花园中盗取金苹果。[9] 在存世的《戈吕翁之歌》的残篇中，赫拉克勒斯来到了塔尔特苏斯，在那里他向太阳神借了一个金杯，而后乘着
98 它漂洋过海，来到了位于世界最西端的神秘岛屿厄律提亚（Erythia），戈吕翁就住在这里。在杀死了牧牛人和守护犬后，赫拉克勒斯最终干净利落地结果了戈吕翁，夺走了他的牛群，而后回到塔尔特苏斯，将金杯还给了太阳神，接着驱赶牛群经陆路来到意大利，并启程返回希腊。[10]

赫拉克勒斯的史诗之旅将带着他和他的牛群穿过西班牙、比利牛斯山脉和高卢，而后翻过阿尔卑斯山。面对这样一次挑战，赫拉克勒斯并没有像往常那样靠着满腔热情行事，而是做了充分的准备。在小心翼翼地花了三天时间让牛群背负补给品后，赫拉克勒斯成功地翻越了山脉，而后途经意大利前往希腊。于是到了公元前 6 世纪的时候，关于赫拉克勒斯之路（Heraclean Way）——这位英雄与戈吕翁的牛群一起经历的非凡旅程的路线——的传说逐渐开始形成。数百年来，这个传奇
99 故事成了一座丰碑，不仅缅怀着伟大的旅行家赫拉克勒斯，也被用于缅怀这位英雄征服西方的事迹。此外，由于赫拉克勒斯的传奇故事与希腊人在这一地区持续不断的殖民活动紧密相连，赫拉克勒斯之路总是“不停地延伸”：随着新定居点和相关作家

对这一诱人的遗产宣称享有继承权而不断进行古怪的迂回和原路返回。[11]

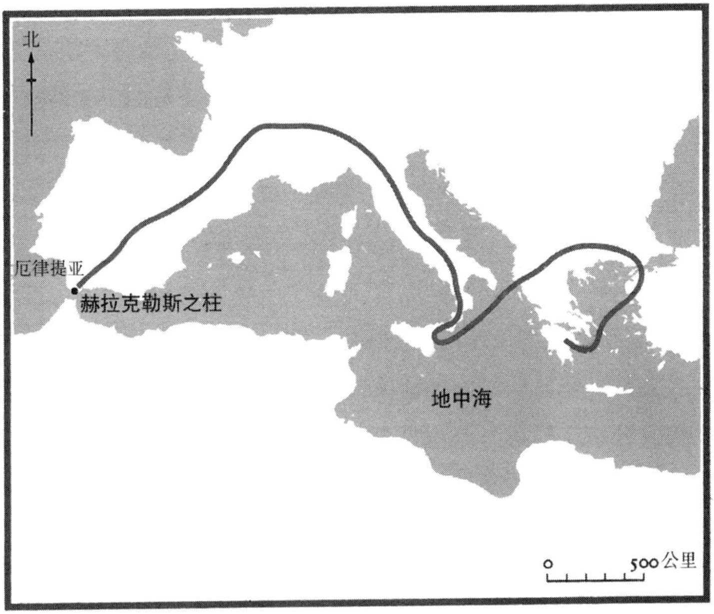

地图 11　赫拉克勒斯之路

可能是由于斯特西克鲁斯的缘故，他的家乡西西里岛成了赫拉克勒斯之旅的一部分，尽管从地理上说它与从意大利到希腊的这段旅途毫不搭界。这个故事①讲述的是，一头迷路的公牛可能是在意大利南部脱离了牛群，泅水游过了墨西拿海峡（Strait of Messina）来到西西里，英雄则一路穷追不舍。[12]厄律克斯，西西里岛上的一位统治者——一座位于山上的定居点的缔造者，定居点和山都以他的名字命名——爱之女神阿佛罗狄

① 指《戈吕翁之歌》。

忒的儿子之一，发现了这头公牛并将它置于自己的牛群之中。赫拉克勒斯最终找到了这里，但这位国王要求英雄与自己角力一场，将他打败才会归还公牛。在击败了厄律克斯三次后，赫拉克勒斯杀死了这位国王，从而为这场较量画上了一个有力的句号。再度驯服了迷路公牛的赫拉克勒斯同意将厄律克斯的土地转交给当地土著人，而一旦他的后代出现在西西里，那原住民们就得将土地还给他们。[13]在离开这个岛屿之前，赫拉克勒斯做了各种各样的事，包括创建了一个教派，盖起了一座圣殿，造了一片湖泊，赢得了一场对西坎人的大胜。这些事迹表明，他在希腊移民声称对他们所居住的殖民地拥有所有权这件事中起到了重要作用。[14]

赫拉克勒斯在西部地区流浪的故事反映了当时的地缘政治现状，赫拉克勒斯与厄律克斯的传奇故事中的下一段情节的亮点在于这个故事的开放性有多大。希腊历史学家希罗多德等人讲述了斯巴达王室的亲王多里阿斯（Dorieus），于公元前514年获准前往利比亚海岸建立一个新定居点的事。多里阿斯在殖民地选址方面做得不错，奇努普司（Cinyps）位于两大势力范围之间：东面是强大的希腊城市昔兰尼（Cyrene），西面则是迦太基城。然而，多里阿斯的计划很快就被迦太基人与利比亚土著组成的联军打断，在多里阿斯控制该地的第三年，他和他的部下遭到联军的驱逐。[15]迦太基的入侵似乎并非因多里阿斯的定居点所处的地理位置而起，而是由于后者企图将自己的殖
100 民地版图向西扩展至肥沃的小瑟提斯地区（Syrtis Minor，它是迦太基领土政策的一个主要目标）。的确，这件事发生后不久，迦太基就在距被废弃的希腊定居点的废墟50公里处建立了大莱普提斯城，部分原因是为了遏制希腊人未来对这一地区的殖民企图。[16]

然而，在公元前6世纪末时，地中海西部似乎仍能为众多来自东部的冒险家提供无穷无尽的机会。败而不馁的多里阿斯和他的同伴们回到了斯巴达，很快制订了另一次远征计划，这次的目标是西西里岛。按照希罗多德的说法，赫拉克勒斯与厄律克斯的人达成的，关于他的子孙后代对这片土地拥有所有权的协议在希腊人尽皆知，斯巴达王室宣称他们是赫拉克勒斯的直系后代。在得到“去找到赫拉克勒斯在西西里的后代”的建议，又在德尔斐的神谕处收到被其视为对自己所取得成就的确认后，多里阿斯带着一支新远征军出发了。然而，在他占领厄律克斯并建立一个新的殖民地后，这个定居点却被一支迦太基-艾利米亚联军攻击并摧毁，多里阿斯与他手下的大部分殖民者也被杀死。[17]

赫拉克勒斯遗留下来的传奇故事对西西里岛的迦太基人和土著人可谓是极大的威胁。绝非巧合的是，早期计划在莫提亚附近建立一个殖民地的奈达斯人/罗德岛人的领袖彭塔塞卢斯（Pentathalus）也宣称自己是赫拉克勒斯的后代。[18]这些传说表明，由于在地中海西部的殖民活动与希腊文化所创造出来的赫拉克勒斯传说紧密地联系在一起，神话为殖民活动披上了一层合法的外衣，而殖民活动又创造了新的神话。

赫拉克勒斯的活动范围很大，肯定不仅限于西西里。在北非隔海相望的迦太基人也获得了与他所遗留下来的传奇故事相关的第一手经验，这些传奇故事，为见证了迦太基以东的利比亚沿海众城市涌现的希腊殖民计划提供了意识形态依据。[19]北非如今成为赫拉克勒斯与残忍的巨人安泰俄斯（Antaeus）——据说他从他的大地母亲那里汲取了巨大的力量——那传奇般的角力较量的假定发生地。所有不幸路过这个巨人恶霸的地盘的 101

人，都被逼着与他进行一场角力。在安泰俄斯击败并杀死他们后，他们的头盖骨就成了他那堆积成山的战利品的一部分。赫拉克勒斯将这个巨人抱离地面，同时扼住他的脖子，从而用剥夺他力量来源的办法杀死了他。对于迦太基人而言不幸的是，当希腊殖民地以不断朝着他们领土延伸的方式涌现的时候，这场野蛮遭遇战的具体发生地似乎有不断西移的迹象。[20]如此一来，夺取戈吕翁的牛群就不仅仅是赫拉克勒斯的事迹了，它还为希腊人在北非的殖民活动披上了一层神话外衣。距迦太基领土最近的希腊定居点是埃乌埃司佩里戴（Euhesperides）城，该城大致建于公元前 6 世纪中期，据说它位于赫斯帕里得斯的花园——赫拉克勒斯就是奉命从这里盗取金苹果的，这是他的第 11 个功绩——附近，并因此而得名。[21]

麦勒卡特和赫拉克勒斯在西西里

然而，赫拉克勒斯并非只是希腊人那侵略式殖民扩张的思想载体。在西部边界的土地上，他变成了一个多元化的、实实在在的且自相矛盾的人物，他不仅准确地反映了希腊移民群体的欲望，还反映了他们与这一地区其他民族时常是错综复杂的关系和互动。在西西里岛上，希腊人、迦太基人和原住民之间彼此通婚，膜拜各自的天神和女神，并相互贸易、交战、缔结政治同盟。看似最为好战的希腊英雄赫拉克勒斯，实际上也是这些地缘政治现状的体现。

在公元前 6 世纪末的某个时候，一座带有双列 6 柱前廊与 17 根侧柱的大型神庙，在紧邻迦太基城市莫提亚，并时常互相爆发激烈冲突的希腊城市歇利伦特的卫城中拔地而起。有人认为这座神庙是献给赫拉克勒斯的，因为神庙那宽阔正面的一

片柱间壁中展示了这位希腊英雄与巨人凯尔科佩斯 102
(Cercopes) 交战的场景。[22]它是西西里希腊艺术的巅峰之作，但并非对广大希腊世界流行风格的盲目模仿。正如大卫·阿什利 (David Asheri) 所评论的："这些柱间壁中的人物表情狰狞，严肃到近乎死板的地步……展示了一次当地艺术风格有意识地摆脱外来理想化模式那十足的精雕细琢风格的尝试。"[22]西西里的艺术风格就这样在该岛最接近边境线的土地上逐渐发展起来。歇利伦特神庙以赫拉克勒斯为主题的柱间壁或许类似于"一个关于文明政权与未开化民族作战的，带有（希腊）殖民色彩的象征"。然而，创作出这种巧夺天工的浮雕作品的艺术家深受迦太基艺术那野蛮的表现主义——这一风格在赤陶面具上表现得尤为明显——的影响。它展现了西西里希腊艺术的重要悖论，即它最可怕的威胁和对手，在文化层面也是它生命中不可或缺的部分。[23]

早先讨论的复杂的、多个民族之间的文化互渗进程亦存在着大量关于西西里迦太基人吸收了新的希腊艺术形态的迹象。身穿"佩普洛斯"（peplos，一种绣有华丽花纹并配有错综复杂的下垂状褶层的外衣）、提着"克雷苏斯"（一种篮子）的古典希腊风格式小型赤陶女神雕像在西西里岛的产量极大。[24]对希腊艺术的精通使得岛上的迦太基人能够利用全新的、极具感染力的独创方式来表达他们的创意，而非纯粹的模仿。传统的腓尼基艺术形式，如人形石棺——石棺的头部、胳膊和脚从一片形如人蛹的光滑石块中向外延伸——穿上了希腊式服装，戴上了希腊式头饰。[25]

这一时期最为引人注目的迦太基艺术珍品来自莫提亚。1979年，正在这座岛屿城市忙碌的考古学家发现了一座超大型的大理石青年雕像，不包括丢失的双脚的雕像立起来有 1.8 米高。尽管它的胳膊已难觅其踪，但由于它那被切下的手搁在了它的臀部上方，复原其左臂的姿态还是较为简单的。一丛卷发围绕在头部的边缘，且头部曾戴有一个用铆钉固定的王冠或花环。总体而言，这座雕像看上去与公元前 5 世纪初朴素的希腊式雕塑风格一致，与在西西里的希腊城市阿克拉伽斯发现的一座埃弗比（ephebe）——一位正值服役年龄的年轻人——雕像无疑十分相似。

有人认为只有希腊雕刻家才能创造出水平如此之高的雕塑，莫提亚的埃弗比雕像则是劫掠而来的希腊人的作品。[26]但这个说法存在一个疑问：这座埃弗比雕像的外观与这一时期的其他雕像截然不同，后者多为裸体形态，而莫提亚的年轻人雕
103 像则穿着一件质地精良的长袍，袍子上的流水状皱褶扎进一条高高束起的腰带内。许多独到的见解被用于解释这一异常现象。那条奇怪的腰带和雕像的手的位置引发了这样一个观点：这个年轻人既是一名希腊战车的驾驭者，也是一个双轮战车竞赛的主办人。然而，莫提亚雕像与保存至今的其他希腊战车驭车人的雕像有着很大差异。事实上，与之最为相似的雕像是在迦太基世界发现的。首先，尽管这座雕像在造型上无疑为希腊风格，但它显然遵循的是不以裸体示人的迦太基传统；其次，这位年轻人所穿的服装和佩戴的头饰与主持迦太基天神麦勒卡特——在西西里，赫拉克勒斯将与其有着越来越紧密的联系——祭拜仪式的祭司那祭祀用行头极为相似。[27]这座既非希腊风格也非迦太基风格，而是西西里风格的埃弗比雕像是文化融合长河中的一颗璀璨夺目的明珠。

至少自公元前 7 世纪起，赫拉克勒斯在地中海东部地区就

越来越频繁地与迦太基天神麦勒卡特关联在一起。当希罗多德来到位于泰尔的伟大的麦勒卡特神庙时，他发现了引人注目的证据：希腊萨索斯岛（Thasos Island）的赫拉克勒斯神庙，事实上已开始成为那位泰尔天神的圣殿。为了验证这一消息，希罗多德随后动身前往萨索斯，在那里传闻被证实了。[28]有趣的是，希罗多德评论道，萨索斯人认为他们的赫拉克勒斯有着两个截然不同的身份，需要以不同的仪式来祭拜。祭拜者在"称他为奥林匹亚山上的神时，就按天神应享有的规格供奉祭品。相反，在把他当作另一个人的时候，他们就为他举行一个英雄般的殡葬仪式"。[29]在另一座希腊岛屿埃利色雷（Erythrae），当地人讲述了赫拉克勒斯是如何在一艘载着他从泰尔出发的筏子在一处浅峡搁浅后来到他们这里的——这显然是对艾格赛斯仪式的共同记忆的一段朦胧回忆。[30]腓尼基世界显然也受到了赫拉克勒斯－麦勒卡特合体效应的影响，特别是在与西西里岛一样拥有数量可观的希腊人口的塞浦路斯岛。到公元前 6 世纪时，位于塞浦路斯的腓尼基城镇基提翁的手工作坊不断生产着一种身披狮子皮、手持棍棒的小型男性雕像，它在外表上显然复制的是在希腊已经定型的赫拉克勒斯的形象，但它所摆出的姿势却是近东或埃及天神的风格：右手高举兵器，左手抓着一只准备击杀的狮子。[31]

希腊人、地中海东部的腓尼基人和迦太基人，对赫拉克勒 104
斯和麦勒卡特的看法有何相似之处呢？当然，这些民族均信仰主动寻求将本族神祇与外族天神融为一体的多神教文化。[32]这一点在一块马耳他的双语石碑上体现得尤为明显。一对腓尼基兄弟于公元前 3 至前 2 世纪时在这块石碑上用腓尼基语题以"麦勒卡特，泰尔之主"的献词，[33]用希腊语题以"赫拉克勒斯

archegete”的献词。希腊语“archegete”通常被用于形容一位创立者或一位祖先，一个明显将赫拉克勒斯和麦勒卡特融为一体的角色。[34]对于泰尔人而言，麦勒卡特就是殖民活动的代名词，而赫拉克勒斯对于希腊人来说也是这样。身兼母邦和新殖民地守护者身份的麦勒卡特，在促成二者之间那持续不断的联系中助了一臂之力。新建殖民地的神庙还为腓尼基移民和当地原住民之间的首次接触提供了中立、神圣的场所。尽管麦勒卡特在迦太基并非主神，但这位天神继续在这座城市对繁荣的地中海西部地区新出现的迦太基社群施加影响的过程中扮演着传统角色。

迦太基人在萨丁尼亚的殖民活动和经济合并对该岛的宗教版图产生了明显影响。事实上，一些关于一种有组织的主动行为的证据表明，迦太基人通过修建新宗教中心的方式，与这座岛屿建立了崭新关系。位于安塔斯的锡德神庙是个优秀的实例，考古学者在那里又发现了一段致麦勒卡特的献词。[35]麦勒卡特与锡德之间的亲密关系证实了公元 2 世纪时希腊旅行作家帕萨尼亚斯（Pausanias）在其作品中的说法：“第一批越过该岛的水手据说是利比亚人。他们的领袖是梅斯利斯（Maceris）之子萨杜斯（Sardus），梅斯利斯是埃及人和利比亚人给赫拉克勒斯起的别名。”[36]“萨杜斯·佩特尔”（Sardus Pater）是锡德·巴比（Sid Babi）在罗马时代为人们所熟知的名字，而“梅斯利斯”无疑指的是利比亚的赫拉克勒斯，即麦勒卡特。[37]可以肯定的是，铭文证据表明，在迦太基，这两位天神有着密切关系。[38]和与萨丁尼亚息息相关的锡德不同，麦勒卡特是迦太基人那横扫千军的殖民风暴的象征，这就是两位天神之间的关系，也是萨丁尼亚和迦太基绘画中呈现出一种不对等状态——锡德是麦勒卡特的儿子——的原因。[39]

在迦太基时代，萨丁尼亚岛上对麦勒卡特的膜拜被刻意与 105
泰尔扯上了关系，因为“L HSR”这一绰号（字面意义为“在岩石上的那个东西”）经常被用于指代这位天神——无疑与那座伟大的圣殿有关。[40]这种在迦太基人不断朝萨丁尼亚进行人口输出，不断强化他们与该岛之间的经济纽带，抬高麦勒卡特神地位的做法清晰地表明，老一辈迦太基人越来越像他们的家长，同时也是人们对共同继承泰尔遗产的一种重视。[41]事实上，在一段可追溯到公元前 3 世纪的，关于对萨罗斯麦勒卡特圣殿进行一系列大规模修缮的铭文中，列有诸多“Qrthdst”（迦太基）高级官员的名字，从而明确无误地将这位神灵与那座北非大都市联系在了一起。[42]

赫拉克勒斯和麦勒卡特拥有一些显著的共同特点。最为重要的是，他们都超越了人与神之间的界限：赫拉克勒斯是宙斯的儿子，母亲是人类，他不得不依靠自己英雄般壮举，为自己赢得成为一名天神的资格；麦勒卡特虽然是一个神，但在神话中也是泰尔第一个国王与泰尔王室直系后裔的祖先。[43]其他明显的关联包括他们所扮演的至关重要的浴火重生的角色——麦勒卡特是在艾格赛斯仪式中，而赫拉克勒斯则是在成神期间：此时他的身体已在火葬柴堆中化为灰烬，而后他的灵魂飞升进天堂，并在众神之中占据一席之地。每一年，当自己的塑像被焚毁的仪式结束后，麦勒卡特都会象征性地重生，从而又一次踏上人神之间的轮回。[44]事实上，这种二者之间的类似之处可以在西西里的希腊城市阿克拉伽斯的赫拉克勒斯神庙中找到，这座约建于公元前 500 年的神庙内有两排一模一样的延伸至神庙阁楼的楼梯。近来的研究表明，这种在建筑学上罕见的结构，尽管不太可能在公元前5世纪被应用于诸如艾格赛斯节这种源于腓尼基－迦太基宗教的以天神升入天国为主题的宗教仪式，但它原本就与这种宗教仪式有关。位于阿克拉伽斯的神庙，只是西西里和意大利南部一些建有这类楼梯的古代神庙中的一座。[45]

讽刺的是，传统意义上的赫拉克勒斯和厄律克斯传奇故事的发源地可能并不在希腊，而是在一个为“腓尼基人”所统治的地方。多里阿斯的使命可能象征的是，希腊勇士身份的赫拉克勒斯与此时正占据着厄律克斯国土的“非希腊人”身份
106 的赫拉克勒斯的对决。[46]那座海拔高至750米的山峦先是成为艾利米亚原住民的圣地，而后又在公元前6世纪下半叶的某个时候成了女神阿施塔特的神庙所在地。[47]麦勒卡特则成了阿施塔特的公认配偶。[48]

实际上，就算是赫拉克勒斯之路——希腊人那地中海西部殖民计划中看似最为强硬的一步，乍一看也并没有那么咄咄逼人。它那迂回曲折且经常是在原地打转的路线，反映了公元前6世纪时期，寻求在这片有着绝佳机遇的地区，建立毋庸置疑属于自己的势力范围的移民和原住民之间，既相互冲突又利益共存的关系。因此，赫拉克勒斯之路的终点可能位于希腊的阿尔戈斯城（Argos），但到了公元前6世纪，希腊作家们一致认为传说中的戈吕翁的故乡厄律提亚才是赫拉克勒斯之路的终点，而赫拉克勒斯那伟大的长征之路的起点则位于加迪斯：地中海西部边远地区最为古老的定居点，以及伟大的麦勒卡特神庙所在地。[49]就连关于赫拉克勒斯访问西西里的记载——几乎可被认为是最具侵略性的、带有殖民色彩的希腊沙文主义的体现——中，也时常带有表明迦太基人与该岛原住民之间存在着极为复

杂关系的小段证据。例如，赫拉克勒斯击败并杀死当地国王厄律克斯的情节，很可能就源于公元前 6 世纪后半叶引入厄律克斯国土的迦太基人对阿施塔特的祭拜仪式。阿施塔特神庙取代了之前屹立于此的艾利米亚土著人的圣坛。由此而论，赫拉克勒斯的传奇故事似乎原本与阿施塔特的丈夫、经常在她的神庙里受人祭拜的麦勒卡特有关。[50]赫拉克勒斯之路不仅仅是实现希腊殖民者勃勃野心的捷径，也展现了古代地中海中部和西部世界里无处不在的文化交流与宗教融合。在赫拉克勒斯伟大的长征之路中，再也没有比意大利部分更受人瞩目的了，因为西西里于公元前 5 世纪时就成为作家们笔下伟大的英雄之旅的舞台。[51]

赫拉克勒斯与早期罗马

按照公元前 1 世纪时希腊作家哈利卡纳苏斯的狄俄尼索斯 107
(Dionysius of Halicarnassus)——他所使用的资料已经散佚——的说法，当赫拉克勒斯翻过阿尔卑斯山后，理应穿越意大利半岛，最后在台伯河左岸的帕兰提乌姆人（Pallanthium）的定居点，即未来罗马城的所在地扎下营来。在他入睡的时候，一个多年来一直在威胁当地居民的名叫卡库斯（Cacus）的怪物偷走了他的几头牛。为了掩盖自己的行踪，卡库斯抓着这几头牛的尾巴，将它们倒退着拖往自己位于巴勒斯坦山丘的山洞中。赫拉克勒斯醒来后四处搜寻着这个盗贼和他的牛，但徒劳无功。然而，最终他在驱赶着剩下的牛经过卡库斯所在山洞的门口时，发现了被偷走的牛：它们在听到其他牛路过的声音并嗅到其气味时，大声吼叫起来。卡库斯旋即遭遇了同所有试图将戈吕翁的牛群从赫拉克勒斯身边带走的人一样的可怖命运：他被巨大的棍棒活活打死，而后他所住的山洞被摧毁并掩埋了他的尸体。

赫拉克勒斯随后在台伯河里洗净自己的身体，并为宙斯建起了一座圣坛，他在圣坛上用一头小牛献祭，以感谢上天让他找到牛群。当土著人和居住在邻近地区的阿卡狄亚人发现这一切的时候，他们为卡库斯的下场感到欣喜不已：因为卡库斯的偷盗行径，他们对他痛恨已久。他们为自己和赫拉克勒斯编织了一个个花环。这位英雄旋即被邀请与他们的共治君主伊万德（Evander）和福纳斯（Faunus）一起用餐。[52]当知道了赫拉克勒斯的真实身份后，伊万德对那个关于这位英雄将会来到此地的预言感到敬佩不已，他为赫拉克勒斯建起一座圣坛，并在上面用一头小牛献祭。第一座为赫拉克勒斯而设的圣坛就这样在未来罗马城的所在地被修建了起来。在举行了首次宗教仪式并用自己的一些牛献祭后，赫拉克勒斯下令道："由于他们是第一批将他视为天神的人，所以他们应该每年都奉献一头尚未上轭的小牛，并用希腊式仪式献祭，以这种方式使他们献给他的荣誉得以永远延续下去。"这个传奇故事的其余部分讲述了赫拉克勒斯后来是如何教导两个贵族家族——波提提（the Potitii）和皮纳里（the Pinarii），以及在他的圣坛上举行以他的名字命名的宗教仪式的。这座圣坛就是位于罗马屠牛广场
108 （Forum Boarium）——古代的牛市——的阿拉·马克西玛（Ara Maxima，"大祭坛"之意）。[53]

意大利中部是大批 Hercules 和 Hercle——意大利语及伊特鲁里亚语版本的"赫拉克勒斯"——专属圣殿的所在地。这些圣殿很多都位于贯穿意大利半岛的交通要道和运输干线的重要地段，这些地段担负着商贸活动、盐业生产和牲畜的季节性迁徙（一种与这位英雄和戈吕翁的牛群的神话有着相似之处

的有趣现象）中心的作用。[54]祭祀赫拉克勒斯的宗教仪式的盛行与对其崇拜之情的日益高涨，被视为希腊文化通过意大利中部居民与希腊商人和大希腊众城市的频繁接触得以在前者中拥有巨大影响力的体现。[55]

然而，赫拉克勒斯在罗马的传奇故事中，有一部分似乎是改编自年代要古老得多的拉丁传说。这位英雄的原始形象是雷卡拉努斯（Recaranus），一位具有希腊血统的当地牧羊人，不过也有人将他与我们的流浪英雄混为一谈。[56]卡库斯起初在赫拉克勒斯的神话中似乎也并不是一个怪物，而是一名土著占卜师。事实上，第一个可确认的卡库斯的艺术形象并非在罗马，而是在伊特鲁里亚发现的。[57]在这个传说的最早版本中，他并不是一个盗贼，而是伊万德国王一个狡诈的奴隶，他的主人揭露了他的盗贼身份。

乍看之下，罗马的赫拉克勒斯大祭坛似乎完全证实了这一分析。[58]它的名望和古老为它位于圣墙（Pomerium）——传统意义上的神圣疆界——之内这一事实所证实。此外，古老的牲畜市场区则坐落于在两条交通要道——台伯河与将意大利中部、萨宾山和伊特鲁里亚连接在一起的陆路——的交会处（因而可以很好地与众所周知的以赫拉克勒斯驱牛与贩牛为主题的传说相互印证）。祭祀仪式最初是由希腊商人引入罗马这一为众多证据所证明的事实，清楚地表明这些商人于古风时代到过罗马城，而在赫拉克勒斯和卡库斯的传说中也特别提到这一仪式是以希腊风格来进行的。

这一观点似乎为一座年代可追溯至公元前 6 世纪中期的神殿的发现所证实，其位于屠牛广场圣奥莫博诺教堂（Church of 109
Sant' Omobono）的地下。[59]这座神殿于公元前 6 世纪末为一座更大的、带有一排墩座墙的神庙所取代，其表明这座城市越来越繁华，而落户于此的赫拉克勒斯祭祀仪式则有着重要的地位。一座体积接近真人尺寸的赫拉克勒斯雕像，与另一座武装女神雕像的存在清楚地表明，这座古老的神庙是献给这位英雄的。除了大批进口的希腊陶器外，这座神庙还收到了形形色色的供品，其中有谷物，榛子，小猪、山羊、绵羊、牛，以及海龟、鱼、鹅和鸽子。神庙中留存下来的献礼包括织布机挂码（loom weights）、锭盘、香水瓶、青铜饰针、小雕像，以及用琥珀和象牙雕刻而成的名牌，它们种类繁多，其品质按那个时代的标准来衡量，也算是格外优良。[60]

然而，圣奥莫博诺神庙并未证明，赫拉克勒斯祭祀仪式只是一种被罗马人/拉丁人改变过的地道的希腊宗教仪式这一学术界正统观点的正确性，反而令人对它产生了怀疑。在这里发现的赫拉克勒斯雕像，尽管在造型上遵循的是一些典型的与这位英雄有关的希腊画像，但也表现出明显的对基提翁出产的一系列小型赫拉克勒斯－麦勒卡特雕像的艺术风格的效仿。这意味着圣奥莫博诺神庙的男性雕像极有可能是赫拉克勒斯－麦勒卡特，而那座武装女神雕像则是他的神族配偶阿弗洛狄忒－阿施塔特。[61]后来出土的存放于此处的埃维亚、皮塞库萨、基克拉迪和科林斯陶器的年代，可追溯到与这座神庙的建立年代相近的公元前8世纪，这一事实亦清楚地表明早期罗马可能是第勒尼安贸易圈的一部分。早期的罗马城与皮塞库萨和圣伊比尼亚一样，是一个多民族杂居之地，在这里生活着希腊人、腓尼基人和土著人，他们在经济上相互协作。那圣奥莫博诺神庙就是我们在西西里看到的文化、宗教融合现象的同类现象的证据吗？[62]

在大祭坛举行的赫拉克勒斯祭祀仪式，与我们所知的在泰尔、萨索斯和加迪斯举行的对麦勒卡特的祭拜的宗教活动之间，无疑有着其他有趣的相似之处，其中最为引人注目的是禁止苍蝇和狗进入祭祀区域、女性不得担任祭司、祭品中不得出现猪肉、商人和其他有钱人须将收入的十分之一捐赠出来作为宗教税的规定，以及选择秋分日——一年一度的麦勒卡特重生
之日——作为与祭祀仪式有关的众多宗教活动的举行日。[63]其 110
他位于屠牛广场周边地区的著名建筑，暗示着与腓尼基/迦太基世界有关的古罗马天神和宗教仪式的存在，而麦勒卡特无疑并非唯一一位在古风时代对意大利中部的宗教形势有着重要影响力的迦太基－腓尼基天神。他的妻子阿施塔特后来逐渐与为数惊人的希腊、伊特鲁里亚和意大利女神有了密不可分的关系，其中包括日后罗马万神殿的王后、拉丁女战神朱诺（Juno）。[64]

另一个与阿施塔特有重要关系的罗马女神是福尔图娜（Fortuna）。学者们长期认为，据说由国王塞尔维乌斯·图利乌斯（Servius Tullius）于公元前 7 世纪在罗马为福尔图娜和生育女神马特尔·玛图塔（Mater Matuta）所修建的双子神庙，与皮尔吉的宗教建筑群——允诺将双子神庙中一座的部分空间用于膜拜阿施塔特的著名书写板，就是在那里被发现的——之间有着有趣的相似之处。事实上，关于塞尔维乌斯·图利乌斯竟然在福尔图娜的新神庙中与她发生关系的奇怪传说，可能也暗示着这里是以宗教名义进行的卖淫活动的发生地。

后来，阿卡·劳伦蒂娜（Acca Laurentia）的陵墓修建在了同一片地区。年轻美貌但据说品行不端的女子阿卡·劳伦蒂娜被赫拉克勒斯利用一次掷骰子游戏赢取，然后与赫拉克勒斯

在另一场豪华宴会中赢得的其他奖品一同锁在他的神庙中。后来她接受了赫拉克勒斯的建议，与一位富翁结婚，她死时将一大笔财产留给了罗马人民。据说出于感谢之情，罗马国王安西乌斯·马尔库斯（Ancius Marcus）在屠牛广场为她修建了一座陵墓，还在每年的 12 月 23 日以她的名义举行节日活动。这个故事的另一个版本只记载了她是一个用自己的巨额财产为罗马人民举办了一次公共宴会的妓女。这些不可思议的传说是对腓尼基人/迦太基人在罗马以宗教的幌子进行卖淫活动的时代的一次遥远回忆。[65]

皮尔吉的神殿再次提供了一些有趣的类似情况。有人认为，皮尔吉书写板暗示着人民的福祉与新季节的丰收能通过麦勒卡特和阿施塔特那神圣的婚姻得以保证。[66]而神庙建筑群内的一个个小房间的存在，可能证实了一段简短的罗马原始文献
111 所提到的，在皮尔吉以宗教名义进行的卖淫活动——一种与对阿施塔特的崇拜密切相关的风俗——的存在。[67]

随着时间的推移，罗马古代的历史将被全面改写，以为这座城市提供一个与它的新地位——一个强大的地中海政权——相称的出身。然而，关于这段截然不同的早已为人遗忘的历史，那些通常含混不清的残存片段亦散落在如今新胜利者的记叙之中，我们从中可略见罗马的古老，即便是受命前往缔结公元前 509 年的条约的迦太基大使也会发现诸多熟悉的旧物。至于谁是第一个将祭祀赫拉克勒斯的仪式引入罗马的人这个问题，事实上无论最终答案是腓尼基、迦太基还是希腊东部的商人，相对而言都并不重要。[68]被腓尼基人和希腊人带到这个新世界来的，不只有他们之间存在已久的敌对关系，还有经过在地中海东部地区数百年的交流后形成的融合关系，而令人关注

的问题就是这种敌对与融合关系究竟达到了何种程度。[69]

但是，由于人们把种族间的仇恨描述得更为强烈——即便这是错误的，再加之人们想当然地认为迦太基人对西方希腊人的基本生存构成了恐怖威胁，于是，这些协同观念很快就遭到质疑，最终就消失殆尽了。

注　释

1. Dion 1977，3-82；Malkin 1998，156-257.
2. Malkin 1998，156-177；2002.
3. 尤其是在谋害他们的领袖时。在意大利南部的克罗顿（Croton）和洛克里（Locris）城，确有此类故事（Jourdain-Annequin 1989，280-281）。为了令双方关系不至于陷入僵局，这类可怕事件通常会被解释为，受害者是在试图阻止自己的岳父，或其他某些打算与赫拉克勒斯作战或盗取他的牛的亲属时被错杀。
4. Jourdain-Annequin 1989，311. 据说赫拉克勒斯与加利西亚国王之女发生关系，并生下了一个有加拉特斯（Galates）、克勒图斯（Keltus）或克拉塔（Kelta）等不同名字的儿子，凯尔特人从此成了他的后裔，另有说法宣称他的几个孩子后来当上了西班牙和高卢的几个地区的统治者。赫拉克勒斯在意大利全境闻名遐迩，以至于一位生活在公元前 1 世纪的罗马史学家写道："意大利许多其他地区都被献给了这位天神（赫拉克勒斯），无论是在城里还是在道路沿线，都立起了为他而设的祭坛；放眼望去，整个意大利几乎都在崇敬这位天神。"（Dionysius 1.40.6）
5. Jourdain-Annequin 1992，35；Malkin 1994，207.
6. Fabre 1981，274-295.
7. Malkin 2005，238-239；2002，157-158.
8. Jourdain-Annequin 1989，273-274.
9. 实际上，戈吕翁故事的一个版本无疑存在于公元前 8 世纪和前 7

世纪的希腊。赫拉克勒斯和戈吕翁都在公元前 8 世纪的希腊诗人赫西奥德的著作（Theogony 279. 979）中出现，到了公元前 7 世纪，这个传说的某个版本因萨莫斯岛上的画师将其作为瓶饰主题而家喻户晓。戈吕翁在陶器和文学作品中被描写成多种不同的可怕形象。在斯特西克鲁斯笔下，他长着翅膀，有 6 只手和 6 条腿（Stesichorus, *Geryoneis* Fr. S87）。阿波罗多洛斯（Apollodorus）说他“同时有三具躯体在他的腹部连为一体，但自胁腹和大腿往下再度一分为三”（2. 107）。

10. Malkin 1994, 210.

11. 对赫拉克勒斯之路发展过程的翔实描述见 Knapp 1986。关于赫拉克勒斯传奇在地中海西部地区没完没了地上演的情况见 Fabre 1981, 274 – 295; Jourdain-Annequin 1989, 221 – 300。

12. Dionysius 1. 35. 2 – 3; Diodorus 4. 22. 6, 23. 1; Pausanias 3. 16. 4 – 5. 关于斯特西克鲁斯与赫拉克勒斯的西西里远征之间的关联见 Malkin 1994, 206 – 211。赫拉克勒斯的西西里之旅反映了移居该岛的希腊人所面临的无数经历与挑战。一些学者甚至认为赫拉克勒斯的西西里传奇中可能包括了遥远的青铜时代的记忆——当时迈锡尼移民与当地人爆发了冲突（Jourdain-Annequin 1989, 282 – 297）。许多与赫拉克勒斯作战的土著领袖可能是当地人的天神。赫拉克勒斯的行进路线与青铜时代之前的其他联系见 Martin 1979，马丁指出，赫拉克勒斯穿越意大利中部、南部之旅影射了假想中的西塞尔人迁徙至西西里岛一事。

13. Herodotus 5. 43; Diodorus 4. 23. 2 – 3; Pausanias 4. 36. 3.

14. Malkin 1994, 207 – 208.

15. Herodotus 5. 42.

16. Malkin 1994, 192 – 203; Krings 1998, 189 – 195.

17. Herodotus 5. 43 – 46; Diodorus 4. 23; Pausanias 3. 16. 4 – 5; Krings 1998, 161 – 215.

18. Malkin 1994, 212. 克林斯（1998, 202 – 204）对这两次远征事件之间存在着的任何自觉联系均表示怀疑。

19. Krings 1998, 93 – 160.

20. Malkin 1994, 181 – 187.

21. 同上书，186 – 187。在这一事件中，史实不自觉地向传说靠拢了（Diodorus 4. 17. 4 -5；Pliny *NH* 5. 35）。公元前 5 世纪的昔兰尼钱币上印有赫拉克勒斯与一位赫斯帕里得斯家族的少女。其他人认为赫斯帕里得斯的花园实际上位于更为靠西的毛里塔尼亚山脉附近。据说赫拉克勒斯建立了一座名叫“赫克托姆派隆”（Hecatompylon）的城市，它在被迦太基人占领之前取得了伟大的成就，发展得极为繁荣（Diodorus 4. 18. 1 -4）。

22. Asheri 1988，755.

23. De Angelis（2003，135 - 136）认为这座神庙可能是阿波罗神庙。莫提亚与歇利伦特之间的其他联系体现在一座两头狮子在莫提亚杀一头公牛的精致石灰华雕像上。一些学者推测，这座雕像可能是要塞大门装饰的一部分。它在风格上与歇利伦特著名的 E 神庙中刻有女神阿尔忒弥斯（Artemis）与阿克提恩的柱间壁是如此类似，以至于许多人认为它们必定出自同一工匠之手。

24. Moscati 1986，57 -58. 这些小型雕像的名气是如此之大，以至于它们很快在萨丁尼亚和北非被大量生产。

25. 在索拉斯城附近的坎尼塔（Cannita）发现了两具石棺，它们被认为是于公元前 6 世纪或前 5 世纪在当地制作的，此事见 Acquaro 1988，17；Moscati 1986，51。在坎尼塔还发现了一尊端坐着的、两侧有数座狮身人面像陪伴的女神像。这座女神像的年代被认为可追溯到公元前 6 世纪，它在外观上也明显受到了希腊风格的影响。

26. Moscati 1986，72.

27. 关于迦太基人对裸体的态度见 Maes 1989，22。这种解释无疑更适用于那座我们所熟知的——也就是在迦太基城发现的——雕像。对学术界以莫提亚埃弗比雕像为中心而展开的争论的讨论见 1995，322 -325。

28. Herodotus 2. 44.

29. 同上。尽管并未发现考古学证据以证明萨索斯岛上的赫拉克勒斯神庙为腓尼基人所有，但根据其他希腊作家的描述，岛上对这位英雄/天神的膜拜之风是腓尼基人起的头。事实上，后世的一位希腊旅行作家保萨尼亚斯说，萨索斯人曾公开暗示他们与赫拉克勒斯同为腓尼基血统：“萨索斯人是代代相传的腓尼基人，他们通常从泰尔或腓尼基渡海而来……他们在奥林匹亚山专门为赫拉克勒斯立了一座像，基座和雕像都是青铜质的。雕像有 10 腕尺高，右手握着一根棍子，左手持弓。他们告诉我，他们过去一直是按照泰尔人的习惯来膜拜赫拉克勒斯的，但当他们成为希腊人的一分子之后，他们接受了将赫拉克勒斯作为安菲特律翁之子加以膜拜的风俗（5.25.12）。”赫拉克勒斯并不是唯一一位与近东有渊源的希腊天神。保萨尼亚斯宣称对阿佛洛狄忒的崇拜始于亚述人、塞浦路斯的帕福斯人和腓尼基人。保萨尼亚斯显然是个毫无偏见的人，很清楚地意识到希腊与腓尼基宗教之间存在着极为密切的关系（例如 7.23.7－8）。

30. Pausanias 7.5.5－8. 后世对赫拉克勒斯/麦勒卡特的二元性无疑有着清醒的认识。据公元 3 世纪的希腊作家菲洛斯特拉托斯（Philostratus）记载（*Apollon.* 2.33.2），赫拉克勒斯在印度作战的时候失去了一面金盾，这“表明来到加迪斯并进行土地测量的赫拉克勒斯并非底比斯血统，而是埃及血统”。

31. Jourdain-Annequin 1989，133－145；Karageorghis 1998，65－159，contra Yon 1986，147－149，他们认为在这一时期的塞浦路斯，赫拉克勒斯与腓尼基战神雷瑟夫、艾斯蒙（后者在希腊世界的身份为医疗之神阿斯克勒庇俄斯），以及埃及天神贝斯之间很可能有着重要的联系。赫拉克勒斯与麦勒卡特之间显而易见的融合或许解释了后世的一些希腊作家那干净利落的态度，他们激烈地将希罗多德对赫拉克勒斯祭仪源于泰尔的说法视为不过是一个花费了太多时间研究蛮族——事实上在他们看来，任何一个非希腊人都是蛮人——的作家的错误成见，并拒绝加以考虑。然而，这些作家讨论此类话题的意愿极为强烈，这一事实暗示着这位在大希腊地区深得人心的英雄那模糊不清的血统引发了严重的忧虑情绪。这方面的典型事例见后世希腊作家普鲁塔克对希罗多德那异常猛烈的攻击（*De Herodoti malignitate* 13－14），此人指责希罗多德是个“亲蛮派”——情感上亲近蛮族，憎恨自己那希腊人身份的人。

32. Malkin 2005，246－247.

33. *KAI* 47. Amadasi Guzzo 2005b，47－48.

34. Malkin 2005，245.

35. Amadasi Guzzo 2005b，50.
36. Pausanias 10. 17. 2.
37. Bonnet 2005，23 -25；Bernardini 2005，130 -133.
38. *CIS* i. 256；Bonnet 2005，25.
39. Grottanelli 1973.
40. 关于认为这一绰号所指代的并不是泰尔人，而是那座建立在安塔斯岩石之上的神庙的论点见 Amadasi Guzzo 2005b，49 -50。然而，这一论点仍未削弱这个绰号指的是那位天神留给泰尔人的遗产的可能性。
41. Bonnet 1986，210 -212.
42. Lipiński 1989，67 -70. Bernardini 2005，125 -126，关于这里的“迦太基”要么指的是萨罗斯，要么指的是另一座萨丁尼亚的迦太基城市那不勒斯的说法在其中有讨论。然而，将其假定为那座北非大都市仍是最有说服力的。
43. Bonnet 1988，399 -415.
44. Bonnet 1986，214 -215.
45. M. Miles 1998/1999，1 -2，21 -25.
46. Bonnet 1988，272；Krings 1998，200.
47. Moscati 1986，101 -105；Galinsky 1969，70 -73.
48. 关于麦勒卡特和阿施塔特的关系见 Giangiulio 1983。在演变成了罗马的维纳斯·埃里希娜祭仪之后，因庙妓制度与在神圣围场中露天祭台上举行的献祭仪式仍在延续，这套祭仪的大部分迦太基风格得以保留下来（Aelian *On Animals* 10. 50；Galinsky 1969，70 -73）。事实上，这一遗迹与另一座阿施塔特山顶圣殿——它位于迦太基人统治的努米底亚西卡城（Sicca），那里宗教仪式与庙妓制度与厄律克斯如出一辙——有着特殊的联系（Valerius Maximus 2. 6. 15；Solinus 27. 8）。据说每年女神都会离开圣殿，与献给她的圣鸽一起前往西卡，九天之后她将回到厄律克斯（Aelian *On Animals* 4. 2；Schilling 1954，234 -239）。赫拉克勒斯和麦勒卡特合二为一的事迹出现在公元前6世纪的希腊地理学家，米利特斯的赫卡塔埃乌斯（Hecataeus of Miletus），他写道，在带着戈吕翁的牛群返回的途中，赫拉克勒斯杀死了索拉斯国王索卢斯——这座西西里迦太基城市就是以后者的名字命名的。在夺回自己被盗牛群的过程中，赫拉克勒斯得到了一个名叫莫提亚的少女的帮助（Hecataeus of Miletus Frs. 71 - 72，*FGH*，I：18 - 19；Malkin 1994，210 - 211）。按照希腊史学家修昔底德的说法，索拉斯于公元前 5 世纪和前 4 世纪成为一座腓尼基城市（6. 2 - 6），铸造了大批印有赫拉克勒斯头像的钱币（Bonnet 1988，272 - 273）。

49. Herodotus 4. 8. 据后世的一些罗马作家记载，在加迪斯可以看到戈吕翁的墓，而其他人则坚持从那座墓里长出了两棵滴着血的树（Philostratus *Apollon.* 5. 4）。斯特拉波引用的公元前 2 世纪的希腊博学家波塞多尼乌斯（Poseidonius）的著作亦提到（3. 5. 10），从加迪斯坟墓上长出的一棵树"若根须遭到切割，则会有一种红色的液体向外渗出"（Pausanias 1. 35. 7）。另一处中途补给站，即位于安达卢西亚东海岸的阿夫季拉，同样不是希腊人，而是腓尼基人的移民点（Apollodorus 2. 5. 10）。

50. 关于麦勒卡特与赫拉克勒斯在西部地区合二为一，以及更早些时候发生的这位英雄与近东天神/英雄吉尔美伽什（Gilgamesh）和桑顿（Sandon）融为一体的事迹见 Fabre 1981，274 - 276。也有观点认为，位于拉丁城镇拉维尼姆的维纳斯·芙露蒂丝（Venus Frutis）大圣殿可能与厄律克斯的圣殿有着关联（Solinus 2. 14；Strabo 5. 3. 5）。在索利努斯（Solinus）著作的两个段落中，这座圣殿所供奉的女神并不姓"芙露蒂丝"，而是"厄利西斯"和"厄律克斯的维纳斯"。有些人认为这只是一个抄写错误而已，但事实上"厄律克斯的阿佛洛狄忒/阿施塔特"的名头广为人知，而"芙露蒂丝"倒是一个籍籍无名的姓（Galinsky 1969，115 - 118）。无疑发生在古代西西里世界的文化融合的又一实证，可以从多里阿斯传奇故事的最终结局中找到。埃乌律列昂（Euryleon），这次悲惨的远征事件的唯一幸存者逃进了邻近城镇赫拉克利亚 - 米诺亚（Heracleia Minoa）。有人可能会推测——特别是因为这则传奇故事与赫拉克勒斯有着潜在关联——这座城镇的名字来源于这位希腊英雄，然而事实上米诺亚在迦太基文中写作 Makara，仅仅是"麦勒卡特之城"的意思而已（Malkin 1994，215 - 216；2005，252 - 253）。

51. Hellanicus of Lesbos Fr. 111，*FGH*，I：134；Hecataeus of Miletus

Frs. 76 – 77，*FGH*，I：19；Pearson 1975，188.

52. 可以肯定的是，后世对赫拉克勒斯在罗马的活动的描述大多强调他与当地土著关系中积极、友好的一面（Fabre 1981，287）。普鲁塔克持不同意见，根据他的记载，赫拉克勒斯事实上杀死了福纳斯。

53. Dionysius 1. 40. 1. 关于卡库斯这个虚构人物的来源，争议颇大。普遍认为卡库斯传说大多来源于希腊神话，特别是荷马史诗第四篇所记载的关于赫尔墨斯（Hermes）盗取阿波罗牛群的故事，该故事于公元前 5 世纪被雅典剧作家索福克勒斯改编为剧本 *Ichneutae*（“追踪者”之意）。它还与西西弗斯（Sisyphus）盗取狄俄墨得斯（Diomedes）的马群的故事有关，当赫拉克勒斯成功完成了他的第 8 件功绩之后，他将这些马儿赶回到迈锡尼国王欧律斯透斯（Eurystheus）处（Apollodorus 2. 5. 8）。丹纳·萨顿（Dana Sutton 1977）认为很可能是因为与萨梯（Satyr，希腊神话中一种半人半羊的好色怪物——译者注）有关的剧本于公元前 1 世纪初写成，这个传说得以成为罗马神话集的一部分。然而，众所周知，狄俄尼索斯大量使用了希腊化时期的西希腊作家的作品。考虑到这个传奇出自希腊神话，这些作家中的一人更有可能是传奇故事的原作者。

54. Bradley 2005，138 – 140.

55. 最近的研究见 Bradley 2005，141 – 143。关于最初假设意大利、伊特鲁里亚和拉丁文化中的 Hercules/Hercle 起源于希腊神话的观点见 Bayet 1926。

56. 在意大利中部的其他地区，赫拉克勒斯同样被塑造为与各种各样的天神相似的形象（Bradley 2005，132）。

57. 最早的卡库斯形象出现在一面可追溯到公元前 4 世纪的伊特鲁里亚的镜子上。

58. Ritter 1995，18 – 23；Bonnet 1988，296 – 302.

59. 圣奥莫博诺神庙与伊特鲁里亚之间存在着明显的联系，这一点通过一块刻有伊特鲁里亚名字阿拉兹·西勒切塔纳斯·斯比利亚纳斯（Araz Silqietanas Spurianas）的象牙板得以体现，这块象牙板是在这座神庙的考古学遗物中发现的（Forsythe 2005，90）。关于对古罗马的神庙与圣殿的考古学证据的概述见 Smith 1996，

158 - 165。

60. Forsythe 2005, 90 - 91.

61. Jourdain-Annequin 1989, 635 - 636. 这座女神雕像的身份一直有争议，学者们提出了多个不同的看法（朱诺/赫拉说，见 Coarelli 1988, 301 - 328；雅典娜/密涅瓦说，见 Colonna 1987）。一些人认为这两座端坐在神庙屋顶上的塑像很可能是赫拉克勒斯与雅典娜。它们是某位罗马国王的杰作，此人效仿希腊大陆的专制君主，想要昭告天下他的统治是得到神灵认可的。他们指出，雅典的一尊雕塑将雅典僭主派西斯特拉图斯（Pisistratus）塑造成正被雅典娜带往奥林匹亚山的赫拉克勒斯的形象，从而表明他受到了神的庇护。这可能解释了伊特鲁里亚南部小镇维伊（Veii）为何存在着一组类似的雕像。后世的罗马作家马提亚尔（Martial, 14. 178）与普林尼（*NH* 35. 157）均记录了这么一件事：来自维伊的雕刻家福尔卡（Vulca）受最后一任罗马国王塔奎尼乌斯・苏佩布之托，制作了一尊赫拉克勒斯雕塑（Cornell 1995, 148；Bradley 2005, 130；与维伊之间的联系见 Ritter 1995, 21）。这些故事与位于皮尔吉的圣殿之间存在着一些相似之处，而这些相似之处对我们是有用的。在发现了那些著名的书写板的皮尔吉神庙建筑群内，考古学者们准确地找到了一间特殊的地下室，这里可能是作为在麦勒卡特在艾格赛斯仪式中复活之前存放他的地下陵墓之用。一段献给尤妮和伊特鲁里亚最高天神提尼尔（Tenia）的铭文于此处被发现。由于这座神庙中尤妮与麦勒卡特的妻子阿施塔特之间是有瓜葛的，看来这里的麦勒卡特和提尼尔可能——就像麦勒卡特与赫拉克勒斯那样——在宗教上合二为一了。

62. Holloway 1994, 166 - 167.

63. Van Berchem 1967, 1959 - 1960. 还存在着一些别的相似之处，例如这位天神的神庙之中有着绝对的排他性，以及祭司们身穿长袍、光着的脑袋上戴着桂冠的传统（不过这类传统在希腊世界亦可见到）。有证据显示贵族家族之一的波提提家族监督着祭祀仪式的进行，他们实际上属于近东传统的祭司阶层（Van Berchem 1967, 311 - 315）。邦妮特（1988, 278 - 304）对麦勒卡特与罗马之间的关系表示怀疑。然而，尽管她提出的限制条件有其意义，却并未忽略与这位天神有关的宗教仪式和肖像为这座古代城市据为己有的事实。

64. Torelli 1989, 49 - 51.
65. Casquero 2002, 86 - 91.
66. Fevrier 1965.
67. Casquero 2002, 69.
68. 在伊特鲁里亚塔克文尼城（Tarquinii）的重要港口格拉维斯卡（Gravisca）一座年代为公元前6世纪的神庙里发现的，献给希腊女神阿佛洛狄忒、赫拉和得墨忒耳的铭文向它的膜拜者们展现了强烈的东希腊元素（其中萨莫斯、米利特斯和艾菲索斯元素格外明显）（Torelli 1989, 48 - 49; Smith 1996, 146 - 147）。古罗马城并未发现多少腓尼基陶器的事实可能证明大批腓尼基商人定居于罗马的假设并不准确（Casquero 2002, 101 - 102）。然而，在圣奥莫博诺发现的大量堆积于神庙地下的公元前8世纪的希腊陶器并不能证明什么，因为腓尼基人经常参与运输希腊商品。
69. 这种将麦勒卡特和阿施塔特祭仪引入意大利的假想模式，比邦妮特提出的（1986, 29）是迦太基人将这种祭仪带入伊特鲁里亚的议题更为令人信服。学者们对圣奥莫博诺神庙的描述与普遍看法的概述见 Smith 1996, 159 - 162。

第 4 章　战争的经济学：迦太基与叙拉古

殖民国家迦太基

112 我们可能是根据传统观点才形成了关于迦太基是一个帝国主义政权的印象，因为哪怕到了公元前 5 世纪时，该政权仍没有任何与帝国主义有关的迹象：地中海西部的老腓尼基殖民地显然始终享有政治自治权。不过，也有大量的迹象表明迦太基变得越来越武断和具有干涉倾向，这一点在它追求自身于地中海中部的经济目标时体现得尤为明显。

在萨丁尼亚和伊比沙，由新一批来自北非的迦太基移民所引发的开疆辟土和农业开发活动，于公元前 5 世纪最后数十年间迅速蔓延开来。[1] 这些移民除了出于开发肥沃的平原地区的需要而盖起了一批农庄外，还修建了大量既起到贸易中心作用，又可控制乡村地区的要塞化移民点。[2] 这些带有殖民色彩的冒险活动有着多个方面的重要意义。首先，政府可以借机将那些因在迦太基或迦太基的北非领土鲜有出路而心怀不满的剩余人口迁移到别处。其次，精耕细作的耕地数量的增加有助于扩大萨丁尼亚农业区——迦太基的一个重要粮食输出地——的规模。最后，这类活动对确保迦太基人在该地区的贸易和粮食生产这两个重要战略领域的影响力方面不无裨益。

尽管迦太基的大部分粮食仍来自北非地区，但自公元前 430 年起，萨丁尼亚开始成为越来越重要的粮食供应地，它的农业经济对于迦太基人而言，似乎变得愈发关键起来。大批公元前 5 世纪至前 4 世纪时期的萨丁尼亚“麻袋”形和“鱼雷” 113
形，用于运送如酒、橄榄油、谷物、腌肉、咸鱼以及盐巴等食物的双耳细颈椭圆形土罐在迦太基出土。[3] 按照一篇借亚里士多德的名义发表的文章的说法，迦太基人甚至可能下过这样的命令：毁掉萨丁尼亚岛上的果树，并且不准种植新果树。这可能是因为那些植物不符合将这座岛屿变成迦太基主要谷物产区的宏大经济计划的要求。[4]

迦太基与萨丁尼亚之间经济联系的加强，使得该岛的迦太基城市变得更加繁荣，这一点在当时修建的大批豪华的公共及私人建筑，以及被作为富裕的精英阶层陪葬品的精美进口物品和其他奢侈品上得到了体现。[5] 萨罗斯城的市容有了翻天覆地的变化，这一点在公元前 5 世纪时期尤为明显：新建城区由私人住宅和神庙，以及屹立在岛屿向大陆一侧的新落成的宏伟要塞所构成。[6] 新财富的来源不仅有农产品及其他原材料的出口，还有规模日益扩大的奢侈品，如装饰用的宝石、护身符、珠宝、小型陶制雕像、香精炉和面具等的生产，这些奢侈品在日后出口到整个迦太基世界。[7] 可以肯定的是，萨罗斯的出口制造业规模的扩大，可能与它的一个新手工业区在公元前 5 世纪建成有关。[8]

当地的迦太基上层精英与迦太基城之间也有着密切往来，这其中包括对前者授予一种荣誉性迦太基市民称号的行为。[9] 尽管迦太基对萨丁尼亚的影响力越来越大，但并无迹象表明迦太基人以行省管理模式统治该岛，岛上的每座城市和腹地地区，均由独立的市政当局管理。

迦太基人的殖民活动对岛上原住民带来的有利影响要小得

多。公元前5世纪和前4世纪，努拉吉人都在不断朝山区的中心地带和萨丁尼亚北部地区迁移，因为新移民占领了原属于他们的土地，建起了不仅是贸易区，还可起到控制乡村地带作用的要塞化移民点。[10]其他一些定居点甚至推进到了努拉吉人的领地之内，它们可能被作为商品交易中心。[11]然而，贸易变得
114 越来越单向化：在许多努拉吉人的居住区内，腓尼基商品以压倒性优势战胜了原住民的手工制品。古努拉吉文化的其他重要方面也不断遭到侵蚀。大量散布于该岛的多塔楼结构建筑——努拉吉“建筑群”被居民们废弃，这表明酋长们控制这一地区和人口的统治基础已不再。[12]

迦太基人在萨丁尼亚的殖民活动和经济增长也明显影响了该岛的宗教格局，一些关于某种有组织的主动行为的证据，展示了迦太基人通过修建新宗教中心的方式与该岛居民建立了新关系。尽管从某种意义上来说，安塔斯的锡德·巴比神庙是一种岛上殖民者与原住民社群之间形成的文化、宗教融合关系的象征，但它也是一种带有迷惑性的，通过反复灌输将一位努拉吉天神的权力和威信与一位迦太基天神融为一体的尝试。它也是一个使迦太基人在该岛的殖民活动具备合法性的宏大计划。

希梅拉与“迦太基威胁论”的产生

与此同时，迦太基人越来越积极地插手萨丁尼亚事务，他们也对西西里进行军事干涉。导火线是西西里岛北部城市希梅拉（Himera）的希腊裔独裁者提里卢斯（Terillus），于公元前483年恳求其密友，在迦太基拥有重要政治地位的马戈尼德家族的领袖哈米尔卡施以援手。在格隆（Gelon）的军队攻占希梅拉时，提里卢斯被赶了出来。格隆是西西里岛最强大的希腊

城市叙拉古（Syracuse）的统治者，他和他的盟友所发动的侵略性扩张的主要打击对象是岛上其他希腊城市。

马戈尼德家族与西西里有着颇深的渊源，哈米尔卡的母亲是叙拉古人。正式的待客之道（包括殷勤款待和礼品馈赠），加上可能与该岛西部的港口（对迦太基人的贸易活动极为重要）有关的因素共同促使马戈尼德家族采取行动。然而，这次远征似乎仍是一次由马戈尼德家族，而非迦太基王国担负相关费用的私人行为。哈米尔卡组建的大军中不仅有迦太基人， 115
还有大量来自包括利比亚、西班牙、西西里和科西嘉等地中海中部和西部诸地区的雇佣军。[13]这支军队还得到了提里卢斯的女婿，统治意大利南部利基翁（Rhegium）的希腊裔暴君（独裁者）安那西拉斯（Anaxilas）的增援。

公元前 480 年，在自己的军队于帕诺尔莫斯城的港口登陆后，哈米尔卡为了让这次小范围军事行动达到出其不意和一鸣惊人的双重效果，径直朝希梅拉进军。他希望神不知鬼不觉地俘获格隆，从而掌握主动权，然而，一切希望都随着写有迦太基人战术方案的密信被截获而破灭了。此外，由于哈米尔卡急于进军，根本没有花足够的时间来做好战斗准备。两军于希梅拉相遇，战斗结果对马戈尼德家族来说是一场彻头彻尾的灾难：他们的军队被全歼，哈米尔卡被杀。根据后世希腊作家波利艾努斯（Polyaenus）对这一事件的描述，格隆命令一名长相与他酷似的弓箭部队指挥官假扮自己。这位指挥官带领一队打扮成祭司并将弓藏在桃金娘树枝后面的弓箭手出发，而后自己前去献祭。当哈米尔卡走出来做同样的事时，弓箭手们取出弓箭，将这位正在朝天神敬酒的迦太基将军击杀。[14]在希罗多德讲述的另一个版本的故事中，哈米尔卡在战役爆发期间待在自己的军营里，在那里，他把一具完整的动物尸体放在一大堆献祭用的柴堆上焚烧，想借此谋求神灵的襄助。[15]然而，尽管他收获的是吉兆，手下的败兵却正从战场上溃逃，该事实有力地表明这些神圣的预兆是骗人的。眼看着自己已输得精光，哈米尔卡为神灵送上了一道新的祭品：自投于熊熊燃烧的火焰之中。这场战役输得如此彻底，以至于只有寥寥数名狼狈不堪的幸存者逃回北非，带回了关于这场灾难的消息。

狄奥多罗斯进一步详述了马戈尼德家族在希梅拉所遭受失败的惨重程度。在知悉这场惨败后，迦太基人日夜不停地严密守卫着自己的城市，唯恐格隆如今会进攻该地。[16]在这种杞人忧天般的预感下，手忙脚乱的他们迅速派出了最能干的公民作为使者奔赴西西里。这些使节希望格隆的王后达马雷特
116 （Damarctê）能施以援手，当他们缔结了一份令人满意的和平协定时，使者们送给她一个用100塔兰特黄金打造的王冠，用以表达他们的感激之情。格隆本人接见迦太基使团的场景在日后被描述成这位叙拉古独裁君主的一场凯旋仪式：他的迦太基来客们泪眼婆娑地乞求前者对他们的城邦高抬贵手。[17]

这场胜利给格隆及其盟友带来了丰厚的物质财富，不仅有来访使者们进贡的一大笔战利品，而且为数众多的战俘也可作为劳工用于一些规模宏大的公共工程。[18]在阿克拉伽斯城，一排排用来支撑一座献给奥利匹亚山上诸神的神庙那些楣梁的巨大圆柱上，刻有被认为是迦太基奴隶的浮雕。[19]

至于迦太基人自己，在最初的恐慌情绪消退了以后，因败仗而引发的政治余波出人意料的平静。在接下来的数十年间，迦太基发生的政治变迁中包括众多政治机构的设立，这些机构——104人法庭、苏菲特制度（the suffeture）和公民大会

(Popular Assembly) 将在城邦硕果仅存的领土上运转着。[20]然而，全体公民——无论其社会经济地位如何——均可参加的公民大会的建立，看似意味着迦太基政治机构在进行某些形式的民主化，实际上却远不是那么回事。相反，这些制度改革的主要目的是建立一个崭新的、职责更为明确的高级行政会议，培养一批新官员。公民大会所能行使的职权受到极大限制，而且正如雅典政治学者亚里士多德以赞许态度所提到的那样，财产仍是断定一个人是否适合担任行政官员职务的决定性因素。[21]许多源于迦太基的政治改革措施在萨丁尼亚诸城同样得以推行。[22]

关于这些变革是由马戈尼德家族现有的政治精英，对其余掌握政权的迦太基家族进行重组的进一步证据表明，前者在这次改革的规划和执行环节占据主导地位。尽管司法官是非世袭的，而且任何一个贵胄家族的成员都能成为司法官的候选人，但亚里士多德还是注意到某些拥有特殊身份的人身兼数职且大权独揽，这表明某个特定家族可能掌握着众多要职。[23]从这样 117
一件事就可以看出，马戈尼德家族的影响力仍未衰减：哈米尔卡死后并未像往常那些遭遇如此败绩的统兵指挥官那样，受到千夫所指。事实上，他的威望似乎水涨船高，而非日薄西山：他的墓前立起了纪念碑，整个迦太基世界以他的名义举行了献祭仪式。[24]或许他为实践待客之道而在圣坛上殉难的传奇故事在迦太基公众中很有市场，而马戈尼德家族的声望，或许也因格隆所提出的条件宽松到惊人的地步而并未受到损害。迦太基支付了 2000 塔兰特白银作为战争赔款，还被迫建起两座神庙，将和平协议的抄本保管在那里。希梅拉如今被公认为叙拉古联盟的一部分。[25]

在后来的半个多世纪内，没有一支迦太基军队踏上西西里的土地。事实上，迦太基人多次放弃了再度卷入西西里事务的机会，包括一次由雅典人主动提出的，结盟对抗他们的死对头叙拉古人的提议。[26]然而，鲜有关于迦太基因这次失利而遭遇任何形式的经济衰退的迹象存在。事实上，这座城市的实体结构于公元5世纪时期得到了改造，整齐划一的街道网同时出现在它的旧城区和新城区。铺设一条条向毕尔萨山南面和西面斜坡延伸的扇形街道的设计方案，整合利用了迦太基那如波浪般起伏的地形。新住宅区被设立在紧挨着海岸线的地方，那里建起了一道海堤和一扇巨大的闸门。[27]尽管受到了环绕这座城市的带状公墓群的极大妨碍，这片住宅区在空间上的完整性仍得到了重视。同时，更多的新住宅区和手工业区亦被建立了起来。[28]

然而，哈米尔卡对迦太基的影响将以别的不是那么直接的方式体现出来。这一重大历史事件——迦太基在西西里的敌人将会因希腊人而有机会将希梅拉战役重新改写，写为一篇内容为野蛮的侵略者发动进攻并企图消灭地中海西部的希腊人，而非迦太基某个政治家族对希腊盟友一次以失败告终的支援计划的宏大叙事诗——要到很久之后才会发生。在公
118 元前5世纪的头二十年内，这座因好斗而声名狼藉的希腊城邦曾两次与他人联手击退了当时最具实力的超级强权波斯的侵略军。希腊的“黄金时代”导致这个时代所催生的一系列思想的具体化，特别是希腊民族特征中的排外性和优越性被明确定义为抵御周边的“野蛮人”世界（由全体非希腊民族构成）的进犯。[29]

事实上，公元前480年，在大陆地区的希腊人为抵御波

斯人的入侵而奔走求助之时，格隆显然没有给予支援。当希腊人第一次遭受波斯远征军的威胁时，希腊大陆的各个城邦纷纷派出使者向广大的希腊世界求援。叙拉古是首个造访对象，但格隆对希腊人携起手来共同抵御野蛮人的威胁这一呼吁的反应，巧妙地体现了希腊人对待他们西部兄弟时的势利态度：他什么时候能当上希腊军队的统帅，什么时候再出手增援。这一提议的目的在于令对方无法接受。接下来，格隆表达了他对自己的希腊同胞之前在他与迦太基人和土著西西里人作战，以将希腊人的贸易据点从那些野蛮人手中解放出来时拒绝给予支援的愤怒与失望之情，很显然，西西里的希腊人并未被视为希腊集团真正的一员。就这样，希腊使团两手空空地打道回府了。在断然回绝了希腊使团的请求后，格隆设法令泛希腊地区变得更加不团结：他派了一个由卡德摩斯（Cadmus）率领的使团，带着 3 艘船和一大笔钱前往希腊，并指示他们坐山观虎斗。如果伟大的波斯国王成了胜利者的话，那卡德摩斯将把这笔钱拱手奉上，并向前者保证格隆的忠诚。如果是希腊人摘取了胜利果实的话，那卡德摩斯将立刻带着钱返回叙拉古。[30]

在雅典和斯巴达领导下的希腊同盟赢得了一连串对波斯侵略军的辉煌胜利，这一事实使得将希梅拉战役与这些重大胜利对等起来的主张变得更具重要意义。对希梅拉战役的宣传及创造出一个与以波斯人为首的联军作战的“西部前线”的想念，不仅表达了这样一种观点，即伟大的叙拉古独裁者应该成为希腊诸城邦中的执牛耳者，还为叙拉古并未参战这一显而易见的事实提供了合理解释。[31]迦太基人可以通过腓尼基人与波斯人 119
勾结，腓尼基人作为波斯王国的仆从民族，有向波斯海军舰队提供大量兵员和舰只的义务。此外，新近发动叛乱的塞浦路斯希腊城邦被波斯国王指派接受塞浦路斯－腓尼基城邦基提翁的国王们的管辖。[32]在接下来的数十年间，统治叙拉古的狄诺墨尼德斯家族（the Deinomenids）将利用他们积攒的庞大财富，使希梅拉大捷的事迹按照他们所希望的那样传遍整个希腊世界。宏伟壮丽的纪念碑被树立在诸如德尔斐和奥林匹亚这样的希腊宗教圣地，著名诗人被委托谱写庆贺这场胜利的赞美诗。如下列由品达（Pindar）所写，歌颂格隆的兄弟和继任者西伦（Theron）的诗篇：

> 我祈求，克拉诺斯之子，让腓尼基人和伊特鲁里亚人的呐喊声消失吧，让他们安安静静地待在他们的家里。因为他们在库迈之战（叙拉古海军于公元前474年击败伊特鲁里亚舰队的战役）之前，就看到了自己的自负给他们的船只所带来的不幸。他们在被叙拉古的君主征服之后，遭遇了这样的命运：他①将他们的小伙子从他们那轻捷如飞的船上，猛烈地丢进大海里，他让希腊人摆脱了奴隶制的桎梏。[33]

在广大的希腊世界里，某些迹象表明这场非同凡响的宣传战是成功的。历史学家希罗多德相信萨拉米斯战役——著名的海上大捷，公元前480年希腊联合舰队战胜了一支规模远胜于己的波斯舰队——与希梅拉战役是同一天爆发的，而日后的雅典学者埃福罗斯（Ephorus）则欣然接受了这样一个观点：希

① 指叙拉古的君主。

梅拉战役实际上是迦太基人与波斯人制造的一个巨大阴谋所引发的。[34]然而，尽管叙拉古人尽了最大的努力，在广大的希腊知识分子群体中仍鲜有人热衷于将迦太基人视为波斯在地中海西部的化身。[35]亚里士多德拒绝接受关于迦太基人与波斯人之间有任何形式的勾结的观点，他认为萨拉米斯战役和希梅拉战役除了时间，彼此间并无关联。[36]可以肯定的是，与经常遭受指责的波斯独裁君主政体相反，迦太基的政体在雅典广受赞颂。[37]亚里士多德将迦太基、斯巴达和克里特列入一份极为简短的清单内，里面罗列的均是他所认定的在当时拥有优秀政治体系的城邦。[38]他评论说，由于拥有杰出的政体，迦太基境内 120
从未爆发过起义，迦太基人也从未遭受过暴君的统治——这可能是在暗讽叙拉古人，他们很可能仍在宣扬迦太基就是地中海西部的波斯王国这一主张。[39]

在此之前，亚里士多德的老师、雅典哲学家柏拉图在谈及迦太基用严法禁止地方官员、陪审法官、议会成员、士兵和船上的舵手在当值期间饮酒——奴隶则是任何时候都在禁止之列——时，表示这个国度给他留下了秩序井然的印象。此外，全体迦太基人据说除了因锻炼或医疗需要可以破例，在白天都不准喝酒，而打算繁育后代的夫妇在夜间亦受到这一禁令的约束。[40]

事实上，在希梅拉战役过去数十年后，雅典人试图以中间人的身份，促成一个与迦太基的同盟以对抗叙拉古。迦太基人与希腊及广大爱琴海地区的贸易关系在这一时期似乎得到了加强，大量雅典的精美陶器流入迦太基城和其他迦太基城镇。[41]公元前 5 世纪的雅典诗人赫尔米普斯（Hermippus）曾提到，迦太基产的彩色地毯和靠垫可能被出口到希腊。[42]迦太基商人亦通过海路将希腊商品运到西班牙，又将西班牙的金枪鱼航运至希腊。事实上，最近一项对在迦太基出土的货运用双耳细颈椭圆土罐的研究，得出了一个令人惊讶的统计数字：20%以上的土罐来自爱奥尼亚群岛——这个数字是来自黎凡特的土罐数量的4倍多。[43]关于迦太基人与希腊及广大爱琴海地区兴旺发达的贸易关系的进一步证据，则来自出现于希腊大陆和爱琴海诸城经商的迦太基商人的住宅区。[44]

在西西里岛，希梅拉战役对长期存在于该岛不同种族之间的文化、宗教融合进程的影响微乎其微。政治形势方面几乎没有任何变化：希腊各城邦仍旧寻求与迦太基结为政治同盟，以对抗它们的邻邦。然而，对于公元前4世纪初颇有影响力的叙拉古史学家，如安提奥卡斯（Antiochus）及菲利斯托斯而言，希梅拉战役标志着一套新观点的诞生，这些观点对存在于叙拉古人、迦太基人与原住民之间，极为复杂的政治同盟与文化交融——它是地中海中部殖民形势的长期主流现象——视而不
121 见。[45]取而代之的是一篇错误地渲染不同民族之间的冲突，以及迦太基人对地中海西部希腊人的基本生存构成恐怖威胁的宏大叙事诗。

马戈尼德家族的复仇

一连七十年，迦太基都未再干涉西西里事务，这一状况于公元前410年结束，当时它决定向与自己的希腊邻邦歇利伦特爆发冲突的塞杰斯塔城提供帮助。[46]较之叙拉古与歇利伦特的结盟，迦太基对歇利伦特盟友叙拉古那不断增长的影响力的担忧的日益加剧，似乎更像是导致它的外交政策来了个180度转变的原因。格隆于公元前478年身故后，叙拉古的力量迅速衰

落，西西里再度陷入一个个争斗不休的城邦和小型军阀各自割据一方的局面。[47]随之而来的是经济的衰落与人口的减少，西西里西部与中部地区的艾利米亚人主要定居点的面积正在大幅缩水，甚至有些被完全废弃。然而到了公元前 410 年，在令人吃惊地挫败了雅典人的进犯之后，叙拉古开始重新成为这个岛屿上的一个主要势力，这可能是悄悄利用了西西里西部那持续的混乱局面。[48]

塞杰斯塔和歇利伦特位于岛屿的西部，紧挨着迦太基城市莫提亚、索拉斯和帕诺尔莫斯，这几座城市虽然在政治上独立于迦太基，而且也不是后者的重要商品市场或主要进口对象，但对迦太基而言仍然有着重要的战略意义：它们坐落于将这座北非大都市与意大利、希腊连接起来的商业航线的关键位置上。[49]对重新崛起的叙拉古所产生威胁的觉察，可能是迦太基人在帕诺尔莫斯建起一个新的防御体系的诱因。[50]西西里的希腊城市亦是重要的贸易伙伴。狄奥多罗斯利用从更早时期的西西里希腊史学家那里搜集来的信息，阐明了这样一个事实：在公元前 5 世纪晚期，阿克拉伽斯城的庞大财富有部分来自向迦太基供应橄榄油的生意。[51]迦太基人在地中海中部的经济霸权，似乎是以掌控对外贸易为中心建立的。迦太基人获取的利润不仅来自它对贸易活动的亲身参与，也来自对那些愿意在如萨丁 122
尼亚和西西里岛的迦太基城市这种越来越受到迦太基人“保护”的市场投资经营的外国商人的征税。[52]此外，它的盟国也可以通过给予迦太基人在其影响力日益扩大的港口经商的权利来从中获利。至少在最初阶段，促使迦太基人介入西西里事务的诱因是对这一商业体系的保护。

对马戈尼德家族而言，介入西西里事务有着另外的更多是出自私心的考量。在他们的统治下，迦太基可能一跃成为地中海西部最富有、最强大的政权，但惨败于希梅拉仍是这段令他们引以为傲的历史中的一个污点。若能从西西里凯旋，马戈尼德家族在国内的声望无疑将更上一层楼。如今国内主要的政体改革已尘埃落定，马戈尼德家族或许认为当前是远征海外的大好时机。毫不令人意外的是，马戈尼德家族的现任领袖，希梅拉战役的败军之将哈米尔卡的孙子汉尼拔，正是元老院内部拥护迦太基援助塞杰斯塔提案的主要成员之一。当这一提案于公元前 410 年通过的时候，他被任命为这支远征军的指挥官。[53]

为了确保叙拉古人不对这次争端进行军事干涉，迦太基人派外交使团前往叙拉古，请求他们出面调停。当歇利伦特人拒绝叙拉古调停的时候，这一策略收到了预期效果。叙拉古人当即决定，在维持与迦太基的和平协定的同时，重订与歇利伦特的同盟关系，因此保持中立。[54]迦太基人旋即用马匹装备了 5000 名利比亚和 800 名坎帕尼亚雇佣军（供给马匹并支付高薪），前去支援塞杰斯塔。

当在军事上得到援助的塞杰斯塔人击溃了一支歇利伦特军队后，双方都转而向各自的盟友——迦太基和叙拉古——求助并都得到了首肯，两大强权之间的冲突就这样爆发了。为了备战，汉尼拔征召了一支由利比亚服役士兵和伊比利亚雇佣军组成的强大军队，并着手准备将部队通过海路运往西西里的必备工作。[55]在这之后，攻城器械、投射兵器以及所有其他必需的装备和供应品共动用了 60 艘船和 1600 辆交通工具进行装载。公元前 409 年，舰队出发了。[56]

123 一等安全登陆，这支军队就立刻得到了迦太基的希腊盟友及塞杰斯塔盟友增援。在径直朝歇利伦特进军之前，汉尼拔意识到歇利伦特人正在坚守以待叙拉古盟军的到来，于是他将全部精力放在尽可能快地攻占这座城市之上。巨型攻城塔被拖到城墙边，攻城槌则被推向城门。弓箭手和投石兵也投入战斗中，以便让如同永不停歇的暴风骤雨一般的矢石，不断落在敌人头上。[不幸的是，关于这场战役以及日后迦太基人在西西里的军事行动的信息，我们几乎完全依赖于希腊裔西西里历史学家蒂迈欧所给的对迦太基人怀有极深敌意（而且在时间上也极为滞后）的证言。尽管他提供了大量与迦太基军队的行动有关的信息，但他所做的分析大多需要以极为谨慎的态度对待。]

歇利伦特人近来将诸多精力与不计其数的金钱，投入修建一座座宏伟壮观的神庙上，因而忽视了对城墙的修补工作。迦太基人的攻城器械很快就在这些脆弱的防御工事上撞出了一个又一个洞，一批接一批的生力军被投入这些缺口处。然而，歇利伦特市民很清楚一旦战败，他们将会面临何等悲惨的结局。他们拼死坚守，将迦太基人再度阻挡了整整九天。尽管幸运女神站在了迦太基人一边，但他们的进展仍旧十分缓慢，每一条街道都爆发了激烈的白刃战，与此同时，妇女、儿童和老人将矢石如雨点般地打击在迦太基士兵头上。当战役进入尾声的时候，歇利伦特人终于别无选择，在集市进行了最后一场毫无意义的抵抗。激战过后，他们全部被杀死。狄奥多罗斯（他再一次采用了蒂迈欧那带有仇视性的证言）在日后提供了一段记载，他绘声绘色地描述了——但有人认为带有强烈的偏向性——据称这座城市与幸存居民遭迦太基军队施暴的情景，他宣称这座城市的街道被 16000 具尸体堵得水泄不通，许多建筑被烧成一片白地。[57]

汉尼拔的下一个目标毫不意外地指向了希梅拉城的居民。迦太基军队再度祭出曾在歇利伦特大获成功的战术，对希梅拉城不断发动快节奏的进攻。然而，希梅拉人认为进攻是最好的
124 防守，因此他们毅然开出城外，在城墙上家属的激励声中大胆朝迦太基军队发起进攻。尽管这一出人意料的战术令迦太基军队大吃一惊，但数量上占据优势的他们最终成功地将希梅拉人赶回了城内。此时，希梅拉城做出决定，将尽可能多的居民撤离至叙拉古人的船只上。留下来的人得到指令：竭力坚守，等待叙拉古舰队回来接应他们。那些人并未奉命行事，城市于第三天便陷落了。狄奥多罗斯再度提供了一份耸人听闻的，关于迦太基军队奉汉尼拔之命犯下的暴行的记录。与只有城墙遭摧毁的歇利伦特不同，希梅拉被夷为平地，城内著名的神庙遭劫掠。汉尼拔随后可能将 3000 名战俘驱赶到一起，在那个据说是哈米尔卡战死的地方屠杀了他们，用这种血腥方式祭奠了他的祖父。在这之后，这位马戈尼德将军并没有继续进军，没能充分利用西西里的希腊人陷入一片混乱的机会从中取利，而是付清了军饷，回非洲去了。[58]

尽管汉尼拔在西西里的军事行动有着极大局限性，但它无疑为迦太基人未来的军事干涉行为开创了一个重要先例。迦太基人大量使用雇佣军，使得它为支付他们的军饷而第一次铸造了货币。之前迦太基人一直在抵制货币——它于公元前 6 世纪初首次出现在希腊世界——的流入。然而，在公元前 6 世纪的最后三十年间，深受岛上希腊城市影响的西西里迦太基城市也开始铸造自己的货币了。[59]

由于首要用途为支付雇佣军的薪饷，而后者愿意接受的是

高价值的具备希腊特色的货币，因此新式迦太基货币在很大程度上借鉴了地中海西部希腊货币的样式和重量标准。[60]它以两种与迦太基日益相关的图案——马和棕榈树——作为装饰。上面题有两种铭文——Qrthdst（“迦太基”之意）或 Qrthdst/mhn（“迦太基”或“军营”之意）——中的一种，后者的主要含义为“迦太基军政”，这无疑证明了该货币仅有一种特殊用途。[61]这支军队的征募及训练地点均在非洲，它的补给和军饷似乎也是从迦太基航运而来，此事凸显了迦太基人当时在西 125
西里缺乏永久性据点。[62]

此时有明显迹象表明，汉尼拔的军事行动令西西里岛局势更加动荡。在叙拉古叛将赫莫克拉提斯（Hermocrates）攻击该岛西南部的迦太基城市之后，迦太基军队于公元前 407 年回到了这座岛屿，此时距汉尼拔进军西西里还不到两年。[63]尽管狄奥多罗斯宣称他们意在征服西西里全境，但迦太基人对进一步单边军事行动表现出谨慎的态度。[64]在雅典发现的一段不完整铭文显示，迦太基人派了一批使者来这里寻求结盟。迦太基使者受到了热烈欢迎，并被邀请参加该城的娱乐活动。这段铭文似乎记载的是一个由雅典议会提出的积极建议：倘若广大的公民大会予以批准，则应设法巩固这一同盟。议会还建议派遣一个外交使团前往西西里，与迦太基将军会晤并对局势做出评估。然而，虽然这一结盟决议得到了批准，但将全部精力放到与斯巴达那长年累月的冲突之中的雅典人，并未给迦太基人提供什么实质性援助。[65]

在招募了另一支由迦太基公民、北非盟军和服役士兵组成的相当庞大的军队之后，汉尼拔与一位名叫哈米尔卡的年轻同僚一起动身前往西西里。[66]然而，战局从一开始就不顺利，先是舰队遭到了叙拉古人的袭击，结果损失了许多条船，剩余船只不得不逃入远海。[67]而后当部队成功在西西里登陆并开始围攻富得流油的希腊城市阿克拉伽斯的时候，他们又遭到了一场突如其来的瘟疫的打击，包括汉尼拔在内的许多人一命呜呼。狄奥多罗斯利用从蒂迈欧那里提取的线索，记录了一个相当可疑的细节：汉尼拔的同僚哈米尔卡将军为了平息天神的愤怒，将一名年轻男孩献祭给巴尔·哈蒙。[68]随后，在叙拉古军队手里吃到一场败仗后，迦太基人迫使阿克拉伽斯市民匆匆撤离该城，从而彻底扭转了战局。[69]狄奥多罗斯/蒂迈欧描述了哈米尔卡和迦太基军队旋即结伙抢劫的情形，他们从被抛弃的神庙和住宅内抢走了各种各样的艺术品和其他贵重物品。[70]然而，我
126 们在一个偶然情况下得到的一份证据——一份来自迦太基城托菲特的迦太基文铭文——虽然并不完整，却从一个迦太基人的视角表达了对这些事的看法：

> 在“（伟大的？）汉尼拔”之子艾斯缪那莫和“（rb）汉诺”之子，博达斯塔的儿子汉诺当政之年，（某）月新月升起之时，“（rb）加斯孔”之子汉尼拔将军和“（rb）汉诺”之子西米卡将军远征阿来撒，他们占领了阿格拉冈特（Agragant，即阿克拉伽斯），与纳克索斯的公民建立了和平关系。[71]

尽管这段铭文给予的信息有限，但它给了我们一个重要提示：我们对这些历史事件的通常看法实际上是多么单一、片面。

最终，在公元前405年，因瘟疫损失了超过一半的兵力，但赢得了战略优势的迦太基将军们向叙拉古人提供了一份和平

协议，这份协议被他们那困难重重的敌人接受了。可以理解的是，协议对迦太基人来说非常有利。他们在西西里西部和中部原住民和迦太基人聚居区的统治权被承认，该岛一些城市每年向迦太基缴纳一次贡赋的义务也得到了认可。[72]

戴奥尼索斯和单一家族统治的终结

然而，这份在协议双方同时陷入困境的情况下达成的和平
协议，注定不会长久。在军事上败于迦太基人之手后，政治上
的动乱接踵而至，在这种情况下，戴奥尼索斯（Dionysius），
一位出身低微但拥有与生俱来的领袖气质与非凡政治直觉的年
轻人，成功地使自己登上了叙拉古独裁者的宝座。[73]受到迦太
基正遭受瘟疫蹂躏消息的鼓舞，也出于对一些先前为叙拉古控
制的城市已叛投迦太基的担忧，戴奥尼索斯开始储备兵器，打
造战舰，并雇用士兵与水手。[74]到了公元前 397 年，他做好了
进攻准备。厚颜无耻地打出希腊解放者旗号的戴奥尼索斯召开
了叙拉古公民大会，并按计划发布了一份宣言：如果迦太基不
立刻让那些可能已为它所征服的叙拉古城市获得自由的话，他
将发动战争。与此同时，叙拉古迦太基人的财产遭没收，并被 127
逐出所在城市。全西西里的希腊城镇和城市，如今在丑恶而狂
热的种族清洗情绪的作用下，大肆驱逐当地的迦太基居民，在
这一过程中上演着一幕幕的暴行和屠杀。[75]得到军队——它们
由一些将这次事件视为停止向迦太基纳贡的机会的希腊城市提
供——增援的戴奥尼索斯组建了一支庞大军队，朝迦太基城市
莫提亚进发，并将其包围。[76]

迦太基人对这一出其不意的袭击完全没有准备，根本抽不出足够时间来组建一支军队前去支援他们的莫提亚盟友。看到

叙拉古人正在开来，莫提亚人毁掉了将这座岛屿城市与大陆连接起来的堤道。然而，戴奥尼索斯针锋相对，他也建起了一条巨大的堤道，这样攻城槌和大型攻城器械就都能运到城墙边了。尽管迦太基人袭击了一个叙拉古港口，从而分散了叙拉古人的注意力，但这座岛屿城市的处境变得越来越绝望，它的城墙最终被攻破了。即便如此，知道自己不可能得到敌人怜悯的守军在狭窄街道上建起了巨大街垒，与叙拉古军队逐街奋战，并从高层建筑物上将矢石掷向推进中的希腊人。然而，戴奥尼索斯立刻建造了一座座六层高的巨型攻城塔，它们被特意设计得与莫提亚最高的建筑物齐平，这样戴奥尼索斯的士兵即便在最难以接近的地方也能与守军交战。

西西里希腊历史学家狄奥多罗斯尽管对迦太基人心怀敌意，其记载也是在这一事件发生多年之后写就的，尽管他对绝望中的莫提亚守军心理状态的深刻分析是些陈词滥调，但也是对这一心态的有力再现：

> 莫提亚人很清楚此时的局势有多么严峻，再加上妻小就在自己眼前，出于对后者命运的担忧，他们更加拼命地奋战着。一些人的双亲站在一旁，恳求他们不要让自己落入这些心怀不轨因而视人命如草芥的敌人手中，任其鱼肉。其他人一听到他们的妻子和无助的孩子的恸哭声，就力求像个男人一样死去，而不是眼睁睁地看着自己的孩子被强逼为奴。当然，从这座城市逃走是不可能的，因为它四面环海，而海路已经被敌人控制。对腓尼基人来说，最可怕也最令他们陷入绝望的是，他们想起了自己是怎样残
> 128 忍地对待希腊战俘的，他们预感到自己将要遭到同样的命

运。毫无疑问，他们除了英勇作战之外已别无出路，要么胜利，要么死去。[77]

这座城市为触目惊心的暴行和屠杀所统治。狄奥多罗斯记载道，当戴奥尼索斯看到连妇女和小孩都不能幸免于难的时候，他决定出手干预——这样做并非出于任何怜悯之心，而是因为他极度需要现金，而现金可以通过将这些妇孺卖为奴隶而筹得。当他的撤退命令未能对自己手下那群狂暴的士兵产生一丝一毫的约束力时，他派了传令官去昭告全城，让那些陷入灾难之中的莫提亚人前往为希腊人所敬畏的神庙避难。那些成功地得到圣殿庇护的人随后被卖身为奴，为莫提亚人而战的希腊人则被钉死在十字架上。[78]莫提亚城就这样被夷为平地，再也没有得到重建。[79]

根据狄奥多罗斯/蒂迈欧的描述，戴奥尼索斯于第二年蹂躏了其他为迦太基人所统治的西西里地区。[80]然而，起初被这种凶狠攻势打了个措手不及的迦太基人，之后也组建了一支足够大的军队来对戴奥尼索斯的推进进行还击。在赢得了包括攻占并完全摧毁梅萨纳城在内的一连串胜利之后，迦太基将军哈米尔卡迫使戴奥尼索斯的军队退出了西西里西部，前者甚至成功地推进到了叙拉古城下。[81]戴奥尼索斯为迦太基军营中暴发的很可能是斑疹伤寒的疾病所挽救——这一事件为仇视迦太基人的希腊史学家习以为常地解释为，因迦太基人犯下了渎神罪行，特别是洗劫了得墨忒耳和科莱女神的神庙而遭的天谴。[82]戴奥尼索斯给我们留下了一段关于这种症状的生动记录：

最初的症状是黏膜炎。而后喉咙渐渐鼓起；接下来逐渐带有灼烧的感觉；背部肌肉产生疼痛感，四肢沉重；之后附带出现痢疾症状，脓包遍布全身皮肤表面。大多数患者的病程就是这样；但有些人会变得疯狂，并完全丧失记忆力。他们在军营之中疯疯癫癫地来回奔走，袭击他们遇到的每一个人。总而言之，这种疾病一旦发作，来势凶猛且能快速致死，因而即便医师加以救助亦无济于事。死神
129 在第五天，最迟于第六天降临，这一过程中病人要忍受如此痛苦的煎熬，以至于所有人都认为那些在战争中倒下的人运气真好。[83]

疫病暴发之初，迦太基人尚能将死者埋葬，但随着死于此病的人越来越多，他们的尸体无人掩埋，被留在倒下的地方，任其腐烂。[84]戴奥尼索斯很快就利用了这场降临在迦太基人头上的灾难，派出自己的海军分舰队和陆军前去进攻迦太基人的船只和军队。哈米尔卡如今陷入了绝境之中，不得不协商停战。一份在叙拉古公民或大部分迦太基士兵都不知情的情况下达成的秘密协议规定，戴奥尼索斯同意让哈米尔卡和迦太基军队以一笔钱为代价，从前者的控制区域内溜走。[85]事实上只有区区数艘船回到了迦太基，因为他们在逃出海港时遭到了对己方首领的秘密协定一无所知的叙拉古军队的袭击。在被迦太基人抛弃的盟军中，本地的西塞尔人成功地逃回了内陆地区的家乡；一队西班牙士兵因为集合了足够多的人马，得以通过谈判加入戴奥尼索斯的军队；然而，绝大多数人还是成了战俘，并被卖为奴隶。[86]

狄奥多罗斯/蒂迈欧将此次事件在迦太基引发的政治影响描绘得十分严重。据说一听到这次惨败的消息，这座城市立刻

陷入悲痛之中，私宅闭门谢客，商业活动中止，神庙也关闭了。当载着幸存者的船只挣扎着驶入港口时，所有人都聚集到了那里，以打听他们亲属的消息。当得知这场灾难悲惨到何等程度的时候，丧亲者的恸哭声和尖叫声响彻整条海岸线。对马戈尼德家族而言，他们在迦太基政界的统治地位受到了实实在在的威胁。他们的名字再一次与海外远征的失利联系到了一起。

哈米尔卡，这个蒙受耻辱的失败者，穿着廉价长袍在迦太基神庙的周围到处转悠，控诉着自己的渎神之举，请求上天责罚自己，以这种方式度过了自己的余生。他后来绝食而死。[87] 这一公开的悔过之举仍不足以长期保住马戈尼德家族的权力，数十年内，以“伟大的”汉诺为首的另一个贵胄家族接管了迦太基政界的统治权。[88]

然而，旧有的政治格局在这次权力交替之后并没有维持多 130
久，原因在于迦太基精英阶层显然迫切渴望着进一步改革。公元前 5 世纪初，一个新的政治机构建立了起来：104 人法庭。这一由贵族阶层成员组成的机构监督着官员与军事长官的行为，并肩负着高级法庭的职责。与此同时，元老院依然存在，其权力甚至可能比以前更大，因为财政收支及对外事务均被纳入它的管辖范围。[89] 如今掌握迦太基王国最高权力的是两名通过一年一度的选举产生的高级执政官（苏菲特），一些下级官员以及负责监督如公共建设工程、税收及国库管理等政府业务的特别专员。[90] 由特别专员组成的小组，名曰五人理事会（pentarchy），其成员由 104 人法庭任命，它可能负责处理各类国家事务。[91]

与叙拉古的战争在任何一方均未能占得上风的情况下继续

着。[92]迦太基人尝试了一些新战术，包括在意大利南部开辟一片针对戴奥尼索斯的第二战场。[93]双方都赢得过决定性胜利——叙拉古在卡瓦拉（Cabala），迦太基则在 Cronium——但两边均未能保持长期的军事优势。[94]最后，在公元前 373 年，精疲力竭的两国签订了一份新协议，承认了迦太基与叙拉古的旧有势力范围。[95]然而，汉诺家族被证明与之前的马戈尼德家族一样，仅在面临威胁时才会做出反应，并只求能保住自家财产，却从来无法长期保证这一地区的安全。每经历一次挫折，戴奥尼索斯都能获得足够的时间与机会来再度赢得支持，并重建自己的军队，而后发动下一场进攻。

看似永无休止的战争在迦太基公民中越来越不得人心了。他们的不满情绪为城内暴发的又一场瘟疫，以及在萨丁尼亚岛上和利比亚人中间发生的骚乱所点燃。汉诺的政治领袖地位愈发受到质疑。[96]尽管迦太基人的老对手戴奥尼索斯于公元前 365 年死去（在一场马拉松式的痛饮之后），而汉诺
132 也成功地将他在迦太基的头号政敌苏尼亚图斯（Suniatus）宣判为叛国者，但非难之声并未平息。[97]不习惯自己的最高权力受到质疑的汉诺孤注一掷，打算推翻现有政体。在一场庆祝其女婚礼的宴席上，他试图毒杀自己的议员同僚，结果未能成功。

汉诺或许将议会未能就此事采取果断行动——它唯一的应对是通过了一项限制婚礼开销的法案——解读为该机构虚弱无力的表现，此后他秘密策划使用 2 万名奴隶发动一场暴动，并与当地的利比亚和努米底亚部落共谋颠覆迦太基王国。这种叛国之举是不可饶恕的，当汉诺事败被俘时，他受到了无情的惩罚。在遭受鞭笞与酷刑后，他终于被钉死在十字架上。[98]汉诺

家族的所有男性成员，无论是否有罪，均被逮捕并处决。[99] 尽管这个由持对立立场的希腊文献所记载的故事在某些方面显得牵强附会，但显而易见的是，这一时期的迦太基人终于厌倦了家族式独裁统治。

迦太基人的西西里

马戈尼德家族在迦太基的政治统治的终结，并未导致主要出自他们之手的西西里战略就此终止，原因是迦太基人如今已经完全被卷入西西里事务之中，无力自拔。公元前 4 世纪上半叶，迦太基与西西里西部地区的关系有了根本变化——记载了这一变化的希腊历史学家开始提到，以行省的标准而言，迦太基在西西里西部的势力范围本质上是一个特大号的行省。[100] 尽管并无关于该岛的旧迦太基城市直接受迦太基王国统治的迹象存在，但新建立的城市与这座北非大都市有着极为密切的联系。[101] 毫无疑问，迦太基人是使如哈莱撒（Halaisa）和瑟米伊姆雷（Thermae Himerae）这类新西西里定居点出现的推动力量。[102]

迦太基人在西西里岛最重要的定居点是利利贝乌姆港（Port of Lilybaeum，也译作利利俾）。坐落于西西里大陆西部，距莫提亚旧址不远的利利贝乌姆，是作为幸存莫提亚市民的新 133
家而修建的。[103] 然而，对这座城市的物质文化的分析表明，来自迦太基的移民是该城人口的重要补充。[104] 与西西里的旧迦太基城市不同，利利贝乌姆在商业方面与迦太基有着密切联系。这座被战略性地选址于西西里岛最西端波也奥角（Cape Boeo）的城市，很快就成为位于北非、西西里岛、意大利和希腊之间的商贸航线的要冲。[105]

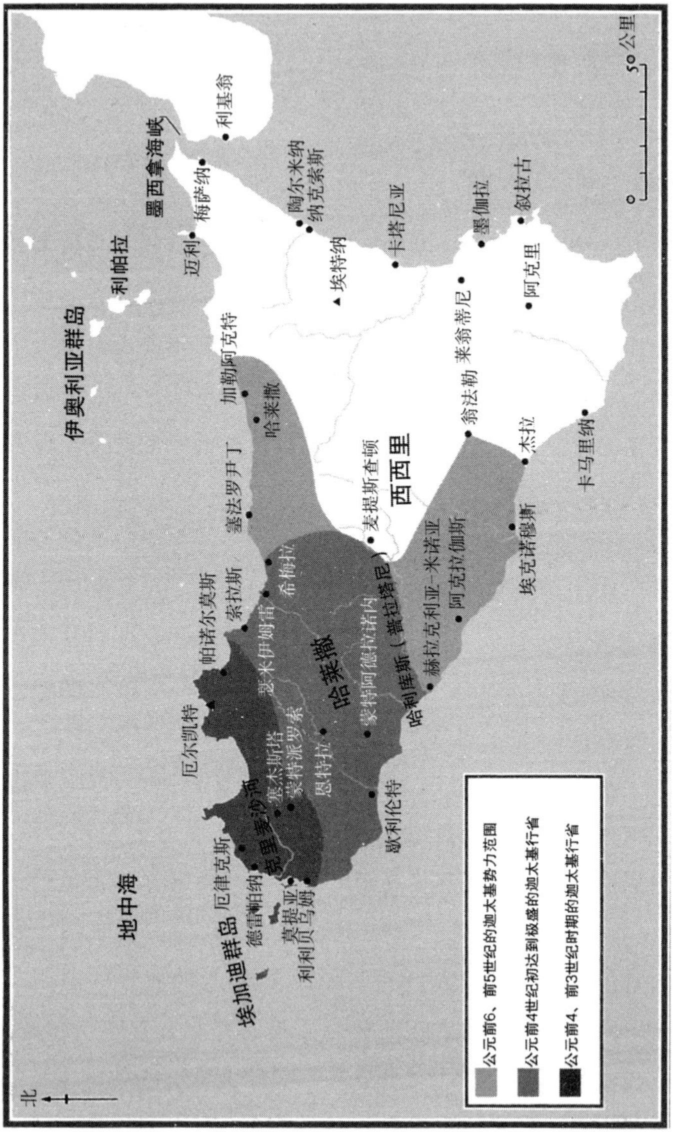

地图 12　西西里的迦太基行省

除了它的战略地位外，利利贝乌姆最引人注目的方面可能就是它的防御体系了，原因在于它被打造成一座戒备极为森严的海港。高 5.8 米的实心城墙以石灰华制成，用石块和泥砖加固。城墙前方有一条宽度超过 28 米的沟渠。此外，长方形的塔楼、筑有防御工事的城门及便道分布于城墙之上，这样守军就能将雨点般的投射物打击在任何一名试图越过沟渠的攻击者头上。在防御工事下方还存在着地道、坑道和交通壕，使得守军可以从敌军战线后方发动一场奇袭。[106]在一条特殊的地道内，坑壁上布满了穷极无聊的军人的信手涂鸦：一名战士、船只、兵器、一座画有迦太基符号和字母的山，当然，还有性爱场景。[107]

被认为是利利贝乌姆铸造的货币反映了这座港口被定位为一座迦太基军事基地，而不是一个西西里迦太基城市。这种四德拉克马银币（tetradrachm）上刻有迦太基军事当局的铭文：qrthds，mmhnt 和 s'mmhnt（军营中人）。事实上，利利贝乌姆似乎是由一名军事长官，而非苏菲特或一个城市委员会来管辖。[108]它是作为一处戒备森严的商用飞地而修建的，尽管它周围的土地均在敌国控制之下。

人们还在西西里腹地，特别是在希腊城市的旧址上发现了于这一时期新建的西西里迦太基移民点。在公元前 4 世纪的歇利伦特，经常用该城作为建筑材料的迦太基移民，为这座古老城市的卫城建设了一个新的城市体系。主街道拓宽了，新建筑物在旧希腊建筑物的另一侧拔地而起。狄奥多罗斯提到，占领了此地的汉尼拔将军允许前歇利伦特市民中的幸存者回到这座 134
城市。然而，值得注意的是，那些新房子有很多都体现出典型迦太基式的建筑工艺与规划，这也是利利贝乌姆房屋的一个特色。[109]

从这座城市的宗教生活中亦可感觉到明显的变化。这座古老的希腊城市中的许多圣殿，如得墨忒尔·玛拉弗鲁斯（Demeter Malaphorus）女神的神殿，被再度利用起来，但显而易见的是，在那里举行的完全是另一种宗教仪式。最显著的例子是神圣的宙斯·米利库斯（Zeus Meilichios）——他是希腊众神之王，与前希腊时代掌管死亡与重生的希腊恶魔的混合体，也是这座古老城市宗教生活中的重要人物——的围场。[110]在这座围场附近，考古学者发现了绘有迦太基天神巴尔·哈蒙和塔尼特——他们被新移民认为是宙斯·米利库斯的父母——的奇怪的双头石碑。[111]迦太基崇拜仪式的典型元素，如比图（betyls，神石）和露天祭台也被引进了希腊神庙和圣殿中。在另一座原本是献给希腊冥府女神赫卡忒（Hecate）的神庙中，大量小动物按照迦太基的宗教仪式，被作为一座新建祭坛的祭品，并在上面烧成灰烬。[112]此外，迦太基的宗教标志，如塔尼特的符号和墨丘利节杖形状的神圣植物，如今装点着这座城市的街道。[113]

在蒙特阿德拉诺内（Monte Adranone）——公元前 6 世纪由歇利伦特人建立的一座要塞化小镇——它同样带有明显的迦太基移民点的印记。这座小镇与歇利伦特于同一年——公元前 409 年——被毁，但在公元前 4 世纪时它的城墙得以重建，两座新神庙和一个手工业中心被建立了起来。这几座神庙的出彩之处，在于它们坐落于卫城旧址之上。建设方案采用迦太基经典的三区布局，中央为一个露天的献祭区。它体现了那个年代将迦太基和希腊建筑艺术折中地融为一体的典型风格，其中包括矗立在入口处柱廊内的精致多利斯圆柱，以及布满埃及式上楣柱的三角形正面。[114]这一时期，该地区的许多小型定居点亦首次体现了迦太基人的势力所及。他们再度占领了先前废弃的蒙特派罗索（Monte Polizzo），证明这一事实的明显证据——一座石碑、祭坛和祭品——均是在一座重新启用的神庙中发现的。[115]

然而，尽管这一迹象表明西西里的迦太基城市有所发展，但这类新定居点很多只是为它们所取代的小镇和城市的影子罢
了。尽管夸大其词的希腊历史学家描述说公元前 4 世纪的西西 135
里，到处都是只有野兽和野生植物存在的城市，但可以确定的是，数十年剧烈动荡留下的痕迹，不仅体现在城市的实体结构上，也体现在城市的居民上。[116]在西西里搜集的考古数据表明，一些文学作品里描述的废弃城市中城墙颓朽、神庙被玷污的场景，可能并不仅仅是绘声绘色的虚构故事而已。[117]

这些定居点的首要用途似乎是军事防务，而非城市复兴。蒙特阿德拉诺内的新定居点可能仅仅是迦太基人的一座巨型军事基地，居民的数量极少。[118]蒙特派罗索的考古学证据也清晰地表明，该地在日后的迦太基占据时期，只是被当作一座瞭望塔或军事观测站。[119]更多的要塞可能被建立在贝利切河和普拉塔尼河之间的地区。[120]就连在迦太基化的歇利伦特，商店和房屋仍仅分布于一片旧希腊城区内，但显而易见的是，它不单单是一座军事要塞。毫无疑问，在这一时期，大多数城市仍处于废墟状态。事实上，就许多西西里中部和西部的这类高地城市带有明显当地特色的产物而言，除去青铜货币和进口的鱼雷形双耳细颈椭圆土罐——这两样东西均表明该城为军事区而非平民区——外，就是为数很少的迦太基手工艺品了。[121]

我们知道，与在萨丁尼亚一样，许多可能被我们视为迦太基人在西西里的“帝国主义行径”的行为，与一座如同迦太基那样的大城市获取所依赖的资源有关。[122]然而，这些资源究竟是些什么？来自何方？这些问题的答案可能并不像有些人认为的那样明朗。迦太基从西西里西部内陆的农业区可能获得的直接利益并不算大。近年来对公元前 5 世纪至前 4 世纪输入迦太基的双耳细颈椭圆土罐的一系列研究表明，从西西里的迦太基领土输入的土罐数量，与从萨丁尼亚输入迦太基的土罐数量相比，可以说是微不足道的。[123]同样，这一时期迦太基对西西里西部的出口额少得可怜。[124]当然，对迦太基人而言，西西里西部的经济价值在于它的海港，因为第勒尼安和爱琴海的许多条商业航线都经过那里。[125]在迦太基
136 发现的，大量年代可以追溯到公元前 5 世纪末及前 4 世纪上半叶的雅典精美陶器可能意味着，这一时期商品通过海路直接在两座城市之间往来。[126]随着时间推移，在公元前 4 世纪，这些进口奢侈品逐渐为来自西西里的希腊领土和意大利南部的精美器皿所取代，而这一贸易依赖的是对西西里海港的长期控制。[127]的确，到了公元前 4 世纪，这些地区成了迦太基人从海外输入的红酒（可能还有其他食物）的最大供应地。[128]事实上，如果没有帕诺尔莫斯和利利贝乌姆的存在，迦太基将面临经济灾难的危险。因此，这些港口是值得不惜一切代价来保护的。迦太基人在西西里西部内陆地区的大部分利益，与在萨丁尼亚的大部分利益一样，是以当地农业为依托的，但要塞化的定居点创造了一个防御缓冲带，而防御缓冲带的受益对象正是迦太基人在该岛的经济利益的载体：西部的海港。

决定迦太基在西西里西部的经济与政治体制的主要因素，是在相当长一段时期内仍驻留于该岛的规模相当庞大的常备军。由于这片理应被保护的地区对西西里的迦太基军队的经济投入极为稀少，他们的大部分粮食不得不由萨丁尼亚来供应。[129]可想而知，第勒尼安和爱奥尼亚海的商贸活动所带来的利益是可以抵销这类支出的，而西西里西部的迦太基城市则可能要缴纳某种形式的货币赋税。[130]

科林斯的威胁

迦太基控制西西里西部海港的决心，使得它能够以极为顽强的决心来抵御任何潜在的外部威胁，并对做到这一点所必需的人力与其他资源的巨大支出置之不理。公元前 4 世纪 40 年代的威胁来自希腊城邦科林斯，它越来越多地卷入自己的子城叙拉古的内部事务中。[131]迦太基人试图警告科林斯派往西西里的代理人提莫里昂（Timoleon），让他离开，但没有成功。[132]其后对他进行的军事威胁也失败了，因为提莫里昂成功 137
地在叙拉古建立了一个民主制政府，并在众多西西里的希腊城邦之中创建了一个庞大的反迦太基同盟。[133]

更大的灾难于公元前 340 年降临，一支迦太基大军——这支庞大的队伍罕见地由公民军组成——被提莫里昂伏击得手。[134]提莫里昂这支深入敌境的叙拉古军队在克里麦沙（Crimisus）河等着迦太基人的到来。按照狄奥多罗斯的说法，在那个夏日的早上，河谷为一层厚重的雾气所笼罩。迦太基军队的唯一形迹，是随着盘旋上升的雾气传到叙拉古人那里的刺耳的喧哗声。上午晚些时候，当雾气消散，下方的克里麦沙河清晰可见时，映入眼帘的是一幕震撼人心的光景：迦太基军团正在过河。

首先过河的是四马双轮战车。接下来是精锐的公民军团，即迦太基神圣兵团，这可以从他们的白色盾牌、铜和铁制的重甲，以及井然有序的行军队列辨认出来。急于在这些最精锐的部队得以过河之前加以截击的提莫里昂，遂派遣他的骑兵部队冲进后者的队伍中去。战役期间，一场可怕的雹暴帮了希腊人的忙：他们是背对着冰雹落下的方向的。迦太基人的战线崩溃了，许多人遭到践踏，还有许多人淹死在河里。神圣兵团可能顾及自己的公民身份，或是认为他们的沉重铠甲令他们不可能有任何逃跑的机会，因而英勇地坚守着自己的阵地，直至最后一人战死。就损失大量公民这一点而言，克里麦沙之战堪称迦太基人在西西里遭受的最为惨痛的军事失利。据记载，1 万多名迦太基士兵被杀，另有 1 万人被俘。迦太基公民军精锐中的精锐——神圣兵团的丧失，令公民军如今只有在最危急的关头才能被调动。[135]

然而，迦太基人利用自己的代理人继续对叙拉古作战，从而成功地从这次惨败中恢复过来。生机勃勃的雇佣军被派往西西里，协助各色各样的独裁者——民主制的叙拉古的天敌。这一做法牵制住了叙拉古人的力量，使得迦太基人得以不受干扰地重新巩固他们在西西里西半部分的统治，当与叙拉古人的新协议于公元前 338 年签署之时，这一战术被证明是正确的。西西里西部的大部分地区被承认是迦太基人的势力范围，作为交换条件，迦太基人抛弃了他们的新盟友。[136]

西西里战争的经济学

138 到了公元前 4 世纪 30 年代，这个最初由马戈尼德家族实施的西西里“持久战”（long game）战略似乎已经取得了成功。毕竟，如今几乎没有人不承认这座岛屿的西半部分为迦太基人的势力范围。然而，尽管这一战略所取得的成果给人留下了深刻印象，但迦太基人对西西里西部的实际控制能力无疑仍是受到质疑的。这一点在成群结队跑到西西里为任意一方而战的一帮帮雇佣军和海盗身上体现得尤为明显。当这些雇佣军被付清了军饷并遭遣散后，往往成为真正的麻烦所在。他们中的许多人在祖国几乎找不到出路，宁愿留在这个岛上，并且往往以损害当地合法居民利益的方式为自己找到新的活计。[137]

毫无疑问，为保护迦太基人的控制区域所必需的军事投资是十分可观的。迦太基在西西里的军事当局发现，他们不得不铸造大量高价值的金、银和“伊莱克特姆”（electrum，金银合金）以支付雇佣军军饷。[138]此外，叙拉古和迦太基于公元前 4 世纪铸造的定价过高的铜币的流通有力地表明了：持续不断的战争极大地消耗了两国的财政资源。[139]

控制西部海港所带来的长期经济利益对迦太基人的重要性，迦太基军队的短期需求，以及西西里的希腊独裁者的占有欲和危机感——这为他们提供了维持自身统治所必需的动机和前提，上述所有因素使得西西里那持续不断、周而复始的动荡局面始终未有减弱的迹象。通过战争手段所获得的资金——将战败方的人卖为奴隶、占领城市、赢取战争赔款——令迦太基与叙拉古之间的血腥局势得以在西西里延续下去。真正的受害者是迦太基人、原住民与西西里希腊人的城市，它们的名字被永远地镌刻在了这个血淋淋的历史进程之中。这就是战争的野蛮经济学。

注　释

1. 迦太基移民在伊比沙的活动见 Gómez Bellard 1990。在萨丁尼亚的活动见 Van Dommelen 1998，125 - 129。关于迦太基为了给日益增长的人口寻找食物和土地，将目光越来越多地瞄向海外的观点见 Ameling 1993，250 ff。
2. Van Dommelen 1998，125 - 129；2002，130 - 133.
3. Mastino，Spanu & Zucca 2005，103 - 104；Bechtold 2008，51 - 56，76.
4. Pseudo-Aristotle *Mirab Ausc*，100. 同样值得注意的是，谷穗是萨丁尼亚铸造的钱币上常见的主题图案。
5. 对萨罗斯的陪葬品的研究见 Barnett & Mendleson（eds.）1987。
6. Barreca 1987，24 - 26.
7. Van Dommelen 1998，127.
8. Bernardini 1993，173 - 177.
9. Garbini 1983，158 - 160.
10. Van Dommelen 1998，127 - 128，他质疑巴雷卡提出的迦太基的边防体系遍及全岛的观点的做法无疑是正确的，但反过来说，他并未将这些移民点所具备的要塞功能考虑进去。
11. Gharbi 2004.
12. Bonzani 1992，215 - 216.
13. Herodotus 7. 165；Brizzi 1995，308.
14. Polyaenus 1. 27. 2.
15. Herodotus 7. 167.
16. Diodorus，11. 24. 4.
17. 同上书，11. 26. 1 - 3。
18. 同上书，11. 25. 1 - 5。
19. Asheri 1988，776 - 778.
20. Aristotle，*Pol.* 2. 8. 1 - 2. 尽管苏菲特制度设立的具体日期尚不清楚，但克兰马尔科夫（Krahmalkov）提出了一个重要的观点

(1976, 153－157)：在公元前5世纪之前，并无迦太基铭文提到过苏菲特制度（对这一观点的解释见该著作第130页）。尽管泰尔在公元前5世纪也有过关于苏菲特的记录，但并无证据表明这一职官制度起源于黎凡特地区。

21. Aristotle *Pol.* 2.8.5－6, 2.8.8－9.
22. 在萨罗斯，一段日期可追溯到公元前3世纪的铭文提到了苏菲特。然而，铭文中记载了这一官职有着世袭的先例，这表明苏菲特作为一个政治职务在此之前就已经存在了（Barreca 1987, 26)。此外，在公元前1世纪时，苏菲特制度在一些旧迦太基/腓尼基殖民地——如厄律克斯、比西亚、苏尔其斯、马耳他、加迪斯，可能还有卡拉里斯——依然存在。大莱普提斯、马耳他、比西亚和奥尔比亚有举行公民大会的记录。在低级职位方面，很多这类殖民地也出现了拥有包括税收权在内的带有行政管理性质的岗位（在迦太基也发现了这类岗位存在的证据）。一段在萨罗斯发现的年代可追溯到公元前3世纪的铭文，最初被认为提到的是一名迦太基籍官员，但如今被认为其实写的是一名本地籍市场官员。
23. Aristotle *Pol.* 2.8.4, 2.8.8.
24. Herodotus 7.167.
25. 据说位于希梅拉的耐克（Nike，希腊胜利女神）神庙是两座神庙中的一座。协议条款中的第三条——迦太基不得不同意停止人祭制度——被认为是伪造的。
26. 在日后遇到再度卷入西西里事务的机会时，迦太基人抵住了诱惑。它曾拒绝了艾利米亚城市赛杰斯塔——和往常一样，它在与自己的希腊邻邦的冲突中遭到封锁——与昔日的盟友歇利伦特的支援请求（Diodorus 12.82.7)。迦太基人可能注意到雅典人在局势变得对他们有利的时候，曾不止一次考虑过让迦太基成为他们的下一个受害者（Aristophanes *Knights* 1302－1304; Plutarch *Per.* 20.4)。
27. Lancel 1995, 140－141.
28. 同上书，134－142。
29. Hall 1989.
30. Herodotus 7.163－164.

31. Krings 1998，276 - 284.
32. 然而，有很好的证据证明之前塞浦路斯的希腊人和腓尼基人之间的关系是友好的（Snodgrass 1988，19 - 20）。关于基提翁的腓尼基国王的情况见 Yon 1992。
33. Pindar，*Pythi.* Ode 1. 71 - 75. 狄诺墨尼得斯家族在希梅拉的革新见 Krings 1998，261 - 265。
34. Herodotus 7. 166；Diodorus 11. 1. 5，11. 20. 1.
35. Aristotle *Pol.* 7. 2. 10；Plato *Laws* 1. 637D - E.
36. Aristotle *Poet.* 1459a 24 - 28：Krings 1998，284 - 288.
37. Isaac 2004，283 - 298.
38. Aristotle *Pol.* 2. 8. 1.
39. 同上。然而，亚里士多德后来在他的《政治学》中提到了汉诺发动的以失败告终的政变，这一政变标志着马戈尼德家族在迦太基政界的统治地位的终结。
40. Plato *Laws* 2. 674B - C. 然而，有大量证据表明迦太基人在酿造、贩卖和消费酒类（Lancel 1995，274 - 276）。
41. Morel 1980 & 1983.
42. Athenaeus 1. 27e - 1. 28a（Fr. 63，PCG）.
43. Bechtold 2007，65 - 67.
44. 在底比斯城，一个有着迦太基名字诺巴斯（其真名可能叫安诺巴斯）的人被证明获得了“外交代表人”——一种授予那些做出了杰出贡献的外国人的荣誉公民身份——的头衔。公元前 330 年左右，两名居住在雅典的迦太基人被提及，提洛岛上的阿波罗和阿尔忒弥斯神庙的库存清单中载有来自迦太基人的献礼（Manganaro 2000，258）。
45. 安提奥卡斯的观点见 Luraghi 2002，菲利斯托斯的观点见 Bearzot 2002。
46. Diodorus 13. 43. 4 - 5.
47. 格隆的继任者们既没有前者那种领袖气质，也不像他那样冷酷无情，于是一个接一个被厌倦了他们的纵欲无度的叙拉古人推翻。取而代之的民主政府在获得舆论支持方面做得并不比之前的独裁政府更好，社会凝聚力因各种暴行和大肆流放——这一贯是格隆政治战略的重点方针——而不断遭到严重削弱（Lomas

2006，102）。

48. Whittaker 1978，66－67.
49. 在此期间，大量来自意大利和希腊的商品流入迦太基（Bechtold 2007，54－8，65－67）。关于这一时期的西西里迦太基城市的政治独立情形见 Bondi 1999，39－42。
50. Di Stefano et al. 1998，88.
51. Di Stefano et al. 1998，88.
52. Whittaker 1978，81－82.
53. Diodorus 13. 43. 5.
54. 同上书，13. 43. 6－7。
55. 同上书，13. 44. 1－6。
56. 这显然是一支规模庞大的军队。但其人数——无论是 20 万名步兵与 4000 名骑兵还是超过 10 万人马——明显被过分夸大了（Diodorus 13. 54. 5）。
57. Diodorus，13. 54. 6－13. 59. 3。
58. Diodorus，13. 59. 4－13. 62. 6。
59. Jenkins 1971，29－33. 至于迦太基西西里方面军中雇佣军的情况见 Brizzi 1995，308－311；Ameling 1993，212－215。
60. Ameling 1993，265－266；Visona 1998，4.
61. Mildenberg 1989，7－8；Visona 1998，5.
62. 人员及补给方面的情况见 Fariselli 1999，59－61；钱币的信息见 Jenkins 1974，23－26。不论铸币厂究竟设在何处，货币无疑是由迦太基负责发行的（Manfredi 1999，70）。
63. Diodorus 13. 63. 4－5.
64. Diodorus，13. 80. 1。
65. Meritt 1940.
66. Diodorus 13. 80. 1－5.
67. Diodorus，13. 80. 5－7。
68. Diodorus，13. 85. 1－13. 86. 3。据说哈米尔卡为了向海神献祭，还将大量的牛活活淹死。
69. Diodorus，13. 86. 4－13. 89. 4。
70. Diodorus，13. 86. 90. 1－5。
71. Schmitz 1994，11－13.

72. Diodorus 14. 7. 1.
73. Diodorus，13. 91. 1 – 13. 96. 4。
74. Diodorus，14. 41. 1 – 14. 43. 4。
75. Diodorus，14. 45. 2 – 14. 46. 5。
76. Diodorus，14. 47. 5 – 7。
77. Diodorus，14. 52. 1 – 2。
78. Diodorus，14. 53. 1 – 5。
79. Diodorus，14. 48. 1 – 14. 53. 4。
80. Diodorus，14. 54. 2 – 4。
81. Diodorus，14. 54. 5 – 14. 63. 4。
82. Diodorus，14. 71. 1 – 4，14. 63. 1 – 2，14. 70. 4 – 6。
83. Diodorus，14. 71. 3 – 4。
84. Diodorus，14. 71. 1。
85. Diodorus，14. 75. 2 – 3。狄奥多罗斯/蒂迈欧也认为戴奥尼索斯不仅仅是在贪欲的驱使下做出这一决定的，他还害怕一旦迦太基人的威胁消失了，他治下的公民们可能会打算将他逐走。
86. Diodorus，14. 72. 1 – 14. 75. 3。
87. Diodorus，14. 76. 3 – 4；Justin 19. 3. 1 – 11。查士丁（19. 3. 12）的记录是哈米尔卡将自己锁在家中，自杀了。
88. Justin 21. 4. 1.
89. Aristotle *Pol.* 2. 11. 3；Bondì 1995a，296 – 297.
90. 苏菲特可能持续存在了一段时间（Sznycer 1978，567 – 570）。公共建筑工程部门的官员情况见 *KAI* 62. 4 k36。税务官的情况见 *CIS* i. 5547。行政官员的情况见 *KAI* 119. 2/3。Aristotle *Pol.* 2. 11. 3 – 6；Bond 1995a，296.
91. Aristotle *Pol.* 2. 11. 3 – 70；Huss 1985，460 – 461；Bond 1995a，296.
92. Diodorus 14. 95. 1 – 14. 96. 4.
93. Diodorus，15. 15. 1 – 2。
94. Diodorus，15. 15. 3 – 15. 16. 3。
95. Diodorus，15. 17. 5。协议中带有一些附加条款，如歇利伦特和阿克拉伽斯重归迦太基版图等，戴奥尼索斯还同意支付 1000 塔兰特给迦太基，作为赔款。

96. Diodorus，15.24.1－3。这座城市陷入了极度的恐慌之中，以至于有人看到人们全副武装地从家中冲出，攻击他们的公民同胞，因为他们幻想迦太基遭到了进攻。
97. Diodorus，15.74.2－3。
98. Justin 21.4.1－7.
99. Justin，21.4.8ff。
100. Whittaker 1978，62；Diodorus 13.81.1；Polybius 1.15.10，1.17.1，3.24.8，3.24.12.
101. 帕诺尔莫斯、索拉斯、瑟米伊姆雷和厄律克斯均在公元前4世纪后半叶铸造了自己的货币（Jenkins 1971，53－75）。
102. Diodorus 14.16.4；Strabo 6.2.15；Schimtz 1994，Ⅱ. 哈莱撒可能是作为近年发动的远征行动的基地而建立的。瑟米伊姆雷的情况见 Diodorus 13.79.8。这座城市的人口构成中不仅有迦太基移民，还有来自西西里和意大利南部的希腊人（同上，19.2.2）。
103. 对迦太基城市利利贝乌姆的研究见 Di Stefano 1993。
104. Tusa 1984，36－37，49－55，69－71.
105. 同上书，35。
106. Caruso 2003；Tusa 1984，24－35；Moscati 1986，101－105.
107. Tusa 1984，21－23；Purpura 1981.
108. Jenkins 1977，8－33.
109. Diodorus 13.59.3；Moscati 1986，123－129；Tusa 1984，36－37.
110. Moscati 1986，127.
111. 同上书，47。
112. 同上书，127。然而，尽管明显受到了迦太基文化的影响，但公元前4世纪玛拉弗鲁斯圣殿的宗教用途，显然是对当地重大宗教仪式可能长期得到希腊人和迦太基人极大尊重这一事实的再度确认。
113. Acquaro 1988，38－39.
114. Moscati 1986，130－155；Acquaro 1988，41－43.
115. Morris et al. 2001－2004.
116. Lysias *Olympiacus* 33.3；Plutarch *Tim.* 1.1－2.

117. Cornelius Nepos *Tim.* 3. 1.

118. 考古学者在当地发现了大量由迦太基铸币厂铸造的军用币，以及运输用的迦太基双耳细颈椭圆土罐，因而得出这一结论。对蒙特阿拉德诺的研究见 Fiorentini 1995。

119. 发现物包括迦太基铜币、骰子、大量盛酒用的双耳细颈椭圆土罐和进口希腊陶器（Morris et al. 2001 – 2002）。

120. Anello 1986，170 – 172.

121. Fariselli 1999，62 – 65. 一些人甚至欲将这种现象视为一种“经济保护国”模式的建立：让雇佣军们移居迦太基人享有宗主权的地区，而让他们保护这些地区。然而，这些新移民点——在那里出土了大量来自北非的双耳细颈椭圆土罐——与西西里西部的旧迦太基城市相比，在物质文化方面存在着明显的差异（在西西里西部的旧迦太基城市发现的大部分双耳细颈椭圆土罐均为本地出产）。这种差异似乎体现了这样一个事实，这些新移民点并不是日渐繁荣的当地经济的一部分（Bechtold 2007，54 – 58）。

122. Whittaker 1978，60，88 – 90.

123. Bechtold 2007，65 – 67；2008，56 – 74，76.

124. Bechtold 2007，54 – 58.

125. Bechtold 2007，54 – 58.

126. Docter et al. 2006，54.

127. Chelbi 1992，18 – 20.

128. Bechtold 2008，49 – 50.

129. 大量公元前 5 世纪和前 4 世纪的“麻袋”形以及“鱼雷”形，被用于运送粮食的萨丁尼亚式双耳细颈椭圆土罐在西西里迦太基领土被发现（Mastino，Spanu & Zucca 2005，103 – 104）。这些双耳细颈椭圆土罐是证明狄奥多罗斯所宣称的，西西里迦太基驻军以萨丁尼亚谷物为食的关键证据。

130. Crawford 1985，104.

131. Diodorus 16. 65. 1 – 9.

132. Diodorus，16. 66. 5 – 6，16. 67. 1 – 16. 68. 8。

133. Diodorus，16. 69. 3 – 6，16. 70. 4 – 6，16. 72. 2 – 16. 73. 3。

134. Diodorus，16. 73. 3，16. 77. 4，20. 10. 6。

135. Diodorus，16. 79. 5 – 16. 81. 4；Plutarch *Tim.* 27. 2 – 28. 6。
136. Diodorus 16. 82. 3.
137. 在一些城市，如墨西拿等，大批来自坎帕尼亚和意大利南部的雇佣军在戴奥尼索斯的安排下迁居至此（Lomas 2006，112 – 114）。
138. Mildenberg 1989，6 – 12.
139. Visona 1998，6 – 7.

第5章　在亚历山大大帝的阴影下：迦太基与阿加托克利斯

亚历山大、蒂迈欧和迦太基

139　在公元前4世纪30年代至20年代的十二年时间里，年轻的马其顿国王亚历山大（“大帝”）在自己31岁那年，成功地成为这个从希腊一直延伸到巴基斯坦的帝国的主人。可以理解的是，许多与亚历山大同一时代，或与他所在时代相差不久的后来人努力都想搞清他那巨大成功的意义。毕竟，亚历山大取得了前无古人，并被认为是后人永远无法企及的成就。在古代地中海及近东地区一带城镇流传的传说中，亚历山大不仅成了天神的后裔，更变成了一位真正的天神。

令他那如流星般转瞬即逝的军事生涯显得独一无二的，不仅有一连串惊人的军事胜利，还有谱写以他自己为主角的传奇故事的那种才能。亚历山大的“英雄”形象是由一小群跟随他出征的顾问、日记作者和历史学家小心翼翼地塑造出来的。被描绘成新赫拉克勒斯的他，如同风暴一般席卷了亚洲，将进军途中的一切都据为己有。当他在今巴勒斯坦地区停下了伟大的东征的脚步之后，所有西部地区的人都产生了这么一个疑问：他们是否会成为亚历山大那看似永无止境的对荣耀和征服的渴望的下一个目标？亚历山大以恐怖的速度建立起一个庞大帝国的事实意味着，他很可能会将注意力转向西边，这种可能令人感到不安。亚历山大令这个世界看起来如同一块弹丸之地一般。

因此，来自整个地中海西部地区的各个使团踏上了漫长而艰苦的前往巴比伦王宫的旅程，为的是与亚历山大建立友好关系，并摸清他的未来意图。这里面有来自意大利的布鲁蒂亚人、卢卡尼亚人和伊特鲁里亚人，来自北方地区的凯尔特人和 140
西徐亚人，来自远东地区的伊比利亚人以及来自非洲腹地的努比亚人。在这群有求而来的人中有一名迦太基人，哈米尔卡·“罗达努斯”（Hamilcar“Rodanus”），他可能在罗德岛生活的时候学过希腊语。然而，与其他人不同的是，罗达努斯并不是被派来弄清亚历山大是否愿意让迦太基过上太平日子的，对迦太基母邦泰尔的围攻战的最终结果已经明白无误地回答了这个问题。

亚历山大与他的军队于公元前 332 年朝泰尔进发。在被拒绝进入神圣的麦勒卡特圣殿后，亚历山大包围了这座城市，攻占后又洗劫了它，他对守军进行屠杀，并使剩下的人沦为奴隶。[1] 麦勒卡特，这位每年都要在最炽热的圣火中上演一次生死轮回的天神，被掩埋在供养了它数百年的城市那冒着浓烟的厚厚灰烬之下。代代相传的泰尔传统与宗教仪式将为气势雄浑的具有强烈自我意识的希腊/马其顿军事典礼——阅兵式、体育竞赛和亚历山大军队排成的火炬长龙——所埋葬。隆重地焚烧麦勒卡特雕像的仪式，将被另一组平淡无奇的，用于纪念希腊人赫拉克勒斯的体育竞赛所取代。亚历山大还夺取了多个世纪之前迦太基人第一次将他们的祭品献给麦勒卡特时所乘坐的圣船，船上刻有一行希腊文献辞。[2]

狄奥多罗斯——显然是追随蒂迈欧——暂时偏离了他的西西里史的主题，讲述了这么一个故事：由 30 名迦太基使者组成的使团，从迦太基带来了献给麦勒卡特的一年一度的什一税。这个使团发现自己被困在被包围的泰尔城内了。当这座城市陷落的时候，亚历山大饶恕了这些迦太基人的性命，并将他们送回了家，同时也给迦太基人送去了一个不祥之兆：一旦亚洲被完全征服，那就轮到迦太基了。[3] 因而，罗达努斯在巴比伦王宫的使命是探明亚历山大究竟会在“何时”，而不是“是否”会对迦太基发动攻势。

根据罗马史学家查士丁的记载，罗达努斯认为以通常的方式递交国书是不明智的，他使亚历山大的密友帕米尼欧（Parmenion）相信，他其实是个流亡者，是自愿前来加入马其顿军队的，从而成功地得到了一个亚历山大的拥护者的身份。
141 一等查明了亚历山大大帝的意图，罗达努斯就立刻向迦太基送去了密信。然而，这座惊慌失措的城市为疑神疑鬼的情绪所笼罩，无人不相互猜忌。完成了危机四伏的任务归来的罗达努斯所得到的奖赏是死刑，因为他的同胞——迦太基公民——确信他真的打算背叛迦太基，投奔马其顿国王。[4]

亚历山大于公元前323年6月在巴比伦英年早逝，这使得弄清他是否真有进攻迦太基的计划成了一件不可能的事。然而，地中海西部的希腊裔和日后的罗马史学家无疑都想让他们的读者确信这是真的。因为这与他们将亚历山大对波斯发动的战争，与叙拉古和迦太基发生的冲突糅合在一起的反迦太基观点一致。在流亡于雅典的长期岁月中，蒂迈欧深受对波斯日趋强硬的立场的影响，这一立场是众多雅典作家在亚历山大大帝发动东征的背景下出现的。[5] 与之高度相关的是狄奥多罗斯记叙的——再一次追随蒂迈欧——亚历山大攻陷泰尔之后送还一尊阿波罗神像的事。这尊神像是迦太基人从西西里的希腊城市杰拉（Gela）抢得，作为献礼送往泰尔的。狄奥多罗斯还从令蒂迈欧大为快意的一系列同时期的事件中摘录了一个：从月份、日子、时辰上看，泰尔被攻陷与迦太基人从杰拉窃走神像这两件事都完全吻合。[6]

狄奥多罗斯/蒂迈欧与其他东部地区的希腊评论家一样，是清楚麦勒卡特和赫拉克勒斯之间的关系的。他认为，亚历山大最初是想“向泰尔人赫拉克勒斯献祭”。[7] 然而，他无疑并不愿意去仔细研究在地中海世界许多地区形成的，将希腊英雄和腓尼基天神彼此融为一体的想法。相反，由于迦太基军队常驻西西里岛，他与其他西西里历史学家到处宣扬，迦太基人与希腊世界另一强大的假想敌波斯之间的联系。

为了达到这一目的，我们从狄奥多罗斯那里得知，蒂迈欧重申了一个老掉牙的无稽之谈，即希梅拉是迦太基人与他们的波斯盟友一起发动的对希腊世界的进攻的西部前线。[8] 接下来， 142
蒂迈欧将战役日期延后，从而使希梅拉城与温泉关——当时300 名斯巴达人英勇地坚守着此地，但最终仍被一支庞大的波斯军队歼灭——同一日陷落，这样他就能将希梅拉战役描述为在整个地中海地区爆发的，野蛮人与希腊势力之间的战争的重要转折点。[9] 此外，他还能为他的另一个谎言——格隆其实向希腊派去了舰队，以援助希腊人抵御波斯人的，不料恰好撞上了萨拉米斯大捷的消息——制造了足够的延迟时间，从而隐瞒叙拉古独裁者并未给予希腊大陆任何帮助的事实。[10]

日后迦太基与叙拉古之间爆发的战争有复杂的战略方面的考量，因而对于迦太基对西西里的军事干涉有重要意义，就像波斯人对希腊的军事干涉那样，但在蒂迈欧的记载中，这些考量被丑化为纯粹的将希腊人变成奴隶的欲望——他用巧妙的笔法展现了这么一段插曲：希腊人获胜后，在迦太基人的营地里发现了2万副镣铐——或仅仅是对全体希腊人的恨意。[11]在另一篇精彩、生动但无疑为凭空捏造的短文中，蒂迈欧描述了为叙拉古人而战的希腊雇佣军，在与受雇于迦太基人的同胞往来的时候，曾问对方怎么会为这样一个一心只想将希腊城市变成野蛮之地的国家效力。[12]

然而，西西里残存的物质文明却为我们讲述了一个迥然不同的故事，其不同于这个为心怀恶意的西西里历史学家所宣扬的，关于不同民族间的冲突和全面战争的恐怖传说。[13]数十年的血腥冲突几乎并未阻碍该岛上希腊人和迦太基人间的文化交融与相互适应的进程。事实上，迦太基与叙拉古之间的战争直接导致了宗教、文化融合的传播范围远远超出了西西里海岸地区——这是殖民化的西西里长期以来的显著特征之一。这类主张在迦太基尤其有市场，它们很可能是由在西西里军队中担任军官职务的迦太基精英阶层成员，以及为数众多的当时定居于这座城市的西西里希腊人引进的。[14]

一个格外明显的例子是，希腊丰收女神得墨忒尔与她的女儿、冥王哈迪斯的妻子科莱的祭拜仪式在迦太基变得越来越重要。狄奥多罗斯在其历史著作中——被认为是照搬蒂迈欧的观
143 点——坚称哈迪斯其实是在西西里岛上诱拐、强奸了科莱，以极力强调这一宗教仪式起源于该岛的希腊领地，然而意大利南部的希腊城市则宣称那起令人发指的事件发生于当地。[15]公元前396年，这一仪式正式为迦太基所接纳，狄奥多罗斯在日后的叙述中写道，倒霉的将军哈米尔卡洗劫了叙拉古的神庙后，女神们降下了一场瘟疫以作为对迦太基人的惩罚，而迦太基人的接纳行为仅仅是瘟疫降临后，在万分恐慌之下为安抚女神所

做的一次尝试而已。与此同时，狄奥多罗斯记载道，迦太基当局寻访定居于迦太基城的希腊人，并指派他们去服侍那位女神，而这些被指定担任宗教仪式祭司的迦太基贵族则得到指令——“宗教仪式须遵照希腊模式来进行”，从而凸显了这一仪式所具有的无法抹去的希腊烙印。[16]

迦太基：地中海中部的熔炉

事实上，狄奥多罗斯关于迦太基人与得墨忒尔和科莱的宗教仪式之间关系的记载，带有极为明显的偏向性。这两位女神分别作为丰收及冥府之神，长期受到西西里迦太基人的顶礼膜拜，而祭拜仪式的起源地很可能就是迦太基。[17]尤为明显的是，科莱在迦太基人的货币上是无处不在的。[18]这两位女神的肖像是迦太基世界最为常见的图案——特别是在赤陶制成的香精炉上，这类器皿上的女神被描绘为头戴凹形头饰（香料球就搁在这里）的形象。[19]事实上，在公元前 4 世纪的很短一段时间内，这种宗教仪式就在地中海西部的其他迦太基地区，如萨丁尼亚的真纳玛利亚（Genna Maria）乡村地区的神殿内遍地开花，在这些地区，得墨忒尔的祭拜仪式明显融合了土著神灵的祭拜仪式。[20]同样清楚的是——尽管狄奥多罗斯/蒂迈欧坚定地持反对意见——迦太基人的祭拜仪式不单单是对希腊相关仪式的模仿，更是通过普遍存在于定居在西西里岛的形形色色的族群之间文化及宗教方面的借鉴，已然实现了上述两个方面的调和。之后，这种仪式为其遍布于迦太基世界的信徒加以改造， 144
用来满足各种各样的宗教需求。

公元前 3 世纪，赫拉克勒斯与麦勒卡特合二为一的形象在迦太基越来越流行。尤为有价值的是一组雕刻于青铜制斧形剃刀（迦太基传统丧葬物品中的一种）上的图像，这批年代可追溯到该世纪的剃刀出土于环绕迦太基城的公墓群。尽管刻在许多这类斧形剃刀刀身上的图像，呈现的是黎凡特人对麦勒卡特神的传统表现手法——身穿长袍，头戴头饰，一柄双刃斧倚靠在他的肩上——但新的表现手法也开始出现了。[21]事实上，一柄与众不同的剃刀上展现了身披狮子皮、手持棍棒、脚下蹲着一只猎狗的赫拉克勒斯形象——这一经典英雄肖像成形于意大利南部的希腊城邦。[22]然而，根据法国学者塞尔日·朗塞尔的准确观察，这其实只是一个“披着意大利外衣”的迦太基天神麦勒卡特的形象而已。刀身另一面刻的是赫拉克勒斯的侄子伊奥洛阿斯（Ioloas）及其同伴。他一手握着一根科洛凯锡安树（kolokasion plant）的树枝，另一只手则抓着一只鹌鹑。[23]这是希腊人对腓尼基/迦太基人的艾格塞斯仪式的艺术演绎。将这个故事保存下来的是希腊作家阿特纳奥斯（Athenaeus），他将公元前4世纪初的希腊作家尼多斯的尤杜修斯（Eudoxius of Cnidus）所讲故事概述了一番，即“泰尔人”赫拉克勒斯的忠实同伴是如何用科洛凯锡安树的树叶使奄奄一息的前者平静下来，而后赫拉克勒斯又在一块烤鹌鹑肉的气味的作用下复苏了。[24]在迦太基发现的，年代可追溯到公元前3世纪的另一把斧形剃刀上所展现的图像，可能与萨丁尼亚风格有关：刀身的一面刻着披着狮子皮、赤身裸体、倚靠在自己的棍棒之上的赫拉克勒斯，而另一面刻的则是头戴饰有羽毛的头巾的锡德，他用长矛刺向一个身着胸甲和短袍的跪着的人物。[25]

因此，狄奥多罗斯所使用的蒂迈欧及其他西西里希腊史学家的记载，与其说是证明了地中海西部的希腊人与迦太基人之间存在着一道不可逾越的鸿沟，倒不如说是展现了一种尖锐而带有排外性质的抵触情绪，这种情绪针对的是在政治、文化、宗教方面日益增强的那种融合现象，后者的影响范围不仅包括了那些希腊史学家的家乡西西里岛，更遍及整个地中海中部地区。上述情绪在蒂迈欧身上体现得尤为明显，他之所以对希腊人与野蛮人之间爆发的民族冲突模式产生兴趣，显然是因为他长期身处西西里以外的地区，而由持续不断的忽战忽和与城头 145
变幻着的王旗的景象所构成的西西里政治局势，亦是引起蒂迈欧关注的原因所在。

阿加托克利斯：西西里的亚历山大

尽管这些无处不在的融合现象事实上与这一地区的地缘政治现状几乎完全相左，它们仍对与迦太基人敌对的西西里地方统治者产生了越来越深刻的影响：将自己塑造成使西部地区的希腊人免受东方蛮族侵害的救世主形象，比塑造成封建军阀的形象要强得多。当亚历山大英年早逝后，他的将领们迅速瓜分了其位于亚洲、欧洲和埃及的广阔领土，许多人满怀信心地将这位大帝英雄般的公众形象套用到自己身上。正如彼得·格林（Peter Green）所评论的那样："在他死后多年，他（亚历山大）那令人恐惧的阴影仍笼罩在他们头上。他造就了他们，不管他们可能多有意识地试图摒弃他所宣扬的理念……他们的巨大野心都会迫使他们走上他此前所引领的道路。"[26]

位于食物链中处于顶端的继业者（diadochi）——瓜分了这个庞大帝国的马其顿高级军事长官们——之下的，是一群争权夺利的小贵族、低级军官和其他的冒险家，很多人与亚历山大的关系可谓是极其模糊。一些人自知身处这个富饶世界的边缘位置，迫切地渴望为这个纸醉金迷的希腊统治精英俱乐部所接纳。阿加托克利斯就是这么一个人物，他是一名闯劲十足的骑兵指挥官，有着一段不光彩的过去，包括被流放及当过雇佣军领袖。此人凭借着常见的煽动及军事暗杀手段，于公元前4世纪20年代登上叙拉古的独裁君主宝座。[27]与格隆和戴奥尼索斯一样，阿加托克利斯将挑起一场近乎永无休止的对迦太基战争，作为巩固其统治的手段。

亚历山大有意将他在东方取得的伟大胜利与往昔波斯对希腊的入侵相关联的做法（起初他提议将他在亚洲的战争视为其肩负的复仇使命），亦为迦太基与叙拉古之间绵延不绝的战
146 事注入了新的活力。西西里战争是由来已久的希腊文明社会与黑暗的东方蛮族势力之间冲突的延续，这一完全与史实不符但颇为引人注目的观点将再度成为主流。终其漫长而精彩纷呈的一生，阿加托克利斯一直将自己打扮成亚历山大在西部地区的继承者。[28]他所发行的货币与其他后亚历山大时代的希腊统治者一样，刻意复制着对这位马其顿大帝及自封的亚洲之主所喜爱的主题。[29]一个世纪后，罗马剧作家普劳图斯（Plautus）将用嘲讽的笔调描述阿加托克利斯那不顾一切地模仿亚历山大形象与古怪动作的行为。[30]

然而，阿加托克利斯的才能可不仅限于将自己打扮成亚历山大在地中海西部的继承者。迦太基人长期驻留于西西里，意味着许多西西里希腊人对迦太基军事体系了如指掌。事实上，阿加托克利斯的王牌之一，就是他对迦太基以及迦太基城与其西西里驻军之间关系紧张情况的了解。迦太基使用雇佣军作战，这引发了一种对自己的将军们的不信任心理，特别是统治精英们感受到了来自被派去指挥迦太基军队的人所流露出的无

法无天的野心的威胁。公元前 4 世纪时期，迦太基的将军们——尤其是那些在西西里的将军——似乎获得了广泛的权力：他们获准在战时享有一定程度的自主决定权，包括有权议和以及结盟（尽管这些协议随后很可能必须得到元老院的正式批准，后者亦负责审批对军队的增援）。[31]事实上，正是这种令将领得以自行其是的授权，促使公元前 4 世纪的雅典政治家伊索克拉底（Isocrates）做出“迦太基人在国内实行寡头政治制，在外实行君主制”的评价。[32]

尽管这些将领是从迦太基军队里选出的，但相关人选的确定不光是 104 人法庭，也是全体迦太基公民在公民大会上决议的结果。[33]这一独特的制度令这些将领处于统治精英的猜忌之下。迦太基的西西里驻军逐渐形成一个拥有自身货币和行政管理体系的近乎独立的军事组织，这使得局势变得更加紧张。西西里港口距迦太基数百公里之遥，并且这座岛屿上所发生事件 147
的消息也显得零零散散，且时常出错。在这种环境下，军事长官很容易就会忘掉自己对贵族们应尽的责任。

尽管迦太基的军事长官们在战时拥有相当程度的自主权，然而，他们自行做出的决定在之后须受到 104 人法庭的严格审查。持续多年的西西里战争使得这些将军很难不注意到他们的叙拉古同行——那些与他们一样，依靠自己在全体公民中的威望首次获得指挥权的军人——是如何成功地通过攫取贵族权力而摆脱同侪所加诸的令人不安的监视的。对未能在战场上充分展现才华和勇气的军事长官们施以严惩，是迦太基政治生活的长期特色。在古代世界，将人钉死在十字架上的刑罚无疑并非由迦太基人首创；然而，与将这一可怕刑罚留给最为低贱的人群——逃跑的奴隶、普通的罪犯和外国人——的其他民族相反的是，迦太基人间或会将他们的将军钉死在十字架上。这不仅仅是对那些政变失败者的无情警告，它还被作为一种令人毛骨悚然的政治清洗行为。

这些军事指挥官自己同样也怀有不信任感，他们抱怨自己在战役结束后的归途中被他们的公民同胞们视若仇敌。正如狄奥多罗斯/蒂迈欧在对日后一场未遂的军事政变进行解说时，用尖锐的笔触所评论的那样：

> 这次事件的根本原因在于迦太基人所执行的严刑峻法。在战争中，他们将自己的领袖晋升为军事指挥，他们认为那些人理所当然地应该率先站出来，为了整个国家而冒险。但当那些人赢得了和平的时候，他们又用控诉折磨着同一批人，出于妒忌，他们将莫须有的罪名安在那些人头上，对他们施加刑罚。因此，一些担负军事指挥之职的人由于害怕遭到法庭的审判会弃职逃亡，但另一些人则试图篡权。[34]

在狄奥多罗斯（资料依然来自早期的西西里希腊文献）的笔下，阿加托克利斯果断地利用了迦太基将军与其母邦的政治家之间的紧张关系。在这一部分，他遵循了诸如蒂迈欧（此人格外厌恶阿加托克利斯，因为后者对这位历史学家的父
148 亲被放逐负有责任）等历史学家的观点，后者指出阿加托克利斯是一个目光短浅的政治投机主义者，他心甘情愿地与那些可憎的迦太基侵略者签订协议。[35]然而，这也表明，阿加托克利斯对迦太基西西里军事长官那种恐惧和不臣服心理的把握，是他得以爬上统治者宝座的关键因素。

公元前 4 世纪 20 年代，在阿加托克利斯正处于事业的初期阶段的时候，曾有一次他那跻身叙拉古政界的希望似乎就要破灭了，当时他征募了一支由心怀不满的西塞尔人组成的军队，企图使用暴力手段攻占这座城市。当阿加托克利斯发现一支庞大的迦太基军队堵住了他的去路时，他运用其非凡才干，与迦太基司令官哈米尔卡打交道。当知悉哈米尔卡意图成为迦太基独裁者的野心时，阿加托克利斯与前者达成了一份秘密协议：迦太基军队让道，以使阿加托克利斯能直取叙拉古；作为交换，他将在未来的任何时候协助这位将军夺取其母邦的政权。事实上，哈米尔卡与阿加托克利斯进行了进一步的合作：前者向后者提供 5000 人的军队，协助他屠杀其政治对手。[36]一份看起来对阿加托克利斯十分有利的和平协议旋即达成，尽管其实他并不处于优势地位。按照协议的规定，西西里东部诸城将被迫承认叙拉古的宗主权，而迦太基人所获得的仅仅是对他们在战争爆发前就已占据的领土的承认。[37]由于哈米尔卡似乎对阿加托克利斯继续骚扰迦太基那些西西里盟邦的行为视而不见，局势变得对迦太基人更加不利。[38]

记录了协议条款的希腊和罗马文献表明，诡计多端的阿加托克利斯愚弄了哈米尔卡。一个更为实事求是的解释是，让西西里的暴力和动荡继续蔓延下去，可能对迦太基军队和阿加托克利斯都有好处。西西里局势的动荡不安表明，迦太基对自己的军队控制不力，并对西西里驻军与它的叙拉古敌人彼此勾结的情况缺乏了解。迦太基议会的反应揭示了这一点：议会并未召回哈米尔卡并在大庭广众之下质询其叛国之事，而是对此事进行了投票表决，但在他们认为自己有把握与哈米尔卡对抗之前，他们决定将相关决议引而不发。[39]西西里的迦太基军队开 149

始成为一支半独立的力量，而它名义上的主子迦太基几乎对其毫无约束力。

事实上，哈米尔卡在对他的判决得以执行之前就死掉了，因此令迦太基议会感到恐惧的对峙局面没有出现。议会做了一次意在夺回主动权的尝试，它从迦太基城直接派出一个使团，前去警告阿加托克利斯：他应尊重两国之间已有的协定。然而，为了重建议会在西西里驻军中的权威，一支由一位新任命的指挥官，基斯戈之子哈米尔卡统率的生力军被组建了起来。

哈米尔卡出师不利。当军队向西西里直驱而来的时候，一些载着迦太基贵族的船只在一场风暴中沉没了。[40]然而，当哈米尔卡于公元前 311 年来到西西里岛的时候，他立刻展现出了出色的指挥才华。在赢得了一场全面胜利后，迦太基人成功地将阿加托克利斯和他的残部封锁在叙拉古。[41]哈米尔卡随后又在军事成果之外，与众多西西里希腊城邦结交取得了外交主动权，从而将阿加托克利斯日益孤立。与前任的路线明显相左的哈米尔卡打算彻底打败阿加托克利斯，攻占叙拉古，从而终结这场战争。

入侵非洲

身临绝境的阿加托克利斯制定了一个极为大胆且确实鲁莽的行动方案，这一方案令迦太基人结结实实地大吃一惊。他将把战火引向迦太基人最不希望发生的地方：迦太基的非洲腹地。[42]阿加托克利斯再度展现了他对迦太基及迦太基人的充分了解。他知道大部分迦太基人根本没有经历过战争。他们的军队大多由雇佣军组成，迄今为止他们从未在自己的北非故土进行过被动性的重大战役。借助一场对北非的突然袭击，他可以

迅速获得补给和战利品，并利用这片与西西里截然不同的从未遭受过战火蹂躏的土地来支付其军队的薪饷。他也希望那些对 150
自己从迦太基人那里得到的待遇不满已久的利比亚人会发动起义，并加入他的队伍。他判断，在面对本土陷入这样一场危机的情况下，哈米尔卡和他的军队将不得不迅速撤离西西里岛。[43]

阿加托克利斯迅速征召叙拉古服役士兵、雇佣军乃至奴隶加入他的军队。他谋害了那些当时仍在世的贵族对头，查抄了他们的家产，抢走了孤儿们的遗产，将神庙的供奉与妇女的珠宝据为己有，并进行强制性借贷，从而筹得了这次远征行动的军费。[44]在组建了一支由 60 艘船组成的舰队，与一支由 13500 人组成的规模极为有限的军队之后，阿加托克利斯在神不知鬼不觉的情况下越过了迦太基人的封锁线。这支远征军小心翼翼地掩盖了自己的行动路线，确保迦太基人仍无法察觉他们真正的目标。公元前 310 年，经过六天的航程，这支叙拉古小型舰队在距迦太基仅 110 公里处的卡本半岛登陆。阿加托克利斯知道，一旦这次冒险行动失利，他就完了。[45]他纵火烧毁了船只，从而断绝了任何逃跑的念想。他将他们奉献给得墨忒尔和科莱女神——这无疑是将此场战争宣扬成对之前迦太基人在西西里岛所犯下罪行的复仇之战的手段。[46]在对他的军队做了最后一次激励性的演说后，他们朝迈加洛波利斯（Megalopolis）和图内斯（Tunes，即突尼斯）地区的城镇进军，并轻而易举地拿下了它们。[47]

在这些轻轻松松就获得的胜利的鼓舞下，阿加托克利斯的军队随即扎营于离迦太基城不远的地方，这座城市的公民们开始惊慌失措，因为他们错误地认为既然阿加托克利斯在非洲出现，那就意味着在西西里的迦太基军队必定被全歼了。[48]男性公民如今被征入由两位在政治上相互敌对的人——波米尔卡和汉诺共同指挥的军队。[49]这场战役的开场对于迦太基人而言是一场灾难：他们惨败，最有才能的指挥官汉诺战死。波米尔卡将汉诺的死视为自己夺取政权的一次良机，于是他率军撤进了迦太基城。[50]

狄奥多罗斯详细描述了这样一幅场景：迦太基城被围，最好的将军却远在隔海相望的西西里；迦太基人向泰尔的麦勒卡特神庙送去了一大笔钱和价值连城的供品——他们相信自己当前的不幸，是因为这位神灵对他们近来在什一税问题上表现出
151 来的锱铢必较的厌恶所致。此时，惊慌失措的迦太基人据说还用200名出身高贵的孩童，向这位睚眦必报的天神献祭，以平息它的怒气。根据记载，随后又有300名被认为犯下渎神重罪的公民心甘情愿地踏入火海，牺牲了自己。[51]一段年代可追溯到大约这一时期的铭文所提到的事，可能进一步体现了迦太基人这种因触怒神灵而战战兢兢的心理：一座崭新的献给女神塔尼特和阿施塔特的神庙拔地而起，里面摆满了装饰品、金质雕像和家具。引人注目的是，这段铭文还提到一段环绕着神庙，可能还将神庙所在的山峦包围起来的防御墙被修建了起来。[52]

一条灾难性的消息很快就从西西里传到了迦太基。哈米尔卡将军在攻打叙拉古的时候被俘并被杀死，其结果是西西里的迦太基军队分裂为几个相互敌对的小集团。[53]据说阿加托克利斯小心翼翼地在士气已然大跌的迦太基人的视线范围内，展示着从西西里送来的哈米尔卡的脑袋。[54]

在距一场辉煌胜利仅有一步之遥的情形下，阿加托克利斯的亚历山大情结变得更加强烈，这几乎不能算是一件令人惊讶

的事。他在这一时期所发行的货币，明显带有模仿那位马其顿君主的风格，特别是用雷电作为货币基本图案的手法。[55]然而，他的军队起来造反了，混乱的根源在于他们那位将军的自负和越来越专横的行径，更重要的是他未能支付他们的军饷。[56]此时迦太基人立刻利用了阿加托克利斯的困境，他们向叛军领袖们支付了更为丰厚的军饷，还提供了一笔奖金——如果叛军领袖能说服西西里的希腊军队站到迦太基这边的话。阿加托克利斯在军中仍享有很高的威望，他只导演了一出威胁要自杀的戏，就避免了这一情形的发生。[57]

阿加托克利斯在击败了一支迦太基军队从而再一次巩固了自己的地位后，没有再信任当地的利比亚人和努米底亚人，而是试着寻找另外一支盟军，他坚信能与之一起赢得他所认定的最终胜利。他用事成之后以迦太基在北非的全部土地相酬的诺言，成功地诱使欧斐尔拉斯（Ophellas）——希腊城市昔兰尼的统治者，一位真正与亚历山大有渊源的人（他曾在这位马其顿国王的军队中效力）——与他联手作战。然而，阿加托克利斯按照自己一贯的风格，很快就谋害了他的新盟友，并吞 152
并了其庞大且装备精良的军队。[58]不过，对于迦太基人而言，最大的危险来自那些受他们之托镇守防御工事的人。

迦太基将军波米尔卡长期怀有成为独裁者的野心，至少现在他认为采取行动的时候到了。他先派了一支由许多最为高贵的迦太基公民组成的军队，前去与努米底亚部落作战，从而从该城调走了许多可能对他的政变持反对态度的人。他随后在城中一片被称为新城（New City）的地区，召集了自己麾下那支由公民和雇佣军组成的军队。关于接下来发生的事，狄奥多罗斯留下了一篇生动的记载。

> 他将自己的军队分为五个小队，然后吹响进攻的号角，在街道上大肆屠杀那些反对自己的人。由于一场大乱在城市的每一个角落爆发，迦太基人起初以为是敌人打进来了，而这座城市被出卖了。然而，当真实情况被弄清的时候，年轻人集结成一支支队伍，前去与这位篡权者作战。然而，波米尔卡将他们歼灭在街道上，迅速朝着集市推进。他在这里发现了许多没有武装的公民，于是对他们加以屠杀。然而，迦太基人占领了集市四周的高层建筑，用如雨点般的矢石打击叛军。陷入困境的阴谋家让自己的队伍靠拢在一起，强迫他们穿过新城的狭窄街道，在这一过程中，他们一直遭受着来自沿途的房屋上方的投掷物的打击。等到他们占据了更高的地点时，已将全体公民集结起来的迦太基人重整队伍，与叛军交战。最后，迦太基人派出年长的公民前去谈判，并表示可以赦免对方的罪行，双方敲定了投降的条件。由于这座城市此时正面临着威胁，迦太基人并未要求叛军做出任何补偿。然而对波米尔卡，他们将自己许下的誓言抛到了九霄云外。波米尔卡遭到了残酷折磨，而后被处死。陷入巨大危机之中的迦太基人就是以这种方式来维护自己祖先的法度的。[59]

狄奥多罗斯一贯以仇恨的笔触来记载迦太基人，在这段记录的末尾，他忍不住着重强调了一番迦太基人的背信弃义，即使这一次的受害者是一个叛徒。然而，对他的这段关于以失败告终的政变的记载提出质疑，是丝毫没有道理的。

尽管如今阿加托克利斯意识到他正控制着一大片迦太基的
153 北非领土，然而此时他也收到了关于西西里战火再起的告急信息：几座附庸城市利用叙拉古军队长期不在岛上的机会，宣布独立。阿加托克利斯被迫回师以挽回局势，他留下自己的儿子阿奇埃加瑟斯（Archagathus）——此人几乎丝毫未继承其父的政治或军事才干——来统领军队。[60]

粉碎了政变，神一样的对手也消失了，迦太基人显然因此再度振作了起来，他们明智地调整了己方军事战略的重点，避免进行自己极度不擅长的预先安排好的战役。他们现在将自己的军队分为三个作战集团，这几个集团均拥有明确的作战区域：海岸、内陆及腹地。面对这一全新的挑战，阿奇埃加瑟斯做出了一个灾难性的决定：针锋相对，将他的军队以相同的方式拆分。很快，两个被派去内陆地区搜寻迦太基敌人的军团遇伏并被消灭。

为反复无常的利比亚盟友所抛弃的阿奇埃加瑟斯，在图内斯集结了自己的余部，并朝其父送信，请求紧急支援。[61]尽管阿加托克利斯赶了回来，但他发现局势已无可挽回。在迦太基人手里再度吃到一场败仗后，一场可怕的火灾随之而来，狄奥多罗斯就此事宣称——显然是出于臆想——迦太基人着手将最英俊的希腊战俘当作向神灵献祭的牺牲品，烧成灰烬。许多西西里希腊士兵战死，使得这位叙拉古将军决定离开非洲。由于知道大规模的撤军行动很快就会为迦太基人所察觉，从而引发他们的进攻，在一次逃跑尝试失败后，阿加托克利斯最终成功遁去，丢下了自己的军队和至少两个儿子。[62]这一或许来源于蒂迈欧——对阿加托克利斯的憎恶感驱使他竭尽全力地将此人描绘成一个鼠目寸光的人物——的最后细节很可能并不是事实。一份明显使用了其他材料的罗马文献提到，阿加托克利斯打算把阿奇埃加瑟斯带在身边，但他们在夜间走散了，后者被俘并被带回了叙拉古军营。[63]

在杀死了昔日统军将领的后裔后，为阿加托克利斯所抛弃的军队迅速与迦太基人协商投降事宜。后者向他们开出了宽大的条件：所有军人都会收到一笔现金作为赠礼，如果愿意也可被编入迦太基军队；剩下的人则通过海路被运往西西里，并获
154 准定居在迦太基城市索拉斯。那些为忠于旧主思想所蒙蔽，拒绝与迦太基人合作的人被遣去从事土地——在这些人还是士兵的时候被他们变成了一片废墟的土地——的重建工作。反抗最激烈的人则被钉死在十字架上。

在解决了阿加托克利斯的军队以后，迦太基人随即与阿加托克利斯本人缔结了一份和平协议，他们在表面上提供了一些宽大得令人吃惊的条款。迦太基人同意向阿加托克利斯支付大量黄金和谷物，而作为交换，后者将承认迦太基对其先前控制的所有西西里土地的统治权。[64]

难称“最终胜利”的胜利

至于迦太基人为什么并未在签订条约时利用他们明显处于有利地位的机会，这仍是一个谜。谜底可能是这样的：事实上，与阿加托克利斯的战争已使迦太基处于财政破产的边缘。为了负担这场旷日持久的战争的开销，迦太基的琥珀金货币产量暴增，然而新货币的含金量明显有所下降。[65]另一个表明迦太基陷入经济困难的迹象是迦太基和西西里的造币厂开始铸造大量体积巨大、极为沉重的青铜货币，它们可能被作为流通中的金、银货币的替代品。[66]

企图攻占叙拉古以彻底终结阿加托克利斯统治的战略，已遭到了惊人的失败。输无可输的阿加托克利斯仅仅是将战火带

到了北非，当地对迦太基人心怀不满的努米底亚人、利比亚人和希腊人邻邦就欢天喜地地加入了进攻的队伍。更令人担忧的是对那些参与了波米尔卡政变计划的迦太基军方人员的处理。在北非长期驻扎一支庞大的迦太基军队，显然对现有的政权构成了威胁。所有这些因素无疑都使迦太基人确信，与其让他们陷入不久前刚经历过的动荡局面，不如在西西里维持旧有的领土状况。通过重新安置、收编那些对阿加托克利斯恨之入骨（因为他将他们丢在北非）的西西里希腊士兵，迦太基可能已经完成了对叙拉古的下一轮战争的准备。

迦太基更换了由它指定的，享有铸造在西西里发行的军用 155
货币权利的机构的事实，可能表明它与西西里驻军的关系发生了较大变化。没有理由认为这支军队在阿加托克利斯危机期间的作为，显著提高了他人对其忠诚度和军事能力的信心。事实上，西西里的军队已完全陷入混乱之中，对北非保卫战毫无贡献。此外，高级军事长官如波米尔卡等，也卷入了这起未遂政变的策划和实施之中。

这些令人担忧的事实或许可以解释，军用货币的铸造权为何从 mhmhnt（“军营之人”）逐渐转移到了 mhsbm（“财务主管”）的手中。[67]难道担任财务主管的官员被派去掌管西西里驻军的财政大权，是为了使迦太基当局的权威得以重建？[68]毕竟雇佣军士兵往往只会忠于那些付给他们军饷的人。引人注目的是，所有迦太基军用货币均在公元前 3 世纪的头一个十年停产了，支付给军人们的可能是如今在迦太基铸造的，琥珀金质的锡克尔（Shekel）。[69]更重要的是，这一事实清晰地表明，阿加托克利斯那出其不意的进攻令迦太基陷入混乱之中，致使它的财政资源濒临枯竭。

事实上，迦太基与阿加托克利斯之间并未爆发新的战争。显然他并未从近来在北非所蒙受的耻辱中受挫，公元前 306 年阿加托克利斯自行称王，而后将他的注意力转向北方的意大利半岛，他试图在那里建立一个或许可以与迦太基人的权威相抗衡的新帝国。[70]然而，他的亚得里亚海/南意大利帝国之梦，以及与埃及君主托勒密和其他几位希腊统治者建立一个大同盟的希望一并破碎了：一种可怕的，最有可能是口腔癌的疾病不仅最终夺走了他对迦太基人的野心，也夺去了他的生命。[71]最具讽刺意味的是，由于这场病剥夺了他动弹和说话的能力，这个拥有三寸不烂之舌并因此变得声名狼藉的人据说是在殡葬用的柴堆上被活活烧死的。[72]

在最终战胜了自己最为顽固的敌人的这场对决中，迦太基人展现了自己的坚韧与智慧。二十多年来，他们在经历了未遂的政变、军事上的惨痛失利、利比亚人和努米底亚人的叛乱、
156 阿加托克利斯的入侵以及对迦太基本城的围攻之后，顽强地坚持了下来。然而，尽管阿加托克利斯自命不凡，但他并不是亚历山大，所谓的地中海西部强权在战胜由他造成的威胁时所遭遇的重重困难表明，该强权在面对资源更丰富、更为顽强的对手时可能要经历更艰难的战争。如今其他希腊军阀在某种程度上也开始将非洲视为可以吞下的肉，而在阿加托克利斯出现前他们从未这么想过。

因此，希腊传记作家普鲁塔克关于莫洛西亚将军（Molossian general）皮洛士（Pyrrhus）——此人在公元前 278 年到前 277 年进攻迦太基人在西西里的领地——对非洲的野心的记载可能系伪造，但这一记载或许真实地反映了时人的看法：“既然当年偷偷溜出叙拉古，带着几艘船渡海而来的阿加

托克利斯就差点占领了它们，那谁还会将触手可及的利比亚或迦太基拱手相让？”[73]

注 释

1. Arrian *Anabasis* 2. 16. 7 – 2. 24. 5；Plutarch *Alex.* 24. 3 – 4；Quintus Curtius Rufus 4. 2. 2 – 4. 4. 19.
2. Arrian *Anabasis* 2. 24. 6.
3. Quintus Curtius Rufus 4. 3. 19；Arrian *Anabasis* 2. 24. 5. 这次访问可能是为了呼应于 2 月/3 月举行的艾格赛斯庆典。泰尔人也已将他们的妇女和儿童送往迦太基，如此一旦泰尔开始遭到围攻，他们的安全也能得到保障。Diodorus 17. 41. 1，17. 46. 4；Quintus Curtius Rufus 4. 3. 20.
4. Justin 21. 6.
5. Isaac 2004，283 – 303.
6. Diodorus 13. 108. 3 – 5.
7. Diodorus 17. 2. 阿里安（《亚历山大远征记》2. 16. 4 – 7）也宣称，亚历山大的献祭对象“不是阿尔克墨涅（Alcmena）之子，阿尔戈斯人赫拉克勒斯”，而是“泰尔人赫拉克勒斯”。
8. Diodorus 11. 1. 4.
9. Diodorus，11. 24. 1。
10. Diodorus，11. 23. 2，11. 26. 5。
11. Diodorus，20. 13. 1 – 3。因而迦太基将军汉尼拔于公元前 410 年发动的远征行动被贴上了“出于天生的……对全体希腊人的憎恨”的标签。
12. Plutarch *Tim.* 18. 7.
13. Diodorus 13. 57，14. 48 – 53，14. 63. 1 – 3，14. 70. 4，14. 73. 5，14. 74. 4；Athenaeus 12. 541A – B.
14. 关于为迦太基一方而战的希腊雇佣军的情况见 Diodorus 20. 38. 6，20. 39. 5，关于居住在迦太基的希腊人的情况见同一著作的 14. 77. 4 – 5，在西西里战争期间，迦太基人阶段性地对西西里的希腊异见者提供支援，希望他们在叙拉古掀起政变（Plutarch *Tim.* 2. 1 – 2；Diodorus 16. 67. 1 – 3），这一支持也意味着这座城市（迦太基）变成了被迫离开自己家园的西西里希腊人的避难所。事实上，波利比乌斯（7. 2. 3 – 4）也提到过，有这么一对兄弟，埃皮库代斯和希波克拉特斯在迦太基军队中担任军官，他们的祖父在被指控刺杀了阿加托克利斯的一个儿子后，被迫逃离叙拉古，之后这两兄弟就在这座北非大都市长大成人。关于公元前 3 世纪时期在迦太基的希腊人的情况见 Galvagno 2006。

15. Diodorus 5. 3. 1 – 3；Pearson 1975，186 – 187.
16. Diodorus 14. 77. 4 – 5.
17. 例如有这么一段用迦太基文写就，致“阿玛斯（得墨忒耳）女士，冥府的女主人”的献词（*KAI* 83）：Krahmalkov 2000，177；Moscati 1986，73。
18. Jenkins & Lewis 1963，Group Ⅲ.
19. Moscati 1986，47 – 48.
20. Van Dommelen 1988，151 – 156.
21. 这位神灵的脚下经常刻着一朵莲花，它在腓尼基传统中象征着生命与重生（Bonnet 1986，182 – 186）。
22. 例如在尤蒂卡发现的，一柄仪式用剃刀上刻着赫拉克勒斯与一头巨大的公牛搏斗的场景。这一主题图案受到了西西里希腊城市歇利伦特和索拉斯的巨大影响（同上书，195）。几个香料瓶也被发现刻有赫拉克勒斯像，其中一个瓶子上刻的是赫拉克勒斯与阿喀琉斯在一起。
23. Lancel 1995，207.
24. Athenaeus 392d.
25. Bonnet 1986，220 – 222.
26. Green 1990，187.
27. 关于阿加托克利斯的早期人生与飞黄腾达，直至成为一名独裁君主的历程参见 Diodorus 19. 2. 1 – 19. 9. 7。
28. 参见同上著作的 17. 23. 2 – 3；关于阿加托克利斯与亚历山大之间的联系见 Zambon 2006。

29. Zambon 2006, 82 – 83.
30. Plautus *Mostellaria* 775 – 777.
31. Hoyos 1994, 255 – 256.
32. Isocrates *Nicocles* 24.
33. 直至公元前 3 世纪，将军仍是从政治精英中选拔而出，且往往担任苏菲特一职（Drews 1979, 55）。关于公民大会决定将领人选的事实见 Aristotle *Pol.* 2. 8. 9；Diodorus 25. 8。
34. Diodorus 20. 10. 2 – 4.
35. Pearson 1987, 41.
36. Justin 22. 2.
37. Diodorus 19. 71. 6 – 7.
38. Diodorus, 19. 72. 1 – 2。
39. Justin 22. 3; Diodorus 19. 72. 2.
40. Diodorus 19. 106. 1 – 4.
41. Diodorus, 19. 106. 5 – 19. 110. 5。
42. Diodorus, 19. 106. 5, 20. 3. 1 – 3。
43. Diodorus, 20. 3. 3。
44. Diodorus, 20. 4. 1 – 8。
45. Diodorus, 20. 4. 1 – 8。
46. 同上。
47. Justin 22. 5.
48. Diodorus 20. 8. 1 – 7, 20. 9. 2 – 5.
49. Diodorus, 20. 10. 1 – 2。
50. Diodorus, 20. 10. 5 – 20. 13. 2。
51. Diodorus, 20. 14. 1 – 7; Lactantius *Div. Inst.* 1. 21。
52. *CIS* i. 3914。
53. Diodorus 20. 31. 1 – 2.
54. Diodorus, 20. 29. 2 – 20. 30. 2, 20. 33. 1 – 2。
55. Zambon 2006, 82 – 83.
56. Diodorus 20. 33. 2 – 8.
57. Diodorus, 20. 33. 2 – 20. 34. 7。
58. Diodorus, 20. 40. 1 – 20. 42. 5。
59. Diodorus, 20. 44. 1 – 6。

60. Diodorus，20.54.1－20.55.5。
61. Diodorus，20.59.1－20.61.4。
62. Diodorus，20.64.1－20.69.3。
63. Justin 22.8.
64. Diodorus 20.69.3－5.
65. Mildenberg 1989，10－12；Visona 1998，7.
66. Visona 1992，15；1998，9－11.
67. Jenkins 1978，5－19. 在 mhsbm（军营之人）币被彻底取代之前，两家不同的铸币厂于一段时间内同时铸造这类货币。
68. 这一变化被一些学者视为重大事件。曼弗雷迪（Manfredi 1999，72）倾向于将这一事件视为“迦太基在西西里的行政管理体系逐渐规范化，不再需要特别法予以认可的结果”。
69. Jenkins & Lewis 1963，Groups Ⅳ to Ⅶ. 关于这些自公元前4世纪末开始铸造的钱币的情况见 Mildenberg 1989，10。
70. 阿加托克利斯铸造的钱币有所变化，这反映了他拥有了新的地位，相关情况见 Zambon 2006，80－82，Diodorus 20.54.1。
71. Diodorus 21.16.4 认为该病起于中毒：阿加托克利斯用羽毛制成的牙签清洁自己的牙齿，毒素因而进入他体内。
72. 同上，21.16.5。据说阿加托克利斯在数年前抢走了献给火神赫菲斯托斯（Hephaestus）的祭品，因而受此神罚（同上，20.101.1－3）。
73. Plutarch *Pyrrh.* 14.5.

第 6 章 迦太基与罗马

罗马的破竹之势

可以肯定的是，到了公元前 4 世纪末时，迦太基于公元前 157
509 年与上拉丁姆地区一座小城签订协议这一行为，开始呈现其在外交方面的创造性和远见性。尽管罗马遭遇了一连串的挫折，包括国内陷入政治僵局、军事上的惨败以及众多城市于公元前 387 年为高卢军事联盟所占领这一耻辱等，但它仍取得了辉煌的成功。[1] 通过一场看似永无休止的战争，以及外交方面的主动出击，拉丁姆地区成了罗马人的地盘。随之而来的是三场令人战栗的消耗战，对手是居住在意大利中部和南部亚平宁山区的萨莫奈人（Samnite）的强大邦联，这几场战争最终导致后者被征服。与此同时，伊特鲁里亚和翁布里亚（Umbria）地区也处于罗马人的控制之下，而与卡普亚（Capua）的结盟，也将富饶的坎帕尼亚农业地区的许多土地纳入了罗马人的势力范围。[2]

罗马人的东征西讨达到了这样的程度：罗马将军马尼乌斯·库里乌斯·登塔图斯（Manius Curius Dentatus）在夸下的著名海口中宣称，根本搞不清究竟是被他们征服的土地面积大，还是被他们俘虏的人口数字更大。根据估算，到了公元前 3 世纪初，罗马人控制了 14000 平方公里的土地——这个数字是他们在半个世纪前统治面积的 2.5 倍还多。罗马的版图蔓延横跨意大利中部的广大地区，数十年的战争与征服为这座城市

带来了巨大的财富。根据记录，在公元前 293 年的伟大胜利期
158 间，为了庆祝最终战胜了萨莫奈人，一位执政官带回了 830 公
斤白银和 115 万公斤铜。

不单是罗马人的扩张规模达到了非同寻常的地步，他们的扩张方式也同样如此。那段征服岁月的最为引人注目的特点，可能并不是以不可思议的方式取得的军事胜利，而是这样一个事实：高奏的凯歌中间不时夹杂着几段惨败的哀乐。按照传统说法，这一时期罗马的最重要特征为极度的扩张和占有欲，但很明显的是，这些特征对身处该时期的意大利的罗马来说，不仅对其繁荣富强至关重要，更关系到它的生死存亡。[3] 正如历史学家亚瑟·埃克斯坦（Arthur Eckstein）所评论的那样："罗马人为了自己的影响力、实力和国土安全，经历了一连串与强大、尚武的对手的残酷战争，先是在拉丁姆，而后是在意大利中部，随后是在广大的地中海西部地区。"[4]

罗马人很快培养出了一种显著的能力：从失利与失利带来的打击中汲取教训。罗马王国吃了败仗，应对方式不是签订和平协议和提议休战，而是派出一支新的军队去收复失地。这种持续的施压手段，往往是罗马人能笑到最后的原因。罗马给其敌人出的大难题之一是，其国内没有某个人或党派能够垄断政治权力，因而无法通过协商达成持久的或有意义的和平协议。正常情况下，全体元老的任期只有一年，禁止连任。执政官职务同样不得由同一人多次担任，任何一个罗马人都不能例外。跻身罗马政坛顶端的竞争极为残酷，而任期又极为短暂，因而没有一个罗马将军会冒着遭同僚谴责和咒骂的风险，在自己打了败仗的时候与敌人协商谈判。

然而，军事上的成功仅仅是综合因素的一部分，罗马人宣

称他们对新征服土地的控制也是卓有成效的。他们通过多种手段做到这一点。首先，他们将重心放在建设新的基础设施上，以便使新征服的土地与罗马取得联系。在很短的一段时间内，贯穿乡间的道路网就将这座城市与该地区所有重要的新老定居点一并联结在一起，大规模的人口迁移被鼓动了起来，来自罗马的殖民者被派去建立新的定居点，而拉丁人则被迁出故土，移至新的地区。[5] 就这一方面而言，罗马人的最大长处在于他们拥有这样一种非凡的能力：将新近征服土地上的原住民迅速而有效地融合为一个整体，这样他们就能为自己创造出一片幅 159
员辽阔且极为安定的领土来。罗马人以新近创造的法律地位，而非以种族或居住地作为本国公民资格的准则，这样他们就拥有了一个能够迅速用于作战的巨大人力资源库，而非像地中海世界的大多数国家那样依靠雇佣军打仗。[6]

一个无疑用罗马术语来展现新近占领土地的新知识体系被建立了起来，在这些土地上出现的神兆和神迹被小心翼翼地记录下来，并通过举行罗马式宗教仪式来赎罪。拉丁姆地区众城所享有的法定权利与罗马人之前享有的一模一样，但由于与罗马人签订了一系列协议，它们如今负有在任何需要的时候向罗马提供兵员的义务。古老的拉丁身份被保留了下来，但只是以一系列与义务、权利和特权有关的条文的形式被载入罗马法之中。罗马人就是这样展示他们的知识与对这一地区无可置疑的“主权”的。[7] 意大利将永远不会只是一片在紧急情况下可以被放弃的被征服地区。它将被当作像罗马城内部一样的罗马领土而受到保卫。

罗马人对征服与再改造的癖好，还延伸到了宗教领域。拉丁宗教的仪式与活动得到了罗马人的支持，但只能被置于严密的监管之下，目的是将罗马变成拉丁民族文化的核心。例如，宗教仪式“伊文卡迪奥”（evocatio）的设想是将敌人的天神从本国引诱到罗马（在这里他可以期望得到他应得的东西，毫无疑问还能享有更高的威望），它如今被用于制造巨大的影响。第一个使用“伊文卡迪奥”的实例发生在公元前396年的维伊（Veii）围城战期间，使用者是一位罗马将军，维伊是一座伊特鲁里亚城市，其主神为艾优尼/朱诺。在这座城市陷落之后，对这位女神的崇拜传入罗马，在那里，她以万神殿女王的身份受人膜拜。从表面上看，这一事件似乎类似于古风时代在意大利中部出现的宗教融合现象，但事实截然相反。外国神灵是严格按照罗马的相关规定引入的。

罗马的迦太基人

160 如今罗马成了一个举足轻重的区域强国，迦太基人显然迫切地希望维持并实实在在地加强两个城邦之间的外交关系。因此在公元前351年，一个迦太基外交使团被派往罗马，其使命是将一个重11公斤的硕大金质王冠赠送给罗马人，以恭贺他们战胜了萨莫奈人。随着罗马成为地中海西部最为强大的国家，罗马人的地位也日益提升，他们对这一地位极为看重，因而决定将这顶王冠安置在他们最重要的神庙——卡匹托尔山（Capitoline Hill，又译卡比托利欧山）上的朱庇特·奥皮提姆斯·马克西穆斯（Jupiter Optimus Maximus）神庙——之中。[8]

接下来在公元前348年，两城签订了一份新条约，比起第一份条约，新条约的内容更加详细，也更为翔实（西班牙如今被并入了迦太基人的势力范围）。迦太基有着充分的理由维持自己与罗马的友好关系，这份条约的相关规定使得罗马与迦太基商人在彼此的城市里享有同等的权利与特权，因此有理由认为，在罗马和拉丁姆的广大地区，存在着一个巨大的迦太基商人群体。[9] 两国之间可能涉及鱼制品、盐、萨丁尼亚羊毛、非洲大蒜以及杏仁和石榴贸易的商贸关系正蒸蒸日上，而被置于市政官——职责包括监督罗马商业市场的元老——仓库之中的新旧条约的副本，无疑更是为此局面锦上添花。[10]

其他一些很有意思的线索也表明，罗马存在着一个迦太基人群体。公元 1 世纪的罗马作家瓦罗（Varro）曾提到一个位于埃斯奎里山（Esquiline Hill）上的，名叫维库斯阿非利库斯（Vicus Africus）的地区，按照他的说法，这个地区得名于定居在罗马的迦太基人，他们因布匿战争而沦为人质。[11] 然而，近来的研究表明，这一“非洲人社区”的形成无疑可以追溯到远远早于布匿战争的年代。[12]

另一个关于罗马迦太基人群体的证据，存在于对一处奇怪的被称为拉卡特里亚圆柱（Columna Lactaria，意为奶牛广场）的遗迹的描述之中，这根米勒克圆柱矗立在罗马蔬菜市场霍里图鲁姆公共广场（Forum Holitorum）之上。实际上，这根圆柱或许原为一块为这一地区的迦太基居民顶礼膜拜的圣石。[13] 在 161
瓦罗笔下，霍里图鲁姆公共广场是“将蔬菜当作食物的老马赛鲁（Macellum）”。他想当然地认为“马赛鲁”是一个希腊词。[14] 然而，它其实是一个被广泛应用于迦太基世界的闪族词语，意为市场。毫无疑问的是，“马赛鲁”可以与拉丁姆地区的多个城镇扯上关系，这表明那几座城镇之中也居住着迦太基商人团体。[15] 此外，很明显在阿尔代亚镇范围内的其他地区也有迦太基人，因为在当地赫拉克勒斯神庙所在地发现了一批存放于此的祭品，其中包括迦太基陶器和两段用迦太基语写成的铭文。[16]

迦太基亦与位于靴子形意大利的趾部的布鲁提乌姆（今卡拉布里亚地区）有大量的商业往来。近年来对在迦太基发现的运输用双耳细颈椭圆土罐起源的研究显示，公元前4世纪的布鲁提乌姆是一个比萨丁尼亚更大的商品和原材料产地。[17]迦太基无疑与这一地区产生了强有力的联系，它甚至在希波尼安人为叙拉古暴君戴奥尼索斯所迫而背井离乡后，派遣军队前去帮助这座城镇的人民重建他们的家园。[18]在北方，坎帕尼亚地区同样与迦太基有着密切联系，大批来自这一地区的雇佣军为迦太基的西西里军队而战。[19]迦太基与罗马新签订的条约，既是对罗马在第勒尼安地区那日益扩大的势力范围的确认，也是对迦太基在意大利半岛的领土的承认。

新条约的条款允许迦太基在必要的时候再度介入意大利事务。如果迦太基人占领了任何一座拉丁城市，他们需要将其移交给罗马人，但其附属财产和俘虏均可留在自己手里（不过，所有送到罗马的俘虏都将被释放）。北非（迦太基城本身除外）与萨丁尼亚地区仍严禁罗马商人进入，但从条约的内容来看，与西西里的贸易似乎是被允许的。从军事上来说，迦太基人可能将罗马视为一个重要的抵制叙拉古影响力的地区盟友，而罗马也可能将叙拉古当作一个潜在的威胁。戴奥尼索斯和阿加托克利斯均曾流露出将自己的势力范围拓展到意大利的野心，事实上罗马人最近就击退了一支前来造访的不受欢迎的西西里希腊舰队。[20]

皮洛士

到了公元前3世纪初，罗马人将注意力转向富裕的大希腊地区——由希腊移民在意大利南部地区建立的殖民地——的城市。在与罗马军队爆发了几次边境冲突后，该地区实力最强的城邦塔伦图姆（Tarentum）开始在意大利境内与境外寻找盟友。最终，潜在的救世主以皮洛士的面目出现，此人是大抵位于今阿尔巴尼亚地区的一个希腊小王国伊庇鲁斯（Epirus）的国王。[21]时年38岁的皮洛士的人生已是饱经沧桑，这其中包括数次退位、复位和曾在埃及宫廷充当人质的经历，以及一段担任马其顿国王的短暂插曲。[22]一再被限制于自己的小小王国之中的他发现塔伦图姆所提出的将他们从罗马人魔爪下拯救出来的请求太过诱人，令他无法拒绝。 162

从表面上看，皮洛士是一个优秀的盟友。他普遍被同时代的人（他的后世仰慕者也是这样想的）认为是古代世界最好的将军之一。此外，许多其他希腊统治者——由于皮洛士这个不知疲倦的麻烦制造者力图为自己创建一个强大的王国，他们巴不得他滚蛋——向他提供了军队、大象、船只和金钱。战役从一开始就相当不顺，皮洛士的舰队在亚得里亚海被一阵猛烈的风暴吹散了。然而，在军队重新集结起来后，皮洛士本人被塔伦图姆人任命为最高司令官，享有无限指挥权，他积极准备着向罗马发起新的挑战。

罗马人如今面对的是意大利所实施的最可怕的军事抵抗，以顽强的萨莫奈人的形式，但皮洛士与其军队的核心——来自伊庇鲁斯的莫洛西亚老兵部队是个完全不同的存在。如今罗马人首次与希腊军队在战场上相遇，他们在公元前279年爆发的两次赫拉克勒亚战役中被击败。（除了皮洛士对战术的理性安排外，罗马骑兵一看到他所携带的战象就惊慌失措且乱作一团，这帮了皮洛士的大忙。）皮洛士在获胜后甚至得以推进到离罗马城不远的地方。[23]

163 迦太基在战争爆发之初袖手旁观，现在决定介入。几乎可以肯定的是，迦太基人担心皮洛士意欲染指西西里，这种恐惧心理令其可能抱有的有义务帮助罗马盟友的想法越来越强烈。公元前280年，一位名叫马戈的迦太基指挥官率领一支由100艘战船组成的舰队，来到了罗马港口奥斯蒂亚（Ostia），向罗马人提供支援。显然罗马人生怕自己会卷入日后与迦太基的冲突之中，彬彬有礼地回绝了这一援助。[24]罗马元老院差一点就接受了皮洛士所强加的和平条件，后因最老、身份最为高贵的一位元老阿庇乌斯·克劳狄乌斯·凯库斯（Appius Claudius Caecus）的公开反对，元老院遏制了这个念头，在最后一刻回绝了那些条件，并通过投票决定将战争继续下去。罗马人这种方式展示了自身那举世闻名的坚韧性。皮洛士于公元前279年在阿斯库鲁姆（Ausculum）再度战胜了罗马军团，然而这位国王也付出了高昂代价，以至于据说他大声嚷道，如果他再赢得一次这样的胜利的话，他就彻底完蛋了。[25]由于自己的军队遭到严重削弱，他别无选择，只得撤回塔伦图姆。

这种毁灭性的“皮洛士式的胜利”尽管对罗马人是有利的，但对它的迦太基盟友造成了严重的后果：如今皮洛士对罗马人作战的狂热情绪消退了，他受叙拉古之邀，负责指挥对迦太基人的战争。令这个提议显得格外有吸引力的原因在于他的妻子——她正是阿加托克利斯的女儿——已经为他生下了一个儿子，因而给了他在叙拉古变得虚弱并陷入政治分裂之时，对这个国家和这个国家的领土提出合法主权要求的机会。[26]

迦太基与罗马可能就是在这个节骨眼上签署了第三份协议。它不仅重申了公元前 348 年所签订协议的内容，还增加了几条新条款。任何与皮洛士的和平谈判，都将由双方共同进行，这样就预先阻断了伊庇鲁斯国王与其中一方结盟对抗另一方的企图。在限制性条款中还包括这样的内容：如果迦太基或罗马一方遭到直接进攻的话，两国将进行有限的军事合作，双方达成协定，各自负担己方军队的后勤和军饷（但迦太基将提供海军支援）。[27]

皮洛士于公元前 278 年夏在西西里登陆，尽管起初他所率部队的规模很有限，但他立刻得到了由西西里各个城市组成的 164
反迦太基同盟供应的兵员、金钱和补给品。在叙拉古，仅仅因为他的迫近，就使得一支迦太基舰队放弃了对该城港口的封锁。在以胜利的姿态进入这座城市后，皮洛士得以在战事爆发前拥有一支由 3 万名步兵和 2500 名骑兵组成的军队。事实上，他很快发现，挑战西西里的迦太基军队并不像挑战罗马军团那样困难。

皮洛士展示了自己那极为出色的宣传能力：他迅速将希腊解放者的头衔据为己有，宣称自己将一劳永逸地使西西里摆脱野蛮的迦太基人的统治。事实上，他以常见的方式起誓：倘若他占领了迦太基的厄律克斯要塞，那他就组织一次运动会，并以赫拉克勒斯的名义献祭——在对要塞的进攻获得成功后，他以一种“宏伟壮观的形式”实现了自己的誓言。[28]毫无疑问，厄律克斯是迦太基的宗教中心，是女神阿施塔特的专用圣地，因而该地同样有着与她的天神配偶麦勒卡特有关的宗教活动。皮洛士对赫拉克勒斯的召唤似乎不太可能仅仅是个巧合，更有可能包含特殊目的：将他对厄律克斯的进攻与为亚历山大所纪念的泰尔——麦勒卡特之城——围攻战相提并论，在泰尔陷落以后，亚历山大举办运动会，并以赫拉克勒斯的名义大肆庆贺。

西西里岛迦太基领地内的城市和要塞很快就纷纷陷落，直到最后只剩下利利贝乌姆还在迦太基人的掌握之中。越来越迫切地希望皮洛士能回到意大利去的迦太基人，提出了一份和平协议，他们在协议中提供了一大笔金钱和一批船（可能是为了确保他能够撤走）。不过，这一无疑会激怒罗马人的做法被驳回了。皮洛士如今开始准备渡海前往利比亚，这令迦太基人产生了一种不祥的预感，他们想起了阿加托克利斯径直入侵北非时所取得的成功。然而，利利贝乌姆的抵抗仍在继续，这让迦太基人有理由心存希望。此外，皮洛士的胃口越来越大，行为举止也越来越傲慢，这使得他和他的西西里盟友疏远了。绝望的在意大利的希腊人再一次请求皮洛士前来保护他们以抵御罗马人的进犯，他最终于公元前 276 年离开了西西里。[29]

在意大利，皮洛士完全未能复制自己先前的成功之路。尽管罗马军团是将其逐走的最大功臣，但迦太基人似乎提供了后
165 勤方面的支援。迦太基舰队曾将 500 名罗马士兵运往利基翁，罗马人破坏了皮洛士贮存在此地的用于建造船只的木料。[30]迦太基战舰还在皮洛士从西西里返回意大利的时候截击了他的舰队，从而成功地令罗马人免遭新的进攻。[31]公元前 275 年，皮洛士在贝内文托（Beneventum）惨败于罗马人之手，之后他就离开了意大利，再也没有回来。[32]三年后，他最终在希腊境内的一场攻坚战中落得耻辱的下场：他被一个老妇人从屋顶掷下的一块瓦片砸得不省人事。在被敌人俘虏后，皮洛士遭斩首。[33]

一场不可避免的战争？

皮洛士去世后，罗马人立即征服了大希腊地区。公元前275年，一支原本为罗马人派来保护利基翁的坎帕尼亚雇佣军占领了这座城市，城中的男性公民或被屠杀，或被驱逐，他们的财产和家人遭侵占。五年后，雇佣军为罗马人所驱逐，后者将这座城市交还给幸存的公民，并将被俘的雇佣军带往罗马。在罗马，被俘的雇佣军在公共广场被鞭笞、斩首，这或许是为了警告其他人。[34]塔伦图姆最终在公元前270年的围攻中陷落。不久之后，在拉丁姆地区长年艰苦的战争中逐步发展出来的土地吞并方法，被全面投入应用之中。道路网络迅速扩展，阿庇安大道从卡普亚延伸而出，贯穿了新近征服的萨莫奈人领土及大希腊地区。对这种富裕城市的征服，意味着大量战利品流入罗马，这些战利品大多被应用在为越来越庞大的公民群体提供更为完善的行政机构，以及一座座宏伟壮观的新神庙和新胜利纪念碑上。

然而，一旦皮洛士这个共同威胁被消除，没过多久罗马-迦太基同盟也就开始分崩离析了。事实上，罗马人在自己危在旦夕之际（当时皮洛士离罗马仅有几公里远）拒绝迦太基海军援助这件事，表明了在击败伊庇鲁斯国王之前，两个盟国之 166
间的不信任到了何等程度。罗马人最终战胜了皮洛士，靠的是一位才干得到整个地中海世界普遍认可的将军。这一给人留下深刻印象的事件，无疑引起了实力更为强大的东方希腊王国的注意。公元前273年，希腊诸国中最强大王国的君主，埃及的托勒密·费拉德尔甫斯二世（Ptolemy Ⅱ Philadelphus）向罗马派出使者以建立外交关系，罗马人给予了积极回应。这表明罗马人正在地中海地区寻找新的盟友，它可能已经决定摒弃与迦太基的关系了。罗马人对迦太基人的猜疑，因公元前 270 年时一支迦太基舰队出现在正遭罗马围攻的塔伦图姆城而加重了，这次事件导致罗马人指责迦太基舰队意欲支援被围困的塔伦图姆人，尽管事实上这支舰队更可能只是在执行一次侦察任务而已。[35]

一些学者，尤其是威廉·哈里斯（William Harris）曾主张，一旦皮洛士被击败，迦太基与罗马之间的冲突将不可避免。罗马当时已征服了大希腊地区，而长期以来，意大利南部希腊城市的事务，一直与西西里岛的希腊城市相互纠结。这些学者指出，罗马人于公元前 270 年对利基翁（它隔着墨西拿海峡与西西里岛相望）的占领，公元前 273 年两个罗马殖民地在第勒尼安海岸的帕埃斯图姆和科萨的建立，以及罗马人对布鲁提安森林（Bruttian forests，一处理想的造船用木材产地）的征用，均表明了他们对西西里的图谋之心。[36]

这些新发生的事件，均被视为由几个有坎帕尼亚血统的元老家族组成的阴谋集团那日益增长的影响力的体现，这一阴谋集团希望挑起一场与迦太基的战争，这样他们就能够控制流入迦太基西西里领地和北非的坎帕尼亚商品，特别是酒和上等黑釉瓷器。[37]然而，几乎没有关于这一时期有大批坎帕尼亚商品输入迦太基的西西里或迦太基城的证据存在。[38]事实上，这些积极进取的行为更可能是由罗马人对自己海防力量不足的现状越来越忧虑引发的，特别是对大希腊地区的占领，使得处于罗马控制下的第勒尼安海岸线的长度大大增加了。[39]

无论是罗马还是迦太基，其国内都不大可能存在着一个身居高位且热衷于挑起对另一方的战争的团体。然而，新的政治

现状意味着两国之间的紧张局势必将进一步加剧。西西里众城
有着挑动区域大国彼此相斗的悠久传统，由于罗马已加入了区
域大国的行列，它卷入该岛事务只是时间问题而已。此外，迦 167
太基军队在西西里岛与皮洛士作战时的平庸表现，使得任何一个罗马人都更加难以压抑在该岛向迦太基人挑战的想法。因此，尽管公开的主张言论并未出现，但到了公元前 3 世纪 60 年代初，四分五裂的西西里中部地区还是同时成为两国的势力和利益范围，而同一时期，两国的军力状况发生了明显变化，强势的一方可能从迦太基变成了罗马，这使得岛上的局势充满了火药味。

在政治上的实用主义和外交上的战略背后隐藏着的，是罗马元老院精英们所怀有的一种越来越强烈的感觉：迦太基人在重要的民族文化分水岭中，处于他们的对立面。到了公元前 4 世纪，罗马精英对希腊作家们关于罗马城起源的诸般观点的兴趣日益浓厚。至于这类民族志学方面的观点，已知的最早实例是莱斯博斯岛作家赫拉尼库斯（Hellanicus）于公元前 5 世纪提出的，关于伟大的流浪英雄、伊萨卡国王奥德修斯与特洛伊亲王埃涅阿斯——后者在特洛伊被希腊人夷为平地后前往意大利——联手建立了罗马的观点。[40]从表面上看，这一观点看似一些奇谈怪论的杂糅，因为希腊人和特洛伊人彼此间的敌意是史上最著名的希腊史诗的永恒主题，并且，至少从理论上看，特洛伊人也是希腊人眼中的野蛮人。

事实上，在许多希腊文学作品中，特洛伊人经常被刻画成拥有许多与希腊人一模一样的品质和美德的形象。[41]可以肯定的是，到了公元前 4 世纪晚期，罗马贵族们似乎欣然接受了他们是特洛伊人的继承人的观点，正因为如此，他们在获准保留

自己的民族特色的同时，也得以沾一沾闻名于世的希腊文化传统的光。[42]在接下来的这个世纪，由于地中海西部的希腊知识分子阶层，特别是西西里的希腊知识分子阶层对罗马越来越了解，也越来越感兴趣，将这座城市的建立与希腊人或特洛伊人扯上关系的故事将衍生出更多的版本，其数量将增加到令人眼花缭乱的地步。[43]

尽管罗马人拥有属于自己的本土建城神话——其主人公是一对双胞胎弃婴，罗慕路斯和雷穆斯——然而到了公元前 4 世
168 纪末，那些与城市的创建者是特洛伊和希腊移民有关的故事，在罗马上层贵族阶层中变得极具影响力，他们开始对希腊人的语言、艺术和政治表现出浓厚兴趣。[44]事实上，随着时间推移，这批广为传播的与罗马人的起源有关的故事，被巧妙地与着重描述一波波不同的希腊和特洛伊移民的史前史糅合在一起，最终导致这座城市的创建者罗慕路斯和雷穆斯如今被认为是埃涅阿斯的直系后裔。这些故事不仅仅是带有自恋情结的文化碎片而已。它们还有着重大的政治意义，如公元前 3 世纪初马其顿国王德米特里厄斯·波里奥西特（Demetrius Poliocretes），为了在对付伊特鲁里亚海盗这件事上获得罗马人的援助，宣称与后者有共同血统，以此作为恳请的理由。[45]

战无不胜者赫拉克勒斯的崛起

在这些是希腊人建立罗马城的神话中，赫拉克勒斯的祭仪于罗马人在意大利大肆扩张的公元前 4 世纪时期，开始变得越来越高调。尽管正如我们所看到的，在屠牛广场举行的祭仪的起源可追溯到古风时代，然而到了这个时代，它已经摆脱了早先的大杂烩特征，特别是摆脱了所有与麦勒卡特的关联。公元

前 399 年，赫拉克勒斯的祭仪为罗马的宗教日历所收录。随后在公元前 312 年，它获得了最高荣誉：成为正式的政府祭仪。第一座献给不可战胜的赫拉克勒斯（Hercules Invictus）的神庙——这显然是对希腊世界必胜主义的肯定——也是在这一时期建成的。最为显赫的元老院家族，费边家族（the Fabii），宣称这位英雄是他们的祖先，这清楚说明赫拉克勒斯的遗产已经渗入罗马上层贵族的私人家族史中去了。[46]

尽管关于赫拉克勒斯与罗马人之渊源的故事，已是个老掉牙的传说，但他拜访帕兰提乌姆并随后杀死卡库斯的神话，可能直到公元前 3 世纪初的最后数十年才被改写成伟大的传说，这表明赫拉克勒斯与罗马人的渊源，被极为紧密地与罗马人在意大利的政治抱负联系在一起。[47]帕兰提乌姆（未来的罗马城 169
所在地）是赫拉克勒斯杀死卡库斯一事的发生地的说法，无疑使这座城市在它的拉丁邻居之中平添了几分威望。事实上，在这个传说的某些版本中，赫拉克勒斯是在罗马城所在地生下拉丁努斯（Latinus）的，而拉丁人就是以这位始祖的名字命名的。[48]有了属于自己的赫拉克勒斯遗产的罗马人不但可以宣称自己拥有高贵的希腊血统，还能通过建立一个赫拉克勒斯王国的方式，来为自己对意大利其余地区的政治野心披上一件合法外衣。在当时，赫拉克勒斯传说与大希腊地区众古老城市有着明显的联系，很多城市声称这位伟大的英雄是它们的创始人。有了属于自己的赫拉克勒斯传奇，罗马人不但可以与这些希腊同道者一样宣称自己是这位伟大祖先的后人，而且这层关系也使得他们对这一地区的政治野心变得越来越大。

因此，尽管罗马元老院的精英们投资着传说中的特洛伊遗产，推崇着战无不胜的赫拉克勒斯的祭仪，但到了公元前 4 世纪末/前3世纪初时，他们还是开始在文化上越来越多地与希腊世界结盟，这一进展严重影响了罗马人对迦太基人的态度。罗马人无疑从未将自己看作希腊人，但他们已经开始认为自己在民族文化分水岭中与希腊文化处于同一阵营，这座分水岭将文明的希腊世界与野蛮人世界区分开来，而迦太基人显然属于野蛮人世界。这些民族起源观，比起只能给人留下平淡无奇的印象的学术论点，影响力要大得多。这许许多多拥有大量物质与政治投资的说法，开始越来越多地为战争的发动、土地的征服与条约的签订提供辩护，使这类行为成为一些理智之举。罗马人因特洛伊后裔的身份而取得的文明国家集团成员身份，本身就是一个政治决策，并且这一决策有可能被投机的希腊领袖们定期修改（如果形势让他们不得不这样做的话）。事实上，罗马人自己就是皮洛士所发动的辉煌宣传战的目标，因为以皮洛士的名义铸造的四德拉克马银币，显然与亚历山大大帝同代人的思想有着密切关联。这些银币上面的肖像中包括希腊英雄赫拉克勒斯和阿喀琉斯。[49]

这些肖像对应的是皮洛士的想法，皮洛士希望自己能和英
170 雄祖先一样，率领在意大利的希腊人击溃那些正在威胁他们的野蛮人。皮洛士试图把罗马人称自己有特洛伊人血统的传说，变成宣传武器，从而将在意希腊人团结在他的战旗之下，他使用的手段是宣称自己将击败特洛伊人的后裔罗马人，以此再现他那举世闻名的祖先、伟大的希腊英雄阿喀琉斯的事迹。[50]民族划分在政治方面的重要性亦在日后得到凸显：公元前263年，在成为第一次布匿战争扩大化标志的外交策略的作用下，艾利米亚城市塞杰斯塔终止了它与迦太基人的盟友关系，叛投罗马一方，它援引迦太基人与特洛伊亲王埃涅阿斯有共同血统

这件事作为理由。[51]

尽管罗马精英们可能在感情上变得更容易受到西西里的希腊人所提出的，迦太基是一个侵略成性、贪得无厌的政权的陈腔滥调的影响，但罗马人对自己身上的特洛伊和赫拉克勒斯“遗留血统”那越来越浓厚的兴趣本身，并非他们与迦太基关系破裂的主要原因。然而，这一事实确实以一种强力而理智的形式，解释了两国关系为何于公元前3世纪初的数十年间变得越来越紧张，并最终破裂。从现存的蒂迈欧著作的残篇中，我们似乎可以看出，这种特殊的史料编纂比较对他的胃口。尽管被流放到遥远的雅典达数十年之久，他仍然知悉，在阿加托克利斯和皮洛士失败后，地中海中部地区的未来的决定权，如今掌握在迦太基人和罗马人手中，而希腊人成了彻头彻尾的旁观者。[52]由于对这一令人感到痛苦（至少对地中海西部的希腊人来说是这样）的事实异常介意，蒂迈欧精心编造了这样一个故事：迦太基和罗马的建城年代其实从严格意义上来说为同一年，即公元前813年。[53]通过对自己虚构出来的东西的精心调查——这其中可能包括与这一信息的提供者的真实会面——蒂迈欧确定了自己是有罗马和拉丁民族混合血统的特洛伊后裔。[54]

在蒂迈欧的世界观里，罗马作为一座同时具有特洛伊和希腊血统的城市，既是一股新出现的对迦太基人所造成威胁起制衡作用的力量，也可能是地中海西部希腊世界的保卫者——一个罗马人或许很乐意予以支持的观点。尽管蒂迈欧关于皮洛士的记载中得以保存下来的内容可谓是少之又少，但我们仍可推测出它的中心思想：西部的希腊人彼此结盟与罗马——一座同时具有特洛伊和希腊血统的城市，赫拉克勒斯传统文化的真正

171 继承者（与之形成鲜明对比的是，皮洛士试图用欺骗的手段声称自己是这一传统文化的继承者）——相对抗，而不是集中力量对付他们的共同敌人迦太基，是个严重的失误。[55]绝非巧合的是，蒂迈欧小心翼翼地在自己的著作中强调，赫拉克勒斯是意大利人的祖先，他浓墨重彩地描述了这位英雄带着戈吕翁的牛群，向南穿过亚平宁半岛和西西里的行程。[56]

蒂迈欧之所以在著作中重点写下赫拉克勒斯的意大利南部与西西里之旅，目的在于强调是地中海西部的希腊人和罗马人在这个英雄的遗产中有着共同的投入。事实上我们知道，这种互动关系并非只是蒂迈欧空想的产物，罗马人自己也不断对这一观点进行投资。公元前 270 年，罗马铸造了一批用以纪念对塔伦图姆战争最终胜利的银币，银币正面刻有闻名于世的罗慕路斯与雷穆斯吮吸母狼乳汁的场景，但它背面刻的则是赫拉克勒斯身披狮子皮的传统希腊形象。意大利南部的城邦有一个悠久且引以为傲的传统，即将赫拉克勒斯的肖像置于它们的货币之上，且这位英雄长期以来都一直是希腊人的殖民行动在这一地区所获成就的象征。如今，罗马人的货币也宣告着，罗马有资格成为赫拉克勒斯传统文化的继承者。[57]

战争倒计时

迦太基与罗马之间的敌意因一群惹是生非的雇佣军进一步激化了，这些雇佣军决定，一旦阿加托克利斯不再需要他们，他们就在西西里安家落户。马迈尔提尼斯人（Mamertines）——又称“马迈尔斯（Mamers，意大利战神）的追随者”——原本来自卡帕尼亚，但遭遣散后，他们屠戮了西西里城市墨西拿的公民，并将他们的妻子和财产据为己有，从而以这种方式将这座城市变成了他们的新家。然而，到了公元前 3 世纪 60 年代中期，他们遭到来自叙拉古的持续不断的压力，后者正在精明强干的亲民新君希洛（Hiero）的统治下再度崛起。公元前 265 年，由于他们即将陷入严重的危机之中，马迈尔提尼斯人做了两手准备：同时向迦太基和罗马求援。

这一积极的外交动作收到了预期的效果。岛上的迦太基指 172
挥官迫不及待地接受了这一请求，并派出一支小型部队前往墨西拿驻守。[58]对迦太基人怀有敌意的后世的希腊和罗马文献皆谬称这一举动，仅仅是迦太基人旨在控制西西里的新计划的第一步而已，之后他们就会图谋染指意大利。[59]然而，真正吸引迦太基人的，最可能是墨西拿能在被认为是叙拉古人传统势力范围的地区为他们提供一处基地。事实上，这一事件只是频繁发生于该岛迦太基与叙拉古领地之间的又一起西西里人的倒戈事件而已。然而，罗马元老院却就他们是否应该回应马迈尔提尼斯人的请求这个议题展开了激烈争论。如果他们给予帮助，那么，这几乎无疑将引发与叙拉古的某种形式的外交冲突——正如我们今后所看到的那样，这正是某些元老极为期盼的。[60]

在一份明显为事后诸葛亮式的记载中，希腊史学家波利比乌斯描述了反对方在争论期间提出的观点。按照他的说法，渴望着寻求赢取军功之机的罗马执政官们主张出兵相助。然而，其他元老提醒他们的同僚：这些夺占了墨西拿的马迈尔提尼斯人的本性是丑恶的，而在罗马人对企图占据利基翁的坎帕尼亚人予以严惩之后，伪善的罪名将理所当然地落在他们的头上。由于在元老院僵持不下，执政官们求助于公民大会，后者在会带回来战利品的允诺下，轻而易举地就被说服了。决议于是做出了：一支军队将被派去支援马迈尔提尼斯人，执政官阿庇乌斯·克劳狄乌斯· 考德克斯（Appius Claudius Caudex）为指挥官。[61]

显而易见的是，罗马人的军队组建及运输筹备工作，是在他们位于大希腊地区的新盟友中展开的，迦太基人派出的一支海军分舰队阻挡了任何想从利基翁附近渡过墨西拿海峡的企图。但是，阿庇乌斯·克劳狄乌斯并未冒险与实力强得多的迦太基海军交手，而是秘密派遣他手下的保民官，盖乌斯·克劳狄乌斯利用一艘小船，渡海前去说服马迈尔提尼斯人驱逐该城的迦太基守军。

在盖乌斯·克劳狄乌斯第二次拜访墨西拿时，他收到了来
173 自马迈尔提尼斯人的热情保证，随后他打算与数艘船一道横渡墨西拿海峡。然而，天气情况及迦太基人发动的一场进攻迫使罗马人退回了利基翁。墨西拿的迦太基驻军指挥官汉诺摆出一副和解的姿态，他将缴获的船只交还给罗马人，甚至提出一旦双方的敌对关系终结，他就释放俘虏。当这些提议遭到拒绝时，汉诺旋即夸下海口，说只要有他在，罗马人就连到海里洗手都是一件不可能的事。他很快就会为自己的这番狂言而追悔莫及。盖乌斯·克劳狄乌斯尝试着再次渡海，这一次他成功了。在将城内的马迈尔提尼斯人召集到一起后，他成功地说服他们前去要求汉诺来与他们会面，后者此时正藏身于卫城之中。在勉强答应出来谈谈后，汉诺很快就被俘，但他旋即获准与自己的人一起毫发无伤地离开该城。后来，他因这种“无谋亦无勇”的表现被迦太基人钉死在十字架上。[62]

罗马对墨西拿的占领，虽然只是一次局部行动，却震动了西西里全岛。由于岛上那血淋淋的双头共治的局面受到了第三

股力量的威胁，迦太基与叙拉古很快被迫组成了一个便利的联盟来对抗罗马。[63]迦太基军队在另一个汉诺（此人是汉尼拔之子）的指挥下，与叙拉古人联手封锁了墨西拿。正与罗马军队主力一道待在利基翁，伺机进入西西里的阿庇乌斯·克劳狄乌斯精心设计了一个缓兵之计：他同时朝希洛和迦太基派出使者，提议停火。提议很快就被拒绝了，按照狄奥多罗斯——他可能也提供了一份事后诸葛亮式的历史记录——的描述，希洛嘲笑了罗马人，说他们这么做，只是为了维护他们与自己的新盟友马迈尔提尼斯人之间的“忠诚”契约。[64]然而，迦太基人对自身海军优势的自信很快就遭到了打击：阿庇乌斯·克劳狄乌斯与他的军队利用一支拼凑起来的舰队——这支舰队的大部分船只是从罗马人在意大利南部的盟友那里借来的——成功渡过了墨西拿海峡。在后世的历史传说中，阿庇乌斯·克劳狄乌斯向迦太基人的间谍（他们以做生意为名，在利基翁的海港闲逛）提供假情报，从而成功地欺骗了迦太基海军司令。[65]当
奉命前去阻遏罗马人渡海行动的迦太基战舰中的一艘搁浅并落 174
入罗马人之手时，情况变得更糟了，这一事件将在未来造成严重的后果。[66]

事实上，西西里战争的第一阶段似乎并不具有决定性，因为双方均信誓旦旦地宣称是己方获胜。[67]次年，也就是公元前 263 年，罗马派遣它的新任执政官率领一支由 4 万人组成的生力军前往西西里岛，迦太基舰队阻止罗马军队渡海的努力再度以失败告终。其结果是一大批西西里的希腊城邦叛逃到了罗马一方。如今希洛越来越孤立，对胜利越发失去信心，进而提出了议和。而罗马人也在维持岛上军队的后勤供应方面出了问题，因此很乐意地提供了一些相当宽大的条件。希洛获准保留

他的王位以及在西西里东部的大片领土，而作为交换，他将与罗马人化敌为友并结为同盟。叙拉古还移交了所有罗马战俘，并支付了一笔100塔兰特的战争赔款。但对罗马人而言，最重要的是他们现在在西西里东部地区有了一个可靠的军事基地，未来的所有攻势均将从那里发起。[68]

对于迦太基而言，失去了叙拉古这个盟友虽可谓是当头一棒，但并非致命一击。毕竟迦太基与这座城邦的同盟一直是建立在权宜基础上的，而后者是它在这座岛屿上的主要竞争者之一。事实上，公元2世纪的历史学家、罗马前执政官卡西乌斯·狄奥（Cassius Dio）对这两个政权之间爆发战争的潜在因素有着最为深刻的理解。

> 实际上，强盛已久的迦太基人和如今崛起得越来越快的罗马人，彼此间一直都在互相防备。他们之间之所以爆发战争，部分原因在于贪心不足蛇吞象的心理——这与大多数人类的本能倒是相一致，当他们处于事业顶峰时，这种心态最为活跃——亦有部分恐惧心理在起作用。双方均认为，要保住自己的东西，可靠的手段就是占有他人之所有。这两个不受约束的民族强大而自负，而相互间的距离仅有一步之遥，可谓是近在咫尺。倘若再无其他因素的话，对于它们而言，既要取得对众异族的统治权，又要在毫无异议的情况下维持彼此间的互不干涉局面是一件难于登天的事，如果不是不可能的话。然而，导致它们之间的休战协议被撕毁，将它们拖入战争泥潭之中的，却是一件自然发生的意外事件。[69]

双方很可能均无大动干戈的政治意愿，但它们同样没有中止会发展成全面冲突的趋势的意愿。尽管迦太基多半并非罗马人当前的目标，但很难从罗马人站在马迈尔提尼斯人一方进行干涉的行为中，品读出罗马没有越来越多地卷入西西里事务以外事 175
情的想法。[70]当下罗马的野心最有可能瞄准的是叙拉古，而非北非，对叙拉古的征服可能被视为罗马在意大利南部的军事政策的延续而获得正当性。[71]事实上，这一时期罗马人越来越肯定征服战争所带来的物质利益，正如他们越来越肯定赢取军功与跻身高位之间的联系一样。这两种动机作用在一起，形成了一个不祥的组合，并且罗马人对迦太基人会进行激烈抵抗的恐惧，也因迦太基人对自己取得的军事成就的骄傲自满，与迦太基海军阻击从墨西拿海峡出发的罗马人时的败绩而有所减弱。

罗马人那侵略成性与贪得无厌的本能，早已为他们对意大利的征服所证明。[72]然而，罗马在以侵略手段扩张自身领土的同时，它与更大的邻国之间的距离也在缩短，这让后者感到越来越害怕。迦太基可能介入意大利南部事务是一个非常现实的问题，因为罗马在不久前与皮洛士开战的经历就为这种可能性提供了实证。[73]

然而，对迦太基人而言，他们更关心的可能是保卫自己在西西里的领土，对进攻意大利南部倒没什么兴趣。他们最初的活动范围，因迫切希望控制获利丰厚的第勒尼安及爱奥尼亚的贸易航线而扩大了。然而，在西西里待了一百五十年后，迦太基人如今坚定地认为，迦太基化的西西里地区是“属于他们的”领土，利利贝乌姆、帕诺尔莫斯和索拉斯就像卡本半岛的农场，或萨赫勒的橄榄园一样，是迦太基人的财产。当战争爆发时，亲迦太基的历史学家腓里努斯指责道，罗马人是签署于公元前348年之后某个时间点的协议的破坏者，他的根据是这份协议明确无误地规定罗马人不得干涉西西里事务，但宣称自己研读过所有这类协议的波利比乌斯愤怒地否认有这么一份协议的存在。[74]无论该协议存在与否，腓里努斯的观点表明，罗马人对西西里局势的介入，为迦太基人提供了开战的合法借口。[75]

因此，尽管无论是罗马一方，还是迦太基一方最初均未向
176 对方发起进攻，但各自的战略目标——意大利扩张与保卫西西里已预示着和平局面将难以为继。[76]事实上，宏大的战略意图是令第一次布匿战争的主要对战方在不知不觉中陷入战争泥潭的次要原因，而主要因素在于它们缺乏阻止战争爆发的政治意愿。[77]有人预言说，这场冲突将以荣誉共享的方式而很快结束，他们的观点将被证明是错得离谱。蒂迈欧选择将第一次布匿战争的爆发年份——公元前264年——作为他的历史著作的结束时间并非出于偶然。回顾着往昔的历史事件，他知道地中海中部世界即将被永久地改变。[78]

注　释

1. Eckstein 2006, 131 - 138.
2. 同上书，138 - 147。
3. Harris 1979.
4. Eckstein 2006, 177. 更为普遍的说法见 Eckstein 2006, 118 - 180。
5. Dench 2003, 307; Lomas 2004, 207 - 213.
6. Eckstein 2006, 245 - 257.
7. Cornell 1995, 293 - 326, 345 - 368; Harris 1979, 58 - 67;

Crawford 1993，31 –42；Lomas 2004，201 –206.

8. Livy 7. 38. 2.
9. Polybius 3. 24；Livy 7. 27. 2；Diodorus 16. 69. 1.
10. Palmer 1997，15 –45.
11. Varro *Lat.* 5. 145 –59.
12. Palmer 1997，73 –79.
13. 同上书，118 –119。
14. Varro *Lat.* 5. 146 –147.
15. Palmer 1997，115.
16. Di Mario 2005.
17. Bechtold 2007.
18. Diodorus 15. 24. 1.
19. 关于西西里与拉丁姆之间的有力的文化纽带见 Galinsky 1969，63 –140。
20. Diodorus 15. 24. 1.
21. Plutarch *Pyrrh.* 13. 2 –6.
22. Franke 1989，456 –461；Plutarch *Pyrrh.* 2. 1 –13. 1.
23. Plutarch *Pyrrh.* 15. 1 –17. 5.
24. Justin 18. 2. 1 –3；Valerius Maximus 3. 7. 10.
25. Plutarch *Pyrrh.* 18. 1 –21. 10.
26. 同上书，22. 1 –6。
27. Polybius 3. 25. 1 –5.
28. Plutarch *Pyrrh.* 22. 4 –6.
29. 同上书，22. 1 –23. 6。
30. Diodorus 22. 7. 5. 霍约斯（Hoyos 1998，14）认为罗马人并未参与这次袭击。但赫斯（Huss 1985，212）提出的关于罗马军队参与了这次远征的假说更为可信，因为罗马人拒绝参与这种在意大利本土进行的军事行动似乎是一件不可能的事。
31. Plutarch *Pyrrh.* 24. 1.
32. 同上书，25. 1 –26. 1。
33. Zonaras 8. 6；Plutarch *Pyrrh.* 34. 2 –4.
34. Diodorus 22. 3；Dionysius 20. 4 –5.
35. Livy *Epitome* 14；Zonaras 8. 8；Lazenby 1996，34 – 35；Hoyos

1998, 15 - 16. 多年以后，一位名叫奥罗修斯（Orosius 4.3.1 - 2）的基督教作家实实在在地记叙了一场在迦太基与罗马舰队之间爆发的，几乎可以肯定是虚构的海战。但他所宣称的，罗马派了一个使团前往迦太基抗议的事可能是真的。

36. Harris 1979, 183 - 184.
37. Lancel 1995, 365. 认为这可能是坎帕尼亚人的阴谋的评论文章见 Hoyos 1998, 20 - 21。
38. Bechtold 2007.
39. Livy *Epitome* 14; 21.10.8, Dio Fr. 43.1; Hoyos 1998, 15 - 16; Lazenby 1996, 38 - 39.
40. Hellanicus of Lesbos Frs. 31, 83, *FGH*, I: 115, 129（Dionysius 1.72.13）. 对这些说法是否来源于赫拉尼库斯的质疑见 Gruen 1992, 17 - 18。然而，索姆森（Solmsen 1986）坚信这些说法再现了赫拉尼库斯的著述，他的观点得到了马尔金的支持（1998, 199 - 202）。事实上，一些非希腊民族将他们能够存在于世归功于希腊英雄的观点并不新鲜。伊特鲁里亚和拉丁人一直为奥德修斯诸子所统治的主张，至少自公元前6世纪中期（可能更早一些）起就在希腊文学界流行了。伊特鲁里亚人极为乐意地接受了自己的血统与这位荷马笔下的传奇流浪者有关的说法（Malkin 1998 & 2002）。这些出自希腊作家之手的民族学著作还被用作强大的排外手段，因为它们在强调“希腊人”在某些族群中的重要性的同时，也凸显了其他族群的相异性。这些著作很快在意大利产生了重要影响，在那里，它们被一些非希腊族群热烈地接受，并加以改写，以便明确这样一个事实：它们优于同为非希腊人的邻近族群（Dench 2003, 300）。
41. Cornell 1995, 63 - 68. 尽管埃涅阿斯的传奇故事在日后被大肆加工润色，但它来源于希腊著作荷马史诗，而第一部记载了特洛伊亲王西行的著作同样出自一位希腊作家——公元前6世纪的希腊裔西西里人斯特西克鲁斯——之手（Gruen 1992, 13 - 14）。公元前6世纪，埃阿涅斯在地中海西部的传奇故事由于出现在进口的希腊陶器和本地产陶器上的装饰图案之中，而在伊特鲁里亚亦变得家喻户晓（Galinsky 1969, 105）。然而，格鲁恩（Gruen 1992, 21 - 26）提出过一个令人信服的观点：拉丁姆地区依旧是埃涅阿斯热的中心。

42. Gruen 1990，33；1992，31.

43. Gruen 1992，15－16. 希腊裔西西里作家卡里阿斯［Fr. 5A (Dionysius 1. 72. 5)］认为，罗马是由双胞胎兄弟罗慕路斯、雷穆斯和他们不知名的三弟——此人是拉丁努斯（拉丁人的统治者）与罗玛（随埃涅阿斯一起来到意大利的一位特洛伊妇女，但她与前者并无关系）的后代——建立的。另一位叙拉古史学家阿尔希姆斯（Alcimus）记载的故事略有不同：一个名叫罗慕斯的人，他是罗慕路斯之子，埃涅阿斯之孙，是这座城市的缔造者（Vattoune 2002，220）。事实上，罗马的名气变得越来越大，以至于到了公元前 4 世纪，一批希腊作家（其中既有亚里士多德派也有柏拉图派）认为这座城市完全是希腊人的杰作（Dionysius 1. 72. 3－5；Plutarch *Cam.* 22. 2）。公元前 4 世纪和前 3 世纪的很多叙拉古作家坚决主张罗马是由拉丁人和/或特洛伊人建立的，而不是希腊人的成果，瓦图万（Vattuone）认为这一现象表明由于罗马人与迦太基人结盟，它被东希腊人视为仇敌。然而，事实上希腊人所持的“特洛伊人建城说”与蒂迈欧（他显然以正面的角度来看待罗马）同样坚决主张的罗马人是由特洛伊人建立的说法相比，已有更为微妙的不同。

44. 这些希腊式人种学说的真正威力不仅体现在学说本身上，还体现在它们所依托的科学研究所具有的不容置疑的感染力上。Bickerman 1952a；Momigliano 1975，14－15；Cornell 1995，60－63.

45. Strabo 5. 3. 5.

46. Ovid *Fasti* 2. 237.

47. 毫无疑问，有人认为这个传奇故事的关键人物，阿卡狄亚裔希腊国王伊万德只是在这一时期才被罗马的历史神话吸收（Bayet 1926；Cornell 1995，68－69）。

48. Fabre 1981，287.

49. Franke 1989，463－466.

50. Pausanias 1. 12. 1；Gruen 1990，12.

51. Zonaras 8. 9；Gruen 1990，12－13；Galinsky 1969，173.

52. Momigliano 1977，53－58；Walbank 2002，172－177. 蒂迈欧的

观点对罗马人对迦太基的看法所起到的重要影响见 Feeney 2007, 52 - 57。

53. Dionysius 1.74.1. 关于蒂迈欧的说法与他所使用的，将罗马与迦太基的建城年代定于同一年的方法见 Feeney 2007, 43 - 52。

54. 蒂迈欧解释道，罗马的 10 月马节——在节日期间，一匹马将被作为祭品——与希腊人攻占特洛伊的战役（指希腊人利用木马计攻陷特洛伊城）有关（Polybius 12.4b.1 - 12.4c.1）。他还说被埃涅阿斯从特洛伊取走的神物“帕纳忒斯”（Penates，罗马人的家庭守护神）一直被存放在拉丁城镇拉维尼姆城（Dionysius 1.67.3 - 4）。蒂迈欧调查手段的相关证据见 Festus Rufus Avienus 190 L。然而，蒂迈欧宣称他的观点是真实可信的，并强调他走访了有关地区且会见了当地居民之类的说法遭到了波利比乌斯的强烈质疑与嘲笑（12.4d.1 - 2）。

55. Vattuone 2002, 221 - 222. 蒂迈欧记载中关于皮洛士的部分得以保存下来的少之又少，这方面的情况见 Pearson 1987, 255 - 259。

56. Diodorus 4.21.6 - 7, 4.22.1 - 2; Pearson 1975, 188 - 192.

57. Ritter 1995, 27 - 29. 这一象征对于凯旋的罗马将军而言，还有着个人渊源，其中一位凯旋之将是费边家族的一位成员。盖乌斯·费边（Gaius Fabius）与另一位执政官昆图斯·奥古鲁尼乌斯（Quintus Ogulnius）都可以宣称他们的家族与钱币上的肖像人物罗慕路斯和雷穆斯有关系。费边家族据说是坚定支持雷穆斯的一群牧人的后代（Ovid Fasti 2.361, 2.375）。对于奥古鲁尼乌斯而言，狼与双胞胎的图案记录了他一生中最美好的时刻之一：在近三十年前，他成功地审判了几个令人憎恶的放高利贷者。一部分罚金被用于委托他人铸造一组雕像，用于展现婴儿时代的罗慕路斯与雷穆斯被母狼哺育的场景（Livy 10.23）。

58. Polybius 1.10.1 - 2; Zonaras 8.6, 8.8; Diodorus 22.13.5 - 7; Lazenby 1996, 35 - 37.

59. Polybius 1.10.7 - 9.

60. Eckstein 1987, 76 - 77.

61. Polybius 1.10.3 - 1.11.4; Lazenby 1996, 37 - 41.

62. Polybius 1.11.4 - 5; Diodorus 23.1.3 - 4.; Zonaras 8.8 - 9;

Lazenby 1996, 43 – 46.

63. Polybius 1. 11. 4 – 5; Diodorus 23. 1. 3 – 4.; Zonaras 8. 8 – 9; Lazenby 1996, 43 – 46.

64. Diodorus 23. 1. 4.

65. Zonaras 8. 9; Frontinus *Strat.* 1. 4. 11; Lazenby 1996, 49.

66. Polybius 1. 11. 9, 1. 20. 15.

67. Lazenby 1996, 49 – 51.

68. Polybius 1. 16; Diodorus 23. 4; Lazenby 1996, 52 – 53.

69. Zonaras 8. 8. 2 – 3.

70. 是罗马人的贪欲导致了第一次布匿战争的爆发，相关观点见 Polybius 1. 11. 12; Florus 1. 18。

71. Hoyos 1998, 51 – 57.

72. Harris 1979, 9 – 53. 然而，里奇（Rich）特别指出，过多地强调罗马人的好战天性是罗马卷入这一时期频频爆发的战争之中的重要原因有所不妥。埃克斯坦（2006, 181 – 243）对罗马的军国主义思想、好战性与在外交层面的咄咄逼人倾向远远超过其竞争对手的观点表示怀疑。

73. Eckstein 1987, 92.

74. 尽管罗马史学家李维（Epitome 14; 21. 10. 8）间接提到过这份协议，研究弗吉尔诗歌的学者塞维鲁斯（*Aen.* 4. 628）也有类似言论，但波利比乌斯（3. 26）激烈地否定它的存在。对公元前306 年协议并不存在这一观点的论证见 Lazenby 1996, 33; Eckstein 1987, 77 – 78。对腓里努斯关于罗马人为协议破坏者言论的支持观点见 Huss 1985, 204 – 206; Lancel 1995, 362; Barcelo 1988, 140 – 141; Serrati 2006, 120 – 129。

75. Lazenby 1996, 33.

76. Eckstein 1987, 93 – 101.

77. Hoyos 1998, 4 – 32.

78. Polybius 1. 5. 1, 39. 8. 4; Walbank 2002, 172 – 173.

第7章　第一次布匿战争

海洋霸主迦太基

177　当迦太基那地中海中部强国的名望正日薄西山之际，它麾下那支军事武装所拥有的杰出声誉仍未受损。希腊王国的君主们可能已建造出体积更为庞大、更加无用的舰只，但在公元前3世纪初的地中海，人人都知道迦太基才是海洋的统治者。不过，作为一个海上强权的迦太基已经很久没有遭受真正的考验了。除了零星的几场小战斗外，整个西西里战争中几乎没有爆发过海战。罗马——一个实际上没有属于自己的舰队的陆上强国——对迦太基海军的威胁可以说是零。

在击败皮洛士后，罗马显然认为自己处处都能和迦太基平分秋色。它认为自己无法与后者匹敌的领域只有一处：海洋。波利比乌斯对迦太基在第一次布匿战争初期时的处境的描述中，有这么一句："（它）对大海的控制是毋庸置疑的。"[1] 在整个公元前4世纪，迦太基人始终走在航海技术革新领域的最前列。他们首先发展出了四桨座战舰，它在大小及战斗力上均强于三桨座战舰。这种战舰在之前两百年间一直是海战世界的王者。毫无疑问，由于地中海各国相互较劲，军舰被设计得越来越大，从而演变成了一场实实在在的军备竞赛。这些舰船的体积发展到如此之大，以至于它们在海战中全然无用。[2]

然而，四桨座战舰很快就为更为巨大的五桨座战舰所取代，后者是在迦太基的宿敌、叙拉古的戴奥尼索斯支持下诞生的。

五桨座战舰（quinquereme，其名字来源于拉丁语 quinque，意思为“五”）的罗马名字源于这种船只各个部分所必需的划桨手人数：两对（四名）桨手操纵位于上方的两排船桨，与此同时，一名桨手负责操纵位于下方的船桨。尽管五桨座战舰并不是迦太基人的发明，但他们很快就对其加以应用，并对它的原始型号做了很大改进。有人认为一座从船体延伸而出，将所有三排船桨及划桨手都覆盖于其下的桨棚正是这些改进措施之一。这意味着船体是异常宽大的，并且能够被加固。[3] 178

这些改进对该时期的海上战争有着极为重要的影响，当时海战的两种主要进攻性战术为跳帮和撞击。后者包括将冲角——一种带有长钝头的金属工具，与龙骨固定在一起——击向敌船的侧面，从而使对方船只进水，进而被敌人抛弃，或被占领，或沉没。迦太基四桨座战舰那经过加固的船体使它们在面对撞击战术时具备了额外的防护能力，但这样一来，本就不易驾驶的军舰，单凭自身想要成功地完成机动动作就变得更加困难了。事实上，四桨座战舰的体型决定了它作为撞击用船时会过于笨拙，以至于无法真的将这一战术付诸实践。[4] 战舰越来越多地依靠抓钩将自己与敌舰固定在一起，而后由负责跳帮作战的人员发动进攻，尝试着打垮敌方船员。在这种作战模式中，四桨座战舰再度占据了上风，因为它那宽大的甲板足以容纳大批用于肉搏作战的水兵。

海洋考古学家已经发现了几艘源于这一时期的迦太基舰船的残骸，特别是其中那具被发现于西西里西海岸港口城市马沙拉（Marsala）附近海床之上的残骸，引发了学者们的极大兴趣。这是一艘约在公元前 3 世纪中期被投入使用的小型军舰。[5] 在近距离检查的过程中，考古学家们惊讶地发现，这艘船的每一块船板上都仔细地刻有一个字母，以确保这件结构复杂的设计作品能够被轻松、迅捷地组装起来。马沙拉残骸实际上是一艘标准的以拼装形式建造的军舰。发掘一方亦得以了解关于船员饮食方面的极为珍贵的信息，它似乎是由易于保存的食物如肉类（马肉、牛肉、鹿肉、禽肉、猪肉和山羊肉）与坚果
179 （杏仁和胡桃）组成的。酒类似乎是用于应对当新鲜淡水告罄时的状况。[6]

与此同时，尽管罗马并不像波利比乌斯（此人对罗马人的事业大体抱有同情）想方设法描写的那样，从未涉及航海事业，但它在海战方面的经验确实少得可怜。[7] 毕竟罗马军队从未在意大利半岛范围以外的地区作战过。虽然在公元前 4 世纪末时，罗马人曾任命过一些官员负责建造、维修为数不多的军舰，但这支舰队在公元前 282 年参加对塔伦图姆人的战争时就被彻底击溃了。在蒙受了这次耻辱之后，罗马人宁愿依靠他们的盟友所提供的船只来运送部队。

西西里之战

从某种程度上说，双方在海军实力上的严重失衡是迦太基人对战事持乐观态度的原因所在，尽管近来他们的态度来了个 180 度的大转变。倘若西西里的陆战与历史上的其他西西里战争模式如出一辙的话，那么它就将被证明是一场不具备决定意义的血腥厮杀，而迦太基将继续控制着海洋。后者将继续作为一个繁荣昌盛的政权无限期地存在下去，与此同时，它的商船也将继续自由自在地航行于地中海上。只要迦太基人手里还有用于充当军饷的金银，那么自愿进入迦太基军队服役的雇佣军将源源不绝。因此，在公元前 263 年遭叙拉古背叛后，迦太基

人仍自信自己可以雇用一支新的军队并将其运往西西里。

阿克拉伽斯被选作迦太基军队的新总部，原因在于它拥有作为交通枢纽的战略位置，且经由此地，可轻而易举地进入为敌方所占据的西西里东部。迦太基人占据了阿克拉伽斯，这让罗马人嗅到了威胁的味道，该岛的罗马指挥官迅速指挥部队包围了这座城市。五个月后，在守军的处境变得越来越危急的同时，一支庞大的，据记载由5万名步兵、6000名骑兵和60头大象组成的迦太基援军在西西里登陆。这支部队的指挥官，汉尼拔之子汉诺立刻率军向阿克拉伽斯进发。

然而，一切可能对阿克拉伽斯守军命运起着决定性作用的 180
希望都迅速烟消云散了。在与罗马军队进行了一次小规模的接触后，汉诺——他似乎对自己指挥的这支至今未经实战检验过的军队毫无信心——草草驻营于战场附近的高地之上并等待着。接下来的僵局持续了两个月之久，直到最后汉诺再也拖不下去了，准备与罗马人正面开战。另一件事也明显地体现了他对自己的士兵缺乏信心：在排兵布阵的时候，他将战象排在步兵的后方。这意味着一旦罗马军队成功地迫使迦太基人后退，那么大象将陷入恐慌之中，并大肆践踏自己人。在这场以失败告终的战役中，迦太基人不仅失去了大批人员和大象，还丧失了所有辎重车辆。

阿克拉伽斯迦太基守军的指挥官如今别无选择，只能尝试着突围。在战役落幕后的当天晚上，他与手下的雇佣军蹑手蹑脚地溜出了这座城市，逃走了。根据波利比乌斯和狄奥多罗斯的记载，迦太基人是这样做到的：他们巧施妙计，用稻草和泥土填平了罗马人的堑壕，从而安全地越了过去。绝大多数迦太基人离开了；然而，不幸的阿克拉伽斯市民被留给了命运。罗马人迅速占领了这座不设防的城市，并立刻洗劫了它，而后将2.5万名市民卖为奴隶。[8]狄奥多罗斯后来记载道，汉诺因救援行动失败，最终不光彩地被迦太基召回。作为惩罚，除了被免去指挥官职务，他还丧失了自己的公民权，并被课以6000金币的罚金。[9]

罗马建造一支舰队

对于波利比乌斯而言，此事是这场战争中一个实实在在的转折点，他日后宣称，攻占阿克拉伽斯令罗马元老院第一次意识到，他们有可能迫使迦太基人彻底退出西西里。[10]按照波利比乌斯的说法，这一点能否实现，完全取决于罗马人能否成功地挑战迦太基人对海洋的统治。事实上，罗马人已经意识到没有海军是他们的一大劣势。到了公元前260年，战争进行到第四个年头时，他们决定打造一支由100艘五桨座战舰和20艘三桨座战舰组成的舰队。可能是以萨丁尼亚为基地的迦太基舰
181 队于前一年开始袭击意大利沿海地区的事实，促使罗马人做出了这一决定。某些情况也表明，迦太基人对海洋的统治是许多西西里沿海城市倒向罗马人一方的障碍。

罗马人那可能是模仿迦太基工艺设计出的五桨座战舰，在战争的初始阶段就搁浅并被俘获。关于由贫穷的罗马公民与意大利盟友新组建而成的水手队伍在岛上接受非正统式训练的情形，波利比乌斯是这样描述的："让他们坐在摆在干燥地面之上的桨手用长凳上，其队形和他们坐在船上的长凳上时是一模一样的。他们被训练得习惯于同时回撤，将手收向自己，然后又一次向前将手推向前方，这些动作都在桨手长的口令之下开始，又在桨手长的命令之下完成。"[11]这些船只本身的建造速度

是惊人的，只用了 60 天时间，这或许是照搬了迦太基人大批量造船那一套方法的缘故。[12]

新舰队甫一建成就在大海上接受考验，以便让水手们在被征召参战之前能够获得一些关于海洋的经验。但是，新上任的海军将领，执政官格奈乌斯·科尔内利乌斯·西庇阿（Gnaeus Cornelius Scipio）像所有的罗马贵族那样迅速渴望立下战功，不想再等下去了。公元前 260 年，与一支由 17 艘船组成的先头部队一道驻扎在墨西拿的他得到消息称，伊奥利亚群岛的重要城镇利帕拉（Lipara）的市民准备举城向罗马人投降。然而，迦太基人也立刻得知了这一情况，并向该城派去一支军队，在那里，他们将西庇阿和他的舰只困在了海港之内。惊慌失措的罗马水手们很快就暴露了他们毫无经验的一面：他们抛弃了自己的船只，逃向海岸。在那里，他们很快就与他们的指挥官一道被俘虏了。[13]

与那些因打了这样一场大败仗而受到严厉训斥甚或残酷惩罚的迦太基同行不一样，西庇阿的职业生涯似乎并未受到影响。在他被赎回之后，一个传闻散播了开来：导致他失败的原因其实并非他的鲁莽，而是被人出卖了。随后，他于公元前 254 年第二次担任执政官。然而，当公众的正义感仍在继续的时候，越来越多以冷嘲热讽为乐的罗马人私下里给他起了一个恶作剧式的新绰号——“阿希娜”（Asina，母驴之意）。[14]

对于迦太基海军将领，另一个汉尼拔而言，这显然是一个 182
好的开头。然而，当他率领一支由 15 艘船组成的侦察分遣舰队前去寻找罗马舰队残部时，在前往墨西拿的途中爆发了一场遭遇战。结局是不幸的，寡不敌众的迦太基人损失了许多战舰，不过汉尼拔本人得以逃生。[15]鲁莽的西庇阿的失利如今看起来几乎是一个胜利，因为那不仅导致了他为更能干的执政官同僚盖乌斯·杜伊利乌斯（Gaius Duilius）取代，而且在等待杜伊利乌斯来到墨西拿的过程中，缺乏经验的罗马舰队得到了更多的训练时间。

在备战期间，罗马人越来越深刻地意识到自己草草建造的军舰构造和性能都很低劣。波利比乌斯记载道，为了克服这些短处，一个别具创意的名为“考乌斯”（corvus，“乌鸦”之意）的新式装置被发明了出来。考乌斯是一种 1.2 米宽、11 米长，两边均带有低矮栏杆的木板制桥梁。桥前端 3.6 米长的一段由用沟槽分开的两个分叉组成，甲板上一根垂直竖起的高大桅杆插入沟槽内，这样桥梁就能在一个滑轮装置的操作下被抬起，与那根桅杆形成一个相对的角度。战斗期间，这座桥梁将向外伸出，以便它落在敌舰的甲板上。一个安在桥梁下方的尖钉将洞穿敌舰木制甲板，如此一来，两艘船当即被牢牢地固定在一起，而后，罗马海军就能利用这座桥登上敌舰。该装置的优点在于它能让罗马舰队的诸多短处消弭于无形，特别是其较差的可操作性、缓慢的速度以及水手们经验的缺乏。

杜伊利乌斯将西西里罗马陆军的指挥权交给了自己的副手，而将舰队的指挥权抓在自己手里，这清楚地表明，罗马人承认只有赢得海战才能彻底击败迦太基人。他知道，罗马人拥有了新发明的装置，也就拥有了创造奇迹的条件，现在他冒险发动了一场全面的对抗。罗马舰队在西西里北部海岸的米拉（Mylae）附近追上了迦太基人。波利比乌斯生动地描述了接下来发生的事情：

> 迦太基人一看到他（杜伊利乌斯）就喜出望外，急

> 不可待地带着 130 艘战舰冲向大海，因为他们压根儿没把缺乏经验的罗马人放在眼里。所有的船只都径直朝敌人驶去，他们甚至觉得都没有必要保持进攻队形，就像是扑向一只显然已是他们的囊中之物的猎物一般……随着罗马人 183
> 的船只越来越近，在每艘军舰舰首上方摇晃着的“考乌斯”都变得清晰可见。起初，迦太基人大惑不解，对这种装置的构造感到惊奇。然而，由于他们确信敌人已必败无疑，打头阵的船只毅然发动了进攻。但是，当这些船只撞上了罗马战舰的时候，它们全都被这种机械装置彻底钩住了，罗马水兵们利用“考乌斯”登上了这些战舰，在甲板上展开了肉搏战。一些迦太基人被砍倒，其他人则被眼前的景象吓得魂不附体进而举手投降，这场战役已经变得像是在陆地上进行的一样。就这样，头 30 艘参战的军舰连同全体船员一起被俘虏了，这其中就有指挥官的桨帆船。汉尼拔本人靠着一艘划艇奇迹般地得以逃生。剩下的迦太基舰只正在聚拢，仿佛要向敌人发动冲锋一般，但当它们靠了近来，看到了先头舰队的命运时，它们掉转了方向，避开了这种机械装置的打击。凭借自己优秀的机动性，它们转身向敌，希望能够利用舷侧和船尾安全地打击敌人。然而当“考乌斯”朝着四面八方，以各种各样的方式转动、落下，以至于那些接近它们的战舰全都逃脱不了被钩住的结局时，迦太基人最终退却并掉头而逃。这次非同寻常的经历把他们吓得心惊胆战，令他们损失了 50 艘战舰。[16]

作为对罗马人赢得了第一次海上大捷的奖赏，杜伊利乌斯享受了凯旋仪式的待遇，罗马人还为他建起了一座纪念碑——罗斯查塔圆柱（Columna Rostrata），柱子上罗列着他的功绩。[17]按照狄奥多罗斯的说法，打了败仗的迦太基海军将领汉尼拔在战后送信回迦太基，佯装询问他是否应该与罗马舰队交战，从而逃过了失利的惩罚：当收到肯定的答复后，他就可以借此宣称他只是奉命行事而已。[18]

米拉大捷虽不具备决定性意义，却给了罗马人将战场扩展到萨丁尼亚和科西嘉的勇气。在这两个地方，他们发动了多次袭击，其中一次袭击导致打了败仗的迦太基海军将领汉尼拔被其下属处死。佐纳拉斯（Zonaras）引用历史学家卡西乌斯·狄奥的说法，宣称汉尼拔被罗马海军将领引进了开阔海面，罗马人散布假消息说北非遭到入侵。汉尼拔轻率地率军追赶罗马舰队，不料在大雾中遭到伏击，大多数战舰沉没，
184 他与残部一道躲进了萨丁尼亚城市苏尔其斯。然而按照同一份史料所载，心怀不满的汉尼拔部下随后朝他们的指挥官发动了攻击，将他钉死在十字架上。[19]

迦太基人在西西里的“游击战”

尽管迦太基人在海战中一败涂地，但他们在西西里的陆军表现得非常出色。阿克拉伽斯的失败令迦太基高级指挥官们坚信，他们应该将自己对叙拉古人作战时的特色战略——消耗战——坚持到底。西西里岛上那多山的地形极为适合这种战术的实施，当地特有的暴虐、动荡局面令大多数人都生活在设有坚固要塞的城镇之内。事实上，在迦太基与叙拉古之间进行的西西里战争主要由围城战构成，间或夹杂突袭战。

这种类型的战争是罗马人所不适应的。他们的政治体系决定了他们的执政官/将军只能当一年的军事长官，因此他们有充分的理由采取果断措施来推动战争的进程。而迦太基的将军往往长期担任这一职务，玩得起一场拉锯战式的游戏。因此，至少在陆战层面，迦太基人可以掌控战争的进程和模式，罗马人在这一方面则几乎是无能为力的。

罗马人不得不向每个要塞化的城镇发动进攻，一场旷日持久的消耗战就这样拉开了帷幕。一路打下来，罗马人蒙受了惨重损失。毋庸置疑，一些漫长的围城战以失败告终，如麦提斯查顿（Mytistraton）之战，罗马人在围攻了这座城镇7个月后不得不撤围而去。如同在西西里经常发生的那样，在每个城镇，双方都发现自己得到了不同政治派别的支持，从而使得这些城镇频频易主（例如，恩纳镇在五年内三度易手）。此外，罗马人屡战不利，导致他们以残酷的手段对待被占领地区的平民，这无疑有助于迦太基人实施他们的战略。尽管如卡马里纳（Camarina）、恩纳这样的小城镇陷落了，但更大、更具战略意义的中心城市，如帕诺尔莫斯和利利贝乌姆仍掌握在迦太基人手中。
迦太基军队亦能够发动一些打了就跑的突袭战。这些袭击战中最 185
为成功的一次发生于公元前260年的瑟米伊姆雷，此场战役导致4000名毫无防备的叙拉古士兵被打了个措手不及，惨遭屠戮。[20]

然而，在海战层面，声名远扬的迦太基海军的发挥则长期有失水准。在米拉意外取胜后，罗马舰队继续着它们的精彩表演：针对位于马耳他岛和伊奥利亚群岛的目标发动的突袭取得了成功，在丁达里斯海角（Cape Tyndaris）赢得了另一场对迦太基人的辉煌胜利。迦太基海军将领再度犯下错误，低估了罗马人后备战舰的数量。[21]

雷古卢斯与北非之战

在西西里没有取得进展，再加上在海上取得了惊人的胜利，这导致罗马人于公元前256年做出决定：绕开西西里岛，进攻北非。这一计划的风险极大，特别是他们最初对西西里岛的渡海进攻还只是他们之前仅有的一次海外作战。迦太基与利基翁（军队将在此地登船）的距离超过600公里，这意味着后勤供应线将延长到极限。整个航程中，舰队——特别是运送牲畜的运输舰——在面对攻击时是极为脆弱的。

然而，这些担忧均未能阻止罗马人的努力，一支拥有330艘船的庞大舰队集结了起来，由两位执政官卢基乌斯·曼利乌斯·乌尔索（Lucius Manlius Vulso）和马尔库斯·阿提利乌斯·雷古卢斯（Marcus Atilius Regulus）共同统承。这支舰队起初向南航行至西西里，在那里，训练有素的罗马步兵登上船成了海军士兵。波利比乌斯告诉我们，每条五桨座战舰上配有120人（共计14万人）。迦太基人则集结了一支规模更大的舰队（350艘船，15万人），一般的观点认为这支舰队的使命是攻击罗马舰队，并夺取西西里海域的控制权，以便让一支新军队登陆。[22]

双方在西西里岛南部海岸附近的埃克诺穆斯海角（Cape Ecnomus）交上了手，这场战役堪称古代世界最大规模的海战。罗马舰队被一分为四，形成了一个三角形的编队，其中一
186 支分舰队担任后卫。迦太基舰队则排成了一个极为传统的阵形：直线式编队，舰队左翼侧向西西里海岸线。迦太基人的计划似乎是向罗马人发起进攻，打散他们的编队，从而令后者陷入混乱之中。然而，罗马人的“考乌斯”再度发挥了强大的

平衡效果，令迦太基人数个世纪以来的海战技能和经验都成了无用之物。

迦太基人的中央舰队率先逃跑，令留在战场上的罗马舰只得以随心所欲地支援它们的战友，后者在与剩下的迦太基战舰的对抗中落了下风。现在，50多艘迦太基军舰发现自己被包围了。其中几艘孤注一掷，假装搁浅于浅滩之上，然后借此机会逃掉了。然而，谁也无法掩盖这样一个事实：埃克诺穆斯之战对迦太基人而言是一次彻头彻尾的失败。[23]总共有94艘迦太基军舰被击沉或俘虏，而罗马人仅损失了24条船。[24]

战败的迦太基舰队进行了重组，地点可能是在利利贝乌姆。为了获取喘息之机，舰队指挥官之一的汉诺奉命前去与罗马人进行和谈。按照罗马作家瓦莱里乌斯·马克西穆斯（Valerius Maximus）和其他人所讲述的故事，罗马人据说曾考虑扣押这个迦太基人，但汉诺设法使罗马人相信，如果他们把他关了起来，那么他们就和迦太基人是一路货了，随后他成功地逃脱。[25]

迦太基指挥官意识到，如果他们在前往北非的途中与罗马舰队对峙的话，那么他们在数量上将处于严重的劣势，于是决定拆分残余的舰队：哈米尔卡留在西西里，汉诺则率领大批舰只返回迦太基。与此同时，罗马舰队继续朝北非进发，在阿斯皮斯镇（town of Aspis，大致位于今卡本半岛的科比利亚镇）附近登陆。他们迅速占领了该镇，并在此等候罗马的下一步指示。

负责带回罗马方面指示的执政官曼利乌斯·乌尔索回到了意大利，将另一位执政官雷古卢斯连同一支由40艘舰船、1.5万名步兵和500名骑兵组成的队伍留了下来。对于如此冒险的计划，罗马元老院显然尚未做好任何应对的准备。罗马军队按兵不动，随后又撤走了大半，这对迦太基人来说是天赐良机。
187 哈米尔卡与5000名步兵、500名骑兵一道被从西西里召回，他与哈斯德鲁巴、博思达（Bostar）组成的三人委员会获得了指挥迦太基军队的授权。

事到如今，雷古卢斯与他的军队只能朝小城阿迪斯（Adys，大致位于今天的奥达拿镇）进发，将其包围。迦太基军队向此地开进，并在附近的山上建起了一座要塞化军营，但此举被证明是一次战术层面的重大失误，因为高耸的地形将他们的大象和骑兵部队可能具备的优势给抵消了。同时，在这种情况下，他们也没有机会尽情施展曾在西西里起到绝佳效果的“打了就跑”的游击战术。[26]

罗马人坚信自己已稳操胜券，因而于拂晓时分急攻迦太基军营。罗马军队的前锋被守军击退了，但当迦太基军队追击后撤中的罗马军队至山下时，他们便丧失了自己的优势，于是他们立刻就被包围了起来。迦太基军队当即乱哄哄地逃走，任由获胜的罗马人洗劫自己的军营。

距迦太基城仅有几公里之遥的图内斯是下一个落到雷古卢斯手中的城市。迦太基城内如今挤满了从被围地区逃出来的难民，他们要躲避的不仅有罗马人的进攻，还有努米底亚人的进攻。饥荒很快就降临了。

此时双方可能进行了和谈，不过尚无法确定是哪一方率先提出议和的。波利比乌斯的记载说是雷古卢斯，此人迫切希望能在自己的执政官任期结束之前凯旋。其他文献——包括狄奥多罗斯和李维的作品——则极为坚定地认为是迦太基一方主动求和的，为的是避免遭到彻底灭亡的命运。事实上，雷古卢斯提出的议和条件极为苛刻，以至于根本无法为迦太基人所接受。罗马将军要求迦太基人完全撤离西西里和萨丁尼亚；释放所有的罗马战俘；为全体迦太基战俘支付赎金；赔偿罗马人的全部军费；并向罗马缴纳年贡。此外，今后迦太基人只能在得到罗马人批准的情况下发动战争或进行和谈；他们只准保留一艘战舰。无论何时，只要罗马人需要，他们都必须供应 50 艘三桨座战舰。这些条款本身清晰地表明了雷古卢斯是何等坚信他将获得一场决定性的胜利。然而，意想不到的情形发生了，它令罗马人必胜的信心化为了泡影。[27]

迦太基人最终承认他们自己的指挥官身上存在着诸多不足 188
之处。于是，他们在希腊大陆招募了一批新的雇佣军，其中包括一位经验丰富的斯巴达军事长官杉西普斯（Xanthippus），此人立刻看出了迦太基将军在战术层面犯下的失误。他很快就赢得了迦太基最高统帅部的信任，后者任命他为高级顾问，负责监督军队的训练工作。这支军队如今在他的指导下，以恰如其分的形式在迦太基城墙外操练着。由于士气随之重新振作了起来，他们决定立刻向敌军发动进攻。

杉西普斯对这支共由 1.2 万名步兵、4000 名骑兵和 100 头大象组成的迦太基军队进行部署，以期发挥其内在优势。由迦太基服役公民组成的主力方阵被置于中央，骑兵居于右翼，而雇佣军则被同时部署在两翼。战象在步兵部队前方单独排成一列。这个战术是高明的，因为雷古卢斯未能与能够提供职业骑兵的努米底亚人结为同盟，所以罗马人的骑兵为数不多。

尽管集结成阵的罗马步兵扛住了战象的冲击，但他们的侧翼很快就被迦太基骑兵打垮。战役立刻变为屠杀，仅有 2000 名罗马士兵得以杀出一条血路，逃到了安全地带。除此之外，为数不多的幸存者包括被活捉的雷古卢斯与 500 名士兵。这位罗马将军可能死在了牢里（尽管日后有传言说迦太基人将肩负着和谈使命的他派往罗马，当议和被拒绝时，已回到迦太基的他被极为残忍地处决了）。[28]杉西普斯并未长久地待在迦太基以享受胜利带来的荣耀，因为他清楚，对他所取得的非凡成就的妒意将激起迦太基贵族们的愤怒，于是他回到了自己的希腊家乡。

北非得救了，但这场胜利很难算得上是决定性的。雷古卢斯麾下的人马并不多，罗马仍拥有庞大的军队，野心勃勃的元老们渴望着成为它的统帅。更为重要的是，罗马人仍然控制着海路，当一支迦太基舰队试图阻止罗马舰队将残余的罗马军队从北非土地上撤走时，它被打得大败，这使得罗马人的制海权变得更加稳固。在总共由 200 艘船组成的迦太基舰队中，被击沉或被俘的船为 114 艘。

在这次战役之后，迦太基再度从外部援助中受益，不过这
189 一次并非某位外国雇佣军首领助其一臂之力，而是天气帮了他们的忙。公元前 255 年，罗马海军将领不顾他们中最有经验的船长的忠告，决定顺着迦太基人控制的西西里岛西南部海岸向下航行，以炫耀他们的制海权，然而舰队遭遇了一场狂风暴雨，结果许多船只被推向到处都是岩石的海岸。罗马舰队折损大半，364 艘船中只有 80 艘得以幸存。据估计，约有 10 万名罗马人和意大利人在这场灾难中丧生。尽管舰队很快得以重建，然而，公元前 253 年在突袭北非后返航的途中，它再次遭到暴风雨的袭击并蒙受了惨重损失：有 150 艘船葬身海底。[29]

似曾相识的僵局

尽管如此，迦太基人却未能对这几次罗马人受挫的机会加以利用。在北非，虽然努米底亚人已经重新站到了迦太基人一

边，但他们在西西里却开始陷入绝境。[30]重要港口帕诺尔莫斯于公元前 254 年落入罗马人之手。公元前 252 年，瑟米伊姆雷与利帕拉也遭到了同样的命运。众多其他小城市做出的决断令日益加剧的危机进一步恶化：它们觉得局势正朝着对迦太基人不利的方向发展，因而叛逃到了罗马人那边。尽管阿克拉伽斯被重新夺回，但迦太基指挥官意识到他们没有力量守住它，于是愚蠢地将这座城市烧成了白地，夷平了该城城墙，并将城郊变成了一片焦土，而此时阿克拉伽斯的市民们躲在宙斯神庙里瑟瑟发抖。一支庞大的军队被派出试图夺回帕诺尔莫斯，但当罗马指挥官塞希利乌斯·梅特卢斯（Caecilius Metellus）机智地诱使迦太基人冒险推进到太过靠近城墙的位置时，这次尝试最终以迦太基军队的崩溃而告终。[31]

> 迦太基人的战象和其他部队一越过了（河流），他就用小股部队持续骚扰他们，直到他们被迫将全军展开。当他看到形势正如他所计划的那样发展的时候，他将自己的轻型部队部署在城墙和壕堑前方，叮嘱他们说，倘若战象部队朝他们开来，不要吝惜他们的投掷物，而当他们被驱离自己的阵地时，就躲到壕堑里去，然后从那里再次发起突击，射击那些向他们冲来的大象。他命令下级平民携带投 190
> 射物，并将他们部署在城墙墙角的外围，他本人则与手下的步兵中队（由大约 120 人组成的军团分队）设阵于正对着敌军左翼的城门处。他不断派出援军前去支援那些正在射击战象的部队。当后者（轻型部队）与敌人交战的时候，象夫急于向哈斯德鲁巴展示他们的英勇，同时也希望自己摘到胜利果实，便朝处于前锋位置的敌军冲杀过去。他们

> 轻而易举地迫使敌人转身逃向壕堑方向，并追击着敌人。当大象向壕堑冲来并开始为从城墙方向射来的远程火力所伤时，列阵于壕堑前方的罗马生力军投出的投枪和长矛如同暴雨一般打击在他们的头上。战象部队很快就发现自己遭到了来自四面八方的打击和伤害，大象们陷入了混乱之中，转身朝自己人冲去，践踏、踩死了己方人员，搅乱、冲散了己方队列。塞希利乌斯一看到这一切，就立刻朝敌军侧翼发动了一次强有力的突击，后者如今阵脚大乱。塞希利乌斯用自己那生气勃勃、井然有序的部队将迦太基人打得大败，歼灭了大批敌人，并迫使敌军残部飞也似的逃离了战场。他将10头大象连同它们的象夫一起俘虏了，还将那些把象夫甩下背去的大象关了起来，于是战役结束后，所有的大象都被塞希利乌斯俘获。凭此功绩，塞希利乌斯被公认为令罗马军队再度鼓起勇气并夺得广阔乡村地区控制权的功臣。[32]

2万~3万名迦太基士兵丧了命，而那些被生擒的大象则在梅特卢斯的安排下，充当了在罗马为其举行的凯旋仪式上的装饰品。[33]

尽管战败的迦太基人为这次惨痛的失败找了各种各样的托词——包括将责任推到那些喝得酩酊大醉的凯尔特雇佣军头上——但无论如何，在罗马人的优势如此明显的情况下，与他们爆发公开战争本身就是个严重的错误。迦太基当局做出一致决议，将败军之将哈斯德鲁巴处以死刑。[34]

自从帕诺尔莫斯被攻占后，利利贝乌姆就成了罗马人的头号目标。公元前250年，一支由200艘船组成的，由2名执政官共同统领的军队包围了这座城市。船只被封锁在海港之内，以至于任何援军和补给都无法运进来，但迦太基人派出一队队勇士，在他们的努力下，封锁线被突破了。一得到可乘之机，50 艘迦太基军舰就装载着补给物资和 1 万名雇佣生力军全速 191
驶入海港，为这座城市带去了其急需的补给和援军。与外界的交通因利利贝乌姆的迦太基指挥官哈米尔卡发起的一系列小规模作战而得以维持。这不仅有助于利利贝乌姆获得补给，也振奋了这座被围困城市居民的士气。

一艘船的船长，“罗德岛人”汉尼拔在这一系列军事行动中大放异彩，他两次借助夜幕的掩护，乘着猛烈的顺风，冒着罗马人的夹击，在精疲力竭之前以惊人的速度驶入海港。汉尼拔一度阻挡住追击中的罗马军舰，并向它们发起挑战，这一挑战被拒绝后，他那英雄般的名声变得更为响亮。其他船长为这位英雄的冒险之举所鼓舞，也纷纷发起了类似行动，使得利利贝乌姆得到了充分的补给，它与迦太基之间的联系也得以延续。然而，迦太基人的好运最终到了头：他们的一艘四桨座战舰在夜间因罗马人特意设置的障碍物而搁浅。罗马人意识到这条船的速度更快，也更加敏捷灵活，于是为它重新配备了人员，并利用它捕获了其他企图突破封锁线的迦太基船只。这艘被俘的四桨座战舰最终捕捉到了最具价值的战利品：在“罗德岛人”汉尼拔再一次骄傲地发起挑战时，它追上了汉尼拔的船，并将其俘虏。他的船被重新配备船员，并被罗马人用来巡逻海港。利利贝乌姆此后被成功地封死了。[35]

尽管罗马海军再度占据了上风，但迦太基舰队在与他们的战斗中至少获得了一次胜利。在公元前 249 年时，罗马执政官普布利乌斯·克劳狄乌斯·普尔喀（Publius Claudius

Pulcher）——对此人有着各种各样的评价，如精神状况不稳定、自负的势利小人、酒鬼等——决定向为迦太基人所占据的德雷帕纳（Drepana）海港发动进攻。这次行动出师不利。被用于占卜吉凶的神圣母鸡对它们的饲料并不感兴趣，这使得冲动的克劳狄乌斯将它们扔出了船外，并给予了一句简洁的评价：它们渴了。罗马舰队于夜间起航，沿着海岸而行。负责镇守德雷帕纳的迦太基海军将领阿德巴尔（Adherbal）做出了一个大胆的决定：不在封锁线内坚守，而是与敌人正面交锋。克劳狄乌斯显然是一个蹩脚的指挥官，而此次罗马战舰上似乎也并没有装备“考乌斯”，这使得迦太基人得以应用他们那出色的海战技巧，去撞击罗马人的船。仅有 30 艘罗马战舰（包括
192 克劳狄乌斯所在的主舰）得以逃脱。克劳狄乌斯随后因对这次惨败负有责任而遭控诉，并被课以巨额罚金。他的过失事实上变得人尽皆知，根据日后几个作家的记载，其甚至达到了这样的程度：他的妹妹在取道前往罗马的途中被平民堵住了去路时，表达了想她哥哥再输掉一场战争的希望（如此街道上的罗马公民兵就一扫而空了），不过她因此遭到了处罚。[36]

又一场巨大灾难很快落到了罗马人头上：当一支由 800 艘运输舰和 120 艘负责护卫前者的军舰组成的舰队，在给利利贝乌姆的罗马军队带去补给时，一场凶猛的暴风雨几乎将它们全部摧毁。对此，两个政权分别做出了截然不同的反应。按照之前的迦太基与西西里的战争模式，这类共同的灾难将给战争双方提供一个谋求和平与结盟的机会，但罗马人并未按照这一外交准则行事。迦太基人也没能对罗马海军惨遭大难这一机会加以利用，舰队几乎全军覆没的事实并未使罗马人撤军，反而进一步加强了他们在陆地上的攻势，并很快就攻占了迦太基人位

于厄律克斯的著名要塞。利利贝乌姆的罗马军队继续由陆路获得补给，这样一来，他们就将压力持续不断地施加于尚未适应如此长时间的耐力考验的迦太基人身上。

这场前所未有、一刻不停的战争在经济上彻底拖垮了迦太基。西西里西部的战事令帕诺尔莫斯沦于敌手，而最重要的是罗马海军夺得了制海权，这对迦太基经济是个沉重的打击。对陷入困境的西西里迦太基城市的征税工作难以进行，尽管迦太基人铤而走险向意大利发动进攻，从而分散了罗马军队的注意力，然而重镇德雷帕纳和利利贝乌姆仍受到罗马人的严密封锁。与之形成鲜明对比的是，罗马人的大部分军事行动的开销都由叙拉古来负担——希洛不断铸造大量银币和铜币。[37]绝大多数战事都发生在西西里的西部地区，这意味着叙拉古的经济基地并未受到太大的破坏。

战争期间，绝大部分迦太基货币是在北非或萨丁尼亚铸造的，这可能是因为那些地区的安全得到了较好的保障。[38]西西里的铸币厂只生产两种分量很重的货币，以及购买力很高的琥 193
珀金币和银币，这些硬币在罗马入侵的公元前256～前255年通过海路运往迦太基。[39]硬币上带有迦太基文的铭文“b'rst”（“国境之内”之意），这可能证明了该货币可以在迦太基的北非及海外全境流通。[40]这批大规模铸造的货币被用于支付在北非进行的军事行动的开销，在此之后，迦太基似乎在经济枯竭的局面下屈服了。其后，它铸造出来的琥珀金币中掺杂了纯度极低的白银，而且分量往往不足。[41]实际上，西西里的雇佣军后来因领不到军饷而发生了哗变。到公元前247年时，迦太基沦落到向埃及的托勒密王朝借贷2000塔兰特的地步——这个请求立刻被回绝了。[42]

哈米尔卡·巴卡与迦太基在西西里之统治的终结

就在同一年，为了打破僵局，一位新任指挥官被迦太基派去接管在西西里的军队。哈米尔卡将证明他的绰号“巴卡”——这个绰号似乎是“闪电”或“闪光”的意思——绝非浪得虚名。摆在他面前的形势是严峻的。迦太基在西西里的势力仅剩下两个要塞，而该岛的其余地区都掌握在罗马及其盟友手里。更糟糕的是，哈米尔卡的人马寥寥无几，也没有钱来雇用一支新的雇佣军。正如最近一位历史学家所写的那样：“当时的现状是，他（哈米尔卡）的使命与其说是赢得战争的胜利，倒不如说是避免战败。”[43]

哈米尔卡首先通过处死暴动的主谋使叛军重新恢复了秩序，在这之后，哈米尔卡准备让敌人感觉到自己的存在。他的第一仗目标是德雷帕纳附近的一个岛屿，在这次攻势被轻而易举地挫败了之后，他明智地将目标转向那些较易下手的地方，以此作为夸耀其名声、提高部队士气的资本。他通过海路，朝没有罗马军队驻守的意大利半岛南部足尖地区发动了一次突袭。但是，哈米尔卡·巴卡的真正才能并不在战场上。在战场上，他似乎只是一个经验丰富但并不高明的战术家，但他很清
194 楚如何为自己树立一个适宜的公众形象。面对在军事上占有压倒性优势的敌人，采用打了就跑的战略在某种程度上对哈米尔卡来说是不得已而为之的，但即便如此，对一个似乎极为重视通过一系列引人注目的——尽管在战略上并无意义——突袭战来获取象征资本的人而言，这一战略刚好合适。[44]

意大利远征虽然取得了成功，但对战局毫无裨益，在归途中，他占领了赫克特（Heircte）高地——如今大部分学者认

为该地是以蒙特卡斯泰拉诺西奥（Monte Castellacio）为中心，并向西延伸至为罗马人占据的帕诺尔莫斯城的一大片山地。[45] 利用这一易守难攻且通向淡水水源、牧草草场和大海的地方为跳板，哈米尔卡策划了一系列以敌占领土为目标的闪电般的袭击。对意大利本土的首次突袭带来了战利品和战俘，从而振奋了全军士气。打那以后，战争变成了彻头彻尾的“猫抓老鼠”般，目的在于消耗当地罗马军队有生力量的游戏。依靠从山区的藏身之地发动的一次次快速突袭战，哈米尔卡成功地使罗马人的后勤补给线陷入混乱，并牵制住了大批本可在其他地方大展拳脚的罗马士兵。然而，这一战略同样牵制住了迦太基军队，使得他们无法被投入迫切需要他们的西西里战场。因此，在哈米尔卡的领导下，迦太基人远未能实现收复西西里故土的目标，更遑论攻占新的地区了。意识到这一点之后，哈米尔卡于公元前244年从赫克特撤走，并策划了一个更为大胆的冒险计划：收复厄律克斯。

在夜幕的掩护下，哈米尔卡率军自海路抵达该城，屠杀了当地的罗马驻军，平民百姓则被驱逐至附近的德雷帕纳——迦太基人手中最后的前哨基地之一。但奇怪的是，哈米尔卡起初并未打算夺取位于厄律克斯山顶峰的第二座罗马要塞。这座紧挨着德雷帕纳内陆地区的城镇无疑具有自己的战略意义：由于其所处位置的海拔超过600米，该地提供了一个无与伦比的，俯瞰沿海平原和海洋的视角。然而，攻占该地是一个奇怪的决定，因为这样一来，位于半山腰的哈米尔卡及其麾下的军队，就被夹在驻扎于山顶的与驻扎在帕诺尔莫斯的罗马军队之间了。一条狭窄、曲折的小道是唯一一条通往哈米尔卡舰队锚地的道路，但这样只会令他的处境变得更加艰难。

就战略层面而言，在厄律克斯的军事行动与在赫克特的军事行动一样，对西西里战局无关痛痒。尽管哈米尔卡频频袭扰着围攻德雷帕纳的罗马军队，但他自己一方所遭受的损失并不比对手小。哈米尔卡的军事战略再度为自己塑造了勇猛将领的
195 高大形象，结果却喜忧参半。他甚至一度被迫向罗马敌人求和，以埋葬己方的死者。在这之后，军中一支1000人规模的高卢雇佣军因受够了他们所从事的一无所获的消耗战，企图将厄律克斯城和迦太基军队出卖给罗马人。[46]厄律克斯城本身并没有太大的战略意义，然而，它极易令人联想起昔日的盛况——在那段美好的时光中，迦太基人一直是左右西西里局势的力量——而不是绝望地坚守着最后几个孤立据点的战争输家。夺回它足以弥补这一缺憾。因此，对于这位声名日盛、雄心勃勃的年轻将领而言，还有什么能比夺回一座迦太基人曾长期统治并投入深厚感情的城镇更有价值呢？厄律克斯可是女神阿施塔特的圣地，她在她的天神丈夫麦勒卡特的庇护下，统治这座城市数百年之久。

事实上，事态很快就超出了哈米尔卡的控制范围。罗马方面做出决定，打破僵局的唯一办法是重建舰队。由于国库中的资金实在是太少了，罗马不得不向私人借贷了大笔款项作为这次造船计划之用。其结果是：利用“罗德岛人”汉尼拔的指挥舰的杰出设计工艺，仿造出了200艘五桨座战舰。为了引诱迦太基人来战，利利贝乌姆和德雷帕纳的封锁线被有意收紧，这样迦太基人就不得不出击了。迦太基人花了九个月时间，集结了一支拥有250条船的舰队。尽管他们拥有数量上的优势，但舰队的准备工作不足，船员也没有经过训练。此外，这支舰队的主将汉诺在与罗马人的交手中，不仅几乎没有一次光彩的

表现，而且对阿克拉伽斯和埃克诺穆斯之战的失败也负有责任。[47]因此，计划是先削减对西西里军队的补给供应，然后将他们转为海军役。

公元前241年，这支舰队穿过西西里岛西面的埃加迪群岛（Aegates Islands），等待着一阵顺风将它们带到西西里。但罗马舰队已经得知了它们的位置，在它们正准备穿越群岛的时候追了上来。对罗马舰队而言，他们头一次不再需要“考乌斯”的帮助了，因为此时他们在从航海技术到海战实力的各个方面均已占据上风。迦太基船员——训练不足，且队伍中的水兵太少，还要携带补给物资——可谓是毫无胜算。罗马人击沉了 196
50艘迦太基战舰，并在残余舰只逃掉之前俘虏了其中的70艘。[48]

这场惨败摧毁了迦太基人的决心，他们提出议和。于公元前241年达成的协议的条款相当苛刻，但在意料之内。迦太基人将撤离西西里全境，释放所有罗马战俘，并出钱为他们的战俘赎身。利利贝乌姆的坚持不屈以悲剧收场，它被交给了罗马人。2200塔兰特的巨额赔款将在二十年之内支付给罗马。最后，无论是迦太基，还是罗马，都不得干涉其他盟国的国内事务，也不得在他国的领地内招募军队，或筹款修建公共建筑。当这份条约被提交给罗马公民大会以获得批准的时候，它的条款变得更加苛刻了。赔款提高到了3200塔兰特，其中1000塔兰特必须立即支付，剩余部分则在十年内付清。迦太基还必须从位于西西里和北非之间的全部岛屿上撤走，但可以保有萨丁尼亚。如果战争持续下去，那迦太基就完蛋了，在这种情况下，迦太基人别无选择，只能接受这份协议。[49]

不过，令人信服的证据表明，迦太基已经开始准备面对失去西西里的事实。令人惊讶的是，迦太基后期无力将对罗马的战争继续下去的原因之一竟是它在两线作战——此时迦太基正在北非与努米底亚人交手，并取得了比西西里战争辉煌得多的战果。公元前 3 世纪 40 年代的某个时间段，迦太基将军“伟人”汉诺占领了距迦太基城西南约 260 公里的努米底亚重镇赫卡托派隆（Hecatompylon，今特贝萨）。[50]德克斯特·霍约斯（Dexter Hoyos）认为对赫卡托派隆的占领是汉诺指挥的大规模开疆拓土战役的一部分，这一战役的目标还包括对另一努米底亚重镇，距迦太基西南约 160 公里的西卡（Sicca）的征服。[51]这一战役是部分迦太基统治精英经深思熟虑后所做出的政策调整的一部分吗？它是否体现了全力经营北非一派对继续经营西西里一派的胜利？

毫无疑问，迦太基人的乡村经济发生了有趣的变化。公元前 3 世纪时，迦太基内陆地区的人口和农业生产水平均经历了
197 一次急速增长。在做了一次考古调查后，约瑟夫·格林（Joseph Greene）认为这是丧失了产业的农民离开西西里和萨丁尼亚移居北非的结果，但也有理由认为，迦太基农村地区的重组过程是作为对努米底亚人的军事行动的一部分，因为看起来某些迦太基精英阶层的成员最终认定，向北非扩张比保有西西里西部港口更容易实现。[52]

西西里各个城市之间的贸易活动几近完全停止。在罗马控制期间，先前统治市场的，由当地出产的酒和农产品为来自坎帕尼亚的进口商品所取代；然而即便如此，考古记录显示，大量来自迦太基的双耳细颈椭圆土罐亦同时开始出现。[53]看来迦太基人如今正将自己的农业剩余产品大量输出至西西里，从而导致了有些自相矛盾的结果：迦太基人的失败反而造就了更便

于他们从西西里获利的局面，而且问题也更少。

除了在第二次布匿战争期间一段为期三年的短暂插曲外，迦太基再也没能恢复它在西西里的据点。迦太基被击败了，而击败它的敌人完全拒绝遵守长期统治该岛的战争交战规则。生灵涂炭的西西里战争贯穿了一百三十年来的大部分时间。但战争进程不时为断断续续的和平插曲所打断，在和平时期，迦太基人和叙拉古人均得以重新整合自己的力量。然而，拥有非同寻常的能够迅速消化被征服地区人力、物力的实力的罗马，被证明是一个全然不同的存在。这就是为什么罗马能够在持续数十年的战争中支撑下来，能够一刻不停地在高速发展的道路上奔走，以至于它成功地将迦太基——古代地中海地区资源最为丰富的政权之一——耗得筋疲力尽。

此外，在战争的头一年之后，任何形式的分割西西里的方案都完全不可能为罗马人所接受了。相对满足于维持战略平衡
局面的叙拉古为一个毫不退让的扩张主义者所取代，罗马人除 198
了让迦太基人彻底滚出西西里岛外别无他求。尽管迦太基人最初占有优势——特别是在海军力量方面，却完全无法适应新的挑战。

江山易改，本性难移

从其他方面来看，第一次布匿战争与过去之战争的差别并不像日后希腊与罗马史学家——他们知道这只是迦太基与罗马之间爆发的一系列冲突中的第一次而已——所描述的那么大。近年来，一批青铜铭牌为我们提供了出自当地人之手的生动证词，它们曾在 20 世纪 80 年代初期那极为黑暗的环境下引起了学术界的注意。[54]所有的铭文均与西西里内陆城镇，距今科莱奥内约 19 公里的恩特拉（Entella）有关。尽管铭文是用希腊文书

写的，但记录在这些铭牌——它们是西西里战争期间爆发一场残酷的骚乱的产物——上的市民姓名表明，他们显然具有意大利血统。公元前 404 年，该城的男性土著居民遭到受迦太基人雇用的一队坎帕尼亚雇佣军的屠杀，这些雇佣军旋即占领了这座城市。铭牌中提到的恩特拉市民是他们的后裔。铭牌上记录的是一系列关于承认并授予那些在这一最为黑暗的时期给予恩特拉人帮助的人及其子女荣誉市民身份的法令。这些法令可能是在第一次布匿战争末期的某个时间颁布的，仅仅实行了三十六天，它们标志着恩特拉历经劫难后的重新崛起。战争爆发之初，恩特拉人齐心协力与迦太基人作战，后者后来攻占了这座城市。许多恩特拉市民——有男有女——再度沦为战俘或遭到驱逐。

出于正义感，一些邻近城市以提供军事支援、谷物和避难所的方式向恩特拉施以援手，有时它们还会出钱给战俘赎身。其中包括某些个人，如一位叫马梅尔丁（Mamertine）的人，甚至有一位罗马官员［安提乌姆的提比留斯·克劳狄乌斯（Tiberius Claudius of Antium）］。值得注意的是，尽管罗马很快成为该岛的统治者，这些铭牌仍巧妙地勾勒出了这样一幅画面：这座西西里小城是一个独立的城邦，它拥有自主决策权，
199 授予帮助过它的朋友们荣誉市民的身份（在荣誉市民的名单中，那位罗马官员的名字并没有被特别安排在前列）。可以肯定的是，这份铭文表明，我们其实只是在见证在先前的两个世纪里爆发于西西里岛的战争大戏那最后插曲中夹杂的一段悲伤余音而已，而恩特拉由于在两个大国的冲突之中不得不选择拥护其中一方，只能无奈地承受了这个历史上并不鲜见的悲惨结局。恩特拉人所不知道的是，这段插曲标志着将在西西里历史上持续数百年的罗马独占阶段的开始。

注　释

1. Polybius 1. 20. 12.
2. Casson 1971, 100 – 122.
3. Morrison & Coates 1986, 259 – 260.
4. Goldsworthy 2000, 101 – 102.
5. Frost 1989, 127 – 135; Lancel 1995, 131 – 133.
6. Moscati 1986, 95 – 96.
7. Polybius 1. 20. 6 – 14.
8. 同上书，1. 17. 4 – 1. 19. 15; Diodorus 23. 7. 1 – 23. 9. 1; Zonaras 8. 10。
9. Diodorus 23. 9. 2.
10. Polybius 1. 20. 1 – 2.
11. 同上书，1. 21. 2。
12. 同上书，1. 20. 10 – 1. 21. 2; Lazenby 1996, 63 – 66。
13. Polybius 1. 21. 3 – 1. 21. 9.
14. Pliny *NH* 8. 169; Lazenby 1996, 66 – 67.
15. Polybius 1. 21. 8 – 11.
16. 同上书，1. 23. 3 – 10; Zonaras 8. 11; Lazenby 1996, 70 – 72; Goldsworthy 2000, 106 – 109。
17. *Corpus Inscriptionum Latinarum* 12. 2. 25.
18. Diodorus 23. 10. 1; Dio 11. 18; Zonaras 8. 11; Valerius Maximus 7. 3.
19. Zonaras 8. 12. 在另一个版本的故事中，他是被石头砸死的（Orosius 4. 4. 4）。波利比乌斯（1. 24. 5 – 7）只提到汉尼拔因损失了许多战舰，并被封锁在一座海港内而遭到了惩罚。
20. Polybius 1. 24. 3 – 4; Diodorus 23. 9. 4; Goldsworthy 2000, 82 – 84; Lazenby 1996, 74 – 76.
21. Polybius 1. 25. 4. 一些文献资料宣称迦太基海军将领哈米尔卡上了罗马人的当，后者或将舰队分散（Zonaras 8. 12），或将一部分船只藏了起来（Polyaenus 8. 20）。Lazenby 1996，78 – 79。

22. Polybius 1. 26. 1 – 9. 对参战人数的讨论见 Goldsworthy 2000，110 – 111；Lazenby 1996，81 – 84。
23. Frontinus *Strat.* 2. 13. 10，但拉曾比（Lazenby）对埃克诺穆斯是否真的爆发过这样一场战役表示怀疑（1996，96）。
24. Polybius 1. 26. 10 – 1. 28. 14；Goldsworthy 2000，109 – 115；Lazenby 1996，81 – 96.
25. Zonaras 8. 12；Valerius Maximus 6. 6. 2.
26. Polybius 1. 29. 1 – 1. 30. 8；Zonaras 8. 12；Goldsworthy 2000，84 – 86；Lazenby 1996，97 – 100.
27. Polybius 1. 30. 9 – 1. 31. 8；Diodorus 23. 11 – 12；Zonaras 8. 13；Livy Epitome 18；Orosius 4. 9. 1；Eutropius 2. 21. 4；Lazenby 1996，100 – 102.
28. Polybius 1. 36. 2 – 4，与这一说法相反的是，其他著作说他是被迦太基人谋杀的（Diodorus 23. 16；Zonaras 8. 13；Valerius Maximus 9. 6；Silius Italicus *Pun.* 6. 682；Appian 8. 1. 4）；Lazenby 1996，106。
29. Polybius 1. 32. 1 – 1. 39. 6；Diodorus 23. 14. 1 – 23. 19；Zonaras 8. 14；Appian 8. 1. 3；Orosius 4. 9. 3 – 8；Eutropius 2. 21. 4 – 2. 22. 3；Lazenby 1996，102 – 12；Goldsworthy 2000，88 – 92.
30. 关于迦太基人与努米底亚人达成和解的艰难过程见 Orosius 4. 9. 9。
31. 迦太基人向这座城市派去了间谍，但据说他们的身份为梅特卢斯所识破，后者召集了全体市民，要求他们将被他们认出的间谍全部抓住（Zonaras 8. 14）。然而，按照佐纳拉斯的说法，穆米乌斯在公元前 146 年攻陷科林斯的战役中应该使用了同样的战术。
32. Polybius 1. 40. 6 – 16.
33. Polybius 1. 39. 7 – 1. 40. 16；Diodorus 23. 21；Zonaras 8. 14；Eutropius 2. 24；Orosius 4. 9. 15. 被引用文献中关于大象的数量有多个不同的版本：从 10 头（Polybius 1. 40. 15）到 142 头（Pliny *NH* 8. 16）不等。据说梅特卢斯将俘获的能够掌控大象的驭手全部释放，并用一批巨大的筏子将他们运回意大利

(Diodorus 23.21)。佐纳拉斯（8.14），普林尼（*NH* 8.16）和弗朗提努斯（*Strat.* 1.7.1）均记载了罗马人举行的凯旋仪式，此后这些大象全部被杀死。Lazenby 1996, 112 – 122; Goldsworthy 2000, 92 – 94.

34. Zonaras 8.14.
35. Zonaras 8.14.
36. Polybius 1.49.1 – 1.54.8; Diodorus 24.3 – 4; Orosius 4.10.3; Eutropius 2.26.1; Livy *Epitome* 19; Suetonius *Tib.* 2.3; Aulus Gellius 10.6. 罗马诗人奈维乌斯是这样形容普布利乌斯·克劳狄乌斯·普尔喀的："由于他的骄傲轻敌，军团彻底灰飞烟灭(Naevius Fr. 42)。" Lazenby 1996, 132 – 141, Goldsworthy 2000, 119 – 122.
37. Crawford 1985, 106 – 107.
38. Visona 1998, 11 – 12.
39. Jenkins & Lewis 1963, Groups VIII & IX; Baldus 1982; 1988, 171 – 176.
40. Baldus 1988, 178 – 82; Manfredi 1999, 72.
41. Jenkins & Lewis 1963, Group X; Baldus 1988, 176 – 179; Crawford 1985, 136; Visonà 1998, 14.
42. Appian 5.1.1.
43. Hoyos 2003, 11.
44. Seibert 1993, 95 – 106. 以过于严苛的标准来审视身为将军的哈米尔卡的才干见 Seibert 1993, 95 – 106。
45. Hoyos 2001b.
46. Polybius 1.56.1 – 1.58.6; Diodorus 24.5.1 – 24.9.2; Zonaras 8.16; Lazenby 1996, 143 – 150.
47. Goldsworthy 2000, 124.
48. Polybius 1.59 – 1.61; Diodorus 24.11.1 – 2; Lazenby 1996, 150 – 156; Goldsworthy 2000, 122 – 127.
49. Polybius 1.62.1 – 1.63.3; Lazenby 1996, 158.
50. Diodorus 24.10.2; Polybius 1.73.1, 1.74.7.
51. Hoyos 2007, 16 – 19.
52. Greene 1986; 霍约斯（2007, 23 – 24）对汉诺是否只关注在非

洲的扩张行动表示怀疑。

53. Bechtold 2007.

54. 他们非法发掘这些铭牌，并将它们卖作私人收藏品。至少有一块铭牌（Ⅶ）被揭露是伪造的。可以理解的是，近年来与恩特拉铭牌有关的文献资料的数量极为庞大，并且仍在不断增加。Loomis 1994 的研究是针对这些铭牌所做的条理最为分明的综合研究。霍约斯提出的这些铭牌的日期可能可以追溯到公元前 4 世纪初的论点（1998，28 - 32）似乎令人难以相信。

第 8 章　向着迦太基进军：雇佣军之乱

和平的沉重代价

尽管哈米尔卡·巴卡是在西西里的迦太基军队投降事宜的谈判人，但在这场给迦太基带来悲惨命运的战争的末尾阶段脱颖而出的他，名望不仅丝毫未损，反而有所提升。[1] 早先发生的一件事已经体现了此人的政治精明：他派利利贝乌姆总督基斯戈（Gisco）前去与罗马执政官路达提乌斯（Lutatius）商讨相关协议，这样就大大淡化了他自己在迦太基军队投降的谈判中所扮演的角色。[2] 据说哈米尔卡对迦太基元老院以如此驯服的姿态投降感到极为愤怒。[3] 200

实际上，元老院的决定可能挽救了哈米尔卡，使他免遭进一步的失败，而作为军事领袖的他那已过顶峰的声望，也得以免于不断下滑。哈米尔卡的表现无疑给公众留下了深刻印象，尽管对迦太基一方的战局于事无补。另外也没有迹象表明，如果给哈米尔卡更多的时间，他就能成为迦太基人的救星。然而，尽管他巧妙地摆脱了与对于很多迦太基人而言似乎是来得太早的投降谈判的干系，但在随之而来的一团乱局中，他就无法巧妙地独善其身了。

此时，迦太基政府所面临的最大问题是如何处置在西西里的军队。如果他们被打得大败，那么迦太基或许就有借口拒绝履行自己应负的金钱义务，但第一次布匿战争以相当平稳有序的方式收场，这反倒将迦太基置于一个异常危险的境地。西西里的迦太基军队几乎是毫发无伤，而和平协议的规定之一就是迦太基必须从西西里撤走全部军队。因此，迦太基面临着被返回北非的庞大雇佣军索要军饷的威胁。

201 经济状况已经惨淡到无以复加的地步。当财政收入因失去了西西里和萨丁尼亚陷入混乱而下滑之际，迦太基不仅要承担付清雇佣军军饷的责任，还负有偿还亏欠罗马的巨额战争赔款的义务。迦太基拖欠雇佣军军饷的数目一直是众多学者研究的话题，但古代文献清晰地表明，这笔欠款数额巨大，其总数可能达到 4368 塔伦特，或 2600 万德拉克马——这是一个天文数字，令迦太基人难以承担的天文数字。[4]

对于迦太基人而言，具有可行性的最佳选择是将雇佣军以零敲碎打的形式撤走，这样他们或许就不用与后者进行关于军饷总额的谈判了。前雇佣军指挥官哈米尔卡·巴卡辞去了自己的职务，从这一棘手局面中抽身而出，离开了西西里岛。事实上，将雇佣军一小队一小队地装船运回北非的策略，起初似乎是成功的。然而，随着时间的推移，雇佣军得以在迦太基重新集结起来，迦太基人的希望迅速破灭了，这些人开始在当地胡作非为起来。

并不打算付清全部欠饷的迦太基当局为了拖延时间，支付了一小部分到期的欠款，以便说服雇佣军首领们，让他们将士兵、随军人员和辎重车辆带往离迦太基城有相当距离的西卡城，他们必须在那里等着接收余款。这一做法是一个灾难性的错误。在西卡，无所事事的雇佣军士兵将自己认定的欠饷数额估计得过高了。

在西西里时，他们的将军为了维持士气，曾向他们许以赏金，现在战争输掉了，这个承诺完全无法兑现。由汉诺率领的迦太基使团前来协商的是不可避免的关于削减军饷的事宜，当这一意图变得明显起来时，他们受到了可以理解的、满怀敌意的对待，而迦太基人这样做的理由——他们正在遭受罗马人加之于其身的沉重的财政苛求——并没有得到太多的同情。[5] 此外，迦太基当局没有将最初制订的，将雇佣军分散为一个个小队的计划坚持下去，这一愚行所造成的恶果在谈判因沟通方面的严重问题而受到阻碍时变得明显起来。

作为这场战争的重要史料，波利比乌斯的著作将迦太基人雇用众多不同国籍的军人的行为解释为“经过深思熟虑的行为，目的在于防止他们在抗命，或对他们的（迦太基）长官无礼这种事上迅速拧成一股绳”。[6] 然而，在这种情形下，那个 202
令雇佣军们无法集体闹事的举措严重妨碍了迦太基人的努力。波利比乌斯叙述道：

> 这样一来，就不可能将他们召集起来做一次集体演说，或以其他方式做到这一点。怎么能指望会有哪一个将军懂得所有雇佣军所说的语言呢？而要通过多名翻译将他们再度召集到一起的话，就得将同一件事重复四到五次，这种办法要说有什么不同的话，那就是更加行不通。唯一的法子是通过他们的长官来提出要求或恳求，当汉诺在这种情况下继续做着尝试的时候，那些人甚至完全没听懂他在说些什么。在别的情形下，在看似与雇佣军将领达成了协议后，当后者朝自己的部下做演说时，要么是根本没理解汉诺的话，要么是出于恶意，所传达的仅仅是相反的意思。这一切都引发了不稳定、不信任和混乱。[7]

在这个节骨眼上，叛军们感觉到他们的雇主处于虚弱无力的状态，于是一齐朝迦太基城近郊的图内斯城进军。在那里，他们试图拿到更多的欠饷，为此，他们抬高了自己的装备、马匹和过去几年消耗的谷物口粮的价格，并增加了战死者的人数，以提高赔偿金总额。

如今，2 万名心怀怨气的佣兵在距首都仅几公里远的地方驻扎了下来，迦太基人知道他们铸成了两个大错。第一，他们永远不该在没有用于防范的公民军的情况下，将如此庞大的一支雇佣军聚集在一处。第二，他们应该将这些雇佣军的妻子和孩子控制起来作为人质，以迫使他们家的男人们不敢轻举妄动，并在进行欠饷谈判时，将其当作讨价还价的潜在筹码。尽管雇佣军和迦太基人之间的不信任情绪日益加剧，但双方均在寻求某种形式的折中解决方案。事实上前者的漫天要价可能是一个初步策略，为的是能在将来的谈判中开个好价钱。[8]

为了挽回局势，迦太基当局向雇佣军军营送去了食物和其他补给品。一个由元老院派出的代表团承诺将在自己力所能及的范围内满足雇佣军的一切要求。双方达成共识：应该派迦太
203 基指挥官，利利贝乌姆最后一任总督基斯戈来与雇佣军谈判。基斯戈曾成功地将他们撤回北非，因此，雇佣军们对他有些信任。

基斯戈带来了一笔钱，开始结清佣兵们的军饷。可能是为了在叛军队伍里制造分裂，他在结清军饷时是以民族为单位进行的。[9] 然而，叛军阵营里的逃亡奴隶和逃兵被证明是极为难啃的硬骨头，因为他们害怕遭到罗马人的惩罚。罗马法律对逃亡奴隶的处罚是格外严厉的：在遭受拷打后，他们通常会被钉死在十字架上。很多人可能希望能以移民者的身份参军，从而

在迦太基的西西里领地开始新的生活，但由于迦太基人被赶出了西西里岛，他们的愿望也化为了泡影。[10]

暴动

在这些人中有个叫斯潘迪乌斯（Spendius）的坎帕尼亚籍逃奴，他竭尽全力说服叛军拒绝与迦太基人和解。其他人同样害怕与迦太基人达成协议，尽管原因各不相同。利比亚人马霍斯（Mathos）以领导者的身份参与了这次骚乱，他担心一旦雇佣军解散，回到自己的家乡后，迦太基会设法报复那些家在非洲的人。他没花多长时间就说服了军营里的大部分利比亚人，使他们相信和平对他们未来的利益而言，是毫无好处的。斯潘迪乌斯和马霍斯为了进一步达到他们的目的，即破坏所有与军饷支付有关的谈判，召开了几次集会，以并非所有的应付军饷都已结清为借口，对聚集起来的佣兵进行煽动。波利比乌斯讲述了这么一件事：只要有人站起来反对斯潘迪乌斯和马霍斯，他就会遭到他们的支持者冰雹般的石块攻击。

毫不令人意外的是，这个说法收到了他们希望的效果。斯潘迪乌斯和马霍斯被任命为这支雇佣武装的将军，他们立刻下令将基斯戈及其随从扣押起来。两位指挥官用基斯戈带来的钱抵偿雇佣军的欠饷，从而进一步巩固了自己的权威。[11] 为了迎接即将到来的与迦太基的对抗，叛军开始四处寻找盟友。他们没怎么费劲就做到了这一点。

为了筹措军费，迦太基人曾对臣服于他们的利比亚人横征 204
暴敛。穷困潦倒的农民被迫将一半以上的农田产出交给迦太基政府。在各个城镇，赋税成倍增加，没有任何减免的可能，即便对穷人也是如此。迦太基总督们被要求搜刮走他们从利比亚人身上所能榨出来的每一个子儿，用于填补急剧扩大的军费缺口。为了利用由此引发的不满情绪，叛军派遣使者前往各个利比亚城镇煽动暴乱。利比亚人不需要任何鼓励就参加了叛乱的队伍。波利比乌斯记载道，他们的情绪是如此狂热，以至于利比亚妇女情愿将自己的所有珠宝捐出来，作为雇佣军的军费。他估计约有 7 万名利比亚人加入了雇佣军阵营，这令斯潘迪乌斯和马霍斯的军队规模扩大了 3 倍。[12]

尽管利比亚人的揭竿而起令这次暴动带上了民族主义色彩，但它大大超出了两个民族之间的冲突的范围。例如，叛军从未尝试着劝诱为数众多的在北非的迦太基领地生活、劳作的奴隶参加叛乱，这是件令人惊讶的事。[13]新近扩大的叛军队伍由多个不同民族的成员组成。除了利比亚人，还有利古里亚人、伊比利亚人、巴利阿里群岛人、高卢人，以及波利比乌斯笔下的“混血希腊人”（mixhellenes）——这个名称经常与来自黑海地区的希腊化的色雷斯人和西徐亚人联系在一起。[14]在波利比乌斯著作的这一部分，这个术语可能指的是坎帕尼亚人和大希腊地区的居民，他们中的一些人是逃奴或罗马军队的逃兵。

当人们审视叛军制造的货币时，事实变得清晰起来，他们只不过是一群毫无纪律的乌合之众罢了，迦太基人真正的对手是被解雇的前西西里迦太基军队。基斯戈随身带来的钱不光被分发给了叛军，还被用于重铸新的货币。用他们自己的图案取代迦太基货币上的图案，叛军领袖以这种方式发表了一个胆大包天的意向声明。最初因军饷而引发的纠纷如今已经演变成旨在摆脱迦太基人统治的全面叛乱。叛军在自己的统治范围内使用自己生产的货币——刻有希腊文铭文“LIBUWN”［“利比亚人所拥有的（钱币）”之意］的银币——作为军饷。[15]这一带有折

中性的图案被应用于货币之上的事实表明：希腊铭文“利比亚人 205
所拥有的”并非被用于指代某个特定民族，而是表示参加叛军武装的拥护者们现在有一个临时的庇护所了。

与此同时，“利比亚人”一词所带有的显而易见的包容性，可能标志着非利比亚人种的雇佣军们如今怀有的，征服并定居于北非迦太基人居住区的野心——就像坎帕尼亚私掠者在西西里干的那样。[16]事实上，应用于银币和铜币之上的图案拥有两个截然不同的类别。那些刻有农业主题图案——如玉米穗和犁——的钱币，很可能是专门给利比亚人使用的。而那些刻着按照叙拉古、意大利南部和迦太基西西里军事传统而设计的图案的钱币，则为非利比亚人种的雇佣军专用。[17]

在后一组货币图案中，赫拉克勒斯肖像有着突出的地位，大多数图案是标准的亚历山大式头戴狮子皮头巾的英雄形象，背面图案为一只正在巡行的狮子。尽管风格上有些许细微的差别，但这些硬币上的画像仍可以说是迦太基西西里殖民地军事当局在公元前 4 世纪头一个十年里发行的最后一套货币上的画像的翻版。[18]虽然迦太基人用于支付这支军队的军饷的货币上有这座城市当时的传统符号——科莱的头颅和马头，但赫拉克勒斯 - 麦勒卡特仍是西西里迦太基驻军的重要象征。当这支叛军开始生产自己的货币时，他们自然而然地会转而使用一个代表着他们那尚武精神的人物。这座“军营”就真真正正地在迦太基城内安家落户了。[19]

一场毫无怜悯的战争

古代的战争是野蛮的，而第一次布匿战争无疑也有着野蛮的一面。即便如此，这场暴行的主要受害者却不是罗马人或迦太基人，而是倒霉的西西里诸城邦。双方的主要目的在于保护自己在西西里的势力范围，彻底灭亡对方并非双方的战略目标。然而，在签下一纸丧权辱国的和平协定的一年内，迦太基就将为了自己的生存而打一场即使按古代标准衡量也算野蛮的战争。这场战争成了一场生死决战，参战双方的表现均毫无人
206 性可言。对于波利比乌斯而言，这是一场“无法妥协的战争”，一场不可能以停战协定而告终的战争。[20]

拜迦太基人的愚蠢决策所赐，一场因军饷而起的纠纷，激化成一次根本目的在于推翻迦太基在北非的统治的全面叛乱。这场叛乱以最为残酷的方式，凸显了迦太基对外来力量与资源的过度依赖已严重到了何等程度。基斯戈随身携带的用于付清雇佣军军饷的款项，可能是迦太基人手中剩下的最后一批高纯度银币了。[21]如今，利比亚之乱也已经切断了它另外一个重要的收入来源。波利比乌斯以其一贯老练的笔法，清晰有力地勾勒出了当时迦太基人的危急处境。

> 他们既没有充足的武器储备，也没有一支合用的海军，更没有剩余物资来建造一支新的海军，大批物资已经消耗在之前的海战中了。他们甚至无法为自己的军队提供补给，来自朋友或盟国的援助也根本指望不上。因此，现在他们算是彻底领教到在海外同别国开战与国内爆发战争和骚乱之间是何等的天差地别了。[22]

生死存亡之际催生了生死存亡之法。迦太基人别无选择，只能动员、训练一支公民军。他们东拼西凑了一笔钱用于招募新的雇佣军，为数不多的残余舰只也准备用于作战。这支规模

不大的军队的指挥权交给了汉诺，此人对第一次布匿战争中导致迦太基战败的一连串崩溃负有责任，但因在大后方赢得了几场重要的军事胜利，得以与哈米尔卡一样免于责罚。这一任命很快被证明是一个代价高昂的错误。波利比乌斯的结论是，汉诺或许有足够的才能去战胜利比亚人和努米底亚人（这些人一旦战败就会转身逃跑），但在面对一支由受过良好训练的职业士兵组成的敌军时，情况就完全不一样了。[23]

汉诺的军事能力无法与一支训练有素且在西西里战场上历经多年锤炼的军队相比。有人可能会认为，叛军一方缺乏一个有实力的领袖，因为西西里军队的高级军官一直由迦太基派来的人选担任。事实上，利比亚人马霍斯展现了自己在军事战略 207
方面的优秀才干。汉诺袭击了正在围攻迦太基同盟城市尤蒂卡的叛军，从而出其不意地占据了优势。然而，汉诺随后并未利用叛军陷于混乱之中的机会，而是开进尤蒂卡大肆庆祝胜利。叛军很快重整旗鼓，实实在在地打了迦太基人一个措手不及。他们歼灭了许多迦太基士兵，缴获了他们的全部辎重，以及汉诺从迦太基城带来的用于对付叛军的攻城器械。

这种疏忽大意实际上是整场战争的特色，之后汉诺还会多次在胜利的当口被击败。与之形成鲜明对比的是，马霍斯却很快证明了他是一个危险的对手。首先，他将自己的大军分编为几支机动力更强的小部队。他的目的似乎是尝试着切断迦太基人的后勤供应线以及他们同盟友之间的联系。除了围攻这一地区两座最大的城市尤蒂卡和西帕库里塔（Hippacritae）外，一支叛军武装还夺取了迦太基所在地峡的控制权，从而成功地阻断了这座城市与它的非洲腹地之间的交通，令其陷入重围之中。尽管迦太基人尚未准备撤换无能的汉诺，但他们将一支由

1万人和约70头战象组成的小规模部队交给了哈米尔卡·巴卡，试着让他来击退叛军。[24]

哈米尔卡旗开得胜。他先是率军于夜间偷偷摸出城去，蹚过迈杰尔达河（river Medjerda），从而成功地击败了封锁该城的叛军。尽管他的部队在人数上处于严重劣势，但他随后还是占领了一座位于河流之上的桥梁。为了取胜，他使用了一种战术——这种战术在日后为哈米尔卡那举世闻名的儿子汉尼拔所用，取得了辉煌战功——伪装撤退，从而引得敌军乱哄哄地前来追击。一旦敌人的队列彻底失去秩序时，迦太基人便立刻排成战斗队形，继而将其击溃。[25]

8000多名敌军被杀或被俘。然而，首次振奋人心的胜利还没过去多久，由于哈米尔卡的急躁冒进，迦太基人差点吃到一次惨败。叛军知道，他们在野战中面对强大的迦太基骑兵与象兵时几乎是毫无胜算的，因而以彼之道还施彼身，用游击战术来对付这位昔日的长官。这样一来，哈米尔卡发现自己频频
208 遭到来自山麓地区的袭扰，进军变得举步维艰。最后，他与他的军队发现自己已经被敌军包围在军营所在地——一片山峦起伏的平原之上。全军覆没的危机迫在眉睫。这些在西西里被频繁使用却徒劳无功的袭击战，如今以一种出人意料的方式取得了辉煌战果。然而，在这支人数众多、步步逼近准备肆意杀戮的敌军队伍中，有一位名叫纳瓦拉斯（Navaras）的努米底亚酋长，此人对这位迦太基将军敬仰已久。[26]纳瓦拉斯心中那股强烈的钦佩之情及其家族成员对他的耿耿忠心，导致其与麾下的2000名骑兵转投迦太基一方，从而使哈米尔卡的军队获得了东山再起的资本。[27]

如今，这场迦太基人与叛军之间的战争因夹杂于其中的暴

行，戏剧性地变得臭名昭著起来。讽刺的是，这场大屠杀竟是因一次有计划的仁慈之举而起。在取得了惊人胜利后，哈米尔卡谨慎地在自己的队伍中为 4000 名被俘的佣兵留出了位置，而不愿接受这一提议的战俘将被释放并获准返乡。这一举措似乎是为了破坏雇佣军与利比亚人之间的可能极为脆弱的同盟关系，因为倘若叛军知道他们可以在不受谴责的情况下改变自己所属阵营的话，那他们随后可能就会集体逃亡。

斯潘迪乌斯、马霍斯及其他叛军领袖知道自己并不在特赦之列，于是采取了一系列措施以确保自己的部下仍忠于他们的事业。经过劝说与恐吓，叛军集会通过了一项提议：基斯戈与其他迦太基战俘应被处决。为了彻底切断与迦太基达成和解的渠道，叛军领袖将这些人以最为骇人听闻的方式折磨致死：他们的双手被砍断，生殖器被割去，双腿随后也被打断。当他们仍有呼吸的时候，被人以层层相叠的方式丢进一个大坑内，并遭到活埋。叛军领袖随后宣布，所有的迦太基战俘均可期望自己享受到这一可憎的命运。事到如今，双方再也没有机会握手言和了。[28]

这一暴行收到了预期的效果：哈米尔卡杀死了自己这边所有的战俘，以示报复。如今再没有一个叛军士兵在落到迦太基人手中时，能够指望得到后者的怜悯了。他们不得不拼死作战。然而，没有理由认为大部分雇佣军士兵会叛逃，战事对于
他们而言可谓是顺风顺水。而迦太基人却遭到了一连串厄运的 209
打击，他们一些载有必需物资的船只在一场可怕的暴风雨中丧失了；随后又有消息传来，被他们统治了三个多世纪的萨丁尼亚爆发了叛乱；最后也是最可怕的一件事是，迦太基的那些不忠实的盟友开始转而反对起它来——西帕库里塔和尤蒂卡屠杀

了该城的迦太基守军，叛逃到叛军那边去了。

局势并未被哈米尔卡和汉诺扭转，这两人是多年的政治宿敌，在军事战略上也无法达成一致。然而就在此时，援助从最不可能的渠道到来了：叙拉古同意提供最为急需的援助。[29]波利比乌斯将这一情况解释为纯粹的政治实用主义的产物：对希洛而言，一旦迦太基从地中海中部的政治势力等式中消失，那么他那罗马人重要的战略盟友（因此他才能保持独立）的身份能否继续下去就成了问题。

罗马最初的反应更令人难以理解。在暴动期间，它本有很多机会可加以利用，而这些机会都很可能导致迦太基这个区域强国彻底灭亡，但它拒绝那样做。来自尤蒂卡市民的将他们的城市转交给罗马的提议被回绝了。此外，意大利商人被禁止与叛军做生意，但可以将重要的供给物资运往迦太基，与此同时，迦太基人甚至获准在意大利招募新的雇佣军。[30]即便如此，这两座城市之间的关系近来还是变得有些紧张。在迦太基当局逮捕了约 500 名为叛军运送供应物资的意大利商人后，罗马派遣了一个外交使团前往北非提出抗议。不过，这一事件以友好的方式得到解决，作为善意的表示，罗马人将余下的在西西里战争中俘虏的迦太基人全部释放。2743 名战士在无须支付赎金的情况下即得到释放，这对迦太基而言是一个意外的恩惠，如此它就能将战争继续进行下去了。[31]

罗马之所以对迦太基持支持立场，原因是复杂的。它一直认为，在经历了一场极为漫长而消耗国力的战争后，罗马无力再投入另一场战争。尽管第一次布匿战争的许多费用已由罗马的叙拉古及意大利盟友支付，波利比乌斯仍然得出了明确的结论：迦太基与罗马均在财政上被这场战争消耗得精疲力竭。[32]

/ 1.《埃阿涅斯在迦太基与狄多相别》，绘于 1675 ~ 1676 年，布面油画，克劳德·洛兰作。/ /

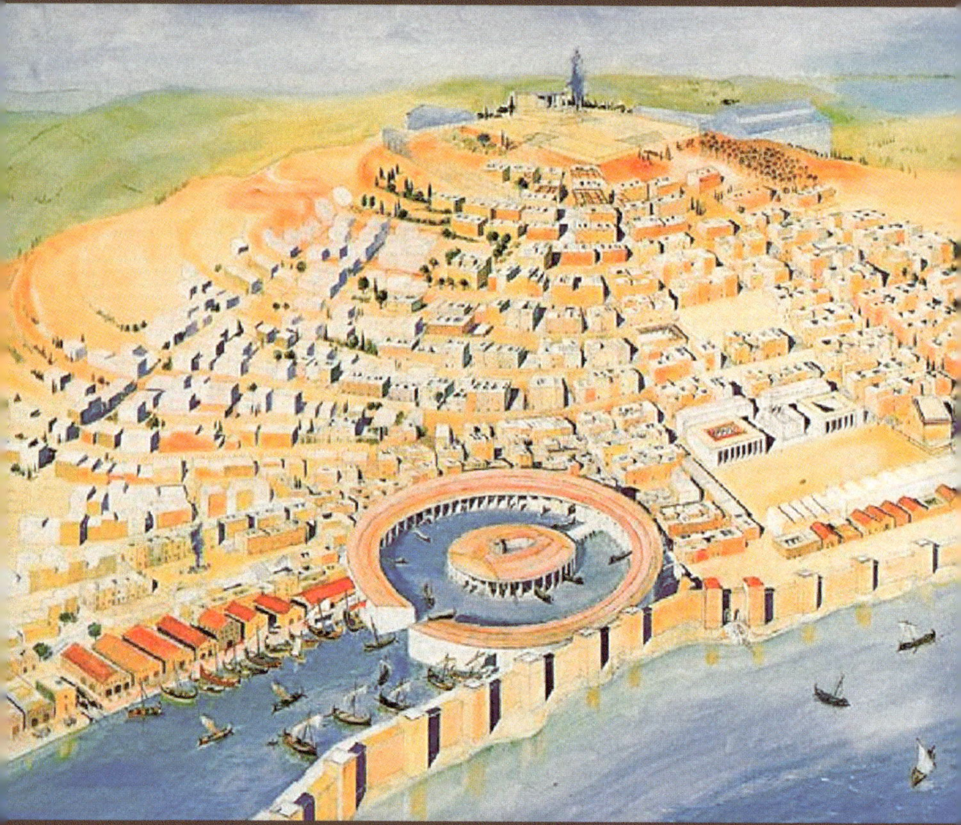

/ 2. 迦太基全景，油画。/ /

/ 3~4. 饰有妇女头像（左）和男子侧面头像（右）的金戒指，公元前 3 世纪，出土于迦太基圣莫尼克公墓。/ /

/ 5. 亚述石质浮雕，描绘了运载木料的货船抵达终点后，从船上卸货时的场景，公元前 8 世纪，来自霍尔萨巴德的萨尔贡二世王宫。/ /

/ 6. 石灰岩祈愿石碑，描绘了一位抱着一名孩童的祭司，公元前 4 世纪，来自迦太基的托菲特。/ /

/ 7. 迦太基托菲特中的迦太基石碑。/ /

/ 8. 古希腊晚期风格的迦太基女神塔尼特半身雕像。/ /

/ 9. “长有翅膀的女祭司”大理石石棺，公元前 4 或前 3 世纪，出土于迦太基圣莫尼克公墓。/ /

/ 10~11. 刻有腓尼基文（左）的伊特鲁里亚文（右）的金板，公元前 5 世纪，来自皮尔吉。/ /

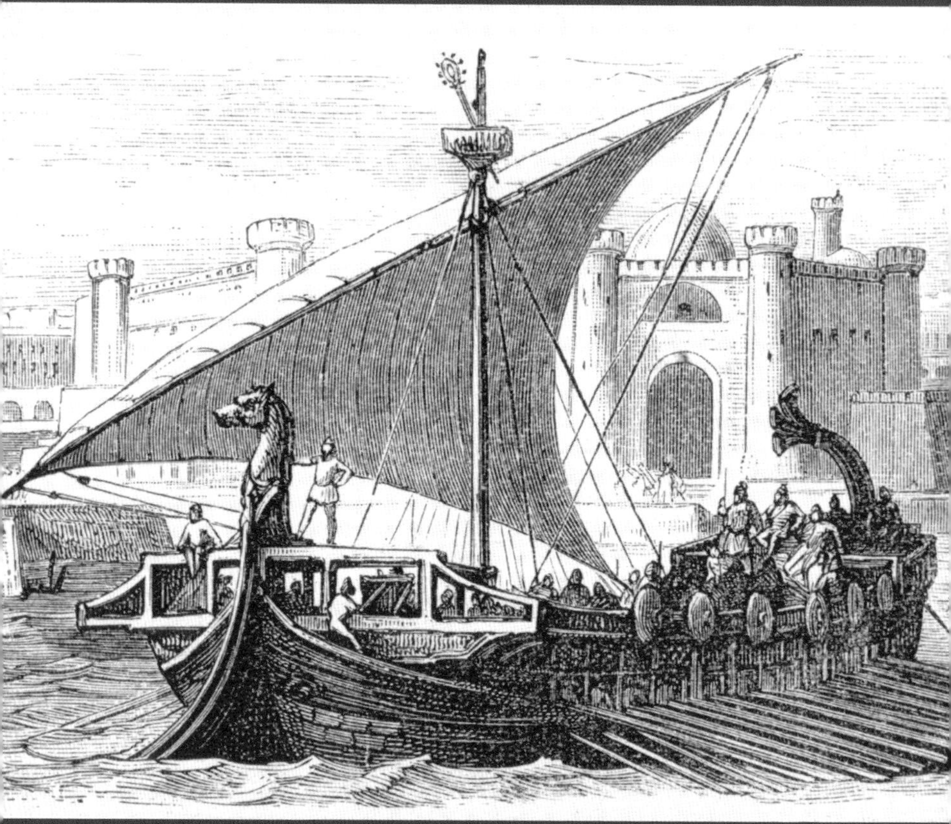

/ 12. 腓尼基战船，木版画。/ /

/ 13. 手持木棒的赫拉克勒斯铜像。/ /

/ 14. 印有赫拉克勒斯头像的德拉克马银币，背面为母狼和双胞胎图案，来自罗马，发行于约公元前 275 ~前 260 年。/ /

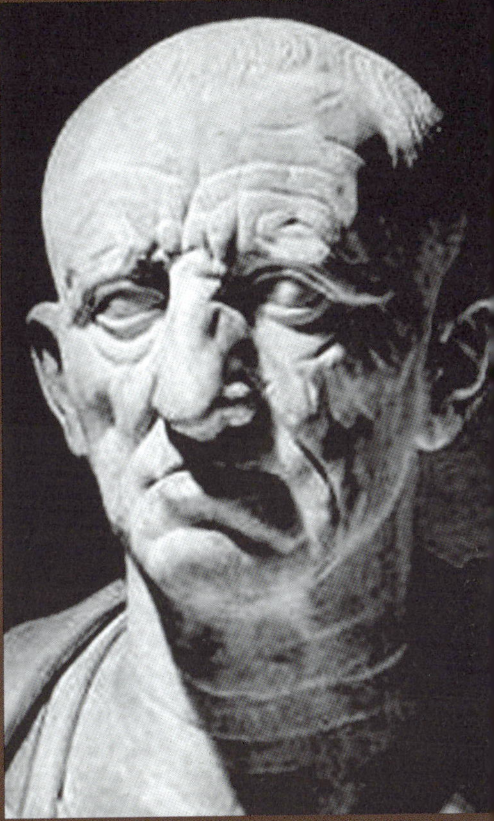

/ 15.“非洲征服者”西庇阿（公元前 236 ~ 前 183 年），半身像，来自莫斯科普希金博物馆。（左）/ /

/ 16. 被认为是老加图（公元前 234 ~ 前 149 年）的石像。（右）/ /

17. 阿莫里特的石灰岩石碑：立于狮背上的麦勒卡特，约公元前550年，来自叙利亚的阿莫里特。

18. 萨布拉塔迦太基陵墓，公元前2世纪早期，位于利比亚的黎波里塔尼亚。

/ 19. 汉尼拔半身石像，公元前 1 世纪。/ /

/ 20. 印有戴花环的塔尼特头像的迦太基锡克尔金币，发行于约公元前 310 年 ~290 年。/ /

/ 21. 于 1812 年展出的《冒着暴风雪翻越阿尔卑斯山的汉尼拔及其军队》，布面油画，约瑟夫 · 马洛德 · 威廉 · 特纳作。/ /

/ 22.《扎马战役》（发生于公元前 202 年），绘于 1521 年的布面油画，被认为是朱利奥 · 罗马诺的作品。/ /

/ 23. 毕尔萨的迦太基废墟。/ /

/ 24.《神化的亚历山大及世界的四部分化身》（或《被埃涅阿斯抛弃的狄多》），公元 1 世纪的罗马壁画，来自意大利庞培古城的卡萨梅利埃格。/ /

事实上，罗马也不太可能怀有强烈的进一步向迦太基施加压力的想法。西西里的很多地方如今在名义上处于罗马的控制之 210
下，但二十年的战争对西西里当地的经济造成了极大破坏。罗马自然需要时间来维护自己在当地的政治地位，而它也不可能希望自己再次落得一个经常支持雇佣军暴动的名声。[33]

他国对迦太基的援助标志着一个重要的转折点。叛军们如今发现他们缺乏补给，只得解除对城市的围困。他们之前依靠的是从利比亚人那里募集的资金，以及从迦太基人那里抢来的货币。眼下，由于他们储备的银币和铜币已经用光了，叛军可能开始使用砷来令他们那劣质的铜合金货币看起来与高价值的银币一模一样。[34]哈米尔卡与士兵们协商之后，如愿获得了迦太基军队的唯一指挥权。这一举措似乎极大地提高了军队的军事效率，因为现在决策可以很快被制定出来，并得以迅速执行。全面战争的政策仍在继续，因此所有被俘的叛军都将被哈米尔卡的战象活活踩死。

清算

最终，哈米尔卡成功地将叛军主力困在了一个叫索尔（the Saw）的山口之中，由于无路可进又无路可退，饿得半死的雇佣军士兵们为了活下去，开始吃起人肉来。在吃光了战俘和奴隶后，叛军意识到，他们的战友不大可能前来支援了。他们的领袖也知道继续战斗下去是徒劳无功的，于是决定尝试着与哈米尔卡谈判。迦太基将军接见了 10 名使者，这其中就有斯潘迪乌斯和其他叛军领袖。哈米尔卡再度展现了一个政治家的精明。他所提供的条件看起来极为宽大。他的全部要求是自己应有权从叛军中挑选 10 个人扣押起来，而后，剩

下的人可以每人携带一件长袍，自由离去。叛军领袖同意了，但哈米尔卡随后立刻将他们扣为人质。就这样，在没有
211 违反不得扣留敌方来使的神圣谈判准则的情况下，哈米尔卡得以将大部分叛军高级指挥官羁押起来。其余近 4 万名叛军很快就被击溃了。[35]

可以理解的是，在经历了这场惨败之后，叛乱开始瓦解。利比亚土著人审时度势，当即转而反对叛军，并成群结队地叛逃至迦太基一方。哈米尔卡如今可以从容不迫地将自己的注意力转向叛军的最后据点图内斯了。为了打击包围圈内叛军的士气，斯潘迪乌斯及其他被俘的叛军首领被带到城墙前面，当着他们战友的面被钉死在十字架上。然而，马霍斯注意到，哈米尔卡的同僚汉尼拔此时觉得胜券在握，因而其军营的警戒工作不再像以往那么严密了。于是，叛军发动了一场出其不意的袭击，不仅歼灭了大批迦太基军人，还俘虏了汉尼拔本人。这位不幸的将军惨遭酷刑拷打，而后被钉死在之前用来钉死斯潘迪乌斯的十字架上。据说在一次为被害的战友举行的令人毛骨悚然的诀别仪式上，马霍斯将 30 名出身高贵的迦太基人在斯潘迪乌斯的尸体旁残忍地杀死。[36]

经过这次可怕逆转的教训后，迦太基高层人士再度拧成了一股绳。一个由 30 名议员组成的委员会成立了，他们成功地说服哈米尔卡和他的主要政治对手汉诺，让他们将各自的分歧抛在一边，以最终战胜敌人。一支由剩下的所有达到服役年龄的公民组成的新军被组建了起来。人力、物力均已枯竭的叛军意识到，他们唯一取胜的机会在于倾其所有打一场最终决战，但他们的力量耗尽了，从而被轻而易举地击败。利比亚人随后得到安抚。尤蒂卡和西帕库里塔害怕遭到迦太

基人的报复，坚守了一段时间，但它们很快便双双被攻陷，被迫接受了迦太基人的条件。所有不幸还活着的叛军战俘全都被钉死在十字架上——除了马霍斯。他于公元前 207 年被引领着穿过迦太基的街道，为了嘲弄他，这场游街仪式被安排得活像一场或许是马霍斯梦寐以求的凯旋仪式。当他被拖曳着穿过迦太基城时，年轻人们以各式各样的可怕手段折磨着他的身体。就这样，这场——用波利比乌斯的话来形容——“在残酷性与对人类道义的蔑视方面远超过我们所知的一切战争”的战争，以一次可能与它极为相称的，骇人听闻的处决画上了句号。[37]

令人越来越难以接受的和平代价

伽太基人对雇佣军取得的来之不易的胜利令他们自己暂时 212
摆脱了困境。在他们手中最后一块重要的海外领地萨丁尼亚，一场残酷程度丝毫不亚于非洲之乱的雇佣军暴动于公元前 240 年爆发。当造反者杀死了该岛的军事总督博思达①与其他迦太基人后，迦太基出兵了。然而，在这支雇佣军抵达目的地后，军队发生叛乱，并把领军的迦太基将军钉死在十字架上，而后将萨丁尼亚岛上的迦太基人全部屠杀。[38]

这两场暴动或许在某种程度上是相互呼应的，这令局势变得更加危急。根据波利比乌斯的记载，非洲的叛军向萨丁尼亚的暴动者送去了一封信，信中似乎透露了这么一件事：他们的队伍中有人正与迦太基人进行秘密谈判。[39]尽管波利比乌斯相信这封信有伪造的可能，但迦太基派往萨丁尼亚的雇佣军或许

① 与前文提到的三人委员会成员之一不是同一人。

多少知道这件事。令迦太基感到惊恐的是，雇佣军于公元前240年打算将这座岛转交给罗马。罗马人暂时拒绝了这一诱惑，没有强力盟友支持的雇佣军很快就被萨丁尼亚土著驱逐了。在意大利避难的时候，他们再一次与罗马人协商，请求后者支援他们的事业，这一次，他们的请求得到了接纳。

公元前238年，罗马人宣布计划发动一次意在攻占萨丁尼亚的远征行动。当时迦太基人理直气壮地提出了抗议——理由是公元前241年签订的条约承认了他们对这座岛屿的统治权——而后表明了自己重新夺回该地的意向。罗马人声明，他们将把这一意向视为宣战行为。在持续多年的战争中已遭严重削弱的迦太基不得不做出退让。公元前237年，萨丁尼亚及其邻近岛屿科西嘉均被占领，当罗马人要求迦太基再缴纳1200塔兰特赔款时，情况变得更糟了。[40]

甚至连波利比乌斯也强烈谴责罗马人对萨丁尼亚的吞并，他用“毫无正义性”与一次“根本不可能找到任何合理借口
213 与理由”的行动来形容这一行为。[41]如此尖锐的批评竟出自一个最为坚定的罗马支持者之口。为什么罗马在起初拒绝了这些造反者的引诱后，最终撕毁了自己签订的条约，将萨丁尼亚据为己有呢？日后的一些作家可能对那个时代罗马人的宣传深信不疑，认为这是他们对迦太基人将从雇佣军之乱中牟取暴利的意大利商人关进监狱——有时会将他们处以死刑——的做法的报复。[42]考虑到两国之前签订的友好协议，这一说法看起来极不可靠。答案很可能是罗马人那侵略性极强、贪得无厌——这两个特点长期以来一直是罗马对外政策的标志——的性格。此外也有其他一些原因使得罗马人如今接受了他们最初于公元前240年拒绝的邀请。[43]

迦太基于公元前 238 年在北非击败了叛军，如今它可以将全部精力放在收回萨丁尼亚上了（事实上，一支新的军队正在筹备，并准备在哈米尔卡·巴卡的率领下完成这一使命）。[44] 因此，罗马兼并了这座岛屿，以免迦太基再度在地中海地区崭露头角。[45] 应该注意的是，罗马公民大会——一个已经证明了自己意欲以极为强硬的态度对待迦太基的机构——投票赞成对萨丁尼亚的吞并。[46] 雇佣军在被逐出这座岛屿时已将该地的迦太基人屠杀殆尽的事实，也使得罗马人更容易将这次行动表述为对中立地区的占领。[47]

吞并萨丁尼亚对接下来的历史事件而言，影响力相当于一场地震。就经济角度而言，萨丁尼亚一直是迦太基势力范围的重要组成部分。随着迦太基人在西西里西部的统治变得越来越不稳固，萨丁尼亚铸币厂逐步承担起生产迦太基铜币的任务。[48] 然而，萨丁尼亚的丧失不仅打击了迦太基的经济前景，也打击了它的自豪感。罗马人对这一地区的吞并与对赔款的要求，是在用一种蛮不讲理的方式提醒迦太基：仅仅在几年前它还拥有的，曾在公元前 241 年的条约里被虚伪地加以承认的地中海强国的地位，如今已不复存在了。

哈米尔卡·巴卡的崛起

为了保住自己的权力，迦太基的统治精英们四处找人充当 214
雇佣军之乱的替罪羊。哈米尔卡·巴卡曾轻率地向手下的士兵们许下他无法遵守的诺言，而他在西西里指挥的军事行动也未能实现迦太基的任何即时战略目标，由此显而易见地被列入候选人行列。[49] 然而，哈米尔卡对罗马人发动的声势很大但徒劳无功的突袭，以及他最终打败了叛军的事实，却令他在迦太基公民中名声大噪。虽然他是西西里军队的指挥官与和平协议的实际负责人，但他并不像迦太基精英阶层的其他成员那样，名声因突如其来的投降而遭玷污。正如罗马史学家李维记载的那样，他觉得“西西里在局势真正陷入绝望境地之前就投降，实在是为时过早”。[50]哈米尔卡还是迦太基军队中威望最高的将军——雇佣军之乱期间，士兵们投票选择他而不是汉诺做他们的领袖就充分证明了这一点。[51]

哈米尔卡与在普通公民中有着巨大影响力的富人们也有着密切联系，他的新女婿哈斯德鲁巴就是一个例子。[52]利用自己的这层关系，他不仅得以免于被起诉，还通过公投的方式获得了整个利比亚地区最高军事长官的职位。[53]在海外作战的迦太基将军们长期享有很大的权力，如今哈米尔卡似乎将在北非本土享受这一待遇。事实上，哈米尔卡·巴卡似乎已经成了在这个备受危机打击的国家所发生的势不可挡的政治变革的主要受惠者。根据波利比乌斯的记载，这一时期“迦太基民众的意见已经在影响着议会的审议意见，这对于迦太基人而言是绝大多数人诉求的胜利”。[54]

尽管许多细节依旧模糊不清，但毋庸置疑的是，一连串的灾难——对罗马战争的失利、失去西西里岛、所掌握的雇佣军武装几乎损失殆尽以及进一步失去萨丁尼亚——已经预示着，对迦太基历史意味深远的政治变革时代将要到来。深受亚里士多德赞许的，贵族统治、寡头统治与民主统治之间的微妙平衡，在很大程度上依赖的是迦太基于公元前4世纪在海外取得
215 的成功所带来的前进动力。[55]帝国的失利对当前的政治现状而言是一次毁灭性打击。雇佣军之乱已经增强了迦太基军官的实力：这些人在战争期间曾积极地参与最高指挥官的选举之中。

这一活动如今已经演变成了被小心翼翼地拱卫着的特权，而非一种一次性的危机管理手段。

此外，在为数众多的普通公民或“s’rnm”（“少数派”之意）群体内部，有着一些野心勃勃的团体，他们显然不愿意再接受一个对他们的影响力微不足道的政治体系。[56]在这之前，少数几个被选中的男性非迦太基公民，有着一些有限的提高其社会地位并成为公民的机会（这是放之整个古代地中海世界皆准的权利，这种选举权不对本城的女性开放，无论其社会地位如何）。[57]例如，某些身价极高的奴隶有可能以合法的方式获得自由，不过他们仍在一系列正式义务方面受到自己的前主人的约束。[58]然而，没有证据表明有“少数派”被接纳为尊贵的迦太基精英阶层的一员。

然而，这并不意味着他们毫无影响力。尤其是商人与工匠——“少数派”中最有活力的阶层——有着极为良好的组织，并且与实力强大的行会和自治团体有着从属关系，这些行会和自治团体的财力足以为迦太基的重要市政建设工程助一臂之力。[59]公民大会至少自公元前 4 世纪末起就是迦太基普通公民的主要政治工具，尽管它的原始权力受到严格限制。公民大会只有在得到苏菲特和元老院的明确邀请，或两名最高行政官彼此意见相左时才能讨论问题。如今，它似乎能够在更大程度上影响元老院和 104 人法庭的决定，这其中包括在一年一度的两名苏菲特的选举中有着更大的发言权。由于这些变革的出现，对民主主义持强烈反对态度的波利比乌斯认为战后迦太基展现出的，是一个逐渐陷入民粹主义泥潭的政权所有最坏的方面。[60]狄奥多罗斯在描写哈米尔卡·巴卡在迦太基政坛那与日俱增的影响力时进一步提道：“随着时间

的推移，在利比亚战争结束后，他创建了一个由社会地位最
216 低阶层成员组成的政党，利用这些人的财力，再加上战利品，他聚敛了一笔数额巨大的财富。他觉得他的成就为自己赢得了巨大的权力，于是便一心致力于煽动民粹，并以此来博得民众的欢心。”[61]

事实上，传说中的哈米尔卡使用的聚敛政治权力的手段，对任何一个西西里希腊历史学家（例如狄奥多罗斯使用的那些史料的作者）来说都是司空见惯的，因为它们类似于那些曾经被众多西西里独裁君主使用的手段。在叙拉古，戴奥尼索斯、阿加托克利斯和如今的希洛，无一例外是依靠三类至关重要的叙拉古选民——公民大会、雇佣军、一些富裕和有权有势的精英人士——的支持来夺取政权并维持自己的地位的。尽管阿加托克利斯和希洛都是在日后自封为王的，但他们最初都利用自己被委任为“strategos autokrator”（独一无二的指挥官）的机会，奠定了自己的政治基础，并进而控制了该国的政治进程。[62]

巴卡家族——哈米尔卡的家族——那日益增长的政治影响力在哈米尔卡被任命为非洲军队的指挥官后不久就得到了进一步的体现：当时，元老院授权哈米尔卡率领一支远征军前往西班牙南部。[63]伊比利亚半岛南部和东南部海岸对迦太基人而言无疑并不陌生，自从公元前 4 世纪起，迦太基产品与数量极为可观的坎帕尼亚及雅典陶器，就经由经常在伊比沙岛的埃布索斯做生意的迦太基商人之手，源源不断地运抵西班牙。事实上，在公元前 348 年与罗马签订的第二份条约中，西班牙南部就被列入迦太基的势力范围，尽管并没有证据表明迦太基人介入了该地的事务。[64]考虑到其巨大的军费开销，可以毫不意外

地认为，迦太基人与之前的泰尔人一样，主要是对这一地区的白银感兴趣。[65]

伊比利亚地区与迦太基之间存在的更为紧密的联系，是通过招募雇佣军来实现的。在马略卡岛有一片由设有防御工事的围墙围起来的场地，考古学家认为该地是著名的巴利阿里投石兵的征兵点，他们经常被迦太基人作为精锐部队来使用。[66]哈米尔卡将目标定在西班牙的理由很简单：这里拥有数量庞大的 217
贵金属资源、人力以及粮食。事实上，希腊地理学家斯特拉波记载过一个不太可信的传说：当巴卡家族亲眼看见图登塔尼人（Turdentani）——居住在当地最大的矿藏地的部落——使用银质的食槽和酒坛时，他们就第一次意识到这一地区蕴藏着丰富的矿物资源。[67]

这一时期的两部重要历史文献的作者，波利比乌斯和李维一致认为，巴卡家族远征西班牙的主要动机在于，为报复罗马近年来对迦太基的羞辱集聚必要的物力。然而，就哈米尔卡的动机而言，恢复迦太基那受到毁灭性打击的经济的需求，与对罗马人的恨意可能各占一半。这一时期迦太基铸造的严重贬值的货币，都在诉说着该国经济举步维艰、人民生活穷困潦倒的故事。沉甸甸的青铜货币成了银币的劣质替代品。一般认为，这一时期迦太基的铸币量在急剧减少。[68]

迦太基还有数额巨大的战争赔款要偿清。西班牙远征的一个动机就是使该城避免陷入经济困境之中，但偿还它对罗马的惩罚性债务永远只是哈米尔卡的西班牙远征行动的动机之一。想要在抵抗罗马的战争中获得成功，巨大的人力与物力资源储备必不可少，这可能是从第一次布匿战争中汲取的最为重要的教训。由于储备着极为丰富的矿产与为数众多的可用之兵，西班牙南部地区所能提供的资源，可能比萨丁尼亚和西西里的迦太基领地这两个前哨加起来还要多得多。[69]不过，这并不意味着与罗马进行一场新的战争已成为哈米尔卡优先考虑的事。即便如此，在巴卡派中，一个坚定的决心已然形成：再也不会让迦太基像近年来那样，受到罗马的羞辱了。

注　释

1. Polybius 1. 62. 3 – 6.
2. 同上书，1. 66. 1；Diodorus 24. 13。
3. Polybius 3. 9. 6 – 7；Livy 21. 1. 5.
4. Polybius 1. 66. 12；Appian 5. 2. 2 – 3. 我估计霍约斯的观点（2007，27 – 31）与洛雷托（Loreto）的观点正相反（1995，48 – 49，64 – 67），后者在没有任何历史根据的情况下就认为这笔欠款不到 2 个月就能偿清。
5. Polybius 1. 66. 1 – 1. 67. 12. 对在西卡发生的事件的详细记录可见 Hoyos 2007，40 – 50。霍约斯（2007，46 – 47）认为（与 Loreto 1995，57 – 61 的观点正相反），汉诺并未提议再度雇用这支军队以在北非进行一场新的战役，这无疑是正确的。
6. Polybius 1. 67. 4.
7. 同上书，1. 67. 8 – 11。
8. 霍约斯（2007，53 – 60）认为雇佣军提出的众多要求是完全合理的，即使这些要求有些夸张。
9. Polybius 1. 68. 1 – 1. 69. 3. 霍约斯（2007，26）批驳了阿庇安（5. 2. 3）记载的对罗马人所移交的 3000 名利比亚逃兵为迦太基人所屠杀之事，此举很可能是对的。
10. Acquaro 1989，137 – 138.
11. Polybius 1. 69. 4 – 1. 70. 6.
12. 同上书，1. 70. 8 – 9，1. 72. 1 – 5。霍约斯（2007，93 – 94）认

为叛军在战争最激烈时期的数量可能确实有这么多。对先前利比亚人所发动的叛乱，以及与迦太基的敌人结盟事件的统计见Hoyos 2007，xiii，n. 2。洛雷托（1995，87－113）也将大批利比亚人参加叛乱视为这场战争的关键事件，与此同时雇佣军在叛乱中起到的作用有所下降。曼弗雷迪（2003，378－404）认为迦太基人在公元前3世纪中期发动了意在将利比亚内陆地区迦太基化的战争。然而，通过一系列手段——包括服兵役——进行的文化同化进程所持续的时间或许要长得多。

13. Hoyos 2007，84－85.
14. Polybius 1.67.7；这批雇佣军的民族构成及其服役情况见Hoyos 2007，6－10。
15. Carradice & La Niece 1988；Acquaro 1989. 对同样在钱币上发现的首字母M、A和Z的各种解释见Hoyos 2007，141－142。看似最为合理，但一点也不可信的说法是：它们代表着叛军领袖马霍斯、阿塔里图斯（Autaritus）和扎尔扎斯（Zarzas）名字的头一个字母。曼格纳诺（Manganaro 1992，93－99）以可追溯到公元前214～前211年的西西里钱币为依据提出的，这批钱币是在很久之后铸造的观点显然是错误的。
16. 并没有实实在在的证据来支持洛雷托（1995，112）提出的，马霍斯的野心是在利比亚建立一个帝国的观点。
17. Carradice & La Niece 1988，51. 众神之王宙斯与（戴着一顶科林斯头盔的）雅典娜都是叙拉古钱币上的常见图案。有角的公牛是坎帕尼亚众城铸造的钱币上最为常见的图案。狮子是西西里迦太基城市铸造的钱币上的流行图案。曼弗雷迪（1999，74）将这些货币视为区分叛军内部不同民族的工具，这表明叛军们已经具有了自治意识。
18. Carradice & La Niece 1988，37.
19. 并无证据支持洛雷托（1995，87－113）提出的，他们实质上是一支利比亚叛军，其他雇佣军均为利比亚人所雇的观点。
20. Polybius 1.65.6.
21. Carradice & La Niece 1988，49－50.
22. Polybius 1.71.6－8.
23. 同上书，1.74.6－7。

24. Polybius，1.73.1－1.75.2。
25. 关于这场战役的详细记载见 Hoyos 2007，115－124。
26. 有关纳瓦拉斯的更多信息见 Hoyos 2007，146－150。
27. Polybius 1.75.1－1.78.9.
28. 同上书，1.78.10－1.80.13。
29. 同上书，1.81.1－1.82.10。
30. 同上书，1.83.1－11。
31. 同上书，1.83.6－8，3.28.3－4；Appian 5.2.3，8.12.86；Zonaras 8.18；Hoyos 1998，123－126。阿庇安宣称的罗马人也派人前往北非调停的说法，很可能并不真实（Hoyos 2007，129）。并没有证据支持霍约斯（1998，125）的罗马同意缩减迦太基应付赔款的数目或延长支付期限的观点。
32. Crawford 1985，41－43，106－109；Polybius 1.58.7－1.59.1.
33. Hoyos 1998，126.
34. 对这种含砷的铜合金质钱币的研究见 Carradice & La Niece 1998，41－45。
35. Polybius 1.84.1－1.85.7. Hoyos 2007，197－218 重现了在索尔发生的事件。
36. Polybius 1.86.1－6.
37. 同上书，1.87.1－1.88.7。
38. 同上书，1.79.1－7；Hoyos 2007，154－159。
39. Polybius 1.79.9－10. 非洲和萨丁尼亚的叛军都用三穗谷作为其货币上的图案，但这种图案并未在迦太基的货币上被发现（Visona 1992，125－126；Carradice & La Niece 1988，38－39），这表明那两股力量之间有某些联系。
40. Polybius 1.88.8－12，3.10.3－5.
41. 同上书，3.28.1－2；Champion 2004，119－120。
42. Zonaras 8.18；Appian 6.1.4，8.1.5. 后世的其他罗马史学家认为萨丁尼亚只是被割让给罗马而已（Livy 21.40.5，22.54.11）。罗马与迦太基之间于公元前 3 世纪 30 年代发生了一系列新的对抗的说法缺乏证据，相关观点见 Hoyos 1998，134－135。
43. Harris 1979，192－193；Huss 1985，266－267 与霍约斯（1998，142）的看法相反，霍约斯认为这是保护西西里（可能还有意大利）的手段。

44. Polybius 1. 88. 9.
45. Hoyos 1998，142.
46. 同上书，135。
47. Lancel 1999，23.
48. Visonà 1998，11.
49. Hoyos 1994，264.
50. Livy 21. 1.
51. Polybius 1. 82. 12.
52. Cornelius Nepos *Ham.* 3. 2.
53. Appian 6. 1. 4. 关于针对哈米尔卡·巴卡发起的未遂诉讼的确切日期存在一些争论。洛雷托（1995，205 - 210）和朗塞尔（1999，28）接受了阿庇安提出的公元前 237 年的说法，与之相反，塞伯特（1993，13 - 14）和霍约斯（2007，20 - 21）则坚持认为是公元前 241 年，当时哈米尔卡的威望和政治权力基础正处于低谷。
54. Polybius 6. 51. 6 - 8.
55. Aristotle *Pol.* 2. 11. 1 - 2.
56. Huss 1985，496 - 497.
57. 尽管在这座城市发现的献词中，有约 10% 是由女性贡献的，但令人惊讶的是，大部分女性祈愿者的身份都是通过她们的父系世系与她们丈夫的名字来确认的（Amadasi Guzzo 1988，144 - 147）。精英统治家族同样实行的是合祭的形式：父亲和女儿分别进献雄性和雌性的祭品。
58. Huss 1985，497 - 498. 在一些铭文中，某些特定的个体被提到“属于”另一个人（Amadasi Guzzo 1988，143 - 144）。
59. 一段铭文罗列了为建设一条新街道而捐资的搬运工和打包工、炼金工、铁匠、玻璃器皿吹制工，甚至鞋匠的名字。
60. Champion 2004，173 - 234.
61. Diodorus 25. 8.
62. Zambon 2006，78 - 85.
63. Polybius 2. 1. 5；Diodorus 25. 8.
64. Polybius 3. 24.

65. Wagner 1989, 152. 有人认为，坐落于安达卢西亚东部，年代可追溯到公元前 5 世纪至前 3 世纪的要塞化建筑群，可能是迦太基人用于控制银矿的基地。

66. Guerrero Ayuso 1989, 101 – 105.

67. Strabo 3. 2. 14.

68. Jenkins 1987, 215 – 216; Visonà 1998, 14 – 16.

69. Blásquez Martinez & Garciá – Gelabert Pérez 1991, 33 – 38.

第9章　巴卡家族的西班牙

西班牙南部的荣耀

对于西西里迦太基军队最后一任指挥官哈米尔卡而言，远 218
征西班牙不仅提供了一个让自己扮演祖国的救世主的机会，也令他有了更多自行其是的机会。[1] 尽管自己的支持者控制着元老院和公民大会，哈米尔卡可能仍将遭到自己那头号竞争对手汉诺所领导的政党的责难。[2] 在汉诺及其党派的议事日程中，并没有前往国外冒险的计划，而只有开发利用北非拥有的巨大农业资源——它将为迦太基所遭受的经济灾难提供解决之道——的计划。[3] 希腊历史学家阿庇安记载道，哈米尔卡于公元前237年动身前往西班牙时，根本没有考虑过元老院的意见。[4]

迦太基精英惯常依靠两种办法来管理在西西里的军队。第一，他们将源源不断的由迦太基提供的援军、供应物资及金钱——后期出现的——控制在手中。第二，在军队指挥官任期结束的时候，他们所做出的决断和表现将受到审核，他们可能会因犯下过失而遭到严惩。哈米尔卡确信自己在西班牙的所作所为是不可能遭到此类细查的，因为招募士兵并支付军饷的是他自己。而且，哈米尔卡从未返回迦太基汇报自己的行动，而是利用在元老院和公民大会中的党徒来代表自己发言。西班牙的财富不只被用于清偿迦太基的战争债务，还被用来确保哈米尔卡的军队与公民大会和元老院中的哈米尔卡派对他的支持。尽管他本人不在迦太基，但其代理人还是利用西班牙的黄金和白银，保证了哈米尔卡的政治影响力。[5]

219 令人沮丧的迹象表明，迦太基作为一个海洋大国的地位已经没落：这支远征军无法再像以前那样直航抵达西班牙，而是沿着北非海岸航行，然后横渡赫拉克勒斯之柱那里的狭窄海面。[6]抵达西班牙后，哈米尔卡也无法指望自己能轻松完成这个摆在面前的使命。尽管迦太基与伊比利亚半岛的老迦太基殖民地和安普利亚斯的希腊人保持着商业往来，但并不能因此肯定哈米尔卡和他的军队将会受到热情接待，而内陆地区的伊比利亚和凯尔特部落几乎无一例外地对他们流露出敌意。[7]

对哈米尔卡而言，西班牙没有一位统一的政治领袖的事实可能会使在此地进行军事战役变得更加容易，但也使外交活动变得更加困难，因为他不得不与各种各样的部落联盟和族群单独达成专门为此制定的东拼西凑的协议。可以理解的是，他首要考虑的是确保对莫雷纳山脉（Sierra Morena）所有的金矿、银矿的控制权。[8]

起初，就连那些先前与腓尼基移民结过盟的西班牙部落都在阻挡迦太基人的前进。在与敌对的凯尔特部落打交道时，哈米尔卡将雇佣军暴动中的许多暴行搬到了这里。尽管他释放了众多被击败的敌人，使他们得以回家，但他也当众拷打其中一位酋长，而后将其钉死在十字架上。在公然使用严厉的刑罚手段的同时，哈米尔卡谨慎地展示了自己仁慈的一面，从而向西班牙的部落首领们传递了一个明确信息：与他合作就会有赏，而继续反抗，就是这个下场。这一策略很快奏效，图登塔尼人屈服了。[9]哈米尔卡立刻着手对当地的采矿业进行了一次彻头彻尾的整顿。与泰尔人所实行的将生产流程留给土著人管理的古老制度相反，一些矿山被巴卡家族接管。[10]

此外，为了提高效率和增加产量，来自地中海东部地区的新技术被引入。大量奴隶在监工的管理下，从事着手工劳动。开凿隧道和竖井实现了暗河的改道，且新技术被应用到将水从竖井中抽取出来。提炼金属矿石的加工工序是费力的。首先，含有银及通常还混杂铅的矿石被碾碎于奔腾的水流之中，而后 220
被加以筛选，这一工序要重复两遍。随后矿石被置于一个炉窑之中，以便让银从石块和铅中分离出来，之后白银会被运往——通常是通过河道——沿海地区的主要城市。[11]对迦太基人来说，采矿业是极为有利可图的。尽管在巴卡时代并无这一方面的真实数据存在，但在从公元前 2 世纪到公元 5 世纪的罗马统治时期，据估计，任何时候都有约 4 万名奴隶在西班牙的矿场做苦工，日产量达 2.5 万德拉克马。[12]事实上，迦太基与罗马的采矿活动的巨大规模，均可凭借在里奥廷托（Rio Tinto）发现的约 670 万吨银矿渣来确认。[13]

在接下来的四年时间里，尽管遭到当地人的激烈抵抗，哈米尔卡还是巩固了他对下安达卢西亚地区的统治，控制了交通要道瓜达尔基维尔河（river Guadalquivir）和瓜达莱特河（river Guadalete）河道，并向东推进至伊比沙岛对面的海岸线。为了进一步强化对该地区的控制，他在今阿里坎特（Alicante）镇附近建起了一座新城市：阿克拉 - 卢克（Acra Leuce，希腊语“白城”之意）。一些证据表明，随着攻占西班牙的计划一步步进行，巴卡家族与迦太基之间的关系开始起了变化。[14]要在西班牙进行一年一度的战役，一支由雇佣军组成的规模庞大的常备军是必不可少的，一名希腊历史学家甚至估计，这支常备军拥有 5 万名步兵、6000 名骑兵和 200

头战象。[15]如今，被置于控制之下的金属矿藏在数量及产量上都有很大的提高，因而巴卡家族得以使用纯度极高的货币来支付麾下雇佣军的军饷。[16]

新的赫拉克勒斯－麦勒卡特王国

巴卡家族的第一批银币可能是于公元前237年左右在加迪斯铸造的，这批银币的重量采用腓尼基锡克尔的标准（这一点与西西里银币不同，后者采用的是雅典德拉克马的重量标准）。[17]然而，就上面的图案而言，这批早期发行的货币展现了它与广泛的希腊文化一致性之间的明显关联。货币正面刻的是一个没有胡须的、戴着发带的男性脑袋，它已被确认为赫拉克
221 勒斯与麦勒卡特的组合形象。这幅肖像显然是对被应用在今叙拉古国王希洛发行的货币上的肖像的模仿。[18]希腊化主题在硬币背面的图案中继续展现：一艘船首装备有三棱形撞角与一根末端装饰着一个鸟头的艏柱的桨帆战舰。这一图案在公元前3世纪的二十年，被应用于马其顿国王德米特里厄斯·波里奥西特发行的货币上。然而，它们可能会使人自觉地联想到黎凡特世界，因为腓尼基城市亚瓦底于公元前4世纪中期铸造的货币的正面和背面，同样分别刻着麦勒卡特的头像和一艘战舰的图案。[19]

这类图案之所以被选用，可能是因为它对巴卡军队的雇佣军有吸引力，或是因为它的设计者是叙拉古人，因此可以利用现存的模板迅速复制出这些银币来。[20]然而，随后巴卡家族加强了自身形象的设计与支配的事实显示上述理论是站不住脚的。[21]正如我们已经看到的那样，这一时期作为西西里岛长期标志的麦勒卡特与赫拉克勒斯的组合形象，已在迦太基城变得

越来越有影响力，它甚至还在诠释这座北非大都市与迦太基族群其他城市之间的关系中扮演了重要角色。

在哈米尔卡对货币图案的选择中，还有一层更为特殊的，与当地文化有关的考量。麦勒卡特是加迪斯的守护神，但作为泰尔的主神，它亦在提醒着人们：这座城市与迦太基有着共同的文化遗产。意在强调这种关系的想法很可能解释了这位神灵在当时发行的巴卡货币上并未以一贯的头戴狮皮头饰的形象示人：为的是与当地传统的麦勒卡特形象保持一致。[22]当时，巴卡家族正需要西班牙众腓尼基城市的支持，因此宣扬与麦勒卡特之间的关系就成了一个明智的选择。与此同时，凭借着赫拉克勒斯这个"渠道"，麦勒卡特与亚历山大大帝的军事遗产，及最后一任指挥官为哈米尔卡的西西里迦太基军队紧密地联系在了一起。公元前4世纪末时，西西里岛的迦太基军事铸币厂已开始生产刻有头戴狮皮头饰的赫拉克勒斯肖像的四德拉克马银币，但这一设计方案并不意味着该银币只是希腊铸币厂生产的同一种银币的复制品，也不简单是为了迎合西西里军队中的 222
佣兵的喜好。[23]在腓尼基文化背景中，赫拉克勒斯的形象与麦勒卡特的形象有着密切联系，这种新货币是正面图案拥有更为传统的麦勒卡特形象的货币的后续版本。在巴卡家族的安排下，重新出现在西班牙的麦勒卡特－赫拉克勒斯混合形象，被证明是这个家族所拥有权势的出色与持久的象征。[24]

哈米尔卡那越来越大的自主权，无疑凭着迦太基对其控制之下的采矿业与军事援助的依赖而得到了体现。当一场严重的叛乱在北非爆发时，哈米尔卡派自己的女婿哈斯德鲁巴率领一支努米底亚骑兵从西班牙出发，镇压了这场叛乱。哈米尔卡死于公元前3世纪20年代初，他死后发生的一系列事件再度彰显了巴卡家族在伊比利亚半岛的力量。此人死时的情形模糊不清，在各式各样的说法中他以各种各样的方式战死在沙场上：有说他是在试图将正在追逐他的两个儿子的敌军引开时淹死的，也有说他是在西班牙人将燃烧的牛车赶进迦太基人队列时引发的混乱中被杀的。[25]

巴卡家族保护领的建立

按照惯例，元老院应为哈米尔卡选定一个继任者；然而，自雇佣军之乱起，这一先例就被无视了。迦太基方面尚未做出任何决定，于是在西班牙的军队就自行拥立哈米尔卡的女婿哈斯德鲁巴为他们的新领袖。公民大会随后热烈赞同这一决定。[26]按照阿庇安的叙述，在被任命为西班牙军队的指挥官后，哈斯德鲁巴回到了迦太基，他的目的很明确：推翻现有政体，将自己帝王般的地位从西班牙带到这里来。于是，此时局势变得紧张起来。当元老院成功地制止了他的政变后，哈斯德鲁巴怒不可遏地回到了西班牙，从此自行统治该地区，再也不把元
223 老院的指令当回事。波利比乌斯坚决否认这个传说的真实性，但哈斯德鲁巴之前有着收买民心的故事，再加上他之后的一系列举动，其表明这个传说是真的。[27]

哈斯德鲁巴在西班牙所实行的政策，与作为亚历山大大帝继业者的东方希腊王国的政策越来越像。在巴卡家族统治下的西班牙，也存在着一小撮为庞大的雇佣军所支持的外来移民精英群体，他们统治着数量要多得多的土著人群体。正如继业者王国所做的那样，巴卡家族的西班牙相当重视新中心城市的建设与旧城市的人口填补，以加强自己在被征服地区的力量，并创造一个急需的市场与交通枢纽。该国的财政制度同样反映了

其国内实行的种族隔离政策：货币被划分为高价值的军用币和
应用于当地市场的铜币。两者之间在统治方式上同样存在类似
之处，巴卡家族通过与半岛上的部落首领和旧腓尼基城市领袖
们共同组建一个拼凑起来的同盟，实现了它对当地市场的控
制。[28]与亚历山大一样，哈斯德鲁巴也试图通过与当地统治者 224
的女儿结婚来使自己更受土著人的欢迎。根据狄奥多罗斯的描
述，哈斯德鲁巴被全体伊比利亚人推举为“独一无二的指挥
官”——一个（正如我们已经看到的那样）与叙拉古的僭主
政治和君主政体有着密切关联的头衔。这些实例中最为突出的
一个是，哈斯德鲁巴在西班牙东南部海岸建立了一座新城。这
座建于公元前 227 年的城市与母城有着相同的名字：Qart-
Hadasht（迦太基之意）。[29]

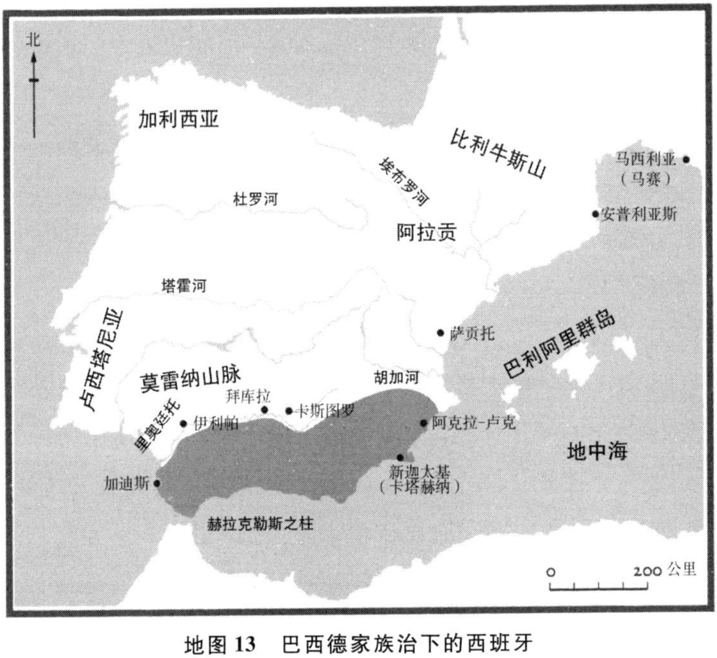

地图 13　巴西德家族治下的西班牙

这座今天被称为卡塔赫纳（Cartagena）的新城并非被当作一座普通城市来建立的。波利比乌斯提供了一段关于这座城市在他所处时代之状况的生动描述：

> 新迦太基城位于西班牙南部海岸的中央，坐落在一个面向西南，长约 20 斯塔德（3.7 公里），开口宽 10 斯塔德的海湾内。这个海湾因以下理由被当作一座海港来使用：港湾开口处有一座小岛，只在小岛的两侧各留一条狭窄的通道。由于这种地理格局有碎波作用，整个港湾完全一片平静，只有时而从小岛两侧水道吹入的西南风才会掀起一些波浪。然而，再无其他方向的风能搅扰到它，因为它完全为陆地所包围。在海湾最深处的角落，有一座向外突出的半岛形状的山，这座城市就建立在山上。这座山东、南两面为大海所环绕，西面与一片潟湖相邻，潟湖向北延伸得如此之远，以至于一侧直达大海，而另一侧与大陆相连的剩余部分的宽度不超过 2 斯塔德。这座城镇的中央地势较低，它的南端有一条平坦的通道将城镇与大海连接起来。城镇的另一侧被群山包围，其中的两座高大且崎岖，另外三座尽管在高度上要低得多，但陡峭且难以接近。五座山中最大的一座位于城市东面，延伸入海，上面建有一座阿斯克勒庇俄斯（Aesculapius，医神）神庙。第二大的山位置与之相对，但在小城西面，上方矗立着一座宏伟的宫殿，据说是哈斯德鲁巴在渴望登基为王时所建。另外三座较小的山位于该城北面，其中最东面一座被称为伏尔甘（Vulcan，火和锻冶之神）之山，第二座是埃利特斯（Aletes）——据说此人因发现了银矿而获得了神的荣

> 誉——之山，第三座叫作萨社恩（Saturn，农业之神）之山。为了便于航行，潟湖和邻近的海洋之间修了一条人工渠道。由于这条渠道穿过了将潟湖和海洋分隔开来的狭长地带，于是人们在其上方修了一座桥，以用作将来自乡村地区的供应物资运往城里的驮兽与手推车的通道。[30]

从战略角度来说，西班牙的迦太基城不仅被定位为渔业及 225
贸易中心，还被作为来自内地的贵重白银的转运站。尽管哈斯德鲁巴不太可能怀有任何使用帝王级别的排场并让自己变成一个希腊式统治者的想法，但巴卡家族还是进一步提高了自己的威望，使他们的个人光环看起来更加耀眼，而这对他们应对与西班牙各部落的领袖及自己手下的雇佣军的关系至关重要，因为后两者中的很多人都来自被拥有超凡魅力的独裁政权统治的地区。同样显而易见的是，巴卡家族越来越倾向于将西班牙领地视为自己的私人采邑。任何外来的——即便来自迦太基城——干涉都是不受欢迎的。[31]这一情形只会令巴卡家族统治下的西班牙与迦太基之间的经济矛盾进一步加剧。前者享受着经济繁荣：这一时期，许多殖民点的规模都有所扩大。三倍价值的锡克尔货币被投入流通领域中，这表明在公元前 228 年，当最后一笔对罗马的战争赔款结清之后，大量白银在当地流通着。与之形成鲜明对比的是，迦太基所铸造银币中的白银含量似乎在继续下降，而定价过高的铜币仍是重要的硬通货。[32]

事实上，当罗马元老院——可能是在收到了与他们有同盟关系的马西利亚的报告后——决定进一步查清巴卡家族在西班牙（首次决定是在公元前 231 年做出的，公元前 226 年他们再度决定这样干）的所作所为时，他们并没有前往迦太基，而是直接去了哈米尔卡处，日后又拜访了身在西班牙的哈斯德鲁巴。[33]在第一次会面中，哈米尔卡表示他的唯一目的就是偿清迦太基的战争赔款。[34]在第二次访问时，按照波利比乌斯的记载，处于困境之中的罗马人用讨好和劝说来拖延时间，他们与哈斯德鲁巴达成协议，即迦太基人不得携带武器“越过西贝卢斯河［river Hiberus，如今一般认为是胡加（river Júcar）河］”。[35]

公元前 221 年，继承权问题再度出现：一名主人在此前被哈斯德鲁巴下令杀死的随从怀着复仇之心，在这位将军位于新迦太基城的宫殿内刺杀了他。[36]然而，继承人是毋庸置疑的。西班牙军队很快推选哈米尔卡那 26 岁的儿子汉尼拔为他们的新领袖，迦太基公民大会随后批准了这一任命。

汉尼拔

226 汉尼拔以多种方式展现了巴卡家族治下的西班牙与迦太基之间那日益扩大的裂痕。此人可以说是名副其实的“军营之子”：9 岁时离开北非，成人之后的时光是在与西班牙作战的军队之中度过的。日后的罗马史学家李维如此描述这位年轻将领身上的军人气质：

> 指挥的才华与服从的觉悟往往相互矛盾，但这两样特质在汉尼拔身上得到了完美的统一……一旦危险降临，他会立刻展现出一流的战术能力。这个人从肉体到精神都是不知疲倦的，无论是在酷热或是严寒的环境下，都能安之若素。他并不纵情于吃喝，饮食仅以维持必需的体力为限。他醒着和睡觉的时间都是不固定的，并无白天黑夜之

> 分。当忙碌之中的他得以抽出时间睡上一觉的时候，他既不会去找一张柔软的床铺，也不会去找一个安静的环境，因为经常有人看见他裹着一条军用披风睡在地上，周围是一群担任警卫的普通士兵或执勤的哨兵。从衣着上来看，你是绝对无法将他与同一年龄段的其他年轻人区分开来的，但他的装备和坐骑是那么引人注目。无论是骑马还是徒步，他在一群战士中间都显得与众不同。他总是第一个投入进攻当中，又总是最后一个离开战场。[37]

随着汉尼拔走马上任，关于西班牙驻军指挥官职位是巴卡家族私有财产的猜想也就得到了证实。在描写可能是来自哈米尔卡在迦太基元老院中的老对头汉诺的抨击时，李维着重突出了在某些迦太基政治精英中间形成的对巴卡家族的愤慨之情。尽管这些言论无疑出自李维之手，但字里行间所透露出的可能是被描写对象的真实想法。

> 难道我们在担心，哈米尔卡的儿子像其父一样掌握着无节制的权力，俯瞰着帝王般盛大游行的那一天会姗姗来迟？难道我们在担心，为成为这位暴君的奴隶而等下去是件毫无必要的事吗？他已经将我们的军队像他家的遗产一样馈赠给了自己的女婿！[38]

从这一时期巴卡家族发行的货币上可以清楚地看出，汉尼拔是在一心一意地宣扬他与哈米尔卡之间的家庭关系。这套银币上似乎刻着赫拉克勒斯－麦勒卡特的肖像，还绘有一些与希腊版赫拉克勒斯有关的元素，包括搁在其肩膀上的一根木棒以及 227

一顶月桂花冠。[39]这是一幅没有胡须的青年男子像，背面则是一头非洲象的图案。大约发行于同一时间的一种二锡克尔银币上刻着的是一幅同样带有月桂花冠和棍棒的人像。尽管这幅麦勒卡特像与前面提到的那幅有着极为类似的地方，但他蓄着胡子，这显然要老一些。银币的背面还是一只非洲象，但这一次，它的背上骑着一名驭手。这些硬币是从早期发行的绘着麦勒卡特的货币发展而来，原因在于巴卡家族试图通过它们将自己与这位天神扯上关系。[40]战象图案则是这一时期它们与巴卡家族关系日益紧密的象征。

长期以来，希腊君主和领袖的个人肖像与天神肖像彼此间一直界限模糊。货币上刻着的亚历山大及其后继者的肖像与神像之间的区别似乎经常——几乎是有意为之——显得模糊不清，从而印证了货币发行者宣称自己得到神的保护与恩宠的说法。就巴卡家族而言，这种做法似乎也进一步强调了汉尼拔那哈米尔卡·巴卡之子的身份，明确表达了他执掌最高军事长官一职的合法性。当汉尼拔像他的前任哈斯德鲁巴所做的那样，与一名来自卡斯图罗（Castulo）——“一座实力强大、远近闻名的城市”，当时与巴卡家族为亲密盟友——的伊比利亚女子结婚时，他继承西班牙王国的合法性就变得更加毋庸置疑了。[41]

汉尼拔将自己任期的头两年花在清扫敌对势力，以及朝西班牙西北部扩张巴卡家族的领土范围上。他很快就证明了自己作为一名军事指挥官的才能。他不仅如同暴风雨一般扫荡了众多重要的凯尔特人据点，还在歼灭一支危险的敌军的战斗中展现了自己极为精明的一面。公元前220年春天，汉尼拔和他的军队发现自己正受到一个劲敌的威胁，于是他们渡过塔霍河

(river Tagus)，假装撤退并驻营于河北岸。此时，汉尼拔布下一个陷阱：他在己方营地壕堑与河岸之间留出足够的空隙，从而诱使敌人来攻。当敌人开始渡河时，他们发现自己遭到了巴卡骑兵的袭击。那些靠奋战勉力过河的敌人上岸后惊讶地发现，汉尼拔的 40 头大象正等着把他们活活踩死在脚下。汉尼 228
拔随后同其余的部队一道过河，予敌以致命一击。这场胜利是如此辉煌，以至于其他人如今意识到，不要去考验这位年轻将军的军事才华。[42]

萨贡托

汉尼拔如今占领了西贝卢斯河以北的大片土地，但重镇萨贡托（Saguntum）除外，这座城市在数年前仗着它与罗马的同盟关系，阻挡着巴卡家族缓缓向北推进的步伐。萨贡托人证明了自己是巴卡家族在西班牙的活动情报的可靠来源。显而易见的是，这层关系足以让罗马使节在萨贡托城内的亲罗马派与亲巴卡派发生冲突时，受邀前来做出裁决。毫不让人感到意外的是，罗马人的裁决倒向亲罗马派一方，一些巴卡家族的支持者遭到处决。这一事件的寓意是显而易见的——任何对萨贡托的进犯都将被罗马人视为严重的挑衅行为。[43]

这一做法未能吓倒汉尼拔，公元前 220 年接下来的几个月里，他缓缓加紧了对这座城市周边地区的控制。惊恐的萨贡托人越来越频繁地向它的盟友罗马求援。在多次搪塞之后，罗马元老院最终派遣使团前去与这位巴卡家族的将军谈判。罗马使者直接去了西班牙，迦太基元老院再一次被丢到一边。

会面在新迦太基城的宏伟皇宫内举行，这次会面与六年前的那次截然不同，当时困窘中的罗马人用——按照波利比乌斯的说法——“讨好和安抚的方式”来拖延时间。这位年轻的将军受到了严肃警告：不要尝试着做任何可能伤害到罗马盟友萨贡托的事，因为罗马人在对该城公民的义务上是讲诚信的（fides）。这位大使伪善地提到罗马人的“诚信”，可能是为了激起汉尼拔的复仇之心。年轻的将军以罗马人毫不迟疑地干涉萨贡托事务，包括流放、处决亲迦太基的精英阶层成员一事作为反驳。随后，他愤愤地将整个诚信问题转回到罗马人身上：
229 “他说，迦太基人不会忽视违反诚信的行为，因为自古以来，迦太基人的原则里就从未漏掉不讲道义是吃苦头的根源这一条。”[44]汉尼拔甚至不屑提起罗马人的第二个要求——要他遵守哈斯德鲁巴所签订的，不越过西贝卢斯河的协定。他把使团打发走了，使团随后乘船前往迦太基，提出抗议。[45]

汉尼拔以极为专横的态度对待罗马使者的事实清晰地表明，他对巴卡家族在西班牙的处境越来越有信心。毕竟，他所掌握的资源比先前任何一位迦太基将军都要多得多。在当时，为汉尼拔控制的地区之面积约为23万平方公里，几乎占整个伊比利亚半岛的一半。他继承了一支由6万名步兵、8000名骑兵和200头大象组成的骁勇善战的军队，这支部队已经在对阵意志坚定、作战凶猛的敌人的战场上磨砺了16年。与强悍的凯尔特部落签订的一系列协议进一步增强了他的军事实力。规模巨大的矿业生产也意味着他有足够的经济实力来满足战争需要。根据后世一位罗马作家的估计，位于拜贝罗（Baebelo）的一座矿井的竖井深入山脉达1.5罗马里（2.2公里）以上，每天能为汉尼拔生产高达135公斤的白银。毋庸置疑，这种为军队铸造的银币的重量和纯度，反映出巴卡家族的西班牙领地在经济上处于蒸蒸日上的状态。[46]

或许是这些数量庞大的资源令汉尼拔如今下定决心要挑衅罗马，进攻萨贡托。萨贡托人顽强抵抗，战事进展得极为缓慢。萨贡托人尤为擅长使用“法拉利卡”(falarica）——一种超大型的投枪，它那长度超过 1 米的铁制矛头上附有涂着可燃的沥青与硫黄的物质，然后，有人将其点燃，朝下方的迦太基进攻者头上掷去。汉尼拔本人在徘徊时因离城墙太近，被一支投枪击伤了大腿。不久之后，一个新的罗马使团在离迦太基人军营不远处登岸，然而汉尼拔连见都不愿见他们，他的理由是自己无法保证他们的安全，而且他无时无刻不在忙着指挥攻城战役。[47]

通向战争之路

得知罗马特使将再度启程前往迦太基时，汉尼拔派人给该城的巴卡派领袖送去了一封信，告知了此事并要求他们阻止自己在元老院中的敌人对罗马做出任何妥协。[48]汉尼拔此举表明，虽然亲巴卡派在迦太基拥有巨大的影响力，但他还是担心元老院的某些成员可能会因为罗马特使的话而动摇。[49]当一个人看到该时期这座北非大都市仍在铸造贬值货币时（与之相反，西班牙出产的是精美的银币），那他可以得出结论：巴卡家族经济奇迹的恩泽尚未惠及迦太基。[50] 230

另有迹象表明，作为远征西班牙的替代性决策，迦太基的北非领土开发战略——这一战略为汉诺及其支持者所推行——正开始产生好的效果。事实上，对迦太基北非腹地的农业状况所做的调查已表明，这一地区的开发程度及农业生产水平均有所提高，数量可观的农产品正从迦太基出口至西西里西部地区。[51]第勒尼安海的贸易同样在蓬勃发展：这一时期，大量坎帕尼亚黑釉陶器——它们大多用于制作普通的餐具——被运到迦太基。[52]可以肯定的是，罗马元老院中一些感觉更为敏锐的成员已经察觉到，巴卡家族与迦太基元老院的一些成员之间关系紧张，他们于是积极利用这些矛盾。[53]汉尼拔可能因此而对将巴卡家族治下的西班牙彻底带入迦太基人阵营的重要性格外留心，将所有被认定为叛徒的威胁统统消除。然而，最重要的是，他希望他的父亲和姐夫签署的外交协议能够被接受，并得到迦太基王国的正式认可。[54]

在迦太基，罗马使团终于找到了愿意倾听他们的抱怨和郑重其事的威胁的人。巴卡家族的死敌汉诺在元老院中当众起
231 立，猛烈抨击汉尼拔。在这场被李维归于汉诺之口的演说中，攻击的重点并不是汉尼拔对罗马人的敌意，而是他那吞噬一切的野心：

> “我奉劝过你们，”他（汉诺）说，“并且警告过你们，不要把哈米尔卡的儿子送到军队里去。那个人的精神，还有那个人的子孙后代是不休息的。只要有一个代表巴卡这个家族或姓氏的人活在世上，我们与罗马签订的协议就绝不可能得到保障。你们把这样一个人送进军队里，就跟往火上浇油一样！这个年轻人一心一意地投身于攫取至高无上的权力，并认定实现它的唯一途径就是让自己的生命在武装军团的簇拥下度过，以及不停地挑起新的战争。所以，这场被你们点起来的大火如今在炙烤着你们……现在，是迦太基正在抵御汉尼拔带来的护身盾棚和塔楼的攻击，是迦太基的城墙正在他的攻城槌下颤抖。萨贡托的废墟——但愿我的预言是错的——将会砸在我们的

头上，这场起于萨贡托的战争将迫使罗马加入。”[55]

在演讲的结尾，汉诺建议应立即停止围攻萨贡托，并将汉尼拔交给罗马。但这一次他的提议鲜有人响应，就连他的支持者也默不作声地坐着。[56]然而，我们不应轻率将这些行为视作对巴卡家族的单方面决策的明显支持。就连那些不是巴卡家族的朋友的议员也还是政治上的现实主义者，倘若迦太基元老院试图免去汉尼拔的指挥官职务的话，那这一决定也必须获得公民大会的批准才行，而后者仍是巴卡家族的一个极为坚固的政治堡垒。

如何将一个指挥着这样一支庞大的常备军，掌控着一片比迦太基的非洲领地还要大得多的土地上的资源的人解职、扣押，这也仍是个问题。这样做或许能立刻安抚罗马人的情绪，但西班牙——这块迦太基人投入了如此之多的希望的领土——无疑将永远失去。土著部落宣誓效忠的是巴卡家族，而不是迦太基。他们绝不会顺从地接受一位迦太基议会成员来代替汉尼拔，成为这片土地的最高统治者。面对自身的虚弱无力，反巴卡派以务实的态度选择了保留他的职务。[57]汉尼拔与迦太基精英阶层的一些成员之间的关系，显然仍是建立在利益的基础上。正如罗马史学家卡西乌斯·狄奥以极为敏锐的目光指出的 232
那样：“起初他既没有被家乡的长官们派出去，随后也没有从他们那里获得任何帮助。尽管他们从汉尼拔的事业中获得不小的荣誉和利益，但他们宁愿装作不会对他见死不救，也不愿与他进行任何有效的合作。”[58]

然而，在萨贡托这个问题上，汉尼拔的计划似乎奏效了。尽管后世的罗马史学家们极力隐瞒，但事实很清楚，罗马元老院就是否应该支援萨贡托的议题争论不休，直到一切为时已晚。[59]在围城战持续了8个月之后，仍不见罗马人来援的迹象。快要饿死的萨贡托人最终放弃了希望，用一把火将他们的城池化为灰烬，他们自己也集体投火自焚了。汉尼拔将战利品分成三份：战俘交给士兵卖为奴隶，或让人赎回；将所有抢来的财物拍卖，所得金钱运回迦太基；至于黄金和白银，汉尼拔将它们留作日后使用。[60]

在罗马，元老院分为两派，一派要求立即对迦太基宣战，另一派则愿意再次进行谈判。尽管罗马人有能力集结一支强大的军队——更重要的是，他们还拥有对海洋的控制权——但元老们很清楚，一旦站到汉尼拔的对立面，他们将立刻使罗马城陷入与一个由一位精力充沛、才华横溢的首领统率的，庞大且训练有素的军队交战的风险之中。经过一番辩论，他们决定派出一个同时有鹰派和鸽派议员的代表团前往迦太基。他们的使命很简单：迦太基的议员们将被质询，汉尼拔的做法是否出自他的主观意愿？或对萨贡托的进攻是否得到了迦太基官方的认可？如果迦太基人对前一个问题给予肯定答复，那么他们将要求汉尼拔必须交给罗马来惩处。如果迦太基人对后一个问题答“是”的话，那将被视为宣战行为。当罗马使团被引领着进入迦太基议会时，他们面对的是一群团结一致的人。

迦太基议员们已经任命他们中最为能言善辩的一位（姓名不详）作为他们的发言人。面对罗马代表团直截了当的提问，他成功地给出了一个模棱两可的答复。按照李维的描述，这位发言人巧妙地将元老院的虚弱无力说成一种美德。他辩称罗马人与哈斯德鲁巴达成并得到那位迦太基将军同意的，不得
233 越过西贝卢斯河的协议是无效的，因为该协议并未征求过元老

院的意见。[61]随后在关于迦太基人背信弃义的问题的讨论中，迦太基人巧妙地反转局势，将矛头对准了罗马人：事实上是罗马人吞并了萨丁尼亚，破坏了第一次布匿战争停战协议的条款。这位迦太基发言人乘胜追击，争辩说汉尼拔并未破坏该协议的条款，因为当这份协议签订的时候，萨贡托还不是罗马人的盟友。为了证明这一点，协议的相关部分被大声朗读了出来。这场精彩而煽情的演出，最终以对罗马使团的追问收尾：发言人要求他们告诉与会的迦太基议员们，罗马人的意图究竟为何？

但是，罗马人对口舌之辩毫无兴趣。费边（Fabius），使团中的首席谈判代表，站了起来，将他那宽大外袍的布料捏在两根手指之间——这样他就能制造出一个皱褶来，这代表着迦太基人面临的是无可逃避的抉择——然后开口说道："我们给你们两条路：要么战，要么和。怎么选择，请你们自己来决定。"迦太基人没有发表意见，他们回答说要走哪条路是罗马人的选择。作为回敬，费边将外袍上的皱褶拉平，表示那就开战好了，古代世界最为著名的战争或许就这样揭开了序幕。[62]

波利比乌斯认为，汉尼拔的好战姿态是其父哈米尔卡那集中全西班牙的资源后与罗马再战一场的计划的具体体现，不过这一观点如今已得不到学术界的认同。[63]然而事实上，巴卡家族仍是罗马与迦太基之间关系日益紧张的主导性因素。不过值得怀疑的是，迦太基元老院是否在政治上或军事上，拥有迫使汉尼拔与罗马对抗的实力呢？无论如何，巴卡家族对西班牙事务的介入是经济方面的需求所致：为了支付迦太基的战争赔款，也为了弥补失去西西里和萨丁尼亚所带来的长期损失。然而，经济稳定不仅事关国家的繁荣发展，也与国家的安定密不可分，因此，对罗马的反对，势必也是与罗马的对抗的进一步动因。

与此同时，这位西班牙驻军指挥官不仅为巴卡家族提供了一个抗击罗马的机会，同样也提供了一个向罗马发动进攻的机会，可借此重现迦太基军队的赫赫威名——自从哈米尔卡时代与第一次布匿战争起，巴卡家族的自我形象就一直显
234 得错综复杂。未来与罗马的战争为巴卡家族战略规划的重中之重的观点，可能是由西班牙驻军指挥官的真实计划推断而来，这一计划的核心无非战争与征服，以及与之相关的军事训练和战利品的获取。事实上，一旦宣战，重现迦太基那地中海中部帝国的昔日荣光，可能会成为汉尼拔的一个重要战略目标。[64]

对于罗马人而言，吞并萨丁尼亚已将一切维持现状的希望打得粉碎，他们那富于侵略性的扩张主义政策，无疑给迦太基人带来了深切的感受。从萨贡托保卫战持续了很长一段时间的事实来看，罗马人是否真的在乎这座城市尚存疑问。罗马人之所以于公元前 220 年对西班牙南部兴趣重燃，与其说是为了保护那些弱小的盟友，倒不如说是因为巴卡家族在这一地区的影响力与日俱增。[65]萨贡托的陷落给了罗马元老院中的鹰派一个迫切要求发动战争的机会，他们对取胜信心十足。就连那些反战的元老更为关心的似乎也只是罗马是否会给人留下一个无故生事的侵略者的形象，而不是如何阻止这场战争。[66]事实上，派往迦太基的最后一个罗马使团所提出的条件是迦太基元老院根本无法答应的。[67]两国之间的战争如今已不可避免。[68]

注　释

1. 但那些认为巴卡家族治下的西班牙是某种形式的独立君主政体的观点，或许将这一议题延伸得太远了（Blásquez Martinez & García-Gelabert Pérez 1991，38ff.）。
2. 这一时期巴卡家族对迦太基政界的控制情况可见 Hoyos 1994，259 - 264。
3. Lancel 1999，29 - 30.
4. Appian 7.2，6.5；Zonaras 8.17.
5. Appian 7.2，6.5；Hoyos 1994，270 - 272.
6. Polybius 2.1.6，这与狄奥多罗斯的观点（25.10.1）相反，后者记载说这支军队是从迦太基出发的。
7. Blásquez Martinez & García - Gelabert Pérez 1991，28 - 29；Barcelo 1988，37. 确凿无疑的证据表明，其后迦太基人与当地人的关系变得紧张起来：在第二次布匿战争期间，加迪斯城的迦太基指挥官征用了这座城市与神庙的所有贵重物品，并将战争税强加到该城居民头上。作为报复，加迪斯议会与罗马人进行秘密谈判，欲将这座城市交给他们。因为这种背叛行为，议会成员遭到迦太基最高军事长官马戈处决。
8. Blásquez Martinez & García - Gelabert Pérez 1991，33.
9. Diodorus 25.10.1 - 2.
10. Lancel 1999，36.
11. Diodorus 5.35 - 8；Healy 1978，68.
12. Polybius 34.9.8 - 11；Strabo 3.2.10；Blásquez Martinez & García-Gelabert Pérez 1991，33 - 34.
13. González de Canales，Serrano & Llompart 2006.
14. Diodorus 25.10.3；Lancel 1999，36 - 37.
15. Diodorus 25.12.
16. Villaronga 1973，95 - 107.
17. 同上书，98 - 101。如今人们相信在西班牙发现的，迦太基德拉克马银币是在巴卡家族发动远征多年前发行的（Villaronga 1992）。

18. Villaronga 1973，124 - 125. 关于希洛二世发行的货币见 Lehmler 2005，60 - 96。
19. 战舰图案亦出现在这一时期发行的泰尔和西顿钱币上（Villaronga 1973，57）。
20. Blásquez Martinez & García - Gelabert Pérez 1991，48.
21. Villaronga 1973，61.
22. 同上书，49 - 50；Chávez Tristán & Ceballos 1992，173 - 175。
23. 无疑还有一种观点认为这一图案被选定，只是因为刻有亚历山大/赫拉克勒斯形象的四德拉克马是当时希腊世界最为常见的银币，它们才受到受雇于迦太基人的佣兵的青睐。实际上，据统计，在公元前3世纪的最后25年，整个地中海世界及地中海以东地区至少有51家铸币厂将同一种图案印在自己生产的钱币上（Price 1991，72 - 78）。它也有可能被作为反击阿加托克利斯的工具——后者也将赫拉克勒斯印在他发行的钱币上。正如赫拉克勒斯的“肖像”作为亚历山大的理想形象，出现在这位大帝死后才被人铸造的某些货币上一样，有些观点认为赫拉克勒斯的“肖像”可能同样是作为阿加托克利斯的理想形象而出现在前述钱币上的（Dahmen 2007）。
24. Piccaluga 1974，111 - 122.
25. Polybius 2. 1. 7 - 8；Diodorus 25. 10. 3 - 4；Cornelius Nepos *Ham.* 22. 4. 2；Appian 6. 1. 5；Zonaras 8. 19.
26. Livy 21. 2. 4.
27. Polybius 3. 8. 1 - 4；Cornelius Nepos *Ham.* 22. 3. 3. 霍约斯（1994，247 - 259；1998，150 - 152）认为迦太基城内支持巴卡家族的政治势力的地位十分稳固，且“自公元前237年起，迦太基共和国就在某种形式上变成了一个好战的君主国”。笔者本人赞同施瓦特（1983）和赫斯（1985）的观点：事实是，迦太基城内亲巴卡派和反巴卡派之间的关系极为紧张。
28. Blásquez Martinez & García - Gelabert Pérez 1991，48 - 49. 关于巴卡家族治下的西班牙缺少一个真正的财政收支体系的观点可参阅 Crawford 1985，87。
29. Diodorus 25. 12.

30. Polybius 10. 10.
31. 巴卡家族在西班牙的野心见 Barcelo 1988，145 – 151；Schwarte 1983，37 – 74。
32. Visonà 1998，15 – 16；Jenkins 1987，215 – 216.
33. Rich 1996，20；马西利亚可能卷入了这一事件——这一引发极大争议的观点是由霍约斯（1998，171）提出的——的说法见 Errington 1970，37 – 41。马西利亚人是一个位于西班牙东北部的殖民地的居民。
34. Dio Fr. 48. 埃林顿（1970，32 – 34）和霍约斯（1998，147 – 149）均认为这个故事并不真实，但他们都没有真正强有力的理由来支持这一观点。
35. Polybius 2. 13. 7，3. 27. 10；Lancel 1999，40 – 41. 有观点认为，哈斯德鲁巴构成的威胁，要么来自他可能亲身参与期待已久的高卢入侵意大利北部造成的混乱中去，要么来自他可能对混乱局面加以利用。霍约斯（1998，169 – 170）对这一观点表示赞同。里奇则于早先质疑过这一观点（1996，21 – 23）。
36. Polybius 2. 36. 1；Livy 21. 2. 6.
37. Livy 21. 3. 3 – 8.
38. Livy，21. 3. 5。以及 Livy，21. 4. 2。
39. 比利亚龙加（Villaronga 1973，121）坚决主张这套货币（第 3 套）要么是在哈米尔卡，要么是在哈斯德鲁巴担任西班牙驻军指挥官期间铸造的。然而，沃尔克（Volk 2006）经过一番论证严密的研究之后，于最近提出一个观点：这套货币与日后发行的第 11 套货币——它先前被学者们认为与第二次布匿战争有关——出现的时间间隔实际上比人们所认为的要短得多。由于第 11 套货币可追溯的年代无疑是正确的，那么第 3 套货币的铸造日期必然要晚于比利亚龙加估计的日期。
40. 这些货币上所展现的是不是巴卡家族这一问题在学术界一直有着极大争议（Robinson 1953，42 – 43；Villaronga 1973，45 – 47）。
41. Livy 24. 41. 7.
42. Polybius 3. 13. 5 – 3. 14. 10；Livy 21. 5. 1 – 17.
43. Polybius 3. 30. 1 – 2；Harris 1979，201 – 202.

44. Polybius 3. 15. 7.
45. 同上书，3. 15。李维（21. 6）并未提到使团访问这两个地点中的任何一个的事，只是记载了罗马元老院决定派出一个使团，但在这些突发事件发生之前，他们并没有时间离开。关于罗马人的最后通牒为何早在汉尼拔越过西贝卢斯河之前就已发出并遭拒绝的原因见 Rich 1996，10 – 12。
46. Pliny *NH* 33. 96 – 7；Blásquez Martinez & García – Gelabert Pérez 1991，33 – 34；Villaronga 1973，97 – 101.
47. Polybius 3. 17. 1 – 11；Livy 21. 6 – 9. 波利比乌斯和李维分别在萨贡托围攻战爆发前和进行期间提到过罗马使团的到来，有观点认为这两位作家所提到的可能是同一件事，这一观点引发了某些争论（Lancel 1999，50）。
48. Livy 21. 9. 4.
49. 关于巴卡家族在迦太基的对手的情况见 Rich 1996，13。
50. Visona 1998.
51. Greene 1986，118 – 151；Bechtold 2007，65.
52. Morel 1982；Chelbi 1992；Bechtold 2007，53 – 54. 这种黑釉陶器极受欢迎，以至于迦太基陶匠开始加以仿造。
53. 当时身为元老的首位罗马历史学家费边·皮克托无疑参与了这场持续进行的讨论与争吵（Polybius 3. 8. 1 – 3. 9. 5）。
54. Schwarte 1983，64 – 74.
55. Livy 21. 10. 2 – 13.
56. 同上书，21. 11. 1。
57. 塞伯特（1993，58 – 60）推断，迦太基元老院在给予汉尼拔支持之前可能有过多次争吵。
58. Dio 13. 54. 11.
59. Zonaras 8. 22. 2 – 3；Polybius 3. 20. 1 – 5. 里奇（Rich 1996，29 – 30）认为罗马人迟迟未能来援是他们思想僵化，再加上出于战略角度的考量所致，而不是罗马元老们意见高度不合的结果。霍约斯（1998，226 – 232）则认为首要的原因在于元老院内部意见不统一。
60. Livy 21. 11. 3 – 21. 15. 2.
61. 这位议员所说的或许是合理的，因为哈斯德鲁巴与罗马所达成只是一份单边协议，这份协议是该将军在战役期间签订的，但日后从未得到过批准（Bickerman 1952b）。波利比乌斯在讨论迦太基人在萨贡托事件中应负的责任时颇为偏袒罗马人，相关的观点可见 Serrati 2006，130 – 134。

62. Livy 21. 16. 1 – 21. 18. 14；Polybius 3. 20 – 21，3. 33. 1 – 4.

63. Polybius 3. 9. 1 – 6，3. 12. 7. 两种不同意见见 Bagnall 1999，124 和 Dorey&Dudley 1971。

64. Goldsworthy 2000，148.

65. Huss 1985，288 – 293.

66. Harris 1979，200 – 205；关于迦太基人攻占了萨贡托后，罗马人"预料一场战争将直接爆发，而这场战争对他们无疑是有利可图的"的观点见 Hoyos 1998，264。

67. Rich 1996，31 – 32.

68. 关于这一论点，最为清晰易懂的解释见 Rich 1996，14 – 18。

第 10 章　不要向后看

汉尼拔麾下的迦太基军队

235 迦太基与罗马之间的宣战过程极具戏剧性，结果却显得虎头蛇尾。罗马人无力发动攻势，因为它的军队尚未集结起来，而汉尼拔却已制订好了作战计划。在他脑海里逐渐形成的战略计划是如此大胆，以至于罗马人从未认为它有付诸实践的可能。汉尼拔知道，漫长的严峻考验即将到来，他让他的军队在新迦太基城过冬，并打发他的伊比利亚部队前去休假。他还向北非部署了一支庞大的——由 13850 名步兵、1200 名骑兵和 870 名巴利阿里投石兵组成的西班牙部队，目的在于“保卫”迦太基及其他非洲迦太基城市，此举可能也是为了确保迦太基元老院能继续对他持友好态度。作为回报，一支相同规模的非洲军队被派去增援汉尼拔在西班牙的军力。西班牙的防御任务交给了他的弟弟哈斯德鲁巴，一支由步兵、投石兵和 21 头战象组成的部队归其统御。这样做不仅是为了保护半岛，抵御罗马人的进攻，也是为了确保那些反复无常的西班牙部落——他们可能利用汉尼拔领兵在外之机造反——能忠于迦太基。[1]

取道陆路前往意大利的决定给汉尼拔带来了惊喜。罗马指挥官们不是没有预料到他会发动进攻，而是从未想到他会试图率军经由阿尔卑斯山脉朝意大利进发。公元前 218 年的执政官是普布利乌斯·科尔内利乌斯·西庇阿（Publius Cornelius Scipio）和同样出身名门的提比略·森普罗尼乌斯·隆古斯

(Tiberius Sempronius Longus)。罗马人的计划并不复杂：西庇阿率领 2.2 万名步兵和 2200 名骑兵前往西班牙与汉尼拔交战；隆古斯率领一支由 2.7 万多人及 160 艘五桨座战舰、20 艘轻 236
型舰只组成的联合部队突袭非洲。毫无疑问，罗马元老院认为迦太基议会完全和过去一样，一见形势不对就会立刻求和。然而，这一次迦太基人保持了冷静。汉尼拔根本不打算在西班牙迎接罗马人的挑战。

长期以来，历史学家们一直在揣测汉尼拔决定经由艰险的陆路前往意大利的动机。这一计划的几乎每一个环节都隐伏着可能的灾难。它意味着迦太基军队要翻越欧洲西部的两座最高山脉——比利牛斯山和阿尔卑斯山——并在通常是未受邀请的情况下，穿过那些并不欢迎此类入侵行为的敌对部落的地盘。这些客观情况甚至足以令一支由受过严格训练的职业士兵组成的部队畏缩不前，考虑到参与此次行动的有 1.2 万名极不情愿的西班牙服役士兵和一支非洲战象部队，要完成这一任务简直是不可能的。

取道陆路固然给汉尼拔带来了奇袭的宝贵优势，然而此举的风险也是难以想象的。之所以制订这一计划，一来是汉尼拔手头并无可用的替代方案，二来是他也想冒冒险。迦太基人统治海洋可能已超过三百年，但从他们在第一次布匿战争中遭到灾难性的失败起，西地中海就成了罗马人的内海。单从汉尼拔身上就可以看出局势的变化程度：这位将军的威望全是从陆战中赢得的。事实上，西班牙的迦太基舰队在第二次布匿战争之初时，仅由 37 艘适于航海的五桨座战舰和三桨座战舰组成，而西庇阿和隆古斯所拥有的战舰加起来是前者的 3 倍还多。此外，任何一支从西班牙前往意大利的舰队必经的众多据点和大部分海岸线都在罗马人手中。[2] 事实是残酷的，汉尼拔如果要利用海路将他的军队运往意大利，那他所冒的风险将比取道陆路更大。他别无选择，只能率军从陆上穿越西班牙和高卢，翻过比利牛斯山和阿尔卑斯山，然后再进入意大利。

这支部队的自身境况如何呢？描述汉尼拔的军队时，波利
237 比乌斯不屑地评论道：“（迦太基人）靠着一支雇佣军的勇毅来保证他们的自由，但罗马人靠的是他们自己的勇气和盟友们的支援……通常情况下，意大利人在体力和个人勇毅方面，对腓尼基人和非洲人有着天生的优势。”[3] 事实上，汉尼拔这支为朝意大利进军而召集的部队，远非一群乌合之众，波利比乌斯形容这支军队时也称，总体而言拥有一个强力的指挥中枢。它的最高指挥层由迦太基精英阶层成员组成，外加一些努米底亚和利比亚籍指挥官。位于最高指挥层顶端的是一个由主要来自巴卡家族的得力干将构成的核心集团，其中包括汉尼拔的两个兄弟马戈和哈斯德鲁巴，以及他的侄子汉诺。[4] 波利比乌斯也提到了汉尼拔的其他几位密友，这些人并非他的近亲，如汉尼拔·莫诺马库斯（Hannibal Monomachus）、马戈和萨莫奈（Samnite）。尽管汉尼拔是以军队领袖的身份一举成名的，但这些优秀的副手也是其未来能够取得一系列军事成就的关键因素之一，他们本身就是杰出的将军。[5]

汉尼拔的这支成分复杂，由服役士兵和雇佣军组成的军队，与希腊世界的军队有一点极为相似，即这支远征军的核心是由汉尼拔麾下在西班牙征战多年的老兵构成。这些被汉尼拔带往意大利的职业重装步兵，大多为来自北非迦太基统治区的利比亚人。这些以坚忍不拔、身手敏捷而闻名的士兵的装备与罗马军团类似：椭圆形或长方形的大盾牌、锋利而尖锐的短剑

和投矛。另外也有许多步兵来自西班牙。伊比利亚半岛为汉尼拔的军事行动提供了至少 8000 名步兵和 2000 名骑兵。来自被巴卡家族平定二十余年的西班牙南部地区的伊比利亚服役人员，组成了一支庞大的部队。尽管众多伊比利亚部落曾宣誓效忠于汉尼拔及其前任哈斯德鲁巴，但他们的忠诚誓言并未兑现。公元前 218 年，汉尼拔的征兵官——奉命征召对罗马作战部队的人员——遭到奥雷塔尼（Oretani）和卡佩塔尼（Carpetani）部落成员的殴打，那些部落的人认为这位巴卡将军胃口太大，因而怒不可遏。[6]

伊比利亚步兵并没有在他们那带有紫色绲边的白色亚麻布制成的民族服装外再套上一件身铠甲，不过他们戴的皮帽可能也提供了一些保护。他们装备着一面椭圆形的大盾牌、投枪，以及最为常见的令人生畏的“法卡塔”（falcata，短剑），这种 238
短剑的刀身前部呈弧形，且极为锋利，因而持剑者可以通过劈砍和直刺来造成最大程度的伤害。与伊比利亚人一道加入汉尼拔军队的，还有他们那为数不多的更为野蛮的亲戚：身披黑袍的伊比利亚凯尔特人和稳健的卢西塔尼亚人，由于这些人并未被巴卡家族征服，因此后者必须为他们的效劳支付酬金。汉尼拔的军队里还包括 1000 多名来自巴利阿里群岛的高度职业化的佣兵，他们以投石兵的身份服役。这些士兵携有一系列不同尺寸的投石器和弹丸，战时可依据射程需求而决定使用何种尺寸。汉尼拔的骑兵大多来自努米底亚，当地的两个主要王国与迦太基为邻，它们负有盟友的义务。努米底亚人是举世闻名的优秀骑兵，他们控制身下那迷你体型的矮种马时是不用马鞍、马勒和缰绳的。作为汉尼拔的精锐骑兵，他们将在某些场合下证明自己是决定性的力量。[7]

这些多年以来常在巴卡家族的旗帜下奋战，并以个人忠诚为纽带与汉尼拔联系在一起的西班牙人和非洲人，构成了远征军的核心。他们是他麾下最为善战、最为出众的士兵，汉尼拔有节制地使用着他们——只有在需要他们的纪律和经验时才动用这支部队。

所有的古代军队都需要一支人数很多的但非必不可少的军队。在迦太基军队中，他是凯尔特人部队，凯尔特人的地盘是汉尼拔前往意大利的必经之地，这些人提供了必不可少的投石机弹药。为汉尼拔而战的凯尔特人主要来自位于山南高卢地区（今意大利北部）波河流域的两个最大的部落同盟，在一些重要战役中，他们有大批人参战。例如，在坎尼战役中，汉尼拔的队伍里拥有 1.6 万名凯尔特人，另有 8000 人在预备队中。他们大多为通过与他们的酋长达成的外交协定而招募来的雇佣军，这些酋长与其部落的贵族一道充当骑兵。绝大多数地位较低的凯尔特人在密集的步兵队伍中作战，他们通常被部署在第一线，装备为两侧开刃、被设计为劈砍型的长剑。随军人员在战时簇拥在以勇毅和战斗力为标准而挑选出来的魅力非凡的领袖身边，而非被编入正规军团内。一旦看到凯尔特战士所携带的装备时，我们就会立刻明白为什么他们的作战伤亡率如此之
239 高。在步兵序列中时，他们似乎穿着裤子，但通常情况下他们是赤裸着胸膛上阵的。尽管他们那长长的橡木盾牌为他们提供了一些保护，但据一些文献记载，这些盾牌的宽度极为有限，如此一来战士们的身体就有很大部分暴露在敌人的长矛、投枪和剑的打击之下。[8]

尽管汉尼拔在战役中对战象的运用可谓名垂青史，然而，首次将它们引入地中海战争的是在印度作战时遭遇这一兵种的

亚历山大大帝。这些令人生畏的巨兽的出场给亚历山大的后继者留下的印象似乎深刻到了此种程度：越来越多的大象被应用于精心策划、部署的战斗之中。叙利亚的塞琉古一世（Seleucus Ⅰ）于公元前 301 年的依普苏斯战役（Battle of Ipsus）中动用了 480 头大象——它们是他的新盟友、印度国王旃陀罗笈多（Chandragupta）送给他的礼物。吼叫连连的大象那 3 吨重的“令人震惊、畏惧”的身躯，以及展开时宛如一片黑色遮蓬的硕大耳朵，使得它们对大部分希腊军队而言都是“不可或缺的”。一尊来自小亚细亚的赤土陶器——它可能是塞琉古国王安条克于公元前 275 年，在对阵加拉太（Galatian）的高卢人时取得的著名胜仗的纪念品——展现了这样一幅画面：一头背上载有驭手和象轿的战象正用它的身躯死死压住一名可怜的蛮族战士，并在将那个人踩在脚底下的同时，用它的巨大獠牙将其刺穿。然而，也有其他证据使人对这些杀人机器的威力产生怀疑，例如，罗马人从未认为它们有投入战场的价值。非洲象在作战时被认为是尤为不可靠的。它们一旦受到惊吓或创伤，往往会掉转方向重创己方人员。为了避免这种情况发生，驭象者们会携一支金属长矛，当大象失控乱冲乱撞时，他们就会用木槌将长矛插入大象那柔软的后颈里。[9]

迦太基人第一次见到战象是在西西里与皮洛士交战时。后来他们将战象加入自己的兵种编制之中，并利用这支部队在第一次布匿战争，以及日后在北非和西班牙的战役中取得了一些战果。对于巴卡家族而言，大象似乎成了他们在伊比利亚半岛的势力的象征：它的形象出现在许多于哈斯德鲁巴和汉尼拔统治时期铸造的高面值货币上。将战象投入战场的选择，恰好在 240
巴卡家族的军事野心，以及长期使用这些巨兽作为其象征的伟大的希腊传统之间架起了一座桥梁。不过，巴卡家族的大象与诸希腊王国的大象有一点重要的不同之处：前者所使用的并非体型较大的亚洲象或非洲草原象，而是现已灭绝的小型森林种，它们生活在摩洛哥的阿特拉斯丘陵地带或里夫山谷。它们那较小的体型（森林象据估计从脚掌至肩部的高度约为 2.5 米，而亚洲象及非洲草原象的高度通常超过 3 米）意味着它们有着多种用途。关于汉尼拔究竟是如何在战役中使用战象部队的，除了威吓敌人这一用途外，学术界存在着较大争议。近年来的研究表明，与之前的传统观点相反的是，汉尼拔的小型森林象部队或许和它们那体型较大的亚洲亲戚一样，被用于负载坐在象轿上的弓箭手。[10]

作为一名军事指挥官，汉尼拔最大的长处是能将起初可能是自己的主要劣势——部队缺乏统一性——转化为优势。他并没有尝试着规划部队的作战标准，而是利用他们的多样性制定了一个多元化的军事方案。[11]事实上，兼收并蓄一直是汉尼拔军队的特色。当迦太基将军频频使用新奇且时常迅速变化的阵形搞得对手不知所措时，传统的战术被丢到了一边。尽管似乎自第一次布匿战争起，迦太基军队就运用了方阵——长期以来一直为希腊世界所钟爱的长方形密集步兵编队——但汉尼拔做了一些重要的调整。长矛和长枪这种需经过多年专门训练方能有效发挥威力的兵器，被能够很快为汉尼拔那支成分复杂的军队掌握的突刺型重剑取代。此外，尽管重装步兵方阵无疑是战场上的一柄利器，但其同样存在笨重、迟缓之类的缺点，因而汉尼拔为其设计了多种不同的战术模式，其中包括将最精锐部队部署于两翼的空心方阵——这一方阵用于包围敌军时效果尤佳。[12]发觉己方军队的短处后，汉尼拔机智地运用自己的将才，

将其化作自己的长处。事实上，第二次布匿战争是参战将领的 241
战术意识、能力所起到的作用，首次压倒了诸如兵力和兵器等其他更传统的军事要素的战争之一。[13]

宣传机器

在将迦太基军队与罗马军队做比较的时候，波利比乌斯迫不及待地指出了他所认为的两支军队之间的重要差异："迦太基人完全不重视他们的步兵，尽管对他们的骑兵关注会稍微多一点。因为他们所使用的是一支外国雇佣军。相反，那些罗马士兵都是本国人和公民。"[14]我们已经知道了波利比乌斯是如何区分罗马军队和迦太基军队的——前者大多由本国公民兵组成，后者自然是较为虚弱的雇佣军，及其著作中关于迦太基军队的描述有多么不符合事实。他对罗马军队的好评，经仔细推敲也是站不住脚的。尽管波利比乌斯对罗马军队成分的描述对于他所处的时代而言很可能是真实的，但就公元前 218 年的形势而言，他的描述并不可靠。[15]这支军队的核心部分无疑是罗马公民兵，但每个军团均有半数左右的有生力量是由各个盟国提供的，盟国军队承担了比公民军更多的军事义务。[16]这些盟军大致可以分为两大类：拉丁部队和意大利部队。前者是一支常备军，且与罗马人有着密切联系，因为他们中的很多人都是为了趁机给自己谋求一个更好的未来，而放弃了罗马公民身份的罗马移民的后裔。事实上，这些拉丁王国与罗马在很多方面都是彼此共通的，包括语言、宗教和政治制度，而且它们的人民享有罗马法所规定的一定的权利。[17]然而，意大利人的情况就不一样了，他们中的很多人在最近被迫成为罗马的"盟军"，因此无法肯定他们会忠于罗马人。

山南高卢凯尔特部落的支持因此变得格外关键，尤其是在迦太基军队经过其领地的时候。[18]这些人并不为罗马所直接统
242 治，波利比乌斯记载道：当罗马人向迦太基宣战后，他们的使团试图赢得凯尔特部落的支持，后者以不断打岔和嘲讽的笑声作为回应，几乎无人响应罗马人的号召。高卢人不愿支援罗马的原因之一是“他们听说他们的族人被逐出意大利，被迫向罗马纳贡，并遭到了一切其他形式的侮辱”。[19]

另一个潜在盟友是罗马东边的邻居马其顿。年轻的马其顿国王腓力五世于公元前 221 年登上王位。他很快就证明自己拥有成功统治这座永无宁日、暴力肆虐的岛屿的一切必备能力。作为一名冷酷的政治家和精明的军事战术家，腓力很快就卷入了针对希腊中部一个强大的政治联盟埃托利亚人（Aetolian）的战争中。一连串的军事胜利很快接踵而至，为他在希腊带来了高度的赞誉，其中包括一个谄媚性的头衔，“希腊骄子”（darling of Hellas）。然而，腓力的计划包括获得一个通往亚得里亚海的永久出海口。这个非同一般的野心令其陷入了与罗马的直接冲突之中，也引起了汉尼拔的注意。在汉尼拔正围攻萨贡托的时候，罗马第一次介入这一隶属马其顿传统势力范围的地区。罗马人之前曾试图通过扶持一位当地军阀——法莱卢的德米特里厄斯（Demetrius of Phalerum）——的做法来维持它对伊利里亚（今斯洛文尼亚和克罗地亚）关键地区的影响力。然而，到公元前 219 年时，罗马人最终与这位昔日的盟友闹翻，后者自封为达尔马提亚海岸的海盗之王，并开始威胁意大利船只的安全。罗马朝伊利里亚派去一支舰队，德米特里厄斯逃走了，跑去其另一位保护者——马其顿的腓力处避难。[20]

因此，当汉尼拔的伟大远征开始的时候，罗马的几个重要

盟友似乎变得不再可靠了。然而，汉尼拔同样需要保证迦太基世界对他的支持，后者尚未下定决心支持汉尼拔的冒险计划。要让西西里和萨丁尼亚的迦太基族群起而反抗他们的新主人罗马——尤其是考虑到一旦失败，必然付出高昂的代价——就得给予他们信心。在迦太基也是如此，元老院的继续支持是以军 243
事上的胜利为重要先决条件的，因而汉尼拔所需要的不仅是来自北非的军队和金钱，还有北非当局的授权。他要吸引其他方面的支持，就必须被视为迦太基王国的代表，而不仅仅是又一个无根基的冒险家。事实上，由于迦太基元老院驻汉尼拔军代表的存在，元老院在军事行动中的影响力越来越大。他们的官员——在希腊文文献中被称为“synedroi”（议会成员）——随驻西班牙和意大利的迦太基军队一起行动，而汉尼拔与腓力于公元前 215 年最终达成的协议，也是由他们与汉尼拔一起同马其顿人签署的。[21]

在面对着来自海内外的源源不断的求助时，汉尼拔无法再单单依靠新战术来将迦太基的军事行动继续下去。“宣传”（propaganda）一词——这一行为显然侧重于对经严密控制的信息的生产与散播上——在通常情况下似乎不适用于古代世界：为了使这一技术手段能够得到有效应用，需建立一个可用的传输及通信体系，而那个年代并无相关体系，也远不具备建立这一体系的条件。[22]不过，即便有着这些限制因素的存在，日后那些回顾这段历史的记载却在描写这位将军的篇章中体现出明显的一致性，这些记载均是以在第二次布匿战争时期流传的故事为基础的。[23]在这一时期，这些出自个人之手，以汉尼拔为主题的自主创作故事的作者大体上对他的事业是持支持态度的，或者至少将他视为抵御日益强大的罗马政权的一道堪用或必要的壁垒。尽管并没有中央“信息部”来直接监督这类艺术创作，但我们所看到的汉尼拔的支持者在对汉尼拔及罗马战争的描写中体现出来的一致性表明，迦太基人在有计划地参与汉尼拔的形象塑造及舆论宣传。

就古代战争而言，亚历山大大帝堪称这一领域的首创者，当他穿越东方土地时，随行的不仅有训练有素的军队，还有一群御用的顾问、作家和文人。尽管他们对亚历山大大帝的战役的相关记载是在大帝死后写就的，但很多故事均与亚历山大有关，特别是关于他的英雄祖先赫拉克勒斯和阿喀琉斯赐予他神眷的传说，作为一种鼓舞亚历山大的朋友和潜在盟友，以及打击他的敌人之士气的手段，在对他的敌意仍在继续的时候就开始流传。[24]

244 对于汉尼拔而言，他的远征要想取得成功，大希腊地区的希腊诸城市的支持尤为重要。通向意大利的进军之路是漫长而艰辛的，且无疑会遭到罗马人的激烈抵抗，这意味着来自半岛的援军、物资供应，以及在当地建立基地变得极为必要。因此，他的身边聚集了一小群心腹，其中包括自己昔日的老师，斯巴达的索西卢斯（Sosylus of Sparta），以及希腊裔西西里人，加勒阿克特的塞利努斯（Silenus of Caleacte）。这两人均属于“只要上天允许，便可与汉尼拔一起生活到天长地久”的人。[25]尽管波利比乌斯是个一贯对汉尼拔抱有蔑视之情的历史学家，但他对塞利努斯仍怀有敬意，后者的著作可能是他记叙汉尼拔在西班牙的作战行动的资料来源。[26]一些罗马作家无疑是赞赏塞利努斯的，他们尽情地利用他的著作。事实上，著名的罗马作家和政治家马尔库斯·图利乌斯·西塞罗（Marcus Tullius Cicero）在感动之余，对塞利努斯有着如下评论：“在汉尼拔的生平和成就方面，他是完全值得信赖的权威。”[27]

考虑到迦太基和希腊世界之间，特别是与西西里地区长期存在着的紧密联系，希腊人与汉尼拔的亲密关系也就不足为奇了。自公元前 4 世纪末起就有大批希腊雇佣兵在迦太基军队中服役，这里面有着密切的文化联系。迦太基精英阶层的成员长期以来一直用希腊文学作品作为他们的教材，[28]哈米尔卡曾努力确保汉尼拔能得到希腊家庭教师的精心教导，使其达到了能用希腊语写出多本著作的水平。[29]汉尼拔的希腊学知识被日后的历史学家认为是他最出色的才能之一。按照卡西乌斯·狄奥的说法，“他（汉尼拔）得以成就一番事业……除了他那与生俱来的本事外，亦得益于他牢牢掌握了许多在他的祖国很流行的学问，以及大量希腊的知识”。[30]

索西卢斯几乎没有著作留存下来，除了一篇未经确认的关于马西里安人和他们的罗马盟友大败迦太基舰队的记载。[31]然而，就连这部简短的残篇中也体现出反罗马的倾向，索西卢斯将这场胜利主要归功于马西里安人。此外，为了证明这场胜仗是马西里安人的战术所致，索西卢斯也希望将人们的注意力从一切对迦太基人战术的批评上移开。[32]波利比乌斯因此对索西卢斯嗤之以鼻，他认为后者的著作只不过是“理发店里司空见惯的流言蜚语”罢了。索西卢斯与同为历史学家的查里利阿 245
斯（Chaereas）记载道，在萨贡托陷落后，罗马元老院内争论没完没了，可能因此耽误了作战行动。他们甚至允许他们乳臭未干的儿子参与到会议中，只要他们发誓不泄露会议内容就行。[33]对这一事件的记录再次显露了索西卢斯支持汉尼拔的倾向，因为它的用意明显在于表明，一些罗马元老在萨贡托问题上是否持公正立场是极为可疑的。

关于塞利努斯，我们了解的要更多，此人在年代可追溯到从蒂迈欧至公元前 4 世纪的叙拉古史学家那漫长的西西里希腊文学传统中，扮演着一个极其重要的角色。除了关于汉尼拔的著作外，塞利努斯还著有四卷关于其家乡岛屿的研究著作，这部著作的正文似乎从头到尾都点缀有该岛地理学及百科全书式的珍贵信息。[34]在记录汉尼拔进军意大利的壮举和随后的战争内容中，塞利努斯似乎同时使用了这么一种风格：将一些叙述性的小片断穿插到相关历史事件的篇幅之中。同蒂迈欧的历史著作一样，赫拉克勒斯的英雄形象在塞利努斯的著作中亦有着突出的地位，这一事实很可能反映了该天神/英雄对汉尼拔形象的重要意义。在这一点上，汉尼拔效仿的是莫洛西亚国王皮洛士，此人在意大利和西西里作战时的决策在某种程度上被证明是汉尼拔的样板。皮洛士与汉尼拔一样，写有数本著作，他的随从们也在进军途中对他的作战行动加以记录。[35]同之前的亚历山大大帝和后世的汉尼拔一样，皮洛士同时对传奇故事、演讲、历史剧的演出以及肖像艺术进行了合理利用，从而成功地将自己宣扬成带领地中海西部的希腊人抵御罗马入侵的救星。[36]在意识形态的规划环节中，阿喀琉斯的形象被证明占有重要地位，因为这样就能将此次冲突重塑为一场新的特洛伊战争。然而，在西西里时，皮洛士认为自己是与赫拉克勒斯——几个英雄人物中的一个——一样的人，以此来动员西西里的希腊人与迦太基人作战。[37]因此，汉尼拔这种将赫拉克勒斯形象据为己有的做法可以说是由来已久，但站在迦太基人的角度
246 看，这一形象又截然不同了：它可能变得更为强大，因为汉尼拔既可倚仗赫拉克勒斯在希腊传统文化中的救世主形象，也可

将这位天神在地中海中部另类传统文化中的融合形象以及与麦勒卡特之间的联系借为己用。

旧世界的新赫拉克勒斯

由此，在塞利努斯笔下，赫拉克勒斯 - 麦勒卡特扮演着在进军意大利的途中陪伴、指引汉尼拔及其军队的角色，而那位天神/英雄也曾带着戈吕翁的牛群去过意大利。[38]塞利努斯与蒂迈欧的著作之间存在着的相似之处并未被波利比乌斯放过，他批评前者居然真的认为是某个天神/英雄帮了汉尼拔，批评后者将梦境中的场景以及其他迷信而荒诞不经的东西写入著作之中。[39]然而，塞利努斯的著作在许多方面明确反对蒂迈欧的立场。赫拉克勒斯在塞利努斯的叙述中，与他在汉尼拔的货币上的形象一样，并不是以希腊殖民冒险家的面目出现，而是以同样古老的西西里传统的产物——赫拉克勒斯 - 麦勒卡特的混合形象的形式出现。著作将重点放在汉尼拔与这位天神的密切关系上，这种做法的用意很明显，即将这位迦太基领袖刻画为古老的地中海西部地区的救世主，该地区的希腊人、迦太基人和土著居民之间的文化交流已有漫长的历史。这段历史如今遭到一个危险的入侵者——罗马的严重威胁。塞利努斯就这样彻底改变了蒂迈欧的旧论点，该论点将赫拉克勒斯横跨地中海西部的流浪之旅，当作宣扬希腊 - 罗马文化与鼓吹建立一个与迦太基人为敌的民族联盟的工具。汉尼拔被形容为在罗马人“尚未”登上这一地区的舞台时的地中海中部世界的捍卫者，如今在这个世界，各地的人们对他的逝去越发觉得惋惜。

在地中海西部的知识分子群体中，蒂迈欧的观点从未成为真正的权威。一个颇具影响力的质疑观点来自另一位希腊裔西西里人，阿克拉伽斯的腓里努斯，此人在自己所著的第一次布匿战争史中处于支持迦太基的立场。毋庸置疑，腓里努斯得到了同行们的极大尊重，他的著作为包括波利比乌斯在内的一些后世学者所引用。[40]腓里努斯的主要观点之一——它出现在日后几位希腊作者的著作之中——为：是罗马人的利欲与贪欲，
247 而非什么保护受压迫者的高尚情操，促使他们援助马迈尔提尼斯人，并导致了日后对迦太基战争的爆发。事实上，这可能是希腊裔西西里人普遍持有的看法，他们在某种程度上以犬儒主义的视角来看待迦太基人与罗马人的想法。狄奥多罗斯记载道，叙拉古王希洛对罗马人出手支援马迈尔提尼斯人一事的评论是："很明显，他们（罗马人）每个人都将对那些深陷绝境的人的怜悯，作为他们利用这一机会的借口。"[41]

腓里努斯历史著作中一个可以确认的主题，将侧重点放在第一次布匿战争中为迦太基一方而战的希腊人身上，这可能被视为对蒂迈欧所宣扬的民族对立观的一种含蓄的拒绝。[42]许多地中海西部的希腊人如今或许会带着某种怀旧之情，去回顾他们与迦太基人争夺地中海中部霸权的岁月。此时，大希腊地区的各个城市已为罗马牢牢统治了超过一个半世纪。此外，在迦太基与罗马的第一次战争结束后的数十年内，西西里的希腊地区显然并未出现任何复兴迹象。希洛的叙拉古固然发展得繁荣而强大，然而，尽管它在名义上是一个独立的君主政体，实际上却仅仅是罗马的一个附庸国罢了。在罗马人相对宽松的管理之下，西西里诸城邦得以在该岛西部自行其是。在这一情形持续了多年以后，公元前 227 年，罗马人实行了强化统治的手段：他们委任两名元老院的资深成员为新任专员，他们在西西里岛和萨丁尼亚岛享有特别的权威。[43]

波利比乌斯尖锐地指责罗马吞并迦太基领土萨丁尼亚的行径（正如我们已经看到的，他将这次行动形容为“毫无正义可言”，罗马人对此根本找不到任何“合理的借口与理由”），这表明罗马人的做法是得不到某些希腊人的认可的，他们无疑将这一事件视为罗马意欲将整个地中海中部地区置于它的直接统治之下的迹象。[44]甚至连叙拉古（他们本应是罗马人的可靠盟友）也不例外，希洛的后继者希罗尼穆斯（Hieronymous）在日后与迦太基结盟，此举说明西西里的希腊人已不再对罗马抱有任何希望。[45]因此，塞利努斯将赫拉克勒斯－麦勒卡特说 248
成汉尼拔的神之战友，其用意在于向地中海西部的希腊人传递这么一个信息：这位迦太基指挥官是将他们日益减少的自由归还的最后机会。[46]

汉尼拔在西西里的影响力在以他为主题的宣传运动中亦有体现，这些活动带有一股浓浓的欧赫墨罗斯主义的味道。公元前 4 世纪末，传统哲学的欧赫墨罗斯学说——它主张神祇其实是被神化的人类，神话故事则脱胎于口耳相传的真实人物与事件——在西西里逐渐成形。而赫拉克勒斯这个人物在该过程中起到了重要作用，不仅是因为他具有打破人类与神灵之间的界限的能力，更因为他与麦勒卡特及其他西西里天神之间有着长期的联系，从而得以以一位多元化的人物的身份，将自己在该岛上的形形色色的拥护者联结在一起。[47]事实上，着重强调世俗世界与天国世界之间的可渗透性的欧赫墨罗斯主义，对迦太基人与希腊人而言无疑是有吸引力的，尤其是与麦勒卡特有关的宗教仪式的部分。欧赫墨罗斯主义盛行于希腊世界，亚历山大及其继业者均曾积极致力于模糊化世俗世界与天国世界之间的界限，以证明他们的统治代表着神的意旨。

这样一来，汉尼拔那自西班牙向意大利进军的行动，与可能属于欧赫墨罗斯主义的，赫拉克勒斯与戈吕翁牛群历程的传说就有了关联。这种以神化，即历史论观点来处理这位英雄的第十项功绩及重返希腊之旅的方式，出现在后世的两篇希腊文文献之中，它们中的一篇——可能两篇都一样——与早期的西西里希腊传统有关。[48]篇幅较长的一份文献出现于公元前 1 世纪末在罗马工作的希腊修辞学教师，哈利卡纳苏斯的狄俄尼索斯的著作中。在这份文献中，赫拉克勒斯的身份从希腊超级英雄变成了“他所在时代最伟大的指挥官”。[49]狄俄尼索斯于此处表明，赫拉克勒斯的主要目标是征服该半岛。然而，随着文章的展开，赫拉克勒斯的真实目标浮现了出来：他要将半岛的居民从专制统治的压迫下解救出来。[50]

> （赫拉克勒斯）一马当先，领着一支庞大的军队穿过位于大海一侧的全部国家，或是推翻了所有给它们的臣民带来痛苦与压迫的专制君主，或是摧毁了一切侵犯、伤害邻国的政权，或是组织起一群以原始、野蛮、无法无天的方式生活的人，将外人置于死地，而后在他们的土地上建立
> 249 合法的君主政体、井然有序的统治以及仁爱而友善的生活方式。此外，他将野蛮人与希腊人，内陆居民与沿海居民，以及至今互不信任、互不来往的民族彼此融合在一起。他还在沙漠里建起城市，使淹没农田的河流改道，在人迹罕至的山中开辟道路，并使用了其他法子，令每片陆地和海洋都能为全人类尽情利用。征服西班牙后，他在动身前往意大利时既不是孤身一人，也没有带着一群牛（这个国家并不位于从西班牙返回阿尔戈斯的路上，倘若赫拉克勒斯

> 只是穿过它的话，那么人们就会认为他配不上如此大的荣誉)，而是走在一支大军的前头。

狄俄尼索斯在后面的篇章中描述了赫拉克勒斯安抚野蛮的利古里亚人的事，后者企图堵住阿尔卑斯山的隘口，使赫拉克勒斯无法进入意大利境内。[51]

在意大利，赫拉克勒斯与卡库斯发生冲突，在狄俄尼索斯的故事中，卡库斯是一个“极其野蛮，统率一群野蛮人的酋长，他决心与赫拉克勒斯作对……因此，他危害着邻国的安全。当他听说赫拉克勒斯在附近的平原宿营时，他就将自己那些手下如盗匪一般武装起来，趁着赫拉克勒斯的军队入睡之际发动了一次突然袭击，包围了他们，然后将所找到的无人看守的战利品尽数运走”。而后，卡库斯遭到了赫拉克勒斯军队的围攻，他的要塞在猛烈的进攻下被摧毁了，卡库斯旋即被杀，他的土地被赐给了一群分别由伊万德国王和福纳斯国王统治的希腊人和土著居民。[52]狄俄尼索斯认定，赫拉克勒斯之所以能在意大利取得成功，

> 一大主因是他一度将来自远征途中所攻占城市的战俘带在身边，在这之后，当他们志愿在战斗中支援他的时候，他就将这些人安置在被征服的土地上，并将自己从他人处得来的财富赐予他们。[52]令赫拉克勒斯在意大利名声大噪、备受尊敬的正是这些事迹，而不是因为他踏遍了意大利全境——这可没什么值得尊重的。[53]

一些与汉尼拔的意大利远征明显相似的地方很快就显露 250

了。首先，上述段落着重强调的是赫拉克勒斯在保卫与事实上拯救这个遭毗邻的暴君攻占——这一情形与大希腊地区及意大利其余地区为罗马人所征服的事实类似——的国家的过程中所起到的作用。其次，文中提到希腊人与蛮族在这位英雄的旗帜之下联合起来，这再一次反映了汉尼拔是为希腊人和迦太基人而战的核心宗旨。再次，文章重点介绍了赫拉克勒斯渡过广阔的河流，以及在看似无法穿过的山中开出一条通道来的事，这两个主题都在汉尼拔进军意大利的故事中得到了体现。最后，与强盗头子卡库斯的战争，在欧赫墨罗斯主义的视角下已远远超出了传统的战争领域：战役与攻坚，而后赫拉克勒斯释放战俘，并将他们重新安置在新近征服的土地上。赫拉克勒斯宽容对待战俘的做法真实地反映了汉尼拔在日后试图离间罗马（扮演恶魔卡库斯的角色）与意大利盟国之间的关系时所使用的类似手段。

狄俄尼索斯那欧赫墨罗斯主义的故事，与第二次布匿战争之间存在的诸多相似之处，由于太过明显，以至于无法被忽视，这无疑引起了同时代人的共鸣。尽管狄俄尼索斯的传说的确切起源不幸未能弄清楚，然而他所讲述的其中一个故事却基本上可以肯定是来自西西里——很可能产生于第二次布匿战争时期，当时，与狄俄尼索斯同时代（正如我们所看到的那样）的西西里作家和迦太基铸币匠制造了类似的关联。然而，与汉尼拔有关的主题的传播对象却并非仅为希腊人，与这位英雄有着莫大干系的意大利半岛的其他重要族群亦在此列。赫拉克勒斯祭仪——意大利人对赫拉克勒斯的情感诠释——在中亚平宁及萨莫奈地区极为盛行，而萨莫奈人与罗马人关系恶劣是出了名的，他们或许是可用的盟友。[54]如果汉尼拔前往意大利与罗马人交战，那么这些族群就会提供至关重要的基地、供应物资和其他战略支援，以及大量必需的援军。

除了全地中海外交战略这个宏大主题外，汉尼拔与赫拉克勒斯-麦勒卡特之间的关联，是为将来自不同阵营的部下凝聚成一个整体这个更为急迫的日常任务服务的。赫拉克勒斯-麦 251
勒卡特的形象已是巴卡军队的重要象征，汉尼拔则通过发行大量印有这位天神的头像的货币，来努力维系这位天神与自己军队之间的联系。[55]然而，日后爆发的激烈战争势必带来巨大伤亡，而征募大量援军——这些人必须迅速融入汉尼拔的军队中——也将不可避免。有着多重内涵的赫拉克勒斯-麦勒卡特符号不仅为这支已成为迦太基军队一部分的具备多元文化的军队，也为未来的新兵提供了一个强有力的共同象征。

在包装者的努力下，赫拉克勒斯的形象与汉尼拔关联在了一起，如此一来，不但可以利用这位天神所拥有的多元化的号召力很好地将迦太基军队融为一体，还能传达这样一个信息，即汉尼拔是一个得到神眷的人。古希腊军事家欧纳桑德（Onasander）在写于汉尼拔之后三百年的著作中有着如下评论："当士兵们相信，他们所面对的危险是出于神的善意的时候，他们勇气倍增；他们每个人都保持着警觉，敏锐地留意着他们所看到和听到的征兆，一旦在全军面前举行的献祭仪式上显示的是吉兆，那么就连那些私底下表示怀疑的人也会为之振奋。"[56]正如格雷戈里·戴利（Gregory Daly）近来指出的那样："显而易见的是，希腊军队之所以能够建立自己的'团队精神'，依靠的是他们领袖身上的神秘气质，这些领袖被视为'拥有近乎超自然力量的人'，因而天神会将胜利赐予他们。"[57]宣布自己得到了上天的支持，是汉尼拔对罗马作战行动中的重中之重，对汉尼拔的凯尔特盟友——凯尔特酋长，身边时常陪伴着用吟唱赞颂他们的所作所为的吟游诗人——而言，这一举动显然收到了预期的效果。[58]在后世的罗马史学家卡西乌斯·狄奥的著作中，成功的领导阶层与神的支持之间的对等关系得到了详尽的阐述。狄奥认为汉尼拔之所以能够预测未来发生的事，是因为这样一个事实："他懂得利用检视内脏来占卜吉凶。"[59]在部下对完成使命失去信心的危急关头，汉尼拔可能展示了一些表明他们受到神的眷顾的证据，从而使得迦太基人重新燃起了埋藏在心中的自信，同时这也提醒了士兵们：他们正一步步踏着赫拉克勒斯与他的军队的足迹行进。事实上，当后
252 世的罗马军事作家韦格蒂乌斯（Vegetius）错误地宣称，索西卢斯是效力于汉尼拔手下的一位军事战术家时，他只是错了一部分而已。索西卢斯与这位将军身边的其他作家在迦太基人的宣传战中的推波助澜，是汉尼拔在第二次布匿战争前期取得胜利的关键因素。[60]

在大军即将启程之际，汉尼拔动身前往加迪斯——腓尼基人在地中海以西的第一座重要的桥头堡，以及传说中戈吕翁的故乡厄律提亚的所在地。在那里，他对着麦勒卡特圣坛郑重起誓。[61]这一记载似乎出自塞利努斯的著作，而绝非巧合的是，其著作残存于世的部分是一篇描写位于麦勒卡特神殿内的圣泉赫拉克雷乌姆（Heracleium）的文章。于是，与汉尼拔同行，并作为塞利努斯著作的中心人物的赫拉克勒斯－麦勒卡特，地位再一次得到了强化。[62]对汉尼拔本人而言，这次访问远非在公众面前展现自己的虔诚信仰那么简单，他在圣地内的起誓代表着这次经过详细、周密策划的远征踏出了第一步。

塞利努斯笔下赫拉克勒斯联军被迫返乡的事，亦可在另一

篇与可能是迦太基将军所做的梦有关的著名逸闻中见到。下文为西塞罗所提供的版本，它被认为是塞利努斯原作最为准确的译本：

> 以下情节亦见于塞利努斯著的希腊史中，科里奥斯（Coelius）的著作遵循的是他的观点，塞利努斯对汉尼拔生平的记载是最为详细的。汉尼拔（据他所说）在攻陷了萨贡托后，梦见自己被朱庇特召进了万神殿。当他抵达后，朱庇特要他入侵意大利，并让与会的众神中的一位担任他的领路人。他开始与他的军队一起在这位领路人的指引下进发；随后，领路人告诉他不要向后看。他没能做到这一点，因为受到欲望的驱使，他转过头朝身后望去，看见一只身形巨大、怪异，身上缠绕着一条条蛇的野兽正在将所到之处的树木、灌木和建筑统统摧毁。吃惊不已的他询问天神这只巨怪是个什么东西。“它是意大利的毁灭者，”天神答道，“往前走，别去担心你身后发生了些什么。”[63]

尽管在经罗马作家改编的其他版本中，汉尼拔被描绘成了一个阴险邪恶、一无是处的人，但这个故事的原始版本似乎是出自
塞利努斯偏向汉尼拔的那支笔下。[64]事实上，它在感情色彩上 253
倒向汉尼拔一方的事实，正是因为罗马作家瓦莱里乌斯·马克西穆斯对其抱以敌视态度而得到了证实，后者形容这部作品是一个“实实在在的预言，它仇视任何拥有罗马血统的人”。[65]毋庸置疑，这个版本被广为记载和讨论的事实表明，它有着相当可观的影响力。这个梦的主要侧重点在于，汉尼拔是奉上天指令发动对罗马的战争的，相关指令得到了朱庇特/宙斯与其提

供的神之引路者（他无疑是赫拉克勒斯）的核准。[66]汉尼拔看到的“给意大利带来毁灭”的野兽有着各式各样的解释，但看似最为合理的解释是海德拉（Hydra）：赫拉克勒斯在第二个任务中奉命击杀的多头蛇。这只野兽拥有头颅一旦被斩下就会自动重生的能力显然是妨碍任务完成的难题——这个问题最终通过灼烧伤口来阻止蛇头再生的办法得以解决。

如此一来，由于汉尼拔在塞利努斯的传说中成了赫拉克勒斯的化身，因此罗马人就成了海德拉这头能够自我重生，被西部英雄奉命打杀的怪物的化身。事实上，皮洛士的一名顾问曾恰如其分地将罗马比作海德拉，因为那座城市拥有非同一般的自我恢复能力。如此一来，这个故事的宗旨不仅在于汉尼拔是奉上天之意发起远征的，也不仅在于他是赫拉克勒斯的化身，还在于罗马本质上是头毁灭盟国领土的巨型怪物。[67]塞利努斯著作中的插图可能表达了这样的含义：这位旧地中海世界的伟大神灵/英雄已经再度出山，将他的信徒们召集起来，而今教化蛮族并将罗马这头怪物赶进海里的时刻已经到来。其他学者认为科里奥斯以慎重的态度修改了塞利努斯的传奇故事，删去了一条与一场猛烈的暴风雨有关的重要细节，这一细节出现在李维和卡西乌斯·狄奥提供的版本中。他们坚称，科里奥斯这样做的目的在于将这个梦产生的时间从原始版本中的时刻——汉尼拔的军队正在翻越阿尔卑斯山时——改到更早的时候，即迦太基与罗马之间的关系最终破裂后不久。这就意味着，从正确的意义上说，这个梦意在勉励迦太基军队：奋力向前，坚持不懈，战胜他们所面临的困境与艰险的地形。[68]

波利比乌斯和李维都清楚，针对汉尼拔的宣传活动的目的

是给这位迦太基将军加上一层神圣的光辉。事实上，他们那些抱怨的作用，仅仅在于证明了汉尼拔身边的文学家在推广 254
“远征乃天神的授意”的观点方面做得有多成功而已。由于这类描述汉尼拔是如何征服了这片桀骜不驯的土地，以及更为桀骜不驯的居民的故事越来越多，他宣称自己是赫拉克勒斯继承人的说法也就变得越来越可信。波利比乌斯曾为此责备某些佚名作者，因为

> 尽管……他们把汉尼拔说成是一个有着无与伦比的勇毅和远见的指挥官，但他们无疑也将他刻画成了一个一点也不稳重的人。再者，由于他们未能给这些人①捏造的一系列谣言下个定论，或是将之终结，他们便把诸神和诸神之子引入了严格的史实之中。这些人笔下的阿尔卑斯山是如此陡峭、崎岖，以至于不要说是随着军马行进的大象，就连敏捷灵活的步兵都难以逾越它。与此同时，他们向我们展示的乡村地区的景象又是如此荒凉死寂，以至于除非是某个天神或英雄来找汉尼拔，并引领着他走这条路，否则整支远征军必将迷失方向，并遭全军覆没之厄。这样一来，上述两种错误他们都犯了。[69]

反过来，李维记载道，一位罗马指挥官在与这位迦太基将军开战前，告诫他的士卒，要搞清“汉尼拔是否真的如同他所宣称的那样，是赫拉克勒斯长征道路上的对头，或是否曾因他的父亲欲纳税、纳贡而被抛弃，成为罗马人的奴隶”。[70]事实

① 指塞利努斯等人。

上，李维的著作通篇都在强调汉尼拔对神灵的不敬，这可能与他对这位迦太基将军与赫拉克勒斯－麦勒卡特之间的关系将对罗马人产生影响的担忧有关。[71]汉尼拔之所以能够成为如此可怕的威胁，不仅仅是因为他拥有出色的军事能力，还在于他向之前大获成功的罗马人的地域征服及联盟模式，发起了挑战。这道被汉尼拔身边的文学家安到这位迦太基将军头上的冷酷无情的神之使命，预示了某些远远超出纯粹的春秋笔法范畴的东西。

汉尼拔所专注的目标，不仅在于建立一个完全取代罗马的强权，还在于通过证明这个政权的合法性，来用自己的神话取代罗马神话。罗马人发明的赫拉克勒斯祭仪，在神话与历史层
255 面为其占领意大利大片领土，以及地中海中部的旧迦太基殖民地的行为做了必要的肯定。汉尼拔将赫拉克勒斯身份据为己有，则给这一肯定的合法性打上了一个巨大的问号。他似乎被认为不仅将军事方面，而且也将宣传方面的主动权从罗马人那里夺了过来。罗马发现自己在汉尼拔身边的作家的笔下，被改写成了一个新鲜而陌生的角色：一个暴君的化身，而那位伟大的英雄是注定要将意大利从这个暴君手中解放出来的。罗马仿佛成了新的卡库斯。为了将迦太基人、希腊人和意大利人联合到赫拉克勒斯－麦勒卡特的旗帜之下，汉尼拔正试图将罗马人逐出这位天神/英雄的古老王国。蒂迈欧曾强调赫拉克勒斯－麦勒卡特所创造的“历史”纽带，正是这条纽带使罗马人和地中海西部的希腊人携起手来与迦太基人作战。然而，如今赫拉克勒斯－麦勒卡特的继承人正在进行一项大胆的方案：剪断这条纽带。从一开始起，汉尼拔进攻罗马就不光是为了削弱其当下在地中海中部地区所拥有的强大权力基础，更意在逐渐侵

蚀罗马人对自编的辉煌过往——罗马将以一个地区强国的身份登场的预言——那日益增长的信心。

注　释

1. Livy 21. 21. 10 – 13；Polybius 3. 33. 5 – 16.
2. Cornell，Rankov & Sabin（eds.）1996，52 – 53.
3. Polybius 6. 52. 3 – 4.
4. Daly 2002，128.
5. Polybius 9. 22. 1 – 4，9. 24. 5 – 9. 25. 6.
6. Livy 21. 11. 13.
7. 对汉尼拔军队不同民族成分以及各自专长的详细划分见 Daly 2002，84 – 112；Lazenby 1978，14 – 16；Lancel 1999，60 – 61。
8. 凯尔特人的作战情况见 Rawlings 1996，86 – 88。
9. 对汉尼拔在战役中对大象的使用的最新研究成果见 Ranee 2009；对希腊 – 罗马世界对大象的使用的研究见 Scullard 1974。
10. Lancel 1999，62 – 64；Ranee 2009，106 – 107.
11. Daly 2002，83.
12. Brizzi 1995，312 – 315. 对汉尼拔军队构成更为全面的研究见 Goldsworthy 2000，32 – 36。
13. Sabin 1996.
14. Polybius 6. 52. 10 – 11.
15. 即使是在公元前 2 世纪中期，当波利比乌斯得以亲身体验罗马军队的生活时，罗马人与意大利人之间的关系仍旧十分紧张，这种关系最终导致了可怕的内战的爆发。
16. 在特雷比亚战役发生时，罗马军队中有 2 万名同盟军，相比之下公民军为 1.6 万人。
17. Lazenby 1996，11 – 12.
18. Lazenby 1978，31 – 32.
19. Livy 21. 20. 6.

20. Polybius 3. 16 – 19.
21. Polybius 3. 20. 8，7. 9. 1；Walbank 1957 – 1979，1：334 – 335，Ⅱ：44 – 45.
22. 将庞大而现代的“宣传”模式强加于希腊和罗马世界将引发一系列的困难，相关实例见 P. Taylor 1995，25 – 48。
23. 索西卢斯和塞利努斯的著作中均记载了汉尼拔的战事，尽管这些著作可能是在这位迦太基将军最终被迫撤离意大利之后写就的，但它们无疑利用了更早的历史记录。见 Diodorus 26. 4；Cornelius Nepos Ham. 23. 13. 3；Walbank 1985，129 – 130。
24. Spencer 2002，7 – 9.
25. Cornelius Nepos *Ham.* 23. 13. 3. 围绕塞利努斯血统展开的争论见 Spada 2002，238。其他一些希腊史学家也很快意识到，汉尼拔有着对历史有重大影响的人物所必备的明星气质，尽管这些人物如今仅有名字留存——如阿特纳奥斯（Athenaeus 13. 576）提到的那不勒斯的尤马卡斯（Eumachus）。然而，霍约斯（2001a）评论说，并无明显证据支持的 P. Rylands 111. 491 中列举的莎草纸残卷——它似乎记载了公元前 203 年强加给迦太基人的和平协议，以及日后破裂的停战协定——应被视为一份立场偏向迦太基一方的文献。这一评论无疑是对的。霍约斯提出的，该文献的作者其实是罗马历史学家费边·皮克托的观点是无法证实的。
26. Walbank 1957 – 1979，1：316.
27. Cicero *Div.* 1. 24. 48.
28. Brizzi 1995，309.
29. Cornelius Nepos *Ham.* 23. 13. 3. 这些著作据说载有对罗马将领格奈乌斯·曼利乌斯·乌尔索在小亚细亚的镇压活动的研究，这一研究后被汉尼拔以演说的形式讲给罗德岛人听。古代的一位造假者用希腊文伪造了一封汉尼拔致雅典人的信，这一事实表明古代世界普遍认为这位迦太基将军是个受过良好教育的人（Brizzi 1991）。
30. Dio 13. 54. 3.
31. Sosylus，Pap. Wurzburg，*FGH*，Ⅱ B：903 – 906. 尽管学者们就这场败仗的发生地点长期争论不休，并且未得出任何明确结论，但普遍认为战役发生地很可能位于西班牙海岸线（Krings 1998, 217 - 260）。

32. Krings 1998, 226. 近来有观点认为，如今被认为是出自狄奥多罗斯·西库鲁斯的，一小段论及汉尼拔对大象的使用的引言的原作者可能是索西卢斯，不过这个观点未被证实（Ranee 2009, 108 - 110）。

33. Polybius 3. 20. 1 - 5.

34. Spada 2002, 239 - 240. 这份著作的残篇摘录中包括一段对叙拉古国王希洛所使用的花园的描写，一段对陆地上一种常见的香草名字的阐述，以及对西西里城市帕莱斯（Palice）名字由来的解释。沃尔班克（Walbank 1968 - 1969, 487 - 497）或许低估了这些记载的重要性，但他认为“西西里亚”（Sicilia, Sicily 的古名）历史属于历史另类的观点可能是对的。这一观点与拉·布阿（La Bua）（1966, 277 - 279）的看法相反。

35. Cicero *Letters to Friends*. 9. 25. 1; Franke 1989, 456, n. 1.

36. Campus 2005.

37. Pausanias 12. 3. 4.

38. Picard 1983 - 1984; Rawlings 2005, 164 - 171; Knapp 1986, 118 - 119.

39. Polybius 12. 28, 3. 48.

40. Polybius 14. 1; Walbank 1957 - 1979, 1: 63 - 130; Scuderi 2002, 277 - 284; Hoyos 1998, 42 - 43, 55 - 56, 82 - 83, 95 - 98, 100 - 104. 波利比乌斯显然对腓里努斯的说教方式持敬重态度，这与他自己的方式紧密对照（Walbank 1985, 77 - 98）。拉·布阿（1966）精心设计的假说（腓里努斯的著作是波利比乌斯第一次布匿战争记载的主要史料来源，狄奥多罗斯关于从阿加托克利斯之死到第一次布匿战争的记载，来自为后世地中海西部的希腊籍史学家塞利努斯所收录的腓里努斯的相关记录）是无法被证实的。也有观点认为腓里努斯本人可能是受到自己家乡于公元前 261 年被攻占时遭到罗马人的残酷对待这一事件的影响，因此随着迦太基军队一起参加战斗（Galvagno 2006, 254 - 256; Scuderi 2002, 275 - 277）。因而还有人认为波利比乌斯对公元前 250 年到前 249 年的利利贝乌姆之围的详细记录来自腓里努斯的亲身经历（Lazenby 1996，2）。

41. Diodorus 23. 1. 4.
42. Walbank 1985，90.
43. Broughton 1951 – 1956，1：229；Badian 1958，36 – 43；Hoyos 1998，122.
44. Polybius 3. 28. 1 – 2，3. 15. 9 – 11.
45. 同上书，7. 4. 1 – 2；Livy 24. 6. 4 – 8。
46. 这一点从他后来与意大利的一些希腊城市所达成的协议中也可看出，它们承认这些城市享有政治上的自由（Hoyos 1998，268）。
47. De Angelis & Garstad 2006，213 – 225；Malkin 2005.
48. 狄奥多罗斯大量引用了希腊裔西西里作家——如蒂迈欧，可能还有塞利努斯——的作品（La Bua 1966，249 – 252，277 – 279；Vattoune 2002，217 – 222；Pearson 1987，11 – 12，24 – 25）。
49. Dionysius 1. 41. 1.
50. Fox 1993，144 – 145；Rawlings 2005，169 – 170.
51. Dionysius 1. 41. 1 – 2.
52. 同上书，1. 42. 2 – 3。
53. 同上书，1. 42. 4。
54. 迄今为止，在这些说奥斯坎语的地区发现了 12 段铭文。在最近的一篇论文中，盖伊·布莱德利（2005）提出了一个令人信服的观点：许多常见的，关于赫拉克勒斯祭仪为何在意大利中部地区盛行的假想，如萨莫奈人的好战天性及当地人的宗教“信仰”等，均是在受到后世罗马人与现代人对当地人喜好所做的解读的极大影响后形成的。
55. Villaronga 1973，Series Ⅺ.
56. Onasander 10. 26，tr. Daly 2002，137.
57. Daly 2002，135.
58. Athenaeus 6. 246c – d. 汉尼拔在动员和控制凯尔特战士方面的才能见 Rawlings 1996，88 – 89。关于他利用麦勒卡特、赫拉克勒斯，可能还有高卢及利比亚的天神给他那支多民族的军队带来凝聚力的情况见 Brizzi 1984a，150。
59. Dio 13. 54. 4.

60. Vegetius *Pref.* 3. 戴利（2002，88）提出的，并无证据表明索西卢斯为汉尼拔履行过军事方面职责的观点是正确的。

61. Livy 21. 21. 9.

62. 根据后世的希腊地理学家斯特拉波（2. 145）——此人将波利比乌斯的著作作为其史料来源——的记载，这眼泉水的流向与海潮的方向是相反的，涨潮的时候它回落，而退潮的时候它将填满泉眼。波利比乌斯试图为这一奇怪的现象提供一个科学的解释，他构思出一个复杂的以从地表中心排出的空气为中心的论点，但他的观点并未被所有人接受。据说塞利努斯对这眼泉的活动机制有着自己的看法，但斯特拉波未能将这一看法告诉我们，他宁可将塞利努斯视为一个根本无法理解如此复杂之事的门外汉，而将其理论弃之不顾。然而，这眼泉与赫拉克勒斯/麦勒卡特有关的事实明显表明，这一事实可能是塞利努斯对这眼泉的兴趣所在，他的理论与这位英雄/天神有着某种联系（Briquel 2004）。只有在多年以后写成的，充满幻想的罗马文献——西利乌斯·伊塔利库斯的《布匿战记》中，我们才得到了关于汉尼拔的这次拜访的少许细节。西利乌斯可能以带有一点诗人式肆意想象的手法，将这座神庙当年的样子与现在——距汉尼拔来访已超过二百五十年——的情形描述得一模一样。尽管闪族式的祭仪得以保留下来是一件令人惊讶的事，但西利库斯记载道，用于建造这座神庙的木料从未腐朽，女人和猪也从未被允许踏进过这里的大门。神庙的祭司们光头赤脚，身穿长袍，头戴饰带，他们发誓终身独身。在神庙的祭坛上，火焰永不熄灭，庙宇中也绝不允许出现任何一座神的塑像或画像。

63. Cicero *Div.* 1. 49（Coelius Fr. 11）.

64. 汉尼拔的梦似乎引发了古希腊、罗马作家与研究这一课题的现代学者的兴趣。这个故事另有三个留存至今的版本：李维版（21. 22. 5 –9），西利乌斯·伊塔利库斯版（*Pun.* 3. 163 –213）与狄奥版［13. 56. 9，佐纳拉斯将其誊写至自己的著作（8. 22）中］。这个传说在上述版本中似乎被加以改写，使它变得更为恶毒，流露出对罗马人更深的敌意。可以理解的是，现代评论家们以这个梦在罗马史学中扮演的不同角色为课题，重点研究不同版本的梦之间的差别。从西塞罗的版本到李维的版本，这个故事的情节发生了重要变化：与前者提出的是这个梦让汉尼拔下定决心入侵意大利的说法相反，李维的记载宣称汉尼拔在梦境中已经决定采取该行动，其意味着这位迦太基将军的军事行动可能得到了众神的短暂支持，但并没有得到他们的授权。这方面的研究见 Levene（1993，45 - 46）。佩林（1997，202 - 204）认为，李维的记载明显表明诸神对是否支持汉尼拔及其事业举棋不定（“他不该再继续问下去，他应该承认命运的未知性”），而已经知道了命运将为汉尼拔准备了什么样的未来的读者们也是这么认为的。斯图布勒（1941，95 - 96）进一步探讨了这一观点，说汉尼拔得到指示后的喜悦是一种缺乏眼光的表现。又见 Cipriani 1984。

65. Valerius Maximus，1. 7，ext. 1.

66. 关于这个带来了神谕的梦坚定了汉尼拔之军心的说法见 Seibert 1993，186 - 187。至于这位神之引路者的身份，最近提出的极有说服力的论点见布里克勒（Briquel 2004），布里克勒的观点与福隆（Foulon 2003）的主张相反，后者认为这位神使其实就是天神墨丘利·阿利特斯（Mercury Aletes）。

67. Rawlings 2005，158 - 161.

68. D'Arco 2002，160 - 161.

69. Polybius 3. 47. 7 - 9.

70. Livy 21. 41. 7.

71. 针对对汉尼拔亵渎神明的指控所做的更为全面的研究见 Fucecchi 1990。

第 11 章　赫拉克勒斯的脚步

艰难跋涉

汉尼拔一渡过西贝卢斯河，无疑就感觉到了接下来的任务 256
的艰巨性。他可能收到了来自亚平宁地区和波河流域的凯尔特酋长们对他表示热烈支持的消息，之前他曾派人携带礼物拜会这些酋长。但定居在西班牙东北部的西班牙部落对汉尼拔的到来就没有这么热情了。[1] 他的军队在比利牛斯山山脚遇到了极为猛烈的抵抗，结果蒙受了惨重损失。当地人的敌意如此强烈，以至于汉尼拔不得不将一支由 1 万名步兵和 1000 名骑兵组成的队伍留在此地，守住山隘以保证后军的安全。当 3000 名来自新征服的卡帕塔尼部落的步兵逃走时，他的军队进一步被削弱。汉尼拔意识到，倘若让另外 7000 名忠诚度成问题的士兵继续留在军队里，这将会对他更加不利，于是他将那些人遣散了。[2]

在翻越比利牛斯山的时候，情况并没有好转：居住在今法国西南部的高卢部落出于对被征服的恐惧，将他们的战士集合起来，打算驱逐这支迦太基军队。[3] 毫不令人意外的是，一些当地居民视迦太基人为比罗马人更直接的威胁。除非向他们分发礼物，否则全面冲突将不可避免。[4]

沿着地中海海岸线，汉尼拔和他的军队穿过了高卢地区。[5] 公元前 218 年 8 月末，他们遇到了横在自己与意大利之间的又一道巨大的天然屏障：罗纳河（river Rhône）。[6] 这是汉尼拔军

队到目前为止遇到的最大挑战。罗纳河的水域极为宽广，等待
257 在河流另一边的是敌对的沃尔卡（Volcae）部落的军队。为了克服这一难题，汉尼拔派他的外甥汉诺与一支由自己的西班牙部队组成的人马自罗纳河上游 40 公里处渡河，打算从后方袭击高卢人。一旦抵达目的地，他们就会释放烟雾信号来通知汉尼拔和主力部队。

翌日，当主力部队凭借一支由小船和木筏组成的小船队渡河的时候，一些马匹泅水而过（靠着长长的缰绳的引导），而其他马匹则装在船上，它们已经装上了马鞍，准备一到达对岸就投入使用之中。但是，一遭到汉诺及其军队的攻击，沃尔卡人就惊慌失措，四散逃走。然而，与汉尼拔随行的大象却造成了另一个问题。绝大多数古代作家都认为大象怕水，不会游泳，波利比乌斯甚至再三重复这么一个故事：汉尼拔的大象为水所惊吓，跳进河里，踏着水下的河床，用它们的鼻子作为通气管，从而得以过河。为了把自己的大象弄到河对岸去，迦太基人想出了一个巧妙的解决方案：巨型木筏被制造了出来，上面覆有一层厚厚的泥土，这样大象就会误以为它们仍站在陆地上。为了给雄象打气，两头雌象被带到打头的那艘木筏上。于是，整支队伍就这样平安地过了河。[7]

渡过罗纳河的行动为进军意大利的漫长之路上的其他故事，定下了极为坚实的基调。每个故事都有这么一个共同主题：克服看似无法逾越的自然障碍，制服野兽和野蛮人。因此，汉尼拔的意大利之旅变得与赫拉克勒斯的使命越来越相似。事实上，汉尼拔的远征与赫拉克勒斯的长途冒险之间的密切联系，似乎使抛给土著人的橄榄枝中夹杂了几分尴尬的味道。这是因为，尽管迦太基将军迫切希望得到他们的友谊，以

获取人力及物力方面的供给，但汉尼拔思想观念中的侧重点仍在于征服这片土地：不仅要征服这片土地上的自然障碍，还要征服这里的定居者。汉尼拔的大象在这类冒险活动中表现出色，在战场上，它们就是看似势不可挡的迦太基军队的象征。然而，这些与横渡罗纳河以及日后翻越阿尔卑斯山有关的经 258
历，同样对这些巨兽身处陌生领域时不可避免地暴露出来的弱点产生了影响。即便是在最为艰难的情况下，汉尼拔也能制服这些可怕的、反复无常的动物，他借此证明，自己就算与带着戈吕翁的牛群走过同一条路的伟大的赫拉克勒斯相比，也毫不逊色。

在提笔记录汉尼拔那史诗式的翻越阿尔卑斯山的远征之前，波利比乌斯为他的读者上了一堂即席的地理课。这位希腊历史学家以其标志性的挑剔文笔，表达了他对那些用一连串使人望而生畏且稀奇古怪的地名来迷惑读者的作家同行的不满。无论是否喜欢，波利比乌斯历史著作的读者都清楚汉尼拔和他的军队究竟到了哪里。[8] 此外，波利比乌斯还特别强调，在汉尼拔完成所谓的独一无二的壮举之前，就有人做到了这一点："与他们（其他历史学家）所宣称的这一地区荒无人烟的观点相同的是，这条路极为难行、陡峭至极的说法也是个明显的谎言。因为他们从未费心费力地去了解这样一个事实，即定居在罗纳河附近的凯尔特人之前已带着一支大军越过了阿尔卑斯山，他们并不是在汉尼拔到来之前才这样干了一两次，而是就在一点儿也不遥远的最近就屡屡做到这一点。"[9] 按照波利比乌斯的说法，翻越高大的阿尔卑斯山简直就是稀松平常，凯尔特的乌合之众都能轻而易举地完成。这样一来，汉尼拔最广为人知的壮举就成了一件毫无残酷性可言的事情。汉尼拔只是一大群意欲闯入罗马人领地的蛮族侵略者中的一个而已，并不是什么征服了荒凉的阿尔卑斯山的新赫拉克勒斯。

根据波利比乌斯的记载，他之所以觉得自己有资格把汉尼拔的成就说得一钱不值，是因为他曾真正到过阿尔卑斯山，为煞费苦心地搜集证据还和当地人交流过，甚至亲身走过某些汉尼拔的昔日行军路线。然而，事实上波利比乌斯所写的阿尔卑斯山调查之旅一文，实实在在地表明了他本人与自己笔下论题所发生的年代相隔甚远。到波利比乌斯前来拜访时，这片被称为山南高卢和利古里亚的地区，已经发生了沧海桑田式的变迁。波利比乌斯所咨询的“当地人”并不是汉尼拔经过时定居在此地的凯尔特人，而是在第二次布匿战争结束后多年——当时这一地区最终为罗马以军事手段征服，先前生活在这里的众多凯尔特人遭到驱逐——被迁往此地的罗马移民。对于这位在罗马殖民地居民的农庄和定居点附近转悠的希腊历史学家而
259 言，这个地方仅仅在几年前还是一片危险的敌对地区的说法，可以被视为危言耸听的怀旧之情而加以无视。然而，公元前218 年的境况是完全不同的。

定居在阿尔卑斯山的凯尔特人多年以来一直是罗马方面的肉中刺。在拉丁文及希腊文文献中通常被称为“高卢人”的他们，曾于公元前 387 年以横扫千军之势进入意大利，占领并极大地羞辱了罗马。这些部落居住的波河流域是一片值得为之而战的地方。公元前 3 世纪中期，意大利半岛面积最大的一片沃土并不在罗马人手中。一旦将之占领，就可以为无依无靠、心怀不满的罗马贫民提供新的住处和廉价的食物。[10] 这一计划在罗马的北意大利政策中还有着其他方面的——更多是出于防御的需要——随处可见的战略意义。当罗马还未

控制这一地区时，古代的评论家们意见是一致的：“他们（罗马人）不仅从未统治过意大利，连保证罗马城的安全都无法做到。”[11]公元前 225 年，一支主要由波伊（Boii）和因苏布雷斯（Insubres）这两个高卢部落之成员组成的，拥有 5 万名步兵和 2 万名骑兵的大军再度进军波河流域，并向伊特鲁里亚挺进。罗马人在对这支军队的战斗中取得辉煌的胜利后，罗马元老院才决定制订一个系统的征服这一地区的计划。两个新的殖民地在高卢地区的克雷莫纳（Cremona）和皮亚琴察（Placentia）建立起来，到公元前 220/前 219 年时，将这一地区与罗马相连的弗拉米尼大道（Via Flaminia）也竣工了。[12]如今，汉尼拔的逼近令罗马人的这些来之不易的成果变得岌岌可危：因为波伊人和因苏布雷斯人又开始叛乱了（毫无疑问是被奉汉尼拔之命挑起动乱的使者煽动起来的）。被派去平叛的罗马军队遭到了耻辱性的失败，并被逐出了该地区，而收复具有重要战略意义的波河流域的尝试也以惨败收场：执行任务的罗马军队被歼灭了。[13]

尽管凯尔特人往往被罗马与希腊作家丑化为缺乏耐性、有恐慌倾向及毫无军纪（还有嗜酒如命）的形象，但也有人认为他们可能是极为优秀的战士。[14]他们那粗野的外表、可怕的战吼以及凶猛的冲锋令人生畏地杂糅在一起，使他们变成了一个难缠的对手，就算是对训练有素、经验丰富的罗马军队而言亦是如此。[15]然而，他们先前对罗马造成的威胁，因无法维持 262
与他人的联盟而被削弱了，在日后希腊和罗马史学家的笔下，凯尔特人的背信弃义成了一句谚语。[16]按照某人的贬损性评价，他们“生来就或多或少有些反复无常、胆小卑怯或不守信用……他们不再遵守对迦太基人的承诺的事实给其他人上了一课，

地图14　第二次布匿战争

罗讷尔河
提契诺河
山南高卢
阿克河
克雷莫纳
克拉斯迪乌姆
皮亚琴察
迪朗斯河
利古里亚
波河
特雷比亚河
博洛尼亚
马西利亚
（马赛）
基安蒂
梅陶罗河
特拉希梅诺湖
台伯河
伊利里亚
科西嘉岛
罗马
伏尔图尔努斯河
卡西里努姆
赫多尼亚
坎尼
卡普亚
卡流苏门
库迈
贝文内托
阿佛纳斯湖
诺拉
阿普利亚
普提奥利
那不勒斯
塔伦图姆
萨丁尼亚
卢卡利亚
米太旁登
图里
布鲁提乌姆
克罗顿
拉西尼乌姆海角
帕诺尔莫斯
迈利
洛克里
利利贝乌姆
梅萨纳
利基翁
尤蒂卡
迦太基
阿克拉伽斯
叙拉古
图内斯
（突尼斯）
杰尔达河
扎马
哈德鲁米图姆
马耳他
小瑟提斯
0 100 200 300公里

即永远不要大着胆子入侵意大利”。[17]对罗马人而言，潜在的危险在于汉尼拔可能会成功地将凯特尔部落联合在他那根神赐的指挥棒下。尽管汉尼拔本人从未真正地信任过凯尔特人（据说他备有数套假发和假面具，准备作为遭出卖时防身之用），然而与他缔结了盟约的许多部落还是向他提供了宝贵的、必不可少的援军与火线突击队。[18]

当汉尼拔向阿尔卑斯山进军时，罗马执政官普布利乌斯·科尔内利乌斯·西庇阿率军在马西利亚港附近登陆，意欲进攻巴卡家族的西班牙领地。如果西庇阿没有被波伊人和因苏雷布斯人的叛乱耽搁行程的话，他会更快到达那里：为了应对叛乱，罗马人不得不将交给西庇阿带往西班牙新战场的军团中的一个拿出来使用。为此西庇阿被迫招募了一个新军团，他在落后于预定计划三个月的情况下抵达了山南高卢地区。[19]一登陆他就立即派出 300 名骑兵去探明汉尼拔及其军队的下落。这些罗马侦察兵很快撞见了一队汉尼拔派出的，也是来执行侦察任务的努米底亚骑兵。在一场规模不大的战斗后，努米底亚人蒙受了极为沉重的损失，罗马骑兵则返回营地报告了迦太基军队的位置。西庇阿立刻拔营追了上去。[20]

汉尼拔起初徘徊在是与西庇阿的军团交战，还是继续朝意大利进军的想法之间，一时难以抉择，但波伊部落的使者来到了迦太基军营，这才使他最终下定决心，这些使者不但担任穿越前方崎岖地带的向导，还向汉尼拔许以盟约。当西庇阿来到汉尼拔的军营所在地时，他发现迦太基人已经离开很久了。然而，他并没有为了追求战功而在汉尼拔身后紧紧追赶，而是回
263 到了意大利北部，打算守卫波河流域。与此同时，他决定组建一支生力军来完成这个使命。西庇阿将原部队的大部分留给他

的兄弟格奈乌斯（Gnaeus）指挥，并命令后者继续执行原来入侵伊比利亚半岛的任务。这个决定被证明是至关重要的，因为它成功切断了汉尼拔从西班牙获得援军的一切途径。[21]

汉尼拔以一定的速度朝阿尔卑斯地区进发，希望能够将西庇阿与他自己之间的距离尽可能地拉长。出于地形及宣传方面的考量，他无疑迫切希望沿着赫拉克勒斯那条穿过迪朗斯河（river Durance）与热尔夫山（Mont Genèvre）的道路继续走下去，但西庇阿撤回来的军队如今堵住了这条路。汉尼拔之后的行军路线不明，但最有可能是向北沿着罗纳河行进。在阿洛布罗克斯人（Allobroges）的领地时，他对两个当地部落首领兄弟之间谁应当获得统治权的争端做出判决，从而收获了宝贵的盟友。感激不尽的新酋长提供了向导，还供应了补给物资、保暖衣物和食物，有了这些帮助，汉尼拔和他的军队随即启程翻越阿尔卑斯山。

此时已是 10 月，冬季很快就要到来，当迦太基军队准备经阿克山谷登上阿尔卑斯山——可能是在穿过伊泽尔山谷之后——的时候，他们失去了友善的向导，因为向导回家了。[22]尽管波利比乌斯持相反看法，但阿尔卑斯山或许是欧洲大陆最可怕的障碍了。后世的一位罗马历史学家描述过人、动物和运货马车，在春季融化的冰面上跌倒、滑向陡峭的峡谷和危险的冰缝的情形。而到了冬天，情况会变得更糟。就算是在平地上，也有一队队的驿马被驱赶着穿过雪地，以便让旅行者们知道何处可以安全地下脚，以免被隐藏在降雪表面下的危险空洞吞噬。[23]不幸的是，其他阿洛布罗克斯酋长认为，即将到来的严冬将会助他们一臂之力，令他们轻而易举地猎获一笔不义之财。他们开始将部众召集到高地上，准备袭击下方脆弱的迦太基纵队。

此时汉尼拔展现了自己智勇双全的一面。从侦察兵处得知意欲伏击他们的阿尔卑斯部落的所在方位后，他与一队挑选出来的士兵占领了附近的一个地方，而此时，得意扬扬的阿洛布罗克斯人还在自己的村庄里呼呼大睡。当这些部落的人开始袭
264 击汉尼拔军队的时候，汉尼拔和他的士兵迅速冲杀下来，击退了他们，杀敌甚多。他随后猛烈地进攻高卢人定居点，不但将大批于前一天被俘的己方人员和牲畜解救了出来，还夺取了这些部落谷仓内的积存。几天后，高卢酋长们前来示好，并提供了人质和向导。汉尼拔对他们的目的起了疑心，在接受他们和议的同时，也做好了提防他们毁约的准备。两天后，当迦太基人穿过一条山间小道时，遭到一支强大的高卢军队的伏击。幸好汉尼拔已经做好应对这一不测情况的准备：他将脆弱的辎重车队和骑兵队转移到队伍前方，而把重步兵队部署在遭高卢部落攻击的后方。高卢部众最终被击退了，但即便如此，他们仍使用一支支小队单独打击迦太基纵队，将一块块巨石推下陡峭的山坡，砸向下方的人与牲畜。[24]

最后，在行程进入第九天的时候，迦太基人抵达了山道的最高处。他们原地等待了两天，以便让掉队者赶上来。而后，汉尼拔将下方一览无余的意大利风景指给部下们看。按照李维的记载，他还发表了一通鼓舞人心的演说，从而使精疲力竭、沮丧不已的士兵们重新振作了起来。[25]这样的激励是极为必要的。如今已是 10 月末，冬天的雪已然开始落下。更重要的是，下行进入意大利的道路比上山时的路更为险峻。它陡峭、狭窄、光滑，人或野兽几乎无法在上面立足。

这支军队最终来到了一个地方，乍一看，他们的长征似乎

就要在这里提前结束了。他们前方是一道陡峭的断崖，最近的一次山体滑坡形成了落差约 300 米、直上直下的悬崖壁。李维用令人印象深刻的笔调描述了迦太基人绕行的过程：

> 随之而来的是一场艰难的行军，在任何情况下，冰面上都毫无立足之地，尤其是在一段陡坡上。当有人试图使用自己的手和膝盖再度爬起时，就连他身下毫无用处的支撑物都在滑动，令其跌倒。遍地寻不到哪怕一截可供持握或站立的树桩或树根。简而言之，在光滑的冰面和融化的积雪上，你除了翻滚或滑倒，别的什么都做不了。有时，骡子的体重会使它们的蹄子陷入下层的积雪之中，从而令它们跌倒。一旦倒下，它们就会乱踢乱蹬，挣扎着站起，导致它们径直下陷，这样一来，它们会被一层厚厚的坚冰夹住，动弹不得。[26]

情况如今变得危急起来，汉尼拔下令将雪清理到高耸的山 265
脊上，以便安营扎寨。他断定，要继续沿着陡坡下行，唯一的办法是在岩层上开凿一条阶梯状的道路。这一解决之道成就了汉尼拔故事中最为著名的一个故事。

> 凿开岩石成了要务，他们机智地利用热度和湿度解决了这个难题。参天大树被砍倒，并被锯成一段段。大批木料被堆积了起来；在强风恰到好处的推波助澜下，木料堆被点燃了。当岩石充分受热的时候，定量供给士兵们的酸酒被倾倒在上面，以便令岩石变得脆弱易碎。他们随后用镐继续在受热的岩石上劳作，开辟出一条之字形的小道

> 来，这样斜坡的倾斜度就减小到了最低。如此一来，他们也就能将驮兽甚至大象弄下来了。[27]

这个开路的故事的许多方面似乎显得不太真实。迦太基人是否能够获得如此之多的木料或许是件相当可疑的事，更遑论将岩石加热到足够高的温度了。即便如此，这类源自迦太基军营的传说的宣扬仍有着重大意义。显而易见，开辟一条贯穿滴水不进的阿尔卑斯山岩石的新汉尼拔之路这种虚构的英雄之举，是一份绝佳的宣传材料。这类英雄传说的诞生令汉尼拔得以将自己的名字，与他成功翻越的巍峨山脉不可磨灭地联系在一起。尽管波利比乌斯对这一惊人成就加以诋毁，但此后一直没人能做到这点，直到奥古斯都大帝统治时期（公元前 31 年～公元 14 年），罗马人才越过了阿尔卑斯山。[28]事实上，汉尼拔的阿尔卑斯山冒险仍将是希腊和罗马作家的探索之源，就迦太基军队翻越该山的真正路线这一话题产生了大量不同的说法。[29]甚至在六百年后，为汉尼拔所翻越的那段山脉仍被称为“迦太基人的阿尔卑斯山”。[30]

大局已定

阿尔卑斯的巨大难关如今走到了头，意大利北部平原在迦太基军队面前延伸开来。然而，这一宏大的英勇壮举和突然袭
266 击所付出的代价是高昂的。将迦太基军队从西班牙带到意大利北部的远征就各种意义而言都是史诗级的，其中包括人员损失的规模。汉尼拔是与 5 万名步兵和 9000 名骑兵一起离开伊比利亚半岛的，但等到他抵达罗纳河时，这两个数字就已经分别缩减到了 3.8 万人和 8000 人。翻越阿尔卑斯山令部队数量下

降到仅 2 万名步兵和 6000 名骑兵的地步。[31]无论迦太基军队的原有规模是否有所夸大，汉尼拔跨越阿尔卑斯山的行动的附带损失就与他那英勇之举一样惊人。然而，与众多踏上史诗之旅的军队一样，绝大部分士兵都并非死在敌人的兵刃、寒冷、饥饿之下，（在这个事件中）甚至也并不是因阿尔卑斯山顶的陡峭断崖。许多人在遭遇极端的困苦、费力和危险时，只是一溜了事。然而，相对于一切损失而言，这次大胆的行动完全可以算得上是一次辉煌的成功。毕竟，现在可以招募新的军队并搜集供应物资了。更为重要的是，如果希腊世界和意大利的城邦过去不曾重视这位年轻的迦太基将军的话，如今它们无疑要对他刮目相看了。

但是，在意大利战事开始前，汉尼拔还要处理一些小小的内部事务。光靠劝诱和厚礼是无法保证凯尔特人的效忠，或最低限度的服从的。必须来个杀一儆百，好让他们能够认定并明白与迦太基人作对是要付出代价的。一旦与罗马军队交上手，就没有时间来制服意大利北部的高卢人了。陶里尼人（Taurini），一个试图抵抗迦太基人进军步伐的部落，不幸被挑中，成为这一惨痛教训的实例。他们的首都遭到围攻，很快就陷落了，居民——男人、女人和孩子——均被屠杀。这一以野蛮、血腥的方式深刻诠释反抗后果的消息很快传遍各个高卢部落。然而，屠杀还有另外一层目的，作为伟大的阿尔卑斯山穿越计划的最后行动，陶里尼人惨遭屠戮再一次提醒人们注意汉尼拔的宣言：他是那位头一个驯服了这片蛮荒之地上化外之民的，穿着狮皮披风的伟大英雄的继承者。[32]

在罗马，汉尼拔成功翻越阿尔卑斯山的消息引发了巨大的恐慌。执政官提比略·森普罗尼乌斯·隆古斯被从西西里召

回，派去支援他的同僚普布利乌斯·科尔内利乌斯·西庇阿，
267 后者为了与迦太基军队作战，如今正朝着波河流域进军。[33]在两军于波河支流提契诺河（river Ticinus）进行第一次交锋前，汉尼拔为了让他的士兵们对就在眼前的无可避免的艰难困苦做好心理准备，做出了一个罕见的决定：如果高卢战俘能在一系列单对单的对决中胜出的话，他们就有机会获得自由。在这之前，他为了让这些年轻人在被带到自己集结起来的军队面前时能燃起最强烈的战意，有意让他们遭受虐待、忍饥挨饿。为了进一步展现战俘当前的悲惨处境，以及胜利者和战败者可能遭遇的结局之间的天壤之别，汉尼拔还带来了几套铠甲、华丽的军用斗篷和战马，作为对胜利者的奖赏。所有的战俘都吵嚷着要把汉尼拔的奖品拿到手，因为无论是胜利还是失败——败则死，死则解脱——都将把他们从当前的奴役生活中解放出来。当较量结束后，迦太基士兵们发现自己开始同情起那些因未被选中参加决斗而继续沦为俘虏的人来了，这种同情甚至超过了对那些战死的战俘的。波利比乌斯提供了一段关于接下来发生的事情的记载：

> 当汉尼拔用这种办法将手下士兵们的心理调整到了他想要的状态时，他站了起来，将把战俘带到他们面前的目的和盘托出：在清清楚楚地看到其他人所遭受的，并可能降临到自己身上的命运时，他们应该会更好地理解当前的危机了。“命运之神，”他说，“已经带着你们越过了阿尔卑斯山，它将你们关进了一个一模一样的战场，在这里，它同样会带给你们奖赏和机会。你们要么胜，要么死，要么沦为你的敌人手里的俘虏。对于你们而言，胜利的奖赏

并不是得到几匹战马和一些斗篷，而是成为世人最为羡慕的，罗马的全部财富的主人。战死沙场给你们带来的则是在战斗最为激烈的时候失去生命，为了你的崇高理想战斗到最后一刻且来不及明白什么是痛苦。但对于那些打了败仗，又因顾惜生命而宁愿逃跑，或者用其他手段来保住自己性命的人来说，等待着他们的将是充斥着不幸与厄运的一生。当你们回想起自离开故土起已经走过了多长的路，已经有多少敌人倒在了这条路上，已经越过了多少条河的时候，没有人会傻到不动动脑子就打算逃回自己家去的。因此，我恳求你们，彻底打消这种想法，设身处地地想想你们刚才看到的那些人的遭遇。你们全都认为那些战胜者和战死者是幸运儿，而剩下的人则是 268
可怜虫，那么现在你们应该为自己想想了。如果你们能行的话，就一起赢取战斗的胜利，如果你们做不到的话，那就一起战死。我还恳求你们，不要在打了败仗之后还抱有丝毫生存的希望。如果你们的想法和决定与我对你们的恳求一模一样的话，那么事实是明摆着的：胜利和平安正在朝你们招手。不论是出于被迫还是自愿，从没有人会为放敌人逃跑的想法所欺骗，而取得胜利。当敌人的想法正好相反时，正如现在罗马人所希望的那样，他们中的绝大多数人确信自己逃跑了就可以全身而退，因为他们所处的位置就在家门口。而那些完全丧失了安全感的人显然将变得勇不可当。”[34]

后来，在提契诺河之战爆发前夕，汉尼拔将他的部下召集到一起，最后说了些鼓舞人心的话。他向成群结队的士兵许诺，一旦得胜，他们就可以得到土地、金钱、迦太基公民权和自由。随后，为了表明他的誓言是神圣的，汉尼拔一只手抱起一只小羊羔，另一只手则抓起一块石头，向巴尔·哈蒙及其他神灵祷告，说如果他违背自己的承诺，他们就得取走他的性命。然后，他将小羊羔砸得脑浆迸裂。[35]

这场战役以罗马军队的彻底溃败告终。汉尼拔意识到己方在骑兵的数量和质量上都拥有巨大优势，于是将正在执行一项突袭任务的努米底亚王子马哈尔巴（Maharbal）及其麾下的500人骑兵队召了回来。或许是对自己的投枪手将迦太基骑兵阻遏在海湾的能力过于自信，西庇阿将他们布置在骑兵预备队的前方，但当投枪手撤退到后者后面的时候，罗马骑兵立刻就被投入战斗中去。最终，汉尼拔的一队努米底亚骑兵成功地迂回到罗马骑兵后方，践踏着他们身后的步兵，那些步兵惊慌失措，溃散而逃。罗马骑兵很快也跟着溃逃。当罗马人为西庇阿身负重伤的事实所打击的时候，情况变得更糟了。李维记载道，这位罗马将军17岁的儿子，初经战阵的普布利乌斯救了自己父亲的命，但这位历史学家也间接提到此事的另一个截然不同的版本：西庇阿很丢脸地为一位利古里亚奴隶所救。[36]

由于受到伤痛的折磨，加上对自己那支毫无经验的部队缺
269 乏信心，西庇阿当即命令罗马军队撤出该地区。尽管罗马人毁掉了他们建在河上的浮桥，成功地迟滞了迦太基人的进军步伐，但汉尼拔很快就在波河流域找到了一个合适的地点，让他的工兵部队建起了另一座浮桥。与此同时，在一支规模很大的高卢部队逃走，克拉斯迪乌姆城（Clastidium）又遭其意大利指挥官出卖后，越发觉得不安的西庇阿再度撤退，他越过了特

雷比亚（river Trebia）河，在俯瞰河东岸的高地上扎营，等待援军的到来。[37]

公元前 218 年 12 月中旬，森普罗尼乌斯·隆古斯终于带着一支生力军赶到了。隆古斯意识到自己的执政官任期行将结束，而眼前是一次建立辉煌功绩的机会，尤为重要的是他的军队似乎在一系列小规模战斗中占了上风，因此他急不可待地要与迦太基军队正面交锋。事实上汉尼拔只是把部队撤到了特雷比亚河附近，他更愿意将自己的兵力保留到一场他选定的战斗中使用。这一策略生效了，因为隆古斯为那些毫无意义的胜利所鼓舞，准备将他的部队投入一场大战中去。西庇阿试图让他的同僚重新考虑一下，认为他们那毫无经验的军队必须在冬天的几个月中进一步加强训练，况且休战一段时间的话，也足以让那些以反复无常而闻名的高卢人开始对他们与迦太基人新确立的同盟产生怀疑。但隆古斯的想法并未因此而打消，而汉尼拔也尽其一切所能来引诱罗马人发动进攻。

在增强了隆古斯的自信心后，汉尼拔当即着手布置陷阱。他选定了位于两军营垒之间的，为植物和灌木所覆盖的陡峭河岸，在那里布置了一支由 1000 名骑兵和同等数量步兵组成的伏兵，并交由他的弟弟马戈统御。第二天拂晓时分，他派遣自己的努米底亚骑兵队越过了特雷比亚河，接下来，他们朝罗马军营投掷标枪，并破口大骂，以此激怒罗马人。不出所料，隆古斯下令追击努米底亚人。尽管整支罗马军队都涉水渡过了河流，并排成了整齐的队列，但这支还未吃早饭就被动员起来的部队冻得发抖、全身湿透且饥肠辘辘。与之相反的是，迦太基军队准备充分，且已饱餐一顿。双方似乎都有 4 万人左右，尽 270
管军阵中央的重装步兵彼此旗鼓相当，但汉尼拔的骑兵素质更高，数量也占据上风，他们再一次轻而易举地击败了罗马骑兵，从而使得侧翼的罗马步兵暴露在迦太基人的攻击之下。随后，马戈的小部队伏击了位于后方的罗马步兵。只有约1万名罗马士兵成功杀出一条血路，逃到了附近的皮亚琴察城，但其他罗马人大都命丧黄泉。[38]

隆古斯逃掉了，后来他试图说服他的公民同胞，之所以打了败仗，只是因为天气状况太糟了。不过，似乎没有多少人相信他的话。[39]与此同时，汉尼拔几乎没花什么时间就劝服了几个意大利城市，使它们抛弃了罗马人。罗马战俘与意大利战俘的待遇截然不同：前者得到的口粮不足以果腹，而后者则得到了很好的对待，并最终被送回家去。在意大利战俘离开前，汉尼拔向他们发表演说，声称“他来到这里是因为罗马人的缘故，而不是为了将战争加诸在他们头上；是他率先恢复了意大利人民的自由，也是他率先帮助他们收回了被罗马人夺走的城市与土地，因此如果他们明智，就应该接受他的友谊”。[40]

公元前218/前217年的严冬给了罗马人一个喘息之机：汉尼拔在刺骨的严寒中失去了大量人员和马匹，他的大象除了一头外全部死亡。[41]在博洛尼亚度过了冬日之后，迦太基人向南进发，翻越亚平宁山脉进入伊特鲁里亚。他们花了四天三夜的时间徒步穿越这片沼泽遍地以至于无法驻营的地区，一路上吃尽了苦头。骑在仅存的那只大象背上的汉尼拔承受着眼疾的折磨，这场病最终导致他的一只眼睛失明。[42]

罗马人承认自己正面临着威胁，他们征召了超过10万名战士。由于担心迦太基人可能会对罗马在地中海中部地区建立的新帝国发动进攻，他们决定派两个军团保卫西西里，再派一个军团守卫萨丁尼亚。另两个军团负责守御罗马城。当前分别由两位新的执政官——盖乌斯·弗拉米尼乌斯·尼波斯（Gaius Flaminius Nepos）和格奈乌斯·塞尔维利乌斯·杰米努斯（Gnaeus Servilius Geminus）统率的四个军团则作为援军，用于弥补上一年汉尼拔所造成的损失。

弗拉米尼乌斯是个冲动而自负的人，汉尼拔迅速蹂躏了弗拉米尼乌斯一军驻扎的富庶的基安蒂（Chianti）农业区，以刺激后者，促使其鲁莽行事。结果他成功地将弗拉米尼乌斯引入了博尔盖托山道（Borghetto pass），在那里，一支伏兵已然 271
部署在特拉西梅诺湖湖畔。公元前 217 年 6 月 21 日清晨的薄雾令四周的能见度变得很差，罗马人没有察觉到危险，直到为时已晚。随后，他们乱成一团，超过 1.5 万名罗马士兵被杀，这其中就包括弗拉米尼乌斯本人。一些人为了逃生，跳进了湖水里，由于身着沉重的铠甲，他们被活活淹死了。6000 名幸存下来的士兵意识到他们已陷入绝境，当即投降了。[43] 在处置这些人的时候，汉尼拔继续使用他那区别对待罗马战俘和意大利战俘的策略：后者未缴纳任何赎金就被送回家去了，而前者则忍受着牢狱之苦。迦太基将军还将优质的罗马重甲和兵器收集起来，重新分配给他的利比亚步兵部队。[44] 几天之后，另一位执政官杰米努斯在一场突袭中失去了几乎所有骑兵，这使得他的军队实质上丧失了战斗力。[45]

根据李维的记载，迦太基人获胜之后，传到罗马的消息不仅有军事上的失利，还包括在意大利中部出现的，奇怪而不祥的征兆。特别值得注意的是关于卡西里的赫拉克勒斯圣泉内出现鲜血的报告，这一明显迹象表明汉尼拔已成功地将自己与那位英雄联系在了一起。[46] 罗马人的应对之策中包括在神殿里祈愿，此举表明他们试图将赫拉克勒斯赢回罗马一边。[47]争霸之战就这样在人间与天国的位面同时上演着。

汉尼拔意识到，他的士兵与牲口目前的身体状况都很差，他决定前往更为温暖的亚得里亚海岸休整。根据波利比乌斯的记载，迦太基人迄今为止缴获的战利品堆积成山，以至于他们很难将它们运到自己的新基地去。在远离大海两年后，如今汉尼拔总算有机会送信回迦太基，向元老院汇报他的胜绩了。这一消息令北非方面沸腾不已，迦太基城发来回信，许诺支持意大利和西班牙的战事。[48]与之相对，随着幸存者陆续不断地带
272 回最近发生的最为可怕的失利消息，罗马城陷入一片恐慌之中。平民们聚集在屠牛广场和元老院周围，等待着这些消息得到执法官的证实。这一次的灾难如此恐怖，以至于根本无法加以掩饰。民政官中的一位登上演讲台，简单地说了一句："Pugna magna victi sumus"（我们输掉了一场重大战役）。[49]由于一位执政官已死去，另一位也无法返回，罗马人决定违反共和理念，指定一位独裁官（dictator）——一位只有在形势极为紧急的时候才能够得到宪法承认的临时独裁者。公民们推选曾两度当选为执政官，一度当选为监察官，经验极为丰富的昆图斯·费边·马克西穆斯（Quintus Fabius Maximus）担任这一职务，马尔库斯·米努西乌斯·菲利克斯（Marcus Minucius Felix）则以骑兵统领的身份担任前者的助手。[50]

罗马诸神的退却？

费边汲取了前任的教训，在与迦太基人的战斗中采取了截然不同的战术。在招募了两个新的军团，并接收了两个杰米努斯统领的旧军团后，费边前往阿普利亚（Apulia），在那里，

他抵挡住了汉尼拔试图将他引出来正面交锋的诱惑。他的希腊籍传记作者普鲁塔克提供了一份清晰而简要的，关于这些新战术的记载。

> 他（费边）并不打算用厮杀的方式来彻底解决与他（汉尼拔）的问题，而是希望用大量的时间、财力和人力来消耗并逐步削弱后者那如日中天的气势，那匮乏的资源，以及那支小小的军队。因此，他总是将自己的军营设在敌军骑兵看上去所不能企及的多山地带，他以居高临下的态势威胁着他们。如果敌人依旧按兵不动，那他也继续安安静静的；但如果敌人有所动作的话，他就从高处冲下来。他现身的地方离敌军不远不近，既可以避免在不情愿的情况下被迫与敌人交手，又足以让己方的逗留和耽搁使敌军产生担忧，觉得他终归是要与他们打上一场的。[51]

汉尼拔对费边的战术的高明之处很是欣赏，他竭力利用一系列手段，如蹂躏肥沃的贝文内托（Benvento）及坎帕尼亚（Campania）等地区来挑衅罗马人，引诱他们与自己的部队直接交锋。罗马人继续克制着自己的情绪，但一有机会就会追踪迦太基军队，并截杀他们的突袭部队。[52]

尽管费边的战术是卓有成效的，但他的做法无论是在自己的军营还是在罗马的大街小巷中都受到了恶评。[53]在他去世多年后，罗马人开始以欣赏的眼光看待他们的 cunctator（“拖延 273
者”之意，它是费边死后获得的绰号），但在当时，持续了数十年的、积极进取战略的成功使公众更为坚定地认为，这种战术根本不符合罗马人的风格。[54]汉尼拔更加起劲地给这位罗马将军施压：他将周边的土地尽数焚毁，却放过了这位将军的地产，如此一来，关于费边正在与汉尼拔秘密谈判的谣言就变得更加有鼻子有眼。[55]然而，费边那套不为大家所喜欢的战术最终似乎收到了成效。公元前217年秋，越发失去耐心的汉尼拔犯下了一个严重的失误，将自己军队的命运完全交到了罗马人手中。

> 他（汉尼拔）打算将部队后撤到距费边一定距离以外的地方，占领几个可作为牧场的平原。因此，在用过晚餐后，他立即吩咐当地向导将他带到卡西努姆地区（Casinum）。然而，由于汉尼拔操的是外国口音，向导们听错了地名，立刻急匆匆地把他的军队领向坎帕尼亚边缘，带进了卡斯尼乌姆地区（Casilinum）的卡斯尼乌姆城。一条川流不息的，被罗马人称为伏尔图尔努斯（Vulturnus）的河流从该地区的中部横贯而过，将它一分为二。这片地区其他地方都为群山环绕着，只有一条狭窄的山道延伸至大海。由于河水泛滥，周边地区变成了一片沼泽，一座座高大的沙丘耸立其中。狭道的尽头是一片沙滩，由于波涛汹涌，船只无法在此处下锚。当汉尼拔进入这片山谷的时候，费边利用自己对路况的熟悉，把他包围了起来，并用一支4000人的重步兵队封锁住狭窄的出口。费边利用地利，将其余的部队布置在剩下的高地上，同时用最为敏捷的部队向敌军后卫发动进攻，令其全军陷入混乱之中，并歼灭了约800人。汉尼拔当即意识到他走错了路并身处险境，他将应对此负责的当

> 地向导钉死在了十字架上。汉尼拔想撤退，但令他绝望的是，要将敌人驱散，就必须向敌人发动直接进攻，而发动直接进攻的必经之路正为敌人所掌握着。此外，他的士兵既沮丧又恐惧，认为他们被四面包围在这片困难重重、无处可逃的地方了。[56]

汉尼拔或许认为这一切是那些当地向导的错，但费边坚持不懈的追踪才是罗马将军得以利用这一错误的原因所在。然而，汉尼拔也证明了自己是有能力应对费边的挑战的。意识到 274
罗马伏兵已布好陷阱等着他的军队来钻，汉尼拔按兵不动，直到夜幕降临，而后他将燃烧着的木头绑在 2000 头掳来的牛的牛角上。这些牛随后被赶向罗马军队驻扎的高地。在黑暗中，罗马人以为他们遭到了攻击，吓得拔腿就跑，于是汉尼拔及其军队得以在未受阻挡的情况下通过了那里。[57]

这一令人尴尬的情况使得更多的奚落和嘲笑落到了不幸的费边的头上，然而迦太基人在看似陷入绝境的情况下得以逃生这件事彰显的是汉尼拔的才能，而非费边的战术的短板。在罗马，一个势力颇大的政党如今认定，要想击败汉尼拔，唯一的办法就是授权于更倾向主动进攻的米努西乌斯·菲利克斯，令他拥有与费边同等的权力。尽管遭到费边和他在元老院的支持者的抵制，但这项议案还是得以通过，就这样，罗马军队的指挥权实际上是被一分为二了。[58]新任命甫一下达，菲利克斯就立刻前往圣坛祭祀赫拉克勒斯，试图借此证明自己得到了这位英雄的授权。在第二次布匿战争的背景下，菲利克斯的献词强化了罗马人对赫拉克勒斯传奇所有权的宣示，但它同样表明：菲利克斯和费边在自称赫拉克勒斯直系后裔这件事上较着劲。[59]于是，这场争夺赫拉克勒斯传人的战争如今成了将军们的相互竞争——既在两个敌对国之间，也在各个敌对国内部上演着。

事实上，费边是第一个理解在宣传领域与迦太基人针锋相对的重要性的罗马将军。他手下的罗马祭司查阅了《西卜林书》（*Sibylline Books*）——一本神谕集，找到了罗马人该如何重获神的恩宠的办法，这些祭司带回三个建议：首先，罗马人应当众重新立下他们对战神玛尔斯的誓言；其次，费边应向西西里女神维纳斯·埃里希娜（Venus Erycina）献一座神庙，并用另一座神庙来供奉具备神圣品质“镇定”（Composure）或“坚忍”（Resolution）的智慧女神敏斯（Mens）；最后，罗马人必须许下“神圣之春”的誓言。“神圣之春”是这样一种古代仪式：人们许诺，一旦胜利在特定时间段内降临，则他们必将来年春天的收成全部奉献给神灵。[60]

献给维纳斯·埃里希娜的新神庙坐落于卡匹托尔山，于公元前 215 年竣工，它立刻凭借着与特洛伊王子埃涅阿斯之间的
275 关系而变得闻名遐迩。埃涅阿斯在罗马神话中是维纳斯之子，在这一时期，他已被公认为罗慕路斯与雷穆斯的祖先。人们认为埃阿涅斯娶了拉丁国王拉丁努斯——他统治的地区就以他的名字命名——的女儿，等国王一死，他就成了拉丁地区和自己属下的特洛伊移民的统治者。到第二次布匿战争时期，埃阿涅斯的传说已经成了为罗马统治意大利提供正当性的意识形态大厦的基石，因为它在对共同的历史神话所达成的共识范围内，找到了罗马统治的起源。[61]然而，在公元前 217 年，罗马人感兴趣的已不只是维纳斯的祭仪了，还有更为明确的维纳斯·埃里希娜的祭仪。这种创始时间相对较晚的祭仪，是罗马人于公

元前 248 年夺取了迦太基人的西西里城市厄律克斯后设计的。[62]尽管外围城区很快就为汉尼拔之父哈米尔卡・巴卡所收复，但罗马守军还是顶住了数轮猛攻，守住了卫城及位于卫城内的圣殿。[63]这套祭仪由此成为罗马人成功抵挡迦太基人以及更具特殊意义的敌人——巴卡家族——进犯的重要象征。随着祭仪引入罗马，这座城市也就拥有了一个抵挡巴卡家族发起的新一轮进攻的万众瞩目的圣地。[64]

与此同时，厄律克斯城长期以来一直被作为迦太基女神阿施塔特和希腊女神阿佛洛狄忒的圣地。[65]因此，阿施塔特/阿佛洛狄忒在罗马神话中对应的维纳斯被指定为这座城市的新守护神，不仅体现了罗马人将当地的祭祀仪式罗马化的企图，同时也体现了他们将西西里糅合到与埃阿涅斯有关的罗马创始神话之中的尝试。他们顺带将定都厄律克斯的土著艾利米亚人也说成了特洛伊人的后裔，而艾利米亚赛杰斯塔城（正如我们已经看到的那样）先前请求罗马介入当地事务的做法，恰恰是以双方拥有共同的历史为依据的。罗马人之所以对作为多种文化融合体的维纳斯・埃里希娜祭仪大加宣扬，既是为了强调它在抵抗迦太基人的进攻，同时也包含双方在罗马视角下的历史范围内争夺西西里岛的成分。关于厄律克斯及其守护女神的争议，如今就和与赫拉克勒斯/麦勒卡特相关的那些争议一样大。[66]

费边的传记作者普鲁塔克将费边在这方面的活动描述为完全出于实用主义而非迷信的驱使：“就这样，费边将人们的想法与他们和天神之间的关系紧密维系在一起，使得人们对未来更乐观。但他将胜利的全部希望都放在自己身上，确信上天会因为他的智慧和勇气而将胜利赐给他，于是他将注意力转移到 276

了汉尼拔身上。”[67]然而，费边之所以开展这些宗教活动，无疑是因为他意识到罗马公民正越来越担心天神们会转而以敌视的态度对待他们。[68]如今汉尼拔似乎利用了大多数罗马人的心灵武器“伊文卡迪奥”——一种可以将罗马人的敌人所崇拜的神拉拢到罗马一方，让他们与他们的创造者相互敌对的宗教仪式——来对付罗马人。

李维在日后如此形容汉尼拔的进攻对罗马人集体心理的毁灭性打击：

> 战争持续的时间越长，就有越多的人的心理和财产受到胜负更迭局势的波及，越来越多的公民成了迷信的受害者，他们中绝大部分人都成了外国神灵的信徒。然而无论是人还是神，他们的性情似乎都发生了突变。罗马的宗教仪式正日益遭到废弃——不仅在秘密场所，在私人住宅也是如此。就连在公共广场和卡匹托尔山这样的公共场所，都能看到一群群的妇女用与古代习俗截然不同的方式来献祭或祈愿。未被承认的牺牲者和预言者捕获了人们的心灵。农村地区的人们因为贫穷或受到恐惧的驱使，成群结队地涌入城市，使得受骗上当的人群越发壮大。他们的田地或由于战争长期延续而处于抛荒状态，或遭到敌人的毁坏。这些骗子发现自己可以利用他人的无知为自己牟利，于是极度厚颜无耻地举行着感召仪式，就好像他们真的得到了国家的承认一样。[69]

当罗马元老院被迫对这一现象采取行动，将神棍及其追随者逐出屠牛广场的时候，一场暴动几乎接踵而至。[70]

新近产生的不安全感同样解释了罗马人为何心甘情愿地去执行祭司向费边提出的最后一条建议：立下“神圣之春”的誓言。[71]它是罗马宗教中最为古老、最为原始的组成部分。在罗马人与地中海其他民族共同拥有或相互争夺的文化一致性，被它的敌人极为有力地进行重新定义的时刻，这道指令的出现显然绝非一个巧合。相对于其他宗教仪式而言，“神圣之春”是毋庸置疑的“纯罗马式”祭仪。

坎尼之战

当战争进入下一个年头——公元前 216 年的时候，罗马人 277
决定彻底打垮汉尼拔，一支拥有 8.7 万人的庞大军队被集结了起来——这个数字令人数在 5 万左右的迦太基军队相形见绌。[72]然而，这种令人印象深刻的动员能力很快就因两位执政官的当选而遭到了损害。盖乌斯·特伦提乌斯·瓦罗（Gaius Terentius Varro）和卢基乌斯·埃米利乌斯·保卢斯（Lucius Aemilius Paullus）两人在应如何与汉尼拔作战方面有着极大分歧，因而无法配合一致，但此时罗马急需统一步调。保卢斯欣赏的是费边的旧战术：在冬季将汉尼拔围困起来，使其因断粮而屈服。瓦罗则正好相反，他决心在正面战场击败这位迦太基将军。更糟糕的是，两位执政官都走上了战场，两人隔日轮流指挥这支军队。[73]

到 7 月末时，罗马军队追踪迦太基人至阿普里亚小镇坎尼，并在距该地约 16 公里处驻营。8 月 1 日，在经历了一系列小规模战斗后，汉尼拔率军北渡奥凡托河（river Aufidus）扎营，他向罗马人提供了进行正面对决的战场。保卢斯是当天的指挥官，他对这道战书直截了当地予以拒绝，令他的同僚惊愕不已。[74]第二天，当瓦罗负责指挥全军的时候，罗马军队离开了位于北岸的主营区，向南开去，他们在河的西侧排成了面朝南方的战斗阵形。上一年的执政官，塞尔维利乌斯·杰米努斯和阿提利乌斯·雷古卢斯（他取代了已死的弗拉米尼乌斯·尼波斯）指挥位于中央的重型步兵，保卢斯统领右翼，骑兵队和两个军团的步兵被部署在那里。瓦罗本人则指挥着由2万名步兵和一些骑兵组成的左翼。

汉尼拔在有所动作之前，花了些时间将罗马人的战阵仔细研究了一番。尽管罗马重步兵在人数上占有极大优势，但汉尼拔还是敏锐地注意到，罗马阵地中央的步兵紧密地挤在一起。因此，他觉得他们动起来会很困难。在与自己的军队一起渡河之后，他排出了一个异常另类，但随机应变能力极强的阵形。汉尼拔在阵线中央部署了由一个个高卢和西班牙
278 步兵连队组成的，略呈阶梯状的队列，并将精锐的利比亚重甲步兵布置在每个队列的末尾，由此故意削弱了中军部队，且它们由汉尼拔自己和他弟弟马戈一起亲自指挥。骑兵部队则被汉尼拔安置在左右两翼，分别由他的外甥汉诺和将领哈斯德鲁巴指挥。[75]

罗马步兵不仅双目受到阳光的直射，大风卷起的漫天尘土也扑面而来。然而，毫不令人意外的是，当战斗揭开序幕的时候，他们很快就击退了西班牙和高卢步兵。接下来，他们不出所料地以排山倒海之势扑向迦太基军阵中央的队列。

> 罗马人一刻不停地追击着被击溃并在急速后撤的敌人，直到后者掉头就逃。越过成群结队逃亡，不再抵抗的敌军，他们一直推进到部署在两翼的非洲部队的位置，这

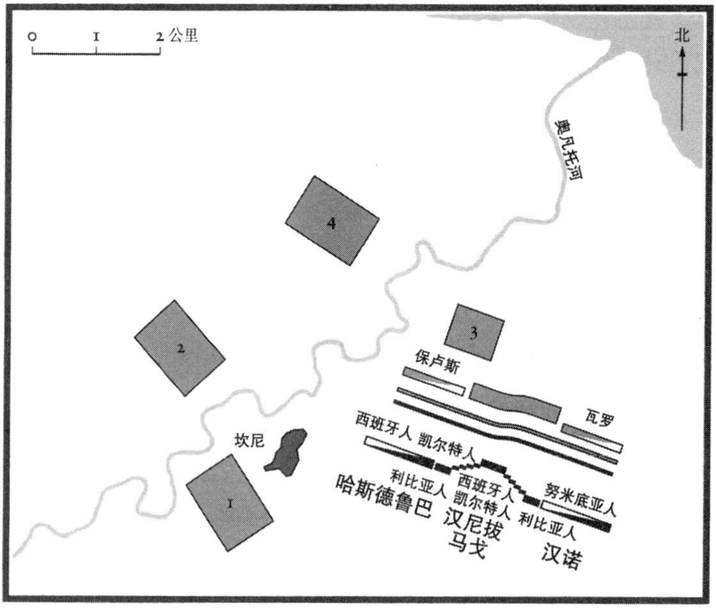

地图 15 坎尼战役

些部队的阵地位于构成前凸状的中央战线的凯尔特及西班牙部队后方不远处。当后者后撤的时候，整条战线变得平直起来，随着他们继续向后退却，战线凹了进去，变成了新月状。位于战线两端的非洲部队形成了新月的两个钩尖。当罗马人鲁莽地朝两个钩尖之间突击的时候，他们被两侧的迦太基部 278
队围了起来，两翼战线不断延伸，自罗马人的后方实现了对他们的合围。到此时，罗马人之前的战果已经变得毫无意义了，他们丢下凯尔特和西班牙部队——他们的后卫正在遭到屠杀——与非洲部队展开了新一轮的战斗。战斗完全变得一边倒了，罗马人不仅被四面包围，而且在之前的战斗中已筋疲力尽的他们正在遭受一支精力充沛的生力军的进攻。[76]

与此同时，此前已击溃罗马军左翼的迦太基人右翼的骑兵，正攻击着罗马军右翼的后卫，后者就这样被团团包围了。在打垮这支部队后，两翼的迦太基骑兵部队旋即会合在一起，并从后方向包围圈内的罗马步兵发动进攻。罗马人就这样陷入重围之中，一场血腥的大屠杀旋即上演。

已被一名迦太基投石兵击成重伤的保卢斯试图将部队重新集结起来，但他的勇敢之举被证明是在白费力气。不久之后，他变得过于虚弱，以至于无力驾驭他的坐骑，因此他的骑兵卫队只得下马徒步作战。尽管一名正在逃逸的骑兵军官为他提供了一个趴在马背上逃生的机会，但他拒绝丢下自己的部下，最终战死了。

坎尼之役成为罗马人最为惨痛的军事失利，据估计有 7 万名罗马士兵战死，另有 1 万人被俘。[77]李维给我们留下了一段用触目惊心的笔调写就的，战役结束后不久的场景。

> 第二天天一放亮，他们就开始搜集战场上的战利品，并查看大屠杀的场景。即使身为敌方，他们对眼前的一切也感到惊骇。成千上万的罗马人倒在那里，步兵和骑兵的尸体交相枕藉，是命运让他们在战斗或逃亡的过程中一起死去的。一些人身上沾满了身旁死者的鲜血。他们被自己的伤口折磨着，被清晨的寒冷刺激着，被敌人干净利落地结果了性命。他们发现一些倒在地上的人的大腿和膝盖被砍伤了，但仍然活着。这些人裸露出自己的喉咙和脖颈，请求他们将自己剩下的血放干。一些人被发现时，头是埋在泥土里的。他们显然在地上挖了个洞，然后把泥土堆积起来，盖住了自己的脸，就这样把自己活活闷死了。一个努米底亚人引起了所有人的注意：当他被人从一具横卧在

> 他身上的罗马人尸体下面拖出来时，他还活着。他的耳朵 280
> 和鼻子被扯了下来，原因是这么做的那个罗马人的手过于无力，因而未能紧握自己的兵器，狂怒之下，罗马人用牙齿撕咬着敌人，就这样断了气。[78]

29 名罗马高级军官和 80 名元老院成员丢了性命。然而瓦罗，这场惨败的始作俑者，不知以何种方式逃得一命。[79]

对于汉尼拔而言，通向罗马的道路如今已畅通无阻。根据李维的记载，努米底亚骑兵统领马哈尔巴建议抓住时机，向罗马进军。

> “你或许知道，”他对汉尼拔说，“经此一役，我有预感，不出五天你就可以在卡匹托尔山上大宴宾客了。跟我来吧；我会带着骑兵打头阵；他们在听说你在来的路上的时候，就会发现你已经到了。”对于汉尼拔而言，这个胜利看起来太过伟大，太令人兴奋了，以至于他觉得一时难以实现。他告诉马哈尔巴，自己很赞赏他的热诚，但他需要时间来考虑这个方案。马哈尔巴答道：“神明没有将所有的天赋赐给同一个人。你知道如何取得一场大胜，汉尼拔，但你不知道如何利用它。”[80]

对于李维而言，汉尼拔的迟疑实际上令罗马逃脱了灭亡的命运，但事实上迦太基军队已是人畜皆疲，而罗马距他们仍有 400 公里之遥，而重建于公元前 378 年的城防工事的性能也极为出色。用凝灰岩石块建成的罗马城墙长度超过 7 公里，中间分布着一座座塔楼。就连最为薄弱的部位，也得到了土木工程、斜面和壕沟的加固。此外，这座城市由两个驻扎在城内的军团、一些小规模的海军、其他部队和居民守卫着。因此，要想攻占罗马，必然得经历一场漫长的围攻战，部署一批强有力的攻城机械。[81]实际上，真正攻占罗马似乎并不属于汉尼拔的主要战略目标，相反，他的计划是把将罗马从意大利和拉丁同盟中剥离出去的策略继续进行下去。这样一来，当罗马最终变得孤立无援、精疲力竭、意志消沉的时候，它就会放弃战争并主动求和。[82]

因此，汉尼拔的目标是迫使罗马签订一份条款可由迦太基规定的和平协议，就像罗马在第一次布匿战争结束后所做的那
281 样。为此，10 名元老被从罗马战俘中挑选出来，送往罗马安排赎回汉尼拔手中 8000 名罗马公民的相关事宜。在获释前，他们都被迫许下誓言：一旦任务完成，就立刻回到这里。[83]花钱赎回战俘是当时战争中的一种普遍现象，并且往往是通向协商和解之路的开端。然而，罗马方面的反应无疑令汉尼拔感到震惊：元老院拒绝接见那些罗马战俘，还通过一项法令，禁止国家或私人为战俘支付赎金。罗马已公开宣称，他们的目标是将战争进行到底。汉尼拔如今别无选择，只能将这些战俘处理掉，因为对于已十分紧张的资源而言，他们是可怕的无底洞。于是，一些人被处决，绝大多数人则被卖为奴隶。[84]

汉尼拔想从罗马人那里得到什么样的好处呢？根据李维的记载，汉尼拔有一次将罗马战俘召集起来，对他们发表讲话，他宣称自己无意毁灭他们的城市，他之所以浴血奋战，全都是为了让祖国能享有一个主权国家的荣誉。他父亲曾因罗马人的勇毅而屈服在他们的脚下。如今，他的一个目标是让罗马因他的好运和勇毅而屈服在其脚下。[85]这或许是对坎尼之战后汉尼

拔的意图的准确解读。从军事及宣传战略角度而言，这场战役已经获得了巨大的成功。罗马人宣称自己在军事及历史层面对意大利半岛拥有主权，这两种在罗马持续不断的扩张活动中建立的重要意识形态的基础已完全遭到破坏。事实上，这场战役取得的成果实在太过辉煌了，以至于连汉尼拔身边最为乐观的顾问都想象不到迦太基人的成功会来得如此之快。因此，汉尼拔那有节制的野心如今可能变得易于理解了：他并不打算灭掉罗马，而只是想把它降格为一个纯粹的意大利中部政权而已，顺带解放各个意大利城市，并让萨丁尼亚和西西里的迦太基领土重归迦太基的怀抱。

然而，甫获大捷的汉尼拔已经犯下了第一个严重的判断失误：他以为罗马可能会被迫与自己谈判。汉尼拔从索西卢斯和其他希腊教师那里受到的多元化教育，或许为他在掌握错综复杂的希腊式治国术方面打下了良好的基础，然而，当前的局势很快就昭示了这些家庭教师与这个残酷的现实政治时代之间的
脱节有多么严重。两个世纪以后，罗马人以顽强的方式所取得 282
的胜利已经成了发生在希腊学者身边的无可争辩的事实，基于这些事实，学者们就罗马王国是如何逐渐征服这个世界的议题，提出自己的设想。然而，在公元前 3 世纪末时，地中海世界却开始慢腾腾地研究起罗马人所做出的决断背后的事实来。对罗马而言，意大利半岛并不仅仅是一片由政治环境决定的，可用于出售或交换的被征服地区。本该有一位勇敢的政治家站出来，建议罗马人与敌人达成妥协，或放弃来之不易的意大利霸权。汉尼拔所面对的罗马元老在其成长过程中，被灌输了大量关于他们的祖辈即使是在最危急关头也拒绝与敌人妥协的故事。在这类传说中，一些与罗马人那大无畏的英雄气概有关的

事迹仍留在人们的记忆之中，如公元前280年阿庇乌斯·克劳狄乌斯·凯库斯就拒绝与所向无敌的皮洛士谈判，这些事迹只会令他们勇气倍增。在精英阶层的自我呈现与 mos maiorum（自己的祖先走过的路）的联系如此密切的社会环境下，放弃他们祖辈用鲜血赢得的土地是不可思议的。

在长年累月的战争中，迦太基曾不止一次将罗马逼到崩溃的边缘。然而，胜利果实每一次都在最后关头，被绝不容许失败的对手从迦太基人手中夺去。巴卡家族对伊比利亚半岛的征服，从多个方面为汉尼拔日后与罗马的对抗提供了坚实的基础。与坚定、老练的对手之间持续了近二十年的战争，令汉尼拔成长为一名杰出的将领，将迦太基军队磨炼成了一支优秀的部队。然而，就在汉尼拔大获成功的时候，他对罗马人执着精神的毫不了解，与他对罗马军队优势与弱点的深刻洞悉形成了鲜明对比。在西班牙的扩张既有利于缓和迦太基人因战败而蒙受的痛苦，又有助于补偿他们在领土方面的损失，但与此同时也令迦太基的将军们无法汲取如何对付罗马人的宝贵经验。如果汉尼拔获得了这类经验的话，他或许就不会让这只受伤的罗马野兽逃走了。

注　释

1. Polybius 3. 34. 3 – 6.
2. 同上书，3. 35；Livy 21. 23. 4 – 6。
3. Livy 21. 24. 2.
4. 同上书，21. 24. 5。
5. 考古学证据表明，这一时期的冲突与当时该地区的欧匹达

（Oppida，设于山顶的要塞化移民点）被摧毁可能与迦太基人的到来有关（Barruol 1976，683）。塞伯特认为沿途修建起了一系列要塞，但莫雷尔（1986，43）指出，考古学家在这些地方发现的迦太基双耳细颈椭圆土罐与其他人工制品更有可能是迦太基商人在这一地区活动的结果。朗塞尔（1999，66）进一步指出，在进军途中布置要塞驻军将很快令汉尼拔的兵力陷入枯竭。

6. 我将朗塞尔那杰出的研究成果当作考证汉尼拔的意大利行军路线的指南针。对与他的进军路线有关的，形形色色的学术性与非学术性观点的详细探讨见 Lancel 1999，57 – 80。
7. Polybius 3. 42 – 3，3. 45 – 6；Livy 21. 26. 6 – 21. 28. 12.
8. Polybius 3. 36.
9. 同上书，3. 48。
10. 波利比乌斯宣称，与其祖辈形成鲜明对比的是，新一代的高卢酋长们并未经历过于公元前 225 年爆发的，他们的祖辈与罗马人之间的战争——这一战争是由罗马人挑起的。见 Vishnia 1996，17 – 18。
11. Polybius 2. 13. 6. 又见 Florus 1. 19. 2。
12. 参阅 Vishnia 1996，13 – 25。
13. 事实上，第二次布匿战争尚未结束时，罗马人就成功获得了这一地区的部分控制权。关于罗马人征服山南高卢与利古里亚地区的完整记录见 Toynbee 1965，252 – 285。
14. 希腊 – 罗马作家对凯尔特人和其他部落民族的固有成见见 Rawlings 1996，84 – 85。
15. 与凯尔特战争有关的研究见 Rawlings 1996，86 – 87。
16. Polybius 2. 19，2. 21. 见 Rawlings 1996，82。
17. Dio 14. 6b.
18. Polybius 25. 16. 汉尼拔的假面具见 Polybius 3. 78；Zonaras 8. 24；Livy 22. 1。
19. Polybius 3. 40. 1 – 3. 41. 5；Livy 21. 25. 1 – 21. 26. 5.
20. Polybius 3. 44. 1 – 3. 45. 4；Livy 21. 29.
21. Polybius 3. 49. 1 – 4；Livy 21. 32. 1 – 5.
22. Polybius 3. 49. 5 – 3. 50. 2；Livy 21. 31. 1 – 12.
23. Ammianus Marcellinus 15. 10. 4 – 6.

24. Polybius 3. 50. 3 – 3. 53. 8；Livy 21. 32. 6 – 21. 35. 3.
25. Livy 21. 35. 8 – 9.
26. 同上书，21. 36. 7 – 8. 波利比乌斯（3. 54. 4 – 3. 55. 4）亦提供了一段关于人与兽在这种冰天雪地的环境下所遭遇的巨大困难的描写。
27. Livy 21. 37. 2 – 3. 与这个传奇故事在情节上类似，但精彩程度远远不及的版本见 Polybius 3. 55. 6 – 9。
28. Ammianus Marcellinus 15. 10. 2.
29. 我再一次遵循了朗塞尔提出的，关于汉尼拔翻越阿尔卑斯山路线的明智设想。
30. Ammianus Marcellinus 15. 10. 9 – 10.
31. Polybius 3. 56. 3 – 4；Livy 21. 38. 2 – 5.
32. Polybius 3. 60. 8 – 10；Livy 21. 38. 4.
33. Polybius 3. 56. 5 – 6；Livy 21. 39. 3.
34. Polybius 3. 63. 又见 Livy 21. 42。
35. Livy 21. 43 – 4.
36. 同上书，21. 46. 10；Polybius 3. 65. 1 – 8。
37. Polybius 3. 66，3. 67. 3；Livy 21. 48. 10.
38. 关于汉尼拔在特雷比亚战役中所应用的战术的详细记录见 Goldsworthy 2000，173 – 181。
39. Polybius 3. 68. 11 – 3. 75. 3；Livy 21. 52. 1 – 21. 56. 8.
40. Polybius 3. 77. 4. 关于汉尼拔的另一项成就，即说服意大利人叛离罗马一方——他在这方面遭遇了几次挫折——见 David 1996，55 – 60。
41. Polybius 3. 74. 11. 李维（21. 57 – 9）所记载的，关于汉尼拔在这个冬季的作战情况显得有些混乱且荒诞（Lancel 1999，89；Goldsworthy 2000，181）。
42. Polybius 3. 79；Livy 22. 2.
43. Livy 22. 4 – 6；Polybius 3. 82. 9 – 3. 84. 15. Goldsworthy 2000，181 – 190.
44. Polybius 3. 85. 3 – 4；Livy 22. 7.
45. Polybius 3. 86. 1 – 5；Livy 22. 8. 1 – 2.
46. Livy 22. 1. 10.

47. Livy，21. 62。罗马人还向赫拉克勒斯的神族妻子朱文塔斯祈愿，他们在公元前 207 年做了第二次祈愿（Livy 36. 36. 5 – 6）。又见 Rawlings 2005，162。
48. Polybius 3. 86. 8 – 3. 87. 5；Livy 22. 9. 1 – 6.
49. Livy 22. 7. 6 – 14（引言部分见 22. 7. 9）；Polybius 3. 85. 7 – 10。
50. Polybius 3. 87. 6 – 9；Livy 22. 8. 6 – 7.
51. Plutarch *Fab.* 5. 1 – 2.
52. Polybius 3. 88. 1 – 3. 92. 7；Livy 22. 11. 1 – 22. 13. 11；Plutarch *Fab.* 5. 3.
53. Polybius 3. 90. 6；Livy 22. 14.
54. Livy 30. 26. 9.
55. 同上书，22. 23. 2 – 8。
56. Plutarch *Fab.* 6.
57. Polybius 3. 92. 8 – 3. 94. 6；Livy 22. 15. 11 – 22. 18. 4.
58. Polybius 3. 101. 1 – 3. 105. 3；Livy 22. 23. 1 – 22. 27. 11.
59. *ILLRP* 118；Rawlings 2005，161.
60. Livy 22. 9. 7 – 11.
61. Gruen 1992，22 – 9；Galinsky 1969，160 – 163.
62. Polybius 1. 55. 6.
63. Polybius 1. 58. 2，1. 58. 7 – 8；Diodorus 24. 8.
64. Schilling 1954，243.
65. 同上书，235 – 239。
66. 罗马对特洛伊“遗产”的利用或许还体现在罗马祭司下令修建一座“敏斯”——一种经常与思维敏锐、镇定沉着这类品质挂钩的品质，希腊作家们认为埃阿涅斯具备这一品质——神庙。费边可能试图借修建“敏斯”神庙，令罗马公众确信他那不急不躁、单调乏味的战术，其实与罗马的传统美德有着很深的渊源。
67. Plutarch *Fab.* 5. 1.
68. 在这一方面，朱庇特的妻子、女神朱诺起到的作用格外重要。这位女神经常被与迦太基女神阿施塔特和塔尼特扯上关系，罗马人在公元前 218/前 217 年遭受一连串可怕失利时向她赠送了一批礼物，以平息她对罗马城和那些位于拉丁姆地区的城市的恨意。参阅 Livy 21. 62. 9，22. 1。

69. Livy，25. 1. 6 –9。
70. Livy，25. 1. 10 –11。
71. Livy，22. 10. 2 –6。
72. Livy，22. 36. 1 –5；Polybius 3. 107. 9 –15。
73. Livy 22. 38. 6 –22. 41. 3.
74. Polybius 3. 110. 1 –3. 112. 9；Livy 22. 41. 1 –22. 45. 4.
75. Polybius 3. 110. 1 –3. 112. 9；Livy 22. 41. 1 –22. 45. 4.
76. Livy 22. 47.
77. Livy，22. 47. 1 –22. 49. 18；Polybius 3. 115. 1 –3. 117. 12。对这场战役的真实情况的详细描述见 Daly 2002；Lancel 1999，103 –108；Goldsworthy 2000，198 –214。
78. Livy 22. 51. 5 –9.
79. Livy，22. 49. 16 –17。瓦罗的逃走见 Polybius 3. 116. 13；Livy 22. 49. 14。
80. Livy 22. 51. 1 –4.
81. Lancel 1999，96 –97；Lazenby 1978，85 –86. 扎曾比（1996，41）也指出，倘若汉尼拔的军队按马哈尔巴的建议进军罗马的话，那么所花费的时间将远不止五天。
82. Lazenby 1978，41 –46.
83. Livy 22. 58. 1 –9.
84. Polybius 6. 58. 1 –13；Livy 22. 59. 1 –22. 61. 10.
85. Livy 22. 58. 3.

第 12 章　路向何方

三面临敌的迦太基人

据说当汉尼拔被问及谁是历史上最伟大的指挥官时，他认 283
为能超过伊庇鲁斯国王皮洛士的只有亚历山大大帝。[1] 他的解释是，皮洛士不仅是个战术大师，而且“也懂得如何赢得巨大的声望，以至于意大利的各个王国宁可接受一位外国君主的统治，也不愿选择长期控制那片国土心腹位置的罗马人”。[2]

汉尼拔对意大利南部的希腊人的拉拢，完全可以说是在走皮洛士的老路。这一策略除了具有明显的战略意义外（该地区离北非相对较近，因而亦有可能成为迦太基人潜在的后援），希腊化的意大利南部对于一个受过希腊式道德观的精心教导，但至今羁留在位于希腊世界边缘的“蛮族”世界的人来说，无疑有着很大的吸引力。如果汉尼拔多花点时间来研究皮洛士在意大利胆大妄为的历史的话，他或许就能更好地理解那些存在于大希腊地区城市与伊庇鲁斯入侵者之间的分歧。皮洛士并不是第一个发现自己在登陆意大利时所受到的热烈欢迎转眼间就烟消云散的希腊冒险家。公元前 334 年，塔伦图姆公民向亚历山大大帝的叔叔，伊庇鲁斯国王亚历山大提出请求：让当地的意大利部落别再用令人厌恶的方式对待他们。但显而易见的是，亚历山大本人对塔伦图姆人独立地位的威胁很快就
大大超过了那些土著人的威胁，尽管他就是被请来攻打这些土 284
著人的。只是由于这位国王不合时宜地死去了，塔伦图姆才免

于沦为伊庇鲁斯的附庸。

意大利南部众城同样是把皮洛士当作一位抵御罗马入侵的英雄来欢迎的，但双方的关系很快便再度恶化。在取得了对罗马军队的两场令人炫目的胜利后，皮洛士下定决心，要得到比一位纯粹的雇工更高的地位，他试图与罗马人秘密磋商一项计划：双方瓜分意大利，由他来统治大希腊地区。罗马人认为该地区的战略意义极为重要，且可能觉得这位才华出众但反复无常的将军所带来的威胁将逐渐消失，坚定地拒绝了他的提议。正如彼得·格林评论的那样："当地人需要的是一位兢兢业业的职业将领，他们得到的是伊庇鲁斯的亚历山大，一位野心勃勃的征服者。而这一次的情况更糟：请来的是一位被证明无人能敌的人物。"[3] 在经历了前一位打着新赫拉克勒斯旗号，自诩为希腊人的"救世主"的人物之后，大希腊地区诸城没有立即一窝蜂地拥到汉尼拔的旗帜之下是不足为奇的。

然而，到了公元前216年年末，一个扩大汉尼拔在意大利南部地区影响力的机会突然出现了。富甲一方的坎帕尼亚城市卡普亚长期以来一直是罗马在这一地区的重要盟友，它拥有各种罗马公民才能拥有的权利，并享有保留自己的地方官员的特权。事实上，很多卡普亚的头面人物与罗马元老们有着密切往来，双方经常通婚。这座城市的许多年轻人当时正在罗马军队中服役。然而，由于汉尼拔现在正蛰伏在更北部的地区，该城精英统治阶层的一些成员似乎打算叛逃到迦太基一方。[4] 促使他们做出这一决定的似乎有以下几个理由。首先，罗马人惨败于坎尼的消息必定令他们更加担忧这座城市及其富庶的农业地区的安危，而被汉尼拔释放回乡的意大利战俘所散布的，关于迦太基人战胜罗马人并对意大利人宽大为怀的消息，无疑进一步加剧了这种情绪。其次，身为罗马的盟友，必然要负起相应的责任和义务，其中包括负责供应罗马军队的后勤物资、朝罗马纳贡，并让罗马军官驻扎于此城等，这导致了怨恨之情的产 285
生。最后，可能也是最为重要的一点是，卡普亚的精英阶层似乎有过重新回到昔日的坎帕尼亚霸主宝座，并收回割让给罗马人的土地的设想。[5]

当一个卡普亚代表团前往罗马，表示他们对 300 名被征调进罗马军队的，出身高贵的坎帕尼亚年轻人感到担心时，双方的关系终于破裂。罗马执政官瓦罗对他们的不满之情不屑一顾，而后警告说，实际上他们如今只能依靠自己的力量了，因为罗马抽调不出人力和物力来保护他们。卡普亚代表团中的迦太基派随后不费吹灰之力就说服同伴前去与汉尼拔谈判，一份关于将这座城市移交给汉尼拔的协议立刻达成了。作为获得支持的交换条件，汉尼拔同意让卡普亚人保留自己的政府和律法，此外，他们也不会被逼着承担并不愿承担的军事义务。[6]

卡普亚人随后回家去了，然后起义就开始了。该城的罗马官员和普通罗马公民均遭逮捕，并被囚禁在一座公共浴室里，而后，由于浴室内酷热难耐，这些人当场毙命。[7] 对于汉尼拔而言，卡普亚是一个重要的收获，他无疑希望这座城市的反叛会引起其他城市的效仿。或许正因为此，迦太基将军才会对新盟友极为慷慨大方。根据李维的记载，汉尼拔进入卡普亚时接受了胜利游行，并在一次对卡普亚议员们的演讲中雄心勃勃地许诺：这座城市很快就将成为全意大利的首都，就连罗马都将变成它的附庸。[8] 绝大多数卡普亚人和议员如今都站到了汉尼拔一边。尽管我们并不清楚这一新同盟究竟是在什么样的基础上建立的，但只有如同李维记载的那般夸张的承诺才能让卡普亚人下定决心，转而反对罗马。他们肯定知道起义一旦失败，自己将会落得多么可怕的下场。

然而，少数卡普亚人依旧对这一新同盟感到不满。在一次以自己的名义举行的宴会上，汉尼拔险些命丧刺客之手，企图暗杀他的是帕库维乌斯·卡拉维乌斯（Pacuvius Calavius）——一位公民领袖和此次起义的主要支持者——的儿子，此人在最后一刻才因自己父亲的阻止而并未实施行动。[9] 另一位异见者，德西乌斯·玛济斯（Decius Magius）对以之前与皮洛士签订的
286 协议为基础来制订新协议的做法提出强烈反对，他在汉尼拔面前被逮捕，并被戴上镣铐。然而，当汉尼拔命令他做自我辩护的时候，情绪激动的玛济斯拒绝这样做，他的理由是迦太基将军与卡普亚人达成的协议中有几条特别条款，其内容为保证后者拥有不受外界干涉的自由。为了不让局面变得更加尴尬，玛济斯被蒙着头，横拖倒拽地被带上一条驶向迦太基的船，这样他就无法大喊大叫，煽动与他志同道合的公民一起来反对他们的新盟友了。[10]

尽管汉尼拔如今在意大利南部拥有了一位重要盟友，但他为建立这一同盟付出了些许代价。摆脱罗马的统治是卡普亚叛变的直接动机，但它更为重视的目标是维持自身的政治自治，并恢复自身作为整个坎帕尼亚地区的传统霸主的地位。事实上，卡普亚迫切希望自己成为这一地区公认的主导城市的想法，在当时铸造的大量当地货币上得到了淋漓尽致的体现，这座城市在这些货币上以一个重要的独立政权的形象出现。[11] 尽管卡普亚愿意将汉尼拔视为最后一道抵御罗马侵略势力的坚固防线，但前提是他必须完全答应它的条件，并且同盟的行动必须与它追求地区霸权的野心相一致。为此，汉尼拔被迫收回了

解放意大利的承诺，以确保这个重要盟友的忠诚。此外，由于汉尼拔在公开演说中许诺让卡普亚人成为坎帕尼亚地区的霸主，该地区的其他城市如今已完全不可能向汉尼拔提供支持。事实上，随后发生的事件，如卡普亚接管邻城库迈，以及汉尼拔将被攻陷的卡西里努姆（Casilinum）城拱手相让等，无疑只会令那些城市更加恐惧。尽管卡普亚的一些小型同盟城市参加了这次起义，但坎帕尼亚的绝大多数城市——如诺拉（Nola）、那不勒斯（Naples）、普提奥利（Puteoli）和库迈——并未加入。正如迈克尔·弗朗达（Michael Fronda）近来发表的评论所说的那样："这一典型事例表明，当地城市表面上处于罗马人的统治之下，但在它们之间存在已久的联合与对抗仍在继续，当汉尼拔暂时终结了压制它们的罗马统治机制时，这些现象就公开化了。"[12]外国将领的梦想注定要再一次因意大利南部政治进程的复杂性而化为泡影。

一些城市如今已被武力攻占，但其他城市——特别是诺拉——成功地顶住了迦太基人的数次进攻。李维认为原因在于，汉尼拔的军队一旦不住在野外的帐篷内，而是驻扎于环境舒适的卡普亚城内时，他们就会立刻变得软弱无力、纪律涣散 287
起来。[13]对于这一令人困惑的情况，更为可信的解释是，汉尼拔因急于把卡普亚争取到自己这边来，不惜免除了后者在军队供应上的一切义务，致使其在新兵征募方面遇到严重问题。此外，那些应征入伍的人员既无经验，也不像汉尼拔心爱的非洲、西班牙和凯尔特核心部队那样骁勇善战。[14]汉尼拔之弟哈斯德鲁巴奉命离开西班牙大本营并率军前往意大利，但他于公元前 216 年被由格奈乌斯和普布利乌斯·西庇阿兄弟共同指挥的罗马军队在西贝卢斯河的西贝拉（Hibera）打得大败，此事使得迦太基军队兵力不足的状况进一步恶化了。现在，汉尼拔被迫通过他的弟弟马戈——此人于当年早些时候被派往北非——向迦太基元老院求援。

一来到迦太基元老院，马戈就做了件引人注目的事：他将数以千计的，从在坎尼会战中阵亡的罗马骑兵那里得来的金戒指倒在地板上。随后，他理所当然地以乐观的态度描述了前两年所发生的战事，而后，他要求用生力军、供应物资和金钱支援他们，并以此结束了自己的演说。他的发言收到了预期的效果，绝大多数听众以欢呼作为回应。[15]可以肯定的是，一位巴卡家族的支持者忍不住尖刻地讥笑着他们的老对头汉诺，他以嘲讽的语调大声喊道，在迦太基的元老院上有一位罗马元老在指手画脚。然而，极富政治经验的汉诺并没有被吓得默不作声。在一次慎重但刻薄的回击中，他质疑汉尼拔的伟大胜利是建立在极为脆弱的基础上的：

> “然而即便如此，你们在高兴些什么呢？”“我们歼灭了敌军，给我们派援兵来。”“如果你们被击败了，是不是还会提出更多的要求？”“我们攻占了敌军的两座军营，当然，是两座满是战利品和供应物资的军营。给我们送谷物和军费来。”“如果遭到洗劫，军营遭攻占的是你们，那你们是不是还会提出更多的要求？我可能并不是唯一一个对你们竟然如此兴奋而感到吃惊的人——因为我已经答复过哈米尔卡（一位支持巴卡家族的迦太基议员），我完全有权反过来提出质疑——如果哈米尔卡或马戈能回答我的质疑的话，我会很高兴。既然你说过，坎尼会战几乎全歼了罗马人的军事力量，而且整个意大利无疑都起来造反

了，那么，第一，有没有哪怕一个拉丁民族的族群投奔到我们这边来呢？第二，在35个罗马部落中，有没有一个人叛逃到汉尼拔那头去呢？”马戈对这两个问题均给予否定的回答。于是，汉诺继续问道：“那就是说，还有太多太多的敌人在等着我们。但我很想知道，那些多如蝼蚁的敌人到底拥有多大的勇气和信心？”[16] 288

汉诺仍未停止他那措辞激烈的盘问，他接着问道：如今罗马人是否会提出议和？马戈明确予以否认，汉诺反击道：很明显，战争距胜利还很遥远。然而，尽管他的发言掷地有声，但元老院还是投票决定，向汉尼拔送去一支由4000名努米底亚人和40头战象组成的队伍，外加500塔兰特白银。[17]

西西里岛的局势如今开始变得有利起来。在叙拉古，罗马人的忠实盟友希洛死去，他那十多岁的孙子希洛尼穆斯（Hieronymus）于公元前215年继位，这为迦太基人提供了一次机会。[18]在倾向于迦太基一方的顾问的影响下，这位年轻的国王主动向汉尼拔抛去了橄榄枝，后者立刻派了两位叙拉古血统的军官，希波克拉特斯（Hippocrates）和埃皮库代斯（Epicydes）兄弟前往叙拉古商谈结盟事宜。[19]虽然希洛尼穆斯很快就出人意料地遭暗杀，迦太基支持者在叙拉古发动的一场政变中也被镇压了，但希波克拉特斯和埃皮库代斯还是当选为该城的议员。[20]由于西西里诸城在支持罗马和支持迦太基的立场之间摇摆不定，兄弟俩便利用他们的身份在叙拉古军队和公民群体中煽动反罗马情绪（他们还在西西里的其他地方这样干），两人最终被推选为该城的将军。[21]

一支罗马军队迅速侵入叙拉古境内，并在该城的城墙下扎营。罗马将军马塞勒斯（Marcellus）旋即要求叙拉古人立刻交出这对兄弟，接回支持罗马的流亡政客，并恢复之前支持罗马的政府。由于自己的最后通牒遭到了回绝，马塞勒斯别无选择，只能尝试着攻占这座城市，当于公元前213年冬发动的第一轮攻势告负时，一场将持续一年多的围攻战拉开了帷幕。[22]

当众多西西里城市亦于公元前213年起来反抗罗马人——无疑是受到一支拥有3万人的迦太基军队在该岛登陆的鼓舞——的时候，形势变得更加有利于迦太基人。[23]与之形成鲜明对比的是，在萨丁尼亚，一场响应汉尼拔的起义很快就被镇压了。[24]

289 在西班牙，西庇阿兄弟在与扎根于当地的迦太基军队的战斗中获得了一些胜利。[25]他们首先在公元前216年的西贝拉战役中重创了哈斯德鲁巴的军队，从而成功地阻止了后者离开伊比利亚半岛前去支援他哥哥汉尼拔的企图。[26]尽管马戈率领援军赶到（这支援军原本是专门用来支援意大利远征军的），但迦太基人在接下来的三年时间里接连吃到败仗。[27]直到公元前212年，西庇阿兄弟一直将三支迦太基军队牢牢牵制在西班牙的土地上。[28]

尽管迦太基人在萨丁尼亚和西班牙受挫，但此时援助还是从意想不到的方向来了。公元前215年春，一个由马其顿的腓力派出的使团在布鲁提乌姆（Bruttium）登陆，他们前往坎帕尼亚会见汉尼拔，并达成了一份协议。波利比乌斯宣称复制了这份文件——该协议的一份副本据说在一艘载着马其顿和迦太基官员东返的船被罗马人俘获的时候，落到了罗马人手里。协议中关于双方有义务保护彼此免受各自敌人的侵害的条款，显然可以理解为马其顿将协助迦太基与罗马作战，直到赢得最终的胜利。[29]然而，我们也可以从协议内容中明确看出，汉尼拔非常希望限制腓力对这场战争的干预，总的来说，他想把马其顿势力排斥在意大利之外。全面胜利一旦实现，迦太基与罗马签订的和平协议同样适用于马其顿，腓力还将获得罗马在伊利里亚的财产。

似乎已被汉尼拔身边的祭司由迦太基文译为希腊文的条约正文，与在近东地区已存在了一千年的外交辞令和外交习惯有着明显的联系，这证明迦太基的黎凡特源文化在国家事务惯例方面仍有着巨大的影响力。附于正文后的是一份作为这份协议的天界见证者的迦太基天神名单，他们被分为（可能是按照天神的等级来排列的）三组。这些神被希腊神系中相应地位的神代替，因而其身份存在着很大争议，但今人普遍认为，天神的第一等级由巴尔·哈蒙、塔尼特和雷瑟夫（Reshef）组成。[30]第二等级的神为阿施塔特、麦勒卡特和艾斯蒙，接下来是巴尔·萨芬（Baal Saphon）、哈达德和巴尔·马拉格（Baal Malagê）组成的第三等级。[31]就这份天神名单的排序而言，特别有意思的是名单中罗列的是迦太基城的守护神，[32]而非巴卡 290
家族的守护神。当与腓力这位最具实力的希腊王国国王谈判时，就连被誉为一位伟大统帅的汉尼拔都显得不够格。[33]为了符合马其顿与迦太基之间签订同盟协议的基本规格，有三位有名有姓的迦太基官员——马戈、米尔肯（Myrcan）和巴莫卡（Barmocar），他们不是 104 人法庭的成员，就是由这一机构任命的特别委员会的成员——以及其他姓名不详的长老会议议员在场。[34]

这份协议的签订是汉尼拔向迦太基政府表示服从的若干迹象之一，随着时间推移，他越来越受制于迦太基政府，无法再将自己早年那种动辄自行其是的风格继续下去了。汉尼拔在这一时期能够从北非收到巨额财政资助，无疑表明迦太基议会在持续不断地干预着意大利的战事。这种资助不但可以从李维的记载——例如，他记录了议会将一笔钱交给马戈——中得到确认，同样也可以从当时铸造的大量高质量的琥珀金币和银币中推断出来，很多这类钱币显然是为了用于意大利战事而生产的。与之相反，迦太基城仍保留着青铜及低质量的琥珀金币流通体系。[35]令人惊讶的是，直到在意大利的最后一年，汉尼拔似乎都没有自行生产过一枚钱币，这意味着他是依靠战利品、胜利后付清军饷的承诺，以及通过海路从迦太基运来的钱币来满足士卒们的物质要求的。[36]因此，迦太基的所有资源都投入这场战争中去了。

兵临罗马城下

罗马亦因这场战争而背负着沉重的经济压力。公元前 217 年，它的货币连连贬值，随后罗马发行了一套为应急而生产的金币。在这之后，罗马的货币体系被彻底重组了。然而，就连这种稳定措施也未能保证新发行的迪纳厄斯（denarius）银币——新货币中的精华——在日后免遭两次贬值的厄运。尽管它把税率提高了一倍，向叙拉古的希洛贷了一笔巨款，并建立了国家储蓄机构，但都不足以满足逐渐增长的战争开销。到公元前 215 年时，借贷带来的风险溢价令罗马政府不得不与某些私人征税组织展开谈判。此外，于公元前 214 年和前 210 年通
291 过的法令，将强制性的，对罗马最有钱人群征收的累进税落到了实处，这些人必须特别负担罗马海军的装备费用。[37]

公元前 217/前 216 年的惨败迫使罗马人实行军事改革。

各个军团的巨大损失通过将以前那些没有服役资格的人征召入伍而得以弥补。因此新的军团成员中包括了奴隶和罪犯，而为了将征募对象扩大到罗马贫民阶层，必需的财产方面的要求可能也降低了。事实上，据说这一时期的罗马军队在规模最大时可能拥有多达 10 万名步兵、7500 名骑兵和一支人数相当的盟军。最值得关注的是，罗马政府似乎有意鼓励高级指挥官连任下去。因而之前给汉尼拔造成了诸多困扰的费边・马克西穆斯罕见地分别于公元前 215 年、前 214 年第三次、第四次出任执政官，随后又在公元前 209 年第五次当选，与此同时，另外三名经验丰富的指挥官于公元前 215 年到前 209 年，两次或三次担任同一职务。[38]

尽管经历了这次改革，这座城市依旧为意大利南部的迦太基军队的逼近而引发的恐慌所统治，这种情绪因某些象征着不祥的神迹的出现而进一步加剧。在这种情况下，罗马于公元前 216 年做出一项决议：派元老（他还是未来的历史学家）昆图斯・费边・皮克托前往著名的德尔斐神殿，去探究如何通过祈祷和恳求来平息天神的愤怒。费边・皮克托从神谕处带回的指示明确要求向某些特定的天神献祭，并规定罗马人一旦获得最终胜利，必须立刻将一部分战利品献给德尔斐的阿波罗神庙。[39]这一求神问卜的决定是元老院想出来的妙招：它不仅公开承认了罗马文化与希腊世界文化之间的联系（纵然迦太基人试图破坏这种联系），还证明了大希腊地区的诸城此时正遭到汉尼拔的威胁，因而它打算重新建立希腊天神在罗马文化中的牢固地位。然而，就在此时，罗马人举行了一场无疑为罗马式的宗教仪式。在向他们的命运之书寻求答案后，他们恢复了一种骇人听闻的仪式：一对高卢男女和一对希腊男女被活埋在

屠牛广场，李维指责这样做“完全是在让外国侨民为了罗马
292 人而牺牲”。[40]然而，罗马人使用活人祭神的做法并非过时的愚昧之举，有关人祭的第一次记录就出现在区区数年前——公元前 228 年，当这座城市面临着高卢人的入侵时。[41]此时罗马人被教唆着做出这种残酷之举，实实在在地表明了汉尼拔的成功在这座城市引发的恐慌达到了何等程度。

汉尼拔在阿普利亚和坎帕尼亚的安逸环境中度过了公元前 213 年的大部分时光，这段时间内他的影响力并没有达到他预期的程度。此外，令人担忧的，罗马人正在围攻叙拉古的消息很快传来。这座城市依靠他们的首席工程师，古代世界最杰出的几何学家阿基米德所研发的大量武器进行着巧妙的抵抗，但到公元前 212 年春时，罗马将领马塞勒斯不仅成功地制服了许多反叛的城市，还攻破了叙拉古的外部防御墙。[42]此后，罗马军队又于夏季击退了一支庞大的迦太基西西里远征军，随之而来的瘟疫更导致一大批人死于非命，连希波克拉特斯将军也不能幸免。[43]为了扭转不利的局面，又一支迦太基军队被派往该岛，结果被打得惨败，[44]就连埃皮库代斯也觉得情况越来越没有希望，他悄悄逃走了。经过几场弄巧成拙的和谈后，叙拉古最终因一些雇佣军领袖的背叛而落入罗马人之手。[45]

虽然支持罗马一方的公民的财产得到了保护，这座城市还是遭到了全面洗劫，许多人被杀害，其中就包括伟大的阿基米德（尽管马塞勒斯曾明确下令饶恕此人的性命）。叙拉古的陷落意味着迦太基人在西西里的希望几乎完全破灭，西西里起义的失败对他们而言是一记沉重的打击。[46]这主要是因为迦太基在西西里投资甚巨，在战役期间，他们甚至大量发行两种特别为这场战事之用的货币。[47]

对于汉尼拔而言，失去叙拉古和迦太基人在西西里命运的急转直下，只是众多紧迫问题中的一个而已，最要命的问题还是罗马人攻占了阿普利亚的一些城镇。然而就在这时——就像之前经常发生的那样——正当意大利的战局开始陷入困境时，命运之神决定向迦太基将军露出和蔼的微笑：塔伦图姆，大希
腊地区最为重要的城市，出人意料地屈服了。两份关于第二次 293
布匿战争的重要历史文献中所附带的，以这座城市的沦陷为中心的详细描述一般被认为源自塞利努斯的著作。[48]

塔伦图姆长期以来一直为汉尼拔所觊觎，尽管城内有迦太基支持者的存在，但他们的力量从未强大到能将这座城市拱手交出的地步。然而，到了公元前 212 年，对罗马人的敌意，因一些塔伦图姆人质在企图逃跑后遭罗马人处决而达到了最高点。此时汉尼拔的军营离这座城市近在咫尺，一天晚上，一群塔伦图姆青年离开了该城，前往迦太基军队的防线。他们的首领菲勒米努斯（Philemenus）和尼康（Nicon）被带到汉尼拔面前，说他们愿意将这座城市交给他。在鼓励了他们并敲定了下一次会面的秘密地点后，汉尼拔给了这些塔伦图姆阴谋家一些牛，弄得好像是他们成功地从他的军营里偷回来的一样，从而打消了罗马守卫对他们的怀疑。在第二次会面时，汉尼拔与这些阴谋者达成协议：迦太基人在进占这座城市时须尊重塔伦图姆人的一切权利与财产。

如今，一个精心设计的，将通过秘密行动令这座城市沦陷的计划被付诸实践。菲勒米努斯，这个著名的猎手宣称要去狩猎，以此为由离开这座城市，一连数个晚上都是如此。他将一些猎物送给罗马哨兵，从而赢得了足够的信任，以至于只要一听到他的口哨声，他们就会打开城门。一天晚上，当罗马守军

的指挥官正在主持一场宴会的时候，迦太基人决定实施他们的夺城计划。首先，一支1万人的迦太基精兵离开了军营，一连秘密行军了三天。随后，汉尼拔派出一队努米底亚骑兵，使这次行动看上去只是一次突袭而已，从而以这种小心翼翼的方式掩护着那支精兵的行动。与此同时，一些塔伦图姆阴谋者参加了罗马指挥官的宴会，并设法使这场庆典一直持续到深夜。其他阴谋者则聚集在塔伦图姆主城门周围，当汉尼拔在城外点火为号的时候，他们立刻冲向驻守在那里的岗哨，将其杀死，而后将正在等候的迦太基人放进来。在菲勒米努斯用于夜袭的内
294 城门处，汉尼拔的军队冲了进来，屠杀了正对菲勒米努斯的猎物——一只被人用担架抬上来的巨大野猪赞不绝口的哨兵。在下令不得杀害任何市民后，汉尼拔让自己的部队守卫这座城市。黎明时分，他将塔伦图姆人全部召集到集市，并向他们保证没有人会受到伤害。[49]

尽管塔伦图姆出人意料地陷落，迦太基军队的运气立刻得以复苏，[50]然而，两件麻烦事还是冲淡了他们的喜悦。首先，该城罗马守军中的很多人，包括他们的指挥官，成功地躲进了卫城之中，卫城倚海而立，因此几乎是不可攻破的。当塔伦图姆落入迦太基人手中的时候，他们仍据守在这里。[51]更为严重的是第二件事：卡普亚如今遭到了四个罗马军团的围攻，它们奉罗马元老院之命，将围城到占领这座城市为止。[52]公元前211年春，当汉尼拔未能击破罗马人的包围圈时，他被迫使出最后一招。此时，只有一个办法能够将罗马军队从卡普亚引开：他要向着罗马进军。[53]

为了让众拉丁城市明白现在罗马已无法再保护它们，汉尼拔一面向北行军，一面蹂躏着沿途经过的地区。[54]当汉尼拔朝

罗马进军的消息传到罗马的时候，这座城市再次为恐惧所支配，而汉尼拔有意让这种歇斯底里的情绪进一步加剧：他派遣努米底亚骑兵前去恐吓那些打算逃到罗马去的难民。[55]恰巧一支在罗马人的命令下与汉尼拔作战的努米底亚逃兵，将一些受到惊吓的罗马公民误认为敌人，从而使得事态变得更糟了。[56]李维记载道："妇女的号哭声随处可闻，不仅在私人住宅内，甚至在神庙里也能听到。在那里，她们跪在地上，用她们蓬乱的头发清扫着神庙的地面，并举手向天，乞求着天神将罗马城从敌人的手中解救出来，不要让她们的母亲和孩子受到伤害与凌辱。"[57]罗马元老院召开紧急会议，军队被部署到了城市周边，这进一步体现了形势的严峻性。[58]

当汉尼拔本人在 2000 名努米底亚骑兵的陪伴下，最终来到位于罗马城城墙的科林门附近时，此时距他初入意大利已有七年，罗马人的恐惧感达到了顶峰。[59]但是，如果我们相信波利比乌斯和李维的有关记载的话，接下来所发生的事情就让人觉得有些平淡了。前者宣称（他的说法的准确性是值得怀疑的）坎尼会战的胜利者对这座城市发起的攻势，因一个由新 295
兵组成的，已做好战斗准备的军团的出现而停止。[60]然而，在李维对这一事件的相关记载中，阻止汉尼拔攻城的是一场猛烈的持续了多日的雹暴的打击，他将其视为一次不祥的神迹。据说令他更为沮丧的是这么两个消息：罗马人毫不在意地接受了他的挑战，并开始将军队调往西班牙去作战了；另外，汉尼拔的驻营地最近遭到拍卖，而想要购买的罗马人为数众多。罗马人就是以这样的方式展现着自己胜券在握的姿态。根据李维的说法，作为回击，汉尼拔下令让一名传令官拍卖罗马富豪在屠牛广场周边的所有宿营地。[61]

但是，这些记载都是建立在几乎是对汉尼拔真实意图的故意曲解上的。就战略角度而言，向罗马进军的行动已经成功了，因为 1.5 万名由昆图斯·富尔维乌斯·弗拉库斯（Quintus Fulvius Flaccus）统领的罗马士兵已被从卡普亚召回守卫这座城市，[62]尽管无论是汉尼拔还是罗马的指挥官们都不希望爆发战斗（毕竟汉尼拔已经将麾下大部分重步兵和装备留在了位于布鲁提乌姆的后方基地中）。更重要的是，汉尼拔现身于罗马城城墙下这件事，在宣传方面起到了至关重要的作用。忠于汉尼拔的编年史家塞利努斯的历史残篇是为数不多的，提到过这件事的文献之一，它极为透彻地洞悉了汉尼拔拜访罗马城门的重要性。在这份残篇中，塞利努斯记载了赫拉克勒斯旅居罗马的事，就这一点而言，塞利努斯的记录与这位英雄的其他传奇故事有着明显的不同之处。

在塞利努斯的版本中，罗马著名的帕拉丁山是以神话中北方民族，希伯尔波利安人（Hyperboreans）的领袖——这个族名就是取自他的名字——希伯尔波利奥斯（Hyperboreos）之女帕兰索（Palantho）的名字命名的。她在此地与赫拉克勒斯浪漫幽会，这座山因此而得名。[63]在另一则据说也是出自塞利努斯之手的传说中，拉丁民族的第一任君主和缔造者拉丁努斯，是帕兰索和赫拉克勒斯彼此结合的产物。[64]在第二次布匿战争造成的紧张氛围中，这一看似晦涩的历史观点有着异常认真的宣传意味。塞利努斯版本的罗马史前史直接否定了公认的，将拉丁努斯的母亲说成该地区土著国王福纳斯的妻子佛纳（Fauna）的罗马版本的观点。此外，按照塞利努斯的记载，希伯尔波利安人似乎暗指的是高卢人——据说是赫拉克勒斯在翻越阿尔卑斯山途中驯服的蛮族。如今汉尼拔已与一支充斥着

高卢人的军队一道越过了这道雄伟的山脉。[65]因此，当赫拉克 296
勒斯和他手下的希伯尔波利安人重返帕拉丁，提出对这片土地的合法要求的时候，“历史”似乎将重演。拉丁人，那位英雄与他的希伯尔波利安爱人在古代相结合的产物自然也属于赫拉克勒斯遗产的一部分。[66]因此，塞利努斯对罗马史前史的重新书写与向罗马进发的毁灭性行军所体现的力量炫耀，同为一场旨在将拉丁地区从罗马共和国剥离出去的战争的一部分。绝非巧合的是，当汉尼拔迫近罗马城墙时，他所做的第一件事是在科林斯门附近的赫拉克勒斯神庙处停下。[67]他要让那些旁观者知道，新赫拉克勒斯也旅至此地了，他同时还奉了神的命令，要将这个地区的人民从持续了如此之久的，卡库斯继承人的恐怖统治中解放出来。[68]

费边·马克西穆斯于公元前 209/前 208 年做出的，将赫拉克勒斯神庙迁移至安全地带卡匹托尔山的决定明确表现出，汉尼拔的到访似乎在宣传方面取得了极大的成功。[69]但是，尽管有着各种意识形态方面的影响，进军罗马的主要战略目的并未实现：虽然汉尼拔实施了这一行动，但意志消沉的卡普亚议会还是在公元前 211 年向罗马军队投降，并为它的背叛付出了沉重代价。渴望用这座城市来作为杀一儆百的对象的罗马人，将亲迦太基派领袖赶到一起，随后加以鞭笞，并处死了他们。所有其他公民被卖为奴隶。这座城市并未被夷为平地，而是被允许作为一个由罗马官员直接统治的地位低下的农业集镇，以它前身的影子的形式继续存在下去。[70]事实上，从那之后，卡普亚这个名字在罗马人的想象中就与妄自尊大、危险的野心联系在一起了。[71]

失去卡普亚所导致的影响波及了整个坎帕尼亚地区，其他一些为迦太基人所占据的城镇也相继落入罗马人之手。然而，汉尼拔仍旧获得了一些战果，其中最著名的是于公元前210年在赫多尼亚（Herdonea）击败罗马人的战役，这场战役导致罗马将军奈维乌斯·富尔维乌斯·桑图马卢斯（Gnaeus Fulvius Centumalus）总督及其麾下的许多高级军官和数千名士兵阵亡。[72]但到了公元前209年时，塔伦图姆也沦陷了，从这座城
297 市缴获的不计其数的战利品将罗马从财政危机的困境中解救了出来。[73]

罗马人如今以别的方式回击着汉尼拔，得胜的罗马将军费边·马克西穆斯将在塔伦图姆缴获的一尊巨大的赫拉克勒斯雕像放在卡匹托尔山，紧挨着他本人的青铜骑马像。[74]这尊塑像的移位不仅迎合了费边对其家族与这位英雄之间的关系的极力鼓吹，也将赫拉克勒斯拉回到了罗马一方。

公元前216年被派往德尔斐神庙的元老费边·皮克托是费边家族的另一成员，此人以罗马历史学家的身份完成了首部罗马历史著作，著名的《罗马年鉴》（*Annales*，不幸未能保存下来）。按照那个时代的文学惯例，皮克托的著作是用希腊语写成的。显然，他阅读过地中海西部的希腊史学家，如蒂迈欧和腓里努斯的作品，并认可罗马人是特洛伊人后裔一说。[75]但与此同时，皮克托也将他的著作定位为对希腊作家之前那些作品的彻底背离。《罗马年鉴》公然将自己标榜为一部不折不扣的罗马史。皮克托不仅强调自己利用罗马档案资料作为研究之用，还精心阐述了古老的罗马风俗。[76]它对传统罗马文化的特别强调通过其内容以年鉴——一种罗马人用于记录选举结果、宗教典礼以及其他官方公告的传统官方记录——的形式来展开而得到了进一步彰显。尽管著作中带有明显的罗马中心论的色

彩，但皮克托是一个坚定的亲希腊派，他以一个希腊人兼有教养的罗马观众的思维撰写了这部作品。[78]事实上，他编写这部作品的主要目的之一，在于提醒希腊大陆和大希腊地区的居民，罗马拥有的著名过往，远不只是希腊世界苍白倒影的象征而已。[79]

然而，宣称罗马文化并不逊于希腊文化只是费边·皮克托的宗旨之一。他的历史作品编写于对汉尼拔战争的某些最为艰难的时期，可能完成于公元前 210 年前后。[80]第一本罗马史著作就这样成文于一个罗马人不仅在战场上，也在他们的共同身份正承受着一场大伤元气的战争所带来的冲击力的时代。他们与他们的神灵、盟友和广大地中海世界之间的关系，由于迦太基人的有力宣传而遭到质疑。事实上，成文于第二次布匿战争时期的背景或许解释了皮克托为何像波利比乌斯抱怨的那样， 298
在自己的著作中体现了太过偏向罗马一方的倾向。[81]在这一危急关头，皮克托试图向罗马和它的盟友展现罗马人在过去取得过何等辉煌的成功。[82]

在关于埃阿涅斯和特洛伊人来到意大利的章节，皮克托的《罗马年鉴》描述了他们先建立了阿尔巴隆加（Alba Longa），并最终在该城北部建立了罗马城的事，以及其他口耳相传的故事，如强掠萨宾妇女等。[83]这些故事所强调的不仅是罗马的历史相当悠久，还有它与对汉尼拔的战争很重要的盟友，即拉丁姆地区的其他城市那历史的和根深蒂固的关系。此外，通过提及头一个迁移至罗马所在地的，[84]阿卡狄亚希腊人领袖伊万德，意大利南部的希腊人和罗马人之间的文化联系得到了巩固。最重要的是，由于皮克托详细描述了赫拉克勒斯——可能是在意大利，特别是在罗马当地——的活动，他的说法得到了公众认可。[85]在汉尼拔宣称自己才是赫拉克勒斯的继承人的时代背景下，这些文字象征着一种将这一传奇故事重新牢牢地定位在罗马版本的历史传说范围内的尝试。

西班牙的新西庇阿

在西班牙，随着普布利乌斯和格奈乌斯·西庇阿兄弟于公元前 211 年战败身死，迦太基人的运气有望得到某种程度的恢复。[86]然而，群龙无首的罗马军队坚定地聚集在卢基乌斯·马尔西乌斯·赛普蒂默斯（Lucius Marcius Septimus）麾下，以这种非正式的方式宣告此人为这支军队的领袖。此外，卡普亚的陷落意味着大批被用于围攻该城的罗马军队，如今可以被重新派往西班牙了，而负责监督西班牙的罗马军队的新司令官随后也被选定。由于某些原因，这一人选是有争议的。一般来说，执政官人选的提名很少在得到公民大会的批准之前产生，这些候选人本该被剥夺资格，因为他们之前并没有担任高级元老的必要经历。事实上，强大的科尔内利家族（Cornelii clan）似乎已经把一切都安排好了，以至于没有一个人站起来反对 25 岁的普布利乌斯·科尔内利乌斯·西庇阿——那两位战死
299 的将军分别是他的父亲和叔叔——的当选。尽管似乎靠的是裙带关系，但任命西庇阿出任这一职务是个明智的选择，因为西班牙的罗马军队无疑很欢迎西庇阿成为他们的新司令官。同样显而易见的是，即使是初出茅庐，年轻的西庇阿也早已经是个优秀的军人了。[87]

西庇阿是年轻一代的新晋元老，这一批元老普遍有过与擅长应用军事及宣传战略的敌人单独对阵的经历，比起之前的反对派明显要强悍得多。西庇阿的天赋很大程度上体现在他能够

借用甚至改进许多曾为汉尼拔出色运用过的战略方针。其中不仅有军事方面，还有意识形态方面的战术：西庇阿似乎坚信，针对汉尼拔得到了神的支持这一公认观点，最有效的驳斥方式是大力宣扬西庇阿本人才是这位英雄的传人并享受着神眷的说法。[88]于是，关于这一说法，以及日后西庇阿的生活与这位天神有关的故事开始流传起来。

> 西庇阿被认为是朱庇特的儿子；因为之前他被认为是一条出现在他母亲的床上的蛇，在他还是婴儿的时候，一条蛇在他身上爬行，没有伤害他。当他很晚才回到卡匹托尔山的时候，(神庙的) 狗从未冲着他吠叫。无论做什么事之前，他都要在朱庇特神殿内坐上很长一段时间，仿佛是在接收神的指示。[89]

当然，不难看出这些出自多名古代作家之手的故事的用意主要在于，创造西庇阿与亚历山大大帝及（最重要的）赫拉克勒斯（他是宙斯/朱庇特的儿子）之间的联系。这一联系对意在将自己塑造成同样形象的汉尼拔的宣传计划构成了直接的挑战。[90]

另一个故事则记载了当他的哥哥卢基乌斯成为民政官候选人的时候，西庇阿告诉他的母亲，他曾两次梦见哥哥和他自己都当选了，就这样，他成功地把梦境变成了现实。这个故事令波利比乌斯忍不住评论道："人们如今认为，他不仅真的在与天神交流，也不仅在白天如此，即便是在睡梦中，这种交流仍在继续。"[91]这些把西庇阿说成几乎是一个真正的神灵的传闻表明，在罗马人的心中，政治、军事上的胜利与神眷之间的关系

300 密切到了何等程度（汉尼拔一方亦是如此）。尽管像李维或波利比乌斯这种惯于怀疑的历史学家可能会觉得，这些宣扬西庇阿与天神之间关系的故事不过是些流言蜚语或乱力怪神的玩意而已，并对其嗤之以鼻。但即便如此，显而易见的是，西庇阿本人似乎也在积极支持这些活动。[92]尽管李维无疑将与西庇阿那不可思议的出身有关的传说斥为十足的小道消息，但他明确表示，这位罗马将军对他本人是神的宠儿的说法并未表示过异议。

> 他从未忽视过人们对这些奇闻逸事的信仰；相反，他利用某种经过策划的行为，即既不否认，也不公开宣扬这种事来鼓励这一信仰。在其他一些类似的，半真半假的传闻中，对他这样一个年纪尚轻的人的崇拜已经超出了限度。就是这类传闻，使得公民们放心地将承担着重大责任的最高统帅职务，交给一个乳臭未干的小子。[93]

西庇阿想方设法将自己塑造成英雄的做法，在公元前209年的新迦太基围攻战中得到了恰如其分的体现。得知并无任何伊比利亚迦太基军队在距这座城市十天行程的地域范围内活动之后，西庇阿决定发动进攻。这是大胆而明智的一招，因为一旦成功的话，他就将占领迦太基指挥官们的重要战略基地，并且还能严重削弱巴卡家族在西班牙的威望。西庇阿将自己的舰队部署在正对着新迦太基的方位，并通过在该城东面向陆一侧匆匆建设土木工事的方法令守军以为进攻将从该侧发起。事实上，攻势是从西侧发动的，因为西庇阿从当地渔民那里得知，与该城这一侧相连的潟湖的水位相当低，退潮期间会变得更浅，傍晚时分，所有湖水都会通过一条将潟湖与大海相连的水道流入海中。[94]尽管如此，西庇阿还是向他的部下讲述了一个完全不一样的故事：他声称罗马海神尼普顿（Neptune）出现在他的梦中，许诺将帮助他攻占这座城市。第二天，西庇阿为了转移守军的注意力，首先从东面向该城发动了一波猛烈的攻势，之后，他命令 500 名部下带着梯子越过潟湖。在涉过了此时已并不深的湖水后，这些人迅速登上了毫无防备的西面城 301
墙。随着罗马军队进入城内，新迦太基很快就陷落了。[95]

新迦太基围攻战中的尼普顿事件与如今我们所熟知的，被作为战略武器的造神运动的模式是一致的。波利比乌斯将这一事件视为西庇阿“将他的事业是出于神的授意这一信念灌输给手下的士兵，从而令他们变得更为乐观，以更充分的准备去面对这一危险的事业”[96]之类做法的实例。因此，汉尼拔不仅认为自己在战场上受到西庇阿这个对手的顽强挑战，同时也将后者视为与迦太基人争夺天神/英雄衣钵的可怕竞争对手。

西庇阿再一次用事实证明他从汉尼拔那里学到了不少东西：他对新迦太基居民展示了自己仁慈的一面，让很多人回了家。他还向迦太基士兵许诺，如果他们愿意在他的战舰上服务、打杂的话，那他们最后将获得自由，从而成功解决了兵力问题。他还对在新迦太基发现的西班牙人质保证道，只要他们的人民成为罗马人的盟友，他们就可以被释放回家。[97]罗马人在西班牙的事业又向前迈进了一步，因为他们缴获了不计其数的战利品：超过 600 塔兰特的白银，大量军需物资，以及一座造币厂。这座造币厂处于全面运行之中，因此西庇阿可以立刻开始铸造货币。[98]

如今有了这许多由自己支配的资源，西庇阿马上将注意力转向正在西班牙作战的三支迦太基军队。大批人员叛投罗马一方使得汉尼拔的弟弟哈斯德鲁巴认为，他必须尽快攻击西庇阿。两军于公元前 208 年春在位于今西班牙哈恩省西北部的拜库拉（Baecula）相遇。西庇阿通过大胆而果断的行动，很快就击败了哈斯德鲁巴的军队。迦太基人于是启动了预备方案：他率领残部北上，打算前往意大利，与其兄会合。[99]

然而，在获得了这场伟大而具有决定意义的胜利后，发生了一件令西庇阿感到尴尬，也令他陷入潜在的危机之中的事：一些西班牙酋长欢呼着拥立他为王。[100]这是一个不为罗马所喜欢的头衔，在那里，称帝的野心既遭人痛恨，又令人恐惧。但是，西庇阿以独特而圆滑的方式做了回应："他要求肃静，随后他告诉他们，他最为看重的头衔是他的士兵们赠予他的
101 '英佩拉托'（Imperator）①。""国王的称号，"他说，"在别处是最为尊贵的，但在罗马人听来，却是刺耳到令人无法忍受的。如果在你们眼中，拥立他人为王的想法是人性中最为崇高的存在的话，那么你们可以在心里视我为王，但你们千万不能用这个头衔来称呼我。"[101]

尽管西庇阿宣布自己为王（在精神上，或是别的方面），但迦太基人尚未力竭，他们决定采取新的行动。一支军队在哈斯德鲁巴·基斯戈的统领下试图据守半岛唯一仍忠于迦太基的部分——瓜达尔基维尔河下游地带和加迪斯——而马戈将前往巴利阿里群岛招募新军。与此同时，哈斯德鲁巴·巴卡率领其余的迦太基部队急速北进，沿途招募高卢雇佣军。等到冬天过

① 最高统治者之意，共和国时代，士兵们往往在取得大捷后将这一称号送给他们的指挥官。

去后，他和他的迦太基军队越过阿尔卑斯山进入意大利，并抄捷径穿过迪朗斯河和热尔夫山山口。[102]

由于哈斯德鲁巴启程前往意大利，迦太基人在西班牙的形势变得越发危急了。北非方面派出的一支援军已被击溃，残余的迦太基军队或龟缩在加迪斯附近的要塞内，或藏匿于瓜达尔基维尔河下游。公元前 206 年春，汉尼拔的弟弟马戈从巴利阿里群岛返回，与哈斯德鲁巴·基斯戈会师，并决定将所有的赌注押在与西庇阿正面对决于伊利帕（Ilipa）上。尽管迦太基军队在数量上占有优势（6 万人对阵罗马的 5 万人），但西庇阿还是证明自己是一位在胆量和独创性方面完全不逊于汉尼拔的将军。他于黎明时分排兵布阵，在对迦太基人施加了第一轮压力之后，西庇阿并未按照惯例将最精锐的罗马军团部署在阵线中央，而是将他们布置在两翼，同时把不是那么信任的西班牙盟军放在中军位置。因此，西庇阿使用的是类似于汉尼拔在坎尼会战中所使用的战术：在命令两翼的军团转而向中央推进之前，排出了一条向前凸出的战线。当敌军侧翼的西班牙盟军被击退时，压力旋即落到了位于战线中心的迦太基军队身上，在经历了一场恶战之后，迦太基人最终被击溃了。[103]

经历了决定性的、令人绝望的伊利帕之败后，迦太基人在西班牙的抵抗力量迅速瓦解了，许多高级军官逃往最后的据点，加迪斯。[104]虽然西庇阿随后病倒，而强大的伊尔盖特斯 303
（Ilergetes）也发动了一场针对罗马人的兵变和暴动，但这些都未能令迦太基人的事业再度振兴。到公元前 206 年年末时，马戈——他之前不得不将原本忠于迦太基人的加迪斯要塞发起的一场叛乱镇压下去——离开了伊比利亚半岛，前往意大利与汉尼拔会师，而加迪斯人则向罗马人投降。那曾经如帝王的财产般熠熠生辉的巴卡家族的西班牙产业，仅仅存在了约三十年就烟消云散了。[105]

意大利与争夺诸神的战争

公元前 207 年，尽管西班牙的局势变得越来越有利于罗马人，然而，在意大利，种种恶兆却再度在众目睽睽之下上演：在维爱（Veii），出现了天降石雨的记录；在蒙图纳厄（Menturnae），朱庇特神庙被闪电击中；在卡普亚，一条狼偷偷溜进城，咬伤了一名哨兵。最引人注目的是，在福路西诺（Frusino），一个雌雄同体的孩子一出生就拥有相当于 4 岁孩童的体型。从伊特鲁里亚请来的预言者宣称，这个怪婴应该在未沾到任何泥土的情况下从罗马境内驱逐出去。于是，在被放进一个箱子里后，这个不幸的婴儿被带上船，丢进了大海。罗马的祭司亦下令：由 9 名处女组成的三支队伍应一边穿过本城，一边吟唱着塔伦图姆诗人李维乌斯·安德罗尼库斯（Livius Andronicus）所写的庆典赞美诗。让安德罗尼库斯来写赞美诗是个明智的选择，理由有二。第一，他谱写了罗马时代的第一部剧本，这部剧本是受公开委托而创作的，并在于公元前 240 年举行的，庆祝罗马在第一次布匿战争中最终获胜的典礼上首次上演，这位诗人及其著作就此成为罗马战胜迦太基的象征。第二，作为一个用希腊文写作的塔伦图姆人，他代表着罗马与地中海西部的希腊世界的密切联系——这种联系承受着巨大压力，并在对汉尼拔战争期间的某些情况下彻底断裂过。对罗马人而言，要再度重建他们与天神之间的专属关系，还需从迦太基人那里夺回宣传方面的主动权。

福路西诺事件后不久，坐落于罗马阿文丁山（Aventine

Hill）的朱诺·里贾纳（Juno Regina）神庙被闪电击中。这显然代表着这位女神发怒了，作为回应，一个用罗马主妇们的嫁妆 304
铸成的实心金盆被献上，以平复她的情绪，同时还举行了郑重的献祭仪式。[106]朱诺那针对罗马人的难以化解的恨意（还有对迦太基人的好感），成了日后罗马文学作品中一个非常常见的主题。[107]但这一事件是对那种假想中的恨意的第一次公开承认。同一时期的证据表明，汉尼拔至少要为这种传统的形成负上部分责任。尽管日后的罗马作家将朱诺和塔尼特混为一谈，但在这一时期，这种关联已在意大利中部神话人物优妮（Uni，朱诺在伊特鲁里亚神话中的对应人物）与迦太基女神阿施塔特之间产生（相关关联被写在皮尔吉书写板上）。[108]汉尼拔至少曾两次在阿佛纳斯湖（Lake Avernu）——坎帕尼亚的一处火山口湖，公认的地狱之门——举行宗教仪式，并向朱诺·阿维尔纳（Juno Averna）女神的丈夫，死神阿佛纳斯献祭。[109]尽管汉尼拔看起来像是在阿佛纳斯湖祭拜阿施塔特（或者可能是在祭拜她的天界配偶麦勒卡特），但罗马人将此举视为为赢得朱诺对迦太基事业的支持而进行的尝试。因此，在朱诺·里贾纳神庙举行的宗教仪式再度表明，汉尼拔在罗马的圣山上打了一场胜仗。

在军事方面，罗马人同样陷入不利的境地。公元前 208 年夏，两位罗马执政官，提图斯·昆克提乌斯·克里斯皮努斯（Titus Quinctius Crispinus）和马尔库斯·克劳狄乌斯·马塞勒斯（Marcus Claudius Marcellus）战死。[110]此外，马塞勒斯的图章戒指落入汉尼拔之手，他试图利用它来夺回萨拉皮亚（Salapia）城，他朝该城送去一封信，宣称这位罗马将军即将到来（其实已经死了）。然而，马塞勒斯的执政官同僚克里斯皮努斯在死前成功地向这座被围困中的城市发出了警告，因此当汉尼拔抵达萨拉皮亚时没能获得入城许可，哪怕是汉尼拔精心挑选的，一支由罗马逃兵组成的用于欺骗守军的前锋队伍也不例外。[111]对罗马人而言，至关重要的是阻止汉尼拔与哈斯德鲁巴会师，因而新任执政官之一的盖乌斯·克劳狄乌斯·尼禄（Gaius Claudius Nero）被派去牵制位于南方的前者，与此同时，他的同僚马尔库斯·李维乌斯·萨利那托尔（Marcus Livius Salinator）前去与身在北方的后者交战。到了公元前 207 年初夏，哈斯德鲁巴已成功越过阿尔卑斯山，抵达波河流域，而且他的军队保持了良好的状态。[112]此时对罗马人而言，已到
305 了生死攸关的关头，因为迄今为止始终忠于他们的拉丁人已对加诸在其头上的，看似永无休止的索求越来越厌烦。公元前 208 年时，拉丁姆地区的 30 个罗马殖民地中，有 12 个拒绝再为这场战争提供资助和军队。

在把宝贵的时间浪费在以失利告终的对罗马殖民地皮亚琴察的围攻战中后，汉尼拔募集了更多的供应物资和高卢军队，而后朝亚得里亚海岸挺进。在布鲁提乌姆，汉尼拔准备北上与其弟会合。尽管他成功地令部队马不停蹄地进军，但迦太基人多次遭到罗马军队的挑战，因而还是蒙受了相当大的损失。然而，一场巨大的不幸即将来临。一份由哈斯德鲁巴发给汉尼拔，大致内容为两军应该在何处会师的信，在信使误入为罗马所控制的塔伦图姆并被俘虏之后，落入了罗马人之手。在向元老院做了汇报后，执政官克劳狄乌斯·尼禄秘密带领一支大军北进，他让其余的罗马军队将汉尼拔挡在阿普利亚的卡流苏门（Canusium）。经过一系列的急行军，尼禄来到了他的同僚萨利那托尔设在翁布里亚的塞纳加利卡（Sena Gallica）的军营，那里距哈斯德鲁巴的营地不远。尽管罗马人成功地隐瞒了新部

队的到来，但迦太基将军还是感觉到有些不对劲，想急忙撤离。然而，他的向导逃走了，当迦太基人在寻找一处横渡梅陶罗（river Metaurus）河的地点时，罗马人迅速袭击了这支迷失方向的军队。情况很快就变得极为危急，以至于哈斯德鲁巴不得不停下来抵挡。经过一番奋勇抵抗后，迦太基人的战线最终崩溃了，哈斯德鲁巴知道大势已去，冲进罗马人的队伍中战死。[113]悲剧的是，汉尼拔是看到了自己的弟弟那被割下的脑袋——这颗人头被丢在了汉尼拔防御阵线的前方——而得知这一败绩的。由于胜利的希望彻底破灭了，他集合队伍，撤向一块位于布鲁提乌姆的飞地。[114]他还要在此地，像一个幼稚的希腊小王子那样，在破灭的意大利之梦的环绕下住上几年。[115]

由于大获全胜的西庇阿从西班牙归来，汉尼拔如今变得更加不幸了。尽管一系列将他描述为能干的幕后指挥者的胜利记录，与数量可观的 6500 公斤白银的战利品摆在了位于贝罗纳
（Bellona）神庙的元老院前面，西庇阿还是未能享受到凯旋仪 306
式的待遇，因为他从未担任过高级地方行政官的职务。不过，由于已威名远播，他轻而易举地赢得了公元前 205 年的执政官选举。

如今西庇阿在努力争取远征北非的授权，因为他认为，迦太基人只要在自己的祖国被击败，就会彻底完蛋。[116]以费边·马克西穆斯为首的另一派则主张先将全部精力放在把汉尼拔赶出意大利这件事上，但经过一番激烈的争论后，一个折中方案最终达成。西庇阿分得西西里作为他指挥艺术的表演舞台，但附加条件是如果远征北非符合元老院利益的话，他就可以这么做。他的执政官同僚普布利乌斯·李锡尼·克拉苏（Publius Licinius Crassus）将留在意大利，向汉尼拔不断施压。[117]这一安

排明显有利于西庇阿，因而其在元老院的对手不让他行使征兵的权利，试图以此来妨碍他的备战工作。然而，许多人心甘情愿地投奔到他麾下，为他而战，一些忠心耿耿的意大利城邦更是向他提供了造船用的木料、谷物和军需品。因此，西庇阿得以前往西西里，训练用于北非作战的军队。[118]

汉尼拔的弟弟，西班牙的败军之将马戈于公元前 205 年春在利古里亚登陆，随行带来了 1.2 万名步兵和 200 名骑兵。当年夏天，在得到了迦太基方面及高卢人和利古里亚人的进一步增援后，他准备南下。然而，如今在应对这种威胁方面已很有经验的罗马人将亚平宁山脉的两端完全堵死了，这意味着在未来的两年间，马戈和他的军队将被困在意大利北部，动弹不得。[119]汉尼拔也一样，除了在布鲁提乌姆的包围圈里干等外，什么也做不了，因为他发现无论是在海上，还是在陆地上，针对自己的封锁线都收得越来越紧了。[120]公元前 205 年夏，80 艘驶向布鲁提乌姆的迦太基运输舰被俘，而他也无法指望从马其顿的腓力这个盟友那里得到任何帮助了。[121]罗马人与希腊和小亚细亚的腓力的敌人签订了一系列协议，巧妙地使腓力将太多的精力投入国内事务上，以至于无暇顾及国外。[122]公元前 205 年，由于压力不断增加，腓力急忙向罗马人及其盟友提出和议，从而抛弃了之前与迦太基人签订的协议。[123]

罗马元老院如今感觉到，汉尼拔所建立的脆弱的迦太基人、意大利人和希腊人的同盟随时将分崩离析。因此，罗马将承担
307 起两个意识形态色彩浓厚的，突出强调罗马、意大利和希腊之间的文化联系的使命。元老院如今决定履行自己在十多年前向德尔斐的神谕处许下的，奉献一部分战利品的承诺。两名使者被派往希腊，他们携带了一个 90 公斤重的金环，以及其他从击

败汉尼拔的战役的战利品中挑出的银质纪念品。[124]大约在同一时间，一个高级罗马代表团东行，前去接收帕加蒙（Pergamum）国王阿塔罗斯（Attalus）赠予的一件宗教遗物。这件将被他们带回自己城市的物品是大地女神西柏莉（Cybele，罗马人称其为玛格纳玛特，“伟大的母亲”之意）的一块圣石。公元前 205 年年初，不断出现的神迹引发了又一场对神圣的《西卜林书》的研讨。人们在被奉为圣典的书页中发现了一个预言：如果玛格纳玛特重返罗马的话，汉尼拔就将被彻底击败。[125]一些人对这个预言的时间选择感到困惑不解，尤其是汉尼拔的军队如今已无力再战。[126]但强烈的不安情绪仍盘桓在似乎已在战场上稳操胜券的罗马人的脑海中，久久地挥之不去。

事实上，汉尼拔对罗马人造成的最为持久的影响，并非其在特雷比亚、特拉西梅诺湖或坎尼会战中让罗马军团尝到的惨痛失利，而是他成功地将许多在罗马与希腊世界之间的文化、政治联系，及日后罗马对地中海中部和西部地区的统治权要求中起到了基石作用的神话传说（特别是关于赫拉克勒斯的传说）据为己有。因此，前往德尔斐神庙还愿，以及特别是将玛格纳玛特圣石带回罗马的使命标志着，消除汉尼拔及其顾问极为巧妙地在罗马统治精英的集体意识中所灌输的自我怀疑与不安感那旷日持久的过程的开端。玛格纳玛特来自特洛伊城近郊的伊达山（Mount Ida），日后的神话体系宣称，埃涅阿斯和他的追随者在刚踏上罗马之旅的时候曾在该地避过难。[127]由此，帕加蒙之行及为圣石而进行的谈判，可以说是对罗马在广大希腊世界中的继承权的一次公然的重新确认，并进一步重申曾被汉尼拔不遗余力加以瓦解的，罗马与希腊世界之间的历史及文化方面的关联。

注　释

1. Livy 35. 14. 5 – 8.
2. 同上书，35. 14. 9。
3. P. Green 1986，231.
4. Livy 23. 4. 8.
5. Livy 23. 6. 1 – 3. 汉尼拔向意大利人许下的给予他们自由的承诺，遭到了厄斯金（Erskine 1993）的怀疑，他认为这属于希腊人的理念范畴，因而可能是波利比乌斯虚构出来的。对卡普亚人转而与汉尼拔结盟之动机的分析见 Fronda 2007。
6. Livy 23. 7. 1 – 2.
7. 同上书，23. 7. 3。
8. 同上书，23. 10. 1 – 2。
9. 同上书，23. 8. 1 – 23. 9. 13。
10. 同上书，23. 7. 4 – 12，23. 10. 3 – 10。
11. Crawford 1985，62 – 64.
12. 对卡普亚与汉尼拔之间关系的深入探讨见 Fronda 2007，引文可见 Fronda 2007，104 – 105。
13. Livy 23. 18. 10 – 16.
14. Goldsworthy 2000，222 – 226.
15. Livy 23. 11. 7 – 23. 12. 7.
16. 同上书，23. 12. 13 – 17。
17. 同上书，23. 13. 1 – 8。
18. 同上书，24. 4. 1 – 9。
19. Polybius 7. 2；Livy 24. 5. 7 – 8，24. 6. 2 – 3.
20. Livy 24. 21. 1 – 24. 27. 5.
21. 同上书，24. 29. 1 – 24. 32. 9。
22. 同上书，24. 33. 1 – 24. 34. 16。对攻城战爆发之前发生的一系列事件的精彩总结见 Eckstein 1987，135 – 155。
23. Livy 24. 35. 3 – 24. 39. 13.

24. 萨丁尼亚起义的情况可见 Livy 23.32.7－12，23.34.10－17，23.40.1－23.41.7。
25. 同上书，23.26.1－3。
26. 同上书，23.27.9－23.29.17。
27. 同上书，23.49.5－14，24.41.1－24.42.11。
28. 同上书，25.32.1－5。公元前 218 至前 211 年，西庇阿在西班牙的作战情况见 Eckstein 1987，188－207。
29. Polybius 7.9；Bickerman 1944（repr. 1985，257－272）.
30. Barré 1983，38－64，赫斯的观点（1986，228－230）与之相反，他相信位处第一序列的宙斯对应的是巴尔·沙曼（Baal Shamen），而由于巴尔·哈蒙与塔尼特之间的关系，再加上童祭不为迦太基的“自由主义者”所接受，因而赫拉部分对应阿施塔特。在他的解读中，塔尼特对应的是阿尔忒弥斯，而巴尔·哈蒙则对应克罗诺斯。但我认为不将巴尔·哈蒙和塔尼特放在第一序列是没有道理的，因为他们在当时的迦太基神界中地位是最高贵的，也没有证据表明在迦太基存在着一个“自由主义者”团体。
31. Barré 1983，64－86. 然而，伊俄拉俄斯（Iolaos）在条约原文中的对应对象是否其实为迦太基天神锡德，而非艾斯蒙，这一问题存在着一些争议。
32. 同上书，12－14，100－101；Huss 1986，238.
33. *Contra* Bickerman 1985，391－394.
34. Lancel 1999，117.
35. Visonà 1998，16－19.
36. Crawford 1985，62.
37. Lancel 1999，122－123.
38. 提比略·森普罗尼乌斯·格拉古于公元前 215 年、前 213 年担任执政官，马尔库斯·克劳狄乌斯·马塞勒斯于公元前 214 年、前 210 年、前 208 年担任执政官，而昆图斯·富尔维乌斯·弗拉库斯则于公元前 212 年、前 209 年被推选为执政官，此外，所有这些人在此期间都担任地方总督，这意味着他们得以保留自己军队指挥官的职位（Goldsworthy 2000，226－228）。
39. Livy 22.57.5－6，23.11.1－6.
40. 同上书，22.57.6。

41. Bellen 1985，13 –23.
42. Polybius 8.37；Livy 25.23.8 –25.24.7；Plutarch *Marc.* 19.1.
43. Livy 25.26.1 –15.
44. 同上书，25.27.1 –13。
45. 同上书，25.28.1 – 25.30.12。叙拉古围攻战的相关记录见 Lancel 1999，124 –127；Goldsworthy 2000，260 –268。
46. Eckstein 1987，177 –183.
47. Crawford 1985，109 –110；Visonà 1998，19.
48. Walbank 1957 –1979，Ⅱ：100 –101. 一般认为，波利比乌斯参阅的是塞利努斯的著作，李维的记载则来自科利乌斯·安提帕特，后者读过原始记录（Lancel 1999，128）。
49. Polybius 8.24.1 –8.34.13；Livy 25.7.10 –25.11.20.
50. 两座重要的意大利城市，米太旁登（Metapontum）和图里（Thurii）在这之后不久落入迦太基人之手（Livy 25.15.6 –7），而后罗马军队遭受了两次惨败：一次是败在此时已叛投迦太基一方的卢卡利亚（Lucanian）部落手上，而另一场败仗则发生在阿普利亚地区的赫多尼亚（同上书，25.15.20 – 25.16.24，25.21.1 –10）。
51. Polybius 8.34.12；Livy 25.15.4 –5.
52. Livy 26.1.2 –4，26.4.1 –10.
53. 同上书，26.5.1 –26.7.10；Polybius 9.3.1 –9.4.5。
54. Livy 26.9.1 –13；Polybius 9.4.6 –9.5.3.
55. Polybius 9.6.1 –2.
56. Livy 26.10.5 –8.
57. 同上书，26.9.7 –8。类似的描述见 Polybius 9.6.3。
58. Livy 26.10.1 –2.
59. 同上书，26.10.3。
60. Polybius 9.6.6 –9.7.1.
61. Livy 26.11.1 –7.
62. 同上书，26.9.10。
63. Solinus 1.14 –15.
64. Dionysius 1.43；Briquel 2000，126.
65. 然而，拉丁努斯之父是这位国王还是赫拉克勒斯尚存一些争议。

66. Briquel 2000，126 – 127. 高卢人是唯一一个于公元前 387 年，在其国王布伦努斯（Brennus）率领下洗劫过罗马的民族。更早时期，一支由贝洛维苏斯（Bellovesus）统领的高卢军队，就曾越过阿尔卑斯山进攻意大利，自赫拉克勒斯传奇事迹上演后，还是第一次有人做到这一点。
67. Livy 26. 10. 3.
68. 李维记载道，罗马人特别指出神灵是站在罗马一方进行干涉的，并强调汉尼拔军队驻扎的拉丁姆土地的所有权属于他们，这样做的目的可能在于回击迦太基人的宣传攻势。
69. Pliny *NH* 34. 40.
70. Livy 26. 12. 1 – 26. 16. 13.
71. 见西塞罗在其演说《论土地法》（2. 76 – 97）中对卡普亚人的人身攻击。
72. Livy 27. 1. 3 – 15.
73. 同上书，26. 38. 1 – 26. 39. 23，27. 12. 1 – 27. 16. 9。
74. Plutarch *Fab.* 22. 6.
75. Frier 1979，268 – 279. 这一著作的结构情况见 Frier 1979，255 – 284。
76. 同上书，266 – 267。
77. 同上书，284。
78. 这一质疑是由格鲁恩（Gruen 1992，231）提出的，他将《罗马年鉴》视为一部专门面向拥有罗马元老身份的读者的作品。格鲁恩认为几乎没有证据表明有希腊人读过这本书，而且其残篇中几乎不存在看似针对希腊读者的内容。在我们手中掌握的残篇极为有限的情况下，这些论断可以说是强有力的。我个人的意见是这部书中同样有面向希腊读者的内容，但作者首先考虑的是意大利和西西里的读者。
79. Frier 1979，281；Badian 1958，3.
80. Frier 1979，236 – 246.
81. Polybius 1. 14. 1 – 3. 费边·皮克托的生平见 Frier 1979，233 – 236。
82. Frier 1979，284；Badian 1958，6.
83. Gruen 1992，32 – 33.

84. Fabius Pictor Fr. 1.
85. 在一面位于一座运动场内的涂有灰泥的墙壁上，发现了一段对他和其他几位希腊作家的作品的概述，这一观点就是在其中发现的。这座运动场恰好位于蒂迈欧的故乡陶尔米纳（Manganaro 1974；Frier 1979，230 – 231）。
86. Livy 25. 32. 1 – 25. 36. 16.
87. 同上书，26. 17. 1 – 26. 19. 9；Scullard 1970，31。
88. 我的观点比沃尔班克（1957 – 1979，Ⅱ：135 – 136）的——他认为西庇阿对这些传说故事的传播持鼓励态度——更为激进。当然，无法证实西庇阿是否真的相信这些说法。
89. *De Vir. Must.* 49. 西庇阿出生时的情况见 Aulus Gellius 6. 1. 6；Livy 26. 19. 7 – 8；Dio 16. 57. 39；Valerius Maximus 1. 2. 1。他对朱庇特神庙的拜访见 Livy 26. 19. 5。对西庇阿与亚历山大大帝之间的联系的研究见 Livy 26. 19. 5。
90. Walbank 1957 – 1979，Ⅱ：55 中简要地点评了这件事。后世罗马人将西庇阿和赫拉克勒斯相比较的事见 Ennius in Lactantius *Div. Inst.* 1. 18；Cicero *Rep.* Fr. 3，Horace *Ode* 4. 8. 15。对这一主题的全面讨论见 Walbank 1957 – 1979，Ⅱ：54 – 58。
91. Polybius 10. 5. 5.
92. Scullard 1970，164 – 165.
93. Livy 26. 19. 8 – 9.
94. 对这一现象的详细讨论见 Scullard 1970，53 – 57。有人认为退潮时水位变得更浅其实是局部风力造成的，相关观点见 Walbank 1957 – 1979，Ⅱ：65 – 66。
95. Livy 26. 42. 2 – 26. 46. 10；Polybius 10. 8. 1 – 10. 15. 11；Goldsworthy 2000，271 – 277；Lazenby 1978，134 – 140.
96. Polybius 10. 2. 12 – 13.
97. 同上书，10. 17. 6 – 10. 18. 5。关于西庇阿小心翼翼地建立与西班牙部落首领之间的良好关系的经过见 Eckstein 1987，212 – 220。
98. Livy 26. 47. 1 – 10；Polybius 10. 19. 1 – 2.
99. Livy 27. 17. 1 – 27. 19. 1；Polybius 10. 34. 1 – 10. 39. 9；Goldsworthy 2000，277 – 279.
100. Livy 27. 19. 3；Polybius 10. 40. 2 – 5.

101. Livy 27. 19. 4 – 5. 另见 Polybius 10. 40. 4 – 5。

102. Livy 27. 19. 1. 27. 20. 3 – 8.

103. 同上书，28. 12. 13 – 28. 15. 16；Goldsworthy 2000，279 – 285。

104. Polybius 11. 20. 1 – 11. 24. 11；Livy 28. 16. 10 – 13.

105. Livy 28. 19. 11 – 28. 37. 10；Polybius 11. 25. 1 – 11. 33. 7.

106. Livy 27. 37. 1 – 15.

107. 早期罗马史诗中对朱诺与罗马人是如何演变为敌对关系的描述见 Feeney 1991，116 – 117。

108. 皮尔吉铭文的内容见 Dumezil 1970，680 – 682。

109. Huss 1985，235 – 236.

110. Livy 27. 26. 7 – 27. 27. 14，27. 33. 6 – 7.

111. 同上书，27. 28. 1 – 13。

112. 同上书，27. 39. 1 – 9；Polybius 11. 2. 1。

113. Livy 27. 39. 10 – 27. 49. 4；Polybius 11. 1. 1 – 11. 2. 2；Goldsworthy 2000，238 – 243.

114. Livy 27. 51. 11 – 13.

115. 尽管他已经为在意大利的军队铸造了货币，但如今他有时间亦有必要（他几乎再也没有机会去获取战利品）同样为平民制造大量钱币了——钱币上通常印的是驰骋的马与塔尼特的头像一类与迦太基货币相关的图案（Crawford 1985，66 – 67）。

116. Livy 28. 38. 1 – 11.

117. 同上书，28. 40. 1 – 28. 45. 11。

118. 同上书，28. 45. 13 – 28. 46. 1，29. 1. 1 – 14。

119. 同上书，28. 46. 7 – 13。

120. Polybius 15. 1. 10 – 11.

121. Livy 28. 46. 14.

122. 同上书，28. 5. 1 – 28. 8. 14；Goldsworthy 2000，253 – 260。

123. Livy 29. 12. 8 – 16.

124. 同上书，28. 45. 12。

125. 同上书，29. 10. 4 – 29. 11. 8，29. 14. 5 – 14；Ovid Fasti 4. 247 – 348。

126. Gruen 1990，6 – 7.

127. 同上书，17 – 19。

第 13 章　英雄末路

辉煌不再

308 公元前 204 年，在自己的地方总督任期延长了一年后，西庇阿预备把战争带到北非。他把自己在西西里的时光，花在了为这次入侵所做的精心准备上。同时承担起远征军的训练和演练这一重担的他仍能抽出时间，于公元前 205 年返回意大利，并收复了卡拉布里亚城镇洛克里（Locri），从而得以持续不断地向汉尼拔施压。他还动身前往北非，为的是去最具实力的马塞西利安（Massaesylian）-努米底亚王国的首都西贾（Siga），拜访国王西法克斯（Syphax）。罗马人考虑到即使入侵行动获得成功，他们在北非地区也离不开盟友的支持，因而早在公元前 213 年，他们就开始煞费苦心地讨好着这位诡计多端的政治家。然而，尽管西法克斯仍与罗马人保持着友好的关系，但他显然认为，眼下继续与迦太基人结盟会比较安全，后者对他的王国仍能施加更为直接的影响。而到如今，当罗马人的大规模入侵即将到来的时候，西庇阿再一次试图切断这位国王与迦太基人之间的关系。极为巧合的是，他的迦太基老对头，哈斯德鲁巴·基斯戈也在西贾，后者正从西班牙返回迦太基，途中来到了这里。西法克斯一如既往地以其老练的手法，将这两个争相要求同自己结盟的强权玩弄于股掌之中，他成功地说服了罗马将军与其迦太基对手坐到一起，接受他的款待。据说罗马将军给哈斯德鲁巴留下了极为深刻的印象，以至于他怀着对祖国未来的担忧回迦太基去了。[1]

即便如此，西庇阿和他的前任（这包括他的父亲和叔叔）一样，对形势做了错误的估计：当他离开西贾的时候，认为自 309
己已经确保西法克斯会在即将来临的北非战役中支持罗马。哈斯德鲁巴·基斯戈意识到罗马人将会主动拉拢这位努米底亚国王，于是他将自己的女儿索福妮斯巴（Sophonisba）嫁给了西法克斯，从而重新巩固了迦太基与他的同盟。迦太基人的美人计战胜了罗马人的外交手腕：老国王热烈地爱上了活泼、聪明、美丽的年轻王后。马塞西利安和迦太基随即签订了一份新的同盟协议，此后哈斯德鲁巴说服了努米底亚国王，给身在西西里的西庇阿去信，告知新条约达成的事。[2]

即便经历了这件令人沮丧的事，之后的形势仍对西庇阿极为有利。此时迦太基人在北非并无一支真正的常备军，汉尼拔的军队则正在布鲁提乌姆忍受着煎熬，而已被西庇阿动员起来的 3.5 万名用于入侵作战的士兵是一支强大的力量。这支部队的核心为由身经百战的老兵组成的两个军团，那些人本是坎尼之战的逃兵，作为惩罚，他们遭到放逐，此时已在西西里经历了十年战火的磨炼。我们被告知，这批人格外渴望为自己之前的过失赎罪。公元前 204 年春，这支远征军离开利利贝乌姆，乘坐一支由 20 艘护卫军舰与 400 艘运输舰组成的舰队，渡海前往北非。然而，不利的天气状况迫使西庇阿在迦太基以北的尤蒂卡，而不是在以南的小瑟提斯地区登陆——倘若在这里上岸，卡本半岛的肥沃地区将直接暴露在罗马军队面前。[3]

尽管迦太基人无疑已预料到一场入侵即将来临，却仍未做好相应准备，他们在召集自己的军队并等待西法克斯的努米底亚部队到来的同时，派出两支独立的骑兵分队前去与敌人作战，试图阻止罗马军队前进。两支队伍都被轻而易举地击败了。然而，作战时节的终结挽救了迦太基人：西庇阿在未能夺取守备森严的尤蒂卡后，意识到如今迦太基军队最终集结完毕，于是收兵扎营过冬去了。[4]

西庇阿意识到，一旦失去努米底亚骑兵的帮助，迦太基军队就会变得极为虚弱。于是，他利用战役的间歇期，再度试图将西法克斯拉拢到罗马一方来。这位国王显然担心在北非爆发
310 的战争可能使他的王国陷入动荡不安，此时迫切希望以中间人的身份来促成迦太基与罗马签订一份和平协议（协议的基础为双方同时从对方的祖国领土上撤军）。但西庇阿渴望着更大的个人荣耀，他认为自己可以拿下一场决定性的胜利，因此只是假装对这一提议感兴趣，同时秘密派出一位军官侦察敌人的军营。根据这次侦察活动搜集来的情报，他决定向迦太基和努米底亚人的驻地发动一场突袭。一天夜里，在进行了一次佯攻后，西庇阿火攻迦太基和努米底亚士兵的军营——这些临时营房的建筑材料是极易燃烧的树木、叶子或芦苇。此举导致拥有5万名步兵和1.3万名骑兵的迦太基军队折损大半。几个月后，迦太基人的事业又遭沉重一击：公元前203年，他们再度——这次是在尤蒂卡以南的大平原上进行正面对决时——在西庇阿手里吃到一场大败仗。迦太基元老院如今别无选择，只能打出他们的底牌，并将汉尼拔从意大利召回。[5]

在等待汉尼拔到来的时候，迦太基人使出缓兵之计。他们派出了一个30人的使团前往图内斯与西庇阿谈判。使团成员首先按照黎凡特人的习惯拜倒在西庇阿面前，接着表示他们要为目前的局面负起全责，而在这之前，他们将迦太基人所作所为的大部分责任推到巴卡家族及其支持者身上。作为回

应，西庇阿提出了下列条件：迦太基人要交出所有的战俘、逃兵和流亡者；命令军队离开意大利、高卢和西班牙，并从意大利和非洲之间的岛屿完全撤离；交出除 20 艘战舰外的全部海军，向罗马军队提供大量的小麦和大麦；最后，他们必须支付 5000 塔兰特白银的赔款。这些条件无疑是苛刻的，但之前西庇阿已决定拒绝任何和平提议，执意毁灭迦太基城。可能是在夺取尤蒂卡失败后他才改变了主意，当时他已意识到，无论用何种办法来围攻迦太基，都将旷持日久，并要花费巨大的人力 311
和物力。漫长的围攻战还会带来如下的危险：西庇阿本人可能在最终胜利到来之前就被另一位指挥官取代了。[6]

迦太基元老院接受了这些条件，公元前 203 年夏末，一个代表团被派往罗马，与罗马元老院缔结条约。使者们显然是按照事先约好的那样，再一次将他们当前的不幸归咎于巴卡家族：“他（汉尼拔）在渡过西贝卢斯河的时候，根本没有得到元老院的命令，更不用说翻越阿尔卑斯山的行动了。不仅对罗马开战是他自作主张，连萨贡托的事也是如此。不管是谁，只要稍加考虑就会意识到，罗马与迦太基之间的协议直到那一天都仍未被破坏。”[7] 在将迦太基元老院的战争责任推得一干二净后，使者们认为事实上是汉尼拔而不是迦太基方面首先撕毁了公元前 241 年的协定。当他们接下来请求只承认前 241 年的协议——一份有利得多的协议——的时候，这番花言巧语的意图变得清晰起来，因为该协定将允许迦太基人继续保留巴利阿里群岛，也许甚至包括西班牙南部。使者们已经确认，在谈判期间，罗马人的攻势将暂时停止，因此，他们现在试图争取较为有利的条件。即使他们的提议被拒绝，讨论时间持续得越长，汉尼拔和马戈就有越多的时间返回北非。

然而，罗马的元老们不是傻瓜，他们对迦太基人那昭然若揭的诡计（特别是迦太基代表团由于太年轻而无法记起前 241 年条约的真实内容的时候，他们的目的很快就暴露了）嗤之以鼻。然而，令人难以置信的是，或许是出于对汉尼拔和已取得空前战功的西庇阿的猜疑，罗马元老院勉强批准了这份新协议，附带条件是条约只有在马戈和汉尼拔的军队完全撤离意大利时才会生效。[8]

汉尼拔拒绝执行这道残酷的撤军命令。推卸责任的游戏自元老院成立之初起就已经存在了，但汉尼拔很快表明，自己并不是很反对找个合适的替罪羊。李维的记载如下：

> 据说当他听到使者的话时，咬着牙，呻吟着，差点掉
> 下泪来。当他们传达了指令后，他大叫起来："这些人之
> 前试图用中断人力和军费供应的办法来把我硬拉回去，如
> 312 今他们不再用这种下三滥的手段了，而是毫不掩饰地公然
> 将我召回。所以你们看到了，不是那些经常被打得落花流
> 水、一败涂地的罗马人战胜了汉尼拔，而是迦太基元老院
> 用他们的诽谤和妒忌打败了他。西庇阿会为我耻辱地踏上
> 归途感到自豪不已，欣喜若狂，就和毁掉了我的容身之所
> 的汉诺一样，但打败我的也不是西庇阿，因为他要想做到
> 这一点，只有把迦太基化为废墟。"[9]

当建立在汉尼拔之前的战功之上的脆弱协定开始破裂时，巴卡家族和他们的对手之间继续互相指责。然而，迦太基元老院从未简单地分为支持和反对巴卡家族的两派，因为当汉尼拔的进攻政策带来了威望、战利品和被征服的土地时，反对派中

的很多人也愿意支持他。一旦坏消息开始从迦太基人的各条战线上传来时，这种欣喜的感觉很快就为日益增长的忧虑感，以及随之而来的愤怒感所取代。到了公元前 203 年时，许多之前一直满足于汉尼拔那光荣成就所带来的愉悦感的人，如今却加入了由汉诺和他的支持者发起的，声势越来越大的反对者合唱团。

虽然如此，汉尼拔还是遵从了回师的命令。但他的弟弟马戈再也没能回到自己的祖国，因为尽管他成功地让部队在利古里亚登船，他本人却在舰队途经萨丁尼亚的时候死于战伤，这支舰队的许多船只被罗马人俘获了。汉尼拔带着一支由 1.5 万 ~2 万名经验丰富的老兵组成的军队在北非登陆。他留下一些部队戍守少数几座仍忠于他的城镇和城市，将其余的人马彻底解散。

罗马人如今转而着手抹除关于汉尼拔在意大利广受欢迎的记忆，以及他之前宣称的他的事业得到了神的恩眷的说法。一个内容为当汉尼拔的意大利籍士兵拒绝登上前往非洲的船，并躲进位于拉西尼乌姆海角（Cape Lacinium）的朱诺神庙时惨遭汉尼拔屠杀的故事传开了。[11] 尽管这个故事是杜撰的，但相关背景无疑经过那些一心想玷污汉尼拔名誉的人的精心挑选，因为它就发生在距汉尼拔最后的基地克罗顿（Croton）仅 10 公里远的神庙里。迦太基将军为了令自己的意大利传奇流传后世，在该地立起了一块铜碑，碑上同时用拉丁文和希腊文列举了汉尼拔在这个半岛上所取得的成就。波利比乌斯是这座神庙的一位访客，他宣称自己相信碑文上罗列的士兵与牲畜的数字 313
是准确的。然而，波利比乌斯也暗示铜碑上面包含自己并未写入著作的信息，那些信息是较为可疑的。[12]

克罗顿铜碑并不是与汉尼拔事迹有关的唯一线索。当汉尼拔与其顾问在布鲁提乌姆的最后要塞里消磨时日时，他们已经决定，利用这座著名的朱诺神庙作为记录他们意大利征战史的承载物，试图以此种方式令这些事迹永传后世。[13]这座神庙因发生过一些超自然现象而变得举世闻名。例如，前院一座祭坛内的灰烬从未被风吹动过。[14]然而，它也拥有极为怡人的风景：神庙的围墙为密林所环绕，在它的中央，有一片肥沃的、放养着各种各样的牛的牧场。这个地方是如此安全、僻静，以至于根本不需要牧牛人来看管牛群，只要在一天要结束时让它们走回牛栏就行了。卖牛所得的丰厚收入中的一部分被当作献给朱诺的纯金圆柱的制造费用。

一个被认为出自罗马史学家科利乌斯之手，但大多数学者主张原作者为塞利努斯的故事，宣称汉尼拔打算抢走这些金柱，但他先在上面钻了个洞，以确定柱子是否为中空结构。然而，朱诺出现在汉尼拔的梦境中，警告说如果他偷走它们的话，她就要弄瞎他的一只眼睛。等醒来后，汉尼拔不仅听从了这个警告，还用从圆柱上钻下来的金屑铸成了一只小母牛形状的小雕像，随后把这座雕像放置在圆柱的顶端。[15]

就像其他保存至今的，详细描述了汉尼拔与天神的对话的故事那样，要想从后世罗马、希腊史学家的恶意解读中还原出这个传说的原始意图和本来目的，几乎是件不可能的事。[16]然而，与其他传说一样，这个故事很可能旨在彰显汉尼拔对天神的崇敬与虔诚，在这里则是朱诺/赫拉，这位女神对罗马人的敌视态度已是举世皆知。一旦迦太基将军意识到他即将犯下偷盗圣物的重罪时，他不仅立刻收手，还用行动弥补了自己之前对这位女神的无礼行为。[17]只是在日后，罗马史学家们才把它

变成了一则意在强调汉尼拔那所谓的不虔之心的寓言。此外，314
拉西尼乌姆海角神殿之所以能引起汉尼拔的兴趣，可能并不仅仅是因为它与朱诺之间的关系。有个传说认为，建造这座庙宇的不是别人，正是赫拉克勒斯。[18]

这个故事的细节之中还包含了与汉尼拔事迹相关的其他线索。学者们长期认为这个传说与希腊哲人欧赫墨罗斯（Euhemerus）的说法存在诸多相似之处，后者的观点是汉尼拔与赫拉克勒斯 - 麦勒卡特之间的联系的重要组成部分，此人自称在印度洋发现了一根金质圆柱，上面刻有世界上最古老的历史，其中尤为引人注目的是对人类诞生于这位最早的希腊天神之手一事的记载。[19]小母牛金像的传说，凭借着迦太基将军试图与希腊世界接触这件事，无可置疑地再现了欧赫墨罗斯主义的信条。这个传说与详细描述了汉尼拔军队的规模与战役过程的碑文一样，成了一份流传后世的对汉尼拔事迹的证明。然而，有人必然能猜想到，在汉尼拔的远征最终失败后，塞利努斯对这次远征进行了记录，在他的生花妙笔下，这篇文章成了致赫拉克勒斯 - 麦勒卡特联合王国的最后一位伟大守护者的颂词。

在汉尼拔离开多年后，罗马人仍小心翼翼地侍奉着朱诺神殿和朱诺女神。公元前 174/前 173 年，当监察官昆图斯 · 富尔维乌斯 · 弗拉库斯（Quintus Fulvius Flaccus）拿走庙宇屋顶上的瓦片，用于他正在主持的罗马命运之神神庙的建设工程时，元老院立刻对这一不敬之举加以反对。在遭到元老院同僚的激烈指责时，弗拉库斯被这样问道：“他难道认为自己的行为还算不上对这座该地最受尊敬的，皮洛士和汉尼拔都未曾侵犯过的神庙的亵渎？难道非要把它的屋顶粗暴地掀翻，差点把神庙拆毁才算吗？”在小心翼翼地弥补了自己所作所为的过失后，这些瓦片被送回了神庙——它们被放在庙宇之内，因为没有一位瓦匠懂得如何把它们安安稳稳地放回屋顶上。[20]

罗马人记录了汉尼拔在神殿里屠杀意大利士兵的事，其目的很可能在于对汉尼拔宣称的，拉西尼乌姆海角的朱诺神殿是
315 这位迦太基将军在过去十五年间重走过的英雄之路的终点的说法，进行驳斥。然而，即使这一指控是不真实的，不可否认的是，在离开意大利时，汉尼拔将他的意大利盟军丢给了不确定的未来。事实上，在布鲁提乌姆出土了数量可观的货币，它们显然是被它们的主人埋起来，想等到局势好转时再回来取出。这些货币无言而辛酸地见证了那些被遗弃的人的不幸遭遇。[21]

事实证明，汉尼拔对元老院缺乏信任，他并没有径直前往迦太基，而是在这座北非大都市以南约 120 公里的港口哈德鲁米图姆（Hadrumetum）扎下营来。他来得正是时候，因为到公元前 202 年春时，迦太基与罗马签订的脆弱协议已被撕毁。当迦太基人洗劫并征用了几艘被风暴吹到海岸上的罗马供应舰时，奉命前来要求赔偿的罗马使团遭到了冷遇：迦太基元老院无疑因汉尼拔和他的军队在该城附近出现而受到鼓舞。此外，使者们差点被一群暴民处以私刑，只是由于反巴卡派的领袖哈斯德鲁巴·海杜斯（Hasdrubal Haedus）和汉诺的及时干预，他们才幸免于难。即便如此，更为激进的元老院成员随后仍试图伏击这些人，到使团的船只成功逃脱时，已有数人遭杀害。[22]

这次蓄意挑衅令西庇阿当即下定决心采取行动。他先是将他的盟友，努米底亚国王马西尼萨（Masinissa）召来，与自己联手作战。而后，显然是为了迫使汉尼拔正面应战，西庇阿开始进攻位于人口稠密、肥沃富饶的迈杰尔达河谷地区的一些城镇，并残忍地将它们夷为平地，将当地居民卖为奴隶。这一冷

酷无情的手段很快收到了预期的效果：迦太基元老院派出代表，恳求汉尼拔尽快进攻西庇阿。[23]

汉尼拔因而朝西北方向进军，可能是为了阻止马西尼萨及其军队与西庇阿的部队会师。公元前 202 年 10 月，他终于在距迦太基西南约五日路程的扎马（Zama）追上了罗马人。令人惊讶的是，西庇阿为了炫耀己方士兵的高昂士气，不惜冒险邀请被俘的迦太基侦察兵来查看罗马人的阵地，他们可以在军营周围随意走动，并将所见所闻报告给他们的将军。然而，这种做法看似欠考虑，其实不然，因为西庇阿不久之后就将军营搬至他处了。在两军都在做着必要的备战准备时，汉尼拔要求与西 316
庇阿会面。丰富的经验或许已经告诉迦太基将军，要在战场上击败西庇阿是不太现实的，他试图协商签订一份条件更为宽松的协议。然而，西庇阿认为自己胜券在握，拒绝了这个请求。[24]

第二天早上，交战开始。尽管汉尼拔的军队在数量上更具优势，他拥有约 5 万人，而西庇阿只有 2.9 万人，但马西尼萨提供的 6000 名训练有素的努米底亚骑兵成了罗马人的一项重要优势。由于骑兵很少，步兵们也都未经战阵，因此我们可以从汉尼拔的战略部署中看出，他的选择相当之少。与在意大利时的情形不同——那时他经常可以利用自己的骑兵从两翼包围敌人，扎马会战中，汉尼拔将自己的部队排成三列，他弟弟马戈的雇佣军余部位于前方，利比亚服役士兵和迦太基公民兵组成第二道战线，而他自己的重装老兵则作为预备队。他的战术很简单：强行在排成同样的三列阵（最有经验的部队位于后方）的罗马军队的战线上，撕开一道直达后者中军的口子来。无疑这并不是最精明的作战方案，但就汉尼拔所能支配的资源而言，它或许是最为实际的选择了。

迦太基军队缺乏凝聚力的弱点在战役之初就暴露无遗了：汉尼拔只是对位于第三排的自己的老兵进行了敦促和鼓励，激励其他部队的责任则落在了各部的指挥官身上。

为了率先突破罗马人的前方战线，汉尼拔动用了 80 头大象。然而，西庇阿已经让他的部队做好了应对这一特殊挑战的准备，他利用三道密集队列排出了一条宽阔的通道。当战役最终打响，象群发动冲锋的时候，并未陷入惊慌且转身狂暴地向己方战线冲去的大多数大象轻而易举地顺着这条通道，穿过了罗马人的战线。利用这一混乱局面，马西尼萨和罗马人的骑兵部队向敌军骑兵冲杀过去，将他们逐出了战场。

步兵部队间的战局则势均力敌得多，双方都坚守在自己的
317 阵地上，都给对方造成了惨重伤亡，直到迦太基人的第一道和第二道战线最终被逼退。当西庇阿将自己的部队重新排列为一道单独的密集队列后，他的进攻矛头开始指向汉尼拔麾下那 2 万名久经沙场的老兵，后者一直被他们的指挥官留作预备队。两支部队被证明彼此实力不相上下，直到返回战场的罗马骑兵从迦太基军阵的后方发起进攻。此战过后，汉尼拔手下的许多著名战士战死，被俘者的数量与之相当。[25]这一战无论是对汉尼拔本人——他成功地逃离了战场——还是对迦太基而言，都是致命的一击。扎马会战成功为罗马与迦太基之间的第二次大战画上了一个句号。[26]

战后余波

汉尼拔先是逃到位于哈德鲁米图姆的基地，之后才前往迦太基，出席了元老院举行的危机最高会议。他以自己特有的，直截了当的方式告诉与会的贵族们：战争失败了，如今唯一能

令迦太基幸免于难的希望就是提出议和。迦太基元老院立刻照办。包括主和派领袖汉诺和哈斯德鲁巴·海杜斯在内的 10 名使者当即被派往罗马，他们搭乘的船只上饰有橄榄枝（按照传统，它象征着求和），一名使者的节杖被固定在舰首。西庇阿的舰队在向迦太基驶去的时候遇见了这艘船，于是他命令使团前往图内斯，那里是他的军营所在地。可以理解的是，他所拟定的议和条件比他之前提出的更为苛刻。除了之前的那些规定外，迦太基现在被禁止在非洲以外的任何地方作战，甚至它要在非洲范围内开战，都必须先征得罗马的同意。赔款如今被定为 1 万塔兰特（2.6 万公斤）白银，五十年付清——这一数字是公元前 241 年协议中的索赔数字的近 10 倍。此外，迦太基将交出它的全部战象，舰队规模也被削减至仅保留 10 艘战舰。[27]

在迦太基城，元老们一致接受了这些条件，只有一人例外。有个叫基斯戈的人站起来发言，反对这份协议，但汉尼拔显然被这个拒绝了解现状的严重性的人激怒了，一把将他粗暴 318
地从讲台上扯了下来。这位将军被迫为他的行为道歉，此事表明汉尼拔与其他元老之间的关系已变得紧张起来。尽管如此，议会还是按照汉尼拔的建议，承认这些条件是较为仁慈的。因此，大约在公元前 202 年年末时，由哈斯德鲁巴·海杜斯率领的迦太基使团前往罗马，对罗马人表示他们同意这些和平条件，在他们回到北非之前，这份协议就在那里通过了。而后，迦太基舰队当着该城公民的面以高调的姿态被烧毁，拉丁和罗马逃兵也遭处决。西庇阿随即率领部下及 4000 名被迦太基人释放的战俘登船，动身前往罗马，在那里，他举行了一场气势恢宏的凯旋仪式。作为对他所取得的非凡成就的致敬，他将以“非洲征服者”的名号，永远为后世所称颂。[28]

根据几份罗马文献的记载，汉尼拔仍旧统领着他的残部，为了给他们找点事干，他将后者组织起来，种植了很大一片橄榄树。[29]但到了公元前 196 年，他显然厌倦了这种半隐居的生活，决定以一名迦太基苏菲特的身份登上政治舞台。他很快就证明自己的从政能力并不亚于带兵打仗的能力。

通过对长期存在的，成为迦太基政治生活特色的陋习和腐败现象的揭露与抨击，汉尼拔很快就为自己树立起普通公民保护者的形象。他提出一项规定 104 人法庭的人选今后应通过一年一度的选举产生，且任何人不得连任的新法律，并获得了通过。不过，这样的平民主义做派令他永远不可能得到元老院的欢心，他似乎完全成了众矢之的。

当汉尼拔日后宣称要对国库收入进行稽核，并由他亲自监督时，他招来了更多的仇恨。据说在主持了一次彻底的调查后，他发现很大一笔国有资金被官员们侵吞了。他随即在公民大会上宣布，如果财产税和港口税被正常征收上来的话，那迦太基在无须借助特别税的情况下，就有足够的能力支付给罗马的赔款。尽管此举无疑进一步提高了汉尼拔在迦太基人民心中的威望，但那些贪官对他的敌意也同样加深了。[30]

319 就汉尼拔采取的这种民粹主义的立场而言，他所使用的政治策略似乎与过去的近四十年里，令哈米尔卡和哈斯德鲁巴·巴卡获利匪浅的政治策略相同。可以肯定的是，汉尼拔刻意利用公民大会来通过他的法令，以及限制广大精英阶层的权力的做法，让他走上了巴卡家族煽动主义的老路。有人认为，汉尼拔也是一项雄心勃勃的新建设方案的背后推手，这套建设方案见证了新居民区内诸多建筑的拔地而起，以及这座城市在整体发展过程中取得的重大成就。[31]是否有某些元老担心这些平民主义的改革措施会演变成建立一个独裁政权的企图？这种担忧无疑解释了元老院日后的动作：他们向罗马提交报告，说汉尼拔正在与塞琉古帝国的君主安条克秘密谈判。安条克的王国西至小亚细亚东南部（土耳其），东至巴克特里亚王国（今阿富汗），如今它因希腊和小亚细亚西部的希腊城市而在外交方面卷入了与罗马的紧张冲突之中。[32]当罗马使团随后于公元前195年来到迦太基调查这一说法时，汉尼拔被迫东逃，途经泰尔和安提俄克，并从那里前往安条克的宫廷所在地艾菲索斯（Ephesus，又译作以弗所）。荒谬的是，对汉尼拔与安条克相互勾结的指控令这位迦太基人别无选择，只能前去寻求那位国王的庇护。[33]

在安条克的宫廷内，汉尼拔提出了一个重返迦太基并随后进攻意大利半岛的大胆计划。[34]然而，派遣一名间谍，以利用巴卡家族在北非的势力掀起一场叛乱的初步计划戏剧性地失败了，迦太基人由于担心他们的新领主的反应，立刻向罗马元老院报告了汉尼拔的阴谋。[35]汉尼拔严重低估了曾经孤军奋战的汉诺如今在迦太基的支持度，他为伺机弥补之前的失利所做的尝试显得越来越无望。为自己的人民所冷落的坎尼之战的胜利者如今发现，他被安条克的宫廷边缘化了。事实上，安条克和他的顾问们据说对汉尼拔鼓吹的战略极不放心。根据李维的说法，他的计划“总是那一个：战争应该在意大利进行；意大 320
利将会成为外国敌人的粮食及兵员补给站；如果不能在那里制造混乱，罗马人将可以运用意大利的人力和资源，在意大利以外的地方进行一场战争，到那时，无论是这位国王，还是任何其他人，都将无法与罗马人抗衡”。[36]当罗马与安条克之间的战争最终爆发时，汉尼拔的战略建议仍无异于堂吉诃德式的空想，并且不令人意外地遭到了委婉的忽视。[37]

然而，汉尼拔建功于战场之上的心愿最终得到了短暂的满足。安条克意识到这位将军的迦太基血统会让他在黎凡特的腓尼基城市中广受欢迎，遂派其去召集、准备一支小型的战舰编队。[38]这支塞琉古海军在小亚细亚的潘菲利亚（Pamphylia）近海与罗马舰队交上了手，由汉尼拔指挥的舰队左翼在一段时间内得以与经验和技巧都占上风的对手打了个难分难解。然而，塞琉古人的船最终被击退，并被死死地封锁在赛德（Side）港。可以想象，当汉尼拔看到罗马舰队中夹杂有迦太基人的战舰时是何等震惊与悲哀。[39]

公元前189年，塞琉古人最终在小亚细亚的马格尼西亚（Magnesia）被击败，其后汉尼拔在辗转于东方各个希腊王国宫廷中度过了自己的余生。尽管确切的流浪路线仍在推测中，但各式各样的关于他的奇闻逸事的线索，都指向了克里特岛和亚美尼亚地区（据说他在那里帮助修建过一座新城）。[40]然而，他的最后避难所是小亚细亚西北部的比提尼亚（Bithynia）王国。据说他在那里以一名城市规划师的身份继续着他的事业：他设计了一座新的首都，还发明了一种在海战中将装满蛇的罐子掷到敌舰甲板上的战术。尽管汉尼拔为比提尼亚国王普鲁萨斯（Pruisas）贡献有加，却在外交层面连累了后者。公元前183年，罗马将军提图斯·昆西图斯·弗拉米尼乌斯（Titus Quinctius Flaminius）拜访了比提尼亚，当弗拉米尼乌斯发现汉尼拔正在该国时，他训斥了这位国王一顿。普鲁萨斯对罗马人的势力在这一地区日益增长时庇护一位争议如此之大的客人所带来的后果忧心忡忡，当即决定交出汉尼拔。当比提尼亚士兵封锁了汉尼拔位于海滨地区的藏身之处的所有出口时，后者意

识到逃跑无望，于是服下了一直随身携带的毒药，从而避免了沦为阶下囚的耻辱。根据李维的记载，汉尼拔在死时谴责着罗 321
马人的恶毒、不虔诚和毫无信仰。[41]迦太基人最伟大的儿子的一生就这样戏剧般地谢幕了。

英雄的最后岁月

汉尼拔生命中那悲惨的最后几年或许会被视为一则描述罗马人睚眦必报性格的寓言故事，但事实上，他的命运在很大程度上是由他的同胞决定的。元老院的大部分成员都对他那以自我为中心的，在迦太基政治体系明显不稳时对它进行暗中破坏的做法感到厌烦，他们一直都在迫切希望摆脱这个人。然而，一旦考虑到在作为巴卡家族遗产组成部分的，以部下的忠诚和各种关系编织而成的网络背后，汉尼拔与迦太基精英阶层彼此形同陌路这个事实——从某种程度上说，在于这座城市长大成人的哈米尔卡和哈斯德鲁巴·巴卡身上是看不到这种情况的——我们越来越能理解他在政治上的失败与误判了。拜他那永不疲竭的精力以及无法容忍异议的性格所赐，汉尼拔成了众多证明自己完全不适合从政的军事英雄中的一员。

在罗马，汉尼拔之死引发了各种各样的反应。一些人对弗拉米尼乌斯的做法点头称许，因为他们“认为，只要汉尼拔活着，他就是一团只要扇一扇就会猛烈燃烧起来的火焰；他们说，当他不再年轻的时候，对罗马构成强大威胁的不是他的躯体或胳膊，而是他的能力和经验，以及强烈的怨恨和敌意”。[42]然而，其他人“认为提图斯（·弗拉米尼乌斯）的行为是残忍的：因为他在汉尼拔像一只鸟儿一样，由于太老而无法飞翔，尾羽也掉光了，得以以温顺而无害的方式生活下去的时候，将他置于死地”。[43]后一派以“非洲征服者”西庇阿为首——有些人将这一事实视为罗马人极为看重其往昔对手的态度。[44]然而，西庇阿是个极为务实的人，绝不会允许这种感伤情绪蒙蔽自己的判断。这位罗马英雄比绝大多数人都要了解迦太基的政治局势，知道汉尼拔如今再也没有机会来煽动一场针对罗马政权的叛乱了。

322 即便如此，可以说两派的观点都对。尽管迦太基王国已再也不能利用汉尼拔威胁罗马，但在诸希腊王国的宫殿内，一听到他的名字，人们无疑仍会联想起那个极具魅力的力拒罗马的英雄。汉尼拔本人立刻意识到了这一点，很快就撰写出了至少一本反罗马的宣传册——写于公元前 2 世纪 90 年代初，其内容以演讲的形式在罗德岛的居民中传播。在小册子中，他概述了罗马将军格奈乌斯·曼利乌斯·乌尔索（Gnaeus Manlius Vulso）在小亚细亚犯下的野蛮暴行，这明显意在令他的读者转而反对罗马政权。[45]其他人亦渴望着将仍属于汉尼拔这个名字的影响力据为己有。同一时期，一封伪造的，据说是迦太基将军在坎尼会战后所写的信流传开来。在这封信中，“汉尼拔”宣称他取得了一场杰出的胜利，并预言在希腊人中爆发的一场起义，将给罗马在地中海东部地区的统治画上句号。[46]因此，对于许多罗马人而言，只要汉尼拔活着——无论是在敌国的宫廷内活动，还是仅仅作为一个抵抗的象征而存在——他就非死不可。

然而，罗马人追杀汉尼拔的动机，已远远超出了后者可能仍在制造威胁的应对范畴了，对汉尼拔的态度导致了罗马元老院的分裂，这使得追杀他的决定也成了罗马国内的政治问题。困扰着汉尼拔的事因而同样在困扰着过去是汉尼拔的大敌，现在转而成为他的保护者的“非洲征服者”西庇阿。这两个人的命运一直紧紧地交织在一起，在北非获胜后不久，这位罗马英雄就发现自己同样遭到了祖国政治机构的孤立。在罗马，尽管他的一些支持者在政府要职的竞选中胜出，但西庇阿在公元前 194 年的第二次执政官任期内却鲜有建树，他发现自己的抱负越来越明显地遭到在元老院内势力不断增长的反对派的阻挠。毋庸置疑，西庇阿无法像在战场上那样在政治领域建功立业的事实，几乎是汉尼拔在迦太基的遭遇的再现。

对于西庇阿而言，当他和他的哥哥卢基乌斯从战胜安条克的战场上被召回罗马时，人生的下坡路就已然开始。以马尔库斯·波尔基乌斯·加图（Marcus Porcius Cato）为首的政敌，已经说服元老院通过一项法案：执政官的军队指挥权期限不得超 323
过一年。其后，他们试图起诉西庇阿兄弟的几个朋友和支持者。然后，西庇阿兄弟发现，当他们被要求对在签订停战协定时从安条克处获赠 500 塔兰特白银一事做出解释的时候，自己成了众矢之的。“非洲征服者”西庇阿傲慢地当着元老们的面，撕毁了军费账簿，但这样做并没有帮到他自己。感受到对手的虚弱的加图及其支持者继续向西庇阿兄弟施压，后者越是拒绝对接受这笔钱的行为做出解释，对他们的猜疑就越多。最终，在公元前 184 年，“非洲征服者”西庇阿耻辱地因收受安条克的贿赂的罪名而遭到法院起诉。西庇阿意识到他的政敌的势力正在蒸蒸日上，当即选择离开罗马，前往他位于坎帕尼亚利特隆（Liternum）的庄园，加图达到了自己的政治目的，便中止了起诉。[47]然而，还不到一年时间，这位扎马之战的伟大英雄就在一蹶不振中死去了。

考虑到这两位伟人不仅在各自的执政方略上一致，连彼此的政治体制背景也极为类似，他们的没落轨迹如出一辙或许也就是一件不足为奇的事了。西庇阿，这个伟大的英雄以及罗马战胜迦太基的强力象征，很快就成为以“元老院人人平等”这一精心编织的谎言为中心构建起来的，政体内部的一股危险而不稳定的力量。[48]汉尼拔在迦太基政治舞台上的出现体现了类似的问题。他那些平民主义的改良措施，以及与之相伴的，对元老院同僚流露出的蔑视之情，都让他在他人眼里成了一个潜在的独裁者。在与他们之中的一位活生生的英雄——一位形象高大，对那些与之相比显得相形见绌的政客构成威胁的英雄（他曾担负起保护这些人的使命）——的对抗中，无论是迦太基元老院还是罗马元老院都断然采取措施，孤立了自己昔日的保卫者。两位英雄的最后人生路就这样戏剧性地走到了尽头。

注　释

1. Livy 28. 17. 10 – 28. 18. 12；Appian 7. 9. 55.
2. Livy 29. 23. 2 – 29. 24. 2.
3. 同上书，29. 24. 10 – 29. 27. 15。
4. 同上书，29. 28. 1 – 29. 29. 3，29. 34. 1 – 29. 35. 15。
5. 同上书，30. 3. 1 – 30. 12. 4。
6. 同上书，30. 16. 1 – 15；Eckstein 1987，246 – 249。
7. Livy 30. 22. 2 – 3.
8. Polybius 15. 1 – 4；Livy 30. 22. 1 – 30. 23. 8.
9. Livy 30. 20. 1 – 4.
10. 同上书，30. 19。
11. 同上书，30. 20. 5 – 9；Appian 7. 9. 59。
12. Polybius 3. 33；Livy 28. 46. 16. 李维对汉尼拔与拉西尼乌姆海角

圣殿有关事件的看法见 Jaeger 2006。

13. Campus 2003b.
14. Livy 24. 3. 3 – 7, 28. 46. 16.
15. Cicero *Div.* 1. 24. 48. 西塞罗宣称他的史料来源是科利乌斯·安提帕特的著作，但后来他又说自己使用的是塞利努斯对汉尼拔的记载。
16. 李维选择性地使用科利乌斯的著作与其他文献的说法，因此他的著作的道德模式一直未受质疑，这方面的情况见 Levene 1993, 68; Jaeger 2006, 408 – 409。
17. Wardle in Cicero, *Div. 1* (2006), 229.
18. Servius *Aen.* 3. 552.
19. Brizzi 1983, 246 – 251; Lancel 1999, 155 – 156.
20. Livy 42. 3. 4.
21. Crawford 1985, 66.
22. Livy 30. 24. 5 – 30. 25. 8, 30. 29. 1. 一份来自埃及的（P. Rylands Ⅲ 491），年代可追溯到公元前 130 年之前某个时候的莎草纸残卷，似乎以一个截然不同的角度记载了当时发生的外交纠纷。特别是其中并未提及抢劫罗马人的货船及伏击之事，令人不由得怀疑这些事件可能有所夸大，乃至完全是波利比乌斯或其他亲罗马作家捏造出来的（Hoffman 1942）。即便如此，埃克斯坦（1987, 253 – 254）仍提出了一个令人信服的观点：波利比乌斯的记载从大体上看——尽管它可能竭力从正面角度美化西庇阿——或许是可信的。有人认为这份莎草纸残卷可能其实是罗马历史学家费边·皮克托的著作摘录中的一部分，相应观点参见 Hoyos 2001a。
23. Livy 30. 29. 1 – 4.
24. 同上书，30. 29. 5 – 30. 31. 9。
25. Lazenby 1978, 221 – 227.
26. Livy 30. 32. 4 – 30. 35. 3.
27. 同上书，30. 35. 4 – 30. 37. 6。
28. 同上书，30. 37. 7 – 11, 30. 42. 11 – 30. 43. 9。
29. Cornelius Nepos *Hann.* 7. 1 – 4; Aurelius Victor *De Caes.* 37. 3.
30. Livy 33. 46. 1 – 33. 47. 5.

31. Lancel 1995，404.
32. Livy 33. 45. 6 – 8. 有关罗马与安条克之间的战争的全面历史记录见 Grainger 2002；Errington 1971，156 – 183。
33. Livy 33. 48. 9 – 33. 49. 8.
34. 同上书，34. 60. 4 – 6. 进攻意大利的计划很可能是为了说服安条克，让其加入汉尼拔制定的大战略之中而设计的，这一战略旨在发动一场新的对罗马战争；见 Grainger 2002，143 – 145。
35. Grainger 2002，143 – 145.
36. Livy 34. 60. 3 – 4.
37. 同上书，36. 7。进攻意大利的提议的不现实性使得一些学者猜测这些计划可能是后人伪造的（Lancel 1999，200；Grainger 2002，223 – 224）。
38. Grainger 2002，270.
39. Livy 37. 8. 3，37. 23. 7 – 37. 24. 13.
40. 关于汉尼拔在克里特的活动见 Cornelius Nepos *Hann.* 9. 1；Justin 32. 4. 3 – 5。在亚美尼亚的活动见 Strabo 11. 14. 6；Plutarch *Luc.* 31. 4 – 5。
41. Livy 39. 51.
42. Plutarch *Flam.* 21. 5.
43. 同上书，21. 1。
44. De Beer 1969，291.
45. Cornelius Nepos *Hann.* 13. 2. 关于罗马人所犯下的暴行，特别是针对加拉太人犯下的暴行，见 Polybius 21. 38；Livy 38. 24。
46. Brizzi 1984b，87 – 102；Momigliano 1977，41.
47. 与西庇阿的法律问题有关的记录见 Scullard 1970，219 – 224。
48. 西庇阿的个人抱负与第二次布匿战争之后罗马元老院内部的势力平衡局面，是彼此冲突的，关于这种冲突更为详细的背景见 Levick 1982，57 – 58。

第 14 章　迦太基的废墟

失败者的复仇

到了公元前 2 世纪 80 年代，不再是一个强权所带来的那 324
些好处对于许多迦太基人来说，变得越来越明显。在这段被称为“失败者的复仇”的时期，迦太基不用再负担战争带来的压力，也不用再承担一个帝国的重任，一场令人瞩目的经济复苏大戏就此上演。据记载，战争结束仅十年后，迦太基人就能够付清对罗马的全部赔款了，但相关提议遭到了后者的拒绝。[1]这一经济奇迹是怎么实现的？答案是第一次布匿战争结束后出现的一些新情况。

首先，失去西西里和萨丁尼亚令迦太基对北非内地的殖民活动与农业开发的力度迅速加大。[2]当地的农业基础显然在西庇阿的非洲战役中逃过一劫，得以相对完整地保存下来。尽管在第二次布匿战争的最后几年，罗马把战火燃烧到了北非，但它所遭受的蹂躏却并没有意大利某些地区那么厉害。就连“非洲征服者”西庇阿在迈杰尔达河谷所实施的焦土政策也有着严格限制，其目的只有一个：迫使汉尼拔应战。因此，战后仅一年，迦太基人就能够向罗马和在马其顿的罗马军队供应 40 万蒲式耳谷物。[3]紧接着，在公元前 191 年，他们送给罗马人一份礼物：向与安条克交战的罗马军队提供了 50 万蒲式耳小麦和 50 万蒲式耳大麦。[4]二十年后，他们又向在马其顿作战的罗马军队送去 100 万蒲式耳谷物和 50 万蒲式耳大麦。[5]

325 其次，迦太基与罗马之间的繁荣贸易也是个重要的有利因素。在第一次与第二次布匿战争之间的这段时间内，贸易才刚刚发展起来，但在公元前 2 世纪初，它的规模已经有了巨大的增长。来自坎帕尼亚和意大利中部其他地区的大量陶器和普通厨具在这一贸易中占有极为重要的地位。考古学资料为我们描绘了迦太基农业经济欣欣向荣的景象，它有能力出产足够多的剩余产品，不仅可以供应罗马军事机器，还能为意大利中部商人提供一个有利可图的市场。[6]此外，有确切的证据表明，迦太基人参与了向西班牙运输坎帕尼亚葡萄酒的业务，但他们自己的意大利葡萄酒的消耗量有所下降，而这可能是因为他们现在自产甚多的缘故。[7]

与能够以和平方式不断重建自身经济的迦太基人相反的是，在公元前 2 世纪上半叶的大部分时间内，罗马人都在希腊和小亚细亚地区的一系列消耗战中疲于奔命，经济上依赖的是盟友定期提供的大量金钱和供应物资。罗马经济的精疲力竭亦体现在它为支付士兵的军饷而铸造了不计其数的铜币这一事上：就在同一时期，罗马只生产了为数极少的银币，没有生产出一枚金币。[8]在这一时期，迫于经济压力，迦太基同样铸造了大量作为银币替代品的铜币，但与罗马的形势形成鲜明对比的是，迦太基人对铜币的依赖或许不应被视为经济上陷入困境的迹象。[9]从历史上看，迦太基人是用银币、金币和琥珀金币来支付雇佣军军饷的，同时用铜币作为国内市场的第一支付手段。因此这一时期他们只用铜币一事，可能仅仅意味着他们既不需要保护帝国的海外领土，也不需要再维持一支常备军了。

关于迦太基在这一时期重现繁荣的进一步证据来自考古学

资料：当时这座城市进行了一些雄心勃勃的建设及改造工程。在这些工程中，意义最非凡的是那个新的综合港（port complex）。阿庇安在其著作中引用了李维对综合港的极为生动的描述：

> 两个海港是彼此相通的，共用的海上入口有 21 米宽，可以用铁链加以封闭。第一个海港供商船停靠之用，那里堆积着各式各样的船用滑车。第二个（圆形）海港 326
> 环绕着一座岛屿，一个个巨大的码头坐落于海港与岛屿周围的间隔之中。堤岸上到处都是船坞，足以容纳 220 艘船。除此之外，船坞内还存有滑车和船用设备。每个码头的前段都屹立着两根爱奥尼亚式圆柱，看上去就像是一整列位于海港和岛屿之上的柱廊。岛上建有海军将领的官邸，号兵在这里发出信号，传令官在这里发布指令，海军将领本人也从这里俯瞰一切。这座岛屿位于港口的入口附近，海拔相当高，如此海军将领就可以观测到海面上所发生的事，而那些从海路接近的人却无法看清港口内部的情况。甚至就连那些正在进港的商人也无法一下就看到里面的船坞，因为有一堵双层墙把它们围了起来，此外还有一些大门可以让那些从第一个港口进入城市的商船通过，从而不用经过里面的船坞。[10]

经考古学家证明，这段记录是极为准确的，但战舰泊位实际上是约 170 个而非 220 个。如此有限的区域能容纳如此之多的船，这是对可用空间灵活应用的结果。岛上有 30 座带有屋顶的干船坞，它们对称散开，形成了一把扇子的形状，一片六角形的空地将这些船坞分隔开来，空地最南端耸立着一座瞭望塔。利用一段狭窄的通道可以从北面进入这一地区。利用木制的滑道，可以将船拖进干船坞。据进一步估计，沿着岛屿周边分布的船坞可以容纳 140 艘船。[11] 然而，除了当海上之旅被认为太过危险的冬季，一整支舰队是绝不可能在港口内停泊太久的，在一年的其他时间，岛上的船坞将被用于修理和重新装备船只。[12]

商业港同样有着一定的限制条件，包括码头在内的可用空间只有 7 公顷左右。迦太基人在海中修建了一个巨大的平台，从而扩大了可用空间。这个呈不规则四边形的平台位于水道（水道直通里面那个新建的综合内港）道口附近，它可用来装卸与贮藏货物。[13]

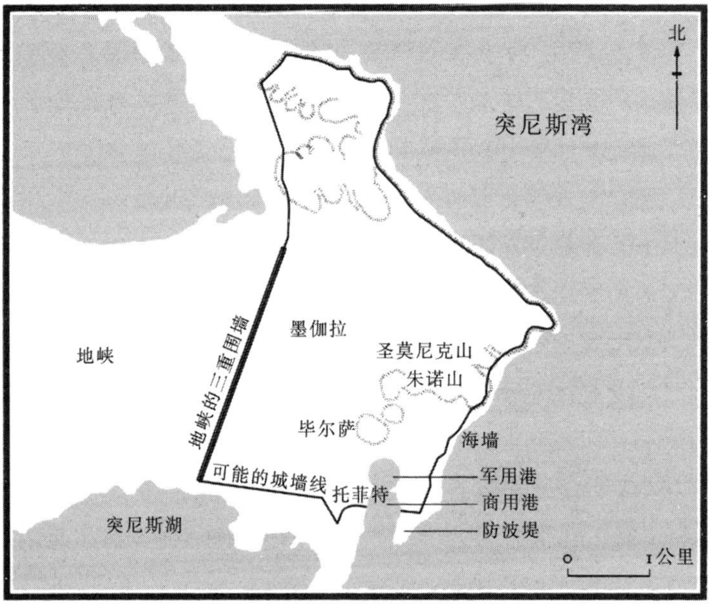

地图 16　公元前 2 世纪的迦太基

这些新海港的建造占了迦太基人投资中的巨大部分。据估 327
计，在兴建过程中，迦太基人不得不在这片曾是沿海滩地的地区挖掘了约 23.5 万立方米泥土。约 1 万立方米的泥土随后被堆积在岛上的圆形盆地中央的干燥地面之上，从而为船坞的滑道创造出足够的坡度。尽管这些建筑物的建筑速度是可想而知的，但仍有大量证据表明，它们建造得极为精良。就连商业港的码头区都是用巨大的砂岩料石建成的，围堰工艺被应用于下游航道：用并排的木制屏障构成了临时的防水工程，这样料石就可以被安置于其中。[14]

这些海港的设计，以及作为港口屏障的外部平台，似乎证实了波利比乌斯的说法，它们的另一个作用在于阻止外界的窥探。毋庸置疑的是，一旦有人经海路进入这座城市，映入他们
眼帘的都将是坚固的防御墙和外港。事实上，港内的船坞由于 328
拥有 170 个泊位，已经违反了公元前 201 年与罗马签订的协议中将迦太基舰队规模限制在区区 10 艘船的条款。然而，罗马元老院继续间歇性地朝这座城市派去使者，以对迦太基与努米底亚人之间的争端做出仲裁，由此罗马人并不知道这个新综合港的存在的说法似乎让人难以置信。此外，除了波利比乌斯的记载，并无其他直接证据表明这座环形海港——至少在其存在之初——是被作为专门的军用港而非商用港的。因此，新港口的建成或许并不意味着迦太基人仍在与罗马对抗，或在重建自己的军备，而是因为罗马人乐于让迦太基人在罗马，特别是在希腊和小亚细亚的罗马军队需要迦太基提供大量粮食时，重建他们的商船队。迦太基海港是小心翼翼地修建起来的，但无疑并不是无法被发现的。这座环形海港的存在实际上表明，罗马元老院已不再将迦太基视为军事上的严重威胁。

尽管迦太基人如今为罗马人的事业提供了大量服务，但罗马元老院仍然毫不客气地将迦太基视为敌国。努米底亚王国马西尼萨对迦太基人伤害尤其深：可能是出于对后者取得的新成就的嫉妒，他继续利用着罗马人对其北非邻国的疑心。历史上一直为更强大的邻居所统治的努米底亚人，在马西尼萨的带领下，借迦太基在第二次布匿战争中战败的机会，在与这个经济繁荣但军事孱弱的国家打交道时显得越来越强硬。公元前3～前2世纪，迦太基上层人物与努米底亚精英阶层之间经常联姻，彼此间的联系变得越来越紧密，再加上迦太基内部的某一个哈斯德鲁巴领导的亲努米底亚派，因此双方的关系极为亲密。[15]在宗教领域，迦太基天神如巴尔·哈蒙和塔尼特等，似乎受到越来越多的努米底亚信徒的膜拜，[16]而剩下的属于努米底亚精英阶层的物质文化从这一时期起经常体现出迦太基文化的影响。例如，一些王室陵墓——包括可能是为马西尼萨本人而修建的所谓的“库鲁布之陵”（Souma of Khroub）——全都
329 采用了兼收并蓄的多元化风格，以及与迦太基建筑学相关的图案。[17]

关于努米底亚精英阶层对迦太基文化的开放态度，最令人印象深刻的实例位于今属突尼斯的土加城（Thugga），那里有一座为一个名叫阿本（Atban）的努米底亚酋长而修建的三层式陵墓，这座墓建于公元前3世纪和前2世纪之交的某个时间，直到今天仍屹立在那里。[18]与萨布拉塔的陵墓一样，土加城之墓在保持其结构上的一致性的同时，也包含了极为多样化的艺术风格和元素：饰有荷花的伊奥里亚式柱顶，带有装饰性凹槽的爱奥尼亚式圆柱，埃及式线脚，等等。迦太基世界的影响力在用利比亚语和迦太基语双语写就的碑文中得到了进一步

体现，这表明，尽管陵墓的使用者和建造工人是努米底亚人，设计师却是迦太基人。[19]

文化上的同化现象是在迦太基与努米底亚之间的经济联系越来越紧密的背景下产生的。它们的相互往来达到了这样的程度：努米底亚王国开始铸造的沉甸甸的铜币，与迦太基铜币间的明显相似之处，足以表明它们是作为两国共同使用的货币而设计的。[20]马西尼萨也被认为是努米底亚王国的一场土地革命的领导者，他可能是通过模仿迦太基的农业技术来实现这场革命的。[21]其结果是，他输送给罗马盟友的谷物和其他供应物资的数量并不比迦太基人少。

然而，马西尼萨如今认为，如果他能在有利可图的北非农业和商业市场上抢占了更大的份额，罗马人也不会有什么意见。在某些情况下，迦太基与努米底亚之间的紧张局势与相互冲突令两国都向罗马派出使者，提出各自的控诉。对迦太基人而言，这类上诉经常以对他们不利的判决而告终，因为罗马元老院显然倾向于支持一个更为忠诚的盟友的诉求，而不是仍令它感到疑虑重重的国家所提出的那些要求。努米底亚人策略的一大重点就是利用罗马人对迦太基的猜疑心理。因此，在公元前 170 年，马西尼萨诸子之一的古鲁萨（Gulussa）以一个努米底亚使团成员的身份来到了罗马，根据李维的记载，他在那里向元老院提出告诫："要当心那些不忠诚的迦太基人，因为——他补充道——他们已经采纳了一个筹建一支庞大舰队的 330
计划，这个计划表面上是帮助罗马人与马其顿人作战的。一旦这支舰队筹建、装备完毕，那迦太基人便可自行决定与之结盟或敌对的对象了。"[22]

努米底亚人的控诉不仅引起了罗马人的军事忧虑，更勾起了他们视迦太基人为无诚信的欺诈者的负面印象——这一印象自第二次布匿战争起就在罗马公众的心中根深蒂固（或许因迦太基人在商业领域的惊人崛起而变得更加深刻）。一部被翁布里亚剧作家普劳图斯于公元前194年改编成当代罗马舞台剧的希腊剧本，成了一扇展示罗马人这种刻板印象所具有的力量的精彩窗口。[23]《布匿人》（*Poenulus*）属于欢歌载舞型的罗马新喜剧，尽管它是在希腊城市卡吕冬（Calydon）上演的，但四个主要角色都不是希腊人，而是迦太基人。虽然这部喜剧改编自早先的一部希腊戏剧《迦太基人》，但普劳图斯将它作为自己作品的蓝本的决定不可能与近来的政治事件无关。[24]事实上，他显然在作品中加入了一些独创的，与时下热门话题有关的对话。[25]

带有侮辱性的小标题——“小迦太基人”，为这部戏剧定下了讽刺性的基调。戏中的大部分情节着重表现的是汉诺的艰辛历程，汉诺是一位迦太基商人，前往希腊寻找——后来是营救——自己那被绑架并被卖为性奴的女儿们。从在剧中第一次登场起，汉诺就受到了仇外者的嘲笑。在开场白中，他被认为是一个阴险狡诈、爱指使人、恣情纵欲——普劳图斯笔下的典型迦太基人形象的一切特征——的家伙。观众被告知，

> 每到一座城市，他就立刻着手追查当地每一个妓女的出身；他掏腰包将她们一个个请来过夜，而后问她来自何方，是哪国人，是在战争中被俘的还是被绑架来的，她的家人和双亲是谁。他以如此精明、巧妙的手段寻找着自己的女儿。他还通晓世界上所有的语言，但他懂得隐瞒自己的本事。典型的迦太基人就是这样的！还有什么好说的？[26]

因此，戏中除了更多的诋毁，就是暗示汉诺可能有乱伦行为，而在已是相当严重的一系列罪行之外，它还增加了有关堕落和 331 渎神的指控。[27]此外，汉诺也因身着异国服饰而遭讽刺：他没披斗篷，而且他那件没有束带的外袍就和他的同伴戴的耳环一样，在罗马人看来是娘娘腔的象征。[28]

在一幕重头戏中，汉诺在另外两位角色——年轻贵族阿戈拉斯多克勒斯（Agorastocles）与其奴隶，性格阴险卑鄙的米勒菲奥（Milphio）——面前装作只会说迦太基语的样子。米勒菲奥在使主人和观众误认为他精通迦太基语后，把汉诺的话翻译得一塌糊涂，从而产生了强烈的喜剧效果。不论汉诺所说的是不是迦太基语（这一点从未被证实或被反驳过），对于观众而言，这幕戏的滑稽之处在于这门语言听起来是那么稀奇古怪和不可思议。[29]另外，汉诺实际上是个有钱的上流人士，在米勒菲奥口中却变成了一个贩卖各种各样可笑玩意——其中包括非洲老鼠、餐具、农具、坚果，可能还有污水管道——的行商，这些无疑是在影射迦太基人那众所周知的商人身份。在接下来的情节中，米勒菲奥还建议阿戈拉斯多克勒斯应该对这个迦太基人小心些，不要上他的当。

整部戏中，汉诺都在遭受着毁谤和嘲笑，甚至在其动机的正当性被确认之后，这些毁谤和嘲笑仍在继续。在一幕曲调特别高亢的场景中，当一位士兵遇上了这位正与自己的女儿们互相拥抱的迦太基人的时候，这位士兵误认为汉诺是她们的一位顾客。

这是在调情吗？同时和两个女人调情？

这个穿着件和酒馆男侍一样的长袍的家伙是谁？

> 咦？我没看错吧？那是我的姑娘安特拉丝蒂丝吗？
> 是的！我敢肯定！很久以来我一直觉得她瞧不起我！
> 这个下贱娘儿们当街和一个脚夫眉来眼去的，不害臊吗？
> 天神在上，我现在就要让这个家伙被刽子手从头到脚拷打一顿！
> 他们不过是有一套讨女人喜欢的行头罢了，就是这些摆来摆去的长袍。
> 但我肯定会把这个非洲婊子痛骂一顿。
> 喂，你！我说的是你，娘儿们！你一点羞耻心都没有吗？
> 还有你！你和那婊子搞些什么勾当？
> 回答我！[30]

332 汉诺并没有解释自己和这几个女孩之间的家庭关系，以平息那个士兵的情绪，而是宣称自己其实是一个寻欢的嫖客，这进一步激怒了士兵。那人再度爆发，用带有种族主义色彩的语言把汉诺又骂了一顿。

> 你这条干瘪的沙丁鱼，半开化的野蛮人，
> 你是刚扒下来的生皮，是架盐挑子，是坨被捣烂的橄榄泥，是比罗马划桨手的长凳还臭的大蒜和洋葱！[31]

乔治·弗兰科（George Franko）评论道："普劳图斯试图使他的观众发笑，这些评价大概是为了迎合罗马观众的种族歧视思想。参加过第二次布匿战争的老兵或许很喜欢这种侮辱迦太基人的

粗口。这个士兵的言辞表明，分享这位迦太基人找回爱女所带来的快乐，与辱骂迦太基人所带来的欢笑是并行不悖的。”[32]

然而，与此同时，《布匿人》亦传达了一条极为微妙的信息：尽管普劳图斯将汉诺写成了一个纵欲狂和骗子，但他侧重表达的是，这位主角是个真正有“责任感”（pietas）的人，他把个人对神灵和家庭应尽的义务放在心上，并着手去完成。“责任感”是罗马人特有的美德，将这种美德安到一个迦太基人身上——即使是在一部喜剧中——是极为罕见的，也实在是有争议的。此外，汉诺的“责任感”与其另一种能力是相辅相成的：他似乎精通罗马法律，这种本领在他将自己的女儿们从妓院老板那里救回来的过程中发挥了很大作用。因此，《布匿人》所表达的是：罗马人的“责任感”与罗马法律的条文才是通往成功之路的途径，迦太基人的诡计与骗术——汉诺在戏中一开始走的就是这条路——是行不通的。所以，《布匿人》不仅迎合了罗马公众对迦太基人的偏见，还着重强调了罗马式价值观和体制的优越性。[33]尽管这部戏剧脱胎于一部希腊人的作品，但它所蕴含的信息却无疑是那个年代的。

迦太基问题

尽管迦太基人可以应付罗马喜剧对他们的负面描述，但到了公元前 2 世纪 60 年代，罗马元老院的一些成员已开始策划对迦太基人更为不利的行动。很显然，如今罗马人的对外政策变得越来越富有侵略性，但表面上仍旧打着“正义战争”的 333
幌子。十年前，罗马人对马其顿国王珀尔修斯（Perseus）的猜忌，导致元老院最终对马其顿宣战。第三次马其顿战争（公元前 171 ~ 前 168 年）以一种常见到惊人的方式爆发了：

为罗马所偏爱的小国连篇累牍地控诉马其顿。马其顿与罗马之间的外交关系在悄然无声中变成了彼此敌对。最后，珀尔修斯最强大的区域竞争对手，帕加蒙国王欧迈尼斯（Eumenes）令罗马人相信，他们对马其顿的侵略企图的怀疑是极为合理的。最终的宣战理由实际上多是捏造出来的，包括所谓的对罗马在这一地区的重要盟友的暗杀行动。当罗马在进行士兵动员的时候，要求进行对话并质问原因的珀尔修斯得到的是越来越模棱两可、含糊其辞的答复。罗马将军菲利普斯（Philippus）最终向珀尔修斯提供了一份停战协定，这位年轻的马其顿国王天真地以为这是罗马人善意的表示。然而，菲利普斯此举只是为了给挺进巴尔干半岛的主力部队争取时间而已。尽管一些元老无法接受这种与罗马精神背道而驰的欺诈手段，但他们的同僚则勾结起来，有意延阻在罗马的马其顿使团的归程，以达到这一目的。这一幕，正如一位历史学家所描述的那样："是众多元老所见证过的，罗马式外交欺诈史中最为声名狼藉的一段。"[34]

珀尔修斯最终于公元前168年在皮德纳（Pydna）战败，这意味着马其顿王国的统治就此终结，也标志着罗马元老院将以更为强硬的立场来对待迦太基。[35]事实上，一些古代作家认为，这一事件之后，罗马对地中海其他国家的态度来了个180度的大转变。狄奥多罗斯著作中有这么一段著名的话（观点可能承袭自波利比乌斯）："近年来，当罗马人在追求他们的世界帝国之梦的时候，他们就用英勇的战斗去把它变为现实，而后尽可能用最为仁慈的征服方式来扩大、拓展帝国的疆域……然而，一旦他们真的统治了整个人类世界，他们就挥舞起恐怖的魔杖，将那些最为著名的城市一座座夷为平地，以此巩固他们的权力。"[36]

尽管事态的发展实际上远远不像狄奥多罗斯所描述的那么清晰，但情况似乎是这样的，由于罗马击败了马其顿，元老院无疑变得更倾向于用战争来保护它的利益了。但是，狄奥多罗 334
斯同时描述了罗马对外政策的另一个特点，这一特点似乎——至少在表面上是这样——直接否定了他之前所宣称的“罗马人只是对发动战争这件事特别注重而已，在这个问题上，他们并无临时或突如其来的决定”。[37]然而，狄奥多罗斯的意思是，罗马元老院对它可能发动一场不义之战的“指控”是“敏感”的。因此，在迦太基人最终给了罗马人采取进一步军事行动的（无力的）借口之前，我们见证了罗马与迦太基关系史中的一段举步维艰的漫长进程。

公元前 162 年，当马西尼萨蹂躏肥沃的小瑟提斯沿海农田——这一地区已为迦太基人占领数个世纪之久——的时候，随之而来的争执为罗马人提供了必需的借口。这次入侵的真正目标是分布在沿海的那些富庶的商业中心，但这些地方戒备森严，且仍处于努米底亚人的控制范围之外。军事行动引发的冲突在罗马的仲裁下得以平息。迦太基被勒令放弃那些遭马西尼萨占领的领土的所有权，更不公平的是，前者被要求付给努米底亚人 500 塔兰特白银，这笔钱相当于自冲突爆发起，迦太基人从小瑟提斯地区获得的全部收入。[38]就连波利比乌斯都明确指出，这一判决是不公正的，他写道：“他们（迦太基人）对这一地区的主权要求显然是合理的。”此外，他还证实了这么一件事：马西尼萨之前为了追捕一位叛逃的将军而要求进入该地区。[39]

尽管李维对这一事件的记载似乎不如波利比乌斯那么全面，但他也记录了一个有趣的细节：冲突双方都向罗马方面提出申辩。对迦太基人而言，这片地区在第二次布匿战争结束时就被“非洲征服者”西庇阿划入迦太基境内，因此是无可置疑的己方领土。[40]然而，努米底亚人不仅对这些为公元前201年协议所涉及的土地的主权提出质疑，更认为迦太基人无权拥有自己治下的那些历史悠久得多的土地。他们问道：

> 如果要断定产权的真正起源的话，非洲领土真的属于迦太基人吗？以异乡人身份来到这里的他们，获赠了一块
> 335 用一张切开的牛皮所能围出的最大面积的土地，作为建城之用。为了将他们的领土尽可能地拓展到自己的卫城毕尔萨以外的范围，他们在未经授权的情况下，使用暴力手段达到这一目的。至于这片有争议的特殊领土，他们甚至无法证明自己曾长期统治过这里，更不用说拿出他们自提出对这里的主权声明起，就一直是它的主人的证明了。当时机到来的时候，如今，他们和努米底亚国王都宣称自己有权占有这里，而它的所有权始终掌握在军事实力更为强大的一方手中。[41]

这个问题的部分起因在于，西庇阿在前201年的协议中对迦太基的疆域范围的界定是模糊不清的，但看上去努米底亚人的论据其实证明了迦太基人才是这个日进斗金的商业中心的主人，因为为了保护这里，迦太基无疑已证明过自己“在军事实力上更为强大”。[42]当罗马元老院决定支持努米底亚人那可疑且具有投机主义特征的要求时，不祥之兆随之而来。此事过后不到十年，马西尼萨以类似的侵略手段占领了长期属于迦太基的肥沃的瑟斯卡（Thusca）地区。迦太基人再一次向罗马元老

院提出控诉，然而罗马随后派出的使团所起到的唯一作用是让问题进一步恶化，因为这件事导致一个人下定决心，要用毫不留情的手段对付这座城市。[43]

马尔库斯·波尔基乌斯·加图是个 81 岁的垂暮老者，但其强硬的政治立场与残忍的处事方式却丝毫未曾改变，正是这两样特质让出身相当卑微的他平步青云，登上了罗马政治殿堂的顶端，当上了执政官。以禁欲主义的生活方式与对道德操守的理解而闻名的加图，在整个执政官生涯中都以严厉的态度，对待那些未能达到他的苛刻标准的元老院同僚，毋庸置疑的是，加图领导了迫使“非洲征服者”西庇阿下野的斗争并获得成功。[44]加图对迦太基怀有显而易见的恨意，这很可能是因为他亲身经历过第二次布匿战争，当时他曾在卡普亚的罗马军队中服役，并参加了围攻塔伦图姆的战斗以及公元前 207 年的梅陶罗河战役。

由加图率领的罗马使团于公元前 152 年来到迦太基，他们决定将被占领的领土留在努米底亚人手中，但加图所看到的情况引起了他的警觉。普鲁塔克的记载是这样的：“正如罗马人所猜想的那样，他们在这座城市里看到的不是贫穷与简
陋，而是摩肩接踵的雄赳赳的武士，充盈其间的庞大财富， 336
俯拾皆是的各类兵器和军用物资，以及由此而生的冲天勇气。”[45]此外，农村地区的庄稼足以养活这座城市迅速增长的人口。[46]罗马使团还发现了迦太基有囤积大量木材的迹象，这或许会让他们感到恐惧，因为这些材料可能会被用于建造一支舰队。[47]

回到罗马后，加图开始对他的元老院同僚进行游说。尽管那句著名的格言“迦太基必须毁灭”（delenda est Carthago）

属于后世的杜撰，但他在元老院的所有演说，均以非将迦太基夷为平地不可的强硬声明作为结尾。[48]他的首要理由是，迦太基不仅正在恢复之前的实力，更已从之前的失误中汲取教训并加以纠正。[49]由于急于让元老院的同僚站到自己这边，加图偶尔会毫不畏惧地以极度夸张的表演来阐述自己的立场。站在演讲台上时，他展开自己的宽大外袍上的褶层，露出一个巨大而多汁的非洲无花果。然后，他告诉元老院的听众们，这个无花果是三天前刚在迦太基摘下来的，所以事实是明摆着的，这座城市不仅重现了昔日的繁荣景象，且即将与罗马处于同一水平线上。[50]与此同时，加图使与会的元老们意识到，如果迦太基被毁灭的话，那当地富饶的农业资源就将为罗马人享用——尽管这是显而易见的夸大其词。[51]

加图的主张遭到了以"非洲征服者"西庇阿的女婿，西庇阿·纳斯西亚（Scipio Nascia）为首的一群元老的反对。据记载，后者认为，一旦摧毁了罗马最大的敌人，则罗马的政治平衡也将一并被摧毁。他们预计，没有了像迦太基这样的强敌，普通公民将拒绝服从元老院的权威，并沉湎于贪婪与权力的欲望中，罗马将不断在未经深思熟虑的情况下，冒险发动一场又一场可能导致灾难性后果的战争。[52]狄奥多罗斯将西庇阿的论点总结如下：

> 罗马的国力应得到承认……不是通过让其他国家变得虚弱，而是通过展示其自身强大无匹的实力来证明这一点。此外，只要迦太基还存在，因此而产生的恐惧将迫使罗马人彼此之间和平共处，平等对待附属国的公民，并遵守诚信——这是维持帝国稳定并扩展其疆域的最佳途径。

> 但一旦这座敌对城市（迦太基）被夷平了，唯一的后果会是显而易见的：内战将在罗马本土爆发，对宗主国的憎恨之情将因罗马长官的贪得无厌和肆意妄为，而在盟国中滋长。[53]

尽管这些言论看似颇有先见之明，但就这些观点是否准确 337
地反映了西庇阿的异见而言，我们仍应抱以谨慎态度。在一个世纪后写下这段话的狄奥多罗斯已经知道，罗马共和国确实会在政争与内战中分崩离析。与之形成鲜明对比的是，李维认为，西庇阿的反战观点是建立在没有正当开战理由的基础上的（他本质上并不反对毁灭迦太基）。[54]尽管许多元老与加图一样，怀疑迦太基正在重新崛起，但也有很多人认为，在无合适借口的情况下不能开战。[55]一直在小心行事，以免背上被大肆渲染的“迦太基式的背信弃义”罪名的元老院简单地决定：继续等待，直到时机自己出现。

迦太基废墟

公元前 2 世纪 50 年代的最后几年间，迦太基越来越清楚，与罗马签订的协议给他们带来了沉重的义务，却没有让他们得到多少保护。日益高涨的愤怒情绪导致了一个民主派别在政界崛起，这个党派是——有理由这样认为——擅长蛊惑人心的巴卡集团的后继者。根据希腊作家阿庇安的记载，这个以萨莫奈人哈米尔卡和加泰罗（Carthalo）为首的政党认为，当无法指望得到罗马的任何援助时，迦太基应自己保卫自己。[56]由于迦太基人的农业根据地正缓慢地遭受着努米底亚侵略者的侵蚀，我们也就不难理解为什么这份宣言能在这座城市为这个党派赢取公众的选票了。

一等上台执政，哈米尔卡和加泰罗就立刻对努米底亚人采取了更为强硬的政策，将所有支持马西尼萨的政客逐出迦太基。马西尼萨的反应是派他的两个儿子找上门去，要求恢复这些亲努米底亚派的政治家的地位，但当这两位王子吃了闭门羹，随后又遭到萨莫奈人哈米尔卡的伏击时，努米底亚和迦太基公开宣战。在一场不分胜负的战役后，由将军哈斯德鲁巴统率的迦太基人让自己陷入了被包围的境地，他们最终在饥饿的
338 折磨下举手投降，而后遭到了背信弃义的屠杀。只有哈斯德鲁巴与少数一些人逃回了迦太基。与努米底亚翻脸的结果是，又一块迦太基的非洲领地被马西尼萨夺去。[57]

迦太基人不仅在与努米底亚人的短暂交锋中败北，而且由于他们攻击了罗马的盟友，违反了公元前 201 年协议的规定，这令那些敌视他们的罗马元老找到借口来说服他们不那么好战的同僚：有理由重启战端了。[58]如今马其顿和希腊的问题均已解决，西班牙部落掀起的一连串令人头痛的叛乱已被镇压下去，罗马也有足够的资源来组织一支势如破竹、无法抵挡的迦太基远征军了。

有人认为，有时一些元老可能在担心如今迦太基重新崛起的势头将会加速，因为在公元前 151 年，这座城市成功地付清了第二次布匿战争战争赔款中的最后一部分。然而，似乎也可以这么认为，赔款的结清在某种程度上不仅意味着罗马的一个丰厚而稳定的收益渠道的结束，还标志着一个更为诱人的收获可能即将到来。[59]战争与征服为罗马带来了巨大的财富，罗马的各个公民阶层均从中受益。[60]普鲁塔克描述了这么一件事：这一时期，一个年轻的罗马富豪举办了一场豪华的宴会，宴会

的压轴菜是一个城市形状的蜂蜜蛋糕。主人随后宣称，这座城市是迦太基，并鼓励他的宾客去吞并它。[61]尽管这个故事无疑是杜撰的，但它提到了一个重要的真实情况：无论迦太基是现实的还是潜在的军事威胁，这座城市由于拥有庞大的商业和农业资源，在当时已经成为对其垂涎三尺，想将它据为己有的罗马人的一个诱人目标。[62]

公元前 150 年，罗马人动员了一支用于在北非作战的军队。当这个噩耗传到利比亚海的另一头时，顿时引发了普遍的恐慌。为尤蒂卡等昔日的北非盟友所抛弃的迦太基人发现自己处于孤立无援的境地，他们为了安抚罗马人的情绪而费尽心机：汉诺一派重新掌权，逮捕了努米底亚战争的罪魁祸首哈斯德鲁巴将军，并判其死刑。然而，当迦太基使团来到罗马为自己的行为辩解的时候，他们发现罗马军队已经前往西西里了，后者将从那里前往北非。使团在罗马元老院受到冷遇，这让他们的心始终悬在嗓子眼。当使者们告知与会的元老们，哈斯德 339
鲁巴已被逮捕并等着被处决的时候，他们被质问为什么不在冲突甫一爆发时就这么做。使团成员恳请罗马告知迦太基人该如何弥补自己的过失，他们得到的是含糊不清的答复："你们应该让罗马人民感到满意。"[63]

加图尽管年事已高，但仍为了将这场战争进行下去而殚精竭虑。据说，在一场有数个片段留存至今的演说中，他宣称："迦太基人已经是我们的敌人；如果一个人准备与我们处处为敌，以至于只要他愿意就可以随时开战的话，那即使尚未采取军事行动，他也已经是我们的敌人了。"[64]而后，在同一场演说中，他将他的发言推向了强有力的高潮："动辄破坏协议的人是谁？是迦太基人。以极端残忍的方式作战的人是谁？是迦太基人。蹂躏意大利的人是谁？是迦太基人。乞求原谅的人是谁？还是迦太基人。"[65]从上述发言来看，除了强调意大利遭受的苦难外，加图将早已在罗马人心中根深蒂固的对迦太基的负面看法，融入了这篇煽动性十足的说辞之中。[66]相对于背信弃义的迦太基人而言，罗马人显得“言而有信”，这种重要的美德令罗马人越发感到自豪——以至于在第一次布匿战争期间，罗马人曾为“信义女神”（Fides）建起了一座神庙。[67]事实上，加图曾编纂了一份所谓的由迦太基人毫无信誉地撕毁他们与罗马签订的协议的六个实例组成的档案（现已失传，其主题看似引发了永无休止的历史思索）。[68]有人认为，这份不遗余力地强调迦太基人背信弃义的时文，除了令开战的直接借口变得更加有力外，对罗马人那日益明显的外交欺诈行径也起到了掩饰作用。

尽管罗马人继续在外交场合与迦太基使团虚与委蛇，但指令却已送到了正在等候的罗马军队手中。因此在公元前149年，当迦太基按照罗马方面的要求，将300名贵族孩童作为遵守协议的表示交给他们时，[69]由8万名步兵和4000名骑兵组成的罗马军队在当年的执政官卢基乌斯·马尔西乌斯·塞索里努斯（Lucius Marcius Censorinus）与马尔库斯·马尼里乌斯（Marcus Manilius）的率领下，朝北非挺进。等到罗马军队在尤蒂卡安顿下来的时候，迦太基人才得到罗马人开出的这场战争可以避免的条件。

在喇叭声中，使团被带进罗马军营，并被迫在密集的罗马
340 军团队列中穿行，后者全副武装，笔直挺立，默不作声。前方是威风凛凛地坐在高大椅子上的执政官，高级军官们立在他们身侧。在冗长的道歉遭到塞索里努斯的傲慢拒绝后，迦太基人

被勒令交出他们的所有兵器和作战器械。迦太基人照办了，载着 2 万人的铠甲和兵器的一列接一列的四轮马车，很快就开到了罗马人的军营，一同运到的还有 2000 个巨大的投石机。如今，迦太基人被完全解除了武装，由 30 名公民领袖组成的代表团被召集起来，等待罗马人准备提出的最终和平条件。迦太基人将得以在自己的法律的约束下——并且无疑是在自己的土地上（至少 16 公里的内陆地区）自由自在地生活。[70]但是，作为享受自由的条件，他们必须同意一项惊人的决定：他们的城市将被彻底夷为平地。

迦太基城被摧毁并被移往他处，绝不仅仅是一次简简单单的迁城事件而已。正如塞尔日·朗塞尔所说的那样：

> 这样的强制命令无异于一份死刑判决。在古代，还没有一个国家在宗教基础被连根拔起后能够生存下去的先例：神庙和墓地被摧毁，祭祀仪式被全境禁止。这无疑是比人口迁移更为致命的打击。但单从物质而非宗教层面而言，这次迁城在本质上彻底剥夺了迦太基——一个依靠从港口延伸至海对岸的触角来聚敛权力与财富的海洋王国——的禀性及存在的理由（raison d'être）。[71]

罗马人的要求令迦太基使团感到愤怒与极度的悲伤，这表明他们完全明白这一决定意味着什么。当现场最终恢复了安静的时候，一位名叫班诺（Banno）的使团成员试图最后为自己的城
市求一次情。在关于这次演说的记载中，阿庇安说这位迦太基 341
人机智地在这么一件事上大做文章：如果罗马人在允诺让迦太基人拥有自由与自治权之后摧毁迦太基城的话，那就是对某些

令他们引以为豪的罗马式美德的背叛。班诺认为，毁灭迦太基这座奉天神之命建立的城市是严重的渎神之举。另外，把一座已经投降，交出它的兵器和孩子，并满足了所有其他条件的城市夷为平地，将是一种背信弃义的做法。[72]

按照阿庇安的说法，罗马执政官塞索里努斯的答复带有很强的主观片面性，他觉得迦太基人靠海吃海的做法只会给他们带来苦难和不幸。连罗马对萨丁尼亚的无理攻占都被他说成是迦太基人过于依赖海洋的结果。他坚持认为按罗马人的命令去办，迦太基人的处境就会变得安全多了，毫无疑问，他们只要享有稼穑之乐就会心满意足。这位执政官接下来的话展现了隐藏在这一决定背后的野蛮逻辑。如果迦太基人继续留在自己的城市里，他们就会记起自己昔日的荣光，并尝试着去重现它："祛除一切邪念的药方就是遗忘，除非你们掉过头，不再关注（你们的城市和昔日的荣耀），否则你们是做不到遗忘的。"最后，塞索里努斯显然觉得这个建议带有亵渎神灵、背信弃义的味道，他宣布，尽管这座城市要被夷为平地，但神庙和陵墓将幸免于难。对于这种做法违反了罗马对迦太基的承诺的问题，这位执政官准备了一个巧妙的回答："我们允许你们自行选择想去的地方，一旦你们在那里定居了下来，你们就可以按照你们自己的规则来生活。我们之前就告诉过你们：只要你们服从我们的统治，迦太基就可以享有自治权。我们认为你们这些人——而不是你们所生活的这片土地——才是迦太基。"[73]

迦太基的大使们如今肩负着不甚光彩的任务：将这个不受欢迎的消息转告给他们的同胞。然而，他们做的第一件事是要求罗马人用舰队把他们送到城中人视线可及的范围内，这样公民们才会明白自己现在所面临的局势有多么严峻。

随之而来的骚乱席卷了迦太基城，无论是主张接受罗马人要求的元老，还是倒霉的意大利雇佣军，均遭到愤怒的民众们的袭杀。这座城市立即开始备战。奴隶们被释放，进入军中服役。而后哈斯德鲁巴，这位因挑起与马西尼萨的战争而被判处死刑的将军得到了缓刑，并官复原职。一个新的代表团前往罗马，请求签订一份为期三十天的停战协议，以争取更多的备战时间，这一企图以失败告终后，备战工作的进程加快了，所有的公共场所，包括庙宇在内，全都被改造成了男女轮岗的手工 342
作坊。每天有 100 面盾牌、300 支剑、1000 件投射兵器，以及 500 支投枪和长矛被生产出来，妇女们甚至剪下她们的长发，用来制作投石机的绞索。[74]新一批货币——自与罗马的最后一次战争结束后，这是迦太基发行的第一批银币——也被铸造了出来，或许是作为军饷之用。[75]

自 20 世纪 70 年代起，随着大规模发掘工作的开展，越来越多的，与这座城市的最后岁月有关的信息被搜集了起来。最为惊人的发现是法国考古学家发掘出的，位于毕尔萨山——迦太基的卫城及该城的行政及宗教中心所在地——南面斜坡，时间可追溯到即将灭亡时期的居民区。“汉尼拔社区”——发掘者以这位大约在该社区兴建时期于迦太基身居高位的名将的名字来命名这里——明显保持着原貌：一些墙垣仍有近 8 米高。社区内展现着迦太基陷落前夕，城中 70 万居民那令人着迷的日常生活方式。尚不清楚是何人修建了这些房屋，但发掘者们推测，由于它们的外观整齐划一，因此有可能是为某些政府官员而建的。

尽管道路尚未被铺设，排水系统也相当简陋，因而一旦暴雨倾盆而下，路面无疑会变得肮脏不堪，但在汉尼拔社区，多层建筑整整齐齐地排列在笔直交错的街道两侧，令它看上去与这一时期在全地中海地区均可见到的其他社区一模一样。许多房屋的规格无疑较为矮小，却是按照流行于整个希腊世界的基本规划方案来设计的：为各个房间环绕着的中央庭院，成了建筑物的主要光源。[76]

大量用于收集、储备雨水的蓄水池的存在，令我们得以在某种程度上了解到当新鲜水源供应不足时，市民们为采集到足够的用水所做的努力。事实上，就这些蓄水池的储量而言，不仅饮用水及其他日常用水似乎可保无虞，亦能满足沐浴及在盥洗室（它们是通过墙上和地板上所涂抹的防水石膏以及排水管道中的排出物来确认的）进行的洗礼仪式的需要。尽管仅
343 有一处实例留存至今，但看起来这些盥洗室都带有独立的、赤陶质的坐浴盆（配有扶手），浴盆用水由安置在庭院内的蓄水池供给。[77]

为平衡斜坡的坡度，阶梯与台阶是必不可少的，阶梯的表面没有铺设石砖，这样车辆就无法进入社区的街道之中，但这一社区仍是当地一处繁荣兴旺的商业中心。某栋建筑的一层楼板上依旧铺着来自一家珠宝作坊的珊瑚、黑曜石及红玛瑙碎片。在另一条街道上则发现了一座废弃的磨坊，一部分碾盘仍被丢弃在地板上。[78]

当罗马执政官们最终开始围攻这座城市的时候，他们面对的是一个极为艰巨的挑战。尽管阿庇安对位于迦太基城所在地峡的防御工事的记载无疑是空想的产物——按照他的描述，高大的城墙、防御塔楼、兵营和马厩，足以容纳 2 万名步兵、300 头大象和 4000 匹马及其骑手——但考古发掘证实了这一由沟渠、海堤和城墙构成的三重防御工事的存在。[79]在公元前

149 年剩下的岁月里，罗马执政官为了这些工事费尽心机，但进展甚微。塞索里努斯一度用巨大的攻城槌来破坏外墙的南端，但他再一次被击退了。围攻战贯穿了整个公元前 148 年，迦太基人无疑有理由——尽管北非的一些老迦太基城市被抛弃了——感到自信。服着缓刑的将军哈斯德鲁巴率领一支军队，轻松写意地在迦太基周边的内陆地区游荡，令罗马人的交通线与后勤补给线陷入一片混乱。总的来说，将罗马人所发动的攻势击退已不是那么困难。[80]

公元前 147 年，新任罗马执政官卢基乌斯·卡尔普尔尼乌斯·皮索（Lucius Calpurnius Piso）尝试了一种新战术，向这一地区最后一批仍在支援迦太基人的城镇发动了进攻，从而切断了后者获得补给和援军的渠道。他的副将卢基乌斯·霍斯提里乌斯·曼西努斯（Lucius Hostilius Mancinus）亦率领一支伺机而动的突击队猛然袭击了迦太基防御工事的薄弱地段，然而，在城墙上打开了最初的突破口之后，曼西努斯和他的部下遭到了猛烈攻击，只是因为西庇阿·埃米利阿努斯（Scipio Aemilianus）及时加入战局，他们才得以幸免，西庇阿·埃米利阿努斯是“非洲征服者”西庇阿的养孙，刚刚率领援军赶到非洲，前来接掌战场指挥权。[81]

年轻的西庇阿尚未达到担任执政官的法定年龄，也没有正 344
式的委任状，他被任命为非洲远征军指挥官这件事，反映了罗马方面对迦太基战争的进程存在着普遍的不满情绪。西庇阿之所以能在公元前 147 年当选为执政官，不仅是因为他拥有成为一名军事指挥官的潜力，也是考虑到他的家族成员有过与迦太基人作战的记录。[82]他以一名副将的身份在北非服役时，已有过多次出色的表现。在他设法重振士气及重新审定作战方略的时候，这些经历都被证明是极为宝贵的。[83]就连西庇阿家族的灾星加图，也相信西庇阿·埃米利阿努斯是这一职务的合适人选。[84]

西庇阿先是多次主动出击，以检验不同地段的迦太基防御工事的强度，并向墨伽拉（Megara）——一个辽阔的迦太基城郊区域发起进攻。无论是有心还是无意，后一行动的结果是，仍率军驻于乡间的哈斯德鲁巴终于心惊胆战地将自己的部队撤回了迦太基。如今，所有迦太基军队都被困在了城里，西庇阿要做的就是发起一次成功的封锁行动。他建起一座带有瞭望塔的要塞化军营，从而封住了迦太基所在的地峡。他的最后一步行动是将这座城市与外界彻底隔离开来：他修筑一道防波堤，封锁了海港，从而也阻止了海上供应的到达。

迦太基人起初对修筑这么一道防波堤的可能性抱以怀疑态度，他们注意到筑堤工程的进展极为迅速，于是试图秘密发掘一条通往海港另一侧的通道，以挫败西庇阿的计划。当一切准备就绪的时候，他们于拂晓时分派出一支由陈旧材料打造的临时战舰组成的小型舰队，向罗马人的阵地发动了一次突袭。[85]完全未曾觉察的罗马人最初陷入一片混乱之中，但迦太基人未能合理利用这一时机。三天后，一场非决定性的海战爆发了，两支舰队在旧港交锋，由于船体较小且更为灵活，迦太基舰队在首战中取得了一些战果，击毁了一些罗马舰船。然而，当它们试图撤回以翌日再战的时候，一些迦太基战舰在新港入口处陷住不动了，堵住了尾随其后的其他船只的路，致使它们暴露于罗马人的攻击之下。因此，这支迦太基舰队在撤入城内之前，损失了一部分船只。[86]

345 随着罗马防波堤的完工，这一工程的意图也变得清晰了起来：防波堤不仅可以用来封锁海港，还充当了一条可通行的大道，罗马军队和他们的攻城器械可以沿着这条大道一直推进到位于海港的防御工事处。罗马人的目标在于那个被迦太基人当作外港和码头区使用的巨大的外部平台。拼命想把罗马人阻挡在海湾的迦太基人实施了一次大胆行动：成群结队未披铠甲的迦太基人，高举着未点燃的火炬，游过或涉过水道，冒着罗马人的箭雨，成功地将西庇阿带到城墙边的第一批攻城器械全部烧毁。然而，罗马人第二天就开始打造新的器械，这些器械旋即被拖至前方的高丘之上。在那里，罗马人将一根根火炬和一个个涂满燃烧着的沥青的器皿，用力掷向下方迦太基守军的头顶，后者随后被迫从平台上撤走。如今西庇阿的军队获得了宝贵的立足点，他知道这座城市的陷落只是时间问题了。在留下一部分军队以确保没人能从这座城市逃走之后，他与其余的部队动身离开，前去肃清位于被包围的城镇和乡间的最后一批抵抗力量。[87]

迦太基城处境危急，如今已没有食物从陆路或海路运进城内。汉尼拔社区的许多房屋被划分为大量狭小的生活空间，这很可能反映了由于农村和城郊的难民涌入迦太基城，导致城内人口膨胀，以至于社区人满为患的事实。随着最后一批同盟城市的陷落，救援渠道的彻底断绝已是板上钉钉。如今，在誓死捍卫自己的政治权威达数百年之久后，迦太基的统治精英们在他们之中的一个野心勃勃的独裁者面前屈服了。

哈斯德鲁巴展示了自己在政治阴谋艺术方面的造诣，因为他已经让自己的头号竞争对手，该城的军事指挥官声名扫地。（这个不幸的人在哈斯德鲁巴诬陷他叛国投敌后，在公民大会上被人用板凳活活打死，而凶手无疑是哈斯德鲁巴的支持者。）[88]在哈斯德鲁巴和他的军队进城后不久，他就流露出通

过煽动公众来夺权的野心。[89]当哈斯德鲁巴身着全身铠甲和紫
346 袍，在 10 名持剑扈从的簇拥下，接过本城最高统帅的节杖时，那些敢于反对他的元老均被处死。与昔日的叙拉古僭主一样，哈斯德鲁巴为维持自己的权力，在摆出一副亲民姿态的同时，也施展着冷酷无情的手腕。在这座供应短缺的城市，食物成了他的统治工具。当普通公民忍饥挨饿的时候，哈斯德鲁巴举办着一场又一场的盛宴和聚会，让自己的士兵和支持者大快朵颐。[90]他还当着城外罗马士兵的面，将罗马战俘折磨致死，从而使迦太基人别无选择，只能继续效忠于他。在这场暴行公开上演后，一切得到罗马人宽恕的机会都已不复存在了。[91]

然而，迦太基的军事僭主统治只持续了很短的时间。公元前 146 年春，随着西庇阿集结了自己的大军，巩固了桥头堡，制服了非洲的其余地区，他终于准备发起本书开头的那场决定性的总攻了。令人惊讶的是，最负盛名的第二次布匿战争史学者波比利乌斯竟是迦太基的这场血腥灭亡事件的目击者。波利比乌斯是希腊亚加亚联盟（Achaean League）的高级官员，因被罗马人怀疑是马其顿的同情者，于公元前 2 世纪 60 年代初被带往罗马，成了一名人质。在罗马时，他与西庇阿·埃米利阿努斯成为密友，因而得以与他的恩主一道参加了在西班牙、高卢和非洲的战事（这就是他于公元前 146 年出现在迦太基的原因）。[92]按照波利比乌斯的说法，当西庇阿望着熊熊燃烧的迦太基城的时候，他潸然泪下，随后，

> 他独自冥想，反思着那些不可避免地走向灭亡的城市、民族、帝国和个人，反思着曾经辉煌的特洛伊城、亚

> 述、米底亚（Median）、后来的大波斯帝国，以及离现在最近的，显赫的马其顿帝国所遭受的命运。就这么苦思了许久之后，（荷马）史诗中的句子自觉或不自觉地从他的嘴里脱口而出：
>
> “这一天将会到来，我们的神圣的特洛伊、普里阿摩斯，以及被持矛者普里阿摩斯统治着的人们，将消亡殆尽。”
>
> 在一次不经意的谈话中，西庇阿（波利比乌斯一直是他的家庭教师）被波利比乌斯问起他说出那些话，是否意有所指？波利比乌斯说西庇阿毫不犹豫地坦承，他指的就是自己的国家。因为当他觉得人间之事是那么变幻无 347
> 常的时候，他就为祖国的命运感到担忧。波利比乌斯把他所听到的写了下来。[93]

当然，很难弄清波利比乌斯所记录的那些话是否真的是他所听到的。然而，无论这段逸闻的出处为何，西庇阿的眼泪都与他一手造成的迦太基那触目惊心的惨状关系不大，事实上，他的眼泪是为自己的母城罗马而流的。随着最大的对手的消亡，罗马一举成为一个世界级强权。与此同时，命运的轮回也开始转动，这一轮回最终将把罗马送进灭亡的深渊。

值得注意的是，迦太基并不是唯一一座于公元前 146 年被罗马人毁灭的，历史悠久的古代城市。就在同一年，亚加亚联盟发动了一场暴动后，一支由卢基乌斯·穆米乌斯统率的罗马军队占领、洗劫、摧毁了大半个科林斯城。[94]一方面，科林斯的命运彰显了罗马人宣称的，由于迦太基令它感到格外恐惧，从而导致它以特别残忍而无理的手段对付这座城市的说法的虚伪性。另一方面，这一事件有力地表明，毁灭迦太基的战争不仅仅是一次军事侵略而已。洗劫这两座古地中海世界最为富饶的城市，本就是极为有利可图的勾当。这两座城市的财富均遭野蛮的劫掠，它们的艺术品被装船运回罗马。西庇阿·埃米利阿努斯至少还能利用西西里的众希腊城市的请求，前来收回之前被迦太基人夺去的艺术品这件事，来洗刷自己的一部分罪孽。[95]然而，拍卖奴隶及对一系列前迦太基领土——如今成了罗马王国的公共用地——的占领，无疑加速了大量财富流入罗马的公共及私人金库的过程。[96]

与此同时，两座古代城市以引人注目的形式被夷为平地这件事，传达了一条明确无误的信息：与罗马作对者是得不到宽恕的，昔日的荣耀在这个新世界中是毫无用处的。正如尼古拉斯·珀赛尔（Nicholas Purcell）所写的那样："建立、重建及大加美化是统治者城市政策的标准组成部分。而毁灭也同样有效……公元前 146 年，在迦太基和科林斯，罗马人用这套古老的象征性行动，写就了一份深思熟虑的声明。一份以近来的任何一场城市战争的经验都不能理解的声明。"[97]早先卡普亚所遭受的命运——人民沦为奴隶、法定地位被取消、出海口被剥
348 夺——只是一场在地中海地区到处上演的历史大戏的带妆彩排罢了。[98]迦太基与科林斯的灭亡，如今不仅成了两座血淋淋的纪念碑，记载着反抗罗马的代价，同时它也令人信服地朗声预言：罗马成为一个世界强权的时机已然成熟。

书写历史的胜利者

罗马人对新近攫取之权力的应用表现为罗马元老院对迦太基人越来越高的要求。这一过程以要求迦太基人提供儿童为人质

开始，以迦太基的彻底毁灭、迦太基数百年历史和传统的完结而告终。试图从伦理道德立场为这种行为辩护显然是很虚伪的，特别是将科林斯同样遭到毁灭与罗马人越来越频繁地宣称地中海是 mare nostrum（“我们的海”之意）这两件事一同考虑的时候。[99]罗马的新地位不仅体现在它将一个国家彻底毁灭的能力上，还体现在它有把无理说成有理的能力上。因此，随着迦太基的灭亡，罗马通过各种各样的方式捏造着历史。[100]第二次布匿战争已经在罗马起源史的编纂中扮演了一个重要角色。继费边·皮克托之后，其他元老出身的历史学家也热衷于证明罗马的辉煌过往。

虽然皮克托是用希腊文写作的，但加图那部影响深远的《罗马源流史》（*Origines*）却是用拉丁文（这很能说明问题）写就的。分为七卷的《罗马源流史》将罗马历史一一罗列，直至公元前 149 年，即作者去世那一年为止。[101]与之前的皮克托一样，加图试图体现罗马人的美德，如勇气和虔诚在作为一个超级大国的罗马的崛起过程中起到了何等重要的作用。但与此同时他也极力强调，罗马能有今天，靠的并不是某个将军或政治家的壮举，而是罗马公民群体共同努力的结果。[102]然而，加图的这本以年代（和地理位置）为主线展开的巨著，完全算不上客观公正。这部书的头两卷专注于意大利民族的起源，其意图可能在于强调意大利半岛文化和历史的完整性，以及罗马统治该半岛的正当性。[103]接着，罗马存在的头几个世纪的众多事件被浓缩成了第三卷，而第一次布匿战争与第二次布匿 349
战争则在第四卷、第五卷分别阐述。最后两卷将重点放在了从公元前 2 世纪 60 年代初到公元前 149 年这一短暂的历史时期。[104]这种均衡性的缺乏或许可以用关于早期罗马历史的文献资料少之又少来解释，但其也体现了《罗马源流史》意欲成为一份同时代的宣言的愿望到达了何等程度。尤为重要的是，这部著作可能被用于解释（或被用于为之辩护）加图与元老院在彻底毁灭他们最大的敌人这一过程中扮演的角色。毫无疑问，加图正是在这部著作中展示了那份臭名昭著的，记录着迦太基人六次违反他们对罗马人应尽义务的著名事件的档案。[105]而迦太基人的观点——我们可以想象得到——则被完全抹去了。

因此，在文学作品的记录中，迦太基仍是一个没有定论的议题。然而，罗马人试图对自己的过去进行支配和重新定位的企图不仅体现在历史学家的著作中，同样也体现在新一代诗人所写的罗马史诗中。这些诗人自觉地将希腊史诗作为其作品的蓝本，但他们特别强调罗马这一主题，试图以此建立属于他们的“民族文学文化”。[106]第一批史诗作者实际上并不是罗马人，而是来自半岛南部的意大利人，希腊世界的文化在他们的家乡有着深远的影响。这些或在第二次布匿战争期间，或在战后不久来到罗马的诗人，与有着广泛影响力的罗马元老们建立了密切关系。[107]毫不令人意外的是，迦太基战争在他们的作品中占据着突出地位。坎帕尼亚人，第一次布匿战争的老兵格奈乌斯·奈维乌斯（Gnaeus Naevius）写于公元前 3 世纪最后数年间的第一篇拉丁文史诗《布匿战纪》（*The Punic War*），就是以这场战争作为作品的题目。[108]奈维乌斯的后继者是昆图斯·恩尼乌斯（Quintus Ennius），他是罗马最伟大的诗人之一，一个见证了第二次布匿战争并曾在战争中服役的卡拉布里亚人。他的史诗名著《编年纪》（*Annales*），将整部罗马历史作为其著作的宏大主题。[109]

奈维乌斯和恩尼乌斯都将近些年所发生的历史事件，放在包罗万象的古代神话大框架下研究。[110]罗马－迦太基关系史为一部着重描述这两座城市为争夺世界霸主——它们的本质决定了这种局势就是宿命般的存在——而爆发的冲突的叙事史诗所取代。在奈维乌斯的诗篇中——很可能也有人怀疑出自恩尼乌斯之手（他的作品与同一时期的许多著作一样，只有部分篇章以残缺不全的形式保留下来），迦太基女王与建立者狄多（原型为希腊作家笔下的艾丽莎）成了那个时代的又 350
一个埃阿涅斯。这样做的用意很明显：为最先由蒂迈欧所提出的，迦太基与罗马的历史一样长的说法圆谎。[111]因此对于奈维乌斯和恩尼乌斯而言，不是人间之事，而是诸神的好恶和互斗导致了布匿战争的爆发。罗马的守护女神是埃阿涅斯的母亲维纳斯，而朱诺则是迦太基人的守护女神。[112]实际上，只是在后者对罗马的憎恶之情平息下去的时候，罗马人才将胜利牢牢掌握在自己手中。

在著名的荷马传奇故事《伊利亚特》（奈维乌斯和恩尼乌斯都创作了不完整的续篇）中，赫拉，在希腊神话中与朱诺对应的女神，对罗马人那著名的恨意，就是因这群特洛伊人（其中就有埃阿涅斯）而起；与此同时，阿佛洛狄忒，在希腊神话中与维纳斯对应的女神，则向特洛伊伸出了援手；因此，从某种程度上说，这种天神拉帮结派相互对抗的故事显得毫无新意。[113]然而，这种将众神之间的仇恨，映射到同一时期罗马与迦太基之间的矛盾上的做法，属于较近时代的产物，它无疑反映了第二次布匿战争时期交战双方均受到神的恩惠的说法。事实上，维纳斯是罗马人的女性祖先的观点是在这一时期（随着维纳斯·埃里希娜神庙的建立）才牢牢树立起来的，而朱诺的憎恨情绪则是在不久之后，随着一系列为平息她的怒气而举行的祭祀仪式方才得到确认的。[114]奈维乌斯创作《布匿战纪》的时候，汉尼拔尚在意大利，结果导致这位迦太基将军与他的随从进一步在宗教宣传阵地上大做文章，作为回击。[115]

与之相反的是，恩尼乌斯《编年纪》的最后一部分写于公元前2世纪70年代，当时罗马与迦太基之间的关系已再度恶化。[116]尽管这部作品将罗马的整部历史囊括其中，但它和加图的《罗马源流史》一样，在记载近期发生的历史事件，特别是第二次布匿战争时也表现出明显的偏见。[117]这部著作的残篇对迦太基人无疑持谴责态度，把他们写成“娘儿们一样的家伙”和“可恶而自负的敌人”，并宣称他们用自己年幼的儿子作为神的祭品。[118]与之前的奈维乌斯一样，恩尼乌斯亦从乱力怪神的角度来书写迦太基与罗马之间的战争，并预言后者将因朱庇特的诺言而成为胜利者。[119]因此，在《布匿战纪》和
351 《编年纪》中，布匿战争均被写成一场因争夺最高霸权而起的天命之战，在这场战争中，只有一方才能最终登上尚未有人问鼎过的至尊宝座。

这种观点对毁灭迦太基的最终决定起到了多大影响是无法估计的。不过，据说西庇阿·埃米利阿努斯在向这座城市发动总攻之前做了最后几件事，其中一件表明这几种举措在某种程度上要比那些纯属装饰品与幻想产物的文学作品有远见得多。根据日后一份文献的记载，在将自己的部队投入最后总攻之前，西庇阿举行了一次庄重的“伊文卡迪奥”仪式，敦促迦太基的天神们抛弃这座城市，投奔他们的新家园罗马。[120]这一仪式有几个方面的重要意义。就当前的局势而言，这样做意味着罗马人可以避免背上渎神的罪名，因为他们现在攻打的是一

座没有神灵庇佑的城市。但从更为宽泛的角度来看，“伊文卡迪奥”仪式也代表着这场旷日持久的，以地中海中部地区神话为背景的战争——它动摇了罗马自身信仰的绝对核心——的终结宣言。在这场仪式完结的时候，西庇阿已将最后的胜利牢牢掌握在手中，因此，他恳请神灵庇佑的愿望无疑在众目睽睽之下获得了成功。天神降恩于罗马人的事实，如今因他们身处敌城的军团在正要取得胜利时的表现，而以令人信服的方式得到了确认。当迦太基众神似乎都叛投到了罗马一方时，罗马人对地中海中部与西部地区的统治无疑得到了天神的认可，而这一成就要归功于他们那长期坚持不懈的努力。

注　释

1. Livy 36. 4. 8.
2. Greene 1986, 109 - 116.
3. Livy 31. 19. 2.
4. 同上书，36. 4. 5 - 9。
5. 同上书，43. 6. 11。
6. Morel 1982, 1986; Lancel 1995, 406 - 408; Bechtold 2007, 53 - 54.
7. Bechtold 2007, 53 - 54, 66 - 67; Lancel 1995, 408 - 409. 迦太基重现辉煌是建立在农业开发和商业贸易基础上的，这一观点得到了阿庇安的证实（8. 10. 67）。
8. Crawford 1985, 72.
9. Visonà 1998, 20 - 22; Crawford 1985, 136 - 138. 克劳福德（Crawford）认为迦太基最后发行的两套纯银币是经济复兴的产物，维索那（Visonà）则主张这些钱币是在第三次布匿战争爆发的时候，迦太基人为满足战争开支的需要而不得不铸造的。

10. Appian 8. 14. 96.
11. 对这个海港的深入研究见 Hurst 1994，15 - 51。
12. Lancel 1995，181 - 182.
13. 同上书，180。
14. Hurst & Stager 1978，341 - 342.
15. Appian 8. 10. 68.
16. 对位于埃尔哈弗拉（El Hofra）的圣殿的研究见 Berthier & Charlier 1952 - 1955，Ⅱ。
17. Rakob 1979，132 - 166. 其他的陵墓，包括位于巴特纳（Batna）附近的梅德拉森（Medracen）陵——马西利安王朝的王陵，以及坐落于马塞西利安王朝首都西贾的马塞西利安王陵亦是如此。
18. 然而，这座陵墓于公元 19 世纪为英国驻突尼斯领事——此人渴望将那些利比亚、迦太基双语铭文弄到手——完全摧毁后，被迫进行了大规模的整修（Lancel 1995，307）。
19. 同上书，307 - 309。
20. Alexandropoulos 1992，143 - 147；Visonà 1998，22；Crawford 1985，140.
21. Polybius 36. 16. 7 - 8；Appian 8. 16. 106.
22. Livy 43. 3. 5 - 7.
23. Leigh 2004，28 - 37.
24. Arnott 1996，284 - 287.
25. Franko 1996，439 - 440，442，444. 下文的很多观点来自这项专题研究。
26. Plautus *Poen.* 104 - 133.
27. Franko 1996，429 - 430.
28. Plautus *Poen.* 975 - 81，1008，1121.
29. Gratwick 1971；Adams 2003，204 - 205.
30. Plautus *Poen.* 1297 - 1306（根据 Nixon 译本的第 131 ~ 133 页）。
31. Plautus *Poen.* 1312 - 1314（根据 Nixon 译本的第 133 页）。
32. Franko 1996，445.
33. Clark 2007，96 - 97. 普劳图斯更为广泛的作品集中同样存在这种偏见，相关研究见 Leigh 2004，23 - 56.

34. Errington 1971，202－212（引文见第 210 页）；Harris 1979，227－233。
35. Errington 1971，260－262.
36. Diodorus 32. 4. 4－5.
37. 同上书，32. 5。
38. Polybius 31. 21；Livy 34. 62. 我同意朗塞尔的观点（1995，411），他认为波利比乌斯对这一事件的过程和日期的记载是令人满意的。
39. Polybius 31. 21. 7－8.
40. Livy 34. 62. 9－10.
41. 同上书，34. 62. 11－14。
42. 这些说法的歧义见 Lancel 1999，178。
43. Appian 8. 10. 68－69.
44. 加图对西庇阿家族的穷追猛打见 Scullard 1970，186－189，210－224。
45. Plutarch *Cat. Maj.* 26. 2.
46. Appian 8. 10. 69.
47. Livy *Epitome* 47. 15.
48. Pliny *NH* 15. 74－75；Thürlemann-Rappers 1974；Little 1934.
49. Plutarch *Cat. Maj.* 26. 2－3.
50. 同上书，27. 1。
51. Baronowski 1995，27－28；Lancel 1995，277－278. 又见普林尼（*NH* 15. 76）对迦太基是如何“因一个作为证物的水果而遭灭亡”一事的阐述。
52. Plutarch *Cat. Maj.* 26. 2.
53. Diodorus 34/35. 33. 5.
54. Livy *Epitome* 48. 对西庇阿·纳斯西亚所持立场的讨论见 Vogel－Weidemann 1989，83－84。
55. Polybius 36. 2；Appian 8. 10. 69.
56. Appian 8. 10. 68.
57. 同上书，8. 10. 70－73。
58. Baronowski 1995，20－21；Diodorus 32. 1；Livy *Epitome* 48；Zonaras 9. 26. 1－2.

59. Adcock 1946, 120.
60. Adcock 1946, 120.
61. Plutarch *Mor.* 200. 11.
62. Baronowski 1995, 28 – 29. 有人认为迦太基遭受的攻击与努米底亚政权崛起及马西尼萨即将面对的继承人问题有关，相应观点见 Adcock 1946, 119; Vogel-Weidemann 1989, 85。
63. Appian 8. 11. 74.
64. *Oratorum Romanorum Fragmenta* 78 – 79.
65. *Rhetorica ad Herennium* 4. 14. 20; Quintilian *Or. Ed.* 9. 3. 31. 关于这场演说的背景见 Baronowski 1995, 24 – 25, n. 22。
66. 康奈尔（1996）提出了一个令人信服的论点，即布伦特（1971, 269 – 277）严重低估了这场战争对意大利南部造成的破坏。
67. Scheid & Svenbro 1985, 334 – 338; Cicero *Nat. Gods* 2. 61. 蒂迈欧疑似对加图有所影响，相关研究见 Astin 1978, 228 – 229。
68. Aulus Gellius 10. 1. 10.
69. Appian 8. 11. 76.
70. 同上书，8. 11. 78 – 8. 12. 81。
71. Lancel 1995, 413.
72. Appian 8. 12. 81 – 85.
73. 同上书，8. 12. 86 – 89。
74. 同上书，8. 13. 90 – 93。
75. Visonà 1998, 22.
76. Lancel 1995, 156 – 172.
77. Mezzolani 1999, 108 – 116.
78. Lancel 1995, 158 – 159.
79. 同上书，415 – 419。
80. Appian 8. 13. 94 – 8. 16. 110
81. 西庇阿·埃米利阿努斯的早期生平见 Astin 1967, 12 – 61。
82. 同上书，62 – 69。
83. Appian 8. 16. 110 – 8. 18. 117.
84. Polybius 36. 8. 7; Livy *Epitome* 49; Diodorus 32. 9a; Plutarch *Cat. Maj.* 27. 6.
85. Appian 8. 18. 117 – 121.

86. Appian，8. 18. 122 – 123。
87. 同上书，8. 18. 124 – 126。
88. Polybius 38. 7. 1 – 38. 8. 10.
89. 同上书，38. 8. 13。
90. 同上书，38. 8. 7，38. 8. 11 – 12。
91. Appian 8. 18. 118.
92. 波利比乌斯生平之简述见 Appian 8. 18. 118。
93. Appian 8. 19. 132. 西庇阿引用的句子见 Homer *Iliad* 6. 448 – 449。
94. Harris 1979，240 – 244，他将此事视为主要是在罗马元老院的极力挑拨下引发的又一起外交事件。埃林顿（1971，236 – 240）将大部分责任归咎于亚加亚联盟新领袖阶层的缺乏经验与鲁莽冒动。
95. Eutropius 4. 12. 2；Diodorus 13. 90；Cicero *Verr. Or.* 2. 2. 86 – 7，2. 4. 72 – 83；Valerius Maximus 5. 1. 6.
96. 尽管并无证据表明，在这座城市被摧毁之后二十多年间，罗马人一直在侵占迦太基人的领土，但有人指出，针对迦太基人的土地所进行的全面深入的测量工作，几乎是在迦太基被夷平的同时就开始了。见 Wightman 1980，34 – 36。
97. Purcell 1995，133.
98. 这种联系显然是后世的作家如西塞罗（*Agr.* 2. 87）和李维（26. 34. 9）提出的。
99. Purcell 1995，134 – 135. 后世罗马人对迦太基所遭受的命运所做的不积极的辩解见 Purcell 1995，145 – 146。
100. 同上书，143。
101. 加图的很多历史观点都是建立在费边·皮克托著作的基础上的。对于埃涅阿斯神话与罗马人是特洛伊人后代的传说，他也照单全收（Gruen 1992，33 – 34）。
102. Astin 1978，217.
103. 同上书，227 – 231。尽管据说加图对希腊文化的某些方面嗤之以鼻，但就这部著作而言，他似乎依旧遵循的是蒂迈欧的模式，不过两者间有一个重要区别。与希腊裔西西里作家试图将意大利和罗马放到辽阔的地中海中部的背景下加以介绍的做法相反，加图倾向于凸显罗马在意大利的中心地位。

104. Astin 1978, 213 – 216.
105. Aulus *Gellius* 10. 1. 10.
106. Feeney 1991, 99.
107. Feeney 1991, 99.
108. Gruen 1990, 92 – 106; Goldberg 1995, 32 – 36.
109. 奈维乌斯和恩尼乌斯的传记和著作见 Gruen 1990, 92 – 106; Goldberg 1995, 32 – 36.
110. 在奈维乌斯的著作中，神话传说和近期发生的事件紧密地交织在一起，以至于有人认为，《布匿战纪》中的一个描述巨人与英雄之间的战斗的著名桥段，实际上呈现的是位于西西里阿克拉伽斯城宙斯神庙东面的三角墙上的一块雕带上的场景（Fraenkel 1954, 1416; Feeney 1991, 118）。
111. 对狄多在奈维乌斯史诗中可能扮演的角色的探讨见 Wigodsky 1972, 29 – 34。将罗马虚构为一个早已建立的、历史悠久的地中海中部政权的说法，得到了将罗马缔造者罗慕路斯改写成埃涅阿斯之孙的历史狂想的进一步补充。见 Goldberg 1995, 95 – 96。
112. Feeney 1991, 109 – 110.
113. 恩尼乌斯的说法得到了塞维鲁斯 *Aen.* 1.281（Feeney 1991, 126 – 127）的证实，但在奈维乌斯的著作中，这只是一个猜想（同上，116 – 117）。毫无疑问，罗马于公元前 3 世纪末及前 2 世纪初，越来越多地卷入希腊和东部希腊化地区的政治及军事事务之中的做法，对这些作品产生了影响：罗马元老院的精英们不仅试图讲解他们所享有的非凡成就，还打算阐明他们与广阔的希腊世界之间的关系（Gruen 1990, 121 – 123; Goldberg 1995, 56 – 57）。
114. Feeney 1991, 109 – 110.
115. Goldberg 1995, 162, n. 5. 菲尼（1991, 110 n. 58）持有另一种看法，他认为奈维乌斯是在第二次布匿战争结束之后撰写这部史诗的。
116. Jocelyn 1972, 997 – 999.
117. 同上书，1006。恩尼乌斯出于对奈维乌斯的尊重，极少书写关于第一次布匿战争的内容，尽管如此，他似乎对奈维乌斯的文学才华嗤之以鼻（同上书，1013 – 1014）。

118. Aulus Gellius 6.12.7（E. Warmington 1935，270：98 - 99）；Paulus 439.7（E. Warmington 1935，282：104 - 105）；Festus Rufus Avienus 324.15（E. Warmington 1935，237：84 - 85）。后世的作家将恩尼乌斯视为一个狂热的亲罗马派，这一点在后者以轻描淡写的态度对待罗马人所造成的巨大灾难时体现得格外明显（Cicero *Pomp.* 25）。

119. Servius *Aen.* 1.20. 奈维乌斯的预言见 1991，111 - 113。

120. Macrobius *Sat.* 3.7 - 9.

第 15 章 迦太基的忠诚

迦太基的幽灵

352 当猛烈的大火肆虐于毕尔萨山之上时，西庇阿命令他的部队摧毁迦太基的城墙和防御墙垒。按照战场上的惯例，这位罗马将军还准许士兵们洗劫这座城市，战利品被分给那些在战役期间表现格外英勇的军团士兵。西庇阿亲手将黄金、白银和祭品全部分发出去，而其他战利品要么被运往罗马，要么被拍卖以筹集资金。剩下的兵器、攻城器械和战舰作为献给天神玛尔斯和密涅瓦的祭品而被烧毁，而那些不幸的居民则被送往奴隶市场——少数贵族例外（包括哈斯德鲁巴），他们作为西庇阿凯旋仪式的一部分，在罗马城游街之后，被允许在意大利的多个城市过着舒适的软禁生活。[1]

除了上面这些为数不多的军事长官，另外还有一些围城期间不在城内的人也逃脱了如他们的公民同胞那样的集体厄运。其中一人名叫哈斯德鲁巴，他是著名的哲学家，此前就已迁居雅典以进行学术深造。来到希腊后，他机智地将自己的名字改为克莱托马库斯（Clitomachus），公元前 129 年，他最终一跃成为举世闻名的雅典学派的领导人。在漫长而卓越的学术生涯中，克莱托马库斯所撰写的论文达到惊人的 400 篇，这为他赢得了一些罗马名人的赞誉。除了创作哲学著作，据说他在迦太
353 基城被摧毁之后，将他的一份作品以演说的形式展现给他的迦太基同胞。在演说中，他认为在这个悲惨的时刻，哲学将是极

为有力的疗伤工具（当他的公民同胞们遭到强盗般的罗马士兵的屠杀或不幸沦为奴隶时，他们无疑会很欣赏这一观点）。[2]

在这座城市遭到罗马军团的第一次蹂躏之后，罗马元老院从罗马派来一个 10 人委员会，为的是监督实施一系列意在令迦太基永远荒废的措施。为此西庇阿受命将这座城市的剩余部分夷为平地，一个郑重的诅咒被施加到未来每一个打算移居毕尔萨或墨伽拉地区的人的身上。此外，那些仍忠于迦太基的城市将为它们的忠诚付出代价，被彻底摧毁，而与罗马结盟的当地城市则被赏以迦太基领土。那些依旧保持中立的城市将被置于每年由罗马派来的，元老出身的高级官员的控制之下。[3]

当最终胜利的消息传到罗马的时候，快乐与解脱的情绪在这座城市的街道上疯狂地喷涌而出。根据阿庇安的说法，这个消息无可厚非地引发了欢乐的浪潮，因为“再没有一场战争能像布匿战争那样，用令人窒息的恐怖之手敲叩他们的城门。在这场战争中，由于敌人的毅力、能力、勇气和奸诈，他们曾一度陷入险境”。[4]尽管绝大多数幸存的关于布匿战争的记载都运用了一种极度夸张的表现手法，但在此种情况下，这些张扬的文字或许与罗马公众的普遍反应是高度一致的。见证了罗马的神之委任权遭到蚕食、敌军出现在这座城市的大门口的一系列战争就此终结，其带来的无疑是如释重负的感觉。[5]至少在战争期间，如雨后春笋般涌现的罗马宗教及文艺活动就证明了，战场上的胜负与罗马人对这个世界及其自我的认知有着何等紧密的联系。

尽管罗马那命中注定的霸权被认为是通过第二次布匿战争而得以确立的，但这场战争在很大程度上也标志着罗马开始进入了一个漫长的衰退期。在波利比乌斯——他的观点为许多身为元老的罗马精英（以及希腊世界的广大知识分子群体）认同——看来，最终的没落是所有强权不可避免的命运。[6]因此，尽管完善的罗马体制能够暂时阻止它走向下坡路，但迦太基的今天同样是罗马的明天。然而，按照波利比乌斯的政治观点，
354 未来罗马没落的原因不在于取代其地位的政权的崛起，而在于毁灭性内战的爆发，以及不合理制度的出现。因而，迦太基的没落、失败与最终毁灭的命运，被认为是巴卡家族的煽动与民主政治在该城的影响力日增的结果。就连汉尼拔，这位波利比乌斯极为钦佩的军事指挥官，也被视为受到了象征着这座城市最后几年里的不理性与冲动的致命毒害。[7]就这样，随着迦太基被毁灭，罗马人证实了一个预示着他们自己终将灭亡的理论。

公元前2世纪末至公元前1世纪数十年间，当罗马共和国陷入政治危机与血腥的内战之中时，预言罗马将没落的政治观点无疑越发显得有先见之明。被毁灭的迦太基不仅成了罗马的混乱未来的不祥模板，还在罗马元老阶层内部所爆发的激烈冲突的生成阶段扮演了一个耀眼的角色。事实上，罗马元老院的精英因迦太基而起的内部纷争，即使是在这座城市尚未陷落时就已经公开化了。罗马指挥官霍斯提里乌斯·曼西努斯因他的功绩得不到承认而感到愤怒，与之相反的是赞誉和荣耀雨点般地落到西庇阿·埃米利阿努斯的头上。曼西努斯托人精心绘制了一幅关于迦太基与自己指挥的对迦太基战役的画作，而后他把这幅画立在了屠牛广场上。曼西努斯甚至站在这幅画旁边，向观者解说着自己的英雄壮举对攻陷这座城市有多么大的帮助。[8]

然而，个人荣耀并非第三次布匿战争时期唯一被争夺的奖

品，已成为罗马领土的辽阔而肥沃的北非地区也成了冲突爆发
的主要诱因。土地的重新分配——特别是针对那些在辉煌胜利
中立下汗马功劳，日后结局却往往是沦为日益壮大的，被剥夺
了公民权的贫民队伍中一员的老兵——成了元老院内部日益激
烈的争执的关键所在。公元前 123 年，改良派元老盖乌斯·森
普罗尼乌斯·格拉古（Gaius Sempronius Gracchus）及其支持
者成功地推进了一项举措，其不但允许人们移民至某些前迦太
基领土，还批准在旧迦太基城的遗址上建立一个名叫朱诺尼亚
（Junonia）的新殖民地。这一举动遭到了以西庇阿·埃米利阿
努斯为首的保守派的强烈反对，但据说格拉古援引了西庇阿· 355
纳斯西亚昔日的论点——迦太基的灭亡将导致蛊惑人心的政客
和意欲成为独裁者的人在罗马出现（这显然是在影射西庇
阿·埃米利阿努斯），从而在辩论中胜出。埃米利阿努斯理所
当然地对这种指控很敏感，转而将元老院内发生党派之争的责
任，归咎到罗马对东方的征服所引发的奢欲和贪欲上。[9]尽管如
此，双方似乎一致认为：当前罗马正处于道德滑坡的阶段，而
对外征服行动是其起因。

尽管改革派在这场特殊的战役中获得了胜利，但不久之后他们就发现自己的努力被挫败了，因为他们的对手散布谣言，说新殖民地的界标被狼群刨出（预言家们认为这是一个不祥之兆），从而令公众舆论转向。建立朱诺尼亚殖民地的计划没过多久就戏剧性地中止了。[10]即便如此，改革势力与保守势力之间的冲突仍在继续，并于一年后达到顶峰：公元前 121 年，在执政官卢基乌斯·欧皮米乌斯（Lucius Opimius）发动的一场血腥暴乱中，格拉古与 3000 名支持者被杀害。随后，欧皮米乌斯按照事先的计划，恬不知耻地做了个颇有争议的决定：

托人在卡匹托尔山修建了一座献给协和（Concordia/Concord）这种神圣美德的神庙（叫协和神庙）。[11]对于很多人而言，这座神庙的作用在于以讽刺而令人悲伤的方式提醒着他们：不要忘却当年那场遍及全罗马的流血冲突。这座建筑的外面刻着这么一句话："一场疯狂的冲突造就了一座和平神庙。"[12]

格拉古的死丝毫没有缓解那些想要迁往迦太基人的土地上的人，与那些并不赞成建立一座新迦太基城（就算是罗马人的也不行）的人之间的矛盾。公元前 81 年，罗马将军庞培（Pompey）为了证明自己是一名保守派，庄严地延续了对迦太基遗址的诅咒。[13]但公元前 64 年元老院之中的一个派系再一次试图做出改变，他们提议廉价出售迦太基领土以便为土地分配计划筹集资金。然而，这些计划又一次遭到保守派的成功抵制，他们认为，忽视加诸在迦太基遗址上面的诅咒无异于危险的渎神之举，此外，被重新修复的迦太基城可能会成为罗马未来的威胁。[14]

当共和国步履蹒跚地从一个政治危机走向另一个政治危机的时候，关于罗马没落的争论进一步加剧了。事实上，盖乌
356 斯·格拉古与西庇阿·埃米利阿努斯已殊途同归地证明了一个无情的结论：是罗马统治阶层的贪婪和野心导致了罗马迅速走向下坡路，而罗马对迦太基的毁灭，使得这一历史进程加速了。[15]实际上，罗马人的自尊心下降得如此厉害，以至于历史学家萨鲁斯特（Sallust）认为，传说中的迦太基人菲雷尼（Philaeni）兄弟——他们以被活埋的方式牺牲了自己，从而保护了迦太基的东部边境——是无私精神的典范，而令人遗憾的是，当时彼此敌对、冲突不断的罗马将军们正缺乏这种精神。[16]因此，在沦落为一处处无人居住的废墟仅一个世纪后，

迦太基所体现的就不再是罗马人民那不屈不挠的力量，而是作为一座记录着那些令罗马走向衰落，给它带来被撕成碎片的危险的冲突的阴郁石碑，屹立于斯。考虑到其历史地位是有争议的，那位最后自封为罗马共和国救世主的人才会着眼于解决令人痛苦、迁延日久的迦太基问题。

罗马人的美德，迦太基人的恶行

至公元前 31 年时，随着自己所有的政治强敌要么死去，要么被以其他手段使其失去了威胁，屋大维（Octavian），这位尤利乌斯·恺撒的养子，以奥古斯都之名成了罗马的第一任皇帝，成功接掌了罗马政权。奥古斯都既是一位精明的政治家，也是一个冷酷无情的权力追求者，他很好地汲取了自己养父之死的教训。一切关于他的目的是戴上皇冠（一直有谣言说这是导致尤利乌斯·恺撒被刺杀的原因）的猜疑，均因新政权不断强调奥古斯都重现了罗马昔日的荣耀、权威与安定而平息。尽管他的地位与那些独裁者越来越相似，但奥古斯都宁愿给外界留下这样的印象：他只是复旧如初、生机勃勃的共和国的“平等者中的第一人”（first among equals）而已。奥古斯都政权有着强有力的中心思想，即只有恢复罗马的传统美德如“信任”（fides，忠诚、守信）和“虔诚”（pietas，尽到一个人对神灵、国家和家庭应尽的义务），才能保证罗马达到伟大的境界。[17]这些主题在奥古斯都统治时期如 357
雨后春笋般涌现的艺术及文学作品——通常是由那些大体上支持新政权的决定与成就的人创作的——中频频出现。[18]

关于诚信和虔诚是罗马作为一个伟大国度的根基的概念，可以追溯到布匿战争时期，当那个时期的罗马越来越频繁地参与海外的军事及外交事务时，这一观念变得更为流行。罗马的首任独裁官，率军在海外作战（公元前249年在西西里）的奥卢斯·阿蒂利乌斯·卡拉蒂努斯（Aulus Atilius Calatinus）为罗马的第一座信任神庙举行了落成仪式。[19]实际上，对诚信是罗马人特有的品德这一概念的不断强调，可以说反映了这么一个事实：元老院的精英们日益意识到，同一种美德经常成为现实政治——它决定了新形势下的罗马该做什么——的头一个牺牲品。罗马对迦太基的处置方式被很多人（特别是地中海东部的希腊人）视为罗马人越来越心口不一的证据。

在著作《历史》（*Histories*）末尾的一段附录中，波利比乌斯按照传闻，描述了一群希腊人对罗马摧毁迦太基之举的反应：两人支持，两人反对。尽管波利比乌斯借此巧妙地隐藏了自己对这件事的明确看法，但实际上他极为详细地记录了反对者的观点，这有力地表明他对罗马人的做法心怀忧虑。[20]更为明显的是，他对这么一个观点予以了特别关注，即罗马人没有达到他们之前给自己在战争及对外关系领域中定下的高标准。

> 他人通常认为罗马人是一群文明人，朴实而高贵的作战风格是他们特有并引以为傲的优点，他们既不发动夜袭，也不搞伏击，反对使用任何形式的诈术和诡计。他们觉得，直接而公开的进攻对他们而言才是正当的作战方式。然而，在灭亡迦太基的战争这件事中，他们使用了诈术和诡计：他们每进行一次公开行动，都要进行几次秘密行动，直到他们彻底断绝这座城市从它的盟友那里获得帮助的希望。他们说，这种做法更像是暴君的阴谋，与罗马

这样的文明国家的行为准则是背道而驰的。如果要公正地评价的话，这只能被定义为某种邪恶而背信弃义的行径。[21]

这样的非难显然触到了罗马人的痛处，不久后，一些伪造的，洋洋洒洒地描述罗马人即使在面对严重挑衅的时候也能严守诚信原则的寓言，被添加到了这座城市的历史故事之中。毫不令人意外的是，最有名的寓言与迦太基有关。到公元前 2 世纪 20 年代时，一个荒诞不经的故事开始流传，在这个故事中，于第一次布匿战争期间可耻地当了俘虏的罗马将军雷古卢斯，带着一份和平提案从迦太基人那里回到了罗马。他敦促元老院拒绝这份和平提案。而后，为了信守自己许下的诺言，他回到了迦太基，并为自己的行为付出了代价：遭到折磨并被处死。[22]另一个历史学家描述了一个截然不同的，关于雷古卢斯与迦太基人往来的故事。希腊裔西西里史学家狄奥多罗斯记载道，雷古卢斯的妻子因她的丈夫被长期囚禁而感到愤怒，于是将一个迦太基人锁在一个很小的房间里，断其饮食，把这个人活活饿死了。雷古卢斯的家奴们被女主人的疯狂举动吓坏了，报了官。负责调查的官员对这一事件感到极为震惊，据说曾威胁要起诉这家人。[23]尽管如此，到了公元前 2 世纪末时，这个雷古卢斯为了遵守信誉而英勇牺牲的故事，还是成为罗马经典历史故事集中备受欢迎的一个篇章。[24] 358

绝非巧合的是，在奥古斯都统治时期，雷古卢斯的传奇故事得到了进一步润色。在诗人贺拉斯（Horace）最具影响力的一篇颂诗中，他将这位皇帝以强硬手段制服了不列颠人和帕提亚人的做法，比作雷古卢斯无私地恳求罗马元老院拒绝迦太基人提出的任何和平提议——尽管对他自己而言，这样做的后果不堪设想——的行为。

> 据说他将妻子的纯洁的吻，以及幼小的孩子们弃之不顾，他认为这些并不重要。
>
> 他坚毅地像男子汉一样注视着大地，直到他或许可以通过这种前无古人的，自我殉节的方式来坚定元老院那摇摆不定的意志，他迫不及待地从那群悲伤不已的朋友中抽身离去，踏上伟大的被放逐之旅。
>
> 359 虽然他知道，残忍的行刑者在等着他。然而，他还是将挡在他面前的亲人，以及那些妨碍他上路的人推到一边。[25]

雷古卢斯的传说，只是奥古斯都统治时期布匿战争被越来越多的在道德主义层面被提及，并特别强调迦太基人对罗马的传统美德构成威胁的事例之一。这些作者对奥古斯都时期的很多决定都表示支持，但他们完全不是愚忠分子，他们对混乱不清、缺乏自信的上个世纪持抵制态度，而对那些确信无疑的罗马人所取得的胜利以及他们的正直操守持支持态度。从本质上说，这类作者的作品体现了这么一个观点，即迦太基并不一定要以实体的形式存在才能最大限度地衬托出罗马的伟大与美德。

历史学家李维——我们在本书中已多次看到他的名字——就是这样的一个作者。[26]实际上，李维历史著作的主题并没有什么特别的新意，它试图将生机勃勃的早期罗马与暮气沉沉的近代罗马做个对比。[27]事实上，常见的对罗马民族性遭到奢欲的腐蚀性影响这一事实的强调，在其著作中始终存在。[28]然而，李维与波利比乌斯及上一代罗马历史学家的不同之处在于，他认为，罗马在迦太基灭亡后不久出现的衰落现象，基本上是可以克服的。根据李维的估计，到他所处的年代，罗马已经历了三个历史周期，其间有过数次高峰与低谷。奥古斯都统治时期象征着第四个周期的开始，因此罗马是有机会再度崛起的。按照李维的规划，奥古斯都有义务利用往往不得人心的手段，来阻遏罗马当前的下滑势头，并通过重现“诚信”与“虔诚”这两大美德来驱使罗马走上伟大的复兴之路。[29]

迦太基在李维的历史著作中所扮演的角色，远不仅仅是罗马问鼎世界霸权之路上最可怕的竞争对手而已。[30]除了照搬波利比乌斯的，将迦太基的失败归咎于无知的公民群体在迦太基政体中影响力越来越大的观点外，在李维笔下，这座北非城市在道德模式上完全与罗马对立。尽管波利比乌斯认为迦太基只是失去了它的辉煌，但李维坚称，道德观有问题的迦太基本来 360
就从未达到过伟大的境界。因此，在关于布匿战争的记载中，李维从头到尾一直都在将罗马人的美德与迦太基人的恶习相提并论。

尽管对迦太基人的民族性的贬损同样出现在波利比乌斯的著作之中，李维的攻击性言论虽少但更加尖酸刻薄。在一段针对伟大的迦太基将领汉尼拔性格的著名论述中，李维对汉尼拔的身体素质与军事能力赞誉有加，但接下来的一段激烈的人格诋毁立刻削弱了之前一切赞誉的效果：“但是，对于汉尼拔而言，这些伟大的优点是与那些可憎的恶习并存的——他残忍到毫无人性，他背信弃义的程度超过了任何一个迦太基人，在他身上完全看不到真诚、尊敬、对神灵的敬畏、对誓言的遵守，以及对宗教的虔诚。"[31]就这样，汉尼拔的品格被形容得极为恶劣，甚至到了突破迦太基民族下限的地步。事实上，在这部著作中，李维始终在特别强调汉尼拔的不守信义，包括这位迦太基将军给之前曾被自己手下的努米底亚骑兵指挥官许以自由的罗马士兵戴上枷锁这件事。这位历史学家讽刺性地形容此举"真正反映了迦太基人"的威望。[32]因此，尽管李维并不是那个在罗马长期存在的"迦太基的忠诚"——一种讽刺性的用语，意为全然的背信弃义与毫无诚信——观念的发明者，但他为了令它在罗马人的心态领域中根深蒂固而出力甚多，以至于他甚至借助汉尼拔本人之口来表达这一观念。在其杜撰的一段记载中，汉尼拔认为罗马元老院几乎没有理由相信迦太基人提出的和平提案。[33]

值得我们注意的是，这些对迦太基人的不虔诚、无信义及贪婪性格的描写，均为李维那罗马式思维的产物，是专门为罗马人服务的：既为他们的侵略行径做了辩护，又阐明了罗马式美德。尽管如此，与李维的观点正好相反，迦太基人在第二次布匿战争中并不比罗马人更不守信用，而李维对汉尼拔及其军队的很多指控，实际上起到了让人将注意力从罗马人的背信弃义上转移开的效果。于是李维固执地将迦太基人围困、攻陷萨贡托（第二次布匿战争的导火索）的事，说成是汉尼拔及其
361 同胞不讲信用的首个实例。与之相比，罗马元老院未能保护曾立誓结盟的城市这一点，则被完全掩盖过去了。[34]

李维对迦太基人众多不虔诚行为的指控同样如此。李维所宣称的迦太基人亵渎神灵的事迹，与真正的迦太基宗教活动、信仰几乎毫无干系，而更多与汉尼拔的军事成就及出色的宣传活动对罗马人自称蒙受神眷的说法造成的沉重打击有关。李维

对于这种难以自圆其说的历史观点的处理方式，是将汉尼拔于战争之初的连战连捷，说成是当时迦太基一方虔以敬神的结果，而更为重要的是，同一时期的罗马人却未能给予己方的神灵应有的尊敬。此外，李维在其著作的布匿战争部分的开篇段落中指出，汉尼拔的使命在本质上就是对神灵的亵渎，这样一来，他就能让读者们明白，为什么迦太基人所取得的每一次成功都是特别短暂的。事实上，李维最后也为迦太基人的失败结局做了辩护：这只不过是神明的惩罚而已。[35]因此，在李维那武断而有力的概述中，迦太基的命运根本没有预示罗马的必然结局，而是实实在在地证明了罗马那民族性美德的优越性，神灵将恩宠降临在他们的身上，由此他们可能在未来取得更为伟大的成就。

新赫拉克勒斯与新迦太基

尽管李维的观点很可能并不是一项国家计划的产物，但它们仍然与奥古斯都统治时期的主流观点高度一致。汉尼拔在意大利半岛驻留了十五年，给罗马人的集体意识造成了严重的创伤，他的传奇是无法被轻易忘却或抹杀的。罗马人不安地意识到，拜汉尼拔及其军队追随着赫拉克勒斯的脚步翻越阿尔卑斯山的那场史诗般的远征所赐，汉尼拔的伟大成就及其与天神之间的联系，如今已在意大利的深层环境中具体化了。在汉尼拔成功地战胜了蕴含于这些雄伟山峰之中的，令人望而生畏的挑战之后的两个世纪，仍未有罗马人能够再现这一壮举。事实上，根据公元前 1 世纪的传记作家科尔内利乌斯·内波斯
(Cornelius Nepos)——此人出生于山南高卢地区（北意大利 362
半岛）——的记载，这条巍峨的山脉仍被称为希腊人和迦太

基人的阿尔卑斯山，因为它们的通道分别是由赫拉克勒斯和汉尼拔发现的。[36]如今，奥古斯都意识到未能征服这些山峰的事实在罗马人心头笼罩上了长长的阴影，他试图将赫拉克勒斯之路据为己有，这样与赫拉克勒斯之路有关的伟大的（而且有极大争议）英雄的传奇故事也就一并归其所有了。

公元前 29 年，在内战中胜出之后，奥古斯都来到罗马，庆祝为期三天的，自 8 月 13 日至 15 日的凯旋仪式。这个时间是经过精心选择的，因为在大祭坛举行的赫拉克勒斯祭仪于 8 月 12 日开始，如此一来，这位罗马的新救世主的到来，就与他的英雄前辈来到罗马的事迹完美地嵌合在了一起。[37]这一引人注目的做法只是奥古斯都接过赫拉克勒斯传承的第一步。公元前 13 年，一条新的道路，朱莉娅奥古斯都大道（Via Julia Augusta）建成了。这条以皇帝的名字命名的道路，遵循的是古老的赫拉克勒斯之路的路线：从意大利北部的皮亚琴察起，越过阿尔卑斯山，延伸至山北高卢境内。它的终点位于拉蒂尔比耶（La Turbie），在那里，为庆祝帝国征服阿尔卑斯地区而修建了一座带有 24 根圆柱和一尊奥古斯都加冕像的宏伟纪念碑，距今摩纳哥仅有几公里远。此外，一段碑文上记载了一个长长的名单，这片为皇帝与其两位继子德鲁苏斯（Drusus）和提比略（Tiberius）所征服的地区的所有部落之名均在其中。[38]

在这条路修成后的数年里，奥古斯都又于公元前 8 年至前 2 年对 1600 公里长的，古赫拉克勒斯之路的加迪斯至比利牛斯山路段进行了翻修。这条路被重命名为奥古斯都大道。[39]它亦是汉尼拔远征意大利之路中的一段，这一事实虽可能未被挑明，但内容为赞美奥古斯都的阿尔卑斯战役的诗篇的存在，表明时人已经想到了这层关系。[40]在一部赞颂德鲁苏斯与提比略在阿尔卑斯的壮举的诗篇中，贺拉斯巧妙地加入了一长段关于汉尼拔与梅陶罗河之败——这场战役是由尼禄·德鲁苏斯，皇帝的继子德鲁苏斯的一位祖先策划的——的引用文字。在附录的结尾部分，汉尼拔哀叹自己的征服之梦以失败告终，与此同时，如同朝阳一般活力十足的罗马赢得了最后的胜利。[41] 贺拉斯暗示，奥古斯都收复赫拉克勒斯之路标志着迦太基人在这场因神明和历史而起的战役中最终失败。

然而，对赫拉克勒斯之路的改造比起当时奥古斯都新设想 363
的冒险之举——重建迦太基城本身——来说就不算什么了。其他自诩为罗马共和国救世主的人，靠着修建与美化在罗马的协和神庙来满足自己，但对奥古斯都而言，这样做是有争议的。尽管事实上他最终重建了这座神庙，但在公元前 1 世纪 20 年代初，他的地位还远不像在日后被誉为 pater patriae（“国父”之意）的时候那么稳固。当时大多数人无疑并不认为他是和平的承载者，而将他视为一个残忍的屠夫，他曾在以冷酷无情的手段为养父复仇的同时，大肆杀戮自己的政敌。倘若奥古斯都要为协和建一座纪念碑的话，那他必须将它建立在罗马城以外的地方，这样他被人指责为伪君子的风险会小一些，而与那些人达成和解的希望则会大一些。事实上，还有什么能比将和平神庙建在罗马最强大的敌人的遗址上，更好地体现奥古斯都不惜一切代价来展现的和解精神呢？

实际上，（毫不夸张地说）第一个构想重建迦太基城这种看似不可想象的计划的人并不是奥古斯都，而是他的养父。据阿庇安记载，公元前 44 年，正在北非与其罗马同胞作战的尤利乌斯·恺撒做了一个梦，在梦中，他看见全军上下都在哭泣；醒来后，他立刻发布了一份备忘录：迦太基必须被开拓为殖民地。[42]这个梦对现代学者而言有着几种不同的解释。最为可信的版本是这支军队象征着死去的迦太基人，因而重建他们的城市的举措将会成为恺撒引以为豪的 dementia（“仁慈”之意）精神的实证。或者也可以这么说，这支军队象征的是罗马老兵，因此在这座城市设立殖民地，可以说是在重复亲民主义者格拉古重新分配土地的老路。[43]事实上，这段记载是有意写得模棱两可的，如此一来，这种极度暧昧不清的传说就可以同时对战败者和恺撒麾下的老兵展现他的仁慈。尽管奉命建立殖民地的是恺撒副将之一的斯达蒂卢斯·陶勒斯（Statilius Taurus），但这项工作似乎并未被全面开展起来。[44]尽管如此，重建迦太基——罗马最可怕的敌人——的计划是新生的恺撒政权那自信和力量的有力象征，同时它也暗示着，罗马给地中海地区带来的是和平。[45]

恺撒于当年不光彩地遭到谋杀，此后北非的新工程大体上
364 停止了。但到公元前 29 年时，奥古斯都想重新启动这一工程。显然，这座新城从一开始起就给他留下了深刻印象。按照计划，新城街道的整齐程度即使放在一个罗马市来说也是罕见的。每个街区的大小为 120 罗马尺乘以 480 罗马尺（35.5 米乘以 142 米），恰好相当于原罗马土地分配的百分之一。[46]新殖民地的行政及宗教中心被建于这座古老的迦太基城市的心脏地带，毕尔萨山之巅。这座山的山顶如今屹立着一座座宏伟的标志性建筑，分布着一片片巨大的空间，其中包括雄伟的长方形公民会堂、庙宇和一座广场。对迦太基自然景观翻天覆地的改造，与一片新的宗教及行政地带的建立，不仅宣告着罗马对该地区拥有绝对主权，还昭示着这个昔日的敌国已被并入罗马版图之内。[47]就这样，迦太基以罗马阿非利加行省行政首府克罗

尼亚－尤利亚－肯考迪娅－迦太基（Colonia Iulia Concordia Carthago）的身份重生了。[48]尽管其他罗马殖民地的名字有着庆祝尤利乌斯家族重现了和平局面的寓意，但重建后的迦太基的名称无疑会令罗马人民产生强烈的共鸣。[49]

荒谬的是，迦太基的重建工程对这座古老的城市所造成的破坏远远超过了一个世纪前西庇阿的行动。为了给标志性建筑提供建设用地，毕尔萨山的山顶全部被削平，形成了一个巨大的长方形平台，以作为修建城市中心区之用。超过 10 万立方米的碎石和泥土——这一巨大而野心勃勃的工程所产生的垃圾——随后被倾倒在毕尔萨山的斜坡之上。凭借着一堵堵山坡墙的建立，一片片台地出现在毕尔萨山的侧面，邻近的住宅区以及其他建筑最终将在这里拔地而起。通过建起一座新的迦太基城，罗马不仅成功地展示了奥古斯都政权有着惊人的和平与调和的力量，也宣告着罗马已将这片外国土地控制在自己手里。就这样，奥古斯都用铁锹和泥刀征服了迦太基，取得了他的前任们用火与剑所未能取得的成就。

狄多与埃涅阿斯

大约在迦太基被重建的同一时期，意大利诗人维吉尔·马 365
罗（Vergilius Maro）开始书写他的著名史诗《埃涅伊德》（*Aeneid*，也叫《埃涅阿斯纪》）。尽管维吉尔并不是奥古斯都政权的盲目支持者，[50]然而他的作品的一些主题还是起到了配合宣传奥古斯都的效果，因为，作为一个感受过战争的恐怖的人，他无疑也一直渴望着这个政权所鼓吹的黄金时代的到来。[51]《埃涅伊德》重述了埃涅阿斯那为人们所熟知的、动荡不安的旅程：他从特洛伊来到意大利，在那里成了罗马人的祖先。然而，这首诗的开头数行让读者们意识到，迦太基在维吉尔作品中扮演了一个比这个故事的之前版本要重要得多的角色。

> 这里有一座古城，迦太基（来自泰尔的殖民者的家园），
> 它眺望着意大利，与遥远的台伯河口，
> 它国库丰盈，对战争有偏执的热爱。
> 他们说这里是朱诺最为钟爱的土地，连萨摩斯也有所不及。
> 她的铠甲在这里，她的双轮战车也在这里，倘若命运允许的话，这里应该成为万国之都，这一想法嗣后甚至成了女神的追求，与最强烈的热望。[52]

尽管布匿战争在《埃涅伊德》中只占了很小的篇幅，但这首诗自觉地扮演了恩尼乌斯史诗的战争篇的续篇（或者可能是前篇）的角色。[53]与早先的奈维乌斯和恩尼乌斯史诗一样，在《埃涅伊德》中，迦太基与罗马的敌对关系是命中注定的，双方均拥有各自的守护神：迦太基一方为朱诺，而埃涅阿斯之母维纳斯则站在特洛伊一方。然而，《埃涅伊德》远不仅仅是先前的罗马史诗的摘要汇编那么简单。事实上，这部著作还描述了这场著名仇恨形成之前的一段新奇而吸引人的历史：罗马与迦太基民族各自的缔造者，埃涅阿斯和狄多之间的一场注定以悲剧收场的恋情。尽管两人已在奈维乌斯的史诗中有过某种形式的会面，但这段浪漫的情节，可以说是一种大胆而振奋人心的创意。

在《埃涅伊德》的第一卷中，当特洛伊流亡者逃离被摧毁的家园时，他们的船遇上了一场由他们的敌人，女神朱诺制造的猛烈风暴。幸存者最终被冲到了北非海岸上，在那里，他们得到了另一群来自东方的流亡者——迦太基人的救助。维纳斯担心迦太基人会做出什么伤害她儿子的事，遂派丘比特到狄多那里，使这位先前在丈夫被谋杀后将所有求婚者拒之门外的女王，与埃涅阿斯热烈地坠入爱河之中。在这之后，朱诺发现这是一个阻止埃涅阿斯和特洛伊人完成他们在意大利的命运的机会，便向维纳斯提出建议：应该为这位王子和迦太基女王安排某种形式的婚礼。 366

> 我并不是没有注意到，你害怕我的城市，
> 你一直用疑惧的目光打量着高大的迦太基城的宏伟民居。
> 但这样做会有什么结果呢？
> 所有这些冲突的意义何在？我们为什么不致力于建立
> 一个永远和平的局面，安排一场联姻呢？

维纳斯同意了这一提议，因为她想暂时确保自己儿子的安全——尽管她已从朱庇特的预言那里得知，埃涅阿斯终将来到意大利，创造罗马民族。因此，这两人在外出狩猎时，因一场风暴而按女神们事先策划好的那样脱离了大队人马，在这之后，他们于一个山洞里完成了他们的婚礼。

在这段插曲中，维吉尔从头到尾都在重新诠释着读者已知的历史：尽管两座城邦的伟大缔造者明显彼此友好，但迦太基人与罗马人之间最终还是爆发了激烈的战争。因此，他设计了

一个“架空式”的最终剧情：假使埃涅阿斯和特洛伊人留在迦太基，并建立了他们的城市，那将会如何？事实上，维吉尔甚至向读者们展示了一个非同寻常的画面：罗马民族的缔造者穿上了泰尔式的镶有金色绲边的紫色外衣，指挥着这座将会成为罗马最可怕的敌人的城市的建设工作。[55]这首诗甚至认真考虑了因这群罗马的捍卫者对在北非的生活感到心满意足，而导致建立罗马这一事业彻底化为泡影的可能性：

367 他将要统治意大利——一片扩张为一个帝国的土地，
他迫切需要一场战争，来将透克洛斯（Teucer）一族的高贵血统延续下去，
并将整个世界置于律法的约束之下。
如果这些光荣的事业无法让他有所作为，
如果他不愿为了自己的名誉而竭尽全力，
那他难道舍不得留给阿斯卡尼俄斯（Ascanius）一座堡垒般的罗马城吗？
他在想什么？待在一个敌对民族的土地上不走，
忘却了奥索尼亚（Ausonia）和拉维尼亚（Lavinian）的田园，他究竟在希冀些什么？[56]

然而，读者知道，埃涅阿斯在迦太基是待不久的。除了意识到罗马与这座城市之间存在着敌意外，埃涅阿斯的命数已是上天注定。因此对他来说，走上与天命相违的道路不但是行不通的，更是对“责任感”——众所周知的，罗马民族特有的行事准则——的背叛。

最终，朱庇特派神使墨丘利前去说服埃涅阿斯离开迦太

基。意识到自己不可能逃避宿命的安排，以及对天神和（未来的）祖国应负的责任之后，埃涅阿斯命令自己的同伴们起航前往意大利。然而，随着埃阿涅斯的悄然离去，维吉尔以鲜明的笔调让读者领略了被遗弃的女王那绝望的抱怨与轻蔑。在本卷的高潮部分，当狄多准备秘密自尽的时候，这位极度悲伤的女王发出了令人毛骨悚然的诅咒，她预言迦太基人的报复终将到来。

从今以后，泰尔人，你们要这样做
要心怀仇恨，去折磨他的每一个族人和同胞，
将这种行为作为祭礼献给我的骨灰。
让我们两个民族间再无任何友爱，也永不结盟。
不知名的复仇者，
从我的尘埃中站起来吧，
用火与剑去蹂躏这些特洛伊移民，
在现在或者未来时机成熟的时候。
我祈求上苍，
让我们各自所在的海岸相互为敌，
海浪迎头相撞，兵刃彼此交击，
战火将波及他们和他们的子孙，
一代代蔓延下去。[57]

在被抛弃的女王最后发出的凄婉哀绝的悲恸声中，历史上存在于迦太基与罗马之间的古老而强烈的恨意淋漓尽致地展现在了读者面前。甚至在作品的末尾，当朱诺最终同意罗马民族以特 368
洛伊人和拉丁人相互融合的形式建立起来时，她因迦太基而起

的强烈而令人感到不祥的怨愤仍未得到化解。[58]

就这样，《埃涅伊德》不仅以一种令人印象深刻的方式提醒着人们，迦太基与罗马之间的仇怨是难以化解的，它还将这个历史遗留问题的形成时间大大提前了。然而，这部史诗同时预见了奥古斯都会以重建这座城市作为与舆论实现和解的最终手段。事实上，关于埃涅阿斯第一次来到迦太基的描写，对于奥古斯都时代的读者而言无疑是极具吸引力，并能引发强烈共鸣的，因为它生动地描绘了这座城市大兴土木、热火朝天的场景。

> 埃涅阿斯用惊讶的目光
> 打量着这些曾经只是茅屋的雄伟建筑，
> 打量着这些城门，
> 以及用砖石铺就的人声鼎沸的马路。
> 泰尔人热情高涨，忙碌个不停，
> 一些人在修城墙、筑堡垒，用手把石块往山上推；
> 一些人在选定住宅基地，并用犁沟将它圈起来。
> 人们在制定律法，任命官员与受人尊敬的元老。
> 在这里，一些人挖掘着港口，
> 另一些人为剧院打下深深的地基，
> 并将悬崖上的石块凿成巨大的圆柱，
> 以将其改造为舞台上的装饰品。[59]

令奥古斯都时代的读者产生共鸣的元素，并不是对位于迦太基的新殖民地（或实际上是之前的迦太基城）的准确描述，而是这么一个事实，即这座新城无疑就是一座“罗马”城。[60]

如果埃涅阿斯在迦太基帮忙兴建的城市，显然是以罗马式的风格呈现在维吉尔时代的读者面前的话，那么，他接下来的所作所为无疑是与罗马式的作风背道而驰的。尽管埃涅阿斯离开迦太基的直接动机是承认了自己的宿命，并向其妥协，但他那以欺骗手段，偷偷摸摸地抛弃了自己的旧爱的行为，无疑将令任何一个罗马人感到不快，因为这种做法带有所谓的迦太基式的背信弃义的色彩。事实上，当时的罗马读者看到过一个令他们感到不快和错乱的场景——一名迦太基女子在斥骂罗马民族的缔造者，而她所用的词语显然在一般情况下是罗马人为辱骂迦太基人而准备的。

> 忘恩负义的家伙，你真的指望如此可耻的罪行 369
> 能不为人知吗？你真的指望能悄无声息地
> 从我的土地上溜走吗？
> 我们的爱情，我曾经许给你的山盟海誓，
> 还有狄多将要悲惨死去的厄运，
> 全都无法阻挡你罪恶的脚步吗？
> 无情无义的东西，
> 就算是在冬天你也要为你的船只而奔忙，
> 为的是在北方巨大旋涡肆虐正劲的时候，
> 驶向遥远的海洋吗？[61]

在又一阵连珠炮般劈头盖脸的斥骂声中——这番话促使她最终走上自杀之路，狄多将这位特洛伊王子说成一个不虔诚的人，违背了自己对神灵许下的誓言。[62]与先前的希腊及罗马文学作品相比，维吉尔笔下的狄多与那些著作里的奸诈的

东方女王毫无相似之处。尽管维纳斯似乎害怕这位迦太基女王会对自己的儿子做些什么，但狄多很快就用自己的一切所作所为证明了迦太基民族并不像想象中（罗马人眼中）的那样坏，而是具有以下特点：勤勉、诚实、虔诚、仁慈。蒂迈欧笔下的艾丽莎的典型特征，虚伪与狡诈，在《埃涅伊德》中的狄多身上是完全看不到的。那些人们耳熟能详的事迹，如盗窃皮格马利翁的黄金或赚取毕尔萨之地等，并未被当作典型的“背信弃义”（punic faith），而是被用于凸显女王的勇气与智慧。[63]

《埃涅伊德》中的狄多与埃涅阿斯的故事，在很多方面都同迦太基与罗马之间那无法化解的怨恨有关。埃涅阿斯残忍、背信弃义，抛弃了狄多，为他那上天注定的使命而战的做法说明，罗马人为了实现建立帝国的目标——一个同样是上天注定的目标——所使用的手段有多么残酷。正如埃涅阿斯为了履行他的神圣义务而摧毁了狄多的理智一样，罗马也是为了追求他们的帝国之梦而摧毁了迦太基。正如身为明事理之人的埃涅阿斯为自己对迦太基女王所做的事感到悔恨（他后来在地狱遇见了她）一样，《埃涅伊德》亦为迦太基不可避免地——但令人觉得惋惜——被夷为平地而感到哀痛。它预言，在奥古斯都时代，迦太基将作为罗马帝国的城市重现人间。通过对几百年来关于迦太基人的刻板印象的颠覆（以及把狄多写得比埃涅阿斯更像罗马人），维吉尔不仅表达了这类刻板印象在奥古斯都治下的新世界已是不合时宜的观点，还提出了这样的看法，即迦太基人或许会成为优秀的罗马人。因此，即使在两国之间未来的仇恨已经产生的部分，读者也会得到一个清晰的印象：罗马与迦太基将来是会握手言和的。如同奥古斯都的新城一样，《埃涅伊德》成了一座石碑，纪念着这座城市作为和平象征的重生，同时它也提醒着人们不要忘却那场导致它陷入毁灭的纷争。 370

北非的胜利

尽管重建的迦太基城无疑成了最为耀眼的，证明奥古斯都政权重现和平局面的证据，然而，一座虽不是那么出名但更为引人注目的，记录着罗马与其北非附庸之间逐渐成形的和睦关系的纪念碑，几乎于同一时间在距新迦太基城以东数百公里外的地方被竖立了起来。公元前 8 年，汉尼拔，一位富裕的、担任过利比亚大莱普提斯最高行政官的公民为纪念一座公共建筑的竣工，自掏腰包在 31 块雕刻过的石块上刻上了一段长长的铭文。部分铭文是用迦太基文写成的，这种文字仍是利比亚沿海地区居民的主要文字，但正文的其余部分则是用拉丁文写就的。迦太基文化与拉丁文化之间开始相互融合的更进一步的证据可从这位捐助者的姓名的结构中看出：尽管他的本名是迦太基式的，但他的当地姓氏已改成了听起来更像是罗马姓氏的塔帕皮乌斯（Tapapius）。他的第三名字鲁弗斯（Rufus），就完全是罗马文化的产物了。

更为引人注目的是铭文正文中罗马官方授予罗马皇帝奥古斯都的头衔，均严谨地同时用拉丁文和迦太基文（并非只是音译）写就。此外，汉尼拔·塔帕皮乌斯·鲁弗斯骄傲地宣称，他在奥古斯都的祭仪中担任祭司一职。这段铭文并不是什么奇怪的另类之物，而只是最早的一些经常用双语题写碑铭的纪念碑中的一例而已。这些纪念碑既彰显了北非的精英们在罗马帝国的政治、经济及文化生活中做出了越来越重要的贡献，同时也宣示着，迦太基的遗产始终是当地人的骄傲。[64]逐渐产生的文化融合现象从塔帕皮乌斯自封的“和平爱好者”（Lover of Concord）——一个既有他为之效力的罗马帝国所使用的辞令风格，也体现了迦太基民族文化在他身上的传承的头衔——中亦可看出。“和平爱好者”数百年来一直是北非精英们所使用的头衔。

371 至于那些继续统治着地中海中部和西部的旧迦太基城市的精英，从他们身上似乎完全感觉不到古老的民族文化遗产与罗马帝国成员身份之间，有着任何形式的互不相容。[65]至少到公元 4 世纪之前，迦太基语与新迦太基语仍作为北非和萨丁尼亚的口头及书面用语，为各个社会阶层所使用。此外，传统文化中的天神，如阿施塔特、巴尔·哈蒙和塔尼特继续被膜拜着，而至少直到公元 2 世纪，当地的最高行政长官依旧被称为苏菲特。[66]

在整个迦太基世界的托菲特中举行的宗教仪式亦在延续着，但如今用作祭品的孩童被小羊羔取代了。有时有人认为，迦太基传统在萨丁尼亚等地的延续应被视为针对罗马统治的一种“无声抗议”的现象。然而，汉尼拔·塔帕皮乌斯·鲁弗斯的迦太基文宣言与其他类似的宣言表明，迦太基人也可以借助这种文化传统理直气壮地宣称他们是罗马帝国的一部分。[67]事实上，在整个公元 1 世纪和 2 世纪，北非各个城市及其居民在罗马帝国内部的地位有了极大的提升。野心勃勃的当地家族开始在意大利建立起自己的事业。在那里，他们用经商和从事农业所获得的巨大财富购置资产，与此同时，他们的儿子也开始跻身罗马元老精英阶层的行列。此外，在一系列罗马皇帝在位时期，如大莱普提斯这样的城市的地位不断得到提高，它们往往因此获得侨民地的身份，而其全体市民也被授予了罗马公民的身份。[68]

因此，尽管政治与文化融合现象在被并入罗马帝国的北非地区上演着，但汉尼拔力抗罗马的传奇故事仍旧影响着受过教育的罗马人的心态。这不仅体现在它的力量上，还体现在它对罗马人的思想意识所产生的冲击上。罗马元老西利乌斯·伊塔利库斯因而在图密善（Domitian）皇帝统治时期（公元 81 ~90 年）创作了一部宏大的，以布匿战争为题材的长篇史诗《布匿战记》。在这部作品中，他显然觉得有必要强调天神/英雄赫拉克勒斯对汉尼拔是怀有敌意的（特别是在后者决定撕毁与罗马人的协议，进攻萨贡托之后）。[69]事实上，罗马诗人斯塔提乌斯（Statius）猜想，他朋友的一尊小型赫拉克勒斯雕像曾 372
一度为汉尼拔所拥有，但这位英雄与其说是一位天神的同伴，倒不如说是一位愤愤不平的人质，被迫以这尊雕像的形式陪在汉尼拔身边。赫拉克勒斯并未支持迦太基人的事业，而是对他们恶毒地攻击意大利一事持鄙夷态度。[70]

尽管如此，斯塔提乌斯还是意识到时代已经变了。或许是察觉到他的新史诗中的汉尼拔与在罗马影响力日益强大的北非精英之间有着危险的联系，诗人提醒他那具有利比亚血统的朋友塞普蒂米乌斯·塞维鲁（Septimius Severus），后者现在的身份是罗马人。

> 你的演说没有用迦太基语，你也没有穿上迦太基服饰；
>
> 你的思维方式并不是外国的——你是意大利人，意大利人！[71]

无论是这位诗人还是他的朋友都不曾想到，塞普蒂米乌斯的孙子，与爷爷同名的卢基乌斯·塞普蒂米乌斯·塞维鲁将于公元190 年成为罗马的首位有非洲血统的皇帝。尽管那些教育水平更高的臣民可能是因为太聪明了，以至于并未提到这一点，但他们是不大可能忽略这样一个事实的，即这位新皇帝只是在率军进行了一段史诗般的行军——从多瑙河到罗马，约 1000 公里长——之后，就赢得了皇帝宝座。[72]当他用一座上等白色大理石制成的陵墓，重新埋葬了汉尼拔的遗骨时，事情变得明显了：这位新任罗马皇帝不仅将汉尼拔视为他的榜样，也将这位迦太基人所创造的远征纪录当作自己的目标。[73]

整个古代，迦太基在罗马的文学作品和历史中显然扮演着举足轻重的角色，因为历代的作家们继续鼓吹，这座罗马城市（新迦太基城）的迦太基前身所具有的威胁在它的身上继续延续着。[74]同样，罗马人继续将汉尼拔视为一位英雄，以至于罗马首任基督教皇帝君士坦丁的侄儿于公元 4 世纪被称作弗拉维乌斯·汉尼拔利安努斯（Flavius Hannibalianus）。[75]

我们可以有把握地得出结论，即罗马人是得到了希腊人的恩泽，但我们无法同样有把握地得出罗马人得到了迦太基人的恩泽的结论。我们显然可以考证希腊艺术、科学、文学作品等对罗马文化产生的影响力：事实上，有教养的罗马人往往很乐意承认这些影响力。然而，迦太基人的相关成就并未在罗马的经典文化中拥有类似地位。这与迦太基文化缺乏独创性关系不大，而是由于——至少在部分程度上是这样——希腊人极为成
373 功地将实际上是由数百年的文化交流与相互融合所带来的进步，完全归功于自己。迦太基文化被边缘化是希腊人的成就，但迦太基城被夷平则是罗马人的成就。

然而，迦太基在罗马帝国的成形过程中扮演了一个重要角色。罗马因夺取了迦太基之前在地中海中部及西部地区建立的政治及经济层面的基础设施，而获益巨大。在萨丁尼亚、西西里、北非与西班牙，罗马人接收的不是一片片尚未开发的处女地，而是迦太基人的伟大成就——一个在政治、经济、文化上趋于成熟的世界。

尽管较为抽象，但同样重要的事实是，迦太基在罗马民族性的形成过程中起到了重要作用。这座城市被残忍地毁灭，使得罗马人可以自由自在将迦太基人写得邪恶不堪，成为诚信、虔诚、富有责任感这些能为罗马人赢来赞誉的“罗马式”美德的反面典型。只要罗马人还需要证据来证明他们的伟大，关于迦太基的记忆就永远不会消亡。

注　释

1. Appian 8. 20. 134; Orosius 4. 23. 5 – 7; Florus 4. 12. 其他史料则宣称西庇阿完全摧毁了这座城市（Velleius Paterculus 1. 12; Eutropius 4. 12; *De Vir. Illustr.* 58; Zonaras 9. 26 – 30）。然而，考古学家发现，迦太基城的某些部分无疑在经历了这场猛烈的进攻后依旧屹立于世（Lancel 1995, 428 – 430）。哈斯德鲁巴的退隐生活见 Eutropius 4. 14. 2; Zonaras 9. 30; Orosius 4. 23. 7。对这些文献的全面讨论见 Ridley 1986, 140 – 141。
2. Geus 1994, 150 – 153; Krings 1991, 665 – 666; Diogenes Laertius *Clitomachus*.
3. Appian 8. 20. 133. 关于某种诅咒被施加于遗址之上，以阻止这片地区被人再度利用的证据见 Cicero *Agr.* 1. 2. 5; Plutarch *C. Gracch.* 11; Appian *CW* 1. 24; Tertullian *De Pallio* 1。罗马人犁开

迦太基的土地，在上面撒盐的事是莫迪斯蒂努斯（Modestinus）的说法，收录于 Justinian *Dig.* 7.4.21；Stevens 1988，3940；Purcell 1995，140 - 141。对前迦太基领土的测量和再分配见 Wightman 1980，34 - 36。

4. Appian 8.20.134.
5. Bellen 1985.
6. Polybius 6.9，6.57；Champion 2004，94 - 98. 沃尔班克（2002，206 - 208）尽管认可波利比乌斯关于罗马的没落不可避免的观点，但在我看来，他淡化了这一观点在波利比乌斯的历史总结中的重要性。事实上，加图在自己的《罗马源流史》中提到迦太基的混合政体，很可能反映了他认同波利比乌斯的看法（Servius *Aen.* 4.682）。这无疑是不久以后禁欲主义哲学派所持有的观点（Champion 2004，96 - 97）。
7. Polybius 6.51 - 52；Champion 2004，117 - 121；Eckstein 1989.
8. Pliny *NH* 35.23.
9. Lintott 1972.
10. Appian *CW* 1.3.24；Plutarch *C. Gracch.* 11；Orosius 5.12；Livy *Epitome* 60. 公元前 111 年，为了准备利用北非的公共用地，一部耕地法得以通过，但禁止任何人移居迦太基旧址。
11. Appian *CW* 1.26.
12. Plutarch *C. Gracch.* 17；Clark 2007，133 - 134. 毫不令人意外的是，这栋建筑成了罗马政权那脆弱凝聚力的长期象征。像马尔库斯·西塞罗这样的杰出政客，懂得如何利用这层象征意义来为自己谋利。公元前 63 年，他以执政官的身份将这座神庙选作审判那些参与了一场未遂政变的人的场所，西塞罗显然是想让自己的行为与促使这座神庙落成的血腥事件撇清干系，他小心翼翼地强调着自己成功维护罗马安定的行为不会因可怕的流血事件——明显指的是欧皮米乌斯清洗异见者的事——而中止。见 Clark 2007，172 - 176；Cicero *Cat.* 3.21；Sallust *Cat.* 9.2。西塞罗还将这座神庙作为尖刻抨击马克·安东尼（罗马权贵，西塞罗政敌——译者注）及其在恺撒遭谋杀之后所发表的，关于罗马一片和谐的伪善演说的场所（Cicero *Phil.* 3.31，5.20）。
13. Tertullian *De Pallio* 1.

14. Cicero *Agr.* 1.5. 西塞罗在他处似乎对神罚的威胁不屑一顾，这一事实表明，有人为了一己之私在利用这个诅咒传说（*Agr.* 2.51）。哈里森（1984，96－101）认为，即使这个传说中的诅咒是真的，它对后世做出利用迦太基土地决定的罗马元老们所施加的影响也是极为轻微的。重建的迦太基城对罗马构成的威胁见 Cicero *Agr.* 2.33.90。
15. 详见历史学家萨鲁斯特（盖乌斯·萨鲁斯蒂安努斯），*Cat.* 10.1－3 and *Jug.* 41.2；Lintott 1972。
16. Wiedemann 1993，54－56；Sallust *Jug.* 79.1. 后世的一位基督教作家奥罗修斯（Orosius 4.23），形容迦太基是令罗马人那可怕的刀锋始终锋利如斯所必需的磨刀石。
17. Piccaluga 1981；对奥古斯都时代的"诚信"的研究见 Freyburger 1986。
18. 与奥古斯都时代的宣传活动及文艺作品有关的文献极为丰富。参阅 Kennedy 1992；White 1991；Galinsky 1996，以及更综述性的文章见 Woodman & West（eds.）1984；A. Powell（ed.）1992。
19. Clark 2007，59. 阿蒂利乌斯还在 Spes（"希望"之意）神庙里起过誓。
20. Champion 2004，163－166，196——沃尔班克（1985，168－173）的看法相反，他将波利比乌斯在著作中排列那些意见的顺序视作他在这件事上持亲罗马立场的明证。
21. Polybius 36.9.9－11.
22. Livy *Epitome* 18；Eutropius 2.25；Florus 1.18.23－26；Orosius 4.10.1；Dio 11.26；Zonaras 8.15. 波利比乌斯并没有提到过这个故事，这是它为后人杜撰的重要提示。
23. Diodorus 24.12；Clark 2007，61－62.
24. 这个故事最初出现在罗马史学家森普罗尼乌斯·图蒂塔努斯（Sempronius Tuditanus）的著作之中，该著作写于公元前 2 世纪末期。
25. Horace *Ode* 3.5.41－52. 奥维德（*Fasti* 6.241－246）亦表现了仇视迦太基人的态度，他认为他们对罗马的传统美德构成威胁和挑战。

26. 李维于公元前29年开始撰写自己的罗马史巨著，这部巨著从罗马建城时写起，直至李维自己所处的年代，他无疑并不是奥古斯都的盲目崇拜者。但他认为，这位给自己戴上罗马共和国再造者头衔的人可能为罗马创造了脱离它之前陷入的困境的最好机会。李维对奥古斯都复杂的态度可见 Mineo 2006，112 – 117，134 – 135。
27. G. Miles 1995，76 – 94.
28. 同上书，78 – 79。
29. Mineo 2006，293 – 335，102 – 111. 实际上，在李维看来，罗马的没落可追溯到公元前212年马塞勒斯用从叙拉古劫掠来的财富淹没罗马城的时候。
30. 为争夺世界霸权而爆发战争的说法见 Livy 29. 17. 6。
31. 同上书，21. 4. 9。
32. 同上书，22. 6. 11 – 12。
33. 同上书，30. 30. 27。“迦太基的忠诚”（Fides Punica）一词的首次问世是出现在萨鲁斯特的拉丁文文献的残篇中（*Jug.* 108. 3.），然而，正如我们所了解的那样，这一习语在希腊和早期拉丁文文献中是以一种极为古老的修辞手法的面目出现。
34. Livy 21. 6. 3 – 4，21. 19；Mineo 2006，275.
35. Levene 1993，43 – 47. 汉尼拔曾短暂怀有虔敬之意的实例见 Livy 21. 21. 9。视汉尼拔进攻萨贡托为渎神之举的相关说法见 Livy 21. 40. 11。迦太基最终战败是因神罚所致的说法见 Livy 30. 31. 5，30. 42. 20 – 21。
36. Cornelius Nepos *Hann.* 3. 4.
37. Gransden 1976，16. 公元前29年奥古斯都选择波蒂图斯·瓦列里乌斯·梅萨拉（Potitus Valerius Messalla）与其共同执政同样绝非巧合，后者可能是大祭坛（Ara Maxima）的祭司长波蒂图斯（Potitius）——维吉尔在自己撰写的卡库斯故事中提到过这个人（*Aen.* 8. 269，281）——的祖先（作者在这里可能把后代和祖先的位置搞反了——译者注）。关于《埃涅伊德》中提到的那位来到罗马的救世主既可能是指赫拉克勒斯，也可能是指奥古斯都的观点见 Galinsky 1966，22。对维吉尔日后利用赫拉克勒斯与卡库斯事件来展现内战的丑恶的探讨见 Morgan 1998，

175 - 185; Lyne 1987, 28 - 35。

38. Pliny *NH* 3. 136 - 137.
39. Knapp 1986, 121 - 122.
40. Horace *Ode* 4. 4. 这层联系显然在部分程度上也是通过年轻的奥古斯都与亚历山大大帝之间的关系来实现的。奥古斯都不但明明白白地借用了亚历山大的肖像——主要将它用于奥古斯都早年的肖像之上——还有一种说法说他对这位马其顿国王的魅力佩服到了如此地步：他用香料对亚历山大的尸体做了防腐处理，且将其肖像印在了自己的图章戒指上（Suetonius *Aug.* 18. 1. 50; Zanker 1988, 145）.
41. Horace *Ode* 4. 4.
42. Appian 8. 20. 136.
43. 这支军队象征着死去的迦太基人的说法见 Harrison 1984, 99。象征着老兵的说法见 Wightman 1980, 36。展现恺撒仁慈的观点见 Clark 2007, 84 - 85。一座为纪念恺撒的仁慈而修的神庙于公元前 45 年建于罗马（Galinsky 1996, 82, 84）。
44. 魏特曼（1980, 37 - 38）对恺撒殖民地的建立进程的叙述或许有着夸大其词的成分。
45. 毋庸置疑，后世的一些罗马评论家就是如此评价这一积极进取之举的。见 Dio 43. 50. 4 - 5。
46. Wightman 1980, 38 - 39.
47. Gros 1990.
48. Rakob 2000.
49. 非洲的哈德鲁米图姆被取名为“肯考迪娅 - 尤利亚”，比提尼亚的阿帕米亚被取名为“科罗尼亚 - 尤利亚 - 肯考迪娅”（Clark 2007, 251）。
50. 尽管古风时代末期的文艺评论家塞尔维乌斯（Servius）写过这么一句话：“维吉尔意在模仿荷马，并通过赞颂奥古斯都的祖先来达到吹捧奥古斯都本人的目的。”（Servius *Aen.* 1, proem.）然而，维吉尔与他创作这部作品时的政权之间的关系显然比塞维鲁所说的更为复杂。对将维吉尔视为奥古斯都的宣传者这一观点的批评见 Thomas 2001, 25 - 54。
51. Morgan 1998, 181 - 182.

52. Vergil *Aen.* 1.12 – 19.

53. Feeney 1991, 131.《埃涅伊德》中频频间接提及，但极少直接涉及布匿战争。一个重要的例外是文中提到过一支由未来的罗马英雄组成的队伍，这表明埃涅阿斯已身处冥界，这支队伍中包括加图、西庇阿家族、“拖延者”费边和马塞勒斯（Vergil *Aen.* 6.841 – 859）。

54. Vergil *Aen.* 4.96 – 99.

55. 同上书，4.259 – 263。

56. 同上书，4.230 – 236。透克洛斯，一位传奇弓箭手，在特洛伊战争时与比他名气更大的同父异母的兄弟埃阿斯并肩作战。阿斯卡尼俄斯，埃涅阿斯之子，阿尔巴隆加的首任国王，罗马人的祖先。奥索尼亚是意大利南部的一片地区。

57. 同上书，4.622 – 629。

58. 同上书，12.826 – 828；Feeney 1991，146 – 149。

59. Vergil *Aen.* 1.421 – 429.

60. Feeney 1991，101 – 102；认为将这一段文字视为对奥古斯都的迦太基殖民地的准确描述的不妥之处见 Harrison 1984，96。

61. Vergil *Aen.* 4.305 – 310.

62. Starks 1999，274 – 276.

63. 同上书，267 – 271。

64. *KAI* 120；Adams 2003，222；Birley 1988，9 – 10. 同样的现象在这些城市于这一时期铸造的货币上亦能见到（Adams 2003，207 – 209）。在努米底亚城市土加出现的同类现象见 Rives 1995。

65. 公元 1 世纪和 2 世纪，迦太基文化对加迪斯周边地区的强大影响力见 Fear 1996，225 – 250。其对萨丁尼亚的影响力见 Van Dommelen 1998，174 – 177。其对非洲的影响力见 Millar 1968。

66. 迦太基语在北非和萨丁尼亚的使用情况见 Jongeling & Kerr，2005；Adams 2003，209 – 230。关于苏菲特的情况见 Lancel 1995，430 – 431；Van Dommelen 1998，174；Birley 1988，16。宗教文化的延续情况见 Lancel 1995，432 – 436。

67. Van Dommelen 1998. 近来甚至有人认为，写于公元前 1 世纪上半叶的地理学著作《地理志》（*De Chorographia*）的作者庞波尼乌斯尼·梅拉，可能是西班牙裔迦太基人的后代，他的著作面向的是那些仍深受迦太基文化熏陶的人群，而这部著作是为了与流行的罗马-希腊人绘制的世界地图分庭抗礼而写的（Batty 2000）。

68. 关于大莱普提斯的崛起见 Birley 1988，8-22。

69. Silius Italicus *Pun.* 2.149-270，4.4.72，11.136ff.，2.475，9.287-301；Rawlings 2005，153-155.

70. Statius *Silv.* 又见马提亚尔（*Epigr.* 9.43）对汉尼拔与小雕像的类似猜测。

71. Statius *Silv.* 4.5.45-46.

72. Birley 1988，89-107.

73. Tzetzes *Chil.* 1.798-805；Birley 1988，142.

74. R. Miles 2003.

75. "Hannibalianus 2"，Jones，Martindale & Morris 1971，407.

参考文献

缩略词

AJP	*American Journal of Philology*《美国语言学杂志》
ANRW	*Aufstieg und Niedergang der römischen Welt*《罗马世界的兴衰》
AWE	*Ancient West and East*《古代的西方与东方》
BaBesch	*Bulletin antieke Beschavung*《古代文明学报》
BASOR	*Bulletin of the American Schools of Oriental Research*《美国东方学会期刊》
CP	*Classical Philology*《古典语言学》
CQ	*Classical Quarterly*《古典学季刊》
G&R	*Greece and Rome*《希腊与罗马》
JHS	*Journal of Hellenic Studies*《希腊研究杂志》
JRS	*Journal of Roman Studies*《罗马研究杂志》
MAAR	*Memoirs of the American Academy in Rome*《罗马美国学院学报》
MDAI(R)	*Mitteilungen des Deutschen Archäologischen Instituts Römische Abteilung*《德国考古学会罗马学分会公报》
OJA	*Oxford Journal of Archaeology*《牛津考古学杂志》
RSA	*Rivista storica dell'antichità*《古代历史杂志》

古代文献

Aelian, *On the Characteristics of Animals*, ed. & tr. A. Scholfield. 3 vols. Cambridge, Mass., 1958–9

Ammianus Marcellinus, *History*, ed. & tr. J. Rolfe. 3 vols. Cambridge, Mass., 1935–9

Apollodorus, *The Library*, ed. & tr. J. Frazier. 2 vols. Cambridge, Mass., 1913

Appian, *Roman History [inc. Civil Wars]*, ed. & tr. H. White. 4 vols. Cambridge, Mass., 1912–13

Aristophanes, *Acharnians, Knights*, ed. & tr. B. Bickley Rogers. Cambridge, Mass., 1930

Aristotle, *The Art of Rhetoric*, ed. & tr. J. Freese. Cambridge, Mass., 1947

—— *Poetics*, ed. & tr. S. Halliwell. Cambridge, Mass., 1995

—— *Politics*, ed. & tr. H. Rackham. Cambridge, Mass., 1932

Arrian, *The Anabasis of Alexander*, ed. & tr. P. Brunt. 2 vols. Cambridge, Mass., 1976–83

—— *Indike*, ed. & French tr. P. Chantraine. Paris, 1927

Athenaeus, *The Deipnosophists [The Learned Banqueters]*, ed. & tr. S. Olson & C. Gulick. 7 vols. Cambridge, Mass., 1927–41

Aulus Gellius, *Attic Nights*, ed. & tr. J. Rolfe. 3 vols. Cambridge, Mass., 1961–8

Aurelius Victor, *De Caesaribus [On the Caesars]*, tr. H. Bird. Liverpool, 1994

Cicero, *On the Agarian Law against Rullus*, in *Pro Quinctio [etc.]*, ed. & tr. J. Freese. Cambridge, Mass., 1930

—— *On Behalf of Scaurus*, in *Pro Milone [etc.]*, ed. & tr. N. Watts. Cambridge, Mass., 1992

—— *On Catiline*, in *In Catinilam [etc.]*, ed. & tr. L. Lord. Cambridge, Mass., 1937

—— *On Divination Book 1*, ed. & tr. D. Wardle. Oxford, 2006

—— *Letters to Friends*, ed. & tr. D. Shackleton Bailey. 3 vols. Cambridge, Mass., 2001

—— *M. Tulli Ciceronis de imperio Cn. Pompei ad Quirites oratio [etc.] [On the Command of Gnaeus Pompey]*, ed. C. Macdonald. London, 1966

—— *On the Nature of the Gods*, in *De Natura Deorum [etc.]*, ed. & tr. H. Rackham. Cambridge, Mass., 1933

—— *Philippics*, ed. & tr. W. Kerr. Cambridge, Mass., 1969

—— *The Republic*, *Laws*, in *De Re Publica [etc.]*, ed. & tr. C. Keyes. Cambridge, Mass., 1994

—— *The Verrine Orations*, ed. & tr. L. Greenwood. 2 vols. Cambridge, Mass., 1928–35

CIS = *Corpus Inscriptionum Semiticarum. Pars Prima Inscriptiones Phoenicias Continens*. Paris, 1881

Cleitarchus, *Scholia Platonica*, ed. W. Greene. Chicago, 1981

Clement of Alexandria, *Stromateis [Miscellanies]*, ed. O. Stählin. 2 vols. Leipzig, 1906–9

Columella, *On Agriculture*, ed. & tr. E. Forster & E. Heffner. 3 vols. Cambridge, Mass., 1941–55

Cornelius Nepos, *Hamilcar*, *Hannibal*, *Timoleon*, in *Lives of Eminent Commanders*, ed. & tr. J. Rolfe. London, 1929

Corpus Inscriptionum Latinarum. Berlin, 1863–

Corpus Iuris Civilis, vol. 1, ed. T. Mommsen & P. Krueger. Berlin, 1954; ed. & tr. A. Watson. 4 vols. Rev. edn. Philadelphia, 2009

De Viris Illustribus [Deeds of Famous Men], ed. & tr. W. Sherwin. Norman, Okla., 1973

Dio Cassius, *Roman History*, ed. & tr. E. Cary. 9 vols. Cambridge, Mass., 1917–27

Diodorus Siculus, *The Library of History*, ed. & tr. C. Oldfather et al. 12 vols. Cambridge, Mass., 1960–67

Diogenes Laertius, *Clitomachus, Herillus*, in *Lives of the Eminent Philosophers*, ed. & tr. H. Hicks. 2 vols. Cambridge, Mass., 1925

Dionysius of Halicarnassus, *The Roman Antiquities*, ed. & tr. E. Cary. 7 vols. Cambridge, Mass., 1948–50

Epitome of the Philippic History of Pompeius Trogus, ed. & tr. J. Yardley & R. Develin. Atlanta, Ga., 1994

Eusebius of Caeserea, *Evangelica Praeparatio [Preparation for the Gospel]*, ed. H. Gifford. Oxford, 1903

Eutropius ('Eutrope'), *Abrégé d'histoire romaine [An Abridged History of Rome]*, ed. & French tr. J. Hellegouarch. Paris, 1999

Fabius Pictor, *Fragments*, in H. Beck (ed.), *Die frühen römischen Historiker. Band I: Von Fabius Pictor bis Cn. Gellius*. Darmstadt, 2001. 55–136

Festus Rufus Avienus, *Ora Maritima or Description of the Seacoast*, ed. & tr. J. Murphy. Chicago, 1999

FGH = F. Jacoby et al. (eds.), *Die Fragmente der griechischen Historiker*. Leiden/Berlin, 1923–

Florus, *Epitome of Roman History*, ed. & tr. E. Forster. Cambridge, Mass., 1984

Frontinus, *Stratagems, Aqueducts*, ed. & tr. C. Bennett. Cambridge, Mass., 1925

Hanno the Carthaginian, *Periplus or Circumnavigation [of Africa]*, ed. & tr. A. Oikonomides & M. Miller. Chicago, 1995

Herodotus, *The Persian Wars*, ed. & tr. A. Godley. 4 vols. Cambridge, Mass., 1920–25

Hesiod, *Theogony*, ed. & tr. G. Most. Cambridge, Mass., 2007

Homer, *Iliad*, ed. & tr. A. Murray & W. Wyatt. 2 vols. Cambridge, Mass., 1999

—— *Odyssey*, ed. & tr. A. Murray. 2 vols. Cambridge, Mass., 1984

Horace, *The Complete Odes and Epodes*, tr. D. West. Oxford, 2000

Iamblichus, *On the Pythagorean Life*, tr. G. Clark. Liverpool, 1989

ILLRP = *Inscriptiones Latinae Liberae Rei Publicae*, ed. H. Degrassi. 2 vols. Florence, 1957–63

Isocrates, *To Nicocles*, ed. & tr. S. Usher. Warminster, 1990

Josephus, *Jewish Antiquities*, ed. & tr. H. Thackeray et al. 13 vols. Cambridge, Mass., 1930–65

Justin, *Apologies*, ed. A. Blunt. Cambridge, 1911

Justinian, *Digest*, ed. T. Mommsen, tr. A. Watson. Philadelphia, 1985

KAI = H. Donner & W. Röllig (eds.), *Kanaanäische und aramäische Inschriften*, 3rd edn, 3 vols. Wiesbaden, 1964

Lactantius, *Divine Institutes*, ed. & tr. A. Bowen & P. Garnsey. Liverpool, 2003

Livy, *History of Rome [inc. Epitome]*, ed. & tr. B. Foster et al. 14 vols. Cambridge, Mass., 1961–7

Lydus, Ioannes Laurentius (John Lydus), *Liber de Mensibus [On the Months]*, ed. R. Wuensch. Leipzig, 1898

Lysias, *Olympiacus*, ed. & tr. W. Lamb. Cambridge, Mass., 2000

Macrobius, *The Saturnalia*, ed. & tr. P. Davies. New York, 1969

Martial, *Epigrams*, ed. & tr. D. Shackleton Bailey. 3 vols. Cambridge, Mass., 1993

Naevius, *Belli Punici Carminis Quae Supersunt [The Punic War]*, ed. W. Strzelecki. Leipzig, 1964

Nonnus, *Dionysiaca*, ed. & tr. W. Rouse. 3 vols. Cambridge, Mass., 1940

Onasander, *The General*, ed. & tr. Illinois Greek Club. Cambridge, Mass., 1923

Oratorum Romanorum Fragmenta Liberae Rei Publicae, ed. H. Malcovati. Paravia, 1955

Orosius ('Paul Orose'), *Histoires contre les païens [History against the Pagans]*, ed. & French tr. M.-P. Arnaud-Lindet. 3 vols. Paris, 1990–91

Ovid, *Fasti [The Festivals]*, ed. & tr. J. Frazer. Cambridge, Mass., 1931

Pausanias, *Description of Greece*, ed. & tr. W. Jones & R. Wycherley. 5 vols. Cambridge, Mass., 1918–35

PCG = *Poetae Comici Graeci*, ed. M. Kassel & C. Austin. Berlin, 1983–

Philostratus, *The Life of Apollonius of Tyana*, ed. & tr. C. Jones. 2 vols. Cambridge, Mass., 2005

Pindar, *Nemean Odes, Isthmian Odes, Fragments*, ed. & tr. W. Race. Cambridge, Mass., 1997

—— *Olympian Odes, Pythian Odes*, ed. & tr. W. Race. Cambridge, Mass., 1997

Plato, *Euthyphro, Apology, Crito, Phaedo, Phaedrus*, ed. & tr. H. North Fowler. Cambridge, Mass., 1914

—— *Laws*, ed. & tr. R. Bury. 2 vols. Cambridge, Mass., 4th repr. 1967–8

—— *Minos*, in *Charmides [etc.]*, ed. & tr. W. Lamb. Cambridge, Mass., 1927

Plautus, *Mostellaria [The Haunted House]*, in *The Merchant [etc.]*, ed. & tr. P. Nixon. Cambridge, Mass., 1924

—— *Poenulus* in *The Little Carthaginian [etc.]*, ed. & tr. P. Nixon. Cambridge, Mass., 1932

Pliny, *Natural History*, ed. & tr. H. Rackham, W. Jones & D. Eichholz. 10 vols. Cambridge, Mass., 1962–7

Plutarch, *De Herodoti malignitate [On the Malice of Herodotus]*, ed. W. Goodwin. Boston, 1878

—— *Moralia*, ed. & tr. F. Babitt et al. 15 vols. Cambridge, Mass., 1927–69

—— *Parallel Lives*, ed. & tr. B. Perrin. 11 vols. (*Camillus, Cato Major, Lucullus, Themistocles* – vol. 2. *Fabius Maximus, Pericles* – vol. 3. *Marcellus, Pompey* – vol. 5. *Timoleon* – vol. 6. *Alexander* – vol. 7. *Marius, Pyrrhus* – vol. 9. *Gaius Gracchus, Flaminius* – vol. 10.) Cambridge, Mass., 1914–26

Polyaenus, *Stratagems of War*, in E. Woelfflin (ed.), *Polyaeni Strategematon Libri Octo*. Leipzig, 1887; tr. P. Krentz & E. Wheeler. Chicago, 1994

Polybius, *The Histories*, ed. & tr. W. Paton. 6 vols. Cambridge, Mass., 1922–7

Pomponius Mela, *De Chorographia [Description of the World]*, tr. F. Romer. Ann Arbor, 1998

Porphyry, *On Abstinence from Killing Animals*, ed. J. Bouffartigue, M. Patillon & A.-P. Segonds. 3 vols. Paris, 1979–95; tr. G. Clark. Ithaca, NY, 2000

Pseudo-Aristotle, *Mirabiles Auscultationes*, in A. Westermann (ed.), *Paradoxographoi. Scriptores rerum Mirabilium Graeci*. Amsterdam, 1963

Pseudo-Scylax, *Periplus*, in J. Hudson & J. Gail (eds.), *Geographi Graeci Minores*. Paris, 1831

Quintilian, *The Orator's Education*, ed. & tr. D. Russell. 5 vols. Cambridge, Mass., 2001

Quintus Curtius Rufus, *History of Alexander the Great*, ed. & tr. J. Rolfe. 2 vols. Cambridge, Mass., 1946

Rhetorica ad Herennium, in (formerly attrib. Cicero) *Ad C. Herennium [etc.]*, ed. & tr. H. Caplan. Cambridge, Mass., 1954

Sallust, *War with Catiline, War with Jugurtha, Selections from the Histories*, ed. & tr. J. Rolfe. Cambridge, Mass., 1931

Sempronius Tuditanus, *Historicorum Romanorum Reliquiae*, ed. H. Peter. Leipzig, 1906, 1914. 143–7

Servius, *Commentary on Book Four of Virgil's Aeneid*, ed. & tr. C. McDonough, R. Prior & M. Stansbury, Wauconda, Ill., 2004

Silenus, in K. Müller (ed.), *Fragmenta Historicorum Graecorum*, vol. 3. Paris, 1849. 100–101

Silius Italicus, *Punica*, ed. & tr. J. Duff. 2 vols. Cambridge, Mass., 1934

Solinus, *Collectanea Rerum Memorabilium*, ed. T. Mommsen. Berlin, 1864

Statius, *Silvae*, ed. & tr. D. Shackleton Bailey. Cambridge, Mass., 2003

Stesichorus, *Geryoneis*, in *Greek Lyric*, vol. 3, ed. & tr. D. Campbell. Cambridge, Mass., 1991

Strabo, *Geography*, ed. & tr. H. Jones. 8 vols. Cambridge, Mass., 1917–67

Suetonius, *Augustus, Tiberius*, in Suetonius, *Lives of the Caesars*, vol. 1, ed. & tr. J. Rolfe. Cambridge, Mass., 1914

Tertullian, *De Pallio*, in *Opera*, pt 4, ed. V. Bulhart & P. Borleffs. Vienna, 1957
Theophrastus, in *Theophrastus of Eresus: Sources for his Life, Writings, Thought and Influence*, ed. W. Fortenbaugh et al. 2 vols. Leiden, 1992
Thucydides, *History of the Peloponnesian War*, ed. & tr. C. Smith. 4 vols. Cambridge, Mass., 1919–23
Tzetzes, *Chiliades*, ed. T. Pressel. Tübingen, 1851
Valerius Maximus ('Valère Maxime'), *Faits et dits mémorables [Memorable Deeds and Sayings]*, ed. & French tr. R. Combès. 2 vols. Paris, 1995–7
Varro, *On Agriculture*, ed. & tr. W. Hooper & H. Ash. Cambridge, Mass., 1934
—— *On the Latin Language*, ed. & tr. R. Kent. Cambridge, Mass., 1938
Vegetius, *Preface* in *Vegetius: Epitome of Military Science*, tr. N. Milner. 2nd edn. Liverpool, 1996
Velleius Paterculus, *Compendium of Roman History*, ed. & tr. F. Shipley. Cambridge, Mass., 1924
Vergil, *Aeneid*, ed. & tr. H. Rushton Fairclough. 2 vols. Cambridge, Mass., 1916–18
Vitruvius, *On Architecture*, ed. & tr. F. Granger. 2 vols. Cambridge, Mass., 1931–4
Zonaras, *Epitome of History*, ed. L. Dindorf. Leipzig, 1868–75; tr. T. Banchich & E. Lane. London, 2009

现代研究

Abulafia, D. 2005 'Mediterraneans', in Harris (ed.) 2005, 64–93
Acquaro, E. 1983–4 'Su i "ritratti barcidi" delle monete puniche', *Ritratti storici dell'antichità*, 13–14: 83–6
—— 1984 *Arte e cultura punica in Sardegna*. Sassari
—— 1988 *Gli insediamenti fenici e punici in Italia*. Rome
—— 1989 'Les émissions du "soulèvement libyen": types, ethnies et rôles politiques', in Devijver & Lipiński (eds.) 1989, 137–44
Acquaro, E., Manfredi, L., & Cutroni Tusa, A. 1991 *Le monete puniche in Italia*. Rome
Acquaro, E., et al. (eds.) 1969 *Ricerche puniche ad Antas*. Rome
—— 1991 *Atti del II Congresso internazionale di studi fenici e punici: Roma, 9–14 novembre 1987*. Rome
Adams, J. 2003 *Bilingualism and the Latin Language*. Cambridge
Adcock, F. 1946 'Delenda est Carthago', *Cambridge Historical Journal*, 8: 117–28

Africa, W. 1970 'The One-Eyed Man against Rome: An Exercise in Euhemerism', *Historia*, 19: 528–38
Alexandropoulos, J. 1992 'Contributions à la définition des domaines monétaires numides et maurétaniens', in Hackens & Moucharte (eds.) 1992, 133–48
Amadasi Guzzo, M. 1969 'Note sul dio Sid', in Acquaro et al. (eds.) 1969, 95–104
—— 1988 'Dédicaces de femmes à Carthage', in Lipiński (ed.) 1988, 143–9
—— 1991 '"The Shadow Line". Reflexions sur l'introduction de l'alphabet en Grèce', in Baurain, Bonnet & Krings (eds.) 1991, 293–311
—— 1993 'Divinità fenicie a Tas-Silg, Malta, I dati epigrafici', *Journal of Mediterranean Studies*, 3: 205–14
—— 1995 'Mondes Étrusque et Italique', in Krings (ed.) 1995, 663–73
—— 2005a 'Cultes et épithètes de Milqart', *Transeuphratène*, 30: 9–18
—— 2005b 'Melqart nelle iscrizioni fenicie d'occidente', in Bernardini & Zucca (eds.) 2005, 45–52
Ameling, W. 1993 *Karthago. Studien zu Militär, Staat und Gesellschaft*. Munich
Anello, P. 1986 'Il trattato del 405/4 a.C. e la formazione della "eparchia" punica di Sicilia', *Kokalos*, 32: 115–79
Arnott, W. 1996 *Alexis: The Fragments: A Commentary*. Cambridge
Asheri, D. 1988 'Carthaginians and Greeks', in J. Boardman et al. (eds.) 1988 *The Cambridge Ancient History*, vol. 4: *Persia, Greece and the Western Mediterranean c.525 to 479 B.C.* Cambridge. 738–80
Astin, A. 1967 *Scipio Aemilianus*. Oxford
—— 1978 *Cato the Censor*. Oxford
Aubet, M. 2001 *The Phoenicians and the West: Politics, Colonies and Trade*. 2nd edn, tr. M. Turton. Cambridge
—— 2002a 'Notes on the Economy of the Phoenician Settlements in Southern Spain', in Bierling & Gitin 2002, 79–98
—— 2002b 'The Phoenician Impact on Tartessos: Spheres of Interaction', in Bierling & Gitin 2002, 225–40
—— 2006 'On the Organization of the Phoenician Colonial System in Iberia', in Riva & Vella 2006, 94–109
Badian, E. 1958 *Foreign Clientelae (264–70 B.C.)*. Oxford
Bagnall, N. 1999 *The Punic Wars: Rome, Carthage and the Struggle for the Mediterranean*. London
Baldus, H. 1982 'Unerkannte Reflexe der römischen Nordafrika-Expedition von 256/5 v. Chr. in der karthagischen Münzprägung', *Chiron*, 12: 163ff.

—— 1988 'Zwei Deutungsvorschläge zur punischen Goldprägung im mittleren 3. Jh. v. Chr', *Chiron*, 18: 181–8

Balmuth, M., & Tykot, R. (eds.) 1998 *Sardinian and Aegean Chronology: Towards the Resolution of Relative and Absolute Dating in the Mediterranean*. Oxford

Barceló, P. 1988 *Karthago und die Iberische Halbinsel vor den Barkiden*. Bonn

—— 1991 'Mercenarios hispanos en los ejércitos cartagineses en Sicilia', in Acquaro et al. (eds.) 1991, 21–6

Barnett, R., & Mendleson, C. (eds.) 1987 *Tharros: A Catalogue of Material in the British Museum from Phoenician and other Tombs at Tharros, Sardinia*. London

Baronowski, D. 1995 'Polybius on the Causes of the Third Punic War', *CP*, 90, 1: 16–31

Barr, J. 1974 'Philo of Bylos and his "Phoenician History"', *Bulletin of the John Rylands University Library*, 57: 17–68

Barré, M. 1983 *The God List in the Treaty between Hannibal and Philip V of Macedonia: A Study in Light of the Ancient Near Eastern Treaty Tradition*. Baltimore

Barreca, F. 1969 'Lo scavi del tempio', in Acquaro et al. (eds.) 1969, 9–46

—— 1979 *La Sardegna fenicia e punica*. Sassari

—— 1985 'Il giuramento di Annibale. Considerazioni storico-religiose', in G. Sotgiu (ed.) 1985 *Studi in onore di Giovanni Lilliu per il suo settantesimo compleanno*. Cagliari. 72–81

—— 1986 *La civiltà fenicia-punica in Sardegna*. Sassari

—— 1987 'The City and the Site of Tharros', in Barnett & Mendleson (eds.) 1987. 25–6

Barruol, G. 1976 'La résistance des substrats préromains en Gaule méridionale', in *Editura academiei Române Les Belles Lettres*. Bucharest. 389–405

Bartoloni, P., et al. (eds.) 1983 *Atti del I Congresso internazionale di studi fenici e punici: Roma, 5–10 novembre 1979*. 3 vols. Rome

Basch, L. 1969 'Phoenician Oared Ships', *Mariner's Mirror*, 55: 139–62, 227–45

—— 1977 'Trières grecques, phéniciennes et égyptiennes', *JHS*, 97: 1–10

—— 1980 'Outriggers and Galleys', *Mariner's Mirror*, 66, 4: 359–66

Baslez, M. F., & Briquel Chatonnet, F. 1991 'De l'oral à l'écrit: le bilinguilisme des Phéniciens en Grèce', in Baurain, Bonnet & Krings (eds.) 1991, 371–386

Batty, R. 2000 'Mela's Phoenician Geography', *JRS*, 90: 70–94

Baurain, C. 1988 'Le Rôle de Chypre dans la fondation de Carthage', in Lipiński (ed.) 1988, 15–28
Baurain, C., Bonnet, C., & Krings, V. (eds.) 1991 *Phoinikeia Grammata: Lire et écrire en Mediterranean*. Leuven
Bayet, J. 1926 *Les origines de l'Hercule romain*. Paris
Bearzot, C. 2002 'Filisto di Siracusa', in Vattuone (ed.) 2002, 91–136
Bechtold, B. 2007 'Nuovi dati basati sulla distribuzione di ceramiche campane e nordafricane/cartaginesi', *BaBesch*, 82, 1: 51–76
—— 2008 *Observations on the Amphora Repertoire of Middle Punic Carthage*. Ghent
Bellen, H. 1985 *Metus Gallicus, metus Punicus. Zum Furchtmotiv in der römischen Republik*. Mainz
Bello Jiménez, V. 2005 *Allende las columnas: la presencia cartaginesa en el Atlántico entre los siglos VI y III a.C.* Las Palmas
Benichou-Safar, H. 1982 *Les tombes puniques de Carthage: topographie, structures, inscriptions et rites funéraires*. Paris
—— 2004 *Le tophet de Salammbô à Carthage: essai de reconstitution*. Rome
Bernal, M. 1987 *Black Athena: The Afroasiatic Roots of Classical Civilization*, vol. 1. Piscataway
—— 1990 *Cadmean Letters: The Transmission of the Alphabet to the Aegean and Further West before 1400 B.C.* Grand Rapids
Bernardini, P. 1993 'La Sardegna e i fenici. Appunti sulla colonizzazione', *Rivista di studi fenici*, 21: 29–81
—— 2005 'Melqart di Sardò', in Bernardini & Zucca (eds.) 2005, 125–43
Bernardini, P., & Zucca, R. (eds.) 2005 *Il Mediterraneo di Herakles. Studi e ricerche*. Rome
Berthier, A., & Charlier, R. 1952–5 *Le Sanctuaire punique d'El Hofra à Constantine*. 2 vols. Paris
Bickerman, E. 1944 'An Oath of Hannibal', *Transactions of the American Philological Association*, 75: 87–102; repr. in Bickerman 1985, 257–72
—— 1952a 'Origines gentium', *CP*, 47: 65–81, 375–97
—— 1952b 'Hannibal's Covenant', *AJP*, 73: 1–23
—— 1985 *Religions and Politics in the Hellenistic and Roman Periods*. Como
Bierling, M., & Gitin, S. (eds.) 2002 *The Phoenicians in Spain: An Archaeological Review of the Eighth–Sixth Centuries B.C.E.* Winona Lake
Bikai, P. 1978 *The Pottery of Tyre*. Warminster
Birley, A. 1988 *Septimius Severus: The African Emperor*. 2nd edn. London
Bisi, A. M. 1988 'Chypre et les premiers temps de Carthage', in Lipiński (ed.) 1988, 29–42
—— 1991 'Les plus anciens objets inscrits en phénicien et en araméen

retrouvées en Grèce: le typologie et leur rôle', in Baurain, Bonnet & Krings (eds.) 1991, 277–82

Blázquez Martinez, J. 1976 'Consideraciones historicas en torno a los supuestos retratos bárquidas en las monedas cartaginesas', *Numismatica*, 26: 138–43

Blázquez Martinez, J., & García-Gelabert Pérez, G. 1991 'Los Bàrquidas en la Peninsula Iberica', in Acquaro et al. (eds.) 1991, 27–50

Bloch, R. 1975 'Hannibal et les dieux de Rome', *Comptes rendus de l'Académie des Inscriptions et Belles-Lettres*, 119: 14–25

—— 1983 'L'alliance étrusco-punique de Pyrgi et la politique religieuse de la république romaine à l'égard de l'Etrurie et de Carthage', in Bartoloni et al. (eds.) 1983, 2: 397–400

Blomqvist, J. 1979 *The Date and Origin of the Greek Version of Hanno's Periplus*. Lund

Boardman, J. 1980, *The Greeks Overseas*. 3rd edn. London

—— 2002 'Al Mina: The Study of a Site', *AWE*, 1, 2: 315–33

—— 2004 'Copies of Pottery: By and For Whom?', in Lomas (ed.) 2004, 149–62

—— 2005 'Al Mina: Notes and Queries', *AWE*, 4, 2: 278–91

—— 2006 'Early Euboean Settlements in the Carthage Area', *OJA*, 25, 2: 195–200

Bondì, S. F. 1995a 'Les Institutions, l'organisation politique et administrative', in Krings (ed.) 1995, 290–302

—— 1995b 'La Société', in Krings (ed.) 1995, 345–53

—— 1999 'Carthage, Italy and the Vth Century Problem', in Pisano (ed.) 1999, 39–48

Bonnet, C. 1986 'Le culte de Melqart à Carthage. Un cas de conservatisme religieux', in Bonnet, Lipiński & Marchetti (eds.) 1986, 209–22

—— 1988 *Melqart: cultes et mythes de l'Héraclès tyrien en Méditerranée*. Leuven

—— 2005 'Melqart in occidente: percorsi di appropriazione e di culturazione', in Bernardini & Zucca (eds.) 2005, 17–28

Bonnet, C., Lipiński, E., & Marchetti, P. (eds.) 1986 *Religio Phoenicia*. Namur

Bonzani, R. M. 1992 'Territorial Boundaries, Buffer Zones and Sociopolitical Complexity: A Case Study of the Nuraghi on Sardinia', in Tykot & Andrews (eds.) 1992, 210–20

Bordreuil, P., & Ferjaoui, A. 1988 'A propos des "fils de Tyr" et des "fils de Carthage"', in Lipiński (ed.) 1988, 137–42

Bradley, G. 2005 'The Cult of Hercules in Central Italy', in Rawlings & Bowden (eds.) 2005, 129–51

Braun, T. 2004 'Hecataeus' Knowledge of the Western Mediterranean', in Lomas (ed.) 2004, 287–347
Brecht, B. 1951 Letter eventually published in *Offener Brief an die deutschen Künstler und Schriftsteller*. Frankfurt, 1997
Breglia Pulci Doria, L. 2005 'La Sardegna arcaica e la presenza greca: nuove riflessioni sulla tradizione letteraria', in Bernardini & Zucca (eds.) 2005, 61–86
Briese, C., & Docter, R. 1992 'Der phönizische Skyphos: Adaption einer griechischen Trinkschale', *Madrider Mitteilungen*, 33: 25–69
Briquel, D. 2000 'La propagande d'Hannibal au début de la deuxième guerre punique: remarques sur les fragments de Silènos de Kalèaktè', in *Actas del IV Congreso Internacional de Estudios Fenicios y Púnicos, Cádiz, 2 al 6 de octubre de 1995*, vol. 1. Cadiz. 123–7
—— 2003 'Hannibal sur les pas d'Herakles: le voyage mythologique et son utilisation dans l'histoire', in H. Duchene (ed.) 2003 *Voyageurs et antiquité classique*. Dijon. 51–60
—— 2004 'Sur un fragment de Silènos de Kalèactè (le songe d'Hannibal, F Gr Hist 175, F 8). À propos d'un article récent', *Ktêma*, 29: 145–57
Brixhe, C. 1991 'De la phonologie à l'écriture: quelques aspects de l'adaptation de l'alphabet cananéen au grec', in Baurain, Bonnet & Krings (eds.) 1991, 313–56
Brizzi, G. 1983 'Ancora su Annibale e l'Ellenismo: la fondazione di Artaxata l'iscrizione di Era Lacinia', in Bartoloni et al. (eds.) 1983, 1: 243–51
—— 1984a *Annibale, strategia e immagine*. Perugia. 1984
—— 1984b *Studi di storia annibalica*. Faenza
—— 1991 'Gli studi annibalici', in Acquaro et al. (eds.) 1991, 59–65
—— 1995 'L'Armée et la guerre', in Krings (ed.) 1995, 303–15
—— 2000 *Annibale*. Rome
Broughton, T. 1951–6 *The Magistrates of the Roman Republic*. 2 vols. New York
Brunt, P. 1971 *Italian Manpower 225 BC–AD 14*. Oxford
Bunnens, G. 1979 *L'expansion phénicienne en Méditerranée*. Brussels
—— 1986 'Aspects religieux de l'expansion phénicienne', in Bonnet, Lipiński & Marchetti (eds.) 1986, 119–25
Burkert, W. 1992 *The Orientalizing Revolution: Near Eastern Influence on Greek Culture in the Early Archaic Age*, tr. M. Pinder & W. Burkert. Cambridge, Mass.
Byron, George Gordon, Lord 1988 *Don Juan*, ed. T. Steffan. London
Camps, G. 1979 'Les Numides et la civilisation punique', *Antiquités Africaines*, 14: 43–53

Campus, A. 2001 'Considerazioni su Melqart, Annibale e la Sardegna', *La Parola del passato: rivista di studi antichi*, 56: 419–435
—— 2003a 'Silio Italico, Punica, II, 391–456: Lo scudo di Annibale', in *Atti della Accademia nazionale dei Lincei. Rendiconti Classe di scienze morali storiche e filologiche*. Rome
—— 2003b 'Annibale ed Hera Lacinia', *La Parola del passato: rivista di studi antichi*, 58: 292–308
—— 2005 'Herakles, Alessandro, Annibale', in Bernardini & Zucca (eds.) 2005, 200–221
—— 2006 'Circolazione di modelli e di artigiani in età punica', *Africa Romana*, 16, 1: 185–96
Capomacchia, A. 1991 'L'avidità dei Fenici', in Acquaro et al. (eds.) 1991, 266–9
—— 1995 'Le anfore di Hannibal', in *Actes du troisième congrès international des études phéniciennes et puniques, Tunis 11–16 Novembre 1991*. Tunis. 249–53
—— 2000 'Hannibal e il prodigio', in *Actas del IV Congreso Internacional de Estudios Fenicios y Púnicos, Cádiz, 2 al 6 de octubre de 1995*, vol. 2. Cadiz. 569–71
Carradice, I. A., & La Niece, S. 1988 'The Libyan War and Coinage: A New Hoard and the Evidence of Metal Analysis', *Numismatic Chronicle*, 148: 33–52
Caruso, E. 2003 'Lilibeo–Marsala: le fortificazioni puniche e medievali', in *Atti di Quartet Giornate Internazionale di Studi sull'area Elima*. Pisa. 173–226
Casquero, M. 2002 'El exótico culto a Hércules en el Ara Máxima', in *La Revista de Estudios Latinos*, 2: 65–106
Casson, L. 1971 *Ships and Seamanship in the Ancient World*. Princeton
Chadwick, J. 1976 *The Mycenaean World*. Cambridge
Champion, C. 2004 *Cultural Politics in Polybius' Histories*. Berkeley
Charles, M., & Rhodan, P. 2007 '*Magister Elephantorum:* A Reappraisal of Hannibal's Use of Elephants', *Classical World*, 100, 4: 363–89
Chávez Tristán, F., & Ceballos, M. 1992 'L'influence phénico punique sur l'iconographie des frappes locales de la Peninsule Ibérique', in Hackens & Moucharte (eds.) 1992, 167–94
Chelbi, F. 1992. *Céramique à vernis noir de Carthage*. Tunis
Cipriani, G. 1984 *L'epifania di Annibale. Saggio introduttivo a Livio Annales, XXI*. Bari
—— 1986 'Plutarco, Annibale e lo statuto del comandante guercio e fraudolento', in *Annali della facoltà di lettere e filosofia*, 29: 19–38

Clark, A. 2007 *Divine Qualities: Cult and Community in Republican Rome.* Oxford

Clifford, R. 1990 'Phoenician Religion', *BASOR*, 279: 55–64

Coarelli, F. 1988 *Il foro Boario dalle origini alla fine della Repubblica.* Rome

Coldstream, J. 1982 'Greeks and Phoenicians in the Aegean', in Niemeyer (ed.) 1982, 261–72

—— 2003 *Geometric Greece*, 2nd edn. London

Coldstream, J., & Bikai, P. 1988 'Early Greek Pottery in Tyre and Cyprus: Some Preliminary Comparisons', *Report of the Department of Antiquities of Cyprus*, 1988/2: 35–44

Colonna, G. 1987 'Etruria e Lazio nell'eta dei Tarquinii', in M. Cristofani (ed.) 1987 *Etruria e Lazio Arcaico*. Rome. 55–66

—— 1989–90 'Le iscrizioni votive etrusche', *Scienze dell'antichità*, 3–4: 875–903

Cornell, T. 1995 *The Beginnings of Rome: Italy and Rome from the Bronze Age to the Punic Wars, c.1000–264 BC*. London

—— 1996 'Hannibal's Legacy: The Effects of the Hannibalic War on Italy', in Cornell, Rankov & Sabin (eds.) 1996, 97–117

Cornell, T., Rankov, B., & Sabin, P. (eds.) 1996 *The Second Punic War: A Reappraisal*. London

Crawford, M. 1985 *Coinage and Money under the Roman Republic: Italy and the Mediterranean Economy*. London

—— 1993 *The Roman Republic*. 2nd edn. Cambridge, Mass.

Cristofani, M. 1979 'Recent Advances in Etruscan Epigraphy and Language', in D. Ridgway & F. Ridgway (eds.) 1979 *Italy before the Romans*. London. 373–412

Cross, F. 1972a 'The Stele Dedicated to Melcarth by Ben-Hadad', *BASOR*, 205: 36–42

—— 1972b 'An Interpretation of the Nora Stone', *BASOR*, 208: 13–19

—— 1980 'Newly Found Inscriptions in Old Canaanite and Early Phoenician Scripts', *BASOR*, 238: 1–20

—— 1987 'The Oldest Phoenician Inscription from Sardinia: The Fragmentary Stele from Nora', in D. Golomb (ed.) 1987 *Semitic and Egyptian Studies Presented to Thomas O. Lambdin*. Winona Lake. 65–74

Cullingford, E. 1996 'British Romans and Irish Carthaginians: Anticolonial Metaphor in Heaney, Friel, and McGuinness', *Proceedings of the Modern Languages Association of America*, 111, 2: 222–39

Cutroni Tusa, A. 1993 *La circolazione in Sicilia*. Naples

D'Arco, I. 2002 'Il sogno premonitore de Annibale e il pericolo dell Alpi', *Quaderni di storia*, 55: 147–62

Dahmen, K. 2007 *The Legend of Alexander the Great on Greek and Roman Coins*. London

Daly, G. 2002 *Cannae: The Experience of Battle in the Second Punic War*. London

David, J. 1996 *The Roman Conquest of Italy*. Oxford

De Angelis, F. 2003 *Megara Hyblaia and Selinous: The Development of Two Greek City-States in Archaic Sicily*. Oxford

De Angelis, F., & Garstad, B. 2006 'Euhemerus in Context', *Classical Antiquity*, 25: 211–42

De Beer, G. 1969 *Hannibal: The Struggle for Power in the Mediterranean*. London

Debergh, J. 1973, 'La libation à caractère funéraire à carthage: état de la question et direction de la recherché', *Revue Belge de Philologie et d'Histoire*, 51: 241–2

Demerliac, J.-G., & Meirat, J. 1983 *Hannon et l'Empire Punique*. Paris

Dench, E. 2003 'Beyond Greeks and Barbarians: Italy and Sicily in the Hellenistic Age', in A. Erskine (ed.) 2003 *A Companion to the Hellenistic World*. Oxford. 294–309

Desanges, J. 1978 *Recherches sur l'activité des Mediterranéens aux confins de l'Afrique*. Rome

Devijver, H., & Lipiński, E. (eds.) 1989 *Punic Wars*, Leuven

Devillers, O., & Krings, V. 1994 'Autour de l'agronome Magon', *Africa Romana*, 11: 489–516

Di Mario, F. 2005 *Ardea, il deposito votivo di Casarinaccio*. Rome

Di Stefano, C. 1982–3 'I Cartaginesi in Sicilia all'epoca dei due Dionisi. Lilibeo', *Kokalos*, 28–9: 156–65

—— 1993 *Lilibeo punica*. Marsala

Di Stefano, C., et al. 1998 *Palermo punica*. Palermo

Di Vita, A. 1969 'Le date di fondazione di Leptis e di Sabratha sulla base dell'indagine archeologica e l'eparchia cartaginese d'Africa', in J. Bibauw (ed.) 1969 *Hommages à Marcel Renard*, vol. 3. Brussels. 196–202

—— 1976: 'Il mausoleo punico-ellenistico B di Sabratha', *MDAI(R)*, 83, 1: 273–85

Diana, B. 1987 'Annibale e il passaggio degli Appennini', *Aevum*, 61: 108–12

Díes Cusí, E. 1995 'Architecture funéraire', in Krings (ed.) 1995, 411–25

Dion, R. 1962 'La voie héracléenne et l'itinéraire transalpin d'Hannibal', in *Mélanges à A. Grenier*. Brussels. 527–43

—— 1977 *Aspects politiques de la géographie antique*. Paris

Docter, R. 2000a 'East Greek Fine Wares and Transport Amphorae of the 8th–5th Century B.C. from Carthage and Toscanos', in P. Cabrera Bonet &

M. Santos Retolaza (eds.) 2000 *Ceràmiques jonies d'època arcaica: centres de producció i comercialització al Mediterrani occidental. Actes de la Taula Rodona celebrada a Empúries, els dies 26 al 28 de maig de 1999*. Barcelona. 63–88

—— 2000b 'Carthage and the Tyrrhenian in the 8th and 7th Centuries B.C. Central Italian Transport Amphorae and Fine Wares Found under the Decumanus Maximus', in M. Aubet & M. Barthélemy (eds.) 2000 *Actas del IV Congreso Internacional de Estudios Fenicios y Púnicos, Cádiz, 2 al 6 de octubre de 1995*, vol. 1. Cadiz. 329–38

Docter, R. et al. 2003 'Carthage Bir Massouda: Preliminary Report on the First Bilateral Excavations of Ghent University and the Institut National du Patrimoine (2002–2003)', *BaBesch*, 78: 43–70

—— 2006 'Carthage Bir Massouda: Second Preliminary Report on the Bilateral Excavations of Ghent University and the Institut National du Patrimoine (2003–2004)', *BaBesch*, 81: 37–89

Dominguez, A. 2002 'Greeks in Iberia: Colonialism without Colonization', in Lyons & Papadopoulos (eds.) 2002, 65–95

Dorey, T., & Dudley, D. 1971 *Rome against Carthage*. London

D'Oriano, R., & Oggiano, I. 2005 'Iolao ecista di Olbia: le evidenze archeologiche tra VIII e VI secolo a.C.', in Bernardini & Zucca (eds.) 2005, 169–98

Drews, R. 1979 'Phoenicians, Carthage and the Spartan Eunomia', *AJP*, 100: 45–58

Dubuisson, M. 1983 'L'image du carthaginois dans la littérature latine', in E. Gubel, E. Lipiński & B. Servais-Soyez (eds.) 1983 *Redt Tyrus = Sauvons Tyr. Histoire Phénicienne = Fenicische Geschiedenis*. Leuven. 159–67

Dumézil, G. 1970 *Archaic Roman Religion*. Chicago

Dussaud, R. 1935 'La notion d'âme chez les israélites et les phéniciens', *Syria*, 16: 267–77

Eckstein, A. M. 1987 *Senate and General: Individual Decision-Making and Roman Foreign Relations 264–194 B.C.* Berkeley

—— 1989 'Hannibal at New Carthage: Polybius 3.15 and the Power of Irrationality', *CP*, 84: 1–15

—— 2006 *Mediterranean Anarchy, Interstate War, and the Rise of Rome*. Berkeley

Einarson, B. 1967 'Notes on the Development of the Greek Alphabet', *CP*, 62, 1: 1–24

Edwards, M. 1991 'Philo or Sanchuniathon? A Phoenicean Cosmogony', *CQ*, 41, 1: 213–20

Errington, R. 1970 'Rome and Spain before the Second Punic War', *Latomus*, 29, 1: 25–57

—— 1971 *The Dawn of Empire: Rome's Rise to World Power*. London
Erskine, A. 1993 'Hannibal and the Freedom of the Italians', *Hermes*, 121: 58–62
Fabre, P. 1981 *Les Grecs et la connaissance de l'Occident*. Lille
Falsone, G. 1995 'Sicile', in Krings (ed.) 1995, 674–97
Fantar, M. 1969 'Les Inscriptions', in Acquaro et al. (eds.) 1969, 47–93
—— 1979 *Eschatologie phénicienne punique*. Tunis
—— 1984 'A Gammarth avant la conquête romaine', *Histoire et archéologie de L'Afrique du Nord (Actes 1 Colloque I International Perpignan 1981)*. Paris. 3–19
—— 1998 'De l'agriculture à Carthage', *Africa Romana*, 12: 113–21
Fariselli, A. 1999 'The Impact of Military Preparations on the Economy of the Carthaginian State', in Pisano (ed.) 1999, 59–68
Fear, A. 1996 *Rome and Baetica: Urbanization in Southern Spain c.50 BC–AD 150*. Oxford
Feeney, D. 1991 *The Gods in Epic: Poets and Critics of the Classical Tradition*. Oxford
—— 2007 *Caesar's Calendar: Ancient Time and the Beginnings of History*. Berkeley
Fentress, E., & Docter, R. 2008 'North Africa: Rural Settlement and Agricultural Production', in P. Van Dommelen & C. Gómez Bellard (eds.) 2008 *Rural Landscapes of the Punic World*. London, 101–28
Ferron, J. J. 1966 'Les relations de Carthage avec l'Etrurie', *Latomus*, 25: 689–709
—— 1972 'Un traité d'alliance entre Caere et Carthage contemporain des derniers temps de la royauté étrusque à Rome ou l'évènement commémoré par la quasi-bilingue de Pyrgi', *ANRW*, 1, 1: 189–216
Février, J. 1965 'L'inscription punique de Pyrgi', *Comptes rendus de l'Académie des Inscriptions et Belles-Lettres*, 109: 9–18
Fiorentini, G. 1995 *Monte Adranone*. Rome
Fletcher, R. 2004 'Sidonians, Tyrians and Greeks in the Mediterranean: The Evidence from Egyptianising Amulets', *AWE*, 3, 1: 51–77
—— 2006 'The Cultural Biography of a Phoenician Mushroom-Lipped Jug', *OJA*, 25, 2: 173–94
Foley, J. 1900 *The Jeffersonian Cyclopedia*. London
Forni, G. 1992 'Riflessioni sulla presenza di Annibale nell'italia meridionale e sulle conseguenze', in Marangio (ed.) 1992, 9–23
Forsythe, G. 2005 *A Critical History of Early Rome from Prehistory to the First Punic War*. Berkeley
Foulon, E. 2003 'Mercure Aletes apparent en songe a Hannibal', in P. Defosse (ed.) 2003 *Hommages à C. Deroux*, vol. 4. Brussels. 366–77

Fox, M. 1993 'History and Rhetoric in Dionysius of Halicarnassus', *JRS*, 83: 31–47
Fraenkel, E. 1954 'The Giants in the Poem of Naevius', *JRS*, 44: 14–17
Franke, P. 1989 'Pyrrhus', in Walbank et al. (eds.) 1989, 456–85
Frankenstein, S. 1979 'The Phoenicians in the Far West: A Function of Neo-Assyrian Imperialism', in Larsen (ed.) 1979, 263–94
Franko, G. 1994 'The Use of *Poenus* and *Carthaginiensis* in Early Latin Literature', *CP*, 89: 153–8
—— 1996 'The Characterization of Hanno in Plautus' *Poenulus*', *AJP*, 117, 3: 425–52
Freyburger, G. 1986 *Fides. Étude sémantique et religieuse depuis les origines jusqu'à l'époque augustéenne*. Paris
Frier, B. 1979 *Libri Annales Pontificum Maximorum: The Origins of the Annalistic Tradition*. Rome
Fronda, M. 2007 'Hegemony and Rivalry: The Revolt of Capua Revisited', *Phoenix*, 61: 83–108
Frost, H. 1989 'The Prefabricated Punic Warship', in Devijver & Lipiński (eds.) 1989, 127–35
Fucecchi, M. 1990 'Empietà e titanismo nella rappresentazione siliana di Annibale', *Orpheus*, 11: 21
Galinsky, K. 1966 'The Hercules–Cacus episode in *Aeneid* VIII', *AJP*, 87: 18–51
—— 1969 *Aeneas, Sicily, and Rome*. Princeton
—— 1996 *Augustan Culture*. Princeton
Galvagno, E. 2006 'Sicelioti in Africa nel III secolo a.C.', *Africa Romana*, 16, 4: 249–58
Garbini, G. 1983 'Iscrizioni funerarie puniche in Sardegna', *Annali dell'Instituto Universitario Orientale di Napoli*, 42: 463–6
—— 1999 'The Phoenicians and Others', in Pisano (ed.) 1999, 9–14
Garnand, B. 2001 'From Infant Sacrifice to the ABC's: Ancient Phoenicians and Modern Identities', *Stanford Journal of Archaeology*, 1: http://www.stanford.edu/dept/archaeology/journal/newdraft/garnand/index.html
Geus, R. 1994 *Prosopographie der literarisch Bezeugten Karthager*. Leuven
Gharbi, M. 2004 'Frontières et échanges en Sardaigne à l'époque punique', *Africa Romana*, 15, 1: 791–804
Giangiulio, M. 1983 'Greci e non-Greci in Sicilia alla luce dei culti e delle leggende di Eracle', in *Modes de contacts et processus de transformation dans les sociétés anciennes. Actes du colloque de Cortone (24–30 mai 1981)*. Pisa. 785–845
Gianto, A. 1987 'Some Notes on the Mulk Inscription from Nebi Yunisc (RES 367)', *Biblica*, 68: 397–401

Giardino, C. 1992 'Nuragic Sardinia and the Mediterranean: Metallurgy and Maritime Traffic', in Tykot & Andrews (eds.) 1992, 304–16

Gibson, J. 1982 *Textbook of Syrian Semitic Inscriptions III. Phoenician Inscriptions*. Oxford

Goldberg, S. 1995 *Epic in Republican Rome*. Oxford

Goldsworthy, A. 2000 *The Punic Wars*. London

Gómez Bellard, C. 1990 *La colonizacion fenicia de la Isla de Ibiza*. Madrid

González de Canales, F., Serrano, L., & Llompart, J. 2006 'The Pre-Colonial Phoenician Emporium of Huelva ca. 900–770 BC', *BaBesch*, 81: 13–29

Grainger, J. 2002 *The Roman War of Antiochus the Great*. Leiden

Gransden, K. 1976 *Aeneid VIII*. Cambridge

Gras, M. 1985, *Trafics tyrrhéniens archaïques*. Rome

Gras, M., Rouillard, P., & Teixidor, P. 1991 'The Phoenicians and Death', *Berytus*, 39: 127–76

—— 1995 *L'Univers phénicien*, 2nd edn. Paris

Gratwick, A. 1971 'Hanno's Punic Speech in the *Poenulus* of Plautus', *Hermes*, 99: 25–45

Grayson, A. 1991 *Assyrian Rulers of the Early 1st Millennium BC*, vol 1. Toronto

Green, A. 1982 *Flaubert and the Historical Novel: 'Salammbô' Reassessed*. Cambridge

Green, P. 1990 *Alexander to Actium: The Hellenistic Age*. London

Greene, J. 1983 'Carthage Survey', in *British Archaeological Reports, International Series*, 155: 130–38

—— 1986 'The Carthaginian Countryside: Archaeological Reconnaissance in the Hinterland of Ancient Carthage'. Unpublished PhD dissertation, University of Chicago

—— 2000 'The Beginnings of Grape Cultivation and Wine Production in Phoenician/Punic North Africa', in P. McGovern, S. Fleming & S. Katz (eds.) 2000 *The Origins and Ancient History of Wine*. London. 311–22

Gros, P. 1990 'Le premier urbanisme de la colonia Julia Carthago: mythes et réalités d'une fondation césaro-augustéenne', *Collection de l'Ecole française de Rome*, 134: 547–73

—— 1992 'Colline de Byrsa: les vestiges romains', in *Pour sauver Carthage. Exploration et conservation de la cité punique, romaine et byzantine*. Paris. 99–103

Grottanelli, C. 1973 'Melqart e Sid fra. Egitto, Libia e Sardegna', *Rivista di studi fenici*, 1: 153–64

Gruen, E. 1984 *The Hellenistic World and the Coming of Rome*. 2 vols. Berkeley

—— 1990 *Studies in Greek Culture and Roman Policy*. Leiden

—— 1992 *Culture and National Identity in Republican Rome*. Ithaca, NY

Gsell, S. 1924 *Histoire ancienne de l'Afrique du nord*. Paris

Gubel, E. 2006 'Notes on the Phoenician Component of the Orientalizing Horizon', in Riva & Vella 2006, 85–93

Guerrero Ayuso, V. 1989 'Majorque et les guerres puniques: données archéologiques', in Devijver & Lipiński (eds.) 1989, 99–114

Hackens, T., & Moucharte, G. (eds.) 1992 *Numismatique et histoire économique phéniciennes et puniques*. Louvain

Hall, E. 1989 *Inventing the Barbarian: Greek Self-Definition through Tragedy*. Oxford

Handy, L. 1994 *Among the Host of Heaven: The Syrian-Phoenician Pantheon as Bureaucracy*. Winona Lake

Harden, D. 1939 'The Topography of Punic Carthage', *G&R*, 9, 25: 1–12

Harris, W. 1979 *War and Imperialism in Republican Rome: 327–70 B.C.* Oxford

—— 2005 'The Mediterranean and Ancient History', in Harris (ed.) 2005, 1–42

Harris, W. (ed.) 2005 *Rethinking the Mediterranean*. Oxford

Harrison, E. 1984 'The *Aeneid* and Carthage', in Woodman & West (eds.) 1984, 95–116

Healy, J. 1978 *Mining and Metallurgy in the Greek and Roman World*. London

Heider, G. 1985 *The Cult of Molek: A Reassessment*. Sheffield

Herrmann, W. 1979 *Die Historien des Coelius Antipater*. Meisenheim am Glan

Heurgon, J. 1966 'The Inscriptions of Pyrgi' *JRS*, 56: 1–15

—— 1976 'L'agronome carthaginois Magon et ses traducteurs en latin et en grec', *Comptes rendus de l'Académie des Inscriptions et Belles-Lettres*, 441–56

Hodos, T. 2006 *Local Responses to Colonization in the Iron Age Mediterranean*. London

Hoffmann, W. 1942 *Livius und der Zweite Punische Krieg*. Berlin

Holloway, R. 1994 *The Archaeology of Early Rome and Latium*. London

Horden, P., & Purcell, N. 2000 *The Corrupting Sea: A History of Mediterranean History*. Oxford

Hoyos, B. D. 1994 'Barcid "proconsuls" and Punic politics, 237–218 B.C.', *Rheinisches Museum für Philologie*, 137: 246–74

—— 1998 *Unplanned Wars: The Origins of the First and Second Punic Wars*. Berlin

—— 2001a 'Polybius and the Papyrus: The Persuasiveness of P. Rylands III 491', *Zeitschrift für Papyrologie und Epigraphik*, 134: 71–9

—— 2001b 'Identifying Hamilcar Barca's Heights of Heircte', *Historia: Zeitschrift für Alte Geschichte*, 50: 490–95

—— 2001c 'Generals and Annalists: Geographic and Chronological Obscurities in the Scipios' Campaigns in Spain, 218–211 B.C.', *Klio: Beiträge zur Alten Geschichte*, 83: 68–92

—— 2003 *Hannibal's Dynasty: Power and Politics in the Western Mediterranean 247–183 BC*. London

—— 2006 'Crossing the Durance with Hannibal and Livy: The Route to the Pass', *Klio: Beiträge zur Alten Geschichte*, 88: 408–65

—— 2007 *Truceless War: Carthage's Fight for Survival, 241–237 BC*. Leiden

Hudson, M. 1992 'Did the Phoenicians Introduce the Idea of Interest to Greece and Italy – and if so, When?', in Kopcke & Tokumaru (eds.) 1992, 128–43

Hurst, H. 1994 *Excavations at Carthage: The British Mission*, vol. 2, pt 1: *The Circular Harbour, North Side: The Site and Finds Other than Pottery*. Oxford

Hurst, H., & Roskams, S. 1984 *Excavations at Carthage: The British Mission*, vol. 1, pt 1: *The Avenue du President Habib Bourguiba, Salammbo: The Site and Finds Other than Pottery*. London

Hurst, H., & Stager, L. 1978 'A Metropolitan Landscape: The Late Punic Port of Carthage', *World Archaeology*, 9: 334–46

Huss, W. 1985 *Geschichte der Karthager*. Munich

—— 1986, 'Hannibal und die Religion' in Bonnet, Lipiński & Marchetti (eds.) 1986, 223–30

Isaac, B. 2004 *The Invention of Racism in Classical Antiquity*. Princeton

Isserlin, B. S. J. 1991 'The Transfer of the Alphabet to the Greeks: The State of Documentation', in Baurain, Bonnet & Krings (eds.) 1991, 283–91

Isserlin, B. S. J., & Du Plat Taylor, J. 1974 *Motya: A Phoenician and Carthaginian City in Sicily*. Leiden

Jaeger, M. 2006 'Livy, Hannibal's Monument, and the Temple of Juno at Croton', *Transactions and Proceedings of the American Philological Association*, 136: 389–414

Jenkins, G. 1971–8 'Coins of Punic Sicily'. Parts 1–4 in *Swiss Numismatic Review*, 50: 25–78 (1971); 53: 23–41 (1974); 56:5–65 (1977); 57: 5–68 (1978)

—— 1987 'Some Coins of Hannibal's Time', in *Studi per Laura Breglia, Bollettino di numismatica*, 4: 215–34

Jenkins, G., & Lewis, R. 1963 *Carthaginian Gold and Electrum Coins*. London

Jocelyn, H. 1972 'The Poems of Quintus Ennius', *ANRW*, 1, 2: 987–1026

Jones, A., Martindale, J., & Morris, J. 1971 *The Prosopography of the Later Roman Empire*, vol 1. Cambridge
Jongeling, K., & Kerr, R. (eds.) 2005 *Late Punic Epigraphy*. Grand Rapids
Jourdain-Annequin, C. 1989 *Héraclès aux portes du soir: mythe et histoire*. Besançon
—— 1992 *Héraclès–Melqart à Amrith. Recherches iconographiques: contributions à l'étude d'un syncrétisme*. Paris
—— 1999 'L'image de la montagne ou la géographie à l'épreuve du mythe et de l'histoire: l'exemple de la traversée des Alpes par Hannibal', *Dialogues d'Histoire Ancienne*, 25: 101–27
Karageorghis, V. 1998: *Greek Gods and Heroes in Ancient Cyprus*. Athens
Katzenstein, H. 1973 *The History of Tyre: From the Beginning of the Second Millennium B.C.E. until the Fall of the Neo-Babylonian Empire in 538 B.C.E.* Jerusalem
Kearsley, R. 1989 *The Pendent Semi-Circle Skyphos*. London
Kennedy, D. 1992 '"Augustan" and "Anti-Augustan": Reflections on Terms of Reference', in A. Powell (ed.) 1992, 26–57
Knapp, R. 1986 '"La Via Heraclea" en el occidente, mitho, arqueologia, propaganda, historia', *Emerita*, 54: 103–22
Kochavi, M. 1992 'Some Connections between the Aegean and the Levant in the Second Millennium BC: A View from the East', in Kopcke & Tokumaru (eds.) 1992, 7–15
Kopcke, G. 1992 'What Role for Phoenicians?', in Kopcke & Tokumaru (eds.) 1992, 103–113
Kopcke, G., & Tokumaru, I. (eds.) 1992 *Greece between East and West: 10th–8th Centuries BC*. Mainz
Kourou, N. 2002 'Phéniciens, Chypriotes, Eubéens et la fondation de Carthage', *Cahier du Centre d'études Chypriotes*, 32: 89–114
Krahmalkov, C. 1976 'Notes on the Rule of the Softim in Carthage', *Rivista di studi fenici*, 4: 171–7
—— 1981 'The Foundation Date of Carthage, 814 B.C., the Douimes Pendant Inscription', *Journal of Semitic Studies*, 26: 177–91
—— 2000 *Phoenician–Punic Dictionary*. Leuven
—— 2001 *A Phoenician–Punic Grammar*. Leiden
Krings, V. 1991 'Les Lettres grecques à Carthage', in Baurain, Bonnet & Krings (eds.) 1991, 649–68
—— 1998 *Carthage et les Grecs c.580–480 av. J.-C.* Leiden
Krings, V. (ed.) 1995 *La Civilisation phénicienne et punique: manuel de recherché*. Leiden
Kuhrt, A. 1995 *The Ancient Near East c.3000–330 BC*. 2 vols. London
La Bua, V. 1966 *Filino, Polibio, Sileno, Diodoro: il problema delle fonti, dalla*

morte di Agatocle alla guerra mercenaria in Africa. Palermo

—— 1992 'Il Salento e i Messapi di fronte al conflitto tra Annibale e Roma', in Marangio (ed.) 1992, 43–69

Lacroix, W. 1998 *Africa in Antiquity: A Linguistic and Toponymic Analysis of Ptolemy's Map of Africa*. Saarbrücken

Lancel, S. 1988 'Les Fouilles de la mission archéologique française à Carthage et le problème de Byrsa', in Lipiński (ed.) 1988, 61–89

—— 1995 *Carthage: A History*, tr. Antonia Nevill. Oxford

—— 1999 *Hannibal*, tr. Antonia Nevill. Oxford

Larsen, M. T. (ed.) 1979 *Power and Propaganda: A Symposium on Ancient Empires*. Copenhagen

Lazenby, J. F. 1978 *Hannibal's War*. Warminster

—— 1996 *The First Punic War: A Military History*. London

Le Bonniec, H. 1969 'Aspects religieux de la guerre à Rome', in J. Brisson (ed.) 1969 *Problèmes de la guerre à Rome*. Paris. 102–15

Le Glay, M. 1966 *Saturn africain*. Paris

Lefkowitz, M. R. 1996 'Introduction: Ancient History, Modern Myths', in Lefkowitz & MacLean Rogers (eds.) 1996, 3–23

Lefkowitz, M. R., & MacLean Rogers, G. (eds.) 1996 *Black Athena Revisited*. Chapel Hill

Lehmler, C. 2005 *Syrakus unter Agathokles und Hieron II. Die Verbindung von Kultur und Macht in einer hellenistischen Metropole*. Frankfurt

Leigh, M. 2004 *Comedy and the Rise of Rome*. Oxford

Lennon, J. 2004 *Irish Orientalism: A Literary and Intellectual History*. Syracuse, NY

Levene, D. 1993 *Religion in Livy*. Leiden

Levick, B. 1978 'Concordia at Rome', in R. A. G. Carson & C. M. Kraay (eds.) 1978 *Scripta Nummaria Romana: Essays Presented to Humphrey Sutherland*. London. 217–233

—— 1982 'Morals, Politics and the Fall of the Roman Republic', *G&R*, 29: 53–62

Lewis, S. (ed.) 2006 *Ancient Tyranny*. Edinburgh

L'Heureux, C. 1979 *Rank Among the Canaanite Gods: El, Ba'al and the Repha'im*. Missoula

Lintott, A. 1972 'Imperial Expansion and Moral Decline in Rome', *Historia*, 21: 626–38

Lipiński, E. 1970 'La fête de l'ensevelissement et de la résurrection de Melqart', in A. Finet (ed.) 1970 *Actes de la XVIIe Rencontre assyriologique internationale*. Ham-sur-Heure. 30–58

—— 1988a 'Sacrifices d'enfants à Carthage et dans le monde seditious oriental', in Lipiński (ed.) 1988, 151–62

—— 1988b 'Stèles carthaginoises du Musée National de Cracovie', in Lipiński (ed.) 1988, 162–82
—— 1989 'Carthaginois en Sardaigne à l'époque de la première guerre', in Devijver & Lipiński (eds.) 1989, 67–73
—— 2001 'Gorillas', in K. Geus & K. Zimmermann (eds.) 2001 *Punica–Libyca–Ptolemaica: Festschrift für Werner Huss*. Leuven. 87–98
—— 2004 *Itineraria Phoenicia*. Leuven
Lipiński, E. (ed.) 1988 *Carthago*. Leuven
Little, C. 1934 'The Authenticity and Form of Cato's Saying "Carthago Delenda Est"', *Classical Journal*, 29: 429–35
Liverani, M. 1979 'The Ideology of the Assyrian Empire', in Larsen (ed.) 1979, 297–317
—— 1990 *Prestige and Interest: International Relations in the Near East ca. 1600–1100 B.C.* Padua
Lloyd, A. 1975 'Were Necho's Triremes Phoenician?', *JHS*, 95: 45–61
—— 1980 'M. Basch on Triremes: Some Observations', *JHS*, 100: 195–198
Lomas, K. 2004 'Italy in the Roman Republic, 338–31 BC' in H. Flower (ed.) *The Cambridge Companion to the Roman Republic*. Cambridge. 199–224
—— 2006 'Tyrants and the Polis: Migration, Identity and Urban Development in Greek Sicily', in Lewis (ed.) 2006, 95–118
Lomas, K. (ed.) 2004 *Greek Identity in the Western Mediterranean: Papers in Honour of Brian Shefton*. Leiden
Longerstay, M. 1995 'Libye', in Krings (ed.) 1995, 828–44
Lonis, R. 1978 'Les conditions de la navigation sur la côte atlantique de l'Afrique dans l'Antiquité: le problème de retour', in *Afrique noire et monde méditerranéen*. Dakar. 147–70
Loomis, W. 1994 'Entella Tablets VI (254–241 B.C.) and VII (20th cent. A.D.?)', *Harvard Studies in Classical Philology*, 96: 127–60
Loreto, L. 1995 *La grande insurrezione libica contro Cartagine del 241–237 A.C. Una storia politica e militare*. Paris
Luke, J. 2003 *Ports of Trade: Al Mina and Geometric Greek Pottery in the Levant*. Oxford
Luraghi, N. 2002 'Antioco di Siracusa', in Vattuone (ed.) 2002, 55–89
Lyne, R. 1987 *Further Voices in Vergil's Aeneid*. Oxford
Lyons, C., & Papadopoulos, J. (eds.) 2002 *The Archaeology of Colonialism*. Los Angeles
Macintosh-Turfa, J. 1975 *Etruscan–Punic Relations*. Ann Arbor
—— 1977 'Evidence for Etruscan–Punic Relations', *American Journal of Archaeology*, 81: 368–74

Maes, A. 1989 'L'habillement masculine à Carthage à l'époque des guerres puniques', in Devijver & Lipiński (eds.) 1989, 15–24
Malkin, I. 1994 *Myth and Territory in the Spartan Mediterranean*. Cambridge
—— 1998 *The Returns of Odysseus: Colonization and Ethnicity*. Berkeley
—— 2002 'A Colonial Middle Ground: Greek, Etruscan, and Local Elites in the Bay of Naples', in Lyons & Papadopoulos (eds.) 2002, 151–81
—— 2005 'Herakles and Melqart: Greeks and Phoenicians in the Middle Ground', in E. Gruen (ed.) 2005 *Cultural Borrowings and Ethnic Appropriations in Antiquity*. Stuttgart. 238–58
Manfredi, L. 1999 'Carthaginian Policy through Coins', in Pisano (ed.) 1999, 69–78
—— 2003 *La politica amministrativa di Cartagine in Africa*. Rome
Manganaro, G. 1974 'Una biblioteca storica nel Ginnasio di Tauromenion e il *P. Oxy* 1241', *Parola del passato*, 29: 389–409
—— 1992 'Per la cronologia delle emissioni a leggenda Libuvwn', in Hackens & Moucharte (eds.) 1992, 93–106
—— 2000 'Fenici, Cartaginesi, Numidi tra i Greci. IV–I secolo', *Quaderni ticinesi di numismatica e antichità classiche*, 29: 255–68
Marangio, C. (ed.) 1992 *L'età annibalica e la Puglia romana*. Mesagne
Markoe, G. 1992 'In Pursuit of Metal: Phoenicians and Greeks in Italy', in Kopcke & Tokumaru (eds.) 1992, 61–84
—— 1996 'The Emergence of Orientalizing in Greek Art: Some Observations on the Interchange between Greeks and Phoenicians in the Eighth and Seventh Centuries BC', *BASOR*, 301: 47–67
—— 2000 *Phoenicians*. Berkeley
Martin, R. 1979 'Introduction à l'étude du culte d'Héraclès en Sicile', *Recherches sur les cultes grecs et l'Occident*, vol. 1. Naples. 11–17
Mastino, A., Zucca, R., & Spanu, P. 2005 *Mare sardum: merci, mercati e scambi marittimi della Sardegna antica*. Rome
Medas, S. 1999 'Les équipages des flottes militaires de Carthage', in Pisano (ed.) 1999, 79–106
Meister, K. 1971 'Annibale in Sileno', *Maia*, 22: 3–9
Melville, S., et al. 2006 'Neo-Assyrian and Syro-Palestinian Texts I', in M. Chavalas (ed.) 2006 *Historical Sources in Translation: The Near East*. Oxford. 280–330
Meritt, B. 1940 'Athens and Carthage', in *Athenian Studies Presented to William Scott Ferguson*. Cambridge, Mass.
Mezzolani, A. 1999 'L'espace privé chez les Puniques: remarques sur les salles d'eau', in Pisano (ed.) 1999, 107–24
Mildenberg, L. 1989 'Punic Coinage on the Eve of the First War against Rome:

A Reconsideration', in Devijver & Lipiński (eds.) 1989, 5–14
Miles, G. 1995 *Livy: Reconstructing Early Rome*. Ithaca, NY
Miles, M. 1998/9 'Interior Staircases in Western Greek Temples', *MAAR*, 43–4: 1–26
Miles, R. 2003 'Rivalling Rome: Carthage', in C. Edwards & G. Woolf (eds.) 2003 *Rome the Cosmopolis*. Cambridge. 123–46
Millar, F. 1968 'Local cultures in the Roman Empire: Libyan, Punic, and Latin in North Africa', *JRS*, 58: 126–34
Mineo, B. 2006 *Tite-Live et l'histoire de Rome*. Paris
Moeller, W. 1975 'Once More the One-Eyed Man against Rome', *Historia*, 24: 402–8
Momigliano, A. 1975 *Alien Wisdom: The Limits of Hellenization*. Cambridge
—— 1977 'Athens in the Third Century B.C. and the Discovery of Rome in the Histories of Timaeus of Tauromenium', in A. Momigliano, *Essays in Ancient and Modern Historiography*. Oxford. 37–66
Morel, J.-P. 1980 'Les vases à vernis noir et à figures rouges d'Afrique avant la deuxième guerre punique et le problème des exportations de Grande-Grèce', *Antiquities africaines*, 15: 29–90
—— 1982 'La céramique à vernis noir de Byrsa: nouvelles données et éléments de comparaison' in *Actes du colloque sur la céramique antique*. Carthage. 43–61
—— 1983 'Les importations des céramiques grecques et italiennes dans le monde punique', in Bartoloni et al. (eds.) 1983, 3: 731–40
—— 1986 'La céramique à vernis noir de Carthage, sa diffusion, son influence', *Cahiers des études anciennes*, 18: 25–68
—— 2004 'Les amphores importées à Carthage punique', in E. Sanmartí Grego et al. (eds.) 2004 *La circulació d'àmfores al Mediterrani occidental durant la Protohistòria (segles VIII–III aC): aspectes quantitatius i anàlisi de continguts*. Barcelona. 11–24
Morgan, L. 1998 'Assimilation and Civil War: Hercules and Cacus (*Aen.* 8.185–267)', in H.-P. Stahl (ed.) 1998 *Vergil's Aeneid: Augustan Epic and Political Context*. London. 175–97
Morris, I., et al. 2001 'Stanford University Excavations on the Acropolis of Monte Polizzo, Sicily, I: Preliminary Report on the 2000 Season', *MAAR*, 46: 253–71
—— 2002 'Stanford University Excavations on the Acropolis of Monte Polizzo, Sicily, II: Preliminary Report on the 2001 Season', *MAAR*, 47: 153–98
—— 2003 'Stanford University Excavations on the Acropolis of Monte Polizzo, Sicily, III: Preliminary Report on the 2002 Season', *MAAR*, 48: 243–315
—— 2004 'Stanford University Excavations on the Acropolis of Monte

Polizzo, Sicily, IV: Preliminary Report on the 2003 Season', *MAAR*, 49: 197–279
Morris, S. 1998 'Bearing Greek Gifts: Euboean Pottery on Sardinia', in Balmuth & Tykot (eds.) 1998, 361–2
Morris, S., & Papadopoulos, J. 1998, 'Phoenicians and the Corinthian Pottery Industry', in R. Rolle, K. Schmidt & R. Docter (eds.) 1998 *Archäologische Studien in Kontaktzonen der antiken Welt*. Göttingen. 251–63
Morrison, J., & Coates, J. 1986 *The Athenian Trireme: The History and Reconstruction of an Ancient Greek Warship*. Cambridge
Moscati, S. 1968 *The World of the Phoenicians*, tr. Alastair Hamilton. London
—— 1986 *Italia Punica*. Milan
Muscarella, O. W. 1992 'Greek and Oriental Cauldron Attachments: A Review', in Kopcke & Tokumaru (eds.) 1992, 16–45
Musti, D. 1991 'Modi e fasi della rappresentazione dei fenici nelle fonti letterarie greche', in Acquaro et al. (eds.) 1991, 161–8
Naveh, J. 1980 ' The Greek Alphabet: New Evidence', in *Biblical Archaeologist*, 43, 1: 22–5
Niemeyer, H. G. 1984 'Die Phönizier und die Mittelmeerwelt im Zeitalter Homers', *Jahrbuch Des Römisch-Germanischen Zentralmuseums, Mainz*, 31: 3–94
—— 1990 'The Phoenicians in the Mediterranean: A Non-Greek Model for Expansion and Settlement in Antiquity', in J.-P. Descœudres (ed.) 1990 *Greek Colonists and Native Populations: Proceedings of the First Australian Congress of Classical Archaeology Held in Honour of Emeritus Professor A. D. Trendall*. Oxford. 469–89
—— 2002 'The Phoenician Settlement at Toscanos: Urbanization and Function', in Bierling & Gitin (eds.) 2002, 31–48
Niemeyer, H. G. (ed.) 1982 *Phönizier im Westen: Die Beiträge des Internationalen Symposiums über 'Die phönizische Expansion im westlichen Mittelmeerraum' in Köln vom 24. bis 27. April 1979*. Mainz
Niemeyer, H. G., & Docter, R. F. 1993 'Die Grabung unter dem Decumanus Maximus von Karthago', *MDAI(R)*, 100: 201–44
Niemeyer, H. G., et al. (eds.) 2007 *Karthago. Die Ergebnisse der Hamburger Grabung unter dem Decumanus Maximus*, vol 2. Mainz
Nijboer, A. J. 2005 'The Iron Age in the Mediterranean: A Chronological Mess or "Trade Before the Flag", Part II', *AWE*, 4, 2: 255–77
Nijboer, A. J., & Van de Plicht, J. 2006 'An Interpretation of the Radiocarbon Determinations of the Oldest Indigenous-Phoenician Stratum Thus Far Excavated at Huelva, Tartessos (South-West Spain)', *BaBesch*, 81: 31–6
Oded, B. 1979 *Mass Deportations and Deportees in the Neo-Assyrian Empire*. Wiesbaden

O'Gorman, E. 2004 'Cato the Elder and the Destruction of Carthage', *Helios*, 31: 97–122
Ottoson, M. 1980 *Temples and Cult Places in Palestine*. Uppsala
Paladino, I. 1991 'Marcii e Atilii tra fides romana e fraus punica', in Acquaro et al. (eds.) 1991, 179–85
Palmer, R. 1997 *Rome and Carthage at Peace*. Stuttgart
Paoletti, O., & Perna, L. 2002 'Etruria e Sardegna centro-settentrionale tra l'età del Bronzo Finale e l'arcaismo', in *Atti del XXI Convegno di Studi Etruschi ed Italici. Sassari–Alghero–Oristano–Torralba, 13–17 ottobre 1998*. Pisa and Rome
Papadopoulos, J. 1997 'Phantom Euboians', *Journal of Mediterranean Archaeology*, 10: 191–219
Pearson, L. 1975 'Myth and *archaeologia* in Italy and Sicily – Timaeus and his Predecessors', *Yale Classical Studies*, 24: 171–95
—— 1984 'Ephorus and Timaeus in Diodorus: Laqueur's Thesis Rejected', in *Historia*, 33: 1–20
—— 1987 *The Greek Historians of the West: Timaeus and his Predecessors*. Atlanta
Peckham, B. 1972 'The Nora Inscription', *Orientalia*, 41: 457–68
—— 1998 'Phoenicians in Sardinia: Tyrians or Sidonians?', in Balmuth & Tykot (eds.) 1998, 347–54
Pelling, C. 1997 'Tragical Dreamer: Some Dreams in the Roman Historians', *G&R*, 44: 197–213
Peserico, A. 1999 'Pottery Production and Circulation in the Phoenician and Punic Mediterranean: A study on Open Forms', in Pisano (ed.) 1999, 125–35
Picard, G. 1963 'La religion d'Hannibal', *Revue de l'histoire des religions*, 162: 123–4
—— 1983–4 'Hannibal hegemon hellenistique', *RSA*, 13–14: 75–81
Picard, G., & Picard, C. 1961 *Daily Life in Carthage*. London
—— 1964 'Hercule et Melqart', in M. Renard & R. Schilling (eds.) 1964 *Hommages à J. Bayet*. Brussels. 569–78
Piccaluga, G. 1974 'Heracles, Melqart, Hercules e la penisola iberica', in *Minutal. Saggi di storia delle religioni*. Rome. 111–31
—— 1981 'Fides nella religione romana di età imperiale', *ANRW*, 17, 2: 703–35
—— 1983a 'Urbs Trunca: passato mitico ed espansionismo contro la Capua del "dopo Hannibal"', *RSA*, 13: 103–25
—— 1983b 'Fondare Roma, domare Cartagine: un mito delle origini', in Bartoloni et al. (eds.) 1983, 2: 409–24
Pisano, G. 'Remarks on Trade in Luxury Goods in the Western Mediterranean', in Pisano (ed.) 1999, 15–30

Pisano, G. (ed.) 1999 *Phoenicians and Carthaginians in the Western Mediterranean*. Rome
Pomeroy, A. 1989 'Hannibal at Nuceria', *Historia*, 38: 163–76
Popham, M., & Lemos, I. 1992 'Review of Kearsley: The Pendent Semi-Circle Skyphos', *Gnomon*, 64: 152–5
Popham, M., Sackett, L., & Themelis, P. (eds.) 1979 *Lefkandi*. London
Postgate, J. 1969 *Neo-Assyrian Royal Grants and Decrees*. Rome
—— 1974 *Taxation and Conscription in the Assyrian Empire*. Rome
—— 1979 'The Economic Structure of the Assyrian Empire', in Larsen (ed.) 1979, 193–221
Powell, A. (ed.) 1992 *Roman Poetry and Propaganda in the Age of Augustus*. Bristol
Powell, B. 1991 'The Origins of the Alphabetic Literacy Among the Greeks', in Baurain, Bonnet & Krings (eds.) 1991, 357–70
Prandi, L. 1979 'La "Fides punica" e il pregiudizio anticartaginese', *Contributi dell'istituto di storia antica*, 6: 90–97
Price, M. 1991 *The Coinage in the Name of Alexander the Great and Philip Arrhidaeus: A British Museum Catalogue*. London
Purcell, N. 1995 'On the Sacking of Carthage and Corinth', in D. Innes, H. Hine & C. Pelling (eds.) 1995 *Ethics and Rhetoric: Classical Essays for Donald Russell on his Seventy-Fifth Birthday*. Oxford. 133–48
Purpura, G. 1981 'Un graffito di nave in un cunicolo delle fortificazioni puniche di Lilibeo', *Sicilia Archeologica Trapani*, 13, 44: 39–42
Rakob, F. 1979 'Numidische Königsarchitektur in Nordafrika', in *Die Numider: Reiter und Könige nördlich der Sahara*. Cologne. 119–71
—— 1984 'Deutsche Ausgrabungen in Karthago. Die punischen Befunde', *MDAI(R)*, 91: 1–22
—— 1989 'Karthago: Die frühe siedlung. Neue forschungen', *MDAI(R)*, 96: 155–94
—— 1995 'Forschungen im Stadtzentrum von Karthago. Zweiter Vorbericht', *MDAI(R)*, 102: 413–61
—— 2000 'The Making of Augustan Carthage', in E. Fentress (ed.) 2000 *Romanization and the City: Creation, Transformations, and Failures: Proceedings of a Conference Held at the American Academy in Rome to Celebrate the 50th Anniversary of the Excavations at Cosa, 14–16 May, 1998*. Portsmouth, RI. 72–82
Rance, P., 2009 'Hannibal, Elephants and Turrets in *Suda* 438 [Polybius FR.162 B] – an Unidentified Fragment of Diodorus', *CQ*, 59, 1: 91–111
Rankov, B. 1996 'The Second Punic War at Sea', in Cornell, Rankov & Sabin (eds.) 1996, 49–58
Rawlings, L. 1996 'Celts, Spaniards and Samnites: Warriors in a Soldier's

War', in Cornell, Rankov & Sabin (eds.) 1996, 81–95
—— 2005 'Hannibal and Hercules', in Rawlings & Bowden (eds.) 2005, 153–84
—— 2007 'Army and Battle during the Conquest of Italy (350–264 BC)', in P. Erdkamp (ed.) 2007 *A Companion to the Roman Army*. Oxford. 45–62
Rawlings, L., & Bowden, H. (eds.) 2005 *Herakles and Hercules: Exploring a Graeco-Roman Divinity*. Swansea
Reade. J. 1979 'Ideology and Propaganda in Assyrian Art', in Larsen (ed.) 1979, 329–43
Rendeli, M. 2005 'La Sardegna e gli Eubei', in Bernardini & Zucca (eds.) 2005, 91–124
Ribichini, S. 1983 'Mito e storia: l'immagine dei Fenici nelle fonti classiche', in Bartoloni et al. (eds.) 1983, 2: 443–8
—— 1985 *Poenus Advena: gli dei fenici e l'interpretazione classica*. Rome
—— 1995 'Les Mentalités', in Krings (ed.) 1995, 334–44
Rich, J. 1993 'Fear, Greed, and Glory: The Causes of Roman War-Making in the Middle Republic', in J. Rich & G. Shipley (eds.) 1993 *War and Society in the Roman World*. London. 46–67
—— 1996 'The Origins of the Second Punic War', in Cornell, Rankov & Sabin (eds.) 1996, 1–37
Ridgway, D. 1992 *The First Western Greeks*. Cambridge
—— 1994 'Phoenicians and Greeks in the West: A View from Pithekoussai', in Tsetskhladze & De Angelis (eds.) 1994, 35–46
—— 1998 'L'Eubea e l'Occidente: nuovi spunti sulle rotte dei metalli', in M. Bats & B. d'Agostino (eds.) 1998 *Euboica: L'Eubea e la presenza Euboica in Chalcidice e in Occidente*. Naples. 311–22
—— 2000 'The First Western Greeks Revisited', in D. Ridgway et al. (eds.) 2000 *Ancient Italy in its Mediterranean Setting: Studies in Honour of Ellen Macnamara*. London. 179–91
—— 2004, 'Euboeans and Others along the Tyrrhenian Seaboard in the 8th Century B.C.', in Lomas (ed.) 2004, 15–33
Ridley, R. 1986 'To be Taken with a Pinch of Salt: The Destruction of Carthage', *CP*, 81: 140–46
Ritter, S. 1995 *Hercules in der römischen Kunst von den Anfängen bis Augustus*. Heidelberg
Riva, C., & Vella, N. (eds.) 2006 *Debating Orientalization: Multidisciplinary Approaches to Processes of Change in the Ancient Mediterranean*. London
Rives, J. 1995 *Religion and Authority in Roman Carthage from Augustus to Constantine*. Oxford
Robinson, E. 1956 'Punic Coins of Spain and their Bearing on the Roman

Republican Series', in R. A. G. Carson & C. H. V. Sutherland (eds.) 1956 *Essays in Roman Coinage Presented to Harold Mattingly*. Oxford
—— 1964 'Carthaginian and Other South Italian Coinages of the Second Punic War', *Numismatic Chronicle*, 7, 4: 37–64
Rocco, B. 1970 'Morto sotto le mura di Mozia', *Sicilia Archaeologica*, 3: 27–33
Röllig, W. 1982 'Die Phönizier des Mutterlandes zur Zeit der Kolonisierung', in Niemeyer (ed.) 1982, 15–30
—— 1992 'Asia Minor as a Bridge between East and West: The Role of the Phoenicians and Aramaeans in the Transfer of Culture', in Kopcke & Tokumaru (eds.) 1992, 93–102
Russell, J. 1991 *Sennacherib's Palace without Rival at Nineveh*. Chicago
Sabin, P. 1996 'The Mechanics of Battle in the Second Punic War', in Cornell, Rankov & Sabin (eds.) 1996, 59–79
Sagona, C. 2002 *The Archaeology of Punic Malta*. Leuven
Sainte-Beuve, C.-A., 1971 'Articles de Sainte-Beuve sur Salammbô', in Gustave Flaubert, *Salammbô*, Œuvres complètes de Gustave Flaubert, vol. 2. Paris
Scheid, J., & Svenbro, J. 1985 'Byrsa, la ruse d'Elissa et la fondation de Carthage', *Annales (économies, sociétés, civilisations)*, 328–42
Schilling, R. 1954 *La religion romaine de Venus, depuis les origines jusqu'au temps d'Auguste*. Paris
Schmidt, H. 1953 'The Idea and Slogan of "Perfidious Albion"', *Journal of the History of Ideas*, 14, 4: 604–16
Schmitz, P. 1994 'The Name "Agrigentum" in a Punic Inscription (*CIS* i.5510.10)', *Journal of Near Eastern Studies*, 53, 1: 1–13
—— 1995 'The Phoenician Text from the Etruscan Sanctuary at Pyrgi', *Journal of the American Oriental Society*, 115, 4: 559–75
Schulten, A. 1922 *Tartessos. Ein Beitrag zur ältesten Geschichte des Westens*. Hamburg
Schurmann, F. 1998 'Delenda est Iraq – Why U.S. is on Warpath against Saddam'. http://www. pacificnews.org/jinn/stories/4.04/980216–iraq.html
Schwarte, K.-H. 1983 *Der Ausbruch des Zweiten Punischen Krieges. Rechtsfrage und Überlieferung*. Weisbaden
Scuderi, R. 2002 'Filino di Agrigento', in Vattuone (ed.) 2002, 275–99
Scullard, H. 1970 *Scipio Africanus: Soldier and Politician*. London
—— 1974 *The Elephant in the Greek and Roman World*. London
Seibert, J. 1993 *Hannibal*. Darmstadt
Serrati, J. 2006 'Neptune's Altars: The Treaties between Rome and Carthage (509–226 B.C.)', *CQ*, 56, 1: 113–34

Shaw J., & Shaw, M. (eds.) 2000 *Kommos*. Princeton
Shelby Brown, S. 1991 *Late Carthaginian Child Sacrifice and Sacrificial Monuments in their Mediterranean Context*. Sheffield
Smith, C. 1996 *Early Rome and Latium: Economy and Society c.1000 to 500 BC*. Oxford
Snodgrass, A. M. 1971 *The Dark Age of Greece*. Edinburgh
—— 1988 *Cyprus and Early Greek History*. Nicosia
—— 1994 'The Nature and Standing of the Early Western Colonies', in Tsetskhladze & De Angelis (eds.) 1994, 1–10
Snowden, F. M., Jr, 1996 'Bernal's "Blacks" and the Afrocentrists', in Lefkowitz & MacLean Rogers (eds.) 1996, 112–28
Solmsen, F. 1986 'Aeneas Founded Rome with Odysseus', *Harvard Studies in Classical Philology*, 90: 93–110
Spada, S. 2002 'La storiografia occidentale di età ellenistica', in Vattuone (ed.) 2002, 233–73
Spencer, D. 2002 *The Roman Alexander: Reading a Cultural Myth*. Exeter
Stager, L. 1982 'Carthage: A View from the Tophet', in Niemeyer (ed.) 1982, 155–66
Stager, L., & Wolff, S. 1984 'Child Sacrifice at Carthage: Religious Rite or Population Control?', *Biblical Archaeology Review*, 10: 30–51
Stampolodis, N., & Kotsonas, A. 2006 'Phoenicians in Crete', in S. Deger-Jalkotzy & I. Lemos (eds.) 2006 *Ancient Greece from the Mycenaean Palaces to the Age of Homer*. Edinburgh. 337–60
Starks, J. 1999 'Fides Aeneia: The Transference of Punic Stereotypes in the *Aeneid*', *Classical Journal*, 94: 255–83
Stevens, S. 1988 'A Legend of the Destruction of Carthage', *CP*, 83, 1: 39–40
Stos-Gale, Z. A., & Gale, N. H. 1992 'New Light on the Provenience of the Copper Oxhide Ingots Found on Sardinia', in Tykot & Andrews (eds.) 1992, 317–46
Strøm, I. 1992 'Evidence from the Sanctuaries', in Kopcke & Tokumaru (eds.) 1992, 46–60
Stübler, G. 1941 *Die Religiosität des Livius*. Stuttgart & Berlin
Sumner, G. 1972 'Rome, Spain and the Outbreak of the Second Punic War', *Latomus*, 31, 2: 469–80
Sutton, D. 1977 'The Greek Origins of the Cacus Myth', *CQ*, 27, 2: 391–3
Sutton, J. 2007 'West African Metals and the Ancient Mediterranean', *OJA*, 2, 2: 181–8
Sznycer, M. 1978 'Carthage et la civilisation punique', in C. Nicolet 1978 *Rome et la conquête du Monde Méditerranéen 264–27 avant J.-C.*, vol. 2, Paris. 545–93

Tandy, D. 1997 *Warriors into Traders: The Power of the Market in Early Greece*. Berkeley

Taylor, J. 1982 'A Nigerian Tin Trade in Antiquity?', *OJA*, 1: 317–24

Taylor, P. 1995 *Munitions of the Mind: War Propaganda from the Ancient World to the Nuclear Age*. Manchester

Thomas, R. 2001 *Virgil and the Augustan Reception*. Cambridge

Thuillier, J.-P. 1982 'Timbres amphoriques puniques écrits en lettres grecques', in *Actes: Colloque sur la Céramique Antique. Carthage 23–24 Juin 1980*. Tunis

Thürlemann-Rappers, S. 1974 'Ceterum censeo Carthaginem esse delendam', *Gymnasium*, 81: 465–75

Tise, B. 2002 *Imperialismo romano e imitatio Alexandri: due studi di storia politica*. Lecce

Tore, G. 1995 'L'art, sarcophages, reliefs, stèles', in Krings (ed.) 1995, 471–93

Torelli, M. 1989 'Archaic Rome between Latium and Etruria', in Walbank et al. (eds.) 1989, 30–51

Toynbee, A. 1965 *Hannibal's Legacy: The Hannibalic War's Effects on Roman Life*. 2 vols. Oxford

Tronchetti, C. 1992 'Osservazioni sulla ceramica attica di Sardegna', in Tykot & Andrews (eds.) 1992, 364–77

—— 1995 'Sardaigne', in Krings (ed.) 1995, 712–42

Trump, D. 1991a 'The Nuraghi of Sardinia, Territory and Power: The Evidence from the Commune of Mara, Sassari', in E. Herring, R. Whitehouse & J. Wilkins (eds.) 1991 *The Archaeology of Power: Papers from the Fourth Conference of Italian Archaeology*. London. 43–77

—— 1991b 'Nuraghi as Social History: A Case Study from Bonu Ighinu, Mara (SS)', in B. S. Frizell (ed.) 1991 *Arte e Architectura Nuragica: Nuragic Architecture in its Military, Territorial and Socio-Economic Context*. Stockholm. 163–8

—— 1992 'Militarism in Nuragic Sardinia', in Tykot & Andrews (eds.) 1992, 198–203

Tsetskhladze, G. R., & De Angelis, F. (eds.) 1994 *The Archaeology of Greek Colonisation*. Oxford

Tusa, V. 1982/1983 'I Cartaginesi nella Sicilia occidentale', *Kokalos*, 28–9: 131–46

—— 1984 *Lilibeo testimonianze archeologiche dal IV sec. a.C. al V sec. d.C.* Palermo

Twyman, B. 1987 'Polybius and the Annalists on the Outbreak and Early Years of the Second Punic War', *Athenaeum*, 65: 67–80

Tykot, R., & Andrews, T. (eds.) 1992 *Sardinia in the Mediterranean: A Footprint in the Sea*. Sheffield

Ugas, G. 1992 'Considerazioni sullo sviluppo dell'architettura e della società nuragica', in Tykot & Andrews (eds.) 1992, 221–34

Van Berchem, D. 1959–60 'Hercule Melqart à l'Ara Maxima', *Rendicanti della Pontifica academia Romana di archeologia*, 32: 61–8

—— 1967 'Sanctuaires d'Hercule-Melqart: contribution à l'étude de l'expansion phénicienne en Méditerranée', *Syria*, 44: 73–109, 307–38

Van Dommelen, P. 1998 *In Colonial Grounds: A Comparative Study of Colonialism and Rural Settlement in First Millennium BC West Central Sardinia*. Leiden

—— 2002 'Ambiguous Matters: Colonialism and Local Identities in Punic Sardinia', in Lyons & Papadopoulos (eds.) 2002, 121–47

—— 2006 'Colonial Matters. Material Culture and Postcolonial Theory in Colonial Situations', in C. Y. Tilley et al. (eds.) 2006 *Handbook of Material Culture*. London. 267–308

Van Weyenberg, A. 2003 'Ireland's Carthaginians and Tragic Heroines', *Xchanges*, 2, 2: *Confrontation, Conflict, and Negotiations of National Space*. http://infohost.nmt.edu/~xchanges/xchanges/2.2/weyenberg.html

Van Wijngaarden-Bakker, L. 2007 'The Animal Remains from Carthage, Campaign 1993', in Niemeyer et al. (eds.) 2007, 841–9

Van Zeist, W., Bottema, S., and Van der Veen, M. 2001. *Diet and Vegetation at Ancient Carthage: The Archaeobotanical Evidence*. Groningen

Vattuone, R. 1991 *Sapienza d'Occidente: il pensiero storico di Timeo di Tauromenio*. Bologna

—— 2002 'Timeo di Tauromenio', in Vattuone (ed.) 2002, 77–132

Vattuone, R. (ed.) 2002 *Storici greci d'Occidente*. Bologna

Vegas, M. 1999 'Eine archaische Keramikfüllung aus einem Haus am Kardo XIII in Karthago', *MDAI(R)*, 106: 395–435

Verzár, M. 1980 'Pyrgi e l'Afrodite di Cipro', *Mélanges de l'école française. Antiquité*, 92: 35–86

Vessey, D. 1975 'Silius Italicus: The Shield of Hannibal', *AJP*, 96: 391–405

Villaronga L. 1973 *Las Monedas Hispano-Cartaginesas*. Barcelona

—— 1992 'Les monnaies hispano-carthaginoises du système attique', in Hackens & Moucharte (eds.) 1992, 149–52

Virolleaud, C. 1931 'The Gods of Phoenicia', *Antiquity*, 20: 404–15

Vishnia, R. 1996 *State, Society and Popular Leaders in Mid-Republican Rome 241–167 BC*. London

Visonà, P. 1988 'Passing the Salt: On the Destruction of Carthage Again', *CP*, 83, 1: 41–2

—— 1992 'Carthaginian Bronze Coinage in Sardinia', in Hackens & Moucharte (eds.) 1992, 121–132

—— 1998 'Carthaginian Coinage in Perspective', *American Journal of Numismatics*, 10: 1–27

Vogel-Weidemann, U. 1989 '*Carthago delenda est*: aitia and prophasis', *Acta classica*, 32: 79–96

Volk, T. 2006 'The "Mazzarrón" hoard (ICGH 2325) revisited', *Numisma*, 250: 205–28

Wagner, C. G. 1989 'The Carthaginians in Ancient Spain: From Administrative Trade to Territorial Annexation', in Devijver & Lipiński (eds.) 1989, 145–56

Walbank, F. W. 1957–79 *A Historical Commentary on Polybius*. 3 vols. Oxford

—— 1968–9 'The Historians of Greek Sicily', *Kokalos*, 14–15: 476–98

—— 1972 *Polybius*. Berkeley

—— 1985 *Selected Papers: Studies in Greek and Roman History and Historiography*. Cambridge

—— 2002 *Polybius, Rome, and the Hellenistic World: Essays and Reflections*. Cambridge

Walbank, F. W., et al. (eds.) 1989 *The Cambridge Ancient History*, vol. 7, pt 2: *The Rise of Rome to 220 B.C.* Cambridge

Waldbaum, J. 1997 'Greeks *in* the East or Greeks *and* the East?: Problems in the Definition and Recognition of Presence', *BASOR*, 305: 1–17

Warmington, B. 1960 *Carthage*. London

Warmington, E. 1935 *Remains of Old Latin*. London

Webster, G. 1996 *A Prehistory of Sardinia 2300–500 BC*. Sheffield

White, R. 1991 *The Middle Ground: Indians, Empires, and Republics in the Great Lakes Region, 1650–1815*. Cambridge

Whittaker, C. R. 1978 'Carthaginian Imperialism in the Fifth and Fourth Centuries', in P. D. A. Garnsey & C. R. Whittaker (eds.) 1978 *Imperialism in the Ancient World*. Cambridge. 59–90

Wiedemann, T. 1993. 'Sallust's Jugurtha: Concord, Discord, and the Digressions', *G&R*, 40, 1: 48–57

Wightman, E. 1980 'The Plan of Roman Carthage: Practicalities and Politics', in J. Pedley (ed.) 1980 *New Light on Ancient Carthage*. Ann Arbor. 29–46

Wigodsky, M. 1972 *Vergil and Early Latin Poetry*. Wiesbaden

Winter, I. 1979 'North Syria as a Bronzeworking Centre in the First Millenium BC: Luxury Commodities at Home and Abroad', in J. Curtis (ed.) 1979 *Bronzeworking Centres of Western Asia, c.1000–539 B.C.* London. 193–226

—— 1995 'Homer's Phoenicians: History, Ethnography, or Literary Trope? [A Perspective on Early Orientalism]', in J. B. Carter & S. P. Morris (eds.) 1995 *The Ages of Homer: A Tribute to Emily Townsend Vermeule*. Austin. 247–72

Woodman, A., & West, D. (eds.) 1984 *Poetry and Politics in the Age of Augustus*. Cambridge

Wonterghem van, F. 1992 'Il culto di Ercole tra i popoli osco-sabellici', in C. Bonnet & C. Jourdain-Annequin (eds.) 1992 *Héraclès: d'une rive à l'autre de la Méditerranée: bilan et perspectives: actes de la Table Ronde de Rome, Academia Belgica – Ecole française de Rome, 15–16 septembre 1989*. Brussels. 319–51

Yon, M. 1986 'Cultes phéniciens à Chypre: l'interprétation chypriote', in Bonnet, Lipiński & Marchetti (eds.) 1986, 127–52

—— 1992 'Le royaume de Kition', in Hackens & Moucharte (eds.) 1992, 243–60

Zambon, E. 2006 'From Agathocles to Hieron II: The Birth and Development of Basileia in Hellenistic Sicily', in Lewis (ed.) 2006, 77–94

Zanker, P, 1988 *The Power of Images in the Age of Augustus*. Ann Arbor

Zecchini, G. 2003 'Annibale prima e dopo il Trasimeno. Alcune osservazioni', *RSA*, 33: 91–8

Zimmerman Munn, M. L. 2003 'Corinthian Trade with the Punic West in the Classical Period', in C. Williams & N. Bookidis (eds.) 2003 *Corinth: The Centenary, 1896–1996*. Princeton. 195–217

索　引

（以下页码为原书页码，即本书页边码）

图书在版编目(CIP)数据

迦太基必须毁灭：古文明的兴衰／（英）迈尔斯（Miles，R.）著；孟驰译．--北京：社会科学文献出版社，2016.8（2022.10重印）

书名原文：Carthage Must Be Destroyed：The Rise and Fall of an Ancient Civilization

ISBN 978-7-5097-8940-7

Ⅰ.①迦…　Ⅱ.①迈…　②孟…　Ⅲ.①迦太基-历史　Ⅳ.①K414.2

中国版本图书馆CIP数据核字（2016）第063432号

迦太基必须毁灭

——古文明的兴衰

著　　者／［英］理查德·迈尔斯（Richard Miles）
译　　者／孟　驰

出 版 人／王利民
项目统筹／段其刚　董风云
责任编辑／冯立君　张　骋
责任印制／王京美

出　　版／社会科学文献出版社·甲骨文工作室（分社）（010）59366527
　　　　　地址：北京市北三环中路甲29号院华龙大厦　邮编：100029
　　　　　网址：www.ssap.com.cn
发　　行／社会科学文献出版社（010）59367028
印　　装／三河市东方印刷有限公司

规　　格／开　本：889mm×1194mm　1/32
　　　　　印　张：20.5　插　页：0.75　字　数：470千字
版　　次／2016年8月第1版　2022年10月第7次印刷
书　　号／ISBN 978-7-5097-8940-7
著作权合同登记号／图字01-2014-0692号
定　　价／88.00元

读者服务电话：4008918866